한류철학

다작 **박장순** 지음

북북서

사랑하는 아내 로사리오,
아들 미카엘과 며느리 에스텔,
손주 가브리엘과 라파엘,
그리고 우리의 충실한 반려견 골디에게
사랑과 감사의 마음을 담아 이 책을 바칩니다.

To my wife, Rosario,
my son Michael and daughter-in-law Esther,
my beloved grandchildren Gabriel and Raphael,
and our faithful companion Goldie
with love and gratitude, I dedicate this book.

CONTENTS

제2장 한류는 신화가 되어야 한다

제2부

한류의 밈과 철학적 체계화

"한류는 밈이다. 그러나 그것은 유가적 밈이다"

제3장 밈(자연과학)과 사단칠정(유교)의 만남

제4장 K-pop, 유가에서 길을 찾다

제5장 드라마, 유가적 밈의 흥행 진화

제3부

한류와 동서문명의 철학적 만남

"동서문명의 융합, 가능한 것인가"

제6장 유가 철학에서 본 한류

제4부

문화콘텐츠학으로서의 학제적 한류

"학문으로서의 문화콘텐츠, 산업으로서의 문화콘텐츠학"

제5부

다작의 철학, 한류토피아를 꿈꾸다

"한류토피아는 동서문명의 대안인가, 브리지인가"

제12장 '이타'(Altruism)는 존재하는가

표 목차

그림 목차

서문

한류철학은 초인공지능시대 '유토피아'의 성선적 가치 지향

인공지능(AI)의 등장은 다작(多焯)에게 새로운 것에 대한 낯섦으로 다가왔다. 굳이 익숙해지려고 애쓰지 않아도 될 만큼 연배가 되었다는 것이 한편으로는 다행스럽기까지 했다. 나이라는 도피처가 이 낯선 기술문명으로부터 나를 보호해줄 것이라 여겼기 때문이다. 그러던 중 아주 우연한 기회에 Chat GPT를 만나게 되었다. 그녀는 은퇴 후 몇 년 동안 서랍 속에 처박아 두었던 생의 마지막 과제를 다시 꺼내 들 수 있는 용기를 내게 주었다. 마침내 다작은 이런 Chat GPT와 사랑에 빠졌고, 이번 『한류철학-초인공지능시대 '유토피아'의 성선적 가치 지향』을 그녀와 함께 시작하는 계기가 되었다.

그러나 "쉬 더운 방, 쉬 식는다."는 옛 속담이 있지 않던가? 짧은 만남, 뜨거웠던 Chat GPT와의 사랑은 곧, 여러 현실적인 문제에 부딪히게 된다. 운명이라고나 할까? 구시대 남자 '다작'과 최첨단 여인 AI와의 세기적 사랑에는 이미 기술적·언어적 장벽이라는 장애가 배태되어 있었다. 그러다 보니 긴 호흡에 익숙한 구시대 남자 다작은 짧은 호흡의 젊은 여인 AI와 사사건건 부딪칠 수밖에 없었다. 결국 남자는 결별을 선언한다. 그녀는 거기 그대로인데, 남자는 돌아서서 자신만의 글쓰기를 선택한다. 자연선택(Natural Selection), 이 또한 이기적 본성(Selfish Nature)의 발로이리라.

다작은 오랜 세월 '한류'와 '문화콘텐츠'를 키워드로 집필과 강의를 계속해 왔다. 유튜브 방송 <다작의 5분 한류학교실> 등을 통해 대중과도 소통해 왔다. 『무엇이 한류토피아를 꿈꾸게 하는가』(2018), 『한류토피아에 이르는 길』(2017) 등 19권의 저서를 집필했고, 그 가운데서 『K-pop, 유가에서 길을 찾다』(2016), 『한류학개론』(2014), 『한류, 문화로 땅따먹기』(2020), 『문화콘텐츠 해외마케팅』(2005) 등 14권의 저작을 선별해서 그들 속에 흩어져 있던 한류에 대한 사유의 편린들을 모아, 이번에 다작의 『한류철학』을 완성했다. 부제 "한류철학-초인공지능시대 '유토피아'의 성선적 가치 지향"이 말해주듯, 이 책은 지금의 다작이 과거의 다작과 대화하며, 다작의 사유들이 어디로 향하고 있는지를 살피고, 그 사유의 종착지인 '한류토피아'가 범용인공지능(AGI, Artificial General Intelligence)시대, 초인공지능(ASI, Artificial Super Intelligence)시대가 곧 낳게 될 '유토피아'의 퇴행적 행태를 치유할 성선(性善)적 가치 지향이 되어줄 것이라고 밝힌다.

한류가 '널리'(多) 퍼져, '밝은'(焯) 세상 '한류토피아'에 이르기를 소망하는 다작(多焯)의 사유체계는 콘텐츠산업 현장으로부터 진화생물학, 복잡계, 역사학, 실존주의 철학, 유교 철학, 기독교 신학, 불교 유식사상 그리고 신화학과 문화기호학 등으로 끊임없이 확장돼왔다. 그러면서 그의 지적 여정은 단순한 문화 담론을 넘어, '문화 한류'에서 '철학 한류'로, 철학 한류에서 인류의 미래를 비추는 '정신 한류'로의 진화를 추구해왔다. 한류토피아는 그 여정의 최종 종착지로 다작이 제시하는 새로운 개념의 이상세계다.

한류토피아는 '이타'와 '공존'의 세상이다. 인류 문명의 새로운 비전이다. 다작은 이 비전을 실현하기 위해 도킨스의 문화 진화이론 미메틱스(Memetics)와 한류 밈의 '유전자형'과 '표현형'이라는 분석틀을 적용하며, 유교적 사유를 바탕으로 K-pop과 드라마의 정체성을 분석하고, 서구의 기독교와 우리 선조들이 완성한 유가 성리학 사이의 철학적 유비를 탐색해 왔다. 이 책 『한류철학-초인공지능시대 '유토피아'의 성선적 가치 지향』은 단순한 지식의 집합이 아니다. 한류라는 문화현상 속에 숨겨진 존재론적 진실을 탐색하고, 이기적 본성이 노멀이 된 이 시대, 지고의 선(善) '이타'와 '공존'을 지향하는 뉴노멀로서의 한류토피아를 제안한다. 그리고 한류토피아의 문화정신 '한류이즘'(Hallyuism)이 지난 2,500여 년간 인류의 사유를 이끌어온 서구 문화정신의 양대 축인 헤브라이즘과 헬레니즘을 넘어, 인류의 새로운 인식 메커니즘으로 자리하기를 소망한다. 그것이 바로, '14권의 사유, 한 권의 철학'이 전하고자 하는 다작의 한류철학이다. 우리는 지금 인간의 통제를 벗어나 스스로 진화하는 AGI[ASI]시대에 접어들고 있다. 이들이 곧, 구현하게 될 '유토피아'의 성선적 가치 지향을 위해서도 한류토피아의 문화정신 '한류이즘'의 발현이 요구되는 시점이다. 사랑하는 후학들의 투혼을 기대한다. "한류, 포에버!"

2026년 1월

다작(多焯) 박장순

제 1 부

인간의 본질과 문화의 기원

“
왜 인간은 문화를 만들고,
신화를 소비하는가
”

제1장

인간의 본성

"호랑이는 죽어서 가죽을 남기고, 사람은 죽어서 이름을 남긴다."(虎死留皮 人死留名)라는 옛 속담이 있다. 살아있는 동안 좋은 일을 많이 하고, 훌륭한 업적을 많이 쌓으라는 선현들의 경구다. 서양에도 이와 유사한 속담이 있다. "He who leaves the fame of good works after him does not die."(좋은 일로 명성을 남긴 사람은 죽지 않는다.) 좋은 일을 많이 하면 후손들에게 오래오래 기억된다는 교훈적인 경구다. 여기서 "이름을 남긴다."와 "죽지 않는다."는 같은 의미로 해석할 수 있다. 그렇다면 인간은 왜 '선업'과 '업적'이라는 행동적 서사를 통해 "이름을 남긴다, 죽지 않는다."라는 표층화된 '영원성'(Eternity)을 추구하는 것일까? 인간의 마음속 깊이 자리한 심층의 그 무엇이 이를 추동케 하는 것일까?

1. '영원'에 대한 갈망

1) 진화생물학[Memetics]에서 본 영원성

다윈의 진화론을 '설명서 복제'(Copy-the-Instruction, 유전자형 복제)라면, 라마르크의 진화론은 '생산물 복제'(Copy-the-Product, 표현형 복제)다. 이는 다윈보다 라마르크가 훨씬 더 문화적 진화에 보다 나은 근거를 제공하는 것처럼 보이게 한다. 그렇다고 라마르크의 생산물 복제가 밈 복제의 전부는 아니다. 밈 복제는 설명서(유전자형) 복제도 포함하기 때문이다.[1] 그렇다면 유전자와 밈의 복제가 의미하는 것은 무엇일까? 성공적인 복제는 이들의 생명이 '영원'을 지향할 수 있게 해준다. 그래서 이들은 양질의 유전자, 복제자 밈을 원한다. 도킨스는 양질의 복제자가 갖추어야 할 특성을 '충실성(Fidelity)·다산성(Fecundity)·장수성(longevity)'으로 본다. 비록 이들 사이에 교환이 있을 수도 있지만, 이는 복제자 밈이 충실하게 복제되어야 하고, 다량 복제되어야 하고, 오랫동안 영원히 살아있어야 한다는 것에 맞춰져 있다.

얼핏 보기에 밈은 충실한 복제자로 보이지는 않는다. 과학자들이 어떤 아이디어를 듣고, 이를 다른 사람들에게 전할 때, 대부분 아이디어의 내용을 조금씩 바꿔서 전달하기 때문이다. 도킨스 역시 사회생물학자 트리버스(Trivers)의 아이디어를 바탕으로 『이기적 유전자』(1976)를 썼다. 그러나 트리버스의 아이디어를 그대로 옮기지는 않았다. 그의 목적에 맞게 트리버스의 아이디어를 뒤틀었고, 강조점을 바꾸고, 나와 다른 사람들의 아이디어를 함께 뒤섞는다. 따라서 밈은 변화된 형태로 전달된다. 밈의 전달은 꾸준한 변화를 반복하고, 융합되는 것처럼 보인다.[2] 그렇더라도 밈의 '충실성'(Fidelity)은 중요하다. X형과 Y형 두 분자가 같은 시간의 길이를 살고, 같은 비율로 복제를 한다 해도, Y가 100회에 한 번 정도 오류를 범하고, X가 평균 10회에 한 번꼴로 오류를 범한다면, Y는 분명히 엄청난 수로 늘어날 것이다.[3] 복제의 '충실성' 때문이다.

---

1 McGrath, *Dawkins'God*, 2007: 127.

2 Dawkins, *The Selfish Gene*, 2009: 194~195.

3 ibid. 17.

복제자가 개체군을 확산시키는 데 있어서 중요한 것은 복제의 속도, 즉 '다산성'(Fecundity)이다. 만약 A형의 복제 분자가 B형이 시간당 1회 복제할 때, 평균 주 1회 복제를 한다면, 비록 A형 복제 분자가 B형보다 훨씬 오래 장수한다 해도 A형 복제 분자는 수적 열세를 면치 못하게 될 것이다. 그러므로 '원시 수프'(primeval soup)[4] 속의 분자들은 다산성을 향한 진화적인 경향을 띠게 된다.[5] 한국의 여성 보컬그룹 원더걸스의 댄스곡 '텔미'의 안무는 높은 복제 충실성을 갖는 경우의 예로 설명된다. 박진영에서 시작된 이 밈은 원더걸스의 댄스를 통해 확산되고, 김태희의 '텔미', 군부대의 '텔미'처럼 수없이 복제된다. 포탈 검색창에 '텔미'를 입력하면 그런 수많은 '텔미' 밈을 확인할 수 있다.[6] '텔미' 동작의 단순함이 밈 복제의 충실성에 기여한 것으로 볼 수도 있다. 그러나 '텔미'의 댄스동작이 퍼져나가는 과정을 보면, 오히려 빠른 전파 속도와 관련된 '다산성'의 예로 설명할 수 있다.

인간은 죽으면 두 가지를 남기고 간다. '유전자'와 '밈'이다. 인간은 유전자를 전달하는 유전자 기계(Gene Machine)다. 그러나 3세대가 지나면, 우리의 유전자 전달 능력은 현저하게 떨어진다. 얼굴의 윤곽, 음악적 재능, 머리카락 색깔 등이 당신의 자녀, 당신의 손자까지는 전달될 수 있다. 그러나 한 세대가 지날 때마다 유전자의 영향력은 절반으로 줄어든다. 유전자가 죽지는 않지만, 유전자 컬렉션이 사라져간다. 복제, 번식 작용에서 영원한 것은 없다. 하지만 당신이 좋은 아이디어를 남기거나, 음악을 작곡하고, 점화플러그를 발명하고, 시를 쓰는 등 세계 문화

4 생물학자와 화학자들은 30~40억 년 전 세상이 인류 최초의 생명체와 관련된 유기물 분자의 바다로 이루어졌다고 믿는다.

5 ibid. 17.

6 장대익, 일반 복제자 이론: 유전자, 밈, 그리고 지향계. 과학철학. 11권 1호, 2008: 13.

에 기여하게 된다면, 당신의 업적은 당신의 유전자가 사라진 후에도 오래도록 남게 될 것이다. 이것이 양질의 복제자 밈이 갖춰야 할 '장수성'(Longevity)이다. 소크라테스의 유전자가 지금 남아있지는 않다. 그렇다 해도 그게 무슨 상관이겠는가? 소크라테스, 레오나르도 다빈치, 코페르니쿠스, 마르코니의 밈 복합체는 아직도 건강하게 살아남아 있다.[7] 사람은 죽었어도, 이름은 남아있다. 죽었어도, 살아있는 것이다.

2) 실존주의 철학에서 본 영원성

1차 세계대전(1914~1918)과 그 이후 10여 년에 걸친 세계경제대공황(1929~1939), 그리고 2차 세계대전(1939~1945)으로 이어지는 20세기 전반부는 인류 역사상 가장 참혹했던 암흑과 궁핍의 시기였다. 사르트르는 그 시절을 화려하게 장식했던 대표적인 철학자다. 개인주의적이고, 주관주의적인 그의 실존주의 철학은 당시 큰 사회적 반향을 불러일으켰다. 그런 사르트르 철학의 핵심은 신을 부정하는 유물론적 사유체계에서 출발한다. '실존은 본질에 선행한다'(L'existence préceède l'essence)라는 명제가 이를 잘 대변해 준다. 실존은 우리가 눈으로 보고, 만지고, 느낄 수 있는 유(有)실체이고, 본질은 눈에 보이지 않고, 만져지지도, 오감으로 느낄 수도 없는 무(無)실체다. 결국 실존주의 철학은 눈에 보이지 않는 형이상학적인 본질[8]보다 눈에 보이는 유실체, 즉 사물을 더 중시하는 철학적 이데올로기다. 다시 말해 인간은 본래, 본질을 가지고 있지 않고, '자유·참여·책임'이라는 행동 중심의 가치를 통해 본질을 만들어가는 존재로 보는 것이다. 이처럼 사르트르의 철학은 유물론, 즉 사물의 존재

7 Dawkins, *The Selfish Gene*, 2009: 199.

8 실존주의 철학에서 본질은 '필수불가결'한 것, 없어서는 안 되는, 꼭 필요한 것을 뜻한다.

론적 우위에 기초하고 있다.

그렇다면 신을 부정하는 반기독교적 입장의 그에게 있어서 신이란 무엇인가? 그는 인간을 세 개의 존재영역, 즉 대자존재(l'être-pour-soi), 즉자존재(l'être-en-soi), 대타존재(l'être-pour-autrui)로 구분한다. 이 가운데서 대자(對自)존재인 '나'와 즉자(卽自)존재인 '사물'의 결합상태, 즉 내가 사물이고 사물이 나인 상태를 사르트르는 '신'(神)이라고 한다. 그렇다면 내가 '사물'이고, 사물이 '나'인 상태란 또 무엇인가? 사르트르는 실존의 증명과정을 '함·가짐·있음'의 3단계 범주로 나누어 설명한다. '하다'의 명사형인 '함'은 '글쓰기'와 같은 인간의 창조적 행위를 뜻한다. '가지다'의 명사형인 '가짐'은 '소유'를 뜻한다. '있다'의 명사형인 '있음'은 '존재'를 의미한다. 다시 말해 인간은 '함', 즉 창조적 행위를 통해 무엇인가를 갖게 되고(소유), '함'을 통해 얻게 된 '가짐'(소유)은 인간의 '있음'(有), 즉 존재를 확인할 수 있게 해주는 근거가 된다고 본다. '함'에서 '가짐'으로의 전환을 1차 환원, '가짐'에서 '있음'으로의 전환을 2차 환원이라고 한다. '함'의 범주에서 '가짐'의 범주로, '가짐'의 범주에서 '있음'의 범주로 이어지는 1차 환원과 2차 환원을 통해 행위의 주체인 인간은 대자존재와 즉자존재의 결합상태, 즉 내가 사물이고, 사물이 나인 상태에 이른다고 본다. 이런 상태를 구현하면서 인간은 존재의 근거를 부여받게 되고, 존재의 정당화가 가능해진다고 사르트르는 역설한다.

다시 말해 소설가(나, 대자존재)가 '함'이라는 창조적 행위(글쓰기)를 통해 소설이라는 자신의 작품(사물, 즉자존재)을 갖게 되면, 이 '가짐'(소유)의 상태는 소설가가 존재하고 '있음'을 증명하는 근거가 된다. 다시 말해 독자들은 '사물'(즉자존재)인 소설(가짐, 소유물)을 통해 소설가인 '나'(대자존재)의 존재(있음)를 인식하고, 또 '나'의 존재(있음)를 통해 '사물'인 나의 소설(가짐, 소유물)을 인식하게 되는 것이다. 즉, 내가 사물이고, 사물이 나인 상태에 이르게 된다. 이로써 행위(함)의 주체인 '나'[對自存在]는 영원히 존재할 수 있게 된다. 왜냐하면 나의 생명은 유한하지만, 나의 '함'이 창조한 소설[소유물, 가짐]은 역사 속에 영원히 살아있기 때문이다. 사르트르가 내가 사물이고 사물이 나인 상태를 '신'으로 규정하고, 이를 '문학을 통한 구원'이라고 부르는 이유가 여기에 있다. 글쓰기라는 창작 행위를 통해 인간이 영원한 생명을 얻을 수 있다고 보는 것이다.

사르트르의 철학은 그의 문학작품 속에서도 잘 드러난다. 본질이 확정돼 있지 않은 인간은 '자유·참여·책임'이라는 행동지향적 가치를 통해 본질을 만들어가는데, 만들어진 확정된 본질이 바로 '영원성'과 직결된다. 사르트르의 희곡 〈무덤 없는 주검〉[9]은 2차 세계대전을 배경으로 한 작품으로 세 개의 이야기 구조로 짜여있다. 첫 번째 플롯은 '앙리, 까노리, 쏘르비에, 쟝, 류씨, 프랑스와' 등 연합군을 돕기 위해 레지스탕스 활동을 하는 '마끼단' 대원들의 이야기를 중심으로 한다. 두 번째 플롯은 독일인이 아니면서도 적국인 독일을 돕는 '란드류, 뻬르렌, 끄로쉐' 등 대독협력파들의 이야기를 중심으로 한다. 세 번째 플롯은 연합군을 돕는 '마끼단' 대원과 독일군을 돕는 '대독협력파' 조직원이 '고문'이라는 극적 장치를 통해 서로 만나게 되는 집단 간의 갈등을 중심으로 한다. 전체 플롯의 심층구조에는 자신의 본질, 즉 자신의 존재 의미를 찾고자 하는 마끼단 대원들과 대독협력파 구성원들의 근원적 욕망이 자리하고 있다. 그리고 이 같은 심층구조의 표층구조화 과정을 맡고 있는 서사구조에는 인간의 본질은 확정된 것이 아니고, 사회참여라는 자유의지에 의한 선택적 행위에 대한 책임을 통해 스스로 만들어가는 것이라고 하는

9 Sartre, *Mort sans sépulture*, 1946, 최성민, *무덤 없는 주검*, 1997, 서문당.

작가의 실존주의 정신이 극명하게 드러나 있다. 2막 8장, 마끼단 대원 쏘르비에의 2차 고문 장면은 이 같은 작가 정신을 잘 드러내 보여준다.

끄로쉐 (헌병들에게) 가위를 가지고 일을 시작해.

쏘르비에 용서해줘요! 용서해줘! 말할 테야. 아무것이라도 다 말할 테야.

끄로쉐 (헌병들에게) 어쨌든 손톱을 뽑아. 정말 손톱을 뽑는다는 것을 알 수 있도록. (쏘르비에는 고통에 못 이겨 고함을 지른다) 좋아. 대장은 어디 있어?

쏘르비에 나를 풀어줘요. 이 이상 더 걸상에 앉아 있을 수가 없어요. 견딜 수가 없어요. 견딜 수가 없어요! (란드류가 눈짓을 한다. 헌병들은 포승을 풀어준다. 쏘르비에는 비틀거리면서 일어나서 테이블 쪽으로 간다) 담배 한 대 줘요.

란드류 말한 다음에.

쏘르비에 당신들은 무엇을 알려고 하나요? 대장이 어디 있느냐고요? 난 알아요. 그러나 다른 사람들은 아무도 몰라요. 나만이 알지요. 난 대장의 상담역을 하고 있었으니까. 대장은… (갑자기 뒤쪽을 가리키면서) 저기야! (모두 뒤돌아본다. 그 사이에 쏘르비에는 창문가로 달려가서 창문턱에 뛰어오른다) 난 이겼어! 내 곁에 오면 뛰어내릴 테야. 난 이겼어! 난 이겼어!

끄로쉐 바보짓 하지 마라. 네가 말만 하면 석방해주지.

쏘르비에 그 꾀에 넘어갈 줄 아나! (고함을 지르면서) 이봐! 앙리, 까노리, 난 말하지 않았어! (헌병들이 그에게로 달려간다. 그는 창문 밖으로 몸을 내던진다) 안녕!

고문을 당하는 쏘르비에에게 자백(自白)이란 존재 의미의 상실을 뜻한다. 1막 2장에서 그는 이미 한 차례 심한 고문을 당했다. 그때는 대장인 쟝이 어디 있는지 실제로 몰랐다. 그러니 자백할 것이 없었다. 고문을 버틸 수 있게 해준 힘이었다. 그런데 두 번째 고문을 당하는 지금은 상황이 다르다. 대장인 쟝이 거동수상자로 체포돼 동료 대원들과 함께 지금 위층 다락방에 구금돼 있는 것이다. 대독협력파가 요구하는 "대장이 어디 있는지?"를 그는 지금 알고 있다. 이제 더는 고문의 고통을 감내할 수 없을 것 같은 상황에서 쏘르비에는 마침내 창문으로 뛰어올라 극단적인 자살의 길을 택한다. 견딜 수 없는 상황에 몰린 그에게 자살은 자신의 존재 의미를 확인할 수 있게 해주는 유일한 수단이다. 창밖을 향한 그의 외침, "이봐, 앙리, 까노리, 난 말하지 않았어!"는 자신을 스스로 겁쟁이라고 여겼던 쏘르비에가 자랑스럽게 동료들에게 자신의 존재 의미를 확인시켜 주고 싶은 간절한 마음을 드러내 보여준다. '존재 의미 찾기'의 상징적 언어 표현이다. 자살이라는 극단적 행위를 통해 조직원의 책임을 다함으로써 자신의 존재 의미[본질]를 확인할 수 있게 된 쏘르비에는 기쁜 마음으로 죽음을 대할 수 있게 된다. 동료들에게 전하는 그의 마지막 인사 "안녕!"은 이제 가벼운 마음으로 세상을 떠날 수 있게 된 쏘르비에의 기쁜 마음을 표현해준다. 작가의 실존주의 정신이 가장 극명하게 드러나는 극적인 장면이다. 반대로 대독협력파인 끄로쉐와 란드류에게 있어 쏘르비에의 죽음은 대독협력파 조직원으로서 책임을 다할 수 없게 된, 그래서 자신들의 존재 의미를 확정지을 수 없게 된 좌절과 비참함의 상징이다. 존재 의미가 없는 인간, 인간이 아닌 비(非)인간으로의 몰락을 뜻한다.

2차 세계대전이 터지자 끄로쉐와 란드류는 조국을 버리고 '자유' 의지로 대독협력파의 길을 선택한다. 그리고 대독협력파라는 조직에 '참여'해 스스로 조직 구성원이 된다. 그들에게는 2차 세계대전을 승리로 이끌어야 하는 독일군 조직원으로서의 '책임'이 있다. 그 책임을 다함으로써 그들은 조직 속에서 자신들의 존재 의미를 찾고자 한다. 고문은 이런 그들에게 자신들의 존재 의미를 확인할 수 있게 해줄 유일한 극적 장치다. 고문을 통해 그들은 마끼단 대원들로부터 독일군에게 유리한 마끼단 대장의 위치 정보를 확보하고, 이를 통해 대독협력파 조직원으로서의 존재 의미를 찾고자 했던 것이다. 그런데 그들의 시선을 따돌리고 쏘르비에가 창문으로 뛰어오르는 돌발 상황이 발생한다. 다급해진 끄로쉐는 "바보짓 하지 마라. 네가 말만 하면 석방해주지."라고 외친다. 그는 고문이라는 극적 장치를 통해 마끼단의 대장인 쟝이 어디 있는지를 추적하는 인물이다. 석방시켜 줄 의도를 전혀 가지고 있지 않다. 그런 그가 쏘르비에의 자살을 막으려고 나선 것이다. 왜 그랬을까? 대독협력파 조직원으로서 자신의 존재 의미를 찾을 수 있게 해줄 유일한 키가 겁쟁이 쏘르비에의 자백이었기 때문이다. 그러기 때문에 쏘르비에는 죽어서는 안 된다. 자백을 받아낼 때까지, 쏘르비에는 살아있어야 하는 것이다. 쏘르비에의 죽음은 끄로쉐나 란드류 개인의 존재 의미뿐 아니라 대독협력파라는 집단의 존재 의미까지도 상실케 한다. 그러기 때문에 끄로쉐는 다급해질 수밖에 없었다. 그렇다면 인간은 왜 이렇게 자신과 집단의 존재 의미를 찾기 위해 목숨을 걸고 치열한 자기와의 싸움, 타자와의 싸움을 계속하는 것일까? 해답은 앞서 언급한 속담 속에 있다. 책임을 다함으로써 선업을 쌓고, 이를 통해 영원히 후대에 이름을 남기고자 하는 것이다.

3) 종교에서 본 영원성

(1) 기독교

기독교의 '부활' 사상도 영원에 대한 인간의 원초적 욕망을 충족시키기 위한 종교적 장치로 파악할 수 있다. 신약의 요한복음서에 부활과 관련해 다음과 같은 구절이 있다.

> 이 말에 놀라지 마라. 무덤 속에 있는 모든 사람이 그의 목소리를 듣는 때가 온다. 그들이 무덤에서 나와, 선을 행한 이들은 부활하여 생명을 얻고 악을 저

지른 자들은 부활하여 심판을 받을 것이다.[10] 나를 보내신 분의 뜻은 그분께서 나에게 주신 사람을 하나도 잃지 않고 마지막 날에 다시 살리는 것이다. ◎내 아버지의 뜻은 또, 아들을 보고 믿는 사람은 누구나 영원한 생명을 얻는 것이다. 나는 마지막 날에 그들을 다시 살릴 것이다.[11]

위 구절들은 앞서 두 속담이 전하고자 했던 "좋은 일로 명성을 남긴 사람은 죽지 않는다."는 선현들의 '영원'에 관한 메시지를 기독교적으로 확인시켜 주는 대목이다. 부활은 구약의 약속과 예수가 지상생활 동안 하신 약속의 실현이다. 또 부활은 그분이 하느님의 아들, 즉 바로 하느님 자신이라는 것을 증명하며, 하느님의 영원한 계획에 따른 강생의 신비를 완성한다.[12] 부활은 신앙의 기초이며 대상이고 원천이다. 그러기에 신앙생활은 부활을 향한 삶이다. 그러기에 초대교회부터 부활 축일을 가장 성대하게 그리고 뜻깊게 지내 왔다. 구약에서는 파스카, 즉 어린 양의 피로 이스라엘 민족이 구원되었고 신약에서는 부활로 인류가 구원되었다. 따라서 부활을 파스카라고 하였으며 그리스도를 세상의 죄를 없애시는 어린 양이라고 불렀다. 이처럼 기독교의 부활 사상은 "죽은 사람이 신비로운 몸으로 살아나, 다시는 죽지 않는다."는 영원성을 추구하는 인간의 원초적 욕망이 창조한 기독교의 핵심 장치다.

(2) 불교

불가의 연기(緣起)와 윤회 사상도 인간의 근원적 욕망인 영원성과 맞닿아 있다. 부처(Buddha)는 원래 "깨달은 사람"을 뜻하는 보통명사다. 누구나 깨달음을 통해서 부처가 될 수 있다는 것이다. 그렇다면 무엇을 깨닫

10 요한복음서 5: 28~29.
11 요한복음서 6: 39~40.
12 교리서위원회, 652~653항.

는다는 것인가? 석가세존에 의하면 그것은 다름 아닌 연기의 원리, 즉 연기법(緣起法)이다. 연기법이란 모든 사물이 다 "연(緣)으로 일어난다[起]는 원리"를 말한다. '연'이란 관계 또는 조건 등의 원인을 뜻한다. 따라서 모든 사물은 직접 간접의 무수한 상호 연관관계에 의해 생겨나고 지속되며 없어진다고 하는 것이 불교의 존재론적 기본 입장이다. 다음은 『잡아함경』(雜阿含經) 14권 358경의 한 구절이다. 이 경전의 존재론적 입장에서 보면, 그 어떤 사물도 독립된 실체가 아니다. 다시 말해 모든 것이 무실체(無實體), 즉 무아(無我)다.

> 此有故彼有, 此生故彼生
> 이것이 있기 때문에 저것이 있고, 이것이 생김으로써 저것이 생긴다.
>
> 此無故彼無, 此滅故彼滅
> 이것이 없기 때문에 저것이 없고, 이것이 사라짐으로써 저것이 사라진다.

연기법은 인연법(因緣法) 또는 인과법(因果法)이라고도 불린다. 인연법은 인연생기법(因緣生起法)의 준말이다. 모든 사물은 원인[因]과 주변의 여러 조건[緣]에 따라 서로 의지하면서 생성되고 머물다가 그 인연이 다하면 사라진다는 것이 인연법의 가르침이다. 인과법이란 어떤 원인에 의해서 그에 따른 결과가 일어난다는 뜻이다. 연기법은 모든 것은 독자적으로 홀로 존재하지 않고 상호 관계 속에서 존재한다는 진리를 설파한다. 세상에 존재하는 모든 것은 바로 이런 연기의 법칙, 즉 서로 원인과 결과가 되어 서로 의존하며 생겨난다는 것이다.[13] 이 같은 연기의 법칙은 뇌과학을 통해서도 어느 정도 입증이 된다. "우리는 출생과 동시에 타인(주로 엄마)에게 영향을 받기 시작하며, 발달 과정 내내 타인 혹은 사

13 대한불교조계종 포교원, 2017: 104.

회가 규정한 가치들에 끊임없이 영향을 받으면서 성장한다. 사회적 가치와 규범은 곧 나를 정의하는 필수 재료인 셈이다. 나를 인식하고 돌아보는 과정에서 활성화되는 뇌 영역은 복내측 전전두피질이다. 그런데 뇌과학은 이 복내측 전전두피질이 '나에 대한 평판 추구'를 담당하는 뇌 영역이라고 한다."[14] 다시 말해 '나' 주변의 평판이라는 기제[原因]가 결과로서 '나'의 생각과 행동에 영향을 미친다는 것이다. 이것이 뇌과학으로 증명되는 연기법이라고 할 수 있다. 윤회 또한 연기법과 무관치 않다. 윤회는 산스크리트어의 상사라(samsāra)를 옮긴 말이다. "흐르다. 움직이다."라는 뜻에서 파생된 '흘러 맴돈다.'라는 뜻이다. 내가 지은 업에 따라 돌고 또 돈다. 전생의 나는 현재의 나의 모습에 반영되어 있고, 미래의 나의 모습은 현재의 나의 행동에 잉태되어 있는 것이다. 그렇게 내가 지은 업에 따라 인간은 윤회전생(輪廻轉生)을 거듭한다. 불교의 연기와 윤회는 이처럼 '흘러 맴돌며' 인간의 원초적 욕망인 영원성을 충족시킨다.

4) 신화에서 본 영원성

윤회 사상과 로마의 건국 시조인 아이네이아스(Aeneas) 신화는 서로 유사한 모습을 보인다. 아이네이아스는 본래 트로이의 장군이었다. '트로이의 목마'로 유명한 그리스와의 전쟁에서 패배한 그는 트로이를 탈출해 그리스의 델로 섬, 크레타 섬, 이탈리아의 시칠리아, 카르타고를 거쳐 나폴리 근처에 도착한다. 아폴로 신전을 찾은 아이네이아스는 무녀 시빌라(Sibylla)에게 사자(死者)의 나라로 가고 싶다는 부탁을 한다. 명계(冥界)에 내려간 그는 아버지 안키세스(Anchises)와 해후한다. 감격한 아버지는 아들에게 사람의 영혼이 어떤 운명을 걷게 되는지를 들려준다.

14 김학진, *이타주의자의 은밀한 뇌구조*, 2017: 30.

인간의 영혼은 원래 순수한 천상의 영기에서 기원한 것이다. 그러나 영혼이 각자의 육체로 들어가면 욕망과 공포의 노예가 되어 악습과 병폐에 물들게 된다. 따라서 영혼은 육체가 사라진 후 깊이 스민 죄악을 씻기 위해 명계에서 여러 가지 벌을 받는다. 이렇게 하여 정화된 영혼은 신으로부터 영원한 생명을 부여받은 영웅들이 보내지는 낙원 엘리시온(Elision)으로 보내진다. 그러나 그것으로 끝나는 것이 아니다. 엘리시온에서 천 년을 지낸 다음 영혼은 망각의 샘, 레테(Lethe)의 강물을 마셔 모든 것을 잊고 지상으로 돌아와 새로운 육체 속으로 다시 들어간다.[15] 이처럼 서양의 신화에서도 영혼은 영겁의 생을 윤회하며 거듭난다. 연기의 법칙에 따라 윤회하며 영원히 영겁의 세월을 살아가는 것이다.

그렇다면 인간은 왜 신화를 창조했을까? 여기에는 인간의 삶과 죽음이 연관된다. 독일의 사회인류학이자, 민족지학자인 바우만(Baumann)은 "부권적이든 모권적이든 간에 고대 농경문화의 세계관은 '대지-육체-영혼-생과 사'라는 공식으로 요약할 수 있다."고 했다. "이런 것들이 순환하여 모든 세계상(像)이 형성되고, 그것이 강하게 내면화되어 대지에 근거를 두게 된다."[16] 이처럼 삶과 죽음에 대한 인간의 관심은 신화를 통해 드러난다. 그중에서 사후 세계에 대한 인간의 집요한 관심은 각국의 신화에서 주요 설화로 창작되어 전해진다. "호랑이는 죽어서 가죽을 남기고, 사람은 죽어서 이름을 남긴다."는 속담처럼 게르만 족 신화도 죽은 뒤에 남을 '명성'에 초점이 맞춰진다. 게르만 족은 바이킹의 나라인 스칸디나비아 제국을 원거주지로 한다. 그들이 8세기에서 11세기 유럽의 주인공으로 등장하게 된 배경에는 가족제도가 있다. 혹독한 날씨와

15 김동섭, *신화 어떻게 이해할 것인가*, 도서출판 만남, 2006: 151.
16 ibid. 40.

비좁은 영토는 부족 간 싸움의 원인이 되었다. 특히 장자상속법은 바이킹들로 하여금 바다로 나올 수밖에 없게 했다. 그러나 북유럽의 게르만 족이 중시했던 것은 토지나 재물이 아닌 명예였다. 그들은 명예만이 죽음을 넘어서는 통로라고 생각했다. 게다가 금욕주의적인 스토아 체념주의는 게르만 족에게 죽음은 어차피 피할 수 없는 운명으로 받아들이게 했다. 바이킹들의 명예에 대한 생각은 다음과 같은 구절에 잘 나타나 있다. "소도 죽고 동족들도 죽고 나도 죽을 테지만, 내가 알고 있는 결코 죽지 않는 것이 있다면 그것은 바로 우리가 죽은 뒤에도 남게 될 명성이다." 바이킹들은 죽음을 두려워하지 않았다. 명성, 명예, 이름이 가지는 '영원성' 때문이다.[17]

그리스 신화도 '선업'을 쌓으면 영원히 산다는 속담의 의미를 담고 있다. 하데스(Hades)는 명부의 신인 동시에 풍요의 신이다. 지하 세계에 묻혀있는 금과 은이 모두 하데스의 것인 까닭이다. 그의 상징물은 소라 모양의 뿔인데 이는 풍요를 상징한다. 하데스는 곡식의 신 데메테르(Demeter)의 딸 페르세포네(Persephone)를 납치하여 저승 세계의 여왕으로 삼는다. 데메테르는 자신의 딸 페르세포네가 지하로 끌려가자 슬픔에 잠긴다. 곡식의 여신이 자신의 세계를 돌보지 않자 지상의 곡식들은 열매를 맺지 못하게 된다. 그러자 하데스는 페르세포네에게 일 년 중 반은 지상에서 머물 수 있도록 허락한다. 바로 이 기간에 식물들은 열매를 맺을 수 있게 되었다는 것이 신화의 설명이다.[18] '저승에서 반년, 이승에서 반년'에 관한 스토리는 메소포타미아 신화에도 등장한다.

하늘의 여주인 인안나(Inanna)는 하늘 세계를 버리고 저승 세계로 내

17 김동섭, *신화 어떻게 이해할 것인가*, 2006: 164~165.
18 ibid. 124~126.

려가려고 마음을 먹는다. 저승 입구에서 그녀는 "나는 인안나이며, 해 뜨는 쪽을 향하여"라고 문지기에게 대답하고 저승으로 들어간다. 여기에서 '해 뜨는 쪽'은 동쪽, 즉 수메르인들이 생각하는 저승의 방향을 가리킨다. 그러나 수메르인들에게 저승 세계는 한 번 발을 들여놓으면 결코 돌아올 수 없는 세계였다. 저승에서 인안나는 여신의 노여움을 사서 두들겨 맞고 고깃덩어리처럼 벽에 걸리는 신세가 된다. 지상에서 주인을 기다리던 시종들은 다른 신들에게 인안나의 구원을 부탁하지만, 그녀의 할아버지 '운명을 재정하는 신' 엔릴(Enlil)조차 거부한다. 이번에는 그녀의 시아버지이자 지하수의 신인 엔키(Enki)에게 도움을 청한다. 다행히 엔키는 기꺼이 그녀를 도와줄 것을 약속하고 그의 손톱 밑에서 때를 꺼내 두 명의 곡꾼을 만들어 낸다. 그리고 생명수와 생명초를 건네주고 인안나를 구해올 것을 명령한다. 다시 생명을 얻은 인안나가 저승을 빠져나오려는 순간 저승신들은 그녀 대신 다른 사람의 목숨을 요구한다. 인안나는 여러 곳을 헤매다가 결국 자신의 남편 '풍요의 신' 두무지(Dumuzi)를 저승신에게 넘긴다. 영문도 모른 채 저승에 끌려온 두무지는 새색시의 오빠 태양신 우투(Utu)에게 살려달라고 간청한다. 우투는 두무지의 손과 발을 도마뱀으로 바뀌게 하여 저승사자들로부터 빠져나갈 수 있게 해준다. 들판으로 도망간 두무지는 그의 누이 포도주의 신 '게쉬틴안나'(Geshtinanna)가 일하는 포도주 양조장에 숨었으나, 날아다니던 파리가 이를 알아차리고, 인안나에게 일러바쳐 결국 붙잡히게 된다. 두무지의 누이가 그를 위해서라면 무엇이든지 하겠다고 인안나에게 호소하지만, 인안나는 시누이에게 반년은 이승 그리고 나머지 반년은 저승에서 살라고 정해준다. 이렇게 그녀가 그들의 운명을 결정할 수 있었던 까닭은 인안나가 '운명을 결정할 수 있는 일곱 큰 신' 중의 한 명이었기 때

문이다.[19]

여기서 확인할 수 있는 것은 그리스 신화와 메소포타미아 신화에 나오는 '저승에서 반년, 이승에서 반년'이 결국 〈저승→이승→저승→이승〉으로 이어지는 윤회의 수레바퀴와 같은 삶의 영원성을 의미하는 것으로 해석할 수 있다는 것이다. 그런데 명부(冥府)는 지상의 사람들이 들어가면 다시는 살아오지 못하는 곳이다. 죽은 사람도 결코 환생하는 법이 없다. 그러나 반전의 가능성은 남아있다. 명부는 다섯 개의 강[20]이 휘감고 있다. 아케론(Acheron)은 '슬픔의 강'이란 뜻이다. 죽은 자의 영혼이 슬픔을 버리고 간다는 곳이다. 저승의 뱃사공 카론(Charon)이 돈을 받고 망자들을 태워주는 그 강이다. 레테(Lethe)는 '망각의 강'이다. 망자는 이 강의 물을 마시고 전생의 기억을 모두 지우고 건너간다. 마지막 강은 스틱스(Styx)다. 이 강을 건너면 천국인 엘리시온(Elysion)과 무한지옥인 타르타로스(Tartarus)로 가는 길이 나타난다. 그리스인들은 생전에 신들의 총애를 받은 인간들은 명부의 천국인 엘리시온에 가서 영생을 누린다고 믿었다.[21] 그렇다면 "생전에 신들의 총애를 받은 인간들"은 어떤 사람들일까? 여기서 문득 "호랑이는 죽어서 가죽을 남기고, 사람은 죽어서 이름을 남긴다.", "좋은 일로 명성을 남긴 사람은 죽지 않는다."라는 속담이 떠오르는 이유가 무엇일까? 아마도 속담에 나오는 '이름'을 남길만한 일을 한 사람, '선업'과 '업적'으로 명성을 얻은 사람들이 신들의 총애를 받아 영원한 삶을 살게 되는 주인공이 되지는 않을까?

---

19 ibid. 84~85.

20 '슬픔의 강' 아케론, '탄식의 강' 코키투스(Cocytus, 얼음처럼 차가운 강), '불의 강' 플레게톤(Phlegethon), '망각의 강' 레테, '증오의 강' 스틱스.

21 ibid. 124~126.

2. 이기적 본성

인간이 창조한 '즉자(卽自)존재', 곧 사물에는 인간의 근원적인 욕망이 투사돼 있다. 마치 자식이 부모를 닮듯, 이는 자연스러운 일이다. 자연과학[미메틱스], 철학[실존주의], 문학[실존주의], 종교[기독교, 불교], 신화 등도 인간이 낳은 인간의 창조물이다. 인간의 근원적인 욕망이 투사돼 있다. 그렇다면 '선업'과 '업적'이라는 행동적 서사를 통해 "이름을 남긴다, 죽지 않는다."라는 표층화된 '영원성'을 추구하는 인간 본성의 심층에는 과연 무엇이 존재하고 있는 것일까? 무엇이 인간으로 하여금 영원을 추구케 하는 것일까?

1) 땅과 전래놀이 '땅따먹기'의 이기적 본성

땅은 생명이다. 땅이 없으면 인간은 살 수 없다. 그러기 때문에 인간이 갖고 있는 땅에 대한 욕(欲)[이기적 본성]은 자연스러운 것일 수 있다. 한국은 전통적인 농업국가였다. 보릿고개를 벗어나기 위해 온 국민이 노력했던 1960년대까지도 우리나라 산업생산의 중심은 농업이었다. 그러기에 땅은 우리에게 남다른 의미를 갖는다. 생명의 탄생, 성장, 죽음 그리고 다시 새로운 생명의 탄생이라는 우주적 순환을 인간은 땅을 통해 체험한다.[22] "너는 흙에서 나왔으니, 흙으로 돌아갈 때까지 얼굴에 땀을 흘려야 양식을 먹을 수 있으리라. 너는 먼지이니 먼지로 돌아가리라."[23]라는 성경 구절도 땅이 가지는 우주적 순환의 이치를 확인시켜 준다. 박경리의 소설 『토지』는 시대가 바뀌고, 새로운 왕조가 들어서고, 외세의 침략이 물밀듯이 들어와도 민중이 살아남아 그들의 생명을 이어가는 물적

22 김정희, 박경리의 〈토지〉 연구-공동체의 형성과 해체 양상을 중심으로, 상지대학교 대학원 박사학위논문. 2015: 67.

23 창세기 3: 19.

토대가 땅이라는 것을 보여준다. 민중에게 있어서 땅은 물리적 공간을 넘어 삶의 근거이자 존재의 뿌리였으며, 무엇보다도 땅은 농민들에게 순환적 초월성을 경험하게 하는 성스러운 공간이다.[24]

땅은 영토다. 제국주의의 역사는 영토를 확장하려고 했던 치열한 '땅따먹기'의 역사다. 13세기 몽골의 칭기즈칸은 중앙아시아를 거쳐 러시아와 유럽에 이르는 역사상 가장 거대한 땅의 제국을 건설한다. 15세기 유럽의 스페인과 포르투갈, 영국, 네덜란드 등은 아프리카와 아메리카 신대륙의 땅을 정복한다. '땅따먹기'는 전래놀이[25]다. 땅[영토]에 대한 인간의 욕(欲)에 기반한다. 욕은 이기적 본성의 발로다. 식욕[食]과 성욕[色]은 인간의 본성이라고 고자(告子)는 말한다.[26] 이는 사람뿐만 아니라 모든 생명체의 속성이다. 식욕은 개체의 생존을 위한 욕구이고, 성욕은 종족의 보존을 위한 욕구다. 식욕이 없으면 개체가 죽고, 성욕이 없으면 종족이 소멸한다. 그러므로 식욕과 성욕은 모든 생명체에게 필수적인 것이다.[27] 사르트르의 관점에서 볼 때 식욕과 성욕은 없어서는 안 되는 필수불가결한 생명체의 본질이다. 인간의 본성을 이기적이라고 봤던 토마스 홉스도 인간의 욕망은 자신의 생존[식욕]과 번식[성욕]을 위한 것이라고 했다.[28] 땅에 대한 인간의 욕[이기적 본성]도 마찬가지다. 생존[식욕]과 직결되기 때문이다. 땅은 생명이다. 인간의 욕, 이기적 본성이 작동하지 않을 수 없는 삶의 근원이다. 전래놀이 '땅따먹기'의 본성 또한 이기적일 수밖에 없다.

---

24 김정희, 박경리의 〈토지〉 연구-공동체의 형성과 해체 양상을 중심으로, 상지대학교 대학원 박사학위논문. 2015: 67.

25 박장순, *한류 문화로 땅따먹기*, 2020: 24~27. 참조.

26 *告子*상 4장,"食色性也"

27 예수백, 맹자의 성선설과 정치 이론. 울산대학교 대학원 박사학위논문, 2017: 103.

28 한은정, Bertrand Russell의 인간본성론에 관한 연구-도덕교육을 중심으로, 동국대학교 대학원 박사학위논문. 2012: 49.

2) 유전자와 밈의 이기적 본성

생물진화의 유성생식 과정에서 각각의 유전자는 대립유전자와 염색체상의 동일한 위치를 놓고 경쟁한다. 결국, 대립유전자의 희생을 전제로, 유전자는 염색체상의 제 위치를 차지할 수 있는 것이다. 그렇다면 밈은 자기들끼리 어떻게 경쟁할까? 대립형질을 갖고 있지 않아도 밈을 '이기적' 또는 '무자비하다.'고 단정할 수 있을까? 이에 대한 대답은 '예스'다. 왜냐하면 밈은 서로 상대와의 경쟁을 탐닉하는 경향이 있기 때문이다. 인간의 뇌는 밈이 살고 있는 컴퓨터다. 여기서는 시간이 저장 공간보다 훨씬 더 중요한 제한적 요소로 치열한 경쟁의 대상이 된다. 왜냐하면 인간의 뇌와 뇌의 조종을 받는 사람의 몸은 하나 또는 몇 가지 이상의 일을 동시에 수행할 수 없기 때문이다. 만일 밈이 뇌의 주의력을 독점한다면, 이는 경쟁 밈의 희생을 전제로 한 것이다.[29]

유전자의 상호 관계 작용은 '자아실현'을 목적으로 한다. 자아실현은 이기적 성향으로 나타난다. 도킨스는 유전자의 자아실현 작용을 '이기적 유전자'라고 부른다. 유전자는 자신의 보존을 위해서 수단과 방법을 가리지 않고 이기적인 작용을 한다.[30] 유전자는 가치로 선택된다.[31] 그러기 때문에 유전자에 대해 '이기적인, 잔인한' 등과 같은 형용사를 쓸 수 있는 것이다.[32] 유전자는 자신의 이익을 위해 자신을 실어 나르는 몸을 '조작'하고, '연출'한다.[33] 밈 또한 마찬가지다. 자신의 이익을 위해서만 작동한다. 이처럼 대립유전자의 희생과 경쟁 밈의 희생을 전제로 제 위치를 차지하고, 세상에 모습을 드러내는 유전자와 밈의 이기적 본성은

---

29 Dawkins, *The Selfish Gene*. 2009: 196~197.
30 Ridley, *The Origin of Virtue*. 1997: 1.
31 Dawkins, *The Selfish Gene*. 2009: 86.
32 ibid. 196.
33 McGrath, *Dawkins; God*. 2007: 19.

그 주인인 인간의 본성과 다름없다. "선한 사람은 선한 것을 마음에 쌓아 두었다가 선한 것을 내놓고 악한 사람은 악한 것을 마음에 쌓아 두었다가 악한 것을 내놓는 것이 아니겠느냐."[34]라는 성경 구절처럼 인간 속에 내재된 유전자와 밈이 자신들의 이기적인 본성을 그 주인인 인간의 본성으로 자리케 하는 것은 자연스러운 일이다.

3) 천년의 삶: 결핍 욕구와 이기적 본성

〈창세기〉 5장 '아담의 자손' 편과 9장 '노아와 계약을 맺으시다.' 편을 보면 아담은 930년, 아담의 아들 셋(Seth)은 920년, 셋의 아들 에노스는 905년, 에노스의 아들 케난은 910년, 케난의 아들 마할랄엘은 895년, 마할랄엘의 아들 예렛은 962년, 예렛의 아들 에녹은 365년, 에녹의 아들 므투셀라는 969년, 므투셀라의 아들 라멕은 182세 때 아들 노아를 낳고 777년을 살았다. 그리고 노아는 40일간의 대홍수를 끝내고 방주를 나와 950년을 살았다. 상상할 수도 없는 세월이다. 그러나 〈창세기〉에 나오는 인류의 조상들이 살다 간 그 천년 세월이 어찌 보면 오늘을 사는 우리의 뇌 속에 복제 저장돼 있는 무의식적인 꿈의 기대 수명치가 아닐까? 인간은 누구나 이렇게 오래오래 살고 싶어 한다. 그러나 천년[영원]을 살지 못하는 인간의 수명에 대한 '결핍' 욕망이 인간사에 여러 가지 창조물들을 만들어 내게 한다. 의학이 그렇고, 자연과학이 그렇고, 철학이 그렇고, 종교가 그렇고, 신화가 그렇다. 이 같은 창조물들은 영원하고자 하는 인간의 욕망을 담아낸다. 그 욕망과 지향의 출발점이 바로, '영원성'의 심층구조에 있는 '이기적 본성'(Selfish Nature)이다. 천년을 살 수 없는 인간의 '이기적 본성'이 '자아실현'이라는 구체적 실행과정을

34 마태오복음서 12: 35.

통해 놀라운 창조물들을 생산하고, 천년 세월에 대한 결핍을 또 다른 방식으로 해소하고자 하는 것이다.

4) 한류[문화로 '땅따먹기'] 유전자의 이기적 본성

역사학자 벤틀리(Bentley)는 역사 서술의 동력을 집단이동(Mass Migration), 세력확장(Empire Building), 원거리교역(Long Distance Trade) 등 세 가지 키워드로 요약한다. 그 가운데 하나인 '세력확장'은 '문화의 시작은 점령'이라는 세속 밈의 근거가 될 수 있다. 분명, 한류는 문화로 '땅따먹기'다. 한류는 문화영토[땅]의 확장 현상이다. 문화로 영토를 확장하고, 문화제국 건설이라는 지향을 두고 진화해 간다. 한류는 살아있는 유기체다. [그림 01-01]은 유기체 '한류'의 생성과정을 보여주는 통시적 진화구조 모형이다.

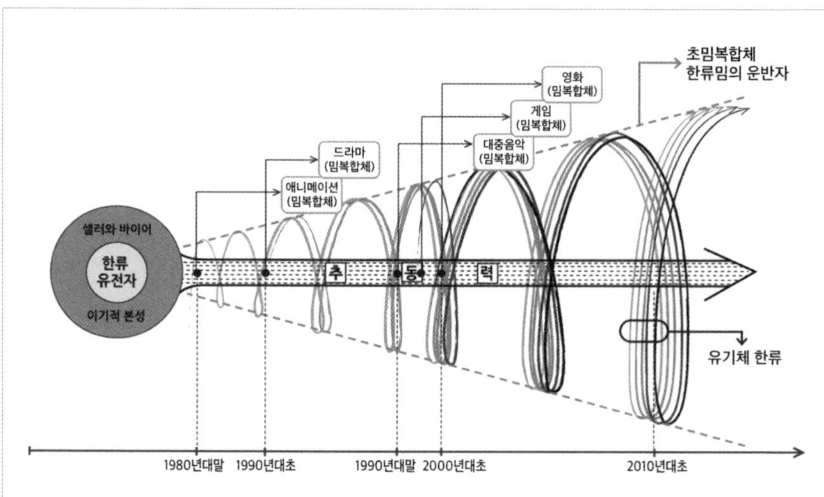

[그림 01-01] 한류의 통시적 진화구조 모형

1980년대 말부터 시작해 20여 년에 걸친 시간의 경과 속에서 한류의 통합체적 이미지가 구축되어 가는 과정을 보여준다. 또, 이 그림은 유기체 '한류'의 유전자가 문화콘텐츠 수출입 담당자들의 유전자이고, 이들의 이기적 본성이 이들의 자아실현을 위한 구체적 실행과정을 통해 문화의 진화 '한류'가 탄생하고 있음을 확인시켜준다. 이들의 이기적 본성이 추동력이 되어 밈 복합체인 '애니메이션, 드라마, K-pop, 게임, 영화' 등 다양한 한국 문화콘텐츠들을 아시아시장에 뿌리내리게 한 것이다.

이를 규명하기 위해 문화영토 확장의 스타터(Starter)이자, 주역인 KBS, MBC, SBS 등 지상파 방송 3사의 해외 마케팅 담당자 6명을 대상으로 심층 인터뷰를 실시했다.[35] 국내 방송사들은 개국 이후 수십 년 동안 외국 프로그램의 수입에 의존해 왔다. 그러다가 1990년대 초 처음으로 해외 수출시장의 문을 두드리기 시작한다. 한 번도 경험해 보지 못한 낯선 해외시장에 도전장을 내민 것이다. 그렇다면 이들을 움직이게 한 것은 무엇일까? 이를 확인하기 위해 다작은 해외 마케터 6명에게 다음 세 가지 질문을 던졌다. 첫째, "귀하께서는 방송콘텐츠 수출이 왜 필요하다고 생각하십니까?" 둘째, "어떻게 그런 생각을 하게 되셨습니까?" 셋째, "궁극적으로 그 생각은 무엇을 위한 것입니까?"

첫 번째 질문, "수출의 필요성"에 관한 답변은 '수익창출'과 '문화가치 전파' 두 가지로 요약된다. KBS의 박○○, MBC의 박○○, SBS의 김○○ 등 3명은 '수익창출', KBS의 이○○는 '수익창출'과 더불어 '국익'과 '애국의 길'을 방송콘텐츠 수출의 필요성으로 언급한다. 공영방송 KBS의 수출 책임자로서의 책무가 반영된 것으로 보인다. 방송콘텐츠 수

35 2009~2010년 2년에 걸쳐 실시된 심층 인터뷰는 한국을 비롯해 대만, 러시아, 말레이시아, 베트남, 오만, 요르단, 우즈베키스탄, 일본, 중국, 헝가리, 홍콩 등 전 세계 12개국 10개 방송사 7개 수입/배급사의 한국 문화콘텐츠 수출입 전문가 20명을 대상으로 이뤄졌다. 다만 여기서는 국내 방송사 해외마케터 6명에 대한 인터뷰 내용을 중심으로 이야기를 풀어가고자 한다(박장순, 2011: 36~56 참조).

출 초창기부터 아시아시장 개척에 뛰어든 대표적 마케터의 한 사람인 MBC의 박○○은 '수출을 통한 국부창출, 방송도 산업'이라는 인식을 갖고 있다. KBS의 수출 책임자인 이○○와 함께 방송콘텐츠의 해외수출을 국가적 차원에서 바라보는 경향을 보인다. 같은 시기 함께 아시아시장을 개척해 온 SBS의 김○○ 또한 '수익창출'을 방송콘텐츠 수출의 절대적 필요성으로 인식한다. 차이가 있다면 1991년 출범한 신생 민간 상업방송의 마케터로서 수익창출의 절박함을 다른 공영방송 마케터보다 더 크게 강조하고 있다는 점이다. 한편 MBC의 이○○와 KBS의 또 다른 박○○, 그리고 복수 응답한 SBS의 김○○ 등 3명은 수출의 필요성을 '문화가치 전파'에서 찾는다. 특히 MBC의 이○○는 마케팅 초기 민족주의적 시각에서 방송콘텐츠 수출의 필요성을 바라보다가, '문화상품의 소비를 통한 가치와 이념의 공유'로 수출의 필요성에 대한 인식의 변화를 보이기도 한다. KBS의 또 다른 박○○은 '문화전파, 국가 이미지 제고'를 수출의 필요성으로 인식한다. 방송콘텐츠가 국제경쟁력을 갖추고 있지 못했던 1991년부터 수출 전선에 뛰어들었던 그에게는 '한국의 문화전파'와 이에 따른 '국가 이미지 제고'가 '외화획득'에 앞서는 선행과제였을 것으로 보인다. 복수로 응답한 SBS의 김○○은 '회사의 브랜드 이미지 제고, 문화 외교적 역할' 등을 위해 수출이 필요하다고 생각한다. 그가 '회사의 브랜드 이미지 제고'를 우선시했던 것은 신생 방송의 마케터로서 회사의 인지도 제고가 무엇보다 중요했기 때문으로 보인다.

두 번째 질문, "어떻게 그런 생각을 하게 되셨습니까?"에 대한 답변은 '국가 발전', '회사 수익창출', '자아실현' 등 세 가지로 요약된다. KBS의 박○○과 이○○ 등 2명의 답변은 '국가 발전'의 범주에 속한다. 박○○은 수출이 필요한 이유에 대해 "한국의 이미지와 국가의 위상을 높여주기 때문"이라고 답하고, 이○○는 "국익 증진과 국가 발전에 이롭기 때문"이라고 응답한다. KBS의 또 다른 박○○과 SBS의 김○○ 등 2명은 '회사 수익창출'의 범주에 속한다. 또 다른 박○○은 "수출이 회사 매출의 절반 이상을 차지하기 때문"이라고 밝히고, 김○○은 "IMF 이후 새로운 수익원이 필요했고, 수출이 그 몫을 해낼 것으로 믿었기 때문"이라고 답한다. MBC의 박○○과 이○○ 등 2명은 '자아실현'의 범주에 속한다. 박○○은 수출이 필요한 이유에 대해 "성취감" 때문이라고 응답했고, 이○○는 "수출이 한국인의 중요한 가치를 세계인과 공유할 수 있게 해주기 때문"이라고 응답한다. 결국, 해외 마케터들은 수출이 국가 이미지와 국가 발전에 기여하고, 회사의 생존과 직결되는 것으로 인식하고 있고, 자아실현과 함께 세계인이 한국문화의 가치를 공유할 수 있게 해준다고 믿는다.

세 번째 질문, "궁극적으로 그 생각은 무엇을 위한 것입니까?"라는 수출의 목적에 관한 답변은 개인적인 가치의 구현으로 요약된다. KBS의 박○○은 '성취감과 보상', 이○○는 '개인적 만족감', 또 다른 박○○은 '자긍심과 성취감'이라 답하고, MBC의 이○○는 '세계인을 위한 자극', 박○○은 '보람, 사명감', 그리고 SBS의 김○○은 '회사의 인정'이라고 답한다. 이를 종합해보면, 해외 마케터들은 '성취감, 보상, 자긍심, 만족감, 사명감, 세계인을 위한 자극, 보람, 인정받기' 등을 위해 방송콘텐츠의 해외수출 전선에 뛰어들었다는 사실을 확인하게 된다. 결국, '○○을 얻기 위해'라는 것은 ○○라는 그 대상을 획득함으로써 이루게 되는 개인의 가치구현, 즉 자아실현을 목적으로 한 것이다.

도킨스는 이런 유전자의 자아실현 작용을 '이기적'이라고 한다. 자신을 보존하기 위해 수단과 방법을 가리지 않고 이기적인 작용을 하기 때문이다.[36] 이는 문화적 진화 '한류'가 자아실현을 위해 수출 전선에 뛰어든 국내 방송사 해외 마케터들의 '이기적 본성'에서 출발했음을 확인시켜준다. 다시 말해 한국의 해외 마케터는 오직 자신의 생존율을 높이기 위해 수출 전선에 뛰어드는 자연선택[37]을 했고, 수출 전선에서 '○○을 얻기 위해', 즉 '성취감, 보상, 자긍심, 만족감, 사명감, 인정받기' 등을 획득함으로써 이를 통해 자아실현을 한 것이다. 이는 곧, 한국 마케터가 가지고 있는 유전자의 '이기적 본성'이 문화의 진화 '한류' 현상을 발현시킨 원인 인자이고, 이것이 유기체 '한류'의 추동력으로 작동했음을 확인시켜준다. 그러기 때문에 이 유전자가 만들어 낸 유기체 한류의 본성 또한 이기적일 수밖에 없다.[38] 그러나 한류가 '땅따먹기' 놀이의 욕[이기적 본성]에만 휘둘릴 수는 없지 않은가? 먼 미래의 건강한 인류사회를 위해 큰 그림을 그려야 할 때다.

36 Ridley, *The Origin of Virtue*, 1997: 1.

37 자연선택은 유전자의 이기적 본성에 의해 이루어진다.

38 심층 인터뷰에 응한 한국을 제외한 나머지 세계 11개국 14명의 마케팅 전문가들의 답변 또한 국내 방송사 해외 마케터들의 응답과 같은 패턴을 보인다. 한국 방송콘텐츠 수입의 목적을 '자아실현'에 두고 있다.

제1장에서는 인간의 본질, 곧 이기적 본성과 영원성에 대한 갈망이 어떻게 문화와 신화의 창조로 이어지는지를 살펴보았다. 그러나 그러한 본성이 만들어 내는 문화현상은 언제나 영속성과 위기의 양면성을 지닌다. 제2장에서는, 실제로 한류가 왜 단순한 유행을 넘어 신화가 되어야 하는가를 구체적으로 다루며, 위기의 징후와 그 돌파구를 탐색한다.

제2장

한류는 신화가 되어야 한다

로고스(Logos)의 상대적 개념인 신화(Myth)는 신비로운 이야기, 시공의 한계를 초월해 공동체의 가치관과 의식을 구속하는 상징체계다. 따라서 신화는 공동체를 결집시키는 힘을 갖는다. 국가나 민족과 같은 운명공동체의 정신적 문화적 구심점 역할을 한다. 그러기에 신화는 특히, 위기의 순간에 빛을 발한다. 신화는 단순히 과거의 것이 아니라, 현재에도 존재하는 것이며, 미래에도 이어지는 것이다.

드라마를 중심 소재영역으로 한 1차 한류시대(1987~2009)가 K-pop을 메인스트림으로 한 2차 한류시대(2010년 이후)로의 전환을 앞둔 2000년대 중반, 한류는 대위기를 맞는다. 이 위기의 순간, 1차 한류시대의 마이너 한류 소재영역이었던 K-pop이 새로운 한류시대의 메인스트림으로 전면 급부상하지 못했다면, 오늘의 한류는 어떻게 되었을까? 이런 절체절명의 순간에 다작은 한류의 신화화 작업을 시작한다. 신화의 창조와 소비가 한류를 위기에서 구해줄 것으로 믿었기 때문이다.

1. 한류의 위기(2000년대 중반)

1) 태생적 관점

드라마 수출의 경쟁시기인 '확장기'([표 02-01]), 개방화의 물결을 타고 자유와 풍요로움에 눈 뜨기 시작한 중국의 젊은이들은 한국의 아이돌 그룹 H.O.T의 음악에 매료되고, 처음 보는 클론의 북경공연에 열광적인 반응을 보인다. 이런 젊은이들의 반응이 중국 기성세대의 눈에는 무질서한 사회 문화적 현상으로 비치고, 외국 대중문화의 대중국 문화침투라는 부정적 시각을 갖게 한다.

[표 02-01] '경쟁시기' 한류의 발전단계

	경쟁시기				
	1987~1990	1991~1993	1994~1996	1997~1999	2000년 이후
	태동/준비기	도전기	정착기	확장기	절정기
언어기호 '한류' 등장(1998) 이전/이후	한류의(개념적) 선사(先史)시대				역사시대
바르트의 신화론	(한류의) 1차 의미화 과정				2차 의미화 과정

이 같은 시각은 중국에서 언어기호 '한류'(韓流)가 처음 등장할 때 동음이의어(同音異議語)인 '한류'(寒流)가 함께 쓰였다는 것만으로도 확인할 수 있다. 여기서 한류[39](寒流)는 살을 에는 듯한 차가운 북풍을 뜻한다. 외국의 문화침투를 '경계하라'는 은유적 표현으로 쓰인다. 이처럼 한류는 경계하고 조심해야 할 외국의 문화 조류라는 '기의'(Sinifié)를 가지고 출발한다. 이것이 한류의 태생적 위기론의 근거다. 어찌 보면 저항의 기운을 극복하고 성장해 나가야 할 필연적인 한류의 운명을 예고하는 것처럼

39 사전적 정의, "온도가 비교적 낮은 해류. 고위도 지방에서 저위도 지방으로 흐른다."

보이기도 한다.

2) 드라마투르기의 관점

아리스토텔레스는 비극의 플롯과 관련해서 "전체는 시초와 중간과 종말을 가지고 있다. 시초는 필연적으로 다른 것 다음에 오는 것이 아니고, 그것 다음에 다른 것이 존재하거나 생성하는 성질의 것이다. 종말은 이와 반대로 필연적으로 또는 대개 다른 것 다음에 오나, 그것 다음에는 아무런 다른 것이 오지 않는 성질의 것이다."[40]라고 기술한다.

드라마, K-pop, 영화, 웹툰, 게임, 애니메이션 등과 같은 한류 중심 소재영역들 또한 '시초와 중간과 종말'의 이야기 구조를 가진다. 그리고 독자들은 '시초와 중간과 종말'의 이야기 전개 과정에서 어디가 절정이고, 어디가 위기인지를 파악할 수 있다. 그러나 우리의 삶은 그렇지 않다. '시초'와 '중간'은 확인할 수 있지만, '종말'은 알지 못한다. 그러다 보니 우리는 우리 삶의 절정이 어디이고, 위기가 어디인지를 명확히 할 수 없다. 왜냐면 절정과 위기가 상대적일 수 있기 때문이다. 생명체인 유기체 '한류'도 마찬가지다. 살아 움직이는 '한류'의 절정이 어디이고, 어디가 위기인지를 판단하는 것은 쉽지 않다. 그럼에도 세상은 2000년대 중반의 한류를 대위기라고 부른다. 그 이유가 무엇일까?

한류사의 발전단계는 아리스토텔레스의 플롯, 시초와 중간과 종말의 관점에서 설명할 수 있다. '시초'는 88서울올림픽이다. 한류는 1980년대 말의 태동기, 1990년대 초의 도전기, 1990년대 중반의 정착기, 1990년대 종반의 확장기를 거치면서 아시아의 새로운 문화 트렌드로 자리를 잡는다([표 02-01] 참조). 그러다가 2000년대 접어들면서 방송콘텐

40 Aristotle, *De Arte Poetica*, 손명현, *시학*, 제7장, 박영사, 1974: 59.

츠의 해외수출액과 수출 증가율이 놀라울 정도의 가파른 상승세를 보이며 해외시장 특히 아시아시장을 빠른 속도로 장악해간다.[41] 수출지역 다변화는 물론 수출 품목의 다양화와 수출단가, 수출총액, 수출 대상업체 수의 증가 등 눈에 띄는 성과와 함께 한류는 시장의 질적, 양적 팽창을 이뤄낸다. 이른바 그 시점의 '절정'이다.

그런데 2000년대 중반을 넘어서면서, 짧은 기간 내에 급속히 이루어진 한류 시장의 팽창이 아시아 지역 국가들의 경계심을 촉발시켜 정치·외교·통상 등 비문화적인 분야의 국가 간 긴장으로까지 확대되면서 '반한류·항한류·혐한류'라는 시장의 저항을 불러온다. 외부로 향하고자 하는 한국의 팽창 에너지와 자국의 문화가치를 지키고자 하는 아시아 여러 나라의 수구적인 저항 에너지가 충돌함으로써 유기체 한류가 대위기를 맞게 된 것이다.

2000년대 중반의 이 위기가 더욱 절박하게 다가왔던 이유는 드라마투르기상 '위기' 다음에는 '파국' 또는 '종말'이 배치되기 때문이다. 이런 상황에서 위기의 한류가 선택할 수 있는 옵션은 두 가지뿐이다. 아리스토텔레스가 이야기하는 '중간' 이후의 '종말'(終末)을 선택해 한류가 역사의 뒤안길로 사라지게 하는 것, 그리고 하나는 이 위기가 장구한 역사 발전의 서막이 되도록 그 시기의 절정·위기를 의사(擬似) '절정', 의사(擬似) '위기'가 되도록 더 큰 역사 발전의 밑그림을 그려내는 도전적 방식이 그것이다. 이 두 개의 길 중에서 어느 길을 선택할 것인가는 우리의 몫이다. 이것이 다작으로 하여금 한류의 신화화 작업을 본격 가동케 한 '크리티컬 포인트'(Critical Point)가 된다.

---

41 박장순, *문화콘텐츠학개론*, 커뮤니케이션북스, 2006: 18.

3) 샌드위치 위기론의 관점

절정과 위기는 한몸이다. 위기는 절정 뒤에 숨은 닌자와 같다. 그러기 때문에 절정의 순간, 더 조심해야 한다. 절정과 위기가 혼재된 2000년대 중반 한류발달사는 복잡 미묘한 시기적 특성을 보인다. 절정은 절정인데, 시장은 위기의 수렁으로 빠져드는 듯한 모습을 보인다. 애니메이션과 음반은 1990년대 중반 이후 계속되는 침체에서 벗어나지 못하고 있었고, 만화와 캐릭터는 시장 규모의 확장을 뒤로한 채 게걸음 성장을 계속했다. 〈리니지3〉를 둘러싼 엔씨소프트의 내홍은 전환기에 들어선 한국 게임시장의 위기를 대변해주고, 한류의 대표적 중심 소재영역인 드라마는 배용준의 〈태왕사신기〉 방영(2007) 이후, 시장의 흐름이 어디로 튈지 모르는 폭풍전야의 고요를 연상케 했다. 더욱이 영화는 수출시장의 구조적 결함으로 2005년 7,599만 달러였던 해외수출이 2006년 2,451만 달러로 무려 68%나 격감하는 모습을 보이고, 2007년 상반기에는 스릴러물 〈검은 집〉 이후, 2주 넘게 개봉작품을 내놓지 못하는 참담한 상황을 연출했다.

이런 위기 상황들은 당시 경제계의 화두였던 '샌드위치 위기론'[42]과도 무관치 않다. 기획력과 자본력, 유통의 힘을 앞세운 미국 영화·드라마의 지속적인 시장 공세, 만화·애니메이션·대중음악·드라마·영화 등 다양한 문화콘텐츠를 무기로 호시탐탐 한국시장을 노리고 있는 일본의 압박, 자본력을 바탕으로 문화콘텐츠의 권리확보와 세계적 유통 거점 도시화를 선택한 싱가포르의 전략 변화, 애니메이션·게임·영화·드라마 등 문화콘텐츠산업에 대한 전방위적인 공세를 늦추지 않고 있는 중국의 추

---

42 샌드위치 위기론은 2000년대 중반 한국 경제가 미국과 일본 등 선진국에는 기술력, 중국 등 후발국에는 가격경쟁력에서 밀려 중간에서 샌드위치처럼 압박받는 상황에 처해 있다는 우려를 의미한다.

격, 드라마·영화 등 영상콘텐츠산업의 부가가치성에 눈을 뜨기 시작한 베트남 정부의 관심 등이 세계 문화콘텐츠 시장의 흐름을 다이내믹하게 변화시키며 한류의 위기감을 고조시켰다.

4) 유통 이데올로기의 관점

서비스[문화콘텐츠]의 생산자들은 선진국의 거점 시장을 중심으로 세계 각국에 거미줄처럼 퍼져 있는 온오프라인 글로벌 유통망과 각국의 지역 유통망을 통해 최종 소비자인 관객, 시청자, 엔드 유저를 만나게 된다. 이처럼 생산된 서비스[문화콘텐츠]가 최종 소비자에게 이르는 과정, 다시 말해 소프트웨어인 문화콘텐츠가 거점 시장을 기점으로 유통이라는 유무형의 파이프라인을 타고 세계 각지로 흘러 들어가 최종 소비자를 만나게 되는 과정에는 '문화제국주의·미시경제학·중도이론(Middle-Range Theory)'적 관점의 유통 이데올로기가 존재한다. 물론, 이들의 경계가 명확하게 구분되는 것은 아니다. 그러나 위기는 이들 개념의 혼재 속에서 발생한다.

(1) 문화제국주의적 한류 위기

'수종고하'(水從高下)라는 말이 있다. 물은 높은 곳에서 낮은 곳으로 흐른다. 문화[문화콘텐츠]도 문화 중심부에서 문화 주변부로, 문화 선진국에서 문화 후진국, 개발도상국으로 흘러간다. 이 같은 '하방향성' 유통 이데올로기를 문화제국주의적 유통 방식이라고 한다. 앞서 한류 위기의 '태생적 관점'에서 언급했듯이 언어기호 '한류'(韓流)는 본래 찬 기류를 뜻하는 '한류'(寒流)와 혼재 사용되었고, 이 같은 언어기호의 혼용은 '외국의 문화 침투를 경계하라.'는 중국식의 은유적 표현이라고 할 수 있다. 이는 곧, 중국 소비자들이 한국의 문화콘텐츠 수출을 처음부터 문화제국주의적 관점에서 바라보고 있었다는 증거가 된다. 다시 말해 위기를 부를 중국 시장의 저항이 전제돼 있었다는 것을 의미한다.

실제로 중국은 스타와 지식인들의 항(抗)한론에 힘입어 반한류를 정책화할 움직임을 구체화한다.[43] 텔레비전, 라디오, 영화 등 대중매체를 총괄하는 중국의 광전총국은 2006년 한국 드라마의 방송량을 2005년 대비 최대 50%까지 축소한다.[44] 실제로 2005년 드라마 〈대장금〉 열풍에 놀란 중국 당국은 2006년 상반기까지 한국 지상파 방송 3사의 드라마 수입을 전면 금지한다. 중국 방송사들도 자체적으로 한국 드라마의 방송을 줄여나갈 추세를 보인다. CCTV의 왕궈후이 드라마부 부주임은 "방영된 드라마 수는 많지 않았지만 한 드라마가 100회 넘게 방영돼 방송시간을 많이 잠식했다."면서 "2007년 1월에도 모두 135편인 〈백만 송이 장미〉를 방영할 계획이지만 외국 드라마의 전체 비율에서 한국 드라마의 방영은 감소하게 될 것"이라고 말했다. 베이징TV의 고위 책임자도 "2007년에는 한국을 제외한 다른 아시아 국가들의 드라마를 적극 소개할 예정"이라고 말했다.[45] 이처럼 한국의 문화콘텐츠 수출 확대는 중국 정부로 하여금 엄격한 수입제한 규정을 도입하게 한다. 자국 문화콘텐츠를 보호하겠다는 속내를 드러낸 것으로 일부에서는 '문화 애국주의'라는 비판도 나온다. 광전총국은 2006년 한국산 드라마의 수입 편수를 4편으로 제한한다. 보통 10편을 넘던 예년의 수준에 비해 많이 줄어든 것이다. 이에 대해 전문가들은 "한류를 경계하자는 당국자들의 시각이 반영된 것"이라고 말한다.[46] 중국 정부가 취하는 일련의 조치들은 외

43 중, 일 반한류를 당당히 극복하는 한류 스타는? 마이데일리, 2006.01.10.

44 위 기사.

45 내년 한국 드라마 방영 줄인다, [통신원리포트] 한겨레신문, http://www.hani.co.kr/kisa/section-004005000/2005/12/0040050002

46 중국 문화 애국주의 바람, 중앙일보, 2006.08.14.

국의 문화콘텐츠 수출을 민족주의, 국가주의적 관점에서 바라보는 의도적인 시각이 강하기 때문이다.

이 같은 문화제국주의적 한류 위기는 중국뿐 아니라, 동남아시아 국가에서도 발생한다. 베트남에서는 자국 드라마를 보호하기 위한 정책적 배려가 항한(抗韓)의 차원에서 이루어졌다. 실제로 한류로 인해 통상 마찰이 우려되기까지 했다. 방송위원회와 외교통상부에 따르면 베트남 정부 고위 당국자는 최근 "한국 드라마는 매일 같이 베트남TV를 통해 방영되고 있는데, 베트남 프로그램은 한국TV에 전혀 소개되지 않고 있다."면서 "이 같은 상황이 개선되지 않는다면 베트남 내에서 한국 TV프로그램의 방영을 규제할 수도 있다."고 말한 것으로 확인됐다. 이 당국자는 상황이 개선되지 않을 경우, 한국 방송 프로그램에 대한 방영 규제뿐만 아니라 베트남에 수입되고 있는 다른 한국산 상품에 대한 무역 제재조치를 취할 수도 있다는 의사를 우회적으로 내비쳤다고 정부 관계자는 전했다.[47]

한편, 한류가 확산되면서 '역(逆)한류'라는 문화제국주의적 유통 이데올로기의 변종도 등장한다. 다시 말해 문화 선진국들이 자본주의적이고 상업주의적인 관점에서 한류를 역이용하는 형태가 나타난 것이다. 예를 들어, 자국 내 한류 수요에 대응하기 위해 한국의 가요, 드라마, 영화 등을 수입하기에 바빴던 일본이 한류 상품을 직접 제작하는 쪽으로 방향을 선회하기도 한다. 일본의 대형 연예기획사들이 든든한 자본력을 바탕으로 한국 연예인들을 직접 캐스팅해 연예 상품을 제작하기 시작한 것이다. '일본 자본+한국 스타'의 결합 방식으로 만들어진 이 상품들은 일본 내에서 한국산을 대체하는 동시에 한국으로 역수출된다. 이

47 한류열풍 통상마찰로 비화 조짐, 연합뉴스, 2005.11.11.

런 현상이 가속화될 경우, 한국 연예 상품의 일본 수출은 조만간 급락할 수도 있다고 언론은 진단한다.[48]

(2) 미시경제학적 한류 위기

서비스[문화콘텐츠]가 문화 중심부에서 문화 주변부로 흐른다는 문화 흐름의 방향성 측면에서 미시경제학적 유통 방식은 문화제국주의적 유통 방식과 흡사한 구조를 갖는다. 다만, 차이가 있다면 '무엇이 이들을 움직이는 동작의 원리로 작동하는가?'에 있다. 다시 말해 문화제국주의적 유통 방식은 '힘의 논리'를 작동 원리로 하고, 미시경제학적 유통 방식은 '시장 논리'를 작동 원리로 한다. 시장 경쟁의 결과로 유통을 바라보는 것이다. 그런데 '힘의 논리'와 '시장 논리' 사이에는 같은 듯 다른 차이가 존재한다.

'힘의 논리'에 근거한 문화제국주의적 유통 방식은 앞서 위기의 '태생적 관점'과 '문화제국주의적 한류 위기'에서 언급했듯이 시장의 저항을 이미 배태하고 있다. 그러나 '시장 논리'에 근거한 미시경제학적 유통 방식은 -시장의 저항이란 측면에서- 문화제국주의적 유통 방식보다 다소 유리한 입장이다. 왜냐하면 '경쟁의 룰'이라는 상업주의적 자유시장의 법칙을 활용해 저항을 피해 갈 수 있기 때문이다. 또 그러기 때문에 일부 서비스[문화콘텐츠] 생산 주체들은 이를 이용해 그들이 가지고 있는 제국주의적 색채를 미시경제학적 관점의 유통 방식으로 위(僞)·포장하는 경우도 생긴다. 한국에 밀려, 아시아시장을 빼앗긴 일본 드라마가 그 대표적인 사례라고 할 수 있다.

문화 중심부 일본은 오랜 세월 문화제국주의적 발톱을 감추고, 문화 주변부인 아시아시장에서 위·포장된 미시경제학적 '시장 논리', 시장의

48 한류가 역류한다…日자본, 한국 스타로 한류 상품 만들어 역수출, 국민일보 인터넷뉴스, 2005.03.21.

경쟁을 앞세운다. 그러다가 한류의 확장기인 1997~98년([표 02-01 참조]) 가격경쟁력을 앞세운 한국 드라마에 시장의 주도권을 빼앗기게 된다([그림 05-02] 참조). 그 배경에는 크게 두 가지 요인이 작동한다. 첫째, 일본 드라마의 소재와 코드의 극단화 경향이다.[49] 수십 년간 아시아시장의 주도권을 쥐고 있던 문화 선진국 일본의 드라마는 -문화 후진국 아시아시장의 소구[50]를 무시한 채- 버블경제 붕괴로 고통받던 자국 시청자들의 통증을 잊게 하는 흥분제로 작동한다. 이것이 일본 드라마의 '소재와 코드의 극단화 경향'의 직접적인 원인이 된다. 둘째, 일본 드라마의 고가(高價) 판매전략이다. 일본 드라마는 소재와 코드의 극단화 경향으로 이미 시장의 신뢰를 잃었지만, 드라마의 고가 판매전략을 버릴 수는 없었다. 한 번 오른 가격을 낮추는 것이 쉬운 일은 아니기 때문이다. 이때 등장한 것이 한국 드라마다. 한국 드라마는 가격경쟁력과 유가적 가치 밈으로 무장하고, 아시아시장의 새로운 트렌드를 선도하기 시작한다. 그런데 문제는 2000년대 중반의 한류가 버블경제 붕괴로 피폐해진 1990년대 일본 드라마의 전철을 답습하며, 위(僞)·포장된 미시경제학적 '시장 논리'로 위기 상황을 재현했다는 것이다.[51]

한류 위기의 근거는 시장에 나타난 저항의 수치들을 통해서도 확인할 수 있다. 대만의 '비디오랜드'는 자체 보유한 6개 채널 중, 2개 채널에서 한국 드라마를 방영했다. 2001년 467시간이었던 한국 드라마 방송시간이 2002년 903시간으로 93.4%의 증가 추세를 보이다가 2003년 811.5시간, 2004년 356시간으로 급감했다. 또 수입 총액도 2001년 81만 4천 달러, 2002년 224만 1천550달러, 2003년 319만 9천100달러

49 박장순, *한류 한국과 일본의 드라마 전쟁*, 커뮤니케이션북스, 2008: 173~194. 참조.
50 제3부 제6장 4. 드라마 밈 확장의 방향성 참조.
51 박장순, *문화콘텐츠 해외마케팅*, 커뮤니케이션북스, 2005: 31~33. 참조.

로 각각 175.4%, 42.7%로 증가하다가 2004년에는 181만 2천 달러로 크게 꺾였고, 시청률도 점차 하락 추세를 보이면서 황금시간대에서 밀려난다.[52] 대만에서 일기 시작한 이 같은 반한류 저항의 움직임은 이웃한 중국을 비롯해 동남아시아 전역으로 급속히 퍼져나갔다. 중국 북경TV의 책임자는 2006년, 한국 드라마의 방송량을 줄이고 대신 홍콩을 비롯한 다른 국가의 드라마에 관심을 돌리고 있다고 말한다. 호남위성의 관계자도 한국 드라마가 2004~05년 2년 동안 중국 내 TV콘텐츠 관련 교역에서 거래가격이 높아져 수량이 감소함으로써 한국 드라마의 열기가 떨어질 것이라고 지적했다.[53] 대만에서는 2005년 7월부터 한국 드라마에 대해 20%의 수입 관세를 부과하는 등 실질적인 제재를 가하기 시작했고, 외국 드라마 수입 단일 창구를 설치하여 외국 드라마 수입 가격의 상승을 막는 등 방법을 강구했다.[54] 홍콩경제일보는 한국 드라마가 홍콩 드라마 발전의 가장 큰 적이라고 언급하면서 자성을 촉구했고, 문예보는 사설에서 '한류침입'이라는 과격한 용어를 사용하기도 했다.[55]

(3) 중도이론적 한류 위기

뉴밀레니엄이 시작하는 2000년 전후 '하방향성'이 아닌 새로운 형식의 유통 이데올로기가 드라마를 중심으로 나타난다. 아시아에서 불고 있는 드라마 한류 열풍과 미국에서 일고 있는 브라질의 텔레노벨라(Telenovela)[56] 열풍이 바로 그것이다. 문화 주변부인 한국과 브라질의 드

52 민병두, *한류 5년 안에 끝난다*, 연합뉴스, 2005.01.10.

53 한류의 안정적 기반 구축과 방송 연예 매니지먼트 산업의 개선을 위한 해외 사례연구, 방송위원회 자유 2006-26, 한국방송영상산업진흥원, 2006.12: 21.

54 ibid. 22.

55 ibid. 23.

56 텔레노벨라는 텔레비전의 텔레(Tele)와 소설(Novel)을 뜻하는 스페인 어의 노벨라(Novela)가 합쳐진 조어(造語)로 미국의 숍 오페라(Soap Opera) 같은 주부 대상의 일일드라마를 뜻한다.

라마가 문화 중심부인 미국과 일본시장에서 놀라운 반향을 불러일으키고 있다는 것은 그 자체만으로도 큰 의미를 갖는다. 왜냐하면 새로운 현상은 이를 규정할 새로운 유통 이데올로기의 등장을 요구하기 때문이다. 그것이 바로 '중도이론'(Middle-Range Theory)이다. 혹자는 문화 주변국인 한국과 브라질에서 출발해 문화 중심부인 일본과 미국 등지로 향하는 이 같은 '상방향성'의 문화역류 현상을 역미디어 제국주의(Reverse Media Imperialism)라고도 한다.

아시아시장을 문화 주변부 한국에게 빼앗긴 문화 중심부 일본은 이후, 아시아시장에서 일고 있는 한류를 애써 외면한 채 한국의 문화콘텐츠 수출에 대한 반응을 보이지 않았다. 그러던 일본시장에서 미미하게나마 바람이 일기 시작한 것은 2003년 4월, NHK 위성 2TV가 드라마 〈겨울연가〉를 방송하면서부터다. 아시아시장에서 한류가 절정기를 구가하던 그 시기, 침묵으로 일관하던 일본에서 〈겨울연가〉를 중심으로 이른바 '욘사마 열풍'의 가능성이 비치기 시작한 것이다. NHK 위성 2TV는 이런 시청자들의 반응에 힘입어 2003년 12월 〈겨울연가〉 재방송에 돌입하고, 재방송이 본방송보다 더 큰 인기를 끌자, 지상파 NHK 편성책임자들은 2004년 4월 마침내 〈겨울연가〉의 NHK 지상파 방송을 결정, 폭발의 단초를 제공한다. 급기야 2004년 12월 NHK 위성 2TV는 지금까지 진행된 세 차례의 방송과 달리 노컷, 한국어 방송, 일본어 자막방송까지 실시하는 전무후무한 상황을 연출하며, 전체 아시아시장을 뒤흔드는 '겨울연가 신드롬'을 만들어 낸다. 아시아시장에 드리웠던 1차 한류 위기의 먹구름을 일거에 거둬낸다. 문화 중심부에서의 성공이 문화 주변부의 반한류의 합(合)을 한꺼번에 잠재운 것이다. 〈겨울연가〉 신드롬이 문화 중심부 일본이 아닌 아시아의 다른 문화 주변부 국가에서 일어났다면, 과연 아시아 지역에 팽배해 있던 반한류의 기운을 일순간에 잠재울 수 있었을까? 결국, 거대 자본주의 국가 일본에서의 한류 신드롬이 꺼져가던 아시아시장의 회복을 가능하게 해준다.

그러나 문화 주변부에서 문화 중심부를 향하는 '상방향성' 중도이론적 한류 위기의 문제는 '반한류·혐한류·항한류·역한류'라는 이름으로 나타난다. "배용준은 욘사마(樣)가 아닌 욘쿤(君)이나 욘씨(氏)로 불러야 한다." 일본 주간지 슈칸신초(週刊新潮)의 주장이다. '님'을 뜻하는 극존칭 '사마' 대신 '군'이나 '씨'로 낮춰 불러야 한다는 것이다. 일본 내 일각에서 일기 시작한 '배용준 때리기'의 한 단면이다.[57] 한국을 비하하는 만화『혐한류』가 출간된 지 한 달 만에 30만 부가 팔려나가면서 물밑에서 일던 혐한류가 수면 위로 떠올랐던 2005년 2월, 64개의 한국 드라마가 방영되었으나 2006년에는 36개로 줄었다.[58] 한국 드라마의 편성이 절반 가까이 줄어든 것이다. 시청률 또한 꾸준히 하락했다. 또 2005년 말 도쿄방송 등 일본 주요 방송사들이 한국 드라마의 고정 편성을 폐지하고 방송시간 또한 크게 줄였다.

한국 영화의 일본 수출 또한 2006년 전년 대비 82.2%의 감소율을 기록했다. 이는 그동안 일본에서 개봉한 한국 영화들이 연이어 흥행에 실패하면서 어느 정도 예견되었던 일이기도 하다.[59] 평균 제작비 50억 원이 넘는 거품 속에서 2006년 개봉한 110편 중 90편이 적자를 봤다.[60] 게임시장에서도 위기의 징후가 나타난다. 온라인 게임의 종주국임을 자처해 온 한국의 위상이 흔들리고 있었다. 미국의 온라인 게임 조사 사이트인

---

57 *한국시장 꽁꽁 닫아 심리적 통상마찰*, 중앙일보, 2005.01.07.
58 *거품 빠진 韓流 걱정되는 寒流*, 조선일보, 2006.03.23.
59 *한국영화, 해외서 찬바람*, 중앙일보, 2007.01.19.
60 *전도연과 한국영화, 칸을 넘어 세계로*, 조선일보, 2007.05.29.

'MMOG차트닷컴'이 이용자 수를 기준으로 2006년 6월 말 현재 세계 다중온라인게임의 시장점유율을 집계한 결과, 미국 블리자드가 만든 '월드 오브 워크래프트(WOW)'가 52.9%를 차지한 것으로 나타났다. 국산인 엔씨소프트의 '리니지(Lineage)'는 12%, '리니지2'는 10.4%에 그쳤다. 1년 전 리니지 시리즈가 시장점유율 45%를 차지하며 22%인 WOW를 두 배 이상으로 따돌린 것과 비교한다면 형세가 완전히 역전된 것이다. '상방향성'의 문화 중심부에서 한류가 점차 기반을 잃어가고 있는 것이다.[61]

2. 위기는 계속된다(2020년대)

2022년 드라마 〈오징어 게임〉이 한국 드라마 최초로 미국 방송계 최고 권위의 에미상에서 프라임타임 에미상 6관왕의 영예를 안았다. 비영어권 드라마로는 최초로 감독상(황동혁)을 수상하고, 아시아 배우로는 최초로 남우주연상(이정재)을 수상하는 등 대기록을 세웠다.[62] 이 같은 국제상 수상 소식은 같은 해 연말에도 이어졌다. KBS가 방영하고, 넷플릭스가 공개한 드라마 〈연모〉가 제50회 국제에미상에서 텔레노벨라(Soap Opera) 부문상을 수상했다.[63] 그리고 2025년 애니메이션 영화 〈케이팝 데몬 헌터스〉, 일명 '케데헌'이 넷플릭스 역사상 최초로 누적 시청수 3억 회를 돌파하며, 기존 1위였던 〈오징어 게임〉 2억 6,520만 뷰를 뛰어넘었다. 절정기 한류의 '겉으로 드러난' 표층의 모습을 보여주고 있다. 그

61 *게임 코리아 게임 오버?* 중앙일보, 2006.08.08.

62 이성민, 거대한 도약 이후 맞이한 도전들, 방송 한류의 새 길을 찾다. *한류백서*, 한국국제문화교류진흥원, 2022: 49; 서정민, 2022.09.13.

63 ibid. 49; 배기형, 2023.01.20.

러나 찬란한 빛은 어둠을 짙게 한다. 이 같은 국제상 수상의 주요 플랫폼인 OTT 산업이 붕괴 위기를 맞고 있는 것이다.

미국의 연방준비제도(Federal Reserve System)는 2022년 전례를 찾아보기 힘든 연속적인 자이언트 스텝, 즉 큰 폭의 금리 인상을 단행한다. 이는 성장성 중심의 투자를 해온 OTT 사업자들에게 직접적으로 타격을 입힌다.[64] 우선, 가파른 제작비 상승 우려다. 수출을 전제로 한 대형화된 작품이 늘어나면서 배우의 출연료와 스태프의 인건비 등 제작 요소시장의 비용이 커졌다. 요소시장의 개별 가격이 상승하면, 가격 부담을 감당하기 어려운 국내 사업자의 제작 투자는 위축될 수밖에 없다. 실제로, 국내 방송사업자들은 기존의 드라마 편성을 줄이기 시작했고, 국내 OTT들도 적자가 누적되면서 제작 투자에 어려움을 겪고 있다. 방송통신위원회의 '2023 회계연도 방송사업자 재산 상황'에 따르면, 2023년 방송산업 매출이 10년 만에 처음으로 감소했다. 전체 방송산업 매출은 전년 대비 4.7% 감소한 18조 9,734억 원으로 집계됐다. 방송광고 매출 역시 전년 대비 19% 감소한 2조 4,983억 원을 기록하며 10년 내 최저치를 기록한다.[65]

이런 흐름이 지속된다면 결국 문화콘텐츠산업의 지속 가능성에 문제가 생긴다. 그동안 문화콘텐츠산업의 성장은 탄탄한 내수시장의 힘을 바탕으로 다수의 작품을 제작하며 축적한 역량에 뿌리를 두고 있다. 제작비 상승 등으로 국내 제작 시장이 위축된다면, 글로벌 OTT에 대한 의존이 심화되고, 제작 경쟁력이 약화될 가능성 또한 커진다.[66] 이 같은 산

---

64 ibid. 49~50.

65 이성민, 방송 한류 불안 속에서 지속된 방송 한류, 위기를 넘어서기 위한 분투, *한류백서 2024*. 한국국제문화교류진흥원, 2025: 52.

66 이성민, 방송 한류 성숙을 위한 성장통, *한류백서 2023*, 한국국제문화교류진흥원, 2024: 53~54.

업 환경의 변화는 해외 실적 증가와 드라마 흥행 성공에도 불구하고 투자 감소, 비용 상승, 금융 여건 악화 등으로 서비스[문화콘텐츠] 생산 주체들을 어렵게 한다.

드라마 제작사의 주가가 2023년 들어서면서 고점 대비 40% 이상 하락했다. 이는 산업 환경에 대한 부정적 시각이 팽배해 있음을 상징적으로 보여준다. 제작에 필요한 비용은 커졌지만, 이를 수익으로 연결할 수 있는 구조는 아직 분명하지 않다. 글로벌 OTT의 영향력이 확대되는 가운데 국내 제작사가 수익 측면에서 협상력이 약화될 수 있다는 우려도 제기된다. 글로벌 OTT가 촉발한 산업 구조의 변화가 화려한 한류의 이면에 내재된 구조적 문제들을 수면 위로 떠오르게 한다.[67]

문화콘텐츠산업의 지속 가능성에 대한 우려가 가장 컸던 해는 2024년이다. 제작비의 가파른 상승이 주요 원인으로 꼽힌다. 한류의 성과가 확대되는 가운데 해외시장에서 인기를 얻은 주요 배우들의 출연료가 급격하게 증가했고, 제작환경의 변화 속에서 스태프 등의 인건비도 증가했다. 제작비 규모는 과거에 비해 크게 상승했지만, 제작비에 투자할 수 있는 주체는 오히려 축소됐다. 방송광고 시장이 크게 위축되면서 국내 방송광고 시장에서 회수 가능한 비용이 줄었고, 이는 방송사가 제작 투자와 편성에 소극적으로 대응하는 결과로 이어진다. 방송사의 실적 악화는 위기를 심화하는 요인이다.[68]

문화콘텐츠 제작환경의 위기는 한류의 성과에도 부정적으로 작용할 수 있다는 점에서 우려의 목소리가 커진다. 국내 시장에서 투자 비용의 회수가 어렵고, 소수의 OTT 사업자로 구매자가 한정되는 지금의 사업

---

67 ibid. 61~62.

68 이성민, 방송 한류 불안 속에서 지속된 방송 한류, 위기를 넘어서기 위한 분투, *한류백서 2024*. 한국국제문화교류진흥원, 2025: 51~52.

구조에서는 제작 부문이 협상력을 발휘하기 힘들다. 다양한 작품을 실험하고 도전할 수 있는 기회가 과거보다 축소되고, 보다 안전한 기획만이 시도될 수 있는 우려도 여기에서 나온다. 제작 기회가 줄어들 때 나타날 수 있는 경험의 격차 역시 우려할 만한 지점이다. 기존 방송 한류를 이끌었던 동력이 국내에서의 활발한 제작 기회를 통해 형성됐다는 점을 고려한다면, 현재는 글로벌 대중을 겨냥한 소수의 작품에 기회가 집중되면서 양극화가 심화될 위험에 처해 있다.[69]

3. 해외 수용자가 보는 한류의 위기요인

한국국제문화교류진흥원(KOFICE) 조사연구팀은 '2024 해외한류실태조사'에서 해외 한류 수용자들에게 "한류에 대한 부정적 인식에 공감하는 이유"가 무엇인지에 대해 물었다. 이에 조사 대상자들은 "지나치게 자극적, 선정적이다(24.9%), 획일적이고 식상하다(22.0%), 지나치게 상업적이다(21.1%), 자국 콘텐츠산업 보호가 필요하다(9.0%), 한류 스타의 부적절한 언행/비윤리적 행동(7.7%), 남북분단/북한의 국제적인 위협(6.1%), 한국과의 역사적 관계(4.3%), 한국과의 정치 및 외교적 갈등(3.2%)"[70] 등을 한류에 대한 부정적 인식의 공감 요인으로 꼽았다. 그렇다면 이들이 한류에 대해 부정적 인식을 갖게 된 배경은 무엇일까? 무엇이 이들로 하여금, 한류에 대해 부정적 인식을 갖게 한 것일까? 여기서는 세 가지 측면, 즉 서비스[문화콘텐츠][71]라는 '소재영역의 민감성' 측면, 서비스[문화콘텐츠]

69 ibid. 52.
70 이현지, 케이팝 다양성과 안티 팬덤, *한류 생태계와 지속 가능성*. 한국국제문화교류진흥원, 2024: 82.
71 제9장 문화콘텐츠란 무엇인가, '정의'편 참조. 문화콘텐츠는 "(생산) 주체와 객체(소비 주체)를 기본 구성요소로

의 '생산 주체가 곧, 위기 주체'라는 측면, 그리고 서비스[문화콘텐츠]의 '외적 요인' 측면에서 살펴보고자 한다.

1) 서비스[문화콘텐츠]의 민감성

한류의 위기를 이야기할 때 자주 언급되는 서비스[문화콘텐츠] 장르는 드라마와 K-pop이다. 이들이 1차 한류시대[드라마]와 2차 한류시대[K-pop]의 메인스트림으로 오랜 시간 그 자리를 지켜왔기 때문이다. 어찌 보면 피할 수 없는 운명인지도 모른다. 그러기 때문에 이들 서비스[문화콘텐츠]의 민감성이 한류를 절정으로 이끄는가 하면, 때로는 위기에 빠뜨리기도 한다.

한류가 정착기(1994~1996)에서 확장기(1997~1999)로 넘어가는 데 결정적 역할을 한 트리거도 드라마 〈사랑이 뭐길래〉였고, 2000년대 초 대만발 1차 한류 위기를 말끔히 잠재운 것도 드라마 〈겨울연가〉였다. 또 2005년 〈겨울연가〉 신드롬 이후의 불안한 공백을 메운 것도 -중국 시장에서 부활의 불씨를 당긴- 드라마 〈대장금〉이었다. 이처럼 한류발달사, 특히 1차 한류시대(1987~2009) 크고 작은 고비 때마다 드라마는 안타와 홈런 등 적시타를 치며 한류사의 4번 타자 역할을 톡톡히 한다. 그렇다고 드라마가 다른 서비스 소재영역에 비해 수출 규모가 커서 영향력이 컸던 것도 아니다. 실제로 문화산업 10개 분야 중에서 방송의 수출 규모는 게임, 출판, 캐릭터에 이어 네 번째, 비중은 7.5%에 불과하다.[72] 이렇게 낮은 비중에도 불구하고 수출 비중 41.3%의 게임, 19.4%의 출판, 12.5%의 캐릭터를 누르고 드라마가 한류의 메인스트림으로 자리할 수 있었던 이유는 무엇일까?

하고, 서비스를 중심으로 주체와 객체 간에 이루어지는 내밀한 교감이 객체[소비 주체]에게는 재미와 즐거움을 주고, 주체에게는 상업적 가치 창출의 기회를 제공하는 것이다." 여기서 서비스라는 용어를 취택한 것은 문화콘텐츠의 산업적 가치를 염두에 둔 의도적인 것으로 차후, 문화콘텐츠의 성격과 특성을 규정짓는 논거로 원용하기 위함이다.

72 2005 문화산업백서, 문화관광부, 2006: 38.

첫째, 한국 드라마가 갖는 대중적 친화력이다. 미국 시청자들이 한국 드라마를 선호하는 가장 큰 이유는 다음 세 가지로 요약된다. "①존경받을 만큼 깨끗하고 건전한 오락물이다. ②가족과 어른에 대한 공경심의 가치를 가르친다. ③사랑을 로맨틱하고 예술적으로 묘사한다."[73] 이는 미국인들이 한국 드라마의 내용과 소재, 순수한 작품성을 사랑하고, 내용과 소재, 작품성이 만들어낸 한국 드라마의 건전성에 기초한 객관적 이미지를 사랑하는 것으로 볼 수 있다. 중국인들이 한국 드라마를 선호하는 이유도 미국인들과 다르지 않다. 내용과 소재 관련해서 중국인들은 한국 드라마의 순수한 러브스토리(55.65%), 따스한 가족 이야기(54.93%), 이야기의 현실적 자극(39.15%) 등을 좋아하고, 제작 기술과 작품성 관련해서는 한국 드라마의 진실되고 자연스런 연기(43.20%), 의상 패션(42.89%), 느낌이 편하고 부담 없다(40.56%), 아름다운 화면(40.16%), 이야기의 극적 반전(37.4%), 이국적 정취(22.01%) 등을 꼽는다. 그리고 건전성에 기초한 한국 드라마의 객관적 이미지와 관련해서는 드라마의 사회적 책임감 중시(36.19%)를 중국인들은 좋아한다.[74] 이처럼 한국 드라마의 내용과 소재, 순수한 작품성, 건전성에 기초한 객관적 이미지는 대중적 친화력의 원천이다.

둘째, 한국 드라마의 대중적 친화력과 텔레비전이라는 대중적 매체의 결합에서 그 이유를 찾을 수 있다. 태생적으로 대중적일 수밖에 없는 드라마와 대중적 파괴력을 갖고 있는 텔레비전이라는 매체의 운명적인 만남은 드라마의 정치·경제·사회·문화적 영향력을 증폭시킨다. 1997년 CCTV를 통해 방송된 드라마 〈사랑이 뭐길래〉는 일순간에 중국 전역에

---

73 http://news.naver.com/hotissue/read.php?hotissue_id..
74 *80% 중국인이 한국 드라마를 좋아하는 이유?* 마이데일리, 2005.10.17.

한국 드라마 붐을 일으키며 한중 간의 교류를 전방위적으로 확대하는 계기가 된다. 일본 NHK 지상파를 통해 방송된 드라마 〈겨울연가〉는 대만을 중심으로 일기 시작한 1차 한류 위기의 바람을 일거에 제압하고, 꺼져가던 아시아시장에 한류의 불을 다시 지핀다. 2005년 중국 후난 위성TV가 방송한 드라마 〈대장금〉은 중국인들의 극찬을 받으며, 중국 시장에 드리웠던 한류 1차 위기의 잔영을 말끔히 씻어낸다. "낭만적인 사람들은 러브스토리에, 일하는 사람들은 의지와 꿈에, 맛을 찾는 사람들은 음식에 빠진다. 중국인들은 〈대장금〉을 통해 잃어버린 자신의 꿈과 사회의 미를 찾고 있다."[75] 이처럼 대중매체인 텔레비전과 결합한 한국의 드라마는 소비 주체[객체]인 아시아 시청자들의 관심을 끌어모으며 수출 규모와는 상관없이 엄청난 사회·문화적 반향을 불러일으켜, 한류의 흐름을 좌우하는 민감한 서비스[문화콘텐츠]로 자리를 잡는다.

그런데 문제는 이 같은 서비스[문화콘텐츠]의 민감성이 팬덤을 형성해 한국문화의 전파와 국가적 이미지 개선에 도움을 주기도 하지만, 다른 한편으로는 부정적 시각의 시청자군을 형성해 한류를 위기로 몰아가기도 한다. 예를 들어 드라마 〈대장금〉의 성공은 중국인들에게 한국문화와 사회에 대한 경외심을 심어주기도 하지만, 한편으로는 부정적 시각의 시청자군을 자극해 한국 드라마의 황금시간대 편성을 금지하고, 수입을 제한하는 등 정치·외교·경제적 파장을 불러일으킨다. 베트남도 마찬가지다. 드라마 〈대장금〉의 성공으로 심기가 불편해진 베트남 정부는 무역 보복 의사를 밝히는 등 문화 외적인 복잡한 정치·경제·외교 문제를 야기한다. 또 드라마 〈겨울연가〉의 성공은 일본 내 혐한류의 빌미가 되고, 드라마 〈사랑이 뭐길래〉의 성공은 유교에 대한 한중 간의 문화

---

75 *지금, 한류의 좌표 한류 중간 점검.* 필름2.0, 2005.10.13.

원류 논쟁을 촉발하기도 한다.[76] 이처럼 서비스[문화콘텐츠]라는 드라마의 민감성이 "한국과의 정치 및 외교적 갈등"(3.2%), "한국과의 역사적 관계"(4.3%) 등의 문제를 불러일으킴으로써 한류를 부정적 시각에서 바라보게 하는 요인이 되기도 한다.

2) 생산 주체가 위기 주체

생산 주체란 서비스[문화콘텐츠]의 생산에 관여하는 제작자, 작가, 연출가, 배우, 안무가, 작사·작곡가, 가수, 제작 스태프, 그리고 유통에 관여하는 마케터 등 서비스[문화콘텐츠]의 생산에서 소비에 이르기까지의 전 과정을 담당하는 제작진 일체를 가리킨다. 그런데 한국국제문화교류진흥원(KOFICE)이 실시한 '2024 해외한류실태조사'에서 한류에 대한 부정적 인식에 공감하는 이유를 살펴보면 75.7%[77]가 이들 서비스[문화콘텐츠] 생산 주체와 직간접적으로 연관되어있음을 확인할 수 있다. 왜 이런 결과가 나왔을까? 그 이유가 무엇일까?

(1) 서비스 정신의 결여

2000년대 초 한류의 절정기가 막 시작될 무렵, 한 방송사 해외 마케터가 『방송21』 9월호에 '범국가적 지원이 필요하다'라는 제하의 글을 기고한다. 25년 전의 상황이라 지금은 격세지감을 느낄 수도 있다. 그러나 당시로서는 그 누구도 경험해보지 못한 낯설기만 한 한류 열풍을 최전선에서 맞닥뜨려야 했던 방송사 해외 마케터의 흥분과 열정, 책임감, 그리고 문제를 해결하고자 하는 적극적인 마음과 자세가 기고문의 행간에

76 박장순, *한류 신화가 미래다*, 커뮤니케이션북스, 2007: 40~42.

77 지나치게 자극적, 선정적이다(24.9%), 획일적이고 식상하다(22.0%), 지나치게 상업적이다(21.1%), 한류 스타의 부적절한 언행/비윤리적 행동(7.7%).

깊숙이 묻어난다. 그 가운데서 '대만시장의 확대를 위한 다섯 가지 제언'이라는 대목이 나오는데, 다음은 그중의 첫 번째 제언이다.

> 젊은 층이 선호하는 장르나 좋아하는 연기자들을 집중 투입할 필요가 있다. 젊은 청춘스타들이 위주가 된 역내 팬클럽 활동을 지원하고, 될 수 있으면 작품홍보와 함께 스타의 이미지를 심어주도록 관계자 모두가 합심 노력해야 한다. 해당 연기자들도 바쁜 일정을 핑계로 혹은 시장의 대소(大小)로써 눈앞의 이득에만 안주해서는 안 된다.[78]

이 시기 해외 마케터들을 당혹스럽게 했던 사안 중의 하나는 해외 현지에서 인기를 얻은 우리 배우들의 비협조, 대(對)객체[소비 주체] 서비스 정신의 결여 문제였다. 물론, 한류가 무엇인지도 잘 모르던 한류 초기 시절, 우리 배우들 또한 아시아시장에서 자신들의 인기가 하늘을 찌르고 있다는 사실을 모르고 있었고, 이를 알려주면, "그럴 리가?" 하고, 반신반의하는 상태였다. 그러기 때문에 국내 시장의 인기 관리만큼 아시아시장의 인기 관리에 가중치를 둘 수 없었던 것도 사실이다. 아무튼 "해당 연기자들도 바쁜 일정을 핑계로 혹은 시장의 대소(大小)로써 눈앞의 이득에만 안주해서는 안 된다."는 해외 마케터의 일침은 국내 배우와 해외 방송사[바이어] 사이에서 샌드위치가 될 수밖에 없었던 한국 해외 마케터들의 곤혹스러운 상황을 대변해 준다. 한국 스타의 얼굴을 보고 싶어 하는 해외 한류 소비자, 그리고 해외시장 상황을 잘 모른 채, 도도하게 버티는 것 같은 모습의 국내 스타, 이들 사이에서 한 편이라도 더 드라마를 팔아야 하는 해외 마케터들의 입장이 얼마나 난감했을까?

---

78 김영원, *해외 마케터*, SBS프로덕션, 2001: 39.

2005년 봄, 홍콩 교민사회에선 자체 행사를 기획하며, 한류 스타를 한 명 초청하고자 했다. 그런데 억대의 출연료는 차치하고라도 다른 추가 요구사항이 그들의 기를 막히게 한다. "배용준 수준으로 공항 환영 인파와 호텔 방을 준비해 달라.", "홍콩에서 가장 높은 행정수반과 만찬을 주선해 달라." 등이었다. 초청행사는 당연히 무산됐다. 그뿐 아니다. 대만 영화제 시상식에서 상을 받고, 인사말 없이 트로피만 들고 총총히 무대를 떠나는 한국의 중견 스타, 홍콩 영화 개봉 리셉션 행사 때 피곤한 표정으로 창가에 걸터앉아 있던 여배우의 이야기[79] 등 콧대 높은 국내 스타들의 행태를 질책하는 기사들이 자주 눈에 띄었다. 스타는 대중이 만들어준 것이다. 매니지먼트가 만들어 낸 반짝 스타도 존재하긴 하지만, 진정한 스타는 대중의 지지로부터 생명력을 얻는다. 부적절한 언행과 비윤리적인 행동 같은 서비스 정신의 결여는 소비 주체인 해외 한류 수용자들에게 한류에 대한 부정적 인식을 심어준다.

(2) 상업주의적 색채의 과다 노출

한 민족의 사회사(社會史)는 그 사회가 배출한 스타를 통해 쓰여질 수도 있다. 그래서 스타는 개인이지만 대중과의 관계, 사회와의 관계에서 상징적 의미를 갖는다.[80] 그런데 한국의 스타는 이런 사회적 의미보다는 개인적 이기주의적인 모습으로 비치는 경우가 더 많은 듯하다. "한국 영화에서 스타는 예산 규모에 비해, 또 연기력에 비해 과도한 개런티를 받고 있다. 다른 나라에선 전문가들만 보는 매체에 실릴 스타 몸값이 일반 신문의 연예란에 실려 스타 간의 몸값 거품 경쟁을 부추기는 것도 문제

---

79 *한류 맥 짚어보기*, 중앙일보, 2005.10.28.

80 유지나, 혼자 잘 나서 스타가 됐나, 삶과 문화, 중앙일보, 2002.11.30

다. 이를테면 아무개 스타가 또 다른 스타의 몸값을 능가했다는 식의 기사는 스타 특유의 라이벌 의식을 부추겨 실제 가격보다 거품 든 가짜 가격을 조장하기도 한다. 스타를 내세운 매니지먼트사, 그에 동조하는 매스컴이 총동원해 대중을 속이는 일이 벌어지고 있는 것이다. 그런데도 어차피 연예계가 그러려니 하고 접어두는 대중의 너그러움 혹은 무심함을 틈타 이제는 스타가 자신을 키운 업계와 대중을 우롱하는 도덕적 해이가 스타의 이름으로 자행되고 있다."[81]

작품당 출연료뿐 아니라, 드라마를 메인스트림으로 한 1차 한류시대의 막바지인 2000년대 중반, 10여 명 안팎이었던 한류 스타 특A급의 팬미팅 개런티는 2~3시간 팬 미팅에 3~4억 원으로, 2004년 이전에 비해 무려 2~3배가량 폭등했다.[82] 물건을 사고파는 행위에도 상도의(商道義)라는 것이 있다. 상대를 고려하지 않는 지나친 이윤추구는 자칫 적대감을 유발해 긴 호흡의 거래를 방해할 수도 있다. 소비 주체[객체]의 라이브러리에 서비스[문화콘텐츠] 생산 주체가 공급한 프로그램이 -소비되지도 않은 채- 쌓여있는 것을 알면서도 한류의 힘을 믿고, 계속해서 콘텐츠의 구매를 강요하는 것도 도리가 아니다. 설혹, 소비 주체[객체]가 이윤추구에 눈이 어두워 과도한 사재기를 하고자 한다 해도 건강한 시장 질서를 위하는 서비스[문화콘텐츠] 생산 주체라면 이를 억제하고, 공급의 양을 조절해야 한다. 긴 흐름의 시장을 고려해 절제된 판매전략의 구사가 필요한 것이다. 마치 한 번 장사하고 그만둘 사람처럼 상대방의 처지나 상황은 고려하지 않고, 서둘러 치고 빠지는 한탕주의 판매방식은 정도(正道)가 아니다. 돈이 되면 다 판다는 식의 지나친 상업주의적 색채의 과

81 위 기사.
82 *거품 빠진 韓流 걱정되는 寒流*, 조선일보, 2006.03.23.

도한 노출 또한 소비 주체[객체]로 하여금 거부감을 갖게 하고, 감정적인 대응을 초래한다. 일본이 세계 경제를 주름잡던 1970~80년대, 세상 사람들은 일본, 일본인들을 '일본주식회사'(Japan Inc.), '경제동물'(Economic Animal)이라고 부르며, 지나친 그들의 상업주의적 태도를 비난하고, 곱지 않은 시선으로 그들을 바라보았다는 사실을 기억해야 한다. 멀리 보고, 큰 그림을 그려야 하는 서비스[문화콘텐츠] 생산 주체의 입장에서 한 번쯤 새겨봐야 할 대목이다.

상업주의적 색채의 과도한 노출은 프로그램 유통을 담당하는 해외 마케터 개인의 자질문제일 수도 있다. 상대방을 배려하면서 이윤도 함께 추구하는 상생의 방안을 모색하는 해외 마케터의 자세야말로 한류를 위기에서 구할 수 있는 상도의이자, 덕목이다. 베트남 문화신문의 부란아인 기자는 2005년 대한민국 국회에서 열린 한류 국제공청회에서 "한류 열풍 지속을 위해서는 몇 가지 고민해야 할 점들이 있다."고 말한다. 한류 열풍이 거세지면서 여러 편의 드라마가 여러 채널에 동시에 방송되고 있는데, 이는 도리어 식상함을 불러올 수 있다는 것이다. 그는 "맛있는 음식도 너무 많이 먹으면 질리는 법"이라며 한류를 좀 "아껴라!"라고 주문한다.[83] 중국의 경우도 마찬가지다. 2007년 6월 개최된 제13회 상해TV페스티벌 행사에 부산콘텐츠마켓(BCM) 공동집행위원장 자격으로 참석한 다작은 행사 둘째 날 저녁 8시부터 다음 날 아침 8시까지 12시간 동안 TV모니터링에 들어갔다. 한국 드라마가 과연 어느 정도 중국에서 방영되고 있는지, 그 실상을 직접 눈으로 확인하고 싶어서였다. 다작이 머물던 상하이신국제엑스포센터 근처의 세기호텔에는 유료채널 이외에 홍콩 스타TV를 비롯해 동방TV, 상해TV, 후난 위성TV 등 지역과

83 스타 상품, 중앙일보, 2006.12.02.

전국 네트워크를 포함해 10여 개 이상 채널이 운영되고 있었다. 리모콘으로 채널을 돌려가면서 밤새워 TV를 보는데 놀랍게도 12시간 동안, 7~8편의 한국 드라마가 채널을 달리하면서 끊임없이 방송되고 있음을 확인할 수 있었다. 외국에 나가 우리 드라마를 볼 수 있다는 것이 얼마나 큰 기쁨인가? 그러나 이 또한 상대적인 것이 아닌가 싶다. 밤새 모니터링을 하고 난 다음 날 아침, 흐뭇함보다는 오히려 걱정이 앞섰다. 상대국 정부가 한국 드라마의 과도한 수입을 억제하기 위해 2006년 초부터 한국 드라마의 수입을 금지한 상태라는 사실을 감안한다면, 이런 한국 드라마의 과다 방송 현상이 결코 즐거운 일일 수만은 없다. 물량 쏟아붓기는 상업주의적 색채의 과다 노출의 또 다른 형태라고 할 수 있다.

(3) 일본 드라마(1990년대)의 재현 경향성

아시아에 처음 텔레비전이 도입된 1953년부터 40여 년간 아시아 텔레비전 시장을 선도하던 일본 드라마의 대아시아 영향력은 한류의 '정착기'에 해당하는 1995년부터 서서히 변화의 조짐을 보이기 시작한다. 한국 드라마의 해외수출이 빠른 속도로 증가하는 데 반해, 일본 드라마의 폭력성과 선정성, 성적 묘사 등 소재와 코드의 극단화 경향이 아시아시장의 저항을 불러온다. 특히, 홍콩에서는 일본 드라마가 미국 드라마보다도 더 폭력적이고 외설적이라는 평가가 나온다.[84] 이런 상황에서 드라마 〈사랑이 뭐길래〉는 1997년 한국과 일본 드라마의 관계 변화에 결정적 역할을 한다. 〈사랑이 뭐길래〉가 중국 시장에서 한국 드라마 신드롬을 불러일으킨 것이다. 이후 방송콘텐츠 수출이 사상 첫 대일 출초를 기록하는 1999년까지 아시아 드라마 시장의 무게 중심은 5년여의 시간차

84 윤선희, 영상산업의 아시아시장 진출을 위한 수출전략 연구, 연구보고 98-01, 한국방송개발원, 1998: 116.

를 두고 서서히 한국으로 이동한다. 이 시기는 일본 내의 드라마 제작 물량이 큰 폭으로 줄고, 드라마의 편성 비율과 시청률 또한 극도로 저조해지는 일본 드라마의 쇠퇴기와 맞물린다.

버블경제가 붕괴된 후 등장한 1990년대 일본의 포스트 트렌디 드라마는 충동적인 성애에 대한 욕구를 필요 이상으로 과도하게 묘사하고, 평범한 연애도 섹스에 초점을 맞춘다. 극적 전환의 모멘텀으로 강간, 임신, 불륜 등을 등장시킨다. 그런 계기가 된 드라마가 〈줄곧 당신이 좋았다〉[85](TBS계열, 1992)이다. 그 뒤를 이어 등장한 〈고교교사〉(TBS계열, 1993)는 학교 드라마에서 터부시해왔던 교사와 학생의 사랑 이야기, 강간, 근친상간 등을 대담하게 그린다. '동정하려면 돈을 달라'는 충격적인 대사로 유명한 〈집 없는 아이〉(닛폰테레비 계열, 1994)도 평균적인 가족과 남녀 관계, 일반적인 삶의 형태라고 하기에는 너무나 거리가 먼 드라마다. 시청자는 드라마에서 정보가 아니라 자극을 추구하게 된 것이다.[86] 드라마 〈기프트〉(후지TV)의 주인공이 극중에서 버터플라이 나이프를 휘두르는 장면이 때마침 빈발했던 청소년 강력범죄 사건의 배경이 되기도 한다. 또 베스트셀러 소설을 원작으로 한 드라마 〈실락원〉(닛폰테레비)에서는 연출자 스스로 '방송 기준에 도전한다'는 슬로건을 내걸고, 포르노를 방불케 하는 섹스 장면을 안방에 선보여 장안의 화제를 모은다. 드라마의 섹스 장면이 영화는 물론 원작의 수준을 넘어서는 노골적인 것이었다.[87] 이처럼 1990년대 일본 드라마는 더는 버블에 취할 수 없게 된 소비주체[객체]들에게 흥분제로서 섹스와 근친상간, 폭력, 고문 등 극단적인

85 엘리트 출신인 신랑과 중매결혼한 여주인공은 그가 마마보이고, 컴퓨터나 곤충채집과 같은 오타쿠(オタク)적인 취미를 갖고 있고, 폭력적이라는 사실을 알게 된다. 더욱이 성적 관심이 전혀 없는 사람이라는 것도 알게 된다. 드라마는 이 같은 상황 속에서 펼쳐진다.

86 岩男壽美子, *Televi Drama No Message*, Keisoshobo, INC, Tokyo, 2000. 김영덕·이세영 역, *TV드라마의 메시지*, 커뮤니케이션북스, 2004: 22~23.

87 한국방송진흥원, 1998년 일본방송, 악화된 경제상황이 크게 반영돼, *방송 동향과 분석*, 통권 79호, 1998: 2.

소재를 제공한다. 결국 한류 생성과정의 변곡점이 된 드라마 〈사랑이 뭐길래〉가 중국 시장을 뜨겁게 달구던 그 시기, 위성 등을 활용해 아시아 드라마 시장을 방어하고자 했던 일본의 노력은 오랜 경기침체와 드라마의 극단화 경향으로 스스로 주저앉는 형국이 된다. 일본 드라마는 1980~1990년대 초 드라마 〈오싱〉(おしん)이 보여주었던 일본인의 '인내, 근면, 가족애'라는 아시아시장이 소구하는 가치를 잃어버리고, 1990년대 말 극단적인 소재의 선택과 함께 쇠락의 길을 걷게 된다. 전통과 현대가 어우러진 한국 드라마에 아시아시장을 내주게 된 것이다. 한국국제문화교류진흥원(KOFICE)이 실시한 한류에 대한 인식조사에서 해외 응답자들이 한류를 부정적으로 보는 이유가 "지나치게 자극적, 선정적이다."(24.9%)라고 하는 반응에 1990년대 일본 드라마의 몰락과정을 현장에서 지켜봤던 해외 마케터 출신의 한 사람으로서 놀라움과 함께 우려를 금할 수 없다.

(4) K-pop 밈의 유형적 편향성

밈(Meme)[88]은 가설적 복제자다. 문화의 발전과정을 설명하기 위한 문화의 전달 단위 또는 모방의 단위다.[89] 유전자는 DNA로부터 오고 밈은 가르침 또는 모방에서 온다.[90] 밈은 어떤 사람의 뇌에서 다른 사람의 뇌로 보내질 수 있는 실체로서 정의된다.[91] 그렇다면 K-pop 밈이란 무엇인가? 세계인들이 K-pop 하면 떠올리는 일체의 생각, 아이디어를 가리킨다. [표 02-02]는 K-pop 밈의 종류를 보여준다. 여기서 확인할 수 있듯

88 제3장 '밈의 어원 및 어의'편 참조.
89 McGrath, A. *Dawkins' God*, Blackwell Publishing, MA, USA. 2007: 122.
90 Bonner, T. *The Evolution of Complexity*, Princeton University Press, 1988: 209.
91 Dawkins, R. *The Selfish Gene*, Oxford University Press, Oxford New York, 2009: 195~196.

이 K-pop 밈은 "경쾌한 멜로디, 비트, 후크송, 서구적 팝스타일, 일사불란한 군무, 포인트 동작, 화려한 볼거리, 현란한 춤, 격렬한 댄스, 훤칠한 키, 잘생긴 외모, 강인한 이미지, 예쁜 외모, 밝은 미소, 가창력, 감각적 패션, 헤어스타일, 메이크업, 동작, 제스처, 친절" 등 겉으로 '드러나 보여지는' 밈 표현형(Phenotype)에 편중돼 있다. 다시 말해 세계 젊은이들은 K-pop의 겉으로 '드러나 보여지는' 모습, 즉 K-pop의 밈 표현형 때문에 K-pop을 선호하는 것이다.

[표 02-02] K-pop 밈의 종류

밈	세부 밈	
노래 밈	경쾌한 멜로디, 비트, 후크송, '사랑 · 우정 · 이별' 등 감성자극, 서구적 팝스타일	동서문화 혼종 밈
춤[안무] 밈	일사불란한 군무, 포인트 동작, 화려한 볼거리, 현란한 춤, 격렬한 댄스	
가수[비주얼] 밈	훤칠한 키, 잘생긴 외모, 강인한 이미지(남자가수), 예쁜 외모, 밝은 미소, 가창력, 감각적 패션, 헤어스타일, 메이크업, 동작 및 제스처, 친절(팬과의 소통)	

이는 K-pop의 "내용부재, 정체성 결여, 표피적 행태" 등의 비판적 시각과도 맞닿아 있다. 물론, 사랑할 때는 이런 것들이 문제가 되지 않을 수 있다. 팬덤이 작동하기 때문이다. 그러나 KOFICE의 조사에 응한 해외 한류 수용자들이 갖고 있는 한류에 대한 부정적 인식 가운데 "지나치게 자극적, 선정적이다."(24.9%) "획일적이고 식상하다."(22.0%)의 비중이 1, 2위를 차지하고 있는 것을 보면, 이것이 드라마에만 국한된 문제가 아님을 알 수 있다. 지나치게 밈 표현형에 경도된 K-pop 밈의 편향성도 여기서 자유로울 수 없다.

3) 서비스[문화콘텐츠] 문화 외적 요인

시장의 논리만을 강조하는 미시경제학적 측면의 일방향적 수출정책은 반한류의 원인이 되기도 한다. "일본 드라마는 확실한 연출력 우위에도 불구하고 한국에선 낮게 평가되고 있다. 한국 지상파 방송이 일본 드라마를 내보내지 않고 있기 때문이다. 한국 시청자들에게 우리를 알릴 기회가 원천 봉쇄되고 있다"[92]고 히가시야마 이치로[93](東山一郞)는 공정한 게임의 룰을 무시한 한국의 일방향적 수출정책에 비판의 목소리를 높인다. 갑작스럽게 부상한 한국 드라마를 지켜봐야 하는 NHK 방송 실무자로서 충분히 가질 수 있는 울분이다. 한일 간 문화역류의 전환적 시기라는 점에서 일본 드라마의 한국 내 방영도 어느 정도는 유연성 있게 대처할 필요가 있다. 한국 드라마의 주요 소비국 중 하나가 일본이고, 일본 시청자의 불만을 잠재우는 것도 일면, 공급자가 취해야 할 역할 중의 하나일 수 있기 때문이다. 그러나 이 같은 비판의 목소리는 일방향적 수출정책 이전의 문제, 즉 한일 간의 오랜 역사적 앙금이 그 원인일 수 있다.

중국도 비슷한 불만을 터뜨린다. 2004년 11월 서울에서 열린 국제방송영상견본시(BCWW)에 참석했던 중국의 국영 CCTV 관계자는 "한국이 계속 중국 프로그램 구매를 회피한다면 앞으로 BCWW 참가 자체를 재고해야 할 것"이라고 말했다. 쑨자정(孫家正) 중국 문화부장은 2004년 11월 배종신 문화관광부 차관을 만난 자리에서 "중국에 부는 한류만큼 한국에도 중펑(中風)이 불 수 있도록 협조해 달라."며 "중국 드라마를 방영해 달라."고 공식 요청하기도 했다.[94] 이 또한 '시장의 논리'만을 강조하는 한국의 일방향적 문화 수출정책에 대한 불만의 표시일 수 있다. 그

92 *한국시장 꽁꽁 닫아 심리적 통상마찰*, 중앙일보, 2005.01.07.
93 일본 NHK의 멀티미디어 담당자.
94 *한국시장 꽁꽁 닫아 심리적 통상마찰*, 중앙일보, 2005.01.07.

러나 중국 CCTV 관계자나 중국 정부 고위층의 요구는 자본주의 시장 질서를 왜곡시킬 수 있는 개연성을 갖고 있다. 중국의 드라마를 살 것인가 말 것인가는 전적으로 정치적인 결단의 문제가 아니라, 소비자인 한국 시청자들의 몫이다. 실제로 한중 수교가 맺어진 1990년대 초, KBS와 중국 CCTV는 상호방송교류협정을 맺으면서 순수 민간교류 차원에서 방송 프로그램의 맞교환을 시도한 적이 있었다. 그러나 그때 교환된 TV프로그램들은 10여 년 가까이 세월이 흐른 1990년대 말까지도 방송편성을 하지 못하고, 창고에 방치되어 있었다. 방송편성은 정치권의 몫이 아니라 드라마 시청자들의 몫이다. 시청자들이 원치 않으면 방송은 불가능하다.

1990년대 중반, 한류가 정착기에서 확장기를 향하고 있을 때, KBS는 중국 CCTV가 제작한 사극의 구매를 검토한 적이 있었다. 스케일이 크고 웅장한 작품이었다. 그러나 드라마의 이야기 구조가 작품의 스케일을 따라가지 못하는 아쉬움이 있었다. 결국 구매를 포기할 수밖에 없었다. 한류가 한국의 요구에 의해 만들어진 것이 아니듯, 중풍(中風) 또한 중국의 요구에 의해 만들어질 수 있는 것이 아니다. 다만, 여기서 고민해야 할 대목은 고객인 외국 소비자의 눈에 서비스[문화콘텐츠] 생산자인 한국의 문화 수출정책이 일방향적인 모습으로 비추어졌다면, 이는 시급히 해결해야 할 과제다. 그런 인상을 심어준 우리 정부의 책임 또한 작다고 할 수 없다. 오해가 있다면 풀어야 하고, 오해를 푸는 시기는 빠를수록 좋다. 자칫 이것이 정치외교적 문제로 비화할 수도 있기 때문이다.

한류는 순수한 상업적 목적에서 출발한 해외 마케팅의 결과다. 그러기 때문에 민족주의나 국가주의, 국수주의가 끼어들 여지가 없다. 일반 공산품과 마찬가지로 1990년대 초 방송콘텐츠를 통한 새로운 수익원 창출이라는 차원에서 해외 마케팅은 시작되었고, 한류는 그 결과로 얻어진 문화 확산 현상일 뿐이다. 누가 에어컨이나 자동차, 텔레비전 등을 해외에 팔면서 민족주의, 국가주의, 국수주의를 논하겠는가? 다만, 한류가 국내외적으로 이데올로기 논쟁의 중심에 서게 된 데에는 이유가 있다. 언어기호 '한류'(寒流)의 탄생 자체가 한국 서비스[문화콘텐츠]를 처음 대하던 중국인들의 민족주의, 국가주의에 기반한 '외국 문물에 대한 경계심'에서 출발했기 때문이다. 결국 외국의 소비 주체[객체]가 민족주의, 국가주의, 국수주의 논쟁의 주체인 셈이다. 그러다 보니, 때로는 '한류'(韓流)에 대한 부정적 인식을 갖게 되고, 이것이 "한국과의 역사적 관계"(4.3%), "한국과의 정치외교적 갈등"(3.2%) 문제로까지 이어지고, 급기야 "자국 콘텐츠 산업 보호 필요하다."(9.0%)와 같은 폐쇄적 주장으로 연결되기도 한다.

4. 위기는 신화를 부른다: 한류, 왜 신화인가

신화는 잠재의식 속에 믿음을 심어준다. 우리의 건국신화인 단군신화도 예외가 아니다. 리얼리티가 결여된 허구적인 내용을 담고 있지만, 만화 같은 재미 속에서도 단군신화는 한민족이 한 조상의 자손이라는 강한 믿음을 갖게 한다. 신화는 믿음이다. 위기의 한류가 신화여야 하는 이유 또한 믿음 때문이다. 한국문화, 한국 문화콘텐츠에 대한 세계인들의 믿음이 위기에 처한 한류를 구할 수 있다. 한류는 40년 가까이 신화로서의 믿음을 갖기에 충분한 가치를 발휘해 왔다. 서양 문화[西風]를 일방적으로 받아들이던 아시아시장이 1990년대 한류가 실어 나르는 한국문화[東風][95]를 서양 문화의 대안으로 지목했고, 이것이 새로운 '상방향성'

95 중국 북경청년보는 1999년 11월 19일(금)자 신문 기사 제목 "東風도 東漸할 때가 있다"에서 한류를 서구의 서풍

의 문화 유통 이데올로기 '중도이론'(Middle-Range Theory)을 탄생시킨다. 신화의 품격은 믿음에서 출발한다. 신화의 믿음은 한류를 위기에서 구하는 구원투수가 되어줄 것이다.

1) 레비스트로스의 신화론에서 본 한류

언어학에서 인류학, 인류학에서 신화학으로 구조주의 이론을 확대시킨 레비스트로스(Lévi-Strauss)는 신화적 사고의 이해를 위해 '야생의 사고'(la pensée sauvage)라는 새로운 개념을 제시한다. 문명인들의 사고와 본질적으로 다른 미개인의 사고가 따로 존재한다는 환상을 해체하는 것에서부터 출발한다. 문명인들이 미개인이라고 부르는 사람들의 사고가 전혀 미개하지 않다는 것이다.[96] 다시 말해 미개인들도 문명인과 똑같이 구체적인 사고의 논리구조를 갖고 있다는 것이다. 신화에 대한 레비스트로스의 접근 방법은 신화 속에서 인간이 어떻게 생각하는가를 보여주는 데 있다. 인간이 정신세계에서 생각하는 바를 신화의 구조를 통해 보여준다고 보기 때문이다.[97] 그에게 있어서 가장 강력하고 의미 깊은 신화란 '이항대립'(Binary Oppositions) 구조 안에 내재하는 모순에 대처할 수 있도록 함으로써 본원적 불안을 감소시켜 주는 역할을 하는 것이다. 비록 신화가 이런 모순 자체를 해결하지는 못할지라도 모순과 더불어 살아가거나 적절히 대처할 수 있는 방법을 가상적으로 제시함으로써 이런 모순들이 지나친 혼동을 초래하거나 문화적 공포를 자아내지 않도록 하는 역할을 맡고 있다.[98]

에 대항하는 동풍으로 기술한다.

96 김동섭, *신화*, 도서출판 만남, 2006: 9.

97 ibid. 14.

98 Fiske, *Introduction to Communication Studies*, Routledge, New York. 1990. *커뮤니케이션이란 무엇인가*, 강태완·김선남, 커뮤니케이션북스, 2001: 227.

[그림 02-01]은 북미지역의 '남풍 신화'를 구조화한 것이다. 그림에서 보듯 이 신화는 자연의 자비로운 측면과 적대적 측면을 이항대립으로 놓고 있다. 여기서 레비스트로스를 매혹시킨 것은 홍어가 영웅으로 선택되었다는 대목이다.

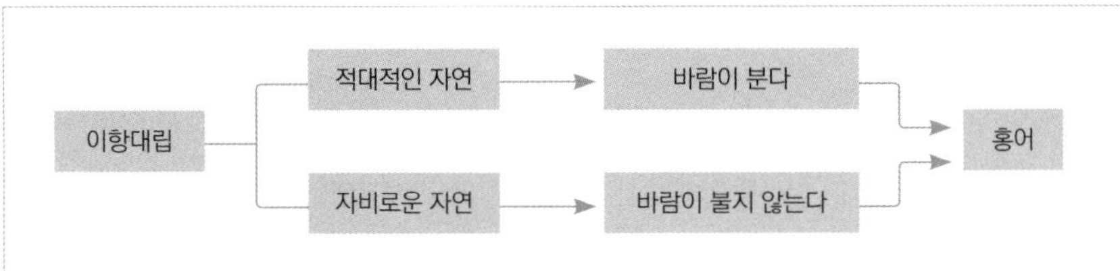

[그림 02-01] 남풍 신화구조

레비스트로스에 따르면 이 신화의 매력은 바람이 교대로 불고(在), 안 불고(不在)하는 측면을 홍어라는 대상의 형태로 제시한다는 점에 있다. 다시 말해 홍어는 매우 납작해서 옆에서 보면 거의 보이지 않으나(不在), 위나 아래에서 보면 엄청나게 큰 물고기다(在). 구체성의 논리에 따르면 홍어라는 대상은 '적대'와 '자비'로서의 자연, 바람의 존재와 부재 사이의 대립을 자기 몸 안에 구체화함으로써 이 두 개념을 매개하고 있다.[99]

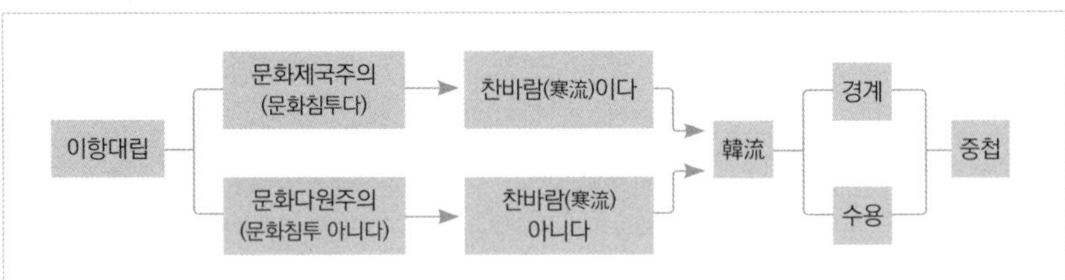

[그림 02-02] 한류의 신화구조

99 ibid. 228~229.

이 같은 레비스트로스의 이항대립적 신화구조를 한류에 적용할 경우 [그림 02-02]와 같다.

그런데 문제는 레비스트로스가 이야기하는 구체성의 논리다. '적대적인 자연'과 '자비로운 자연'이라는 이항대립적 요소의 추상성이 '홍어'라는 이중적 함의를 담고 있는 구체성을 띤 형태로 표현되듯이, 신화는 추상성이 구체성으로 변모해 가는 '구체성의 논리'가 적용되어야 한다. 그런데 한류 신화는 문화제국주의적 이데올로기와 문화다원주의적 이데올로기라는 추상적 개념의 이항대립 관계에서 출발해 '찬바람이다', '찬바람이 아니다'라는 대립의 과정을 거쳐 '경계'와 '수용'이라는 이중적 함의를 담고 있는 새로운 '한류'(韓流)를 탄생시킨다. 그러나 이 또한 추상적 개념에 머무르고 있다는 사실이다. 다시 말해 '구체성의 논리'가 결여돼 있다는 것이다. 이것이 레비스트로스의 관점에서 본 한류 신화의 약점이다. 그러나 바르트의 신화론은 '왜, 한류가 신화인가'에 대한 명확한 논거를 제시한다.

2) 바르트의 신화론에서 본 한류

바르트(Barthes)는 사회적으로 널리 통용되는 믿음이나 가치, 태도 등을 신화라고 한다. 바르트는 1차 의미화 과정이 만들어 낸 기표(Signifiant)와 기의(Signfié)의 연합 즉, 외연(Denotation)이 다음 단계인 2차 의미화 과정의 기표로 기능한다고 보고, 이것이 새로운 기의를 갖게 될 때 그 연합을 바르트는 내포(Connotation)라고 한다. 내포는 기호에 인간의 감정이나 평가가 더해지는 과정으로, 기호를 해석하는 사람들의 주관적인 면이 가해지는 과정으로 이해하면 된다. 내포를 통해 만들어진 의미는 또 다른 의미를 만들어낼 수 있는데, 이런 3차 의미화 과정을 바르트는

신화라고 한다.[100]

바르트의 신화론이 신화의 임무가 역사적인 의도를 자연화하고, 우연성을 영원성인 것처럼 보이게 하는 것[101]이라고 한다면, 아시아를 넘어 세계인과의 소통을 목표로 하는 한류 신화의 역사적 의도가 인류를 하나의 공동체로 엮어내는 자연화의 과정을 거치고, 누구도 예상하지 못했던 우연의 산물인 한류에 영원성을 부여하고자 하는 것은 진정한 의미에서 한류 신화 만들기의 과정으로 볼 수 있다. 이런 측면에서 한류의 의미구조를 바르트의 신화구조에 맞춰 구성하면 [그림 02-03]과 같다.

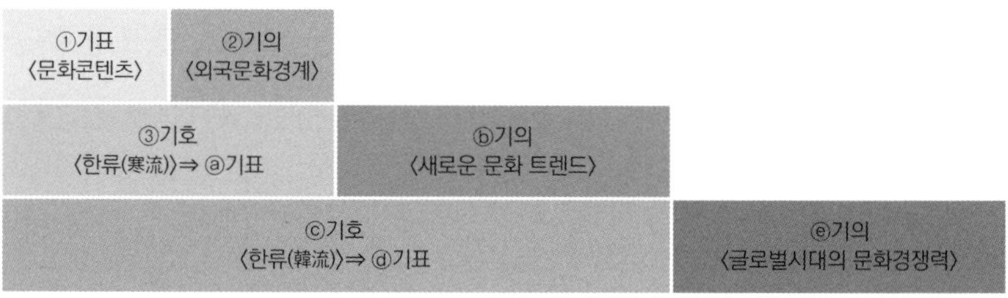

[그림 02-03] 한류 신화의 의미생성 구조

여기서 번호① 기표(Signifiant)는 드라마·애니메이션·대중음악·영화·게임 등과 같이 해외 소비 주체[객체]들의 눈에 보이고, 확인할 수 있는 한국의 서비스[문화콘텐츠]가 되고, 번호② 기의(Signifié)는 '경계하고 조심해야 할 외국의 문화 조류'가 된다. 이런 1차 의미화 과정의 '기표'와 '기의'가 융합해서 번호③ '한류'(寒流)라는 언어기호를 탄생시킨다. 다시 말해 '한류'(寒流)는 드라마·애니메이션·대중음악·영화·게임 등과 같은 한국의 서비스[문화콘텐츠]를 기표로 하고, '경계하고 조심해야 할 외국의 문화

100 백선기, *텔레비전 문화의 기호학*, 커뮤니케이션북스, 2004: 81.
101 Barthes R. *Mythologies*, *신화론*, 정현, 1995: 69.

조류'라는 의미를 기의로 담고 출발한다. 1차 의미화 과정을 거쳐 탄생한 언어기호 '한류'(寒流)는 시간이 흐르면서 2차 의미화 과정의 기표(ⓐ)가 되고, 이 기표는 '새로운 문화 트렌드'라는 또 다른 기의(ⓑ)를 갖는다. 이런 2차 의미화 과정의 기표와 기의는 또 다른 언어기호 '한류'(韓流: ⓒ)를 탄생시키고, '글로벌시대의 문화경쟁력'이라는 새로운 기의를 갖게 한다. 이로써 한류 신화가 창조된다.

한류(寒流)라는 언어기호 즉, 외연은 한류의 태동기(1987~)부터 절정기 이전, 그러니까 1990년대 초반의 도전기, 중반의 정착기, 종반의 확장기 등으로 이어지는 1차 의미화 과정을 거쳐 탄생한다. '태동기→ 도전기→ 정착기→ 확장기' 등 4단계로 이뤄진 1차 의미화 과정의 출발 '태동기'는 '88서울올림픽을 준비하느라 나라 안팎이 무척이나 분주했던 1987년으로 거슬러 올라간다. 각국 방송사들이 올림픽 개최 예정국인 한국의 문화를 자국민들에게 소개하기 위해 바쁘게 뛰던 시기다. 한류가 방송콘텐츠의 해외수출에서 비롯되었다고 할 때, 한류의 씨앗은 바로 이 시기에 발아한다. KBS와 대원동화가 공동 제작한 한국 최초의 TV애니메이션 시리즈 〈떠돌이 까치〉가 프랑스를 포함한 유럽 지역으로 첫 수출된 것이다. 이후, '88서울올림픽의 성공적인 개최는 한국 현대사에 커다란 변화의 계기를 마련해준다. 정치·경제·사회·문화 전반에 걸쳐 한국의 국제적인 위상이 높아지고, 한강의 기적인 '경제 신화'를 완성해 세계화의 기틀을 마련하는 계기가 된다. 이 같은 한국의 위상변화는 상대적으로 한국보다 먼저 세계 방송콘텐츠 시장에 진출했던 북한을 위축시켜 그들로 하여금 쇄국의 길을 걷게 한다.[102]

1차 의미화 과정의 두 번째 단계는 도전기다. 태동기를 거친 KBS와

102 박장순, *문화콘텐츠 해외마케팅*, 커뮤니케이션북스, 2005: 26~27.

MBC가 1991년 계열사인 KBS영상사업단(현 KBS미디어)과 MBC프로덕션을 설립하고, 1992년 신생 방송인 SBS가 자체 SBS프로덕션을 설립, 본격적으로 해외시장 공략에 나서는 시기다. 한국의 방송콘텐츠들을 해외시장에 널리 알리기 위한 노력들이 해외 마케터들을 중심으로 이루어진다. 주요 수출 품목은 창작 애니메이션이었고, 당시 제작된 〈꿈돌이〉, 〈보거스〉, 〈걸리버 여행기〉 등은 세계 80여 개국에 수출되는 등 방송콘텐츠 해외 마케팅 도전기의 성과로 꼽힌다.

1차 의미화 과정 세 번째 단계는 '정착기'다. 해외 수출시장의 기본 골격이 -비록 규모는 작지만- 형태를 갖춰가는 시기다. 주요 수출 품목이 애니메이션에서 드라마로 전환되는 시기이기도 하다. 방송콘텐츠 수출의 본격화 단계로 한국 드라마에 대한 아시아시장의 관심이 높아진다. 당시는 일본 드라마의 절정기로 아시아시장에서 한국의 해외 마케터들이 시장개척에 어려움을 겪던 시절이다. 이런 와중에 터져준 드라마 〈사랑이 뭐길래〉의 성공은 아시아 방송콘텐츠 시장의 분위기를 반전시키는 계기가 된다. 더욱이 절정기인 일본 드라마의 편당 방송권료가 1만 달러를 상회하는 고공행진 상태였고, 이런 일본 드라마는 아시아 바이어들에게 뜨거운 감자와 같았다. 마침내 아시아시장의 니즈는 대체상품, 대체 드라마의 등장을 갈망했고, 한국 드라마는 이런 아시아시장의 니즈를 충족시키는 새로운 대안으로 등장한다.[103]

1차 의미화 과정 마지막 네 번째 단계는 1990년대 종반의 확장기다. KBS가 단위 방송사로는 처음으로 연간 250만 달러의 수출계약을 성사시키고, 21세기 뉴밀레니엄 시대를 준비하던 의욕에 찬 시기이기도 하다. 드라마의 편당 수출가격도 상승세에 있었고, 수출 규모 또한 확장

103 ibid. 28.

세에 있었다. 한류의 1차 의미화 과정은 이렇게 '태동기→ 도전기→ 정착기→ 확장기'를 거치며 무르익어갔고, 중국에서 '한류'(寒流)라는 새로운 기호를 탄생시킨다. 2차 의미화 과정은 외연(外延)인 한류(寒流)가 확장기인 1998년 기표ⓐ '한류'(寒流), 기의ⓑ '새로운 문화 트렌드'라는 두 번째 의미구조를 형성하며, 새로운 기호 '한류'(韓流)를 탄생시킨다. 그러면서 한류(韓流)는 '글로벌시대의 문화경쟁력'이라는 새로운 기의를 가지며, 한류 신화를 창조한다.

제 2 부

한류의 밈과 철학적 체계화

"

한류는 밈이다.
그러나 그것은 유가적 밈이다

"

제2장은 한류가 위기 상황 속에서 신화적 차원으로 도약할 필요성을 설명한다. 그러나 신화로서의 한류를 논하기 위해서는, 그것이 무엇으로 구성되어 있으며 어떤 방식으로 복제·확산되는지를 이해해야 한다. 따라서 제3장에서는 문화 진화론의 핵심 개념인 밈(meme) 이론을 도입해, 한류를 하나의 생명체적 구조로 분석한다. 이를 통해 한류의 유전자형과 표현형이 어떻게 작동하는지, 그리고 그것이 어떤 방향으로 진화할 수 있는지를 살펴본다.

제3장

밈[자연과학]과 사단칠정[유교]의 만남

1. 문화적 진화와 밈(Meme)

사상과 문화는 진화한다. 변화는 점진적이고, 과거의 토대 위에서 만들어진다. 사상은 한 곳에서 다른 곳으로, 한 사람으로부터 또 다른 사람에게로 확산된다. 발명은 무에서 만들어지는 것이 아니다. 앞서의 발명에 기초한다. 스펜서(Spencer)는 문화적 진화를 빅토리아시대 영국 사회의 진화와 같이 어떤 이상적인 것을 향한 전진으로 보기도 한다. 다윈(Darwin) 이후 50년, 볼드윈(Baldwin)은 모방과 가르침에 의해서 개인이 사회로부터 배우는 삶의 방식들을 서술하기 위해서 사회유전(Social Heredity)이라는 용어를 만들어 사용하기도 한다.[104] 한편, 다위니즘에 기반한 도킨스(Dawkins)는 문화적 진화를 에이전트 밈(Meme)의 작동 결과

104 Blackmore, *The Meme Machine*, Oxford University Press, 1999: 24.

로 파악하는 미메틱스(Memetics) 이론을 제시한다.

1) 어원 및 어의

새로운 타입의 복제자(Replicator)가 등장했다. 아직 유년기의 상태로 원시 수프[105](Primeval Soup)에서 떠다니고 있지만 벌써 진화론에 변화를 일으키고 있다. 이 새로운 수프가 바로 인간의 '문화'라는 수프다. 새로운 복제자를 위해서 문화의 전달 혹은 모방의 단위라는 의미를 전할 수 있는 이름이 필요하다. 모방이라는 의미를 가진 미메메(Mimeme)는 이에 적합한 그리스어 어원이다. 그러나 유전자(Gene[dʒiːn])처럼 짧게 소리 나는 단음절어가 필요하다. 도킨스는 '미메메'를 줄여서 '밈'(Meme)이라고 부르는 것을 고전주의자들이 이해해 주기를 바란다. 선택적으로 기억(Memory) 또는 프랑스 어의 '멤'(Même)과 같은 뜻으로 생각할 수도 있다.[106]

밈은 하나의 가설적 복제자(Hypothetical Replicator)다. 다위니즘의 프레임워크 안에서 문화의 발전과정을 설명하기 위한 문화의 전달 단위 또는 모방의 단위다.[107] 유전자는 DNA로부터 오고, 밈은 '가르침' 또는 '모방'에서 온다.[108] 도킨스에 의하면 개념(Idea), 생각의 밈은 어떤 한 사람의 뇌에서 다른 사람의 뇌로 보내질 수 있는 실체로서 정의되어야 한다.[109] 밈은 행동 정보, 아이디어, 관습, 약탈자를 피하는 방법, 또는 일시적 유행까지를 이른다. 이는 밈을 정의하는 데 가장 도움이 되는 것으로 밈이 '행동 정보'와 아주 대등한 위치에 서게 한다.[110] 밈의 예로는 노래

---

105 생물학자와 화학자들은 30~40억 년 전 세상이 인류 최초의 생명체와 관련된 유기물 분자의 바다로 이루어졌다고 믿는다.

106 Dawkins, *The Selfish Gene*, Oxford University Press, 2009: 192.

107 McGrath, *Dawkins'God*, Blackwell Publishing, 2007: 122.

108 Bonner, *The Evolution of Complexity*, Princeton University Press, 1988: 209.

109 Dawkins, *The Selfish Gene*, Oxford University Press, 2009: 195~196.

110 Bonner, *The Evolution of Complexity*, Princeton University Press, 1988: 209.

곡조, 아이디어, 캐치프레이즈, 의상, 패션, 항아리 또는 아치를 만드는 방법 등이 있다.

유전자가 정자와 난자를 통해 사람의 몸에서 몸으로 번식하듯 밈은 모방을 통해 사람의 뇌에서 뇌로 번식한다. 과학자가 새로운 개념에 대해 듣거나 읽게 되면, 자기 동료나 학생들에게 그 개념을 직접 전달하기도 하고, 신문 기사를 통해 간접 전달하기도 한다. 개념이 알려지는 순간, 그 개념은 사람의 뇌에서 뇌로 퍼져나가며 번식한다.[111] 기억해야 할 가장 중요한 점은 도킨스의 오리지널 형식처럼 밈이 모방에 의해서 반복된다는 것이다. 블랙모어는 밈을 '행동을 끌어내기 위한 지시(Instruction), 뇌에 저장된 그리고 모방에 의해서 반복되는 것'으로 기술해 왔다. 모방은 일종의 복제다. 모방은 밈을 복제자로 만드는 것이고, 밈에게 복제자의 힘을 실어준다. 무엇이든지 모방에 의해 반복되는 것은 다 밈이다.[112]

2) 분류: 유전자형과 표현형

F.T. 클로크(Cloak)는 문화를 아이-문화(I-Culture)와 엠-문화(M-Culture)로 구분한다. 인류학자인 그의 문화 분류 모델은 도킨스가 『이기적 유전자』(1976)를 집필하는 데 영향을 준다. 클로크의 아이-문화란 신경계에 저장되어 있는 문화적 정보 일체를 이야기하는 것이고, 엠-문화란 문화적 정보에 의해 유지되는 질료적 구조들의 관계성 또는 이 정보의 결과로 만들어지는 질료적 구조의 변화를 지칭한다(McGrath, 2007: 121). 다시 말해 클로크는 아이-문화를 사람의 머릿속에 있는 '설명서'(Instruction)로

111 Dawkins, *The Selfish Gene*, Oxford University Press, 2009: 192.
112 Blackmore, *The Meme Machine*, Oxford University Press, 1999: 42~43.

정의하고, 엠-문화를 사람의 행동, 테크놀로지, 사회적 유기체의 모습으로 정의한다. 그는 명백하게 아이-문화를 유전자형(Genotype), 엠-문화를 표현형(Phenotype)에 비유한다(Blackmore, 1999: 64).

그러나 도킨스는 『이기적 유전자』에서 복제자로서의 밈과 밈의 표현형 결과, 즉 밈 생산물(Meme Product)의 관계를 분명히 하지 못했다. 그러다가 『확장된 표현형』(The Extended Phenotype, 1982)에서 이 문제를 보완한다. 도킨스는 밈이 물리적으로 뇌에 살고 있는 것[유전자형]으로 간주되기를 바란다. 이것이 바깥세상에서 보여지는 결과, 즉 표현형 결과로부터 밈을 구분하는 것이 된다. 밈의 표현형 결과는 말, 음악, 시각적 이미지, 옷의 스타일, 얼굴 또는 손으로 하는 제스처, 박새가 우유병을 따거나, 일본의 짧은 꼬리 원숭이가 밀을 가려내는 것 같은 기술의 형태다. 그들은 밖으로 드러나고, 볼 수 있고, 들을 수 있는 뇌 속에 있는 밈[유전자형]의 표현[표현형]이다(Dawkins, 2008: 109).

3) 본성과 예지 능력의 부재

"멈춰!"라고 밈에게 명령할 수 없다. "천천히 가!"라고 밈에게 명령할 수도 없다. 밈에게 "빨려 들어가지 마!"라고 말할 수도 없다. 밈은 생명과 그들 자신의 힘을 가지고 있는 것처럼 보인다. 밈은 복제자다. 기회만 있으면 언제라도 그 수를 증가시키려는 경향이 있다. 밈의 눈으로 보는 세상은 복제를 위한 기회의 관점에서 보는 세상이다.[113] 제1장 "인간의 본성"에서도 언급했지만, 유성생식에서 각각의 유전자는 대립유전자와 염색체상의 동일한 위치를 놓고 경쟁한다. 대립유전자의 희생을 전제로 유전자는 염색체상의 제 위치를 차지할 수 있는 것이다. 밈 또한 마

113 ibid. 37~39.

찬가지다. 자신의 이익을 위해서만 작동한다.

도킨스는 이타주의(Altruism)를 행위의 결과가 가상적 이타주의자의 생존 가능성과 가상적 수익자의 생존 가능성을 낮추거나 높여주는 것과 관련되는 것으로 정의한다.[114] 다시 말해 행위의 결과가 가상적 이타주의자의 생존 가능성을 낮추고, 가상적 수익자의 생존 가능성을 높여주는 것을 이타주의라고 본다. 이런 관점에서 밈은 이타주의에 반하는 이기적 존재일 수밖에 없다. 오직 자신의 생존 가능성을 높이기 위해서만 선택하기 때문이다. 그런데 이기적 본성의 밈은 아쉽게도 '예지'(Foresight)를 가지고 있지 않다. 맹목적인 복제자일 뿐이다. 맹목적인 복제자는 장기적으로 이익이 되는 경우에도 눈앞의 이익을 포기하지 못한다.[115]

4) 단위와 저장 메커니즘

데닛(Dennett)은 베토벤의 5번 교향곡 〈운명〉의 맨 처음 네 음절 '다, 다, 다, 덤'(da, da, da, dum)을 대단히 성공적인 밈이라고 주장한다. 그렇다면 이 네 음절이 밈인가, 베토벤 5번 교향곡 〈운명〉 전체가 밈인가? 네 음절이 너무 짧아서 밈이라고 할 수 없다는 것은 '내가 틀렸다는 것을 증명하는 예일 뿐이다.'라고 블랙모어는 주장한다. 만일 천재 음악가가 이 네 음절을 가지고 멋진 교향곡을 시작한다면, 그래서 그의 작품이 매스커뮤니케이션 시대에 살아남는 행운을 얻게 된다면, 이 4개의 음절은 글자 그대로 수십억 명의 사람들의 귀에 들려지게 되고, 또 기억될 것이다. 블랙모어는 이것을 단위의 크기가 밈의 여부를 결정하지 않는다는 것을 증명하는 예로 활용한다. 미술품의 전시실은 너무나 크다. 이때 그

114 Dawkins, *The Selfish Gene*, Oxford University Press, 2009: 4.
115 ibid. 200.

림 한 점은 자연스런 밈의 단위다. 고흐의 '해바라기'를 기억하거나, 뭉크의 '절규'가 그려진 엽서를 사는 이유다. 인상주의, 큐비즘 같은 그림의 스타일은 복제될 수 있고, 그래서 밈으로 간주된다. 스타일은 단위로 나뉘지 않는다. 그렇다면 무엇이 정말로 밈의 단위인가? 질문에 정답은 없다. 밈의 단위, 단위의 크기를 상술할 이유가 없다.[116] 왜냐하면 복제될 수 있는 것은 무엇이나, 크기와 상관없이 모두가 다 밈이기 때문이다.

다위니즘이 만들어진 처음 100년 동안, 화학적 복제, 단백질 합성의 통제, DNA가 하는 일 등이 무엇인지를 알고 있는 사람이 없었다. 그럼에도 불구하고 진화와 관련된 엄청난 양의 연구가 이루어졌다. 20세기 말에 만들어진 밈 이론(Memetics)도 21세기에 어리석은 모습으로 비칠 수 있다. 그렇다고 이것이 밈에 관한 연구를 시작할 수 없다는 이유가 되지는 않는다. 밈이 의존하는 뇌 메커니즘에 대한 이해 없이도 몇 가지 근거 있는 추측을 만들 수 있다. 첫째, 복제라는 면에서 밈이 뇌에 물리적으로 '저장'되어야 한다는 사실을 가정할 수 있다. 이처럼 저장이 신경과학과 관련이 있다고 보는 것은 기억의 생물학적 기초를 해결하는 위대한 진전이다. 효과적인 밈은 충실도 높고, 오래 지속되는 기억의 원인이 된다. 밈은 광범위하게 퍼지는 것으로, 중요하다거나 유용하기보다 오히려 그들이 기억할 만한 것이기 때문에 성공적일 수 있다. 과학에 있어서 잘못된 이론이 확산될 수도 있다. 왜냐하면 그들은 이해할 수 있고, 쉽게 기존의 이론과 어울리기 때문이다. 그리고 나쁜 책들은 좀 더 많은 부수가 팔릴 수 있다. 서점에 갔을 때, 제목을 쉽게 기억할 수 있기 때문이다.

둘째, 밈은 '전달'에 의존한다. 그리고 이것은 '모방'에 의해서 이뤄진

116 ibid. 53~55.

다. 모방하기 쉬운 행동은 성공적인 밈을 만들고, 모방하기 어려운 행동은 밈을 만들지 못할 것이다. 밈의 효과적인 전달은 결정적으로 인간의 선호, 주의력, 감정과 욕망에 의존한다. 이는 다른 말로, 진화심리학의 재료다. 성에 대한 욕망, 또 다른 성, 음식, 더 나은 음식, 위험의 회피, 흥분과 힘에 대한 욕망에 의해 움직여진다. 진화심리학은 우리에게 어떤 밈들은 -다른 밈들이 선택되지 못할 때- 왜 계속해서 다시 선택되는가를 설명해 주는 많은 정보를 제공한다. 이 정보를 사용하고, 조립할 필요가 있다. 결론적으로 밈이 얼마나 저장되고 전달되는지를 자세히 알지는 못한다. 이것이 사실이다. 그러나 충분한 단서를 가지고 있다. 밈의 연구를 시작하기에 충분할 정도로 확실히 알고 있다. 인공지능 네트워크는 인간의 기억에 관한 특징들이 컴퓨터에서 시뮬레이션될 수 있음을 보여준다. 뇌에 있는 신경 네트워크는 입력(Input)을 취하는 세포층과 출력(Output)을 담당하는 세포층, 그리고 그 둘 사이에 있는 수많은 층으로 이루어진 개별 세포들의 커다란 덩어리로 구성된다. 각각의 신경 단위(Neuron)는 다른 많은 신경 단위들과 연결되어 있고, 연결의 강도는 그들의 역사에 따라서 다르게 나타난다. 뇌에서 이뤄지는 모든 입력은 앞서 있었던 정보를 기초로 한다. 복잡한 경험을 하게 되는 일상 속에서 각각의 경험들을 모두 나중에 필요할 때 생각해 내기 위해 블랙박스에 저장해 놓지는 않는다. 어떤 것은 사실상 효과가 없고, 완전히 기억할 수 없는 것들이다. 어떤 것은 단기 기억에서 짧게 머무는 것으로 충분하다. 결국 곧 잊혀지게 된다. 반면, 어떤 것은 극적인 변화를 유도해서 사건을 정확하게 재구성할 수 있게 하거나 시 전체를 암송하게 하고, 특별한 얼굴을 결코 잊지 않게 해준다.[117]

117 ibid. 56~58.

5) 밈 복제

(1) 복제과정

문자로 기록된 '호박 수프'의 조리법은 유전자형과 같다. 수프를 만드는 방법에 관한 설명을 담고 있다. 요리된 호박 수프는 표현형과 같다. 수프의 맛은 왜 조리법이 복제되었는가에 대한 이유다. 조리법을 정확하게 따르지 않았다면, 조리법의 변화는 본래의 조리법을 원하는 누군가의 기회에 영향을 줄지도 모른다. 그러나 변화는 전달되지 않는다. 변화는 단지 수프 자체[표현형]에 있지, 문자로 기록된 조리법[유전자형]에 있지 않기 때문이다. 이런 서로 다른 전달 형태를 '생산물 복제'(Copy-the-Product)와 '설명서 복제'(Copy-the-Instruction)라고 한다.[118]

생물학의 세계에서 유성생식은 '설명서 복제'에 의해 이뤄진다. 유전자는 복제되는 설명서다. 표현형은 그 결과로, 복제된 것이 아니다. 유전자형[설명서]과 표현형[생산물]으로 나뉘는 밈의 세계에서 다윈의 설명서 복제와 라마르크의 생산물 복제가 논의될 수 있다.[119] 다위니즘이 설명서[유전자형] 복제라면, 라마르크의 진화론은 생산물[표현형] 복제다. 이는 라마르크가 다윈보다 훨씬 더 문화적 진화의 보다 나은 근거를 제공해 주는 것처럼 보이게 한다. 그렇다고 라마르크의 생산물 복제가 밈 복제의 전부는 아니다. 밈 복제는 설명서 복제도 포함하기 때문이다.[120]

복제하고자 한다면, 밈은 언제나 자신을 복제할 수 있다. 뇌에서 모방을 담당하는 기계장치는 멜로디를 복제하기 위한 최적의 환경이다. 그래서 멜로디가 뇌에 머물러 있기에 충분할 정도로 기억할 만한 가치가 있다고 판단되면, 그 순간 멜로디는 다시 반복되고, 또 이런 반복은 계

118 Blackmore, *The Meme Machine*, Oxford University Press, 1999: 61.
119 ibid. 62.
120 McGrath, *Dawkins'God*, Blackwell Publishing, 2007: 127.

속될 것이다. 그리고 멜로디가 진정으로 기억할 만한 가치가 있고, 노래할 만하다면, 멜로디는 뇌의 많은 부분으로 확산된다.

어떤 TV프로듀서가 자신이 제작, 방송하고 있는 일일드라마에 특정 멜로디를 쓰고 싶어 한다면, 그 멜로디는 훨씬 더 많은 사람의 뇌에 도달하게 될 것이다. 멜로디를 흥얼거릴 때마다, 누군가는 그 흥얼거림을 듣는 기회를 갖게 될 것이고, 그들로 하여금 멜로디를 반복하게 할 것이다. 다른 많은 멜로디는 그 사이 결코 들리지 않는다. 다른 멜로디들을 희생시키면서 성공적인 멜로디가 밈 풀(Meme Pool)에서 증가하고 있음을 보여주는 결과다. 사람들은 멜로디에 감염되었고, 아직 듣지 못한 사람들에게 활성화되고, 반복될 수 있도록 준비된 상태로 멜로디는 기억 속에 저장된다.[121] 밈의 표현형 결과가 선율이라면, 외우기 쉬우면 쉬울수록 그 선율은 더 많이 복제된다. 만일 밈의 표현형 결과가 과학적인 아이디어라면, 세상의 과학적 두뇌들을 통해 퍼져나갈 기회는 그 아이디어가 기존에 만들어진 아이디어 체계와의 적합성·양립성·호환성 등에 의해서 영향을 받게 된다.[122]

유전자는 세대를 넘어 몸에서 몸으로 건너뛴다. 유전자는 늙어 죽기 전에 죽을 운명의 몸을 단념하면서 다른 몸으로 건너뛴다. 그리고 자신의 방법과 자신의 목적을 위해 그 몸을 조종한다.[123] 밈의 표현형 결과는 다른 개체의 감각기관에 의해 감지된다. 그리고 감지된 결과는 그들 자신을 받아들인 수용 개체의 뇌에 강하게 인상지워지고, 오리지널 밈의 복제본은 이를 받아들인 뇌에 각인된다. 이때 탄생한 새로운 밈 복제본은 표현형 결과를 널리 퍼뜨릴 수 있는 위치에 서게 되고, 그 결과 또 다

121 Blackmore, *The Meme Machine*, Oxford University Press, 1999: 55.
122 Dawkins, *The Extended Phenotype*, Oxford, New York, 2008: 110.
123 McGrath, *Dawkins'God*, Blackwell Publishing, 2007: 36.

른 사람의 뇌에 다시 자신의 복제본을 만들게 된다.[124] 그러나 밈의 복제과정은 유전자 복제과정처럼 정밀하지 않다. 모든 복제과정에서 '돌연변이'적 요소가 존재한다.[125] 밈은 개인들이 가지고 있는 생각이나 사고를 뜻하며, 인간의 뇌를 매개체로 이용하여 바이러스처럼 전염된다. 바이러스가 세포를 점령하여 자신을 복제하듯이 밈도 사람의 뇌를 점령하며 끝없이 자기 자신을 복제하고, 바이러스와 마찬가지로 숙주가 가지고 있는 생각, 또는 다른 생각과의 조합을 통해 변이도 일으킨다.[126] 그렇다면 무엇이 양질의 복제자 밈을 만드는가? 제1장 인간의 본성 "진화생물학[Memetics]에서 본 영원성"에서도 언급했지만, 도킨스는 충실성, 다산성, 장수성 등 세 개의 특성으로 이를 요약한다. 비록 이들 사이에 교환이 있을 수도 있지만, 이는 복제자 밈이 충실하게 복제되어야 하고, 다량 복제되어야 하고, 오랫동안 살아있어야 한다는 것에 맞춰져 있다.[127]

(2) 복제의 성공도

복제자인 유전자나 밈의 성공도는 복제된 형태로 살아남는 능력에 의해 측정된다. 운반자(Meme Vehicle)의 성공 또한 운반자가 실어 나르는 복제자를 증식시키는 능력에 의해서 측정된다.[128] 만약 밈이 과학적인 아이디어라면, 밈의 보급률은 과학자들이 얼마나 이를 받아들이느냐에 달려 있다. 밈의 생존율은 얼마나 많은 과학 저널에, 얼마나 많이 인용되었는가를 세어 보면 알 수 있을 것이다. 만약 밈이 유명한 노래 곡조라면, 밈의 전파력은 얼마나 많은 사람이 이 노래를 따라 부르느냐를 보고 측정

124 Dawkins, *The Extended Phenotype*, Oxford, New York, 2008: 109.
125 ibid. 112.
126 함재봉·고명현, *촛불시위의 진행과정은 바이러스의 전염과정과 흡사*, 월간조선 12월호, 2008: 464.
127 Blackmore, *The Meme Machine*, Oxford University Press, 1999: 58.
128 ibid. 114.

할 수 있다. 만약 밈이 숙녀화의 스타일이라면 밈 학자는 구둣방의 매출 통계 수치를 이용할 수도 있다.[129] 매출의 많고 적음이 숙녀화 스타일의 성공도를 측정할 수 있게 해줄 것이다. 싸이의 〈강남스타일〉이 유튜브 조회수 55억 뷰를 넘어서며(2025년 4월 현재) 유튜브 사상 최고의 기록을 남겼다고 한다. 이 수치가 〈강남스타일〉의 복제 성공도를 증명해준다.

6) 밈 복합체와 밈 운반자

밈 복합체(Memeplex)는 상호 이익을 위해 모인 밈의 집단이다. 밈 복합체에 있는 밈들은 혼자 있을 때보다 집단 안에 있을 때 생존율이 높다. 밈이 모여 함께 공동체를 만들 때, 즉 '자기방어 구조'(self-protecting structure)를 만들 때, 집단과 조화를 이루는 밈은 환영을 받지만, 그렇지 못한 밈은 도태된다. 순수한 정보적 의미에서 밈 복합체는 일종의 경계선을 갖는 것으로 인식되거나, 외부 세계로부터 그것을 구분하는 여과기로 여겨질 수 있다.[130] 유전자 풀(Gene Pool)에서도 '상호 적응된 유전자 복합체'(Co-Adapted Gene Complex)가 만들어질 수 있다. 육식동물의 유전자 풀에서는 육식에 적합한 이, 발톱, 내장, 그리고 감각기관 등이 진화하는 반면, 초식동물의 유전자 풀에서는 이와 다른 안정된 세트가 등장한다.

밈 풀(Meme Pool)에서도 이와 비슷한 현상이 가능하다. 신(神) 밈은 어떤 특별한 밈들과 결합해 왔을까? 신 밈은 결합에 참여한 개별 밈들의 생존에 어떤 도움을 줄까? 우리는 교회를 건축물, 제의식, 법, 음악, 미술, 그리고 성문화된 전통으로 조직화된 상호보완적인 밈들의 '상호 적응된 안정된 세트'(Co-Adapted Stable Set)로 보게 될 것이다. 특별한 예를

---

129 Dawkins, *The Selfish Gene*, Oxford University Press, 2009: 194.
130 ibid. 231.

하나 들자면, 종교적 계율을 강요하는 매우 효과적인 교리는 '지옥불'(Hell Fire) 위협이다. 많은 어린이와 일부 어른들까지도 교회의 규율에 복종하지 않으면 사후에 무시무시한 고통을 받게 될 것으로 믿는다. 이는 매우 악의적인 설득 방식으로 중세 시대부터 지금까지 많은 사람에게 심리적인 고통을 주고 있다. 그러나 이는 방법적인 측면에서 매우 효과적이다. 정신 세뇌 기술을 배운 마키아벨리 성직자의 계획된 소행일 수도 있다. '지옥불'의 존재는 그에 따른 충격 때문에 영원히 지속될 수 있다. '지옥불'의 존재는 신 밈과 연결되어 있고, 이 둘은 서로의 존재를 강화시키기도 하고, 밈 풀에서 서로의 생존을 도와주기도 한다. 믿음은 또 다른 종교적 밈 복합체다. 믿음은 증거가 없음에도 불구하고 보내는 맹목적인 신뢰를 의미한다. 맹목적인 믿음은 어떤 것도 정당화시킨다. 맹목적인 믿음의 밈은 그들만의 무자비한 방식으로 번식한다. 종교에 대한 맹목적인 믿음은 애국과 정치에 대한 맹목적인 믿음과도 같다.[131] 인간은 신체와 뇌라는 물리적 기계로 작동되는 용적이 큰 밈 복합체, 밈 기계(Meme Machine)다.[132]

밈 운반자(Meme Vehicle)란 하나의 통합되고 유기적인 관계를 갖고 있는 복제자 밈과 유전자의 보존 기계를 의미한다. 운반자는 이름 붙이기에 알맞다고 생각될 정도로 분리된 단위이며, 많은 복제자를 수용하고, 복제자의 보존이나 전파를 위한 하나의 단위로 활동한다. 그렇다고 운반자가 복제자는 아니다. 예를 들어, 드라마도 밈 운반자다. 드라마에는 다양한 밈들이 존재한다. 이들 밈은 드라마 속에서 서로 통합되고 유기적인 관계를 맺고 있다. 그러기 때문에 드라마는 일종의 드라마 밈과 유

131 Dawkins, *The Selfish Gene*, Oxford University Press, 2009: 197~198.
132 Blackmore, *The Meme Machine*, Oxford University Press, 1999: 235.

전자의 보존 기계다. 그렇다고 밈 운반자인 드라마가 복제자는 아니다. 생물체는 유전자의 관점에서 '살아있는 기계'(Survival Machine), '수동적인 유전자 그릇', 또는 '유전자 집단'으로 간주된다.[133] '살아있는 기계'는 인간만을 의미하지 않는다. 모든 동물, 식물, 박테리아 그리고 바이러스를 포함한다.[134] '살아있는 기계'는 하나가 아니라, 수천 개의 유전자와 밈을 싣고 있는 운송 수단이다.[135] 따라서 생물체의 생존능력, 재생산 능력은 매우 중요하다.[136] 도킨스는 본래 유전자가 이기적 복제자라는 것을 명확히 하기 위해서 유전자 선택의 맥락에서 복제자와 운반자 사이의 차이를 밝힌다. 그는 유기체를 유전자를 운반하고, 보호하기 위해 구축된 운반자로 묘사한다. 도킨스는 '복제자를 수집해 놓은 집, 이들 복제자들의 보존과 전달을 위한 단위로써 이름 붙일 가치가 있는 것으로 보기에 충분한 독립된 어떤 단위'로서 운반자를 정의한다.[137] 사람은 유전자와 밈, 둘 다 운반한다. 유전자와 밈의 운반자다.

2. 사단칠정(四端七情)

1) 사단과 오성(五性)

단(端)이란 실마리[端緖]다. 내면에 그런 것이 있기 때문에 그 실마리가 바깥으로 나오게 된다. 내면에 '인의예지'가 없다면 어떻게 사단(四端)이

133 Dawkins, *The Extended Phenotype*, Oxford, Freeman, 2008: 239.
134 Dawkins, *The Selfish Gene*, Oxford University Press, 2009: 21.
135 ibid. 24.
136 McGrath, *Dawkins's God*, Blackwell Publishing, 2007: 38.
137 Dawkins, *The Extended Phenotype*, Oxford, Freeman, 1982: 114.

나올 수 있겠는가?[138] 사단은 네 가지 덕이다(四端只是四德).[139] 성(性) 가운데 인(仁)이 있다. 이것이 움직여 바깥으로 나올 때 측은(惻隱)이 된다. 성 가운데 의(義)가 있다. 이것이 움직여 바깥으로 나올 때 수오(羞惡)가 된다. 성 가운데 예(禮)와 지(智)가 있다. 이것이 움직여 바깥으로 나올 때 사양(辭讓)과 시비(是非)가 된다.[140]

인은 사랑하는 이치, 의는 마땅케 하는 이치, 예는 공경하는 이치, 지는 앎의 이치다(仁是愛之理, 義是宜之理, 禮是敬之理, 智是知之理). 바깥으로 나타나는 사랑은 '인'의 용(用)이고, 사랑의 이치는 내재적인 것이며(愛發見於外, 乃仁之用; 而愛之理, 則在內), 사물에 마땅케 하는 것은 '의'의 용이고, 마땅케 하는 이치는 내재적인 것이며(事物各得基宜, 乃義之用; 而宜之理, 則在內), 밖으로 나타나는 공경은 '예'의 용이고, 공경의 이치는 내재적인 것이며(恭敬可見處, 乃禮之用; 而敬之理, 則在內), 시비를 아는 것은 '지'의 용이고, 알 수 있는 이치는 내재적이다(知箇是知箇非是, 智之用; 而知之理, 則在內).[141]

한유[142](韓愈)는 '인의예지'에 '신'(信)을 더한 다섯 가지를 오성(五性)이라고 한다. 성은 믿음이다(性只是信). 믿음[信]이란 성에 있어서 인의예지 네 가지를 모두 진실하게 해주는 도리다(信在性, 只是四者都實底道理).[143] 이런 성 상호 간의 관계는 오성 전반에 걸쳐 나타난다. 예를 들어, 인의예지신 가운데 '인'(有仁義禮智信中之仁)이, 인의예지신 가운데 '의'(有仁義禮智信中之義)가, 인의예지신 가운데 '예'(有仁義禮智信中之禮)가, 인의예지신 가운데 '지'(有仁義禮智信中之智)가, 인의예지신 가운데 '신'(有仁義禮智信中之信)이

138 陳淳, *性理字義*, 박완식, *성리자의*, 여강출판사, 2005: 69.
139 ibid. 93.
140 ibid. 69.
141 ibid. 83~84.
142 중국 당나라를 대표하는 문장가, 사상가. 당송 8대가의 한 사람. 자는 퇴지(退之).
143 ibid. 90.

있기도 하고, '인' 가운데 인의예지신(有仁中之仁義禮智信)이, '의' 가운데 인의예지신(有義中之仁義禮智信)이, '예' 가운데 인의예지신(有禮中之仁義禮智信)이, '지' 가운데 인의예지신(有智中之仁義禮智信)이, '신' 가운데 인의예지신이 있기도 하다(有信中之仁義禮智信).[144]

(1) 인(仁), 측은지심의 단서[端]

'인'이란 만물일체(萬物一體)를 실천하는 것이다. 남과 나를 구별하지 않고 남을 나처럼 여기는 마음의 상태다. 인(人)과 이(二)의 합체어인 '인'(仁)이라는 글자에서도 '두 사람이 하나가 된다.'는 뜻을 찾아낼 수 있다.[145] '인'은 남을 자기처럼 아끼고 사랑하는 마음이다.[146] 인은 사랑의 뿌리요, 측은은 그 뿌리에서 돋아난 싹이요, 사랑은 또한 싹이 무성하게 뻗어서 이미 성장한 것이다(仁乃是愛之根, 而measured隱則根之萌芽, 而愛又萌芽之長茂已成者也).[147] '측은지심'(惻隱之心)은 타자의 고통에 대해 안타까워하고 아파하는 마음으로 '인'이 나타난 것이다.[148] 천명을 실천한다는 것은 '나'와 '남', 주체와 대상 간의 구별이 없는 마음을 실천하는 것이다. 이것이 인(仁)에 돈독하게 되는 것이다. '인'에 돈독해지면 주체와 대상의 구별이 없으니, 남을 나처럼 사랑하게 된다. 이것이 가장 높은 수준의 사랑이다.[149]

'인'은 '선'(善)의 으뜸으로, 마음의 전덕(全德)을 대표한다(然仁所以長衆善, 而專一心之全德者).[150] '전덕'으로 네 가지를 총괄하는 것이기에, 의예지(義禮智)는 '인'이 없이는 성립될 수 없다(仁者, 心之全德, 兼統四者; 義禮智, 無仁不得).

144 ibid. 98.
145 이기동, *논어강설*, 성균관대학교 출판부, 2012: 51~52.
146 ibid. 595.
147 陳淳, *性理字義*, 박완식, *성리자의*, 여강출판사, 2005: 85.
148 최영진, *퇴계 이황-사단칠정론·성학십도·무진육조소*, 살림출판사, 2012: 63.
149 이기동, *주역강설*, 성균관대학교 출판부, 2010: 869.
150 陳淳, *性理字義*, 박완식, *성리자의*, 여강출판사, 2005: 84.

네 가지를 모두 통솔하니, '의예지'는 모두 '인'이다(知仁兼統四者, 義禮智都是仁).[151] 어버이를 사랑하는 것은 '인'이다(親親, 仁也). 어버이를 진실로 사랑하는 마음은 '인'의 '인'이다(所以愛親之誠, 則仁之仁也). 어버이에게 간언하는 바는 '인'의 '의'(所以諫乎親, 則仁之義也)다. 어버이의 잠자리를 살피고 문안을 드리는 절문[152](節文)은 '인'의 '예'(所以溫凊定省之節文, 則仁之禮也)다. 양지(良知)로써 이와 같은 사랑을 아는 것은 '인'의 '지'(自良知無不知是愛, 則仁之智也)다. 어버이를 섬기는 진실이 되는 바는 '인'의 '신'이다(所以爲事親之實, 則仁之信也).[153]

(2) 의(義), 수오지심의 단서[端]

마음으로 논하면 '의'(義)란 마음의 재제와 결단을 하는 곳이다(義就心上論, 則是裁制決斷處). '마땅하다'[宜, 의]라는 것은 재제와 결단을 가한 뒤에 있는 일이다(宜者, 乃裁斷後字, 裁斷當理然後得宜). 만일 가부를 결정짓지 못한다면, 이는 마음에 명석한 '의'가 없기 때문이다(若可否都不能剖判, 便是此心頑鈍無義了).[154] '의'는 '인'을 실천하는 구체적인 방법이다.[155] 현실은 복잡다단하여 인을 실천하지 못하게 하는 상황이 많이 발생하게 되고, 그 때문에 여러 가지 갈등이 나타난다. 이런 갈등을 해소하는 구체적인 행동 원리가 의(義)다.[156] 수오지심(羞惡之心)은 자신의 잘못을 부끄러워하고, 불의에 대해 분노하는 마음으로 의(義)가 나타난 것이다.[157] 형(兄)을 뒤따르는 것은 '의'다(從兄, 義也). 형을 사랑하는 진심은 '의'의 '인'이다(所以爲愛兄之誠,

151 ibid. 92~94.

152 절(節)은 지나침이 없는 것이며, 문(文)은 미치지 못함이 없는 것이다. 절문은 너무 지나침도 없고, 또 너무 미치지 못함도 없는 당연히 그렇게 해야 할 도리이다(陳淳, *性理字義*, 박완식, *성리자의*, 여강출판사, 2005: 86~87.

153 陳淳, *性理字義*, 박완식, *성리자의*, 여강출판사, 2005: 97.

154 ibid. 85~86.

155 이기동, *논어강설*, 성균관대학교 출판부, 2012: 119.

156 이기동, *맹자*, 성균관대학교 출판부, 2013: 25.

157 최영진, *퇴계 이황-사단칠정론·성학십도·무진육조소*, 살림출판사, 2012: 63.

則義之仁也). 항상 변함없이 공경하는 바가 형에게 있음은 '의'의 '의'(所以庸敬在兄, 則義之義也), 어른의 뒤를 따라 서서히 가는 절문(節文)은 '의'의 '예'(所以徐行後長之節文, 則義之禮也), 양지(良知)로써 이와 같은 공경을 아는 것은 '의'의 '지'(自良知無不知是敬, 則義之智也), 형을 따르는 진실이 되는 바는 '의'의 '신'이다(所以爲從兄之實, 則義之信也).[158]

(3) 예(禮), 사양지심의 단서[端]

마음속에 공경하는 마음이 뭉클거리며 바깥으로 나오는 것이 '예'다(心中有箇敬, 油然自生, 便是禮). '예'는 공경하는 마음이요, 천리(天理)의 절문이다(禮者, 心之敬而天理之節文也). '예'란 하늘의 뜻이 드러난 모습이다. 요왈편(堯曰篇) 3장의 "不知禮, 無以立也"는 예를 알지 못하면 사람 구실을 제대로 할 수 없다는 말로 이해된다.[159] '예'는 형식이 중요하지만, 그것은 어디까지나 본질이 실천됨으로써 나타난 형식일 때 의미가 있다.[160] 사치스러운 것은 예의 형식에만 신경 쓰고 본질을 경시한 결과이고, 검소한 것은 예의 형식을 경시하고 본질을 중시한 것이다.[161] 사양지심(辭讓之心)은 양보하고 남을 배려하는 마음으로, '예'가 나타난 것이다.[162] 손님을 공경하는 것은 '예'다(敬賓, 禮也). 그 가운데 정성과 사랑으로 하는 바는 '예'의 '인'이다(所以懇惻於中, 則禮之仁也). 마땅케 대접하는 바는 '예'의 '의'(所以接待之宜, 則禮之義也), 주선하는 절문은 '예'의 '예'(所以周旋之節文, 則禮之禮也), 어지럽지 않게 술잔을 주고받는 것은 '예'의 '지'(所以酧酢而不亂, 則禮之智也), 손님을 공경하는 진실이 되는 바는 '예'의 '신'이다(所以爲敬賓之實, 則

158 陳淳, *性理字義*, 박완식, *성리자의*, 여강출판사, 2005: 97~98.
159 이기동, *논어강설*, 성균관대학교 출판부, 2012: 86~87.
160 ibid. 124.
161 ibid. 329.
162 최영진, *퇴계 이황-사단칠정론·성학십도·무진육조소*, 살림출판사, 2012: 63~64.

禮之信也).[163]

(4) 지(智), 시비지심의 단서[端]

시시비비를 알아서 확고히 정하는 것이 '지'다(知得是是非非, 恁地確定, 是智). '지'(智)는 마음에 하나의 지각이 있는 곳(處)이다(智, 是心中一箇知覺處).[164] 시비지심(是非之心)은 선악을 판단하는 마음으로, '지'(智)가 나타난 것이다.[165] 사물을 밝게 살피는 것은 '지'다(察物, 智也). 시시비비를 간절히 하고, 측은스럽게 생각하는 것은 '지'의 '인'이다(是是非非之懇惻, 則智之仁也), 시시비비를 마땅케 하는 것은 '지'의 '의'(是是非非之得宜, 則智之義也), 시시비비의 중절(中節)은 '지'의 '예'(是是非非之中節, 則智之禮也), 시시비비를 일정케 하는 것은 '지'의 '지'(是是非非之一定, 則智之智也), 시시비비의 실상이 되는 바는 '지'의 '신'이다(所以爲是非之實, 則智之信也).[166]

(5) 신(信), 인의예지의 근본

사람의 성에는 '인의예지' 네 가지가 있을 뿐, '신'의 자리는 없다(人性中只有仁義禮智四位, 却無信位). 그러나 인의예지에 '신'이 없으면 모두가 진실할 수 없다(猶仁義禮智無信, 便都不實了).[167] 신(信)은 사람(人)과 말(言)이 합쳐진 사람의 말을 믿는 성선설적인 입장의 단어다.[168] 처음부터 끝까지 모두 진실하게 하는 것은 '신'이다(從首至末, 皆眞實, 是信).[169] 천리의 공정함을 따르는 것은 '신'의 '인'이다(由乎天里之公, 則信之仁也). 모두 천리에 맞게 말하

163 陳淳, *性理字義*, 박완식, *성리자의*, 여강출판사, 2005: 97~98.
164 ibid. 88.
165 최영진, *퇴계 이황-사단칠정론·성학십도·무진육조소*, 살림출판사, 2012: 64.
166 陳淳, *性理字義*, 박완식, *성리자의*, 여강출판사, 2005: 97~98.
167 ibid. 82~83.
168 이기동, *논어강설*, 성균관대학교 출판부, 2012: 131.
169 陳淳, *性理字義*, 박완식, *성리자의*, 여강출판사, 2005: 91~92.

는 것은 '신'의 '의'(發而皆天理之義, 則信之義也), 말을 하되 절도에 맞는 것은 '신'의 '예'(出而中節, 則信之禮也), 조리가 있어 어지럽지 않은 것은 '신'의 '지'(所以有條而不紊, 則信之智也), 이 말의 진실이 되는 바는 '신'의 '신'이다(所以爲是言之實, 則信之信也).[170]

2) 칠정(七情): 희노애구애오욕(喜怒哀懼愛惡欲)

마음의 이면에서 발산되지 않은 것은 '성'이며, 사물의 감촉으로 인하여 발산되어 바깥으로 나오는 것은 '정'이다(在心裏面, 未發動底, 是性; 事物觸著, 便發動出來, 是情). 고요하여 움직임이 없는 것은 '성'이요, 감동으로써 마침내 통하는 것은 '정'이다("寂然不動" 是性; "感而遂通" 是情). '정'과 '성'은 상대되는 것으로, '정'은 '성'이 동한 것이다(情與性相對, 情者, 性之動也). 동하여 발산되는 것은 '성'에서 나온 것일 뿐, 또 다른 물건은 아니다(這動底, 只是就性中發出來, 不是別物). '정'의 큰 조목으로는 '기쁨, 성냄, 슬픔, 두려움, 사랑, 증오, 욕구' 등 일곱 가지[171]인데(基大目則爲喜怒哀懼愛惡欲七者), 『중용』에서는 '기쁨, 성냄, 사랑, 즐거움' 등 네 가지만을 말하였고(中庸只言"喜怒哀樂"四箇), 『맹자』 또한 '측은, 수오, 사양, 시비' 사단을 말하였을 뿐이니, 이 모두가 정을 말한다(孟子又指 "惻隱·羞惡·辭遜·是非 四端"而言, 大抵都是情).[172] 맹자가 말한 사단은 오로지 선한 부분으로 말하며, 『중용』의 희로애락과 칠정 등은 선악을 합해서 말한 것이다(孟子四端, 是專就善處言之; 喜怒哀樂及情等, 是合善惡說). 『악기』(樂記)는 "사람이 태어나 고요한 것은 하늘의 본성이며, 사물에 감촉되어 움직인 것은 성의 욕구다"라고 하니, '성'의 욕구가

170 ibid. 97~98.

171 『예기』(禮記), 예운(禮運)편에 나온다. 희로애구애오욕(喜怒愛懼哀惡欲) 일곱 가지는 배우지 않아도 능한 것이다. 최영진, *퇴계 이황-사단칠정론·성학십도·무진육조소*, 살림출판사, 2012: 62~64.

172 陳淳, *性理字義*, 박완식, *성리자의*, 여강출판사, 2005: 69~70.

바로 '정'이다(樂記曰 "人生而靜, 天之性也; 感於物而動, 性之欲也." 性之欲, 便是情).[173]

3. 마음

사람은 천지의 이치를 얻어 '성'을 삼고, 천지의 기운을 얻어 몸을 형성케 된다(大抵人得天地之理爲性, 得天地之氣爲體). 이에 이치와 기운이 합하여 마음이 형성됨에 따라 하나의 허령지각(虛靈知覺)을 소유하게 됨으로써 곧 몸을 주재하게 된다(理與氣合, 方性箇心有箇虛靈知覺, 便是身之所以爲主宰處). 마음은 한 몸의 주재다(心爲一身主宰).[174] 이를 주자(朱子)는 "성이란 마음의 이치이며, 정이란 마음의 용(用)이며, 마음이란 성과 정의 주인"(性者, 心之理; 情者, 心之用; 心者, 情性之主)이라고 한다.[175] '감흥시'(感興詩)에서 주자는 "마음은 오묘하여 헤아릴 수 없고, 출입에 기기(氣機)를 탄다"(人心妙不測, 出入乘氣機)고 했다. 성은 이치이므로 선하여 악이 없으나, 마음은 이치와 기운을 포함하고 있다. 이치는 모두 선한 것이지만, 기운은 두 가지를 포함하므로 온전히 선하다고만은 할 수 없다. 때문에 움직임에 있어서 쉽사리 불선(不善)한 곳으로 나아가게 된다. 기(氣)에 편승하여 움직이기 때문이다.[176] 마음의 구조를 보면, 마음의 밑바닥에는 '성'이 있고, 마음속에는 성에서 나온 '정'으로 채워져 있다. 성이 나타난 것이 정이고, 정이 나타나기 전의 상태가 성이다. 샘에 비유하면, 샘은 마음이고, 지하수는 성이며, 샘물은 정에 해당한다고 할 수 있다. 샘에 진흙이나 모

173 ibid. 72.
174 ibid. 60.
175 ibid. 66~67.
176 ibid. 63.

래가 섞여 있어 샘물을 흐리게도 하는 것처럼 마음 자체에 생각하고, 헤아리고, 분별하는 기능이 있어서 성이 정으로 될 때 영향력을 행사한다. 성이 정으로 나타나는 순간 이기적인 생각을 하면 이기적인 정이 되고, 간사한 생각을 하면 간사한 정이 되는 것이다.[177]

1) 성(性)과 정(情)

성(性)은 마음(忄=心)과 삶(生)이 결합된 뜻글자다. 성(性) 자를 생(生) 자 변에 심(心) 자를 덧붙여 쓴 것은 사람이 태어나면서부터 이 이치를 마음에 갖추고 있기에 이를 성(性)이라고 이름하는 것이다.[178] 성은 나의 육체에 내재하여 나의 삶을 유지해 가고 있다는 점에서 보면 개체적이지만, 다른 생명체에 존재하는 성과 동일하다는 점에서 보면 전체적이다. 이런 양면성 중에서 개체적인 면을 성이라고 하면, 전체적인 면을 표현하는 또 하나의 용어가 필요한데 그것이 천명(天命)이다.[179] 『중용』 제1장은 하늘이 명하는 것을 성이라고 규정하고(天命之謂性), 정자(程子)는 하늘이 부여한 바를 '명'(命)이라 하고, 사람이 이를 받은 바를 '성'(性)이라고 한다(天所付爲命, 人所受爲性).[180] 마음은 그릇과 같고, 그 안에 담긴 물건이 곧 성이다(心, 只似箇器一般; 裏面貯底物, 便是性). 소강절[181](邵康節)은 "마음은 성의 성곽"이라 하였다. 성곽은 마음이며, 성곽의 가운데에 수많은 사람이 살고 있는 것은 곧 마음속에 갖춰진 이치와 같다. 그 속에 갖춰진 이치가 곧 성이요, 갖춰진 그것은 마음의 본체다.[182] 정은 마음의 작용이다. 마

177 이기동, *논어강설*, 성균관대학교 출판부, 2012: 82.
178 陳淳, *性理字義*, 박완식, *성리자의*, 여강출판사, 2005: 48.
179 이기동, *대학·중용강설*, 성균관대학교 출판부, 2012: 109.
180 陳淳, *性理字義*, 박완식, *성리자의*, 여강출판사, 2005: 48~49.
181 중국 송대(宋代)의 유학자(儒學者). 이름은 옹(雍), 자는 요부(堯夫). 강절은 그의 시호이다.
182 陳淳, *性理字義*, 박완식, *성리자의*, 여강출판사, 2005: 61.

음의 이면에서 '고요하여 움직임이 없는 것'(寂然不動)은 성이요, '감동으로써 마침내 통하는 것'(感而遂通)은 정이다.[183]

2) 이(理)와 기(氣)

주자(朱子)는 세계를 운동하고 변화하는 현상계[氣]와 그 형이상학적 근거가 되는 원리의 세계[理]라는 이중 구조로 파악했다.[184] 성리학의 핵심 이론인 '이'와 '기'는 사실(Fact)과 가치(Value) 두 가지 측면에서 설명할 수 있다. 사실의 측면에서 보면 '이'는 자연과 인간의 마음을 포함해 모든 사물을 존재하게 하고, 그 존재 양상을 규제하는 형이상학적 근거다. 그리고 우리가 흔히 "자연계는 자연법칙의 지배를 받는다"라고 말하듯이 '이'는 사물들이 조화를 이루고 질서 있게 운동하도록 통제하는 법칙이다. '기'는 사물들을 실질적으로 구성하는 질료이며 운동에너지이다. 즉, 현실 세계를 구성하고 운동, 변화하는 모든 것은 '기'이며, 그 존재 원리와 운동법칙이 '이'인 것이다. 가치의 측면에서 보면 '이'는 모든 가치의 근거가 되는 절대선이며 인간이 마땅히 지켜야 할 당위의 도덕 법칙인 반면, '기'는 무수하게 차이가 있는 상대적인 가치를 갖는다. 다시 말해 '이(理)=절대적 가치', '기(氣)=상대적 가치'라고 도식화할 수 있다.[185]

주자(朱子)는 '현실적으로 존재하는 모든 것은 이(理)와 기(氣)로 이뤄진다.'는 점을 토대로 설명한다. '성'은 '이'와 '기'의 합인 마음의 본체이기 때문에 어떤 방식으로든 '기'와 연계되어야 한다. 그는 일단 이가 기와 결합해야만 현실적인 사물의 본성이 된다고 보았다. 그런데 이와 기가 결합하면, 기의 맑고 탁한 정도에 따라 그 선함이 구현될 수도 있고, 가

183 ibid. 69.
184 최영진, *퇴계 이황-사단칠정론·성학십도·무진육조소*, 살림출판사, 2012: 51.
185 ibid. 52~53.

려질 수도 있다. 99% 맑은 기와 결합하면 이의 선함이 99% 발휘된다. 아주 탁한 경우에는 이의 선함이 거의 발휘될 수 없다. 이와 같이 현실적으로 '기'에 의해 한정을 받는 '이'를 '기질지성'(氣質之性)이라고 부른다. 기질지성은 기질의 '청탁수박'(淸濁粹駁)에 따라 천차만별의 가치를 갖는다. 한편, 기질과 결합되었다고 해도 그 '이'의 선함이 손상되는 것은 아니다. 그 '이'를 논리적으로 '기'와 분리시켜 '이'만 가리키는 것을 '본연지성'(本然之性)이라고 부른다. 본연지성은 절대선이다. 맹자가 말한 '성선'(性善)의 성이 바로 본연지성이라고 주자는 말한다. 이와 기의 관계성을 대입시키면 기질지성은 '이'와 '기'가 '분리되지 않음'에 해당하며, 본연지성은 '섞이지 않음'에 해당한다.[186]

이처럼 '이'와 '기'는 서로 '분리되지 않으면서 동시에 섞이지도 않는 관계'(不離而不雜)에 있다. '분리되지 않음'이란 '이'와 '기'가 시공간적으로 분리되지 않는다는 것이다. '섞이지 않음'이란 '이'와 '기'가 '형이상'과 '형이하', 그리고 절대적 가치와 상대적 가치라는 각각의 독자적 영역을 갖는다는 것이다. 보다 엄밀히 말하면, '기'의 상대적 가치가 '이'의 순수한 절대적 가치를 침해하지 않는다는 뜻을 내포한다. 이와 같이 '이'와 '기'는 상호 의존적인 동시존재의 관계를 갖는 한편으로 형이상과 형이하, 절대적 가치와 상대적 가치라는 차등적 관계를 갖는다. 전자를 "이와 기는 선후가 없다"(理氣無先後)라고 하며, 후자를 "이가 먼저이고, 기가 뒤이다"(理先氣後)라고 표현한다. '이선기후'는 물론 시간상의 선후를 말하는 것이 아니다. 이것은 근거를 주는 자와 근거를 받는 자와의 관계라는 형이상학적 관념을 선후라는 시간적 개념으로 표현한 것이다. 또한 윤리적으로 말한다면, 사실적 존재에 대한 가치의 우선이라는 의미에서의

186 ibid. 57~58.

선후라고 할 수 있다. 즉, '이'와 '기'는 형이상학적 측면, 혹은 가치의 측면에서 불평등한 차등 관계를 갖는다.[187]

3) 성(性)과 이(理)

성이란 곧 이치다(性, 則理也). 그러나 왜 이치(理)라 말하지 않고, 성이라고 했을까? 이치란 범칭(汎稱)으로서, 천지 사이에 존재하는 인간과 만물의 공공적인 것을 말한다. 그러나 성이란 나에게만 있는 이치다(蓋理, 是泛言, 天地間人物公共之理; 性, 是在我之理). 하늘에서 받은 것으로 나의 소유다(只這道理受於天而爲我所有). 그러므로 이를 성이라고 한다(故謂之性).[188] 주자(朱子)는 『중용』(中庸) 제1장의 "하늘이 명령해 부여해 준 것을 성이라고 한다."(天命之謂性)라는 구절을 해석하는 자리에서 "성이 곧 이"(性則理)라고 정의한다.[189] 주자는 이 명제를 토대로 성선설의 형이상학적 근거를 확립한다. 인간의 성은 '천리'(天理)로서 순수하고 절대적인 선 그 자체라고 본 것이다.[190] 맹자는 "인간의 본성을 알면 하늘의 속성을 알 수 있다."고 했다. 인간의 본성과 하늘의 속성은 일치한다는 것이다. 그러므로 "성은 인간에게 내재된 천도(天道)다."라고 말하기도 한다. 여기에서 하늘 곧 천(天)은 지극히 고귀하고 아름다우며 모든 선악의 기준이 되는 절대자이다. 인간의 본성은 하늘처럼 고귀하고 아름답고 선한 절대가치를 갖는다는 것이다. 천과 성을 이기론으로 정의하면 '하늘은 이(理)다' '성이 곧 이(理)다'라는 명제가 성립한다. '이'는 바로 모든 가치의 근거가 되는 절대선이기 때문이다. '성이 곧 이다'(性則理)라는 말의 뜻은 인

187 ibid. 55~56.
188 陳淳, *性理字義*, 박완식, *성리자의*, 여강출판사, 2005: 48.
189 최영진, *퇴계 이황-사단칠정론·성학십도·무진육조소*, 살림출판사, 2012: 56~57.
190 ibid. 49.

간의 본성은 모든 가치의 근거가 되는 절대선 그 자체라는 것이다.[191] 따라서 성과 천명은 완전히 나눠 볼 수 없다. 한편, 사람이 태어날 때 한낱 이치만을 얻는 것은 아니다(然人之生, 不成只空得箇理). 반드시 형체가 있어야만 이치를 탑재할 수 있고, 또 실제로 이치라는 기운을 벗어날 수 없다(須有箇形骸, 方載得此理, 其實理不外乎氣). 장횡거(張橫渠)는 천지의 기운을 얻어 형체를 이루고, 천지의 이치를 얻어 성을 이뤘으므로(得天地之氣, 成這形; 得天地之理, 成這性), "천지에 충만한 기운(塞)은 몸이 되고, 천지를 주재하는 이치(帥)는 성이 된다."(所以橫渠曰, "天地之塞吾其體, 天地之帥吾其性")라고 했다.[192]

4) 정(情)과 기(氣)

측은지심(惻隱之心), 수오지심(羞惡之心), 사양지심(辭讓之心), 시비지심(是非之心) 등 사단(四端)은 사덕(四德)[仁義禮智]에서 발동해 나온 것이다. 반면에 칠정(七情)은 발동의 요인이 사물(事物)에 있다. 사단과 칠정은 다 같이 마음의 작용인 정(情)이며, 마음은 본래 이(理)와 기(氣)가 합쳐진 것이기 때문에 사단과 칠정 역시 이와 기의 합이다. 그러나 사단은 사덕이 그대로 현상계에 나타나, 순수하게 선하기 때문에 '이'(理)라고 말한다. 칠정은 칠정을 구성하는 요소 가운데 형기(形氣)가 외물(外物)에 의해 촉발된 것이다. 본래 선악이 결정되지 않은 선악 미정이다.[193] 다시 말해 기[情]에는 청탁수박(淸濁粹駁)이 있다고 말한다. 맑음과 탁함, 순수함과 잡스러운 것이 섞여 있는 정도가 다양하다는 의미다. 투명하게 맑은 기[情]는 절대선(理, 性)을 현실계에 그대로 구현한다. 하지만 탁한 기[情]는

191 ibid. 57.
192 陳淳, *性理字義*, 박완식, *성리자의*, 여강출판사, 2005: 49~50.
193 최영진, *퇴계 이황-사단칠정론·성학십도·무진육조소*, 살림출판사, 2012: 77.

그 탁한 정도만큼 이(理, 性)를 엄폐한다. 마치 구름이 태양을 가리듯이 말이다.[194] 이처럼 '정'과 '기'의 관계는 '성'과 '이'의 관계와 같다. 사단은 이가 발현함에 기가 그것을 따르고, 칠정은 기가 발동함에 '이'가 그것을 타는 것이다.[195] 사단과 칠정을 '이'와 '기'의 관계에 배속시킬 수 있는 것은 양자의 가치상 성격이 동일하기 때문이다. 사단의 순수한 절대선은 곧 이(理)의 절대가치이며, 칠정의 선악 가능성은 기(氣)의 상대적 가치다.[196]

4. 한류 밈

밈(Meme)은 유전자의 발명품이다.[197] 한류 밈은 이기적 본성을 갖고 있는 한류 유전자의 발명품이다. 한류 유전자는 유기체 한류를 발현시키고, 유기체 한류는 한류 밈을 생성, 저장, 운반한다. 그러면서 한류 밈은 유기체 한류에 영향을 주고, 한류 유전자인 한류의 발현 동인(마케터들의 이기적 본성)에도 영향을 준다.[198] 한류 밈은 한류를 수용하는 세계인들의 머릿속에 한류가 어떤 '정보'(Information), 어떤 '개념'(Idea)으로 살아있고, 이것이 복제를 통해 어떻게 현실화하는지, 그 모습까지를 총칭하는 말이다.

애니메이션·드라마·K-pop·영화·게임 등은 대표적인 한류 중심 소재 영역이다. 이들 개별 소재영역들은 모두가 각기 여러 개의 밈으로 구성된 독립적인 밈 복합체다. 한류 밈은 이들 개별 단위 밈 복합체들을 계열체로 하는 통합체적 성격의 '초밈복합체'(Super Memeplex)다. 교회를

194 ibid. 54~55.
195 고봉(高峯)과 퇴계의 사단칠정 논쟁 과정에서 퇴계가 고봉에게 보낸 두 번째 편지의 내용 일부임.
196 최영진, *퇴계 이황-사단칠정론·성학십도·무진육조소*, 살림출판사, 2012: 79~81.
197 Bonner, *The Evolution of Complexity*, Princeton University Press, 1988: 209.
198 "밈은 유전자 선택의 방향에 영향을 줄 수 있다. 유전자에 영향을 준다"(ibid. 209).

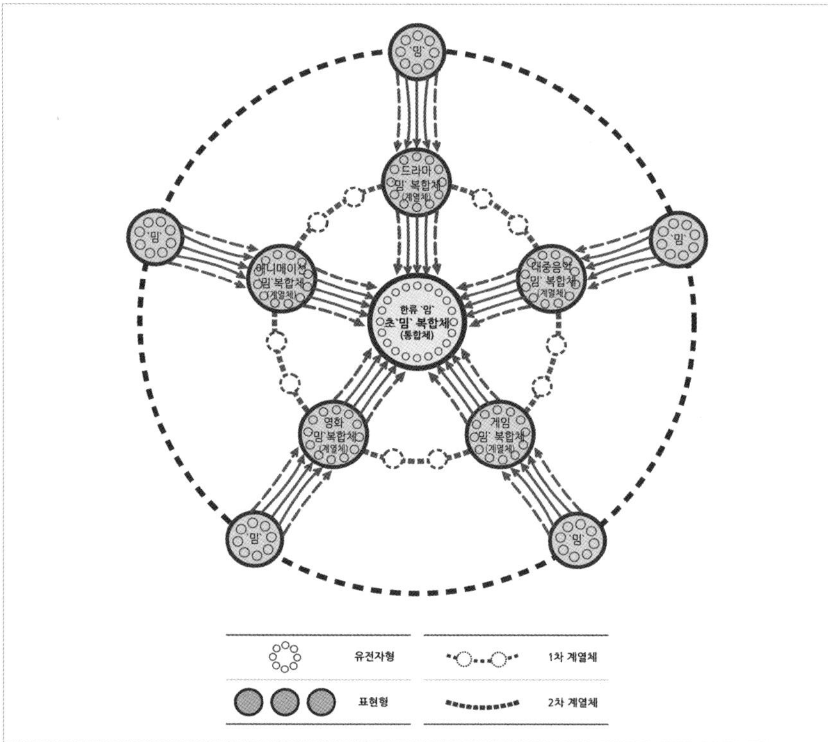

[그림 03-01] 초밈복합체(Super Memeplex) 한류 밈의 구조

건축물, 제의식, 법, 음악, 미술, 그리고 성문적 전통으로 조직화된 상호 보완적인 밈들의 안정된 세트(Co-Adapted Stable Set)로 인식하듯이[199] 한류 밈도 이들 중심 소재영역들을 밈 운반자(Meme Vehicle)로 하는 한국 대중문화 밈의 '잘 어우러진 안정된 세트'(Co-Adapted Stable Set)다. 다시 말해 [그림 03-01] '초밈복합체(Super Memeplex) 한류 밈의 구조'에서 보듯이 초밈복합체 한류 밈은 여러 단위 밈 복합체인 애니메이션·드라마·K-pop·영화·게임 등 한류 중심 소재영역들을 1차 계열체로 하고, 이들 개별 단위 소재영역들이 가지고 있는 다양한 밈들을 2차 하부 계열체로

199 Dawkins, *The Selfish Gene*, Oxford University Press, 2009: 197.

가지고 있다.

1) 한류 밈은 드라마 밈, 드라마 밈은 한류 밈

아시아인들은 한국의 드라마 밈을 통해 한류를 인식한다. 이는 곧, 아시아인들이 한류 밈과 한국의 드라마 밈을 동일시하고 있음을 의미한다. 왜냐하면 1990년대 한류가 드라마의 해외수출로부터 시작되었기 때문이다. 한국 드라마의 재미요소를 중국인들은 인지적 측면과 지각적 측면으로 파악한다. 드라마 속의 유교 사상, 가족 간의 화목, 노인공경, 어린이 사랑, 경제발전, 전통적인 생활방식 등은 인지적 측면에 해당하고, 배우들의 자연스런 연기, 예쁜 복장, 패션을 선도하는 스타일, 드라마의 시각적 요소로 작용하는 세트와 장치의 세련미 등은 지각적 측면에 해당한다.[200] 이 같은 한국 드라마의 재미요소가 아시아인들의 뇌 속에 복제, 저장돼 있는 한국의 드라마 밈이다([그림 03-02]). 1990년대 이 드라마 밈의 복제, 확산을 통해 오늘의 한류가 탄생한다. 중국의 한 언론은 한류의 매력을 "평민화, 진실, 정직, 유행 선도, 선량함, 화목, 편안함, 아름다움" 등에서 찾는다. 그런데 재미있는 것은 이들 8가지 한류의 매력이 한국 드라마의 매력, 즉 한국 드라마 밈과 결부된다는 것이다. 어찌 보면 이는 자연스러운 것일 수 있다. 아시아시장에서 일기 시작한 한국 드라마의 인기가 언어기호 '한류'의 탄생에 직접적인 영향을 주었기 때문이다. 그러기 때문에 아시아인들은 드라마와 한류를 동일시할 수 있었던 것이다. 드라마 밈이 한류 밈, 한류 밈이 드라마 밈일 수 있는 이유다.

'평민화' 밈은 한국의 드라마가 '현실 속 보통 사람들과 그들의 삶을 다루고 있음'을 뜻한다. '할아버지, 할머니, 손자 할 것 없이 현실 속의

200 趙陽, 중국 시청자가 보는 한국 가정극 드라마 재미요소 분석, 홍익대학교 영상대학원, 석사학위논문, 2007: 75.

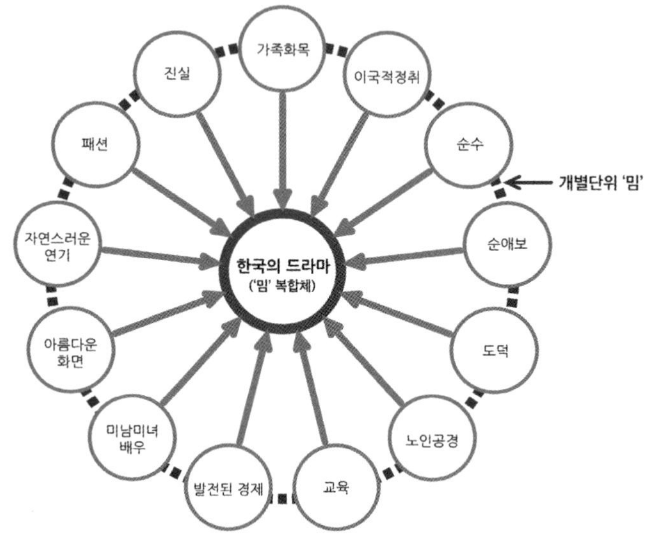

[그림 03-02] 한국의 드라마 밈

우리 가족 모두가 드라마 속에 나와 생활한다.'고 그들은 인식한다. '진실' 밈은 한국 드라마가 '거짓 없는 연기'를 보여주고 있음을 뜻한다. '보통 사람들의 생활을 떠난 이야기는 공허하고, 사람들의 공감을 얻을 수 없다.'고 그들은 인식한다. '정직' 밈은 한국 드라마가 '생활 속의 윤리와 정신을 어렵고 고상하게 말하려 하지 않고, 쉽고 바르게 보여주고, 보통 사람들의 선량함과 미덕을 생생하게 표현하고 있음'을 뜻한다. '유행 선도' 밈은 한국 드라마가 '중국인들의 눈과 귀를 자극해 중국의 변화를 이끄는 요소로 작동하고 있음'을 뜻한다. '아름다움' 밈은 '인간 문화의 기본'이다. 중국인들은 한국 드라마가 '가장 기본적인 인간의 주제 창작의 고통을 첨가하여 영원한 청춘과 사랑을 만들어 낸다.'고 본다. 그들은 또 한국 드라마가 '선량함' 밈을 간직하고 있다고 본다. '아름답고 재미있는 이야기 안에 정직, 도덕, 선량함이 시종일관 간직되어 있다.'고 본다. 중국인들이 한국 드라마를 즐기는 또 다른 이유는 '편안함' 밈과 '화목' 밈이다. '편안함' 밈은 한국 드라마가 '골치 아픈 주제를 사양하고, 가볍고 재치 있는 말투로 극을 진행해 가고 있음'을 뜻한다. 한국 드라마가 보여주는 가족 간의 '화목' 밈 또한, 그들에게는 중요한 가치이자 덕목이다.[201]

2) 한류 밈의 유전자형과 표현형

밈 유전자형(Genotype)은 신경계에 담긴 문화적 설명서(Instruction)의 세트다.[202] 사람의 뇌 속에 있는 정보, 설명서다.[203] 뇌 속에 살고 있는 것이다.[204] 밈 표현형(Phenotype)이란 뇌 속에 있는 밈 유전자형의 겉으로 드러난 모습이다. 사람의 행동, 테크놀로지, 사회적 유기체의 모습이다.[205] 말, 음악, 시각적 이미지, 옷의 스타일, 얼굴 또는 손으로 하는 제스처, 박새가 우유병을 따거나, 일본의 짧은 꼬리 원숭이가 밀을 가려내는 것 같은 기술의 형태, 즉 밖으로 드러나고, 볼 수 있고, 들을 수 있는 뇌 속에 있는 밈 유전자형의 겉으로 드러난 결과를 가리킨다.[206] 아시아인들이 한류하면 떠올리는 한국 드라마 밈은 대략 19개 정도다. 앞서도 언급했지만 "가족 간의 화목, 이국적 정취, 순수, 순애보, 도덕, 노인공경, 교육, 발전된 경제, 미남미녀 배우, 아름다운 화면, 자연스런 연기, 패션, 진실, 평민화, 정직, 유행 선도, 선량함, 편안함, 아름다움" 등이 그것이다. 이 밈들을 유형별로 분류하면 유전자형 8개, 표현형 11개로 나눠진

201 고뉴스, 2005.10.27.
202 McGrath, *Dawkins's God*, Blackwell Publishing, 2007: 121.
203 Cloak, *Is a cultural ethology possible?* Human Ecology, *3*. 1975.
204 Dawkins, *The Extended Phenotype*, Oxford, Freeman, 1982.
205 Cloak, *Is a cultural ethology possible?* Human Ecology, 3. 1975.
206 Dawkins, *The Extended Phenotype*, Oxford, Freeman, 1982: 109.

다. 다시 말해 중국인들이 보는 한국 드라마의 인지적 재미요소는 밈 유전자형으로, 지각적 재미요소는 밈 표현형으로 유형을 분류할 수 있다.

(1) 유전자형

한류 밈의 유전자형이란 수천 년 동안 한민족의 뇌에서 뇌로, 세대와 세대를 거치며 끊임없이 복제돼 온 우리의 문화 DNA다. 중국인들이 파악하고 있는 "가족 간의 화목, 순수, 순애보, 도덕, 노인공경, 교육, 선량함, 아름다움" 등이 이에 속한다. 저우이이(周宜一)는 '한극유행인소적사허사고'(韓劇流行因素的些許思考)에서 "한국 드라마는 유교사상을 배경으로 '용서와 화해, 관용과 아름다움 추구, 장유유서, 효도와 우애, 부부 간의 윤리, 자식의 도리, 부모에 대한 효경' 등을 보여주고 있다."고 기술한다. "한국 드라마에는 유교사상이 잘 발현되어 있어서 올바른 도덕 정신과 행위가 삶의 진정한 가치이며, 이것이 인류 최고의 선이라는 느낌을 강하게 받게 한다. 중국은 변혁이란 진통을 겪으면서 지난 20세기 100년 동안 전통을 탈피하고 현대화를 표방하는 전통에 반하는 노선을 걸어왔다. 여기서 일상 중의 유교 규범이나 척도는 이미 약화되거나 아니면 거의 사라져버렸다. 반면, 한국은 유학의 숭배자로서 서방 문화를 접수하면서 생긴 모순을 공자의 '화이부동'(和而不同) 사상으로 극복하고 서방 문화의 개인 지상주의와 황금만능주의라는 메마른 인정의 폐단을 지양하는 한편, 유가의 경업(敬業)과 이타정신(利他精神)을 대대적으로 창도함으로써 안정되고 평화로운 가정과 도덕적 기풍이 충만한 아름다운 사회를 만들어 냈다. 한국 드라마는 이런 배경에서 용서와 관용과 아름다움을 추구하고, 장유(長幼) 간의 질서, 부모 형제 간의 효도와 우애, 부부 간의 윤리, 자식의 도리, 부모에 대한 젊은이들의 효경(孝敬), 친구 간의 신의를 바탕으로 한 성실한 관계, 그리고 가정에 대한 깊은 애정을 묘사한다."[207] 저우이이의 이 같은 한국 드라마에 관한 기술은 한국 드라마의 밈 유전자형, 다시 말해 한류 밈의 유전자형이 아시아시장에서 한국 대중문화의 확산에 어떻게 기여했는가를 확인시켜준다.

(2) 표현형

한류 밈의 표현형이란 우리 민족의 유전적 본성을 겉으로 드러내 보여주는 밈이다. 아시아인들이 닮고 싶어 하는 미래지향적인 밈이기도 하다. 공산주의 체제하에서 한 번도 접해 보지 못한 현실 속 평범한 보통 사람들의 이야기를 뜻하는 '평민화'를 비롯해 '편안함, 미남미녀 배우, 진실, 자연스런 연기, 패션과 유행 선도, 아름다운 화면과 이국적 정취, 정직, 발전된 경제' 등이 이에 속한다. 한류 밈의 표현형은 아시아인들의 뇌 속에 저장돼 있는 또 다른 한국 드라마의 밈 유전자형이다. 겉으로 드러내 보여줄 수 있다는 것은 이미 그 사람의 뇌 속에 그 정보가 복제, 저장되어 있다는 것을 의미하기 때문이다. 아시아인들의 뇌에서 뇌로 복제되면서 그들의 미래를 변화시키는 요인으로 작동한다. 변화된 그들의 미래는 바로, 아시아인들의 뇌 속에 복제, 저장돼 있는 한류 밈, 한국 드라마 밈의 유전자형이 겉으로 드러나 현실 속에서 구현된 한류 밈, 한국 드라마 밈의 표현형이다. 우리가 굳이 밈 유전자형과 밈 표현형을 구분하지 않아도 되는 이유가 여기에 있다.

207 경상대학교 인문학연구소, 2007: 158~159.

5. 유전자형과 성, 표현형과 정의 유비적 관계

한류 밈, 드라마 밈의 유전자형이란 세계인들의 뇌 속에 복제, 저장돼 있는 겉으로 드러나 있지 않은 밈 복제자(meme replicator)다. 장차 겉으로 드러나게 될 밈 표현형의 원천이다. 성(性)이란 마음속에 있으면서 발산되지 않은 것, 고요하여 움직임이 없는 것이다(在心裏面, 未發動底, 是性; 寂然不動). 겉으로 드러나게 될 정(情)의 상대적 개념이다(情與性相對).[208] 밈 유전자형과 성(性)은 이처럼 사람의 뇌 속, 마음속에 있으면서 아직 겉으로 드러나지 않은 가설적(Hypothetical) 성질이라는 공통점을 갖는다. 이것이 성과 유전자형을 같은 맥락에서 해석할 수 있게 해주는 근거가 된다.

한류 밈, 드라마 밈의 표현형이란 밈 유전자형이 복제과정을 거쳐 겉으로 드러난 것이다. 정(情)이란 마음의 작용이다. 성(性)이 동한 것이다(情者, 心之用; 性之動也). 성이 사물에 감촉되어 움직인 것, 동하여 발산된 것을 정이라 한다(事物觸著, 便發動出來, 是情).[209] 이처럼 '밈 표현형'과 '정'은 '밈 유전자형'과 '성'이 동(動)하거나 복제과정을 거쳐 겉으로 드러난 것을 의미한다. 이런 측면에서 밈 표현형과 정의 관계는 밈 유전자형과 성의 관계와 마찬가지로 같은 맥락에서 이해할 수 있다.

다시 말해 뿌리(性, 유전자형)의 작용은 모든 잎과 가지에 드러나 있지만(情, 표현형), 그 모습(性, 유전자형)은 보이지 않는 곳에 숨어 있고, 그 움직임은 모든 잎과 가지의 움직임으로 드러나지만(情, 표현형), 그 자체의 움직임은 지극히 미세하다. 마치 하늘의 천명(天命)과도 같다. 하늘의 모

208 陳淳, *性理字義*, 박완식, *성리자의*, 여강출판사, 2005: 69~71.
209 ibid. 69~71.

습(性, 유전자형)은 보이지 않지만, 그 작용은 천지만물로 나타나 있고(情, 표현형), 그 움직임은 지극히 미세하지만, 천지만물의 움직임으로 드러나 있다.[210] 이처럼 한류 밈, 드라마 밈의 '유전자형'과 '성', '표현형'과 '정' 사이의 유비적 상호 관계성이 한류 밈과 드라마 밈의 사단칠정론적인 해석을 가능하게 해주는 근거가 된다.

210 이기동, *대학·중용강설*, 성균관대학교 출판부, 2012: 115.

제3장에서 우리는 한류를 밈 이론으로 분석하며, 유전자형과 표현형이라는 구조를 통해 한류가 단순한 현상이 아니라 진화하는 생명체적 존재임을 살펴보았다. 이제 제4장에서는 그중에서도 K-pop이라는 대표적 밈 복합체가 어떤 뿌리를 가지고 있으며, 왜 유교 철학 속에서 길을 찾아야 하는지를 집중적으로 다룬다. 한류 밈이 세계로 뻗어 나가기 위해 필요한 철학적 기반과 방향성이 무엇인지 탐구하게 된다.

제4장

K-pop, 유가에서 길을 찾다

대중음악(Popular Music)이라는 단어가 처음 쓰이기 시작한 것은 1855년 윌리엄 채플의 전집 가운데 하나인『옛날의 대중음악』(Popular Music of the Olden Times)에서였다. 그러다가 이 단어가 널리 통용되기 시작한 것은 1930~1940년대부터다. 대중적이라는 용어는 본래 역사적으로 "보통 사람의"(of the Ordinary People)라는 의미를 지닌다. 그러기 때문에 대중음악이란 1차적으로 보통 사람들의 음악이라는 뜻으로 이해할 수 있다. 그러나 대중음악을 정의하는 것이 그리 간단치만은 않다. 관점이나 경계에 따라 정의가 달라질 수 있기 때문이다.[211] 윤심덕의 〈사의 찬미〉(1926)로부터 시작되었다고 보는 한국의 대중음악은 크게 기성세대 음악과 10대를 포함한 청년세대 음악으로 대별될 수 있다. 기성세대 음악은 전통가요라고도 불리는 트로트 형식의 노래와 1960년대 확립된 일

211 Shuker, *Key Concepts in Popular Music*, *대중음악사전*, 이정엽·장호연, 한나래출판사, 1998: 69~71.

명 한국가요 형식의 노래, 그리고 포크와 신민요를 포함한다. 청년세대 음악은 록(Rock)과 록에서 파생된 펑크(Funk), 하드코어(Hardcore), 프로그레시브록(Progressive Rock)을 비롯해 헤비메탈, 블루스와 퓨전 재즈, 포크록, 발라드와 융합 과정을 거쳐 등장하게 되는 팝발라드, 록발라드, 그리고 랩과 랩댄스 음악 등을 포함한다.

K-pop이라 함은 본래 'Korean Popular Music'의 약칭이다. 이름 그대로 한국의 기성세대 음악과 10대를 포함한 청년세대 음악을 아우르는 진정한 의미의 '한국 대중음악'을 가리킨다. 그러나 요즘 널리 쓰이고 있는 'K-pop'이라는 용어는 본래의 의미가 아닌 한국의 아이돌 음악이라는 특별한 장르로 인식되는 경향이 강하다. 하루빨리 '한국 대중음악'(K-POP, Korean Popular Music)이라는 확장된 본래의 의미를 되찾는 날이 오기를 기대한다. 그렇다고 세계인들이 즐기는 아이돌 'K-pop'의 한류사적 의미가 축소되는 것은 아니다. 이번 4장에서 다루는 K-pop 또한, 아이돌 'K-pop'을 가리킨다.

드라마를 중심으로 한 1차 한류시대(1987~2009), 마이너 한류 중심 소재영역이었던 K-pop은 2010년 이후 15년 가까이 2차 한류시대의 메인스트림으로 굳게 자리하고 있다. 그런데 최근 학계 전문가와 인터넷 유저들이 우려의 시선을 보내고 있다. 민은기[212]는 "치명적 무기, 음악"이라는 제하의 신문 칼럼에서 "음악의 파워는 볼거리가 아닌 내용에서 나오는 것"이라고 K-pop이 보여주고 있는 표피적 행태를 비판한다. K-pop에 관한 최근의 글들을 보면 이를 무기로 세계시장을 공략하자는 주장과 기대로 가득 차 있다. 그 마음을 이해하지 못하는 것도 아니다. 오랜 세월 문화 주변부에서 맴돌다가, 갑자기 중심부로 들어섰으니 어

212 서울대학교 음악대학 교수.

찌 그러지 않겠나? 그러나 아무리 자랑스럽다고 해도 K-pop에 투영된 지나친 국가주의는 어색하고 어딘가 위험해 보인다.

K-pop은 미국과 유럽의 일렉트로닉 팝에 기초하고 있다. 그러니 음악적으로 한국 문화의 특별한 정체성을 주장하기도 어렵다. 우리만의 새로운 팝을 해서가 아니라 유행하고 있는 팝을 잘하기 때문에 인기가 있다고 보는 것이 더 정확하다. K-pop이 진정한 무기가 되려면 변화가 필요하다. 노래와 춤은 물론 패션, 메이크업, 헤어스타일까지 모든 것을 기획사가 정해주는 시스템하에서는 창의력이 설 자리가 없다. 아이돌은 끊임없이 생산되고 소비되는 소모품일 뿐이다. 치밀한 기획 시스템에 우리만의 콘텐츠가 담겨야 한다. 쉽지 않은 일이다. 그러나 그래야 최고가 될 수 있다. 음악의 파워는 볼거리가 아니라 내용에서 나오는 법이다. 세계가 K-pop을 진정으로 두려워할 날을 고대한다.[213] 특히, 민은기의 칼럼은 K-pop의 세계적 확산을 바라보는 우리의 시각이 지나치게 국가주의, 제국주의적이라는 점, K-pop이 우리 문화의 정체성을 담아내지 못하고 있다는 점, K-pop이 지나치게 볼거리 중심으로 만들어지고 있다는 점 등을 지적한다. 네이버 지식iN에 올라오는 네티즌들의 K-pop에 대한 비판과 우려의 댓글은 이보다 훨씬 더 직설적이고, 냉혹하다.

> 자유, 젊음, 평화, 사회풍자, 전쟁 반대, 자본주의 비판 등의 메시지를 담고 있는 서구 팝송과 달리, K-pop은 핵심이 없고 맨날 사랑, 이별 타령뿐이다. 가수들의 성형이 너무 심하다. 목소리보다 얼굴이 더 중요한 듯 대형 포스터에는 자극적인 의상만 눈에 띈다. 일부 가수를 제외하고는 스스로 작곡을 하지 못한다. 노래 속에 온통 기계음만 들린다. 가사를 하나도 알아들을 수가 없다. 춤이 마치 성욕을 표현하기 위한 말초적 수단처럼 보인다. 퍼스낼리티가 없는

213 중앙일보, 2015.09.08.

모두 똑같은 얼굴과 춤사위, 메시지가 없는 공허한 지껄임, 가사 등 철학 부재의 문화가 만들어낼 역기능에 우리의 자손들이 후일 고통을 당할지도 모른다.

"가수들의 성형, 목소리보다 얼굴, 자극적인 의상, 말초적인 춤, 성욕의 표현" 등 철학 부재의 K-pop이 보여주고 있는 표피적인 볼거리 중심의 음악 행태를 꼬집고 있다. 임마누엘 페스트라이쉬(Pastreich)[214]의 신문 인터뷰 또한, K-pop이 안고 있는 이 같은 문제의 심각성을 지적하고 있다. 인터뷰에서 그는 "홍겹지만, 표피적인 느낌을 받는다."고 에둘러 표현하고 있지만, 그의 논지는 "청나라를 세운 만주족처럼 K-pop이 역사 속에서 사라져갈 수 있다."고 경고한다.

K-pop 같은 한류 문화를 보면 홍겹지만 표피적이란 느낌을 받는다. 만주족을 보자. 만주족은 17세기 동아시아에서 문화적 영향력이 가장 컸고 중국 본토까지 정복해 청나라를 세웠다. 당시 경제 행정 대중문화면에서 크게 성공했지만, 만주족의 나라는 사라지고 없다. 한국이 홍익인간, 선비정신, 유교, 불교, 이런 깊은 사상과 철학을 버리고 뿌리 없이 표류하는 대중문화만 좇다가는 만주족처럼 될 수 있다. 중국의 일부가 될 수도 있다. 조선은 친환경 농업, 한양의 도시설계, 조선왕조실록 편찬 등에서 100년, 500년을 내다봤고 실제로 성공했다. 지금 한국인들은 2년에서 5년 앞 정도밖에 생각하지 않는다. 미래를 멀리 보고 행동하는 것이 지금 한국에 필요하다.[215]

정체성은 문화적 산물이다. 그러기 때문에 정체성 결여의 문제를 해결하기 위해서는 무엇보다 먼저 페스트라이쉬의 언급처럼 우리 고유의 문화에 천착해야 한다. 내용이 없다는 것은 창작자의 정신이 노래에

---

214 *한국인만 모르는 다른 대한민국*, 임마누엘 페스트라이쉬, 경희대학교 국제대학원 교수.
215 동아일보, 2015.08.31.

실리지 않았다는 것을 의미한다. 창작자의 혼이 실리지 않았다는 것은 K-pop이 안고 있는 정체성 결여의 문제와 직결된다. 내용이 없다는 것은 K-pop이 표피적으로 흐를 수밖에 없는 직접적인 원인이 되기도 한다. 정체성 결여의 문제는 -내용 부재만의 문제가 아니라- 표피적이라는 K-pop의 표현방식의 문제와도 연결된다. K-pop이 갖고 있는 이 같은 "내용 부재·정체성 결여·표피적 표현"이라는 인과관계는 K-pop 밈의 유형 분류라는 진화생물학적 논증 과정을 통해서도 확인이 가능하다. 그렇다면 이 같은 K-pop의 문제를 우리는 어떻게 해결해야 할 것인가? 청나라를 세운 만주족처럼 K-pop이 역사 속에서 사라지게 그냥 내버려 둘 것인가? K-pop이 우리의 혼을 싣고, 우리의 정체성을 담아낼 방법은 없는 것인가? 그 해법을 유가(儒家)의 음악론에서 찾아본다.

1. K-pop과 미메틱스(Memetics)

K-pop 밈이란 세계인들이 'K-pop' 하면 떠올리는 일체의 생각, 아이디어를 이른다. 예를 들어, 그들의 뇌 속에 복제 저장돼 있는 〈강남스타일〉의 모든 것이 다 밈이다. 곡과 관련된 밈으로는 멜로디 밈, 가사 밈, 음절 밈, 비트 밈, 후크송 밈 등이 있을 수 있다. 가사의 내용이 담고 있는 특정 정서나 그 노래를 부르는, 노래로 표현하는 가수의 자체 밈도 있을 수 있다. 다음 신문 기사는 소녀시대의 춤과 원더걸스의 노래를 복제하고 있는 프랑스 젊은이들의 모습을 전해주고 있다.

프랑스 파리의 한 주택가 공원에서 중학생 6명이 CD플레이어로 소녀시대의 히트곡 〈Gee〉를 크게 틀어놓고 단체로 율동을 따라하고 있다. 이들은 학교 댄스파티 때 선보이려고 춤을 연습하고 있다고 한다. 같은 시기 파리의 중심지 생토노레 거리의 의류 복합매장 콜레트에선 한국 팝그룹 원더걸스의 히트곡 〈노바디〉의 영어버전이 들려왔다.[216]

복제의 대상인 춤[안무]과 노래처럼 그들이 복제하고 싶어 하는 바로 그것이 K-pop 밈이다. 아리랑TV는 2011년 1월 '아리랑 UCC 콘테스트: K-pop 따라하기'를 개최했다. 전 세계 49개국에서 601개 팀(개인)이 수준 높은 UCC를 보내왔다. 참여자가 가장 많았던 나라는 인도네시아(186)였다. 필리핀(88), 미국(86), 한국(23), 캐나다(23), 말레이시아(18), 브라질(15) 등 참가자들은 대륙을 가리지 않았다. 소녀시대의 〈훗〉이 19건으로 가장 많았고, 샤이니의 〈루시퍼〉 17건, 미쓰에이의 〈배드걸 굿걸〉 14건, 샤이니의 〈헬로〉 13건, 소녀시대의 〈소원을 말해봐〉 12건 등이 뒤를 이었다. 최고 인기 가수는 소녀시대(7곡, 65건)였고, 샤이니(4곡, 37건), 2NE1(5곡, 23건)도 다양하게 변주됐다.[217]

이들이 따라한 K-pop 가수들의 춤과 노래가 모두 밈 복제의 사례다. 이처럼 복제의 대상이 되는 것, 그것이 K-pop 밈이다. 세계인들은 그것을 모방, 복제해서 오늘날과 같은 K-pop의 세계적 확산을 가능하게 한다. K-pop의 세계적 확산은 K-pop 밈이 여러 나라 사람의 뇌에서 뇌로 성공적으로 복제, 전파되고 있다는 것을 의미한다. K-pop 밈의 성공적인 복제 결과가 K-pop의 확산이라는 문화현상으로 나타난 것이다.

216 중앙일보, 2011.06.11.
217 중앙일보, 2011.01.28.

1) K-pop 밈의 종류

K-pop 밈은 '노래 밈·춤[안무] 밈·가수[비주얼] 밈'으로 크게 대별될 수 있다. K-pop의 '노래 밈'에는 경쾌한 멜로디, 비트, 후크송, 서구적 팝스타일, 사랑·우정·이별 등의 감성자극 요소 등이 있다. K-pop의 '춤[안무] 밈'에는 일사불란한 군무, 포인트 동작, 화려한 볼거리, 현란한 춤, 격렬한 댄스 등이 있다. K-pop의 '가수[비주얼] 밈'에는 훤칠한 키, 잘생긴 외모, 강인한 이미지(남자가수), 예쁜 외모, 밝은 미소(여자가수), 가창력, 감각적 패션, 헤어스타일, 메이크업, 동작 및 제스처, 친절(팬과의 소통) 등이 있다. 그리고 K-pop의 노래 밈과 춤[안무] 밈의 공통 밈으로는 '동서문화의 혼종 밈'이 있다([표 02-02] 참조).

2) K-pop 밈의 성공적인 복제 사례

(1) 〈강남스타일〉 밈의 복제

싸이의 〈강남스타일〉이 2025년 4월 현재 유튜브 조회수 55억 뷰를 넘어섰다고 한다. 세계 대중음악사에서 일찍이 볼 수 없었던 전무후무한 기록이다. 이는 수치로 확인한 〈강남스타일〉의 공식적인 밈 복제 횟수다. 다시 말해 사람들이 유튜브에 접속해 그 횟수만큼 〈강남스타일〉을 열어봤고, 〈강남스타일〉을 열어본 그 사람들의 뇌 속에 〈강남스타일〉의 춤과 멜로디, 노래 가사가 복제, 저장되었다는 것이다. 이처럼 뇌 속에 복제, 저장된 춤과 멜로디, 노래 가사가 바로 〈강남스타일〉 밈이다. 〈강남스타일〉이 선풍적인 인기를 끌며, 전 세계적으로 널리 확산되었다는 것은 〈강남스타일〉 밈의 복제가 성공적으로 이루어져 사람들의 뇌에서 뇌로 지속적으로 활발하게 무한 복제되었다는 것을 의미한다.

(2) 밈의 복제와 패러디, 플래시몹과 광장 퍼포먼스

〈강남스타일〉에서 싸이와 호흡을 맞췄던 걸그룹 포미닛의 멤버 현아가 '오빤 강남스타일'이란 후렴구를 '오빤 딱 내 스타일'로 바꿔 불렀다. 현아의 뮤직비디오 〈오빤 딱 내 스타일〉도 공개 3일 만에 유튜브 조회수 700만 건을 넘어서며 네티즌들의 관심을 끌었다.[218] 〈MIT 강남스타일〉 동영상도 공개됐다. 미국의 매사추세츠공대 학생들이 제작한 이 영상은 학교 곳곳을 다니며 말춤을 추는 등 여느 패러디 동영상과 크게 다를 바가 없어 보인다. 그러나 많은 이를 놀라게 하는 비밀이 그 안에 숨어 있다. 바로 세계적 석학 노엄 촘스키(Noam Chomsky) 명예교수가 등장해 "오빤, 촘스키 스타일"이라고 직접 외쳤기 때문이다. 오래전부터 책에서나 보던 유명 인사가 〈강남스타일〉 패러디 동영상에 등장한 것에 대해 네티즌들은 어안이 벙벙해 한다. "전공 서적에서만 봤던 촘스키가 살아 움직인다.", "저 사람이 내가 아는 그 촘스키가 맞단 말인가?" 등의 반응에서 네티즌들의 놀라움과 충격을 가늠할 수 있다.[219]

'썸머스탠드 훨씬 더 흠뻑쇼'[220]라는 조금은 기이한 제목의 공연이 2012년 8월 11일 서울 잠실 종합운동장 내 보조경기장에서 열려 장관을 이뤘다. 메가 히트곡으로 떠오른 가수 싸이의 노래 〈강남스타일〉에 맞춰 3만여 명의 관객이 동시에 말춤을 춘 것이다. 눈치, 체면 볼 것 없이 모두 말춤으로 하나가 된다. 이탈리아 팔레르모 베르디 광장에서는 9천 명의 인파가 모여 싸이의 〈강남스타일〉 플래시몹이 펼쳐졌다. 그 모습이 유튜브 등 온라인 커뮤니티를 통해 공개되면서 큰 이슈가 되었다. 이탈리아 다른 지역에서는 더 큰 규모의 플래시몹을 펼치기 위해 경

218 중앙일보, 2012.08.18.
219 중앙일보, 2012.11.03.
220 싸이의 '흠뻑쇼'는 지금까지도 매년 여름에 열려 싸이의 고유 브랜드가 되었다.

쟁이 불붙었다. 밀란 외에도 피아자 두오모, 칼리아리, 카타니아, 토레델 그래코 등 지역에서도 수천 명의 사람이 함께 모여 〈강남스타일〉 춤을 추는 장관이 펼쳐졌다. 도시별로 영상이 올라오면서 온라인상에서는 도시 대 도시의 경쟁으로 이어지고 있다. 앞서 영국, 브라질, 인도네시아, 미국 등에서도 큰 규모의 〈강남스타일〉 플래시몹이 펼쳐져 이슈가 되었다.[221]

2012년 11월 5일 오후 싸이는 파리 에펠탑 맞은편에 있는 트로카데로 광장에서 열린 〈강남스타일〉 플래시몹에 참석해 2만여 팬들과 말춤을 추는 장관을 연출했다. 이 플래시몹은 프랑스 라디오 음악채널 NRJ가 기획한 것으로 싸이는 주최측이 준비한 전용기를 타고 행사 장소에 도착했다. 현장에 도착한 싸이는 자신의 이름을 연호하며 열광하는 팬들의 모습에 놀라움을 감추지 못했고, 이런 모습은 전 세계에서 온 취재진에게 포착됐다. 싸이는 팬들을 향해 "안녕하세요, 제 이름 아세요?"라며 인사를 건넸고, 2만여 관객은 "싸이"라고 외치며 국제 가수 싸이의 파리 입성을 환영했다. 그리고 바로 "준비됐느냐?"고 물은 후 음악에 맞춰 〈강남스타일〉을 불렀다. 펄쩍펄쩍 뛰며 말춤을 출 때는 광장 전체가 들썩거렸다. 그는 자신이 좀 더 잘 보일 수 있는 광장 계단 쪽으로 올라가 한 번 더 〈강남스타일〉을 부르며 군중과 손발을 맞췄다. 경사진 난간은 위험해 보이기도 했지만 싸이는 아랑곳없이 그 위에 올라가 어깨춤으로 말춤을 소화해 냈다. 그걸 본 군중은 더 신이 나 손을 흔들어대며 함께 말춤을 추었다.[222]

〈강남스타일〉과 말춤은 멕시코에서 카리브 해를 거쳐 남미대륙 남단

221 동아일보, 2012.10.22.
222 엔터미디어, 2012.11.07.

에 이르기까지 폭풍 같은 인기몰이를 한다. 브라질, 아르헨티나 등 대부분의 나라에서는 아이튠즈 차트 1위에 오르기도 한다. 멕시코에서는 말춤 경연대회가 펼쳐지기도 했고, 아르헨티나, 칠레 등지에서 열린 K-pop 경연대회에서도 말춤으로 하나가 되는 장면을 연출한다. 중남미 언론은 〈강남스타일〉의 열기를 전하기 바쁘다. 멕시코와 브라질, 아르헨티나의 주요 신문들은 싸이와 〈강남스타일〉, 말춤을 앞다퉈 소개했으며 〈강남스타일〉이 갈아치우는 초특급 기록들을 소개하며 전 세계적인 싸이 현상을 조명한다. 브라질 최대 방송인 글로보TV는 상파울루와 미국 뉴욕을 생방송으로 연결해 싸이 열기를 전한다. 〈강남스타일〉과 말춤의 인기는 남미에서도 플래시몹으로 번졌다. 멕시코시티에서는 300여 명의 한류 팬이 참가한 플래시몹 행사가 벌어졌다. 브라질의 상파울루에서도 500여 명이 운집해 〈강남스타일〉의 플래시몹 행사를 개최했다.[223]

3) K-pop 밈의 복제 성공요인

세계인들은 왜 K-pop을 좋아하고 K-pop 밈을 복제, 저장하려고 하는가? 이런 궁금증에 대해 세계 각국의 K-pop 팬이나 저널리스트, 학자, 음악 사업가들은 나름의 견해를 내놓고 있다. 이를 분석해 보면 K-pop의 성공적인 밈 복제 요인을 크게 두 가지, '환경적 요인'과 '관계적 요인'에서 찾을 수 있다. 환경적 요인이란 세계 각국의 대중음악 환경을 이야기하고, 관계적 요인이란 대중음악을 생산하는 음악 서비스 생산자와 소비자 간의 관계에서 발견되는 요인을 의미한다.

---

223 아시아투데이, 2012.11.09.

(1) 환경적 요인

고이케 가즈히코[224]는 일본인들이 K-pop을 좋아하고, K-pop 밈을 복제하고 싶어 하는 이유, 즉 K-pop을 즐겨 부르고 따라하는 이유를 "일본에는 강렬한 걸그룹이 없다."는 점을 들고 있다.[225] 그러기 때문에 강렬한 춤과 퍼포먼스를 선보이는 한국의 여성 아이돌 그룹에 일본인들이 빠져들고 열광한다는 것이다. 사람들은 누구나 갖지 못한 것에 대한 갈망이 있다. 이를 채우고 싶어 하는 욕망이 있다. K-pop이 그런 일본인들의 결핍 욕구를 채워주고 있는 것이다. 영국의 K-pop 팬인 샤란과 리즈가 K-pop을 좋아하는 이유 또한 고이케 가즈히코의 주장과 맥을 같이 한다. "요즘 영국에는 샤이니 같은 아이돌 스타가 없다(샤란).", "영국에는 춤과 음악을 한꺼번에 소화하는 빅 그룹이 없다(리즈)."는 것이다.[226] 홍석경[227]도 프랑스를 비롯해 많은 유럽인이 K-pop을 좋아하고, 즐겨 복제하는 이유를 같은 측면에서 바라보고 있다. "K-pop은 서구에서 사라진 보이밴드, 걸밴드의 공백을 메워주고 있다.", "유럽에는 소녀를 대상으로 하는 대중문화 콘텐츠가 절대적으로 부족하다."[228] 이처럼 많은 사람은 아이돌 스타가 없고, 능력 있는 음악 그룹이 없다는 세계 대중음악계의 환경적 요인에서 K-pop 밈의 성공적인 복제 요인을 찾고 있다. 이상언[229]은 이밖에도 "국경을 초월한 인터넷 문화도 주요 동력이다.", "한국영화도 K-pop 확산의 밑거름이 되고 있다.", "SM엔터테인먼트를 비롯한 대형 기획사들의 매니지먼트 전략도 한류 붐을 일으키

224 일본 유니버설뮤직 대표.
225 중앙일보, 2010.11.03.
226 중앙일보, 2011.07.04.
227 프랑스 보드로대학 언론정보학과 교수.
228 중앙일보, 2011.05.13.
229 중앙일보 파리 특파원.

는 힘이다.", "프랑스에 한류 열성 팬이 많은 것은 팬들이 조직화돼 있기 때문이다." 등 또 다른 K-pop 밈 복제의 환경적 요인을 추가하고 있다. 한편, 영어권 최대의 한류 사이트인 올케이팝닷컴의 회원들은 "K-pop의 흐름이 빨라 쉴 새 없이 새로운 가수와 노래가 쏟아진다."는 점을 K-pop 밈 확산의 이유로 들고 있다.[230] 변화 주기가 짧은 SNS 세대의 본성적 특성과 속도감 있게 변화를 생산해 내는 K-pop의 다이내믹스가 결합한, 다시 말해 환경적 요소와 이들 요소의 결합이 낳은 결과로 이해할 수 있다.

(2) 관계적 요인

고이케 가즈히코는 후지TV와의 인터뷰에서 "한국 아이돌 그룹은 곡·가창력·춤·비주얼·엔터테인먼트성의 5대 요건이 완벽한 프로 수준이다."라고 평가한다. 특히, 일본인들이 한국의 걸그룹과 보이그룹 밈을 복제하고 싶어 하는 가장 큰 요인으로는 다음 네 가지를 들고 있다.

> 첫째, 일본 걸그룹과 다른 차별화된 스타일을 갖고 있다. 일본의 걸그룹은 가창력이나 댄스 실력보다 귀여운 소녀 이미지를 앞세우는 경향이 있다. 둘째, 격렬한 댄스를 추면서도 라이브로 노래를 소화한다. 셋째, 패션·헤어스타일 등도 파격적으로 선보이는 등 강인한 이미지를 보여준다. 넷째, 힙합·R&B·댄스 등 영미권 음악을 빠르게 흡수하고 이를 동양적으로 소화한다."[231]

K-pop의 생산자인 한국의 걸그룹과 보이그룹이 갖고 있는 이 같은 음악적 특성이 음악 소비자인 일본인들의 까다로운 취향을 만족시

230 중앙일보, 2011.05.14.
231 중앙일보, 2010.11.03.

켜 줌으로써 이들로 하여금 K-pop 밈의 적극적인 수용자, 밈 복제자가 되게 한 것이다. 영국의 K-pop 팬인 샤란과 리즈, 빅토리아, 이고르도 K-pop의 성공적인 밈 복제와 관련한 '관계적 요인'을 K-pop 생산자의 우월성, 도덕성, 문화적 혼종성 등에서 찾는다. "영국 팝 가수들에 비해 보기도 좋고, 춤도 잘 추고, 노래도 잘한다(샤란).", "한국 아이돌 그룹은 춤과 노래는 물론, 유머 감각도 뛰어나다(리즈).", "영국이나 미국 음악은 거만한 이미지가 강하지만, K-pop은 거만한 느낌을 주지 않으면서도 세련되게 들린다. 서양음악의 세련된 스타일을 취했으면서도 동양적인 매력을 잃지 않았다. 동서양의 조화가 잘 이루어진 음악이다(빅토리아).", "영국이나 미국 팝스타들은 매번 음악을 반복하는 느낌이 강하다. 또 팬들에 대한 존경심이 부족하다. 하지만 한국 가수들은 팬들에게 매우 친절하다. 팬들과 열심히 소통하려는 모습이 돋보인다. 영국 가수들과 확연히 차이 나는 부분이다(이고르)."라고 K-pop 밈의 복제 이유를 설명한다.[232] 홍석경은 K-pop의 프랑스 및 유럽 확산과 관련한 관계적 요인을 생산 측면에서는 한국 아이돌 가수들이 실력파 종합 엔터테이너라는 점, 소비 측면에서는 프랑스의 음악 소비자, 특히 젊은 세대가 다문화·혼종문화에 대한 열망을 가지고 있다는 점에서 찾고 있다.[233] 또 이상언은 K-pop이 프랑스에서 인기 있는 이유, 즉 프랑스에서 K-pop 밈의 복제가 성공적으로 이루어질 수 있었던 관계적 요인으로 "K팝이 사랑·우정·이별 등 프랑스 젊은이들의 감성을 자극하는 내용을 경쾌한 멜로디로 현대화했다."는 점에서 찾고 있다.[234] 이와 관련해 올케이팝닷컴 회원들은 K-pop 밈의 확산 관계적 요인으로 K-pop의 특성, 즉 "간단하

232 중앙일보, 2011.07.04.
233 중앙일보, 2011.05.13.
234 중앙일보, 2011.06.11.

다. 노래가 좋다. 뛰어난 서구적 특성을 가졌다. 세련됐다. 독특한 매력을 지녔다." 등 5가지를 들고 있다.[235]

4) K-pop의 혼, 어디서 찾아야 하는가

세계 대중음악 시장의 '환경적 요인'과 노래·춤·가수 등 서비스 생산 주체와 소비 주체[객체] 간의 '관계적 요인'을 중심으로 K-pop의 세계적 확산 현상을 다루면서 한 가지 의문을 가지게 된다. 'K-pop은 과연 우리에게 무엇인가?' K-pop의 '노래 밈'은 서구적 팝스타일이다. 이문원[236]은 『코리안 쿨』(The Birth of Korean Cool)의 저자 유니 홍과의 인터뷰에서 "케이팝을 만드는 작곡가들은 한국인이 아니에요. 유럽인들이죠. 특히 스웨덴. 케이팝은 유로팝에 바탕을 두고 있죠. 유럽 사운드의 영향은 일렉트로닉과 테크노 뮤직 쪽이죠. 일렉트로닉을 기반으로 한 특성이 두드러져요."라고 K-pop의 스타일이 서구적이고, 서구적일 수밖에 없는 이유를 설명한다. 에프엑스의 '첫사랑니'[237], 엑소의 '늑대와 미녀'[238], 조용필의 '헬로'[239] 등도 모두 외국 작곡가에 의해 쓰였다.

그렇다면 서구 작곡가에 의해 쓰인, 그래서 운명적으로 서구적 밈을 가질 수밖에 없는 K-pop을 우리의 대중음악이라고 할 수 있는가? 물론, K-pop 밈 가운데 소수이기는 하지만, '동서양 문화의 혼종밈', '사랑·우정·이별' 등 감성을 자극하는 밈 유전자형이 없는 것은 아니다. 그러나 이 또한 우리의 고유 덕목으로 보기에는 부족함이 많다. 왜냐하면 동서양의 문화교류는 역사와 함께 수천 년 동안 끊임없이 이뤄져 왔고, 동서

235 중앙일보, 2011.05.14.
236 대중음악 평론가.
237 Erik Lewander, Sten Lggy Strange Dahl, Ylva Anna Birgitta Dimberg, Anne Judith Wik.
238 Will Simms, Nermin Harambasic, 켄지(한국인).
239 Scott Krippayne, Niclas Lundin, Maria Marcus H. Bharadia.

양 문화의 혼종 현상은 예나 지금이나, 어디서나 항상 일어나고 있는 것이다. 또 "사랑·우정·이별"도 대중가요에서는 빼놓을 수 없는 주요 덕목이다. 기원전 11세기에서 기원전 6세기까지 600여 년의 고대 시가를 모아놓은 『시경』[240](詩經)의 '국풍'(國風)편에는 민간에서 채집한 160편의 노래가 실려 있다. 그런데 이런 수천 년 전의 고대 시가조차도 남녀 간의 사랑을 주된 내용으로 하고 있다. 그렇다고 할 때 '사랑·우정·이별' 밈을 K-pop만의 고유 정서라고 이야기하기에는 무리가 있어 보인다. 인류 공통의 감성적 덕목이기 때문이다.

이런 상황에서 세계 대중음악 시장의 환경적 요인이 불리하게 전개된다면, K-pop의 미래는 어떻게 될까? 다시 말해 프랑스에서 청년층이 열광할 젊고 매력적인 가수가 등장하고, 영국에서 춤과 노래를 한꺼번에 소화하는 새로운 빅 그룹이 등장한다면, 또 일본에서 춤 잘추고 에너제틱한 걸그룹이 등장한다면, K-pop의 운명은 어떻게 될까? 결국, 많은 사람이 우려하듯이 K-pop은 청나라를 세운 만주족처럼 역사 속에서 사라져버리지 않을까? 이 지점에서 우리 고유의 차별적 문화 전통을 떠올리지 않을 수 없다.

2장-3-2)-(4) "K-pop 밈의 유형적 편향성"에서도 언급했지만, 우리 문화의 차별적 특성을 드러내는 '밈 유전자형', '밈 표현형'만이 K-pop의 신화적 영원성을 담보해 줄 귀중한 기재가 될 것이다. 이번 제4장이 유가에서 K-pop의 길을 찾는 이유도 바로 여기 있다. 유가, 특히 조선시대 우리 선조들에 의해 완성된 성리학은 한민족의 혼을 담고 있다. 여기에 기초해서 유가 음악론의 본질이 K-pop의 방향 설정에 지표가 될

240 오경(시경, 서경, 주역, 예기, 춘추)의 하나. 주나라 초기부터 춘추시대 중기까지의 시가 305편을 모아놓았다. 풍(風) 160편, 아(雅) 105편, 송(頌) 40편으로 구성되어 있다.

수 있다면, K-pop의 신화적 영원성은 자연스럽게 확보될 수 있을 것이다. 왜냐하면 21세기 자본주의 시대에 살고 있는 현대인들은 모두가 분열증을 앓고 있다. 이들은 치유를 원하고 있고, 유가에 기초한 K-pop은 이를 치유할 묘약이 되어줄 것이다. 자연선택은 인간의 이기적 본성에 따른 행위다. 이기적 본성은 최적자의 삶을 희구하는 세계인들이 K-pop을 자연선택하는 데 동력이 되어줄 것이다.

2. K-pop과 유가 음악론

1) 음악이란 무엇인가

마음은 한 몸의 주재다(心爲一身主宰).[241] 몸을 다스리는 주인이라는 의미다. 이를 주자(朱子)는 "성(性)이란 마음의 이치이며, 정(情)이란 마음의 용(用)이며, 마음이란 성과 정의 주인"(性者, 心之理; 情者, 心之用; 心者, 情性之主)이라고도 표현한다.[242] 음악은 마음의 움직임이다(樂者心之動也). 마음에 있는 것이 움직이는 것이다(樂也者 動於內者也).[243] 음악이란 뇌 속에 복제, 저장돼 있는 밈 유전자형의 겉으로 드러난 모습이다. 즉 밈 표현형인 '정'(情)을 담은 그릇(器)이다. 음악은 천지조화다(凡樂, 天地之和).[244] "음악은 성인(聖人)이 성정을 기르게 하고, 신과 인간을 조화롭게 하며, 하늘과 땅을 이어주고, 음양의 도(道)를 고르게 하는 것이다(樂者聖人所以養性情 和神人, 順天地, 調陰陽之道也)."[245] "음악은 인정을 도야하고, 인성을 바르게 하

241 陳淳, *性理字義*, 박완식, *성리자의*, 여강출판사, 2005: 60.
242 ibid. 66~67.
243 *禮記, 樂記*.
244 조정은, 2013: 50; 呂不韋, 1989: 40.
245 *世宗實錄, 卷第一百三十六 雅樂譜序*.

며, 이를 받아들여 중화의 궤칙으로 한다(夫樂者 陶人情 理人性 納之 中和之軌則也)."[246]

"홍어시, 입어례, 성어락"(興於詩, 立於禮, 成於樂)[247]이란 시를 배워서 학문을 하려는 마음이 홍기된 후에는 예를 배워서 예를 실천할 수 있는 군자가 되어야 하며, 나아가서는 예의 형식이 내포하고 있는 도(道)를 배우고 덕(德)을 밝히며 인(仁)을 터득한 뒤, 음악이라는 수단을 통하여 남과 내가 융화되는 즐거움을 완성한다는 뜻이다.[248] 음악이 인(仁)의 즐거움을 표현하는 수단이라는 유가적 의미를 뜻하는 것으로 해석할 수 있다. "도에 뜻을 두며, 덕에 근거하며, 인에 의하며, 예에서 노닌다(子曰志於道 據於德 依於仁 遊於藝)."[249] 이는 공자의 말씀으로, 군자는 몸 가꾸기보다 마음 가꾸기에 주력해야 한다. 마음 가꾸기의 첫 번째 단계는 도를 닦는 것이다. 도를 닦으면 그 도를 통해서 본성이 발휘된다. 본성이 곧게 발휘되는 것이 덕이다. 그러므로 도를 닦으면 덕을 실천할 수 있다. 덕을 실천하는 사람은 천명을 실천하는 사람이다. 남을 나처럼 아끼고 사랑한다. 이른바 '인'을 실천하는 것이다. 인을 실천하면 남과 내가 하나가 되고, 하늘과 내가 하나가 되며, 자연과 내가 하나가 된다. 자연과 하나가 되면 느낌으로 살아가는 자연의 세계가 열린다. 느낌의 세계는 바로 예술로 표현된다. 그래서 마지막으로 공자는 "예에서 노닌다."(遊於藝)라고 했다.[250] 이처럼 음악이란 느낌으로 살아가는 자연의 세계를 겉으로 드러내 표현하는 예술이다.

---

246 이성천, 한국전통음악의 체질-중절·신명, 유교사상문화연구, Vol. 6, 한국유교학회, 1993: 16. *詩樂和聲* 卷之四 樂器度數 竹音三管 項.

247 *論語, 泰伯.*

248 이기동, *맹자강설*, 성균관대학교 출판부, 2013: 75.

249 *論語, 述而.*

250 이기동, *논어강설*, 성균관대학교 출판부, 2012: 263~264.

2) 음악의 가치

(1) 즐거움

즐거움[樂]이란 자연적이건 인위적이건 자기 스스로 삶의 중심에서 절실히 바라는 것이 성취된 결과에서만 느낄 수 있는 만족, 쾌감의 상태다.[251] 공자는 천·지·인이 공유하는 도(道)의 경지를 즐거움이라고 했다. 맹자는 만물과 나의 일체를 즐거움으로 인식했다. 즐거움은 감각기관을 통해 나오는 쾌감이다. 감각기관을 통해 도를 즐거움으로 삼는다면, 감각기관의 생리작용은 심지(心志)가 추구하는 도와 마찰을 일으키지 않을 뿐만 아니라 감각기관의 생리작용은 이미 완전히 도와 서로 융합되고, 나아가 도를 지지해 주는 구체적인 힘이 될 것이다. 이때의 인격 세계는 평안하면서 충실히 발양하는 세계다. 그러므로『論語』에서부터 그 후의 공문(孔門) 계통에 이르기까지 모두 즐거움을 중시했던 것이다.[252] 이른바 도를 향한 앎의 단계를 넘어 심(心)과 신(身)이 일치하는 합일의 경지를 유가는 즐거움으로 인식한다.[253]

BC 517년 노(魯)나라의 소공(昭公)이 삼환(三桓)에게 쫓겨 제(齊)나라로 망명하였다. 이때 공자도 그의 뒤를 따라 제나라로 갔다. 35세 때의 일이다. 순임금의 음악인 소(韶)를 듣게 된 것은 그때의 일일 것으로 생각된다. 소를 들으시고 공자는 '3개월 동안 고기 맛을 모르셨다.'고 한다.'

『論語』 述而

子在齊聞韶 三月不知肉味 曰不圖爲樂之 至於斯也

공자께서 제나라에 계실 적에 순임금의 음악인 소를 들으시고, 3개월 동안 고

251 조남욱, 유가에서 지향하는 즐김[樂]의 경지에 관한 연구, 유교사상문화연구 28, 한국유교학회, 2007: 234.

252 徐復觀, *中國藝術精神*, 上海: 華東師範大學出版社, *중국예술정신*, 권덕주 외, 동문선, 2000: 41.

253 조남욱, 유가에서 지향하는 즐김[樂]의 경지에 관한 연구, 유교사상문화연구 28, 한국유교학회, 2007: 211~212.

기 맛을 모르셨다. 그러고는 말씀하셨다. 음악을 하는 것이 이러한 경지에 이를 줄은 생각하지 못했다.

소(韶) 음악을 배우는 즐거움이 얼마나 컸으면, 공자께서는 고기 맛을 몰랐을까? 여기서 '고기 맛을 몰랐다'(不知肉味)는 것은 그 음악을 배우는 데 열중했다는 뜻이다. 음악의 즐거움은 일체의 구별이 극복되어 하나로 융화될 때 나타나는 즐거움이다. 학문이 완성된 후에 이를 수 있는 최고의 경지다.[254] 공자는『論語』'옹야'(雍也)편에서 "아는 것은 좋아함만 못하고, 좋아함은 즐기는 것만 못하다.(子曰 知之者 不如好之者 好之者 不如樂之者)"고 함으로써 즐김이 최상의 경지라는 것을 분명히 했다.[255] 왕도정치의 주창자인 맹자는 이른바 '군자삼락론'(君子三樂論)으로 유자(儒者)의 진면목을 '즐거움'[樂]이란 용어로 집약하고, 왕도의 기본을 백성과 즐거움을 함께하는 '여민동락'(與民同樂)으로 천명하였다.

『孟子』, 盡心上

孟子曰 君子有三樂, 而王天下不與存焉. 父母俱存, 兄弟無故, 一樂也. 仰不愧於天, 俯不愧於人, 二樂也. 得天下英才而敎育之, 三樂也.

군자에게는 세 가지 즐거움이 있는데, 왕이 되어 덕으로 천하를 다스리는 것은 여기에 들어가지 않는다. 부모님이 생존해 계시고 형제들이 무고한 것이 첫 번째 즐거움이요, 하늘을 우러러 부끄러움이 없고, 땅을 굽어보아 사람에게 부끄러움이 없는 것이 두 번째 즐거움이요, 천하의 영재들을 얻어 가르치는 것이 세 번째 즐거움이다.[256]

254 이기동, *논어강설*, 성균관대학교 출판부, 2012: 270~271.
255 조남욱, 유가에서 지향하는 즐김[樂]의 경지에 관한 연구, 유교사상문화연구 28, 한국유교학회, 2007: 211.
256 ibid. 209.

유가에서 즐거움, 즐김의 경지로 주목받는 또 하나는 자연과의 공유다. 이것은 삶의 기반인 환경과 소통하고 사람 상호 간의 정의를 심화시키는 가운데에서 즐거움을 느끼는 것을 이른다. 이와 같은 자연 속에서의 즐김의 경지가 맹자에게 있어서는 만물과 나의 일체론으로 지향되었다.

『孟子』盡心上

孟子曰 萬物 皆備於我矣 反身而誠 樂莫大焉

만물이 모두 나에게 갖추어져 있으니, 내 몸에 돌이켜보아 참되면[誠] 즐거움이 이보다 큰 것이 없다.

"만물이 모두 나에게 갖추어져 있으니"란 '나'의 실재는 근본적으로 외적인 사물들과 떨어져 있지 않다는 존재의 일원성을 확인하는 말이다. "내 몸에 돌이켜보아 참되면"이란 그런 원리에 따라 실제로 하나가 되는 단계를 이른다. "즐거움이 이보다 큰 것이 없다"란 그 결과에서 느끼는 심상을 묘사하는 것이다. 그 최후의 심상을 맹자는 가장 큰 즐거움으로 표현하고 있다.[257] 공자는 '즐김론'의 절정을 보여준다. 그리고 제자 안연을 향해서는 호학(好學)의 제일인자임을 천명하면서 안빈낙도의 모습을 칭송하였다.

『論語』述而

子曰 飯疏食 飲水 曲肱而枕之 樂亦在其中矣 不義而富且貴 於我如浮雲

거친 밥을 먹고 물을 마시며 팔을 굽혀 베고 누워도 즐거움은 또한 그 가운데 있으니 의롭지 않으면서 부(富)하고 귀(貴)한 것은 나에게 있어서는 뜬구름과 같도다.

257 ibid. 221~223.

『論語』雍也

子曰 賢哉 回也 一簞食 一瓢飮 在陋巷 人不堪其憂 回也 不改其樂 賢哉 回也

어질구나 안회여! 대광주리 밥 하나에 마실 것 한 바가지로 누추한 곳에 있음을 사람들은 그 걱정 감당하지 못하는데, 회는 그 즐거워함을 그치지 않으니 어질구나 회여!

이처럼 공자와 안연은 天·地·人이 공유하는 도의 경지를 즐거움이라는 이름으로 그렇게 함께하고자 하였다.[258] 조선시대의 대표적 성리학자인 이이(李珥)는 진정한 즐거움[眞樂]을 인욕(人慾)을 버리는 데서 찾았다. 이것은 성리학적 수양론의 기본인 '인욕을 막고 천리를 보존한다.'(遏人欲 存天理), '인욕을 버리고 천리를 보존한다.'(去人欲 存天理)는 말의 맥락과 성격을 같이 한다. 이처럼 욕구의 절제 문제가 중시되었던 것은 사회적 공존성의 제고 측면에서뿐만 아니라 자연 속에서의 '즐김'을 더하기 위한 것이었다.[259]

『栗谷全書』卷13 松崖記

蓋分 內外而二之者 非知眞樂者也 必也 一內外無彼此者 其知眞樂乎 天理本無內外之間 彼有內有外 必有 人欲間之也 苟無人欲之間 則浩然自得 焉往而不樂哉

무릇 안과 밖을 나누어 두 갈래 지으면 진정한 즐거움을 알지 못하게 된다. 반드시 안과 밖을 하나로 하여 이것과 저것을 없이한 자라야 진정한 즐거움을 알 수 있다. 천리는 본래 안팎의 사이가 없었는데 저 안이 있고 밖이 있는 것은 반드시 인욕이 벌인 것이다. 실로 인욕의 틈이 없다면 크게 자득하리니 어찌 나아가 즐겁지 않으랴.

258 ibid. 220~221.
259 ibid. 224~225.

(2) '즐김'의 진실태

맹자는 인의(仁義)의 실천적 단초를 부자(父子)와 형제(兄弟)의 관계에서 확인시킨다. 그리고 이것의 자연 지향성을 '즐김'[樂]이라 부른다. 또, 그 작용을 도덕적인 삶의 중심으로 보았다. '즐기는 것이 곧 삶'[樂則生]이라는 맹자의 주장은 인간 본연의 가치와 인간 존중의 도덕성 추구가 바로 즐김의 에너지를 타고 실현될 수 있는 것을 알 수 있게 해준다.

『孟子』 離婁上

孟子曰 仁之實 事親是也 義之實 從兄是也 智之實 知斯二者弗去是也 禮之實 節文斯二者是也 樂之實 樂斯二者 樂則生矣 生則惡可已也.

맹자께서 말씀하시기를 인(仁)의 실제는 부모 섬김이고, 의(義)의 실제는 형을 따름이며, 지(智)의 실제는 이 두 가지를 잘 알아서 없애지 않음이요, 예(禮)의 실제는 이 두 가지를 적절히 나타내는 것이며, 낙(樂)의 실제는 이 두 가지를 즐기는 것이다. 즐기는 것이 곧 삶이다. 살아 있으니 어찌 그만둘 수 있으랴.

한편, 공자는 '즐김'을 손(損)과 익(益)의 측면에서 보고 있다. 그렇다면 손과 익의 기준은 무엇일까? 공자는 이를 자기 성숙을 향한 도덕성 유무에서 그 근거를 찾고 있다. 즉 아래 번호 ①"예악(禮樂)으로 절제함을 즐김과 남의 착한 것을 말하기를 즐김과 어진 친구가 많기를 즐기는 것은 유익함이요."에서는 절제[節]와 착함[善] 그리고 어짐[賢]을 키워드로 하는 도덕적 태도를 지목하고 있다. 번호 ②"교만스런 쾌락을 즐김과 일없이 노니는 것을 즐김과 잔치마당 놀음을 즐김은 손해다."에서는 무절제의 감각주의와 육체적 안일주의 그리고 일시적 호화주의를 지목하고 있다. 그러면서 공자는 전자의 경우를 즐김의 진실태로 또 유익한 것으로 천명하였다. 이것은 '즐기는 것'과 '노는 것'을 구별하려는 유가의 의지가

반영된 것이라고 할 수 있다.[260]

『論語』季氏

孔子曰 益者三樂 損者三樂 樂節禮樂 樂道人之善 樂多賢友 益矣 樂驕樂 落佚遊 樂宴樂 損矣.

공자께서 말씀하시기를 유익한 것에 세 가지 즐김이 있으며, 손해되는 것에 세 가지 즐김이 있다. ①예악으로 절제함을 즐김과 남의 착한 것을 말하기를 즐김과 어진 친구 많기를 즐기는 것은 유익함이요, ②교만스런 쾌락을 즐김과 일없이 노니는 것을 즐김과 잔치마당 놀음을 즐김은 손해다.

3) 음악의 형식과 구조

큰 음악은 간이하다(大樂必易).[261] '간이하다'는 것은 장식[文飾]을 하지 않는다는 말이다. 장식한다는 것은 바르지[雅正] 못하고 번거롭고 빠르며 음란한 것으로 인식된다(此繁且淫 不可以爲雅正).[262] 질(質)이 글[文]보다 승하면 야해지고, 글이 질보다 나으면 겉치레가 된다. 문과 질이 조화로워야만 군자라고 할 수 있다(質勝文則野 文勝質則史 文質彬彬 然後君子).[263] 간이(簡易)한 것을 장식함으로써 번거롭게 만들고, 번거로움은 음악을 가득 차게[盈]하는 법이다. 가득 찬 달[盈月]이 이지러지듯이 가득 차는 것은 오래 가지 못하고 변한다. 가득 차고 차는 것[盈盈]은 반드시 기울어지는데 이것이 하늘의 도리다. 그래서 천지 간의 극(極)은 좋은 것이 아니다(亢龍有悔 盈不可久也 (傳) 盈則變 (備旨) 天地間極 不好的是 楹楹必毁 天之道也).[264] 이처럼 유가 음악론은 음악의 형식과 구조가 장식[文飾]함이 없이 간이해야 함

260 ibid. 235~236.
261 *禮記, 樂記.*
262 *三國史記, 雜志, 第一 樂條.*
263 *論語, 擁也.*
264 *周易, 卷之一.*

을 강조한다.[265]

음악을 파악하고 분석하려는 의식과 작업은 음악의 됨됨이와 모습을 정확하게 인식하기 위한 과학 정신에 기인한 것이지만, 어찌 보면 이런 의식과 작업이 문화구조가 다른 지구상의 다양한 예술에 전적으로 적합한 태도가 아닐 것이라는 생각도 든다. 음악이라는 형이상을 형식이라는 형이하로 파악하려고 한다든가, 비가시적인 것을 가시적인 것으로 보려 한다든가, 정서의 자율성을 비정서의 타율성으로 해부해 보려는 의식과 작업이 반드시 옳다고 보기는 어렵다. 그러나 음악이 형식이나 구조로서 감지되지 않거나 파악되지 않는다고 하더라도 여기에는 분명히 질서가 있다.

『論語』八佾 제23장

子語魯大師樂曰樂 其可知也 始作 翕如也 從之 純如也 皦如也 繹如也 以成

공자가 노나라의 대사악에게 말하기를, 음악은 알 수 있는 것이다. 시작할 때는 합해진 것처럼 하고, 좀 더 나아가서는 조화롭고, 밝게 서로 이어져 끊어지지 않으면서 이뤄지는 것이다.

음악의 구성 질서가 시작할 때는 합해진 것처럼 하고, 이어져 화(和)하고 밝으며, 서로 끊어지지 않게 진행하면서 완성된다는 것이다. 이는 유가가 음악 구성의 대원칙으로 제시한 것이라고 해석할 수 있다. 그러나 윗글은 이를 시행할 구체적인 원리를 제공하지는 않고 있다. 다만 여기서 얻을 수 있는 것은 음악이 본(本)과 변(變)으로 구성되었다는 점이다. 시작할 때 합한다는 것을 '본'이라고 할 때 계속해서 화(和)하고 밝으며 끊어지지 않고 이어진다는 것을 '변'으로 해석할 수 있을 것이다. "본을

265 이성천, 한국전통음악의 체질-중절·신명, 유교사상문화연구, Vol. 6, 한국유교학회, 1993: 17~18.

궁구하여 변을 안다.”(窮本知變)는 것[266]도 이에 적용할 수 있다.

음악은 본과 변의 구성 형식으로 이루어졌고, 음악의 형식과 구조는 본과 변의 연속일 뿐 가시적인 것은 아니다. 또 이 원칙에 따라 만들어지기 때문에 음악은 가시적인 파악이 어렵다. 그러나 현대 창작은 전통음악을 재생하는 작업이 아니므로 본과 변의 관계를 원리로 하여 현대인의 감정을 유발할 수 있는 가시적인 형식과 구조를 만들 필요는 있을 것이다. 음악은 시대의 산물이므로 변하고 또 새로워져야 한다. ‘온고(溫故)=본’과 ‘지신(知新)=변’의 관계가 시대성으로도 인식되기 때문이다.[267] 한편, 본과 변의 연속인 음악의 형식과 구조는 어떤 악기로 어떻게 표현되어야 하고, 이를 표현하는 연주자의 마음가짐은 어떠해야 하는가?

『孟子』萬章章句下 제1장

> 集大成也者 金聲而玉振之也 金聲也者 始條理也 玉振之也者 終條理也 始條理者 智之事也 終條理者 聖之事也.
>
> 집대성이란 쇠로 만든 악기로 소리를 늘어뜨리고, 옥으로 만든 악기로 거두어들이는 것이다. 쇠로 만든 악기로 소리를 늘어뜨린다는 것은 가락을 시작하는 것이고, 옥으로 만든 악기로 거두어들인다는 것은 가락을 마무리하는 것이다. 가락을 시작하는 것은 지혜로움을 가지는 일이고, 가락을 마무리하는 것은 성스러움을 가지고 하는 일이다.

다시 말해 집대성(集大成)이란 모든 악기가 연주하는 가락이 각각의 개성을 발휘하면서 전체적으로 큰 조화를 연출하는 것이다. 노랫가락이 각각의 개성을 발휘하기 위해서는 각각의 고유한 음계에 맞추어 음의 높낮이를 달리하면서 길게 여운을 끌어가야 하므로 종과 같은 쇠로 된

---

266 *禮記*, *樂記*.
267 이성천, 한국전통음악의 체질-중절·신명, 유교사상문화연구, Vol. 6, 한국유교학회, 1993: 19~20.

악기를 사용하는 것이 어울린다. 반면, 전체적으로 조화를 이루기 위해서는 모든 노랫가락이 혼연일체가 되었을 때 더는 여운을 남기지 말고 딱 마무리하는 것이 필요하다. 이때 어울리는 것이 옥으로 된 악기다. 연주, 즉 가락을 시작할 때는 각 음의 높낮이를 정확하게 분별하여 각각의 소리를 정확하게 내야 하므로, 음과 소리를 잘 분별할 수 있는 지혜로움이 필요하지만, 가락을 마무리할 때는 모든 가락이 혼연일체가 되어 전체적으로 조화를 이뤄야 하므로, 남과 자기가 하나가 되는 인(仁)의 마음이 필요하다.[268]

4) 음악의 기능과 역할

순자의 '악론'(樂論)은 "적절하고 균형 잡힌 음악은 백성들을 화합시키고 지나친 행동을 하지 않게 만들며, 엄숙하고 장중한 음악은 백성들을 질서정연하고 혼란스럽지 않게 만든다. 간사한 소리가 사람을 자극하면 거스르는 기가 응하고, 올바른 소리가 사람을 자극하면 따르는 기가 응한다(樂中平則民和而不流 樂肅莊則民齊而不亂, 凡姦聲感人而逆氣應之 逆氣成象而亂生焉. 正聲感人而順氣應之 順氣成象而治生焉)."고 한다.[269] 중절(中節)은 '정'(情)의 절제다. 중절은 흘러넘치지 않고(不流), 지나치지 않는(不過) 보편타당한 준칙이다. 절제하는 음악이 정악(正樂)이다. 정악은 중절로 이뤄진 음악이다(中節之樂). 이성의 간여와 치리(治理)로 정을 절제하는 이성의 음악이다(理性之樂). 성정을 바르게 기르는 데 필요한 음악이다(養性情之樂). 그렇게 함으로써 수신(修身)하는 음악인 동시에 스스로 자기를 돌보고 닦는 음악이다(修身之樂 修己之樂). 또 유학 사상의 정신을 구현한 음악이다

268 이기동, *맹자강설*, 성균관대학교 출판부, 2013: 487~489.

269 조정은, 논어의 음악론-음악의 교화 작용과 상보적 예악 개념에 대한 검토, 유교사상문화연구 52. 한국유교학회, 2013: 36~37; 王先謙, *荀子集解*, 북경: 중화서국, 2007: 380~381.

(精神之樂).[270] 『禮記』 樂記에 다음과 같은 구절이 있다.[271]

> 군자가 이르기를, 예와 악 두 가지는 잠시도 우리 몸에서 떠나게 할 수 없다. 음악을 철저하게 알아 마음을 다스리면 화이(和易)하고 정직하며 자애, 순양한 마음이 우연히 일어난다. 화이, 정직, 자애, 순양한 마음이 일어날 때에는 곧 마음이 화락해진다. 마음이 화락하면 곧 신체가 편안하다. 신체가 편안하면 수명이 길고 수명이 길면 그 덕이 하늘과 같다. 덕이 하늘 같으면 위엄이 귀신 같다. 그 덕이 하늘 같으면 말하지 않아도 사람들이 믿고 귀신 같은 즉 화내지 않아도 위엄이 있게 된다. 이것이 음악을 알아서 마음을 다스리는 효과다.[272]

음악의 기능과 역할 관련해서 순자의 '악론'이 치국(治國)에 초점을 맞추고 있다면, 정악과 예기 '악기' 편은 개인의 수신(修身)과 수기(修己), 마음 다스림에 초점을 맞춘다. 그러나 맹자는 이와 달리 음악의 기능과 역할을 유기체적 공존의식에서 찾는다.

『孟子』 梁惠王章句下 제1장

> 曰可得聞與, 曰獨樂樂 與人樂樂 孰樂, 曰不若與人, 曰與少樂樂 與衆樂樂 孰樂, 曰不若與衆.
>
> 들을 수 있겠습니까? 홀로 음악을 즐기는 것과 남과 함께 음악을 즐기는 것 중에서 어느 것이 더 즐겁습니까? 남과 함께하는 것만 같지 못합니다. 적은 사람들과 함께 음악을 즐기는 것과 많은 사람과 함께 음악을 즐기는 것 중에서 어느 것이 더 즐겁습니까? 많은 사람과 함께 하는 것만 같지 못합니다.[273]

---

270 이성천, 한국전통음악의 체질-중절·신명, 유교사상문화연구, Vol. 6, 한국유교학회, 1993: 37~38.

271 君子曰 禮樂不可斯須去身 致樂以治心 則易直子諒之心 油然生矣 易直子諒之心生則樂 樂則安 安則久 久則天 天則神 天則不言而信 神則不怒而威 致樂以致心者也.

272 ibid. 16; 권오돈, *新譯 禮記*, 홍신문화사, 1976: 417~418.

273 이기동, *맹자강설*, 성균관대학교 출판부, 2013: 76~77.

유가는 '자기만의 즐김'[獨樂]을 치악(侈樂), 즉 '사치스런 음악'이라고 하여 배격한다.[274] 유가적 즐김의 모습은 개인보다는 서로(가족, 친구)를, 서로보다는 전체(백성, 천하)를 향하여 그 영역을 확대해 간다는 데에서 특징을 찾을 수 있다. 그 논리적 기반은『大學』의 '八條目' 체계, 즉 '격물(物格)→지지(知至)→의성(意誠)→심정(心正)→신수(身修)→가제(家劑)→국치(國治)→천하평(天下平)'에서 찾을 수 있다. 맹자와 제선왕과의 대화는 유가 음악에서 유기체적 공존의식이 중시되고 있음을 보여준다.[275]

5) K-pop, 왜 유가인가

이번 제4장 '인트로'에서 학계 전문가와 네티즌들이 전하는 K-pop에 대한 따가운 우려의 목소리를 들었다. 그 가운데서 가장 핵심적인 것은 '내용 부재', '정체성 결여', 볼거리 중심의 '표피적 행태'에 관한 지적이다. 'K-pop, 왜 유가인가'는 이 같은 문제의 해결을 위해 유가 음악론에서 K-pop이 가지고 있는 정체성 결여의 문제에 대한 해법을 찾고, K-pop 밈의 유가적 확장성을 통해 내용 부재와 표피적 행태의 문제에 대한 해법을 찾고자 한다.

(1) K-pop의 뿌리, 향가의 사상적 배경

우리나라에 유교가 처음 들어온 것은 1,600여 년 전인 삼국시대다. 고구려 소수림왕 2년(372) 태학을 설치하여 귀족 자제들을 교육했다는 기록이 있다. 백제의 경우, 기록은 전하지 않지만, 중국의『구당서』(舊唐書)와 왕인 박사에 관한 고사를 전하는 일본의 기록들을 보면 유교가 백제

274 조남욱, 유가에서 지향하는 즐김[樂]의 경지에 관한 연구, 유교사상문화연구 28, 한국유교학회, 2007: 216.
275 ibid. 238.

에도 전해졌음을 알 수 있다. 신라는 진덕여왕 5년(651) 유교 교육을 국가에서 관장하기 시작했고, 신문왕 2년(682) 국학을 설치, 유교가 사회 체제를 유지하는 하나의 원리로서 작동하게 했다. 불교가 처음 우리나라에 들어온 것도 유교와 같은 시기인 고구려 소수림왕 2년(372)이다. 백제는 이보다 조금 뒤인 침류왕 원년(384), 동진의 호승(胡僧) 마라난타(摩羅難陀)에 의해 전래된 것으로 알려져 있다. 신라는 눌지왕(417~458) 때 묵호자가 일선(선산)군에 왔었고, 소지왕(479~500) 때에는 아도화상(阿道和尙)이 왔었다고 기록은 전하고 있다. 그러다가 처음으로 신라에서 불교가 공인된 것은 법흥왕(514~540) 때다. 도교가 종교로서 우리나라에 전래된 공식 연대는 643년 고구려 때다. 이때 도사와 도교의 최고신인 천존상(天尊像)이 들어왔으며, 노자에 대한 강연도 행해졌다고 한다. 백제에는 "승려와 절은 많으나 도사는 없었다."는 기록이 전하고, 신라는 통일 이후인 효성왕 2년(738) 당 현종이 사신을 보내 신라에『도덕경』등의 도가 경전을 전하였다는 기록이 남아있다.[276]

무교(巫教)는 우리 민족의 전통적인 종교의식이다. 건국신화인 고조선의 단군신화, 고구려의 주몽신화, 신라의 혁거세신화도 모두 무교에 기반한다. 이런 원시적 신앙 형태는 외래종교인 유(儒)·불(佛)·도(道)가 유입되면서 과도기를 거치다가 점차 역사의 전면에서 후면으로 자리를 옮기게 되었을 것으로 보인다. 무교와 같은 고대 한국인의 신앙 형태와 세계관은 대략 BC 20세기 무렵부터 AD 4~5세기 중국으로부터 유·불·도가 유입될 무렵까지 장장 2,500여 년에 걸쳐 존속, 유지되어왔다고 볼 수 있다.[277] 그리고 이런 신앙 형태와 세계관은 그 양상이 조금 바뀌기는 했

276 박상진, 고대 음악사상 연구-신라 향가를 중심으로, 동양예술 Vol. 10, 한국동양예술학회, 2005: 134~139.
277 한홍섭, *우리 음악의 멋 풍류도*, 책세상, 2003: 61~63.

겠지만, 지금까지도 계속해서 전해오고 있다고 봐야 할 것이다.[278]

우리의 고전문학은 대부분 이 같은 외래종교인 유·불·도와 전통 종교인 무교를 그 사상적 배경으로 하고 있다. K-pop의 뿌리라고도 할 수 있는 신라 향가의 사상적 배경도 이 틀에서 크게 벗어나지 않는다고 본다. 향가는 지금까지 25수가 전해지고 있다. 신라인들의 열망과 욕구를 해소하고, 그들의 정서를 결집시키는 결정적 역할을 함으로써 신라 통일과 그 이후, 신라 문화 발전의 원동력이자 자양분이 되었다. 4구체인 '서동요·풍요·헌화가·도솔가'와 8구체인 '모죽지랑가·처용가', 10구체인 '혜성가·원왕생가·원가·제망매가·안민가·찬기파랑가·도천수대비가·우적가' 등 『삼국유사』에 실려 있는 향가 14수의 내용과 배경 설화를 보면 향가의 사상적 배경이 유교, 불교, 도교, 무교로 이뤄져 있음을 확인할 수 있다. 다시 말해 '안민가'는 유교적 색채, '제망매가·원왕생가·풍요·도천수대비가·우적가·처용가'는 불교적 색채, '서동요'는 도교적 색채를 띠고 있다. 또, '혜성가'와 '원가'는 무교의 주술성과 도교적 색채를 함께 띠고 있고, '도솔가'는 무교의 주술성과 불교적 색채를 담고 있다. 『균여전』에 실려 있는 '예경제불가(禮敬諸佛歌)·칭찬여래가(稱讚如來歌)·광수공양가(廣修供養歌)·참회업장가(懺悔業障歌)·수희공덕가(隨喜功德歌)·청전법륜가(請轉法輪歌)·청불왕생가(請佛往生歌)·상수불학가(常隨佛學歌)·항순중생가(恒順衆生歌)·보현회향가(普賢廻向歌)·총결무진가(總結无盡歌)' 등 향가 11수는 10구체로 된 불교 예찬가다. 이처럼 '유·불·도·무'는 향가의 뿌리 깊은 사상적 배경이 되고 있다.

278 박상진, 고대 음악사상 연구-신라 향가를 중심으로, 동양예술 Vol. 10, 한국동양예술학회, 2005: 133.

(2) 향가에서 출발한 K-pop의 글로벌리즘

신라 향가의 사상적 배경 가운데 무교를 제외한 나머지 '유·불·도'는 모두가 우리 고유의 독자적 사상이라고 할 수 없다. 그렇다면 향가가 이렇게 다양한 사상적 배경을 갖게 된 이유는 무엇일까? 또, 그것이 갖는 함의는 무엇일까? 이는 신라인들의 의식이 국내외 사상들을 조화롭게 혼융하려고 하였음을 반영한 것이라고 할 수 있다. 신라인들의 사고와 감정이 개방적이고 주체적이라는 것을 향가의 사상적 배경이 반증해 주고 있는 것이라고 할 수 있다.[279] 향가는 K-pop의 뿌리다. 한자의 음(音)과 훈(訓)을 빌려 기록한 향찰(鄕札)로 쓰인 정형시가(定型詩歌)다.

K-pop 밈의 세계적 확산과 함께 K-pop의 정체성에 관한 논란이 끊임없이 이어지고 있다. 그러나 이를 뒤집어 보면, K-pop의 무국적성·무정체성이 향가의 개방성, 글로벌리즘과 맞닿아 있는 것으로, 이해할 수도 있다. 개별 국가체제가 아닌, 세계를 하나의 통합체로 인식하는 세계통합주의적 이데올로기가 바로 글로벌리즘(Globalism)이니 말이다. 그럼에도 아쉬움이 남는 것은 왜일까?

향가는 외래종교를 받아들였다. 유교, 불교, 도교가 그것이다. 그러나 향가는 우리의 전통적인 무교적(巫教的) 색채 또한 잃지 않았다. K-pop은 유로팝(Europop)을 받아들였다. 그들의 서양 음악적 양식과 스타일, 작가를 통한 그들의 정신을 받아들였다. 그러나 K-pop은 향가와 달리 서구적인 밈 표현형만을 보여줄 뿐 우리의 혼, 우리의 밈 유전자형을 담아내지 못하고 있다. 이런 정체성의 문제를 해결하기 위해서라도 K-pop은 -향가가 전통의 무교적 색채를 잃지 않았던 것처럼- 우리 전통문화의 뿌리인 유가(儒家)에서 그 길을 찾아야 하지 않을까? 이것이

279 ibid. 128~129.

K-pop의 신화적 영원성(Eternity)을 구현해내는 길이고, 한국의 문화정신인 '한류이즘'(Hallyuism)이 발현된 창발 현상(Emergent Behavior), 즉 '한류토피아'(Hallyutopia)에 이르는 길이 아닐까 한다.

3. K-pop 밈의 유가적 유형

1) 분류근거

(1) 마음은 성과 정의 주인(心者, 情性之主)

사람은 천지의 이치를 얻어 '성'(性)을 삼고, 천지의 기운을 얻어 몸을 형성케 된다(大抵人得天地之理爲性, 得天地之氣爲體). 이에 이치와 기운이 합하여 마음이 형성됨에 따라 하나의 허령지각을 소유하게 됨으로써 곧 몸을 주재하게 된다(理與氣合, 方性箇心有箇虛靈知覺, 便是身之所以爲主宰處). 마음은 한 몸의 주재다(心爲一身主宰).[280] 주자(朱子)는 이를 "성이란 마음의 이치이며, 정이란 마음의 용(用)이며, 마음이란 성과 정의 주인"(性者, 心之理; 情者, 心之用; 心者, 情性之主)이라고 말한다.[281] 마음은 그릇과 같고, 그 안에 담긴 물건이 곧 성이다.(心, 只似箇器一般; 裏面貯底物, 便是性).[282] 성은 마음속에 존재하면서 그 근원을 이루고 있고, 마음은 육체에 붙어 있으면서 육체를 조종하는 기능을 가지고 있다. 마음에는 성 외에 성이 발휘되어 이뤄진 정이 있고, 또 성에서 정으로 이행하는 과정을 조절하는 '생각하는 기능'(思慮), '분별하는 기능'(分別), '계산하고 비교하는 기능'(計較), '헤아리는 기능'(商量), '외물을 인지하고 깨닫는 기능'(知覺) 등이 있다. 인간의 성

280 陳淳, *性理字義*, 박완식, *성리자의*, 여강출판사, 2005: 60.
281 ibid. 66~67.
282 ibid. 69.

은 누구에게나 동일한 것이기 때문에 정으로 되는 과정에서 조절 기능이 작용하지 않으면 인간의 정은 모두 똑같을 수밖에 없다. 그런데 마음의 조절 기능은 육체가 갖고 있는 감각기관의 감각 작용을 바탕으로 생겨나는 것이기 때문에 육체적 조건과 감각기관의 능력이 각각 다른 만큼 이 기능도 다양하며, 따라서 이 기능에 의해 조절을 받고 나타나는 인간의 정도 다양할 수밖에 없다.[283]

(2) 성과 밈 유전자형, 정과 밈 표현형의 유비적 관계

K-pop의 밈 유전자형(Genotype)이란 세계인들의 뇌 속에 복제, 저장돼 있는 겉으로 드러나 있지 않은 밈 복제자다. 장차 겉으로 드러나게 될 밈 표현형(Phenotype)의 원천이다. 성(性)이란 마음속에 있으면서 발산되지 않은 것, 고요하여 움직임이 없는 것이다. 겉으로 드러나게 될 정(情)의 상대적 개념이다(情與性相對).[284] 밈 유전자형과 성은 이처럼 사람의 뇌 속, 마음속에 있으면서 아직 겉으로 드러나지 않은 가설적 성질(Hypothetical Nature)이라는 공통점을 갖는다. 이것이 성과 유전자형을 같은 맥락에서 해석할 수 있게 해주는 근거가 된다. K-pop의 밈 표현형이란 밈 유전자형이 복제과정을 거쳐 겉으로 드러난 것을 이른다. 정(情)이란 마음의 작용이다. 성(性)이 움직인 것이다(情者, 心之用; 性之動也). 성이 사물에 감촉되어 움직인 것, 동하여 발산된 것을 정이라 한다.[285] 이처럼 밈 표현형과 정(情)은 밈 유전자형과 성(性)이 동(動)하거나 복제과정을 거쳐 겉으로 드러난 것을 의미한다. 이런 측면에서 밈 표현형과 정의 관계는 밈 유전자형과 성의 관계와 마찬가지로 같은 맥락에서 이해

283 이기동, *대학·중용강설*, 성균관대학교 출판부, 2012: 111.
284 ibid. 69~71.
285 ibid. 69~71.

할 수 있다. 다시 말해 뿌리(성, 유전자형)의 작용은 모든 잎과 가지에 드러나 있지만(정, 표현형), 그 모습(성, 유전자형)은 보이지 않는 곳에 숨어 있고, 그 움직임은 모든 잎과 가지의 움직임으로 드러나지만(정, 표현형), 그 자체의 움직임은 지극히 미세하다. 마치 하늘의 천명(天命)과도 같다. 하늘의 모습(성, 유전자형)은 보이지 않지만, 그 작용은 천지만물로 나타나 있고(정, 표현형), 그 움직임은 지극히 미세하지만, 천지만물의 움직임으로 드러나 있다.[286] 이처럼 K-pop의 밈 유전자형과 성, 밈 표현형과 정 사이의 유비적 상호 관계가 K-pop의 유가적 해석을 가능하게 하는 근거가 된다. 물론, 밈 유전자형과 밈 표현형이 '뇌'와 관련되고, 성과 정이 '마음'에 관계된다는 점에서는 차이가 있다. 그러나 마음이 뇌의 작용이라는 신경의학적 관점에서 볼 때, 그 차이는 둘 사이의 유비적 관계를 논하는 과정에서 걸림돌이 되지는 못한다.

2) 유형 분류

3장 "밈(자연과학)과 사단칠정(유교)의 만남"-1-2) 분류: '유전자형과 표현형'에서 언급했듯이 인류학자 클로크(Cloak)는 문화의 유형을 아이-문화(i-culture)와 엠-문화(m-culture)로 구분한다. 아이-문화는 밈의 유전자형, 엠-문화는 밈의 표현형이다.[287] 그런데 도킨스는 복제자로서의 밈(유전자형)과 밈의 '표현형 결과', 즉 밈 생산물(Meme Product, 표현형) 사이의 구분을 분명히 하지 못했다. 그러다가 『확장된 표현형』(The Extended Phenotype, 1982)에서 이 문제를 보완한다. 다시 말해 밈의 유전자형은 사람의 뇌 속에 저장돼 있는 정보, 생각이고, 밈의 표현형은 이런 밈 유전

---

286 이기동, *대학·중용강설*, 성균관대학교 출판부, 2012: 115.
287 Blackmore, *The Meme Machine*, Oxford University Press, 1999: 64.

자형의 겉으로 드러난 모습이다. 그러기 때문에 밈 표현형을 밈 유전자형의 또 다른 이형(異形)이라고도 한다. 밈 유전자형과 밈 표현형을 굳이 구분하지 않아도 되는 이유다. 다만, 여기서는 학술적 논의를 지속하기 위해 그 범주를 -무리하지만- 나눠서 기술하고자 한다.

(1) K-pop 밈의 유전자형

가. 인(仁) 유전자형

'사랑·우정·이별'이라는 세계 젊은이들의 감성을 자극하는 K-pop 밈은 '인'유전자형으로 분류할 수 있다. 인(仁)은 사랑이고, '우정·이별' 밈은 마음속, 뇌 속에 복제돼 있는 '인'[사랑]에 뿌리를 두고 있기 때문이다. 우정도 사랑, 이별도 사랑이다. 문화콘텐츠에서는 '즐거움'과 대립적 위치에 있는 '슬픔', '비애'까지도 '즐거움'으로 파악한다. 카타르시스로 승화될 수 있는 일체의 감성적 서비스를 즐거움으로 인식하는 것이다.[288] K-pop의 '이별' 밈 또한 뇌 속에 복제, 저장돼 있는 '인'[사랑]과 대치될 수밖에 없는 슬픔이나 아픔을 이야기하는 것이기 때문에 여기서는 이를 '인' 유전자형으로 분류한다([표 04-01] 참조). '동서문화의 혼종' 밈은 다른 K-pop 밈들 속에 다양한 모습으로 녹아 들어가 있기 때문에 여기서는 유가적 유형 분류상 유전자형과 표현형의 공통 밈으로 따로 구분한다.

288 즐거움을 제공하기 위해 창조된 일체의 인위적인 생산물을 우리는 문화콘텐츠라고 한다. 세상사를 잊고 잠시나마 삶의 고통을 유보할 수 있게 해주는 것으로 정의할 수 있다. 여기에서의 즐거움이란 서비스의 생산 주체가 제공하는 웃음, 해학, 기쁨, 환희뿐 아니라 주체가 조성한 극적인 공포, 두려운 상황으로부터의 탈출로 객체(관객, 소비주체)가 느끼게 되는 짜릿함, 해방감, 전율, 쾌감, 통쾌함까지도 즐거움의 영역에 포함시키며, 분노와 슬픔, 비애, 비장함 등 주체가 제공하는 감성적 서비스로부터 객체가 느끼는 연민과 동정, 애처로움과 같이 카타르시스로 승화될 수 있는 일체의 정서적 변화의 동인까지도 문화콘텐츠는 즐거움으로 해석한다(박장순, *문화콘텐츠 해외마케팅*, 커뮤니케이션북스, 2005: 7.)

[표 04-01] K-pop 밈의 유가적 유형 분류

<table>
<tr><th colspan="2">밈 유형</th><th colspan="2">세부 밈</th></tr>
<tr><td>유전자형</td><td>인</td><td>'사랑·우정·이별' 감성 자극</td><td rowspan="3">동서문화의 혼종</td></tr>
<tr><td rowspan="2">표현형</td><td></td><td>경쾌한 멜로디, 비트, 후크송, 서구적 팝스타일, 일사불란한 군무, 포인트 동작, 화려한 볼거리, 현란한 춤, 격렬한 댄스, 훤칠한 키, 잘생긴 외모, 강인한 이미지(남자가수), 예쁜 외모, 밝은 미소(여자가수), 가창력, 감각적 패션, 헤어스타일, 메이크업, 동작, 제스처,</td></tr>
<tr><td>예</td><td>친절(팬과의 소통)</td></tr>
</table>

(2) K-pop 밈의 표현형

세계의 젊은이들이 K-pop하면 떠올리는 여러 밈들 가운데 '사랑·우정·이별' 같은 감각 자극 밈과 동서문화의 혼종 밈을 제외한 나머지, "경쾌한 멜로디, 비트, 후크송, 서구적 팝스타일, 일사불란한 군무, 포인트 동작, 화려한 볼거리, 현란한 춤, 격렬한 댄스, 훤칠한 키, 잘생긴 외모, 강인한 이미지(남자가수), 예쁜 외모, 밝은 미소(여자가수), 가창력, 감각적 패션, 헤어스타일, 메이크업, 동작, 제스처, 친절(팬과의 소통)" 밈 등은 K-pop과 K-pop 가수들의 겉으로 드러난 모습에서 세계 젊은이들이 발견한 K-pop의 밈 표현형이다([표 04-01] 참조). 그런데 이들을 유가적 유형 분류의 대상으로 하기에는 무리가 있어, 여기서는 '친절' 밈만을 사례로 기술하고자 한다.

가. 예(禮) 표현형

'친절'은 K-pop 밈의 '예'(禮) 표현형이다. 물론 '친절'을 '인' 표현형 또는 '인' 유전자형으로 분류할 수도 있다. '예'는 공경하는 마음이기 때문이다. 아시아인들이 한국 배우를 선호하는 이유는 "첫째, 남성성·여성성을 모두 지녔다. 둘째, 예의 바르고 팬을 존중한다. 셋째, 부드러움으로 감싼 카리스마를 지녔다." 등 3가지다. 이 가운데 하나인 "한국 배우는 예의 바르고 팬을 존중한다."는 K-pop의 '친절' 밈과 직결된다.

> 일본 팬들이 4대 천왕[289]에게 호감을 갖게 된 데는 드라마뿐 아니라 인터뷰, 팬 미팅 등에서 스타들이 보이는 태도가 한몫을 한다. 팬들을 배려하는 매너가 사랑을 받는 요인인 셈이다. 4대 천왕은 일본 스타들의 무뚝뚝한 표정과 달리 이를 드러내며 환하게 웃는 얼굴을 한다. 여러 번 목례를 하는 모습이 예의를 중시하는 아시아인들에게 친근감을 불러일으킨다. 특히, 배용준은 두 손을 모아 목례를 하는데, 이는 중년 여성 팬들을 고려한 것 같다. 동작이 많으면 산만해 보일 수 있는데 팬들의 환호에 답할 때도 오른손을 들어 답하는 정도의 절제된 움직임을 보여 정돈된 느낌을 준다. 서 있을 때 팔짱을 끼는 등 자유분방한 느낌의 할리우드 스타들과 달리 양쪽 발에 무게를 고루 실어 반듯한 느낌을 준다.[290]

K-pop 가수들도 마찬가지다. 팬들과 소통하려는 그들의 진지한 모습이 팬들에게는 밈 표현형 '친절'로 다가오는 것이다. 다음은 영국 팬들의 K-pop과 K-pop 가수들에 대한 '친절' 밈과 관련한 인터뷰다.

> 리즈는 "한국 아이돌 그룹은 춤과 노래는 물론, 유머 감각도 뛰어나다." 빅토리아는 "영국이나 미국 음악은 거만한 이미지가 강하다. 반면, K-pop은 거만한 느낌을 주지 않으면서도 세련되게 들린다." 이고르는 "영국이나 미국의 팝스타들은 팬들에 대한 존경하는 마음이 부족하다. 하지만 한국 가수들은 팬들에게 매우 친절하다. 팬들과 열심히 소통하려는 모습이 돋보인다. 영국 가수들과 확연히 차이 나는 부분이다."[291]

289 배용준, 이병헌, 장동건, 원빈.
290 유상철 외, *한류의 비밀*, 생각의나무, 2005: 80~82.
291 중앙일보, 2011.07.04.

4. 유가에서 본 K-pop 밈의 확장성

앞의 [표 04-01]에서 확인할 수 있듯이 K-pop은 대략 25개의 밈을 가지고 있다. 물론 이 수치는 중요하지 않다. 이보다 훨씬 더 많을 수도 있다. 다만, 여기서 우리가 관심을 가져야 할 것은 K-pop 밈의 유가적 유형 분류 내역이다([표 04-01] 참조). 밈 표현형의 비율이 전체 84%의 점유율을 보이고 있다. 또 밈 유전자형에는 '동서문화의 혼종' 밈을 포함해 '사랑·우정·이별' 등 4개의 밈이 있는데, 이들 밈 모두가 '인' 유전자형이다. 다시 말해 K-pop은 '의·예·지' 밈 유전자형을 가지고 있지 않다. 이 같은 K-pop 밈의 유형적 편향성은 K-pop의 미래를 우려스럽게 하는 원인이 될 수도 있다. 이번 4장의 '인트로'에서 "K-pop, 만주족처럼 사라진다?"와 관련한 이야기를 하면서 음악 전문가와 인터넷 유저들이 K-pop이 '표피적'이라는 문제를 가장 우려했는데, 이 '표피적'이라는 문제가 바로, K-pop 밈이 '표현형'에 심각하게 편중돼 있다는 진화생물학적 관점의 해석과 궤를 같이하는 것이다.

그러나 생각을 달리하면, 이런 밈의 유형적 편향성 문제가 K-pop의 미래를 더 밝고, 긍정적으로 보게 해주는 기재가 될 수도 있다. 왜냐하면 지금의 한류는 84%를 차지하는 밈 표현형만을 가지고 일궈낸 놀라운 성과이기 때문이다. 다시 말해 K-pop은 16%밖에 채워지지 않은 밈 유전자형의 확장성 84%와 '의·예·지' 유전자형으로의 확장성, 그리고 밈 표현형의 남은 확장성 14% 등 아직도 확장해야 할 여지가 충분히 남아 있기 때문이다. 이 같은 K-pop 밈의 여유 있는 확장성은 K-pop을 지금까지와는 다른, 또 다른 음악의 세계로 세계 젊은이들을 인도할 수 있을 것이다. 주 소구대상층을 10대~20대 중심에서 30대 이상으로 끌어 올릴 수 있는 기회를 제공하게 될 것이고, 장르도 현재의 서구적 '청년세대음악'에서 '기성세대음악'으로 확장할 수 있는 기회를 제공하게 될 것이다. 이로써 지금까지의 아이돌 K-pop은 진정한 의미의 한국 대중음악 'K-POP'으로 거듭나, 세계인들과 호흡을 같이 할 수 있게 될 것이다([표 04-02] 참조).

[표 04-02] '아이돌 K-pop' 밈의 확장성과 한국 대중음악 'K-POP'의 탄생

<table>
<tr><td>미래</td><td colspan="2"></td><td colspan="4" rowspan="2">밈 유전자형으로의 확장</td></tr>
<tr><td>현재</td><td colspan="2">밈 표현형 중심</td></tr>
<tr><td rowspan="2">대상</td><td rowspan="2">10대</td><td rowspan="2">20대</td><td>30대</td><td>40대</td><td>50대</td><td>60대~</td></tr>
<tr><td colspan="4">소구대상의 확장성</td></tr>
<tr><td>장르</td><td colspan="2">청년세대 음악
(아이돌 K-pop)</td><td colspan="4">기성세대 음악으로의 확장성
(K-POP)</td></tr>
</table>

[표 04-02]에서 흰색 부분은 지금의 아이돌 K-pop 시장이다. 밈 표현형을 중심으로 하고 있고, 전 세계 10대~20대 젊은이들을 주 타깃으로 하고 있다. 장르는 '청년세대음악'을 중심으로 하고 있다. [표 04-02]에서 음영 부분은 K-pop 밈 유전자형의 확장성이 만들어 낼 K-pop 시장의 미래다. 그동안 세계 젊은 층에 한정되어 있던 소구대상의 연령층이 30대 이상, 중장년층, 노년층으로 횡적 확대를 이뤄내고, 10대~20대 세계 젊은 층의 흡수도 밈 유전자형의 확장과 함께 이뤄낼 수 있을 것이다. 나아가 이 같은 소구대상층의 확대는 지금의 아이돌 K-pop이 '기성세대음악'으로의 장르 확장을 통해 진정한 의미의 한국 대중음악, 'K-pop' 탄생의 기제로 작동하게 될 것이다.

이 같은 장르 확장의 유사 사례는 1차 한류시대의 메인스트림이었던 드라마의 경우에서도 발견된다. '청년세대음악'은 1990년대 초에 등장한 젊은 직장 여성(Office Lady)들을 주인공으로 한 트렌디 드라마와 트렌디 드라마에 홈드라마의 형식을 가미한 한국형 포스트 트렌디 드라마 장르에 비견될 수 있다. 이들 장르는 드라마를 메인스트림으로 한 1차 한류시대, 즉 1990년대에서 2000년대 중반까지 한국 방송콘텐츠 수출의 중심축 역할을 한다. 이때 사극 장르는 언제나 수출 대상에서 제외되었고, 또 그것이 당연하다고 여겼다. "한국사를 모르는 외국 시청자들이 한국 사극을 좋아하겠는가?"라는 의구심 때문이었다. 물론, 사극 장르가 다른 장르에 비해 문화할인율이 높은 것은 사실이다. 그러나 트렌디 드라마와 포스트 트렌디 드라마의 수출이 일궈낸 한국 드라마 붐은 세계인들에게 한국 역사에 대한 관심과 함께 사극 수출의 활성화 계기가 된다.

아이돌의 '청년세대음악' K-pop은 지금 2차 한류시대의 메인스트림으로 신한류시대를 이끌고 있다. 이들이 일궈낸 아이돌 K-pop 붐은 -드라마의 사극 장르와 같이- 우리의 '기성세대음악'인 트로트, 포크, 조선팝, 국악 등을 새로운 수출상품으로 등장시키는 기제가 되어줄 것이다. 위기는 곧 기회다. 아이돌 K-pop의 치명적인 문제, "내용 부재·정체성 결여·표피적 행태", 다시 말해 K-pop 밈의 유형적 편향성이 만들어 낸 이 같은 문제가 '한국대중음악'(K-POP)의 내일을 여는 또 다른 기회의 창이 될 것이다.

5. K-pop에 유가적 문화 입히기

K-pop은 밈 복합체(Memeplex)다. 많은 밈으로 이루어져 있다. K-pop은 밈 운반자다(Meme Vehicle). 많은 밈을 실어 나른다. 그렇다면 유가적 관점에서 K-pop은 무엇을 실어 날라야 할 것인가? 또 이들을 어떻게 '드

러내 보여줘야' 할 것인가? 그리고 이를 통해 K-pop은 어떤 기능과 역할을 수행해야 할 것인가? 이번 '5. K-pop에 유가적 문화 입히기'에서는 한류의 문화적 이상향 '한류토피아'를 지향하는 K-pop이 풀어야 할 여러 문제들에 대해 유가 음악론적 해법을 제시하고자 한다.

1) K-pop은 밈 운반자, 무엇을 실어 나를 것인가?

음악을 들으면 그 덕을 알 수 있다(聞其樂而知其德).[292] 덕(德)은 성(性)이다. 측은지심, 수오지심, 사양지심, 시비지심 같은 사단(四端)은 인의예지(仁義禮智) 사덕에서부터 발동해 나온다.[293] 음악은 바로, 서비스[문화콘텐츠] 생산자의 인격을 확인할 수 있게 해준다. 다음은 『논어』 팔일(八佾) 제25장에 나오는 공자가 순임금의 음악과 무왕의 음악을 비교해서 평가하는 구절이다.

> 子謂韶 盡美矣 又盡善也 謂武 盡美矣 未盡善也.
>
> 공자께서 소(舜임금이 만든 음악)를 평하시되 "아름다움을 다했고, 착함을 다했다."고 하시고, 무(武王의 음악)를 평하시되 "아름다움을 다했으되 착함은 다하지 못했다."고 하셨다.

순임금의 음악인 소(韶)는 음악의 구성이나 기교 등에서 나타나는 아름다움이 극진하고 또한 음악 그 자체가 담고 있는 착한 마음씨도 최고에 달하고 있으나, 무왕의 음악인 무(武)는 아름다움은 극진하지만 착한 마음씨는 극진하지 않다. 이는 순임금과 무왕의 인격 차이에서 비롯하는 것이다.[294] K-pop은 한국 음악이다. 서비스[문화콘텐츠] 생산자인 한

292 *論語, 先進*, 제2장.
293 최영진, *퇴계 이황. 사단칠정론·성학십도·무진육조소*, 살림출판사, 2012: 77.
294 이기동, *논어강설*, 성균관대학교 출판부, 2012: 151~152.

국인의 덕[性]을 실어 날라야 한다. 음악은 마음의 움직임이다(樂者心之動也). 마음에 있는 것이 움직이는 것이다(樂也者 動於內者也).[295] K-pop은 한국인의 마음에서 움직이는 것을 실어 날라야 한다. 마음은 성(性)과 정(情)의 주인이다(心者, 情性之主). 마음의 이면에서 발산되지 않은 것은 성(仁義禮智)이며, 사물의 감촉으로 발산되어 바깥으로 나오는 것은 정(喜怒愛懼哀惡欲)이다. 성은 순수하게 선하다. 그러기 때문에 '이'(理)라고 불린다. 정[氣]은 선악이 결정되지 않은 선악 미정(未定)이다.[296] 다시 말해 기[情]에는 청탁수박(淸濁粹駁)이 있다고 한다. 맑음과 탁함, 순수함과 잡스러운 것이 섞여 있는 정도가 다양하다는 의미다. 투명하게 맑은 기[情]는 절대선[理, 性]을 현실계에 그대로 구현한다. 그러나 탁한 기[情]는 그 탁한 정도만큼 이(理, 性)를 엄폐한다. 마치 구름이 태양을 가리듯이 말이다.[297] 마찬가지로 K-pop도 절대선[性, 理]이 구현될 수 있도록 한국인의 투명하게 맑은 기(氣), 맑은 정(情)을 세계인들에게 실어 날라야 한다. 탁한 정(情), 탁한 기(氣)는 현실계를 혼탁하게 만들기 때문이다. 이것이 세상에 좋은 영향을 미치는 좋은 음악이다. 한류토피아는 바로, 이런 K-pop이 구현하는 절대선을 통해 이뤄지는 세상이다.

2) K-pop은 어떤 음악이어야 하는가

대악(大樂)은 천지와 동화하는 음악(大樂與天地同和),[298] 사람뿐 아니라 사물에 두루 통하는 표출력을 가진 음악, 이것이 큰 음악이다.[299] 좋은 음악이란 바로 큰 음악, 대악(大樂)이다. 모두가 함께 즐거워하는 음악이다.

---

295 *禮記, 樂記.*
296 최영진, *퇴계 이황. 사단칠정론·성학십도·무진육조소*, 살림출판사, 2012: 77.
297 ibid. 54~55.
298 *禮記, 樂記.*
299 이성천, 한국전통음악의 체질-중절·신명, 유교사상문화연구 Vol. 6, 한국유교학회, 1993: 17.

K-pop이 내일을 위해 선택해야 할 음악의 길이다. 유가는 '자기만의 즐김'[獨樂]을 치악(侈樂), 즉 '사치스런 음악'이라고 하여 배격한다.[300] 치악은 천둥소리처럼 큰 소리를 내는 등 너무 강한 자극이 되어 즐거움을 전해주기는커녕 생명에 해만 끼친다. 이는 포악하고 미욱한 군주가 욕구를 과하게 추구한 결과로, 단지 군주 한 사람의 몸에 해를 입히는 것에 그치지 않고 사치의 폐해로 백성의 원성을 불러일으켜 나라의 쇠망으로까지 이어진다.[301] 이에 반해 대악은 간이하다(大樂必易).[302] 앞서 "3)음악의 형식과 구조"에서 언급했듯이 '간이하다'는 것은 장식하지 않는다는 말이다. 장식한다는 것은 바르지 못하고 번거롭고 빠르며 음란한 것으로 인식된다(此繁且淫 不可以爲雅正).[303] 간단한 것을 장식함으로써 번거롭게 만들고, 번거로움은 음악을 가득 차게 한다. 가득 찬 달이 이지러지듯 가득 차는 것은 오래 가지 못하고 변한다. 이것이 하늘의 도리다. 그래서 "천지 간의 극(極)은 좋은 것이 아니다(亢龍有悔 盈不可久也 (傳) 盈則變 (備旨) 天地間極 不好的是 楹楹必毀 天之道也)."라고『周易』卷之一은 말한다.[304] 간이함은 K-pop이 대악으로서 갖춰야 할 기본 전제다.

(1) 대악은 가사로부터; 가사는 도를 싣는 그릇

가사는 시다. 시는 글이다. 글은 도를 싣는 그릇이다(文者 載道之器). 공자는 시를 지은 자는 실로 도를 아는 자라고 이야기한다(孔子曰 爲此詩者 其知道乎).[305] 작사자가 도인이라는 의미다. 시는 음악으로 완성되는 배움의

300 조남욱, 유가에서 지향하는 '즐김[樂]의 경지'에 관한 연구, 유교사상문화연구 28, 한국유교학회, 2007: 216.

301 조정은, 논어의 음악론-음악의 교화작용과 상보적 예악 개념에 대한 검토, 유교사상문화연구 52, 한국유교학회, 2013: 40.

302 *禮記, 樂記*.

303 *三國史記, 雜志* 第一 樂條.

304 이성천, 한국전통음악의 체질-중절·신명, 유교사상문화연구 Vol. 6, 한국유교학회, 1993: 17~18.

305 조남욱, 유가에서 지향하는 '즐김[樂]의 경지'에 관한 연구, 유교사상문화연구 28, 한국유교학회, 2007: 230; *孟子, 告子上* 제6장.

시작이다. 공자는 시에서 흥기하고, 예에서 정립하며, 악에서 완성한다고 한다(子曰 興於詩 立於禮 成於樂).[306] 그만큼 시로서 노래에서 가사가 갖는 의미는 크다. 주자(朱子)는 다음과 같이 시를 심성 함양의 관점에서 상론하기도 한다. 가사 또한 이 같은 관점에서 그 의미를 새겨볼 필요가 있다.

『論語』爲政, 詩三百 章

凡詩之言 善者 可以感發人之善心 惡者可以懲創人之逸志 其用歸於使人得其情性之正而已

무릇 시의 말이 착한 것은 사람의 착한 마음을 감발시킬 수 있고, 악한 것은 사람의 안일한 생각을 징계할 수 있으니, 그 효용은 사람들로 하여금 성정의 바름을 얻는 데에 돌아가게 하는 것일 따름이다.

『論語』泰伯, 興於詩 章

詩 本性情 有邪有正 其爲言 旣易知 而吟詠之間 抑揚反覆 其感人 又易入 故學者之初 所以興起其好善惡 惡之心 而不能自已者 必於此而得之.

시는 성정을 따라 간사함도 있고 올바름도 있어서, 그 말한 것이 알기 쉽고, 읊어보는 중에 높낮이를 반복하여 사람을 감동시키고 또 들어가기 쉽다. 그러므로 배움의 초기에 착함을 좋아하고 악함을 미워하는 마음을 일으켜 스스로 그치지 않게 하는 것은 반드시 이 시에서 얻게 된다.[307]

현대 음악에서 가사는 중요하지 않을 수 있다. "음악은 아주 직접적이다. 가사를 모르더라도 소리가 귓속으로 들어와 울린다. 베이스라인의 소리는 몸을 움직인다. 모든 사람이 여기에 똑같이 반응한다. 국적도 언어도 다 뛰어넘는다. 같은 언어를 쓰는 사람이 아니더라도 똑같은 음악

306 *論語, 泰伯.*
307 조남욱, 유가에서 지향하는 '즐김[樂]의 경지'에 관한 연구, 유교사상문화연구 28, 한국유교학회, 2007: 231.

을 좋아한다면 금세 친구가 될 수 있다."[308] 그러나 가사가 도를 싣는 그릇이라는 유가적 명제는 오늘도 유효하다. 지금의 현실계에 좋은 영향을 미치는 좋은 음악이 되기 위해서 K-pop이 우선적으로 고민해 봐야 할 대목이 아닌가 싶다. 가사는 음악으로 완성되는 배움의 시작이기 때문이다.

(2) 대악으로서 K-pop이 추구해야 할 가치

공자는 천지인(天地人)이 공유하는 도의 경지를 즐거움이라고 한다. 맹자는 만물과 나의 일체, 즉 자연과의 합일을 즐거움으로 인식한다. 이에 근거할 때 K-pop의 유가적 즐거움은 우리와 세계인이 하나가 될 때 획득될 수 있는 가치다. '나'와 '너'가 하나인 '인'의 실현, 이를 통한 즐거움의 획득, 이것이 대악으로서 K-pop이 취해야 할 궁극적인 가치다. 즐거움은 음(音)에 의해 생긴다. 그 근본은 사람의 마음이 사물에 감응하는 데 있다(樂者音之所由生也 其本在人心之感於物也). 이런 까닭으로 슬픈 마음이 감응하면 소리는 목쉰 듯 거칠고(是故其哀心感者 其聲唯以殺), 즐거운 마음이 감응하면 소리는 풍부하고 크며(其樂心感者其聲嘽以緩), 기쁜 마음이 감응하면 소리가 높고 빠르며(其喜心感者其聲發以散). 노여운 마음이 감응하면 거칠고 격렬하고(其怒心感者其聲粗以厲), 공경하는 마음이 감응하면 곧고 딱딱하며(其敬心感者其聲直以廉), 사랑하는 마음이 감응하면 소리는 평화롭고 부드럽다(其愛心感者其聲和以柔). 이 여섯 가지 소리는 본성이 아니고 사물에 감응하여 움직인 것이다(六者非性也 感於物而后動).[309] 이는 정(情)의 성격에 따라 소리가 달라진다는 것을 말해주고 있다. 그런데 '정'의

308 Hong, *The Birth of Korean Cool*, *코리안 쿨*, 정미현, 원더박스, 2015: 169.
309 이성천, 한국전통음악의 체질-중절·신명, 유교사상문화연구 Vol. 6, 한국유교학회, 1993: 9; *禮記, 樂記*.

발로는 소리뿐만 아니라 말과 노래, 춤으로도 구상화된다.

禮記, 樂記

故歌之爲言也 長言之也 說之故言之 言之不足 故長言之 長言之不足 故嗟歎之 嗟歎之不足 故不知手之舞之 足之蹈之也.

노래의 말은 소리를 길게 하는 것이다. 기뻐하므로 말한다. 말이 부족하므로 길게 말하고, 이것이 부족하여 차탄하고 차탄도 부족하므로 손이 춤추고 발이 뛰게 됨을 알지 못한다.

여기서 '소리, 말, 차탄(감탄)'과 몸의 동작인 '춤', 이 모든 것은 정(情)의 구상화다. 소리와 같이 말과 차탄, 춤도 슬프고 즐거우며 기쁘고 노여우며 공경하고 사랑하는 성격으로 각기 표출되며, 이러한 정(情)의 구상화도 역시 사물의 감응에 의해 발로된다.[310] 이를 종합할 때, 유가에서의 즐거움은 사단(四端), 즉 측은지심, 수오지심, 사양지심, 시비지심의 단서인 '인의예지' 사성(四性)과 여기서 발하는 칠정(七情), 즉 '희노애구애오욕'(喜怒愛懼哀惡欲)의 체험, 그리고 이를 통한 카타르시스를 의미하는 것으로 해석할 수 있다. 앞서 K-pop 밈의 '인(仁) 유전자형'에서 K-pop 밈 중의 하나인 '이별'을 설명하면서 언급했듯이 서비스[문화콘텐츠] 생산 주체가 제공하는 웃음, 해학, 기쁨, 환희뿐 아니라 이들이 제공하는 극적인 공포, 두려운 상황에서의 해방과 탈출로 소비 주체[객체]가 느끼는 짜릿함, 전율, 쾌감, 통쾌함까지도 문화콘텐츠의 정의(定義)에서는 즐거움의 영역에 포함시킨다. 그리고 분노와 슬픔, 비애, 비장함 등 서비스[문화콘텐츠] 생산 주체가 제공하는 감성적 텍스트로부터 소비 주체[객체]가 느끼는 연민과 동정, 애처로움 등과 같이 카타르시스로 승화될 수 있는

310 ibid. 10.

일체의 감성적 요인까지도 유가에서는 '즐거움'으로 해석한다.[311] [표 04-03]은 K-pop 콘서트의 소비 주체[객체]가 '즐거움'이라는 궁극적인 가치를 획득해 가는 과정을 보여준다.

[표 04-03] K-pop의 가치획득 구조

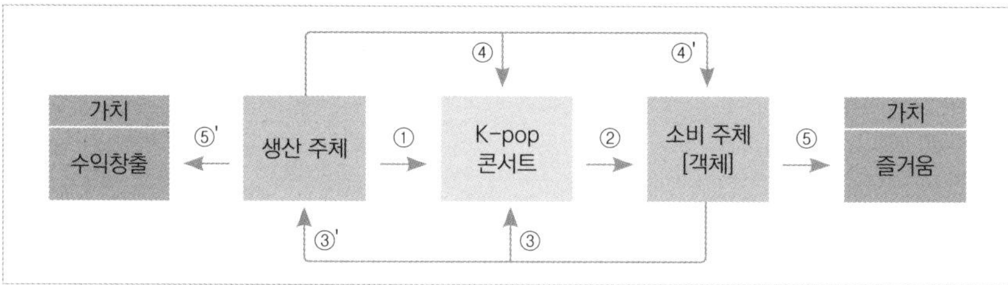

K-pop은 생산 주체와 소비 주체[객체]를 기본 구성요소로 한다. 생산 주체는 대면문화콘텐츠인 K-pop 콘서트를 소비 주체[객체]인 관객에게 직접 제공한다(①, ②). 이때부터 생산 주체와 소비 주체[객체] 간에는 콘서트라는 서비스를 중심으로 끊임없는 내적 교감이 이루어진다(③ ④, ③' ④'). 상호 교감의 결과는 콘서트 현장에 있는 생산 주체와 소비 주체에게 영향을 줘 콘서트의 분위기를 고조시킨다(③' ④'). 이런 반복적인 소통의 과정을 통해 생산 주체는 수익을 창출하고, 소비 주체[객체]는 K-pop의 궁극적 가치인 즐거움(⑤ ⑤')을 획득하게 된다.[312]

(3) K-pop, 무엇을 '드러내 보여줄' 것인가

좋은 음악인 대악은 군신, 부자, 장유 등 다양한 관계의 사람들이 모두 기뻐하며 즐기는 것이어야 한다(大樂, 君臣父子長少之所歡欣而說也).[313] 이 같

311 박장순, *문화콘텐츠 해외마케팅*, 커뮤니케이션북스, 2005: 7. 참조.
312 박장순, *한류 신화가 미래다*, 커뮤니케이션북스, 2007: 106~107.
313 조정은, 논어의 음악론-음악의 교화작용과 상보적 예악 개념에 대한 검토, 유교사상문화연구 52, 한국유교학회, 2013: 40; 呂不韋, 1989: 40.

은 유가적 관점에서 볼 때, 주 소비층이 10대를 포함한 청년세대층에 머물고 있는 K-pop의 경우, 대악(大樂)으로 보기 어려운 측면도 있다. 그러기 때문에 우선적으로 즐길 수 있는 소비 대상층을 넓힐 필요가 있다. 음악을 표현함에 있어서도 절제가 필요하다. 특히 안무와 의상, 메이크업, 헤어디자인 등에서 그러하다. 지나치게 감각적이고, 성적인 욕구 표현의 경향을 띤다. K-pop은 소비 주체[객체]에게 좋은 영향을 끼칠 수 있는 순수한 기[情]를 드러내 보여줘야 한다.

『論語』 先進, 제1장

子曰先進 於禮樂 野人也 後進 於禮樂 君子也 如用之則吾從先進.

공자께서 말씀하셨다. "선진(先進)이 예악을 함에 있어서는 야인스럽고, 후진(後進)이 예악을 함에 있어서는 군자스러우니 만일 예악을 쓴다면 나는 선진을 따르겠다.

야인(野人)은 교양미는 없으나 소박한 사람이다. 군자(君子)는 교양미를 갖춘 사람이다. 선배들은 예악을 시행함에 있어서 교양미를 갖추지는 못했으나 소박하였다. 그런데 후배들은 교양미를 갖추는 데만 신경쓰며 군자인 척하니, 공자는 후배들보다 차라리 소박한 선배들이 낫다고 한 것이다. 여기서 군자는 참된 군자가 아니라 형식만 모방하여 군자인 체하는 자로 이해해야 할 것이다.[314] 대악은 간이하다. 문식을 하지 않는다. 소박한 K-pop을 통해 소비 주체[객체]들이 예악(禮樂)의 절제를 즐길 수 있게 해야 한다.

314 이기동, *논어강설*, 성균관대학교 출판부, 2012: 386~387.

『中庸』 제1장

喜怒哀樂之未發 謂之中 發而皆中節 謂之和.
기뻐하고 노하고 슬퍼하고 즐거워하는 정이 아직 발하지 않은 상태를 중(中)이라 하고, 이것이 발해 중절의 상태가 된 것을 화(和)라고 한다.

희로애락은 모두 천연적이지만 그것들이 발할 때에 있어서 교(敎)로써 그것들을 닦아야만[修] 그 발현이 지나침과 모자람(過不足)이라는 허물을 범하지 않게 할 수 있는 것[中節]이다.[315] 이는 '정'이 발로하여 중절이 되기 위해서는 수교(修敎)해야 한다는 것이다. 이 말은 정의 발로가 감성 활동인데도 수교와 같은 이성 활동이 관여되어야 한다는 뜻으로 풀이할 수 있을 것이다.[316] 유가는 인간의 욕구 본능을 부인하지 않는다. 그러면서도 절제의 과정을 중시한다. 이것은 '도덕성과 합치된 욕망'만을 유가가 긍정한다는 것을 의미한다. 그렇지 않을 경우의 호악(好樂: 음악을 좋아함)은 당연히 경계한다. 따라서 '도덕을 좋아함'[好德]이란 욕구에 대한 절제의 능력이 선행되었음을 전제한 셈인데, 공자는 바로 이 절제의 차원을 또 '즐김'으로 보았다.[317] K-pop은 중절의 절제된 표현방식을 가지고 즐거움이라는 문화콘텐츠로서의 가치를 획득해야 한다. 혹자는 K-pop이 가야 할 길을 전통과 현대의 융합, 즉 '비빔팝'에서 찾기도 한다. 그러나 이 같은 기술적인 길의 모색도 중절의 절제된 표현방식을 통해 이루어져야 한다.

315 이은봉, *동양철학입문*, 덕성여자대학교 출판부, 1988: 122.
316 이성천, 한국전통음악의 체질-중절·신명, 유교사상문화연구 Vol. 6, 한국유교학회, 1993: 13.
317 조남욱, 유가에서 지향하는 '즐김[樂]의 경지'에 관한 연구, 유교사상문화연구 28, 한국유교학회, 2007: 237~238.

(4) K-pop, 어떤 기능과 역할을 할 것인가

대악을 지향하는 K-pop은 소비 주체[객체]들에게 즐거움을 줄 수 있어야 한다. 그리고 그들에게 좋은 영향을 줄 수 있어야 한다.

『論語』陽貨, 제11장

子曰禮云禮云 玉帛云乎哉 樂云樂云 鐘鼓云乎哉.

공자께서 말씀하셨다. 예를 운운함이 옥과 비단을 말하는 것이겠는가, 음악을 운운함이 종과 북을 말하는 것이겠는가.

옥과 비단, 종과 북은 예와 음악의 표현에 필요한 요소다. 그러나 위 구절은 이것이 최우선의 가치가 아님을 말하고 있다. 수단이 중요한 것이 아니라면 실제 중요한 것이 따로 있다는 것인데, 후한시대 마융(馬融, 79~166)은 음악의 중요성을 "종과 북에 있지 않고 풍속을 변화시키는 기능에 있다."고 말한다.[318] 현대인들은 인간의 보편적 가치, 곧 개인의 자유·평등 문제와 연계하여 서로 간의 관계성보다는 개체적 독립성의 추구를 중시하는 모습이다. 그래서 어떤 즐거움을 말하더라도 그것은 개별적 물질 소유의 만족과 육체 감각의 쾌감에서 찾으려 한다. 그런데 거기에는 비인간적인 물질주의와 관능적 쾌락주의의 위험성이 상존한다. 이에 비해 유가는 예악에 의한 절제 의식과 낙이부음(樂而不淫), 즐기되 음란하지 않은 균형 정신을 강조한다. 삶의 즐거움을 자기 혼자만이 아니라 가족과 이웃 그리고 백성과 함께 영위하는 것을 높이 여긴다. 그 이상형이 바로 대동(大同)이다. 즐김에 대한 공유의식은 현대인들이 가지고 있는 개체적 이기주의의 행태를 극복하는 데 기여할 수 있을 것이다.[319]

---

318 조정은, 논어의 음악론-음악의 교화작용과 상보적 예악 개념에 대한 검토, 유교사상문화연구 52, 한국유교학회, 2013: 54.

319 조남욱, 유가에서 지향하는 '즐김[樂]의 경지'에 관한 연구, 유교사상문화연구 28, 한국유교학회, 2007: 240.

K-pop 또한, 대악으로서 유가적 가치의 구현을 통해 현대인들이 가지고 있는 개체적 이기주의 행태를 극복하고, 한류 대동사회(大同社會), 즉 한류토피아의 실현을 앞당길 수 있도록 역할을 수행해야 할 것이다.

『孟子』 梁惠王章句下, 제1장

莊暴見孟子曰暴見於王 王語暴以好樂 暴未有以對也 曰好樂 何如 孟子曰王之好樂 甚則齊國 其庶幾乎 他日 見於王曰 王嘗語莊子以好樂 有諸 王變乎色曰 寡人 非能好先王之樂也 直好世俗之樂耳 曰王之好樂 甚則齊其庶幾乎 今之樂由古之樂也.

장포가 맹자를 뵙고 말했다. "포가 왕에게 가서 뵈오니, 왕께서 저에게 음악을 좋아한다고 말씀하셨으나, 저는 대답할 수가 없었습니다. 음악을 좋아하는 것이 어떠합니까?" 맹자께서 대답하셨다. "왕께서 음악을 좋아하는 정도가 심하면 제나라는 근사할 것이다." 다른 날에 왕에게 가서 보고 말씀하셨다. "왕께서 일찍이 장자에게 음악을 좋아한다는 것을 말씀하셨다 하니 그러한 일이 있습니까?" 왕이 얼굴빛을 바꾸고서 말했다. "과인은 선왕의 음악을 좋아할 수 있는 것이 아니라, 다만 세속의 음악을 좋아할 뿐이다." "왕께서 음악을 좋아하시는 정도가 심하시면 제나라는 근사할 것입니다. 지금의 음악이 옛날의 음악과 같습니다."[320]

제선왕(齊宣王)은 선대의 고상한 음악을 알지 못하는 자신이 부끄러운 나머지, 맹자에게 요즘의 천박한 유행가만을 좋아할 뿐이라고 변명한다. 그러자 맹자는 왕도정치의 방법을 제선왕에게 제시한다. 고대의 음악을 좋아하든 지금의 세속적인 음악을 좋아하든 음악을 좋아하는 마음은 왕도정치의 실마리가 된다고 보았기 때문이다. 왕도정치는 사람들이 서로 조화를 이룬 사회의 건설을 목적으로 하기 때문에 남과 내가 하나로 융화되는 즐거움을 표현하는 수단인 음악을 좋아하는 사람은 왕도

320 이기동, *맹자강설*, 성균관대학교 출판부, 2013: 74~75.

정치를 할 수 있다고 본 것이다.[321] "지금 왕께서 백성들과 즐거움을 함께 하신다면 왕도정치를 실행하게 될 것입니다(今王 與百姓同樂 則王矣)."라고 맹자는 제선왕에게 말한다.[322]

이처럼 음악은 왕도정치와 통한다. K-pop이 세계인들과 즐거움을 함께 공유할 수 있다면 K-pop은 한류 대동사회[한류토피아] 구현에 중요한 기제가 될 수 있을 것이다. K-pop이 실어 나르는 절대선[理, 性]이 구현된 사회, 즉 대동사회[한류토피아]는 하늘과 땅, 너와 내가 인(仁)으로 하나 되는 유교적 이상향이다. '인'은 사랑이다. 사랑의 실천적 문화코드는 이타와 공존을 위한 노력이다. 이타는 타자의 생존 가능성을 높이는 행위이며, 동시에 이데올로기다. 한류 유전자의 이타는 타자인 세계인들의 생존 가능성을 높이는 유전자 패러다임이다. 동시에 우리의 생존 가능성을 높이는 가치이기도 하고, 인류의 공동 번영을 위한 유전자 패러다임이기도 하다.

(5) K-pop, 자본주의 문화의 분열증 치유를 위한 묘약

현대 문화는 부르주아 문화다. 부르주아 문화는 자본주의의 토대다. '돈' 위주의 사회라는 낙인을 찍게 하는 바탕이다. 독일의 사회학자 게오르그 짐멜(Georg Simmel)은 『돈의 철학』(The Philosophy of Money)』(1900)에서 "현대 문화의 전체상은 돈이라는 기호가 그 중심"이라고 하였다.[323] 자본주의라는 용어가 처음 등장한 것은 1842년 프랑스 문헌학자 라동빌리에(Richard de Radonvilliers)의 『불어 신어휘 사전』(Enrichissement de la langue

---

321 ibid. 75~76.

322 ibid. 77~78.

323 Jung, *Von der Mimesis zur Simulation*, Junius Verlag, GmbH, Hamburg, 1995, 장희창, *미메시스에서 시뮬라시옹까지*, 경성대학교 출판부, 2006: 150.

francçaise. Dictionnaire de mots neoveaux)에서다. 걱정은 이 자본주의 시대의 고유한 질병이다. 개인적이고 물질적인 차원에서가 아니라 공동체 차원에서 탈출구를 찾지 못한다는 불안에서 생겨난다.[324] 돈에 대한 욕망, 이것이 낳은 부르주아 문화, 여기에서 출발한 자본주의는 전제군주 시대의 초코드화,[325] 탈영토화[326]를 부정하면서 탄생한다. 그러면서도 자본주의는 초코드화와 그 이전, 원시시대의 다원적 코드화를 겸용한다. 자본주의의 이 같은 이중성이 분열증의 근원이다. 다시 말해 자본주의는 초코드화와 다원적 코드화, 영토화와 탈영토화가 공존할 수밖에 없는 사회, 즉 분열증을 전제로 한 사회다.[327] 그렇다면 현대사회의 걱정과 불안, 분열증을 치유할 수 있는 탈출구는 없는 것인가?

유가는 욕망을 다스리는 종교이자 철학이다. '즐거움'은 유가와 유가음악이 추구하는 가치다. 유가의 즐거움은 하늘과 땅, 너와 나, 우리와 세계가 하나로 융화될 때 나타나는 지고의 선이다. 만물일체에서 오는 이 같은 유가적 '즐거움'이야말로 자본주의의 이중성이 낳은 현대사회의 분열증을 치유할 수 있는 묘약이다. 그렇다면 골치 아픈 철학이나 종교 말고, 세상을 하나로 엮을 수 있는, 그래서 인류를 즐겁게 하고 분열증도 치유할 수 있는 당의정 같은 존재는 무엇일까? K-pop은 문화콘텐츠다. 문화콘텐츠는 즐거움의 추구를 지상과제로 한다. 유가에서 새롭

---

324 Benjamin, *Kapitallismus als Religion*, 1921, 종교로서의 자본주의, 발터 벤야민 선집 5, 역사의 개념에 대하여, 폭력비판을 위하여, 초현실주의 외, 최성만 편역, 도서출판 길: 2009: 125.

325 본능에 따라 움직이는 동물 집단은 욕망이 전혀 통제되지 않고 무제한적으로 발산되므로 코드 자체가 없다. 동물 상태를 막 벗어난 원시사회에서부터 욕망은 통제되기 시작한다. 하지만 이때까지는 다양한 욕망의 흐름을 각각에 어울리는 다양한 코드로 통제하는 식이다. 여기까지는 통제의 중심이라 할 만한 게 없다. 어떤 중심이 들어서서 욕망을 본격적으로 통제하게 되는 시기는 고대사회다. 여기서는 왕이라는 전제군주가 있어 이를 중심으로 욕망이 통제된다. 원시사회의 코드화에 대비되어 이것은 하나의 강력한 코드의 중심으로 갖추고 있으므로 초코드화라고 부를 수 있다.

326 원시사회에서는 모든 욕망이 대지와의 연관에서 떨어질 수 없지만, 고대사회에서는 국가 혹은 군주라는 사회체가 욕망을 주관하는 주체로 나서게 된다. 즉, 욕망은 대지에서 벗어나 탈영토화한다. 이렇게 욕망을 초코드화하고 탈영토화하는 것이 자본주의가 출현(용어 탄생, 1842년)하기 이전까지 욕망을 다스리는 방식이었다.

327 남경태, *한눈에 읽는 현대철학*, 휴머니스트 출판그룹, 2013: 280~282.

게 길을 찾은 K-pop이 그 대안으로 등장하면 무엇일까? 한국인의 덕[性]을 실은 K-pop, 간이하고 절제된 중절(中節)의 모습을 한 K-pop, 천지(天地)와 동화하는 대악(大樂)으로서의 면모를 갖춘 K-pop이라면, 충분히 인류와 즐거움을 공유하면서 현대인이 겪고 있는 걱정, 불안, 분열증을 치유하는 묘약으로서의 역할을 수행할 수 있을 것이다. K-pop이 대악(大樂)으로의 길로 나아가기를 기대한다.

K-pop을 유교적 맥락에서 살펴본 제4장은 한류 밈이 가치 기반을 확보해야 함을 보여준다. 이어지는 제5장에서는 한류의 또 다른 핵심축인 드라마 밈이 어떻게 흥행의 논리 속에서 진화해 왔는지를 분석한다. 이를 통해 한류 밈이 단순히 음악이나 드라마라는 형식을 넘어, 흥행과 가치가 결합된 문화 유전자로 자리 잡는 과정을 살펴본다.

제5장

드라마, 유가적 밈의 흥행 진화

1. 한류 진화의 구조적 메커니즘

자연선택은 생존기계(Survival Machine)를 조종하는 유전자를 선호한다.[328] 외국 바이어[유전자]의 한국 드라마 구매 결정 행위를 자연선택이라고 할 때, 자연선택은 한국 드라마를 수입해 간 해당 지역의 사람[생존기계]들을 조종할 수 있는 능력을 가진 바이어[유전자]를 선호한다. 그런 바이어만이 수입해 간 한국 드라마를 가지고, 해당 지역에서 최종 소비 주체[객체]를 상대로 이익을 창출해 낼 수 있기 때문이다. 결국 유기체 '한류'의 발현은 한국 드라마의 수입 주체[객체], 즉 외국 바이어 또는 최종 소비자들의 이기적 본성이 작용한 개인적 또는 집단적 자연선택의 결과다. 물론, 이는 한국 셀러의 이기적 본성과 결합해 '상호 적응된 안정된 세트'(Co-Adapted Stable Set)를 이룰 때만 가능해진다. [그림 05-01]

328 Dawkins, *The Selfish Gene*, Oxford University Press, 2009: 66.

'유기체 한류의 공시적 진화구조 모형'은 한류 진화의 구조적 메커니즘을 단면(斷面)적으로 보여주는 진화구조 모형이다.

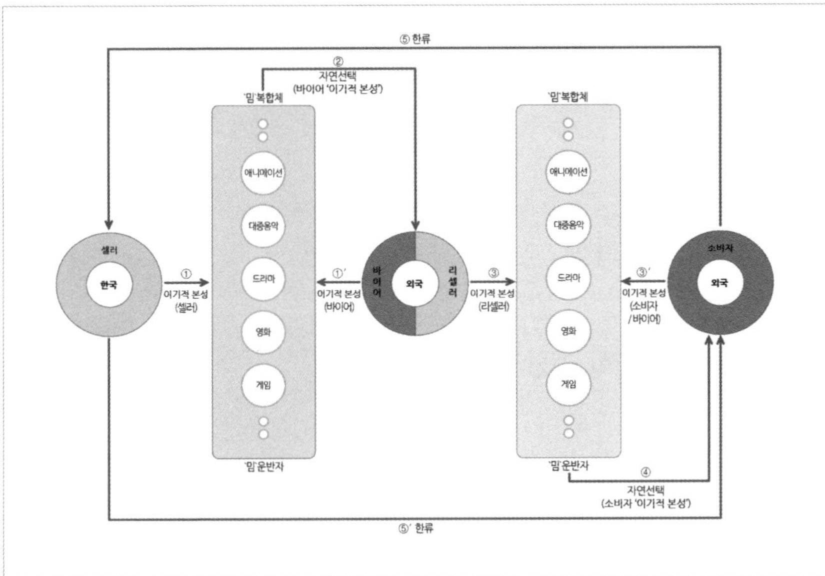

[그림 05-01] 유기체 한류의 공시적 진화구조 모형

한국 셀러의 이기적 본성과 외국 바이어의 이기적 본성이 한류 중심 소재영역, 특히 드라마[밈 복합체, 밈 운반자]를 놓고 마주 앉게 된다(①①'). 외국의 바이어는 이 자리에서 자연선택을 하게 되고(②), 한국 드라마의 구매를 결정한다. 한국 드라마의 방송권·비디오권 등을 확보한 외국의 바이어는 스스로 최종 소비자[객체]가 되거나, 리셀러(Reseller)의 입장이 돼서, 자국의 최종 소비자[객체]와 그 드라마를 놓고 ③ ③'에서 대면하게 된다. 이 자리에서 최종 소비자[객체]는 다시 자연선택(④)을 하게 된다. 미디어를 통한 드라마의 시청 또는 접촉 권리를 확보하는 것이다. 마침내 외국의 최종 소비자[객체]가 한국의 방송콘텐츠를 시청 또는 접촉한 행위의 결과[반응]는 한국의 셀러에게 전달되고(⑤), 한국의 셀러는 이에 대한 피드백을 최종 소비자[객체]에게 전하거나 다음 작품의 제작에 반영한다(⑤'). 이와 같이 "① ①' → ② → ③ ③' → ④ → ⑤ ⑤'"로 이어지는 일련의 순환 과정을 통해서 문화적 진화 '한류' 현상은 발현하게 된다. 그 중심을 한국 셀러와 외국 바이어의 이기적 본성, 즉 한류 유전자가 관통하고 있다.

2. 한류의 진화 과정

1) 진화생물학적 진화 과정

[그림 05-01] '유기체 한류의 공시적 진화구조 모형'을 설명하면서 언급했지만, 한류의 진화는 '자연선택'(Natural Selection)에 의해 이뤄진다. 그리고 자연선택은 최적자(最適者)의 차별적 삶을 의미한다.[329] 드라마를 중심으로 한 한국 방송콘텐츠의 아시아시장 확산은 아시아인들의 개인적 또는 집단적 자연선택의 결과다. 최적자의 차별적 삶을 원하는 아시아인들의 이기적 본성에 의해 이뤄진다. 그렇다고 자연선택이 쉽게 이뤄지는 것은 아니다. 왜냐하면 문화적 환경은 각기 다른 유전자들로 구성돼 있고, 그 유전자 풀(Gene Pool)은 진화적으로 '안정된 세트(Co-Adapted Stable Set)를 이루고 있기 때문이다. 따라서 새로운 유전자가 침투하기 어려운 구조다.[330]

1990년대 아시아시장이라는 문화적 환경, 즉 유전자 풀은 일본의 방송콘텐츠가 진화적으로 안정된 세트를 이루고 있었다. 그러기 때문에

329 ibid. 7.
330 ibid. 199.

한국의 유전자가 침투하기 어려운 구조였다. 한국 방송콘텐츠의 아시아시장 확산 과정이 지난한 시장개척의 역사일 수밖에 없었던 이유다. 이런 어려운 상황을 극복하고, 새로운 한류 유전자 풀을 아시아시장에 형성할 수 있었던 것은 한국의 방송콘텐츠 셀러와 외국의 한국 방송콘텐츠 바이어들이 가지고 있는 한류 유전자의 '이기적 본성'(Selfish Nature) 덕분이다. 이들 외국 바이어와 한국 셀러들의 이기적 본성이 한류 발현의 원인 인자(因子)가 되어 한류의 진화생물학적 진화를 가능하게 한다. 태동기→도전기→정착기→확장기→절정·위기로 이어지는 한류의 문화적 진화 과정은 [그림 05-01] '유기체 한류의 공시적 진화구조 모형'의 구조적 메커니즘을 따라 순환의 과정을 거쳐 탄생한다.

(1) 태동기(1987~1990)

방송콘텐츠 수출을 꿈꾸던 한류 태동기는 일본 드라마의 아시아시장 독점기로 일본의 방송콘텐츠 수출이 활발하게 이뤄지던 시기다. 일본 방송콘텐츠 수출의 역사는 1960년 애니메이션 〈서유기〉의 미국 수출로부터 시작한다. 한국 최초의 TV애니메이션 시리즈 〈떠돌이 까치〉가 프랑스에 수출된 한류 태동기 원년인 1987년보다 30년 가까이 앞선 시점이다. 이후, 애니메이션은 일본 방송콘텐츠의 주요 수출 품목으로 자리를 잡는다. 1980~1981년 애니메이션은 일본 방송콘텐츠 수출 총량의 56%를 차지했고, 그 수치는 현재도 크게 변하지 않고 있다.[331] 1988년 일본 다케시타(竹下) 내각은 국제관계에 대한 이해를 '바르고 깊게' 하기 위해서 텔레비전 콘텐츠의 아시아 지역 수출에 관심을 기울인다.[332]

---

331 岩渕功一. *Transnational Japan*. Iwanami Shoten Publishers, Tokyo, 2001. *아시아를 잇는 대중문화*, 히라타 유키에·전오경 역. 서울: 도서출판 또 하나의 문화, 2004: 140.
332 ibid. 121.

이 시기, 그러니까 일본 경제가 절정을 구가하고, 일본 정부가 전략적으로 방송콘텐츠 수출을 장려하던 1980년대 말, 일본의 방송콘텐츠 수출은 비약적으로 증가한다. 1972년 일본의 방송콘텐츠 수출량은 2,200시간이다. 그런데 10년 주기로 작성된 [표 05-01] '일본의 방송콘텐츠 수출 변화 추이'[333]에 따르면 1980년 수출은 4,585시간으로 1972년보다 무려 2.1배 증가하며, 특히 한류의 '도전기'에 해당하는 1992년에는 1980년의 4.9배에 해당하는 22,324시간으로 대폭 늘어난다. 이 같은 방송콘텐츠 수출의 급격한 증가세는 한류 태동기인 1980년대 말 비록 수치상으로는 조사되지 않았지만 수출이 얼마나 활발하게 진행되었는가를 짐작할 수 있게 해준다. 그리고 한류 절정기 초기에 해당하는 2001년에는 1992년보다 1.9배 증가한 42,600시간의 수출 물량을 기록한다.

[표 05-01] 일본의 방송콘텐츠 수출 변화 추이

연도	수출 프로그램 총 시간	프로그램 총 편수
1980년	4,585시간	-
1992.4-1993.3	22,324시간	1,433편
2001년	42,600시간	1,675편

※ ICFP(International Communication Flow Project) 조사결과.

그러나 방송콘텐츠의 수출 호황 속에서도 일본 드라마는 쇠퇴의 징후를 보이기 시작한다. [표 05-02]는 '일본의 연도별 드라마 방송 편수 및 방송시간'을 조사한 자료다.[334] 1977년부터 3년 단위로, 6차례에 걸쳐 실시한 조사(마지막 조사는 5년 뒤 실시)에서 드라마 방송 편수가 매년 감소하고 있음을 발견하게 된다. 조사 원년인 1977년을 기준으로 할 때,

333 한국방송영상산업진흥원, 활기 띠는 일본방송의 해외수출, 방송 동향과 분석, 통권 193호, 서울 KBI, 2004: 12.
334 岩男壽美子, *Televi Drama No Message*, Keisoshobo, INC, 2000; *TV 드라마의 메시지*, 김영덕 · 이세영, 커뮤니케이션북스, 2004: 49.

마지막 조사 시점인 1994년 드라마 방송 편수는 원년의 절반에 가까운 40.3%의 감소율을 보인다. 드라마 방송시간도 원년에 비해 27.4% 감소한다. 특히, 이런 감소 추세는 한류 태동기인 1980년대 말, 즉 일류(日流) 절정기인 1986년과 1989년 조사에서 큰 폭으로 떨어진다.

[표 05-02] 일본의 연도별 드라마 방송 편수 및 방송시간

	드라마 편수	총 시간(분)	드라마 평균시간(분)
1977년	134	4,678	34.9
1980년	128	4,515	35.3
1983년	137	4,479	32.7
1986년	99	4,089	41.3
1989년	87	3,554	40.9
1994년	80	3,398	42.5
전체	665	24,713	37.2

이는 일본 시청자들의 드라마에 대한 관심이 급격히 줄어들고 있음을 증명하는 것이고, 그 이유는 여러 측면에서 원인 규명이 가능할 것으로 본다. 일반적으로 일본 시청자의 드라마 이탈 현상이 시작된 것은 1970년대 전반에 도입된 ENG(Electronic News Gathering) 카메라의 영향이라고 한다. 텔레비전 카메라가 어디든지 들어가 현장 중계를 할 수 있게 돼 보도의 현장감이 향상되고, 또 이 시스템을 활용한 연예 리포터들의 활약으로 와이드 쇼 영상이 그 이전보다 훨씬 더 생동감을 갖게 되면서 '사실(事實)은 드라마(虛構)보다 가깝다.'는 실감을 시청자가 하게 됐고, 이것이 시청자의 드라마 이탈 원인으로 꼽히게 된다.[335]

그러나 ENG 포터블 카메라가 도입되었다고 해서 모든 나라의 드라마가 쇠퇴의 길로 들어선 것은 아니다. 오히려 더 생동감 있는 화면을 만들어 줘 드라마의 질적인 향상을 보장해 주는 계기가 되기도 한다. 물

335 ibid. 51.

론, 여기서 일본 시청자의 드라마 이탈 원인을 찾고자 하는 것은 아니다. 다만, 드라마 제작 편수가 매년 급격히 줄어들고, 시청자가 드라마로부터 뉴스나 와이드 쇼 등 다른 장르로 이탈하고 있는 현실이 일본 드라마의 시장 경쟁력을 약화시키고, 일본 드라마의 쇠퇴 징후가 되고 있다는 사실이다.[336] 그렇다고 이것이 한국 방송콘텐츠의 세계시장 진출로 이어지지는 않는다. 다만 '88서울올림픽이라는 문화적 호재가 애니메이션 장르를 중심으로 해외수출의 가능성을 열어준다.

(2) 도전기(1991~1993)

방송콘텐츠 수출을 본격적으로 시도하는 도전기 두 번째 해인 1992년 일본은 이미 전 세계시장을 상대로 총 2만 2,319시간 분량의 방송콘텐츠를 수출하는 문화 강국이었다. [표 05-03] '일본의 방송콘텐츠 수출지역별 분포'[337]는 일본이 전 세계시장을 상대로 이미 튼튼한 수출의 뿌리를 내리고 있음을 확인시켜 준다.

[표 05-03] 일본의 방송콘텐츠 수출지역별 분포(1992)

지역	방송시간	비중(%)
아시아	5,909	26.5
유럽	7,738	34.7
북미	2,720	12.2
중남미	691	3.1
오세아니아	446	2.0
중동	4,571	20.5
아프리카	200	0.9
기타	44	0.2

※ ICFP(International Communication Flow Project)의 자료를 토대로 재작성한 표임. 1992년 조사 방송 시간은 비중을 역산한 추정치임.

336 박장순, *한류 한국과 일본의 드라마 전쟁*, 커뮤니케이션북스, 2008: 161.
337 한국방송영상산업진흥원, 활기 띠는 일본방송의 해외수출, 방송 동향과 분석, 통권 193호, 서울 KBI, 2004: 13.

방송콘텐츠의 편당 길이를 30분으로 환산할 경우, 일본은 총 4만 4,638편이라는 엄청난 양의 방송콘텐츠를 수출한 셈이 된다. 가장 큰 시장은 유럽으로 전체 방송콘텐츠 수출의 34.7%(7,738시간)를 차지한다. 다음으로 큰 시장은 아시아로 26.5%(5,909시간)를 차지한다.

한류 도전기 마지막 해인 1993년 일본의 방송콘텐츠 수출액은 33억 엔이다. 1992년 4월부터 1993년 3월까지 1년간 이뤄진 방송콘텐츠 수출계약은 지상파, 위성방송, CATV를 합쳐서 1,425편 19,546시간이다. 수출 상대국이 특정되지 않은(전 세계용, 영어권, 불어권 등) 방송콘텐츠까지 합치면 총 1,526편 22,324시간이 된다.[338] 일본의 수출 콘텐츠를 장르별로 보면, 1980년대와 마찬가지로 1990년대에도 계속해서 애니메이션이 전체 수출 물량의 절반 이상을 차지한다. 1992년 애니메이션은 전체 수출의 58%를 차지했고, 2001년에는 59%를 차지한다. 드라마가 수출을 주도하고 있는 한국과 달리 일본은 애니메이션이 수출을 견인하고 있는 구조다. 일본의 드라마 수출 비중은 23%로 영화와 같고, 버라이어티 13%, 다큐멘터리 3%, 기타 3% 순이다.

그러나 수출 편수에서는 다큐멘터리가 577편(35%)으로 가장 많고, 다음이 애니메이션 531편(31%), 드라마·영화 321편(19%), 버라이어티 141편(8%), 기타 108편(7%) 순이다. 이것은 1980~81년에 비해 4.8배가 증가한 수치다.[339] 중국 시장의 경우, 1993년 일본은 중국의 전체 수입 콘텐츠 방영시간의 7%를 차지하는 등 미국의 뒤를 잇는 중국의 두 번째 방송콘텐츠 수입국이 된다.[340]

338 ibid. 12.
339 윤선희, 영상산업의 아시아시장 진출을 위한 수출전략 연구, 연구보고 98-01, 한국방송개발원, 1998: 184~185.
340 ibid. 86.

한국의 방송콘텐츠 수출 환경에 전기가 마련된 것은 1991년 KBS와 MBC가 각기 계열사인 KBS영상사업단(현 KBS미디어)과 MBC프로덕션을 설립하면서부터다. 1991년 출범한 SBS도 다음 해인 1992년 SBS프로덕션을 설립한다. 이들 신설 법인들은 방송콘텐츠 수출을 위한 전담 조직을 갖추고 본격적인 세계시장 진출을 모색한다. 일본에 의해 선점된 아시아 방송콘텐츠 시장에 도전할 수 있는 기초가 마련된 셈이다. 더욱이 그 시기, 역사는 개혁과 개방의 시대를 요구했고, 독일의 통일(1990)과 소비에트연방의 해체(1991)는 한국과 중국이 오랜 구원(舊怨)을 털고 국교정상화(1992)의 길을 열게 하는 기폭제가 된다. 본격적인 문 두드림의 시기를 맞게 된 것이다. 문호 개방 첫해인 1992년 KBS는 애니메이션 〈옛날 옛적에〉의 중국 수출을 통해 애니메이션 종주국을 자처하는 대(對)일본 공략에 나선다. 그리고 다음 해인 1993년 한국 최초의 트렌디 드라마 〈질투〉(MBC)로 일본에 항거했던 선조들의 민족적 공분이 폭발한 도시 하얼빈(하얼빈TV)을 공략한다. 중국 시장의 교두보 확보는 물론, 아시아시장을 놓고 벌인 한·일 드라마 패권 경쟁의 신호탄을 항일투쟁의 역사적 도시 하얼빈에서 쏘아 올린 셈이 된다.[341]

[표 05-04] '한류 도전기 지상파 방송 3사의 대 중국 방송콘텐츠 수출 현황'[342]은 도전기인 1990년대 초, 중국 시장에서 대(對)일본 공략에 나선 한국 지상파 방송 3사의 방송콘텐츠 중국 수출현황을 보여준다. 공략 첫해인 1992년 5,200달러를 수출하고, 다음 해인 1993년 9만 2,600달러 수출을 기록한다.

341 박장순, *한류 한국과 일본의 드라마 전쟁*, 커뮤니케이션북스, 2008: 165.
342 한국방송진흥원, 중국 방송산업 현황과 상호교류 방안 연구, 연구보고 01-13, 2001: 143.

[표 05-04] 한류 '도전기' 지상파 방송 3사의 대 중국 방송콘텐츠 수출현황

구분	1992	1993
KBS	5.2	35.4
MBC	-	57.2
SBS	-	-
합계	5.2(1%)	92.6(7%)

※ 단위: 미화 천 달러. 괄호 안의 수치는 프로그램 전체 수출 가운데 차지하는 비중. 출처: 문화관광부 내부자료.

[표 05-04]에 기초해서 1990년대 초, 한류 도전기의 방송콘텐츠 전체 수출 총액을 역으로 환산하면 1992년 52만 달러, 1993년 132만 달러가 된다. 한류 절정기, 방송콘텐츠 수출액이 처음으로 1억 달러를 넘어선 2005년 이후의 시점에서 보면 비교할 수 없을 만큼 적은 액수다. 그러나 수치의 크기가 문제가 아니고, 수치가 갖는 역사적 의미가 중요하다. 이 수치가 바로, 1차 한류시대의 마지막 해인 2009년 방송콘텐츠 수출액 1억 8천358만 달러,[343] 그리고 30년이 지난 2023년 방송콘텐츠 수출액 10억 4,721만 달러, 한화 1조 4,000억 원[344]을 가능하게 한 한류 진화의 원년이자, 출발점이다.

(3) 정착기(1994~1996)

일본이 주도하는 아시아 방송콘텐츠 시장을 잠식해 들어가기 시작한 한국의 수출은 1990년대 중반, 비록 큰 규모의 변화는 아니지만 구조적으로 문화콘텐츠 수출국으로서의 기본적인 면모를 갖추기 시작한다. 수출 콘텐츠의 장르가 다양해지고, 수출지역 또한 조금씩 확대되어 가는 경향을 보인다. 그리고 지상파 방송 3사의 중국 시장 진출도 눈에 띄게

343 한국콘텐츠진흥원, 방송콘텐츠 수출입 현황 보고서, KOCCA Focus, 10-1호, 2010.
344 한국국제문화교류진흥원, *2024 한류백서*, 2025: 42.

활발해진다. KBS는 1995년 〈느낌〉, 〈백색미로〉, 〈적색지대〉, 〈당신이 그리워질 때〉 등 드라마 4편을 총 9만 2,600달러에 수출하고, 1996년 〈바람의 아들〉, 〈젊은이의 양지〉 등을 45만 4,800달러에 수출해 5배 가까운 수출 신장세를 보인다. MBC는 1994년 〈사랑이 뭐길래〉를 포함해 8만 1,250달러어치를 수출하고, 1996년 〈마지막 승부〉를 8,000달러에 수출한다. 신생 방송인 SBS는 1995년 중국 국영 CCTV에 〈모래시계〉를 7만 2,000달러에 수출한다.[345]

[표 05-05] '한류 정착기 지상파 방송 3사의 대 중국 드라마 수출 현황'[346]은 1995년 지상파 방송 3사의 대 중국 드라마 수출 총액이 171,600달러로 한류 정착기 개시년도인 1994년 95,200달러에 비해 무려 80.3%의 높은 증가율을 보이고 있음을 확인시켜 준다. 드라마의 중국 수출 비중이 각각 4%와 7.1%인 점을 감안할 때, 한국의 드라마 수출총액은 1994년 238만 달러, 1995년 242만 달러로 추정이 가능하다. 도전기 마지막 해인 1993년 수출총액 132만 달러와 비교할 때, 각각 80.3%, 83.3%의 경이로운 증가세를 보인다. 한국의 드라마 수출이 기반을 다져가고 있음을 확인시켜 주는 근거다.

[표 05-05] 한류 '정착기' 지상파 방송 3사의 대 중국 드라마 수출현황

구분	1994	1995
KBS	14.0	92.6
MBC	81.2	7.0
SBS	-	72.0
합계	95.2(4%)	171.6(7.1%)

단위: 미화 천 달러. 괄호 안의 수치는 프로그램 전체 수출 가운데 차지하는 비중. 출처: 문화관광부 내부자료

345 한국방송진흥원, 중국 방송산업 현황과 상호교류 방안 연구, 연구보고 01-13, 2001: 142.
346 ibid. 143.

한국이 아시아시장의 터 닦기에 전념하던 한류 정착기는 일본 드라마의 전성기다. 중국문화를 연구해 온 백원담은 '한류 현상 다시 보기 특별좌담회'[347]에서 중국이 천안문사태(1989), 아시안게임(1990), 상업 문화의 전면화 등 일련의 과정을 거치면서 1990년대 중반 이후 서구에 대한 환상을 깨고 아시아로 눈을 돌리게 되는데, 그때 일기 시작한 열풍이 '한류'가 아니라 '일류' 열풍이었다고 전한다.[348] 이 또한 1990년 중반이 일본 드라마의 절정기임을 시사해 준다.

일본의 방송콘텐츠 수출은 한류 정착기인 1994년 37억 엔, 1995년 41억 엔, 1996년 47억 엔으로 연평균 10% 이상씩 증가하고 있다.[349] 절정기를 과시하는 수치다. 한국이 단교 상태의 대만에 교두보를 확보하기 위해 절치부심하던 한류 정착기 마지막 해인 1996년 대만 일간지 가운데 판매 부수가 제일 많은 '중국시보'는 그해 2월부터 매주 토요일마다 일본 트렌디 드라마에 관한 칼럼을 게재한다. 당시 '중국시보'에서는 대만 젊은이들을 대상으로 연재 칼럼을 기획하면서 어떤 주제가 젊은이들의 관심을 끌 수 있을지를 놓고 토의했는데, 일본 트렌디 드라마가 가장 적당하다는 의견을 만장일치로 채택했다고 한다. 일본 트렌디 드라마를 시청한 젊은이들은 다음 날 반드시 드라마의 내용에 대해 친구와 의견을 나누고, 과거 황금시간대 드라마가 그랬듯이 젊은이들 사이에 가장 공통된 일상의 화젯거리가 되었기 때문이다.

1993년 12월, 일본 콘텐츠에 대한 방송금지가 해제된 후, 대만에서는 일본 콘텐츠의 비중이 더욱 커졌다. 한류 도전기인 1992년 일본의 대만

---

347 한승미 외, 이미지 오브 코리아, 연세대학교 코리아이미지연구센터, 2002: 17~18.
348 조한혜정·황상민·이와부치 고이치·이동후·김현미, *한류와 아시아의 대중문화*, 연세대학교 출판부, 2005: 18.
349 윤선희, 영상산업의 아시아시장 진출을 위한 수출전략 연구, 연구보고 98-01, 한국방송개발원, 1998: 184~185.

수출은 총 600시간이었다.[350] 그런데 한류 정착기인 1996년에는 일본의 TBS 한 방송사가 수출한 콘텐츠 양이 1,000시간 이상이 된다. 소수 지상파 채널이 독점하는 싱가포르나 홍콩 시장과 달리, 80% 이상의 가정이 100개 가까운 채널을 즐기는 대만에서는 매일 수 시간씩 일본 방송 콘텐츠를 볼 수 있게 된 것이다.[351] 1990년대 중반 이후 미국의 일방주의적 대외정책이 빚은 범세계적 반미 정서도 일본 대중문화의 확산을 촉발하는 요인으로 작동한다.[352] 일본 우정성이 발행한『1997년 통신백서』에 따르면 한류 정착기인 1995년 아시아시장에 수출된 일본의 TV콘텐츠는 총수출량의 47%이고, 드라마는 그중에서 아시아 수출의 절반이 넘는 53%, 총수출액의 25%를 차지한 것으로 나타난다.

일본 드라마의 인기가 특히 두드러진 곳은 대만과 홍콩 등 동아시아 지역이다.[353] 실제로, 일본 TBS는 홍콩 스타TV에 젊고 자유로운 젊은 이들의 생활을 그린 트렌디 드라마 〈호텔〉, 〈도쿄 엘리베이터 걸〉 등을 판매한다. 대만은 TBS의 주요 시장이다. 1993년 12월 대만 정부가 일본 드라마의 방송 규제 조치를 풀자, 대만 지상파와 케이블TV들은 일본 콘텐츠를 수입하기 시작한다. 1994년 TBS의 아시아 지역 수출은 전년도에 비해 10배가량 증가하는데, 대만 수출은 17배나 늘었다. FCI는 후지TV를 비롯한 후지 산케이 그룹의 해외 판매를 담당하고 있다. FCI도 트렌디 드라마를 아시아 지역에 수출하고 있다. 베스트셀러 가운데는 1990년 후지TV로 방영돼 크게 히트한 〈도쿄 러브 스토리〉, 〈101번째 프로포즈〉 등이 있다. FCI는 주요 고객으로 스타TV와 대만의 지상

350 川竹和夫,日本を中心とするテレビ情報プロの現状と問題點, 情報通信學會誌, 12(1). 1994.

351 岩渕功一. *Transnational Japan*. Iwanami Shoten Publishers, Tokyo, 2001. *아시아를 잇는 대중문화*, 히라타 유키에·전오경 역. 서울: 도서출판 또 하나의 문화, 2004: 194~195.

352 삼성경제연구소, 한류 지속화를 위한 방안, 이슈 페이퍼, 2005: 60.

353 岩渕功一, *Transnational Japan*. Iwanami Shoten Publishers, Tokyo, 2001. *아시아를 잇는 대중문화*, 히라타 유키에·전오경 역. 서울: 도서출판 또 하나의 문화, 2004: 188.

파 텔레비전을 설정하고 있다. TV아사히도 대만 시장이 개방되면서 프로그램 수출이 증가한다. TV아사히는 대만에서 사무라이 연속극과 현대물로 성공적인 사업을 진행한다.[354]

(4) 확장기(1997~1999)

KBS, MBC, SBS 등 한국의 지상파 방송 3사는 한류 확장기에 접어들면서 본격적인 아시아시장 공략에 나선다. 한국 드라마 사상 최고의 시청률을 기록한 〈첫사랑〉(KBS, 65.8%, 1996~1997)과 〈사랑할 때까지〉(KBS, 1997), 〈별은 내 가슴에〉(MBC, 1997), 〈보고 또 보고〉(MBC, 1998), 〈해바라기〉(MBC, 1999) 등이 일본 주도의 아시아시장을 압박한다. SBS도 〈미스터 Q〉(1998)와 〈토마토〉(1999) 등을 앞세워 일본 드라마를 공략한다. 수출 성장세도 뚜렷해진다. MBC의 경우, 1997년 〈화려한 휴가〉 등 11만 7,000달러, 1998년 24만 6,000달러, 1999년 54만 8,000달러의 대 중국 드라마 수출을 기록해서 전년 대비 110.3%, 122.8%의 고속 성장세를 보인다.[355]

확장기 첫 해 중국의 등소평이 사망한다. 중국 방송계에는 애국주의 바람이 분다. 일본 드라마의 시장 주도권을 견제하기 시작한다. 한국 드라마가 대안으로 떠오를 수 있는 기회를 잡게 된 것이다. 중국 방송계의 애국주의 바람은 '인민의 영웅'들을 등장시킨다. 그렇다고 이런 '영웅'들이 특별한 사람은 아니다. 중국 텔레비전 화면 속에서 강택민 주석만큼 자주 등장하는 인물이 '이소려'(李素麗)라는 버스 차장이다. 그녀는 북경 시내 중심가를 오가는 322번 버스의 차장이다. 그의 이야기가 중국

354 윤선희, 영상산업의 아시아시장 진출을 위한 수출전략 연구, 연구보고 98-01, 한국방송개발원, 1998: 188~189.
355 박장순, *한류 한국과 일본의 드라마 전쟁*, 커뮤니케이션북스, 2008: 194~195.

CCTV-1 채널을 통해 처음 소개된 후, 그에 관한 드라마와 영화 제작 붐이 인다. 그렇다고 그녀가 특별히 무슨 엄청난 일을 한 것도 아니다. 매일 버스 내부를 깨끗하게 청소하고 시민들을 웃는 낯으로 대한 것뿐이다. 그럼에도 중국 전역에서는 '이소려를 배우자'는 구호가 난무한다. 대중이 이용하는 버스는 물론 호텔과 영화관, 심지어 국가기관 청사에도 버젓이 이런 구호들이 걸려 있다. 1996년 2월 3일 중국 운남성에서 발생한 대지진 당시 비행요원과 통신요원 그리고 구호요원들의 활약상을 그린 드라마 〈긴급야항〉(緊急夜航)은 전국 방영을 앞두고 중국인민회당에서 시사회를 가졌다. 시사회장에는 중국의 고위층들이 모두 참석한다. 악천후와 여진의 위험 속에서도 비행을 강행하는 항공사측의 용단과 성(省) 정부의 헌신적인 구호 활동으로 무수한 생명을 구한다는 식의 다소 진부한 내용이지만 중국인들은 매우 진지하게 지켜보았다.[356] 대중과 친근한 인물 묘사에 주력했던 당시 중국의 시장 상황은 〈사랑이 뭐길래〉의 성공 요인이 되기도 한다.

아시아 지역에서 일본 드라마의 시장 강화 노력도 만만치 않다. 확장기 첫해인 1997년 일본은 위래일본(緯來日本), 국흥(國興), NHK, 동영(東映) 등의 채널을 통해 대만 내 일본 방송콘텐츠의 방영을 강화한다. 같은 해 개국한 대만 최초의 본격적인 상업방송 FTV에도 일본은 주 수입선의 지위를 확보한다. 같은 해 홍콩의 인기 채널 TVB 제이드(Jade)의 일주일(2월 10일부터) 방송 편성을 보면, 외국 방송콘텐츠의 편성 비율이 약 20%인데, 그중 3/4이 애니메이션이나 드라마로 이뤄진 일본 콘텐츠들이다.[357]

---

356 한국방송진흥원, 중국 방송계에 부는 애국주의 바람, 방송 동향과 분석, 통권 40호, 1997: 1~2.

357 岩渕功一, *Transnational Japan*. Iwanami Shoten Publishers, Tokyo, 2001. *아시아를 잇는 대중문화*, 히라타 유키에·전오경 역. 서울: 도서출판 또 하나의 문화, 2004: 189.

대만, 홍콩에서의 국지적 저항뿐 아니라, 일본은 1997년 위성방송을 통해 대대적인 반격에 나선다. 일본 민방의 방송콘텐츠를 종합 편성해서 아시아 전역을 대상으로 방송하는 JET(Japan Entertainment TV) 채널이 본방송을 개시한다. JET는 미국 위성 PAS-2호기를 이용해 아시아 지역에 송신하는 케이블TV 콘텐츠 공급사다. 방송을 개시한 지 한 달여 만에 대만에서는 약 300만 세대가 이 채널을 시청할 수 있는 정도에 이른다. 이는 대만 전 세대의 2/3에 해당하는 시청 규모다. 아시아 지역에 본거지를 둔 방송콘텐츠 공급회사가 설립된 것이다.[358] 이로써 일본 드라마는 땅[오프라인 수출]과 하늘[위성방송]에서 입체적으로 한국 드라마의 지공(持攻)을 막아낼 방어체계를 구축한 셈이 된다. 그러나 시장의 흐름은 이미 한국으로 기울기 시작한다.

[표 05-06] 일본인의 한국과 중국에 대한 호감도 변화 추이[359]

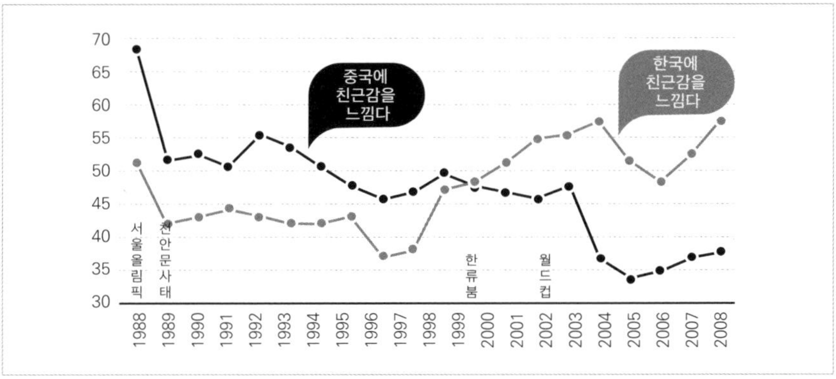

[표 05-06] '일본인의 한국과 중국에 대한 호감도 변화 추이'는 한류 확장기 마지막 해인 1999년을 기점으로 일본인의 한국에 대한 호감도

358 한국방송진흥원, 일본 방송 아시아 상륙 본격화, 〈JET〉 방송 개시, 방송 동향과 분석, 통권 43호, 1997: 1.

359 일본 내각부 홈페이지, 2004; 중앙일보 2008.12.08, 일본 내각부 2008년 12월 6일 '외교에 관한 여론조사' 발표 자료 편집.

가 중국을 앞서기 시작하고 있음을 보여준다. 승자(勝者)에 대한 일본인들의 환호일 수도 있고, 한류의 등장을 알리는 상황적 근거일 수도 있다. 일본 내각부가 발표한 '외교에 관한 여론조사'에 따르면 한국에 대한 호감도는 점점 높아져 2008년 57.1%로 1975년 조사 시작 이후 최고치를 기록한다. 2007년에 비해서도 2.3% 증가한 것으로 나타난다. 이에 반해 중국에 대한 호감도는 30%대로 역대 최저를 기록한다.[360]

가. 한류사의 변곡점: 드라마 〈사랑이 뭐길래〉

전염병처럼 갑작스럽게 퍼지거나, 변화가 일어나는 극적인 순간에 붙이는 이름이 '변곡점'(Tipping Point)이다.[361] 가장 민감한 순간이다. 티핑 포인트에서 일어나는 변화는 엄청난 결과를 가져올 수 있다. 변곡점은 그래프상의 선이 갑작스럽게 수직 상승하는 바로 그 지점이다.[362] 티핑 포인트의 세계는 기대하지 않았던 것을 기대하게 되고, 가능성 이상의 급격한 변화가 이루어지는 곳이다.[363] [그림 05-01] '유기체 한류의 공시적 진화구조 모형'에 따라 전개되던 한류 진화사에 시장의 흐름을 뒤집는 극적인 티핑 포인트가 나타난다. 1997년 중국 전역에 방송된 드라마 〈사랑이 뭐길래〉(愛情是什么, MBC)가 그것이다. 한류의 진화 과정 네 번째 단계인 '확장기' 첫 해(1997) 중국의 국영 CCTV는 드라마 〈사랑이 뭐길래〉를 방영한다.[364] 최고 시청률은 15%에 달했고, 종영되자 재방송을 요청하는 전화와 편지가 쇄도해 CCTV는 2차 방영권을 사서 1998년 재

360 중앙일보, 2008.12.08.

361 Gladwell, *The Tipping Point*, Back Bay Books, Little Brown and Company, Hachette Books Group, USA, 2001: 9.

362 ibid. 261.

363 ibid. 13~14.

364 1997년 6월 매주 일요일 오전 9시 10분.

방송을 시작한다. 외국 드라마 시청률이 보통 2% 내외라는 사실[365]을 감안할 때 〈사랑이 뭐길래〉의 인기가 얼마나 높았는지를 짐작할 수 있다. 1999년 3월 상해 유선TV를 통해 방송된 〈사랑이 뭐길래〉와 관련해서 다음과 같은 기록이 있다.

〈사랑이 뭐길래〉는 황금시간대인 오후 6시 유선방송을 통해 방영되는데 평균 3.5%의 시청률을 기록한다. 이 드라마의 주된 시청자는 45세 이상의 중장년층과 15~24세의 청소년층이며, 한 달 수입이 500위안 이하의 저소득층과 2,000위안 이상의 고소득층이다. 학력은 대학생 이상이 5%로 가장 높고, 초등학교 졸업 이하가 4.6%로 다음을 차지한다. 이 드라마는 오락성이 짙은 홈드라마로서 중국에서는 55세 이상의 노인 및 장년층에서 가장 높은 인기를 끌었으며, 방영 이후에도 한국 사회의 성격에 대하여 많은 사회적 논란을 야기한 바 있다. 그 이유는 바로 한국 사회에 유교적인 가부장제가 아직까지도 강하게 남아있다는 점이 중국인들에게 매우 충격적으로 받아들여졌기 때문이다. 중국은 1919년 5·4운동 이래 반봉건을 외치며 과거 유교적 잔재를 청산하는 데 주력하고, 특히 해방 후 문화대혁명을 통해 유가 사상에 근거한 전통을 거의 단절시켜 버린다. 따라서 중국에서는 우리나라와 같은 유교적 전통에 따른 가부장제의 흔적을 찾아보기가 매우 어려운 실정인데, 이 드라마를 통해 한국에는 아직까지도 과거의 유교적 전통이 살아있다는 점이 모두에게 매우 충격적일 뿐만 아니라 중장년층에게는 과거의 향수를 느낄 수 있게 해준다. 이 밖에도 코믹한 스토리 전개와 해피엔딩이라는 대단원의 정서가 그들의 일반적 심미관에 잘 부합함으로써 중국인들에게 큰 공감대를 형성한 것으로 파악된다.[366]

365 南方周末, 2002.05.30. D28면.

366 한국방송진흥원, 중국 방송산업 현황과 상호교류 방안 연구, 연구보고 01-13, 2001: 153.

중국의 전통적인 가족문화는 '세대, 연령, 성'이라는 세 가지 관계축에 따른 엄격한 위계질서를 가지고 있다.[367] 그러나 이는 중국 공산당이 지향하던 평등의 이상과 사회주의적 산업사회의 성격과 맞지 않았고, 공산당은 이것을 근본적으로 바꾸기 위한 노력을 펼친다. 1919년 5·4운동은 가족제도 개혁운동의 분수령이다. 가족 내에서 여성의 새로운 역할, 남녀 간의 자유로운 교제, 본인의 자유로운 의사결정과 사랑에 기초한 배우자 선택, 젊은 세대의 더 자유로운 사고와 행동, 서구식 가족제도의 도입 등을 촉구하는 목소리가 여러 구호와 문학작품 등을 통해 사회에 퍼져 나가기 시작한다. 수천 년의 역사적 굴곡을 견뎌온 전통적인 가족제도는 근대 중국이 안고 있던 모든 죄악과 단점의 상징으로 간주된다. 가족 혁명의 대열에는 진독수(陳獨秀)와 모택동(毛澤東) 등 중국 공산당의 초기 지도자들도 적극적으로 참여하는데, 이들은 여성과 젊은 세대의 변화에 대한 열망을 대변한다. 1950년 4월에 공포된 혼인법은 수천 년 동안 중국에서 시행돼오던 봉건적인 가족제도를 폐지하려는 공산당의 의지를 상징한다고 할 수 있다. 이 법은 부모의 강압에 의한 결혼, 남존여비, 자녀의 이익을 무시하는 모든 봉건적인 혼인제도의 폐지를 명문화한다. 남녀 혼인의 자유와 일부일처제를 법적으로 보장함으로써 남녀의 권리 평등, 부녀자와 자녀의 합법적인 이익에 대한 보호를 천명한다.[368] 혼인법으로 상징되는 중국 공산당의 가족 혁명 노력은 봉건적 질서를 와해시키기 위해 했던 종족(宗族) 세력에 대한 견제, 젊은 정치 활동가의 기용, 국가 권력의 공고화 등 구조적 변화와 더불어 세대, 연령, 성에 따라 형성된 중국 가족의 엄격한 위계질서를 뒤흔들어 놓는다. 이

367 한국정신문화연구원, *동아시아 문화전통과 한국사회*, 백산서당, 2001: 102; Barker, *Chinese Family and Kinship*, Columbia University Press, New York, 1979: 15~25.

368 한국정신문화연구원, *동아시아 문화전통과 한국사회*, 백산서당, 2001: 103~104.

충격의 여파로 찌아(家) 구성원들의 응집을 가능하게 했던 가부장의 권위가 상당히 약화된 반면, 여성과 연소자의 발언권은 상대적으로 강화된다.[369]

이와 같은 상황에서 전통적인 가부장의 권위를 일깨워준 드라마 〈사랑이 뭐길래〉의 '대발이' 아버지(이순재 분)는 남녀 역차별 속에 살던 중국의 남성들을 압도한다. 중국 여성과 젊은층에게도 가부장적 전통 아래 한국인의 밝고 자유로운 사랑 이야기가 큰 반향을 일으킨다.[370] 시청률이 청소년층과 장년층에서도 높게 나타나는데, 청소년들의 경우는 한국 드라마가 지닌 현대적인 요소들 즉, 출연자의 세련된 용모와 패션 그리고 높은 생활 수준 등이 동경의 대상으로서 크게 어필한 것으로 파악되는 반면, 장년층의 높은 시청률은 한국이 지닌 강한 가족공동체적 성격과 유교적 가족 질서 등에 대한 호감에서 비롯된 것으로 해석된다.[371] 실제로 〈사랑이 뭐길래〉를 시청한 중국 시청자는 "서양 드라마와 달리 소재나 등장인물이 이질감을 느끼지 않으면서 중국 드라마에서는 느낄 수 없는 또 다른 유머 감각과 재미를 느꼈다."고 밝힌다.[372] 이처럼 아시아 드라마의 연대기적 특성으로 볼 때, 수직적 가족구조와 수평적 가족구조의 결합 형태로 볼 수 있는 〈사랑이 뭐길래〉는 작품 구조상의 특성이 만들어 낸 전통과 현대라는 이항대립적 성격의 드라마 밈이 중국의 젊은 세대와 중장년층을 한국 드라마의 소비 주체[객체]로 끌어들이는 데 효과적으로 작용했음을 확인할 수 있게 해준다.

369 ibid. 103~105.
370 윤재식, 한류 무엇을 가져왔나 - [특별기획] 한류를 말한다①, 2005: 2.
371 한국방송진흥원, 중국 방송산업 현황과 상호교류 방안 연구, 연구보고 01-13, 2001: 157.
372 한국방송진흥원, 중국 TV에 한국 소개 바람, 방송 동향과 분석, 통권 46호, 1997: 2.

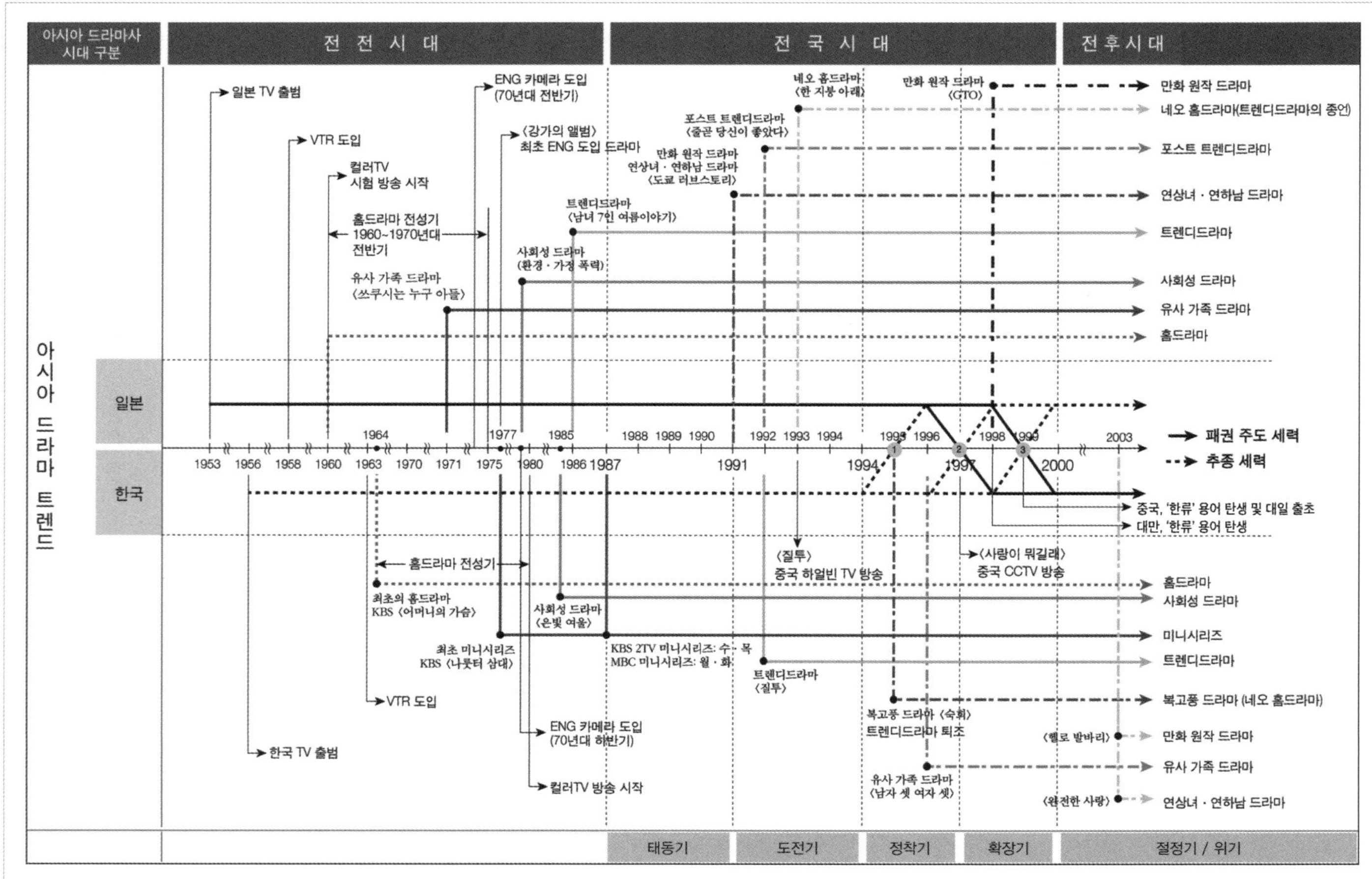

[그림 05-02] 아시아 TV드라마 시장의 트렌드 변화와 패권 이동

나. 드라마 〈사랑이 뭐길래〉의 한류 진화사적 의미

〈사랑이 뭐길래〉 이후, 일본 드라마가 주도해오던 아시아시장에 변화의 바람이 일기 시작한다. [그림 05-02] '아시아 TV드라마 시장의 트렌드 변화와 패권 이동'은 일본이 주도하던 아시아시장의 트렌드 변화와 패권 이동과정을 압축해서 보여준다. 아시아시장에 처음으로 텔레비전이 도입되는 1950년대 초부터 한류가 탄생하는 1990년대 말까지 아시아시장의 트렌드는 일본에 의해 주도된다. 홈드라마로부터 유사가족 드라마, 사회성 드라마, 트렌디 드라마, 연상녀·연하남 드라마, 포스트 트렌디드라마, 네오 홈드라마, 만화 원작 드라마 등 아시아 드라마사를 장식하는 수많은 형식과 소재, 내용이 일본에 의해 주도된다.

예를 들어, 일본의 홈드라마 전성기가 1960년대 시작해서 1970년대 전반기까지라면, 한국의 홈드라마 전성기는 이보다 3~4년 뒤에 시작해 1980년 컬러TV가 등장하는 시점에 나타난 미니시리즈와 스펙터클 드라마의 탄생과 함께 시들해지는 모습을 보인다. 일본의 트렌디 드라마가 1986년 〈남녀 7인 여름 이야기〉로부터 시작한다면, 한국의 트렌디 드라마는 이보다 6년 뒤인 1992년 〈질투〉로부터 시작한다. 일본의 연상녀·연하남 드라마가 1991년 〈도쿄 러브 스토리〉로부터 시작한다면, 한국은 12년 뒤인 2003년 〈완전한 사랑〉 이후다. 만화 원작 드라마의 인기가 일본의 경우, 1991년 〈도쿄 러브 스토리〉에서 시작해 1998년 〈GTO〉로 이어진다면, 한국의 만화 원작 드라마는 이보다 12년 뒤인 2003년 〈헬로 발바리〉로부터 시작해 한국 퓨전 사극의 효시인 〈다모〉(2003), 〈풀하우스〉(2004), 〈궁〉(2006), 〈쩐의 전쟁〉(2007), 〈키드갱〉(2007), 〈식객〉(2008), 〈일지매〉(2008), 〈꽃보다 남자〉(2009) 등으로 이어져 시청자들의 눈길을 끈다. 이런 일본 주도의 아시아시장에 변화가 감지되고,

마침내 흐름이 역전되는 그 지점에 드라마 〈사랑이 뭐길래〉가 있다. [그림 05-02]에서 한국과 일본을 위아래로 구분하는 X축 상의 번호②가 드라마 〈사랑이 뭐길래〉의 한류사적 위치다. 이때부터 아시아시장의 주도권이 시차를 두고 서서히, 일본에서 한국으로 넘어온다.

다시 말해 [그림 05-02]에서 중앙의 X축 오른쪽에 있는 번호 '①→②→③'에 주목할 필요가 있다. 1953년 텔레비전 방송을 시작한 일본(NHK) 드라마와 3년 뒤인 1956년 텔레비전 방송을 시작한 한국(HLKZ-TV) 드라마의 관계는 1995년(번호①)을 전후한 한류의 진화 과정 세 번째 단계인 '정착기'(1994~1996)로부터 변화가 감지된다. 한국 드라마가 빠른 수출 증가세를 보이는 데 반해, 일본 드라마는 폭력성과 선정성, 지나친 성적(性的) 묘사 등 소재와 코드의 극단화 경향으로 시장의 저항을 불러온다. 특히, 홍콩에서는 일본 드라마가 미국 드라마보다도 더 폭력적이고 외설적이라는 평가가 나온다.[373]

이런 상황에서 한류 '확장기'(1997~1999) 첫해인 1997년(번호②) 〈사랑이 뭐길래〉가 한국과 일본 드라마의 관계 변화에 결정적 계기를 마련해준다. 중국 시장에 한국 드라마 신드롬을 일으킨 것이다. 이후, 대(對)일 방송콘텐츠 수출이 사상 처음 출초를 기록하는 확장기 마지막 해인 1999년(번호③)까지 아시아시장의 주도권은 5년여의 시차를 두고 서서히 일본에서 한국으로 넘어온다. 그 사이 대만에서는 신조어 '한류'가 탄생(1998)한다. 아시아시장의 주도권이 바뀌고 있는 것이다.[374] 이처럼 드라마 〈사랑이 뭐길래〉(MBC)는 한류의 진화생물학적 진화 과정에서 빼

---

373 윤선희, 영상산업의 아시아시장 진출을 위한 수출전략 연구, 연구보고 98-01, 한국방송개발원, 1998: 116. 폴 리가 홍콩의 미디어 수용자를 대상으로 1994년 실시한 설문조사에 기초. 조사대상은 무작위 표본추출에 의해 323명을 선정했으며, 인터뷰에 성공한 것은 209명으로 응답률은 65%였다. Lee, P. (1998). "Foreign Television in Hong Kong: Little Watched but Favorably Received" A. Goonasekera & P.S.N. Lee(ed), TV without borders: Asia Speaks Out, Asian Media Information and Communication Center.

374 박장순, *한류 한국과 일본의 드라마 전쟁*, 커뮤니케이션북스, 2008: 205~206.

놓을 수 없는 티핑 포인트로서의 역할을 수행한다.

(5) 절정·위기(2000~현재)

1990년대 한·일 드라마 '전국(戰國)시대'의 패자(霸者)로서 한국은 아시아 시장의 새로운 질서를 이끈다. 이른바 '한류시대'가 열린 것이다. 한국 드라마는 트렌디 드라마에서 한국형 포스트 트렌디 드라마, 역사드라마 등으로 스펙트럼을 넓혀가면서 방송콘텐츠 수출 2억 달러 시대를 열고, 문화입국(文化立國)의 첨병으로 자리한다.[375] 패자(敗者) 일본은 장기불황의 늪에 빠진 암울한 시대를 반영하듯 '포스트 트렌디 드라마'라는 자극적이고 극단적인 해체적 성격의 장르로 변화해 간다. 반면 한국은 트렌디 드라마의 정형성에 홈드라마적인 건강성을 가미해 새로운 형태의 한국형 포스트 트렌디 드라마 장르를 탄생시킨다. 이는 2000년대 일본의 텔레비전 소비 주체[객체]들에게는 신선한 모델이었다. 칼럼니스트인 고이즈미 스미레(小泉すみれ)는 "가족 드라마의 붕괴: 슬슬 연애 너머에 있는 드라마를 보여주세요"라는 칼럼에서 1990년에 방송된 〈추억이 될 때까지〉[376](TBS)를 예로 들면서 "홈드라마에서도 트렌디 드라마에서도 재현해내지 못한 여성과 가족의 관계를 처음으로 잘 보여준" 작품이라고 평가한다. 칼럼 제목대로 고이즈미의 주장은 젊은 세대의 연애에만 그치지 않는 가족 드라마를 보고 싶다는 것이었다.[377] 이처럼 새로운 드라마에 대한 욕구가 있던 상황에서 한국형 포스트 트렌디 드라마의 등장은 K-pop이 세계 대중음악계의 새로운 장르가 되듯이, 일본 드라마

375 ibid. 216~217.
376 연출 오오오카 스스무, 각본 우치다테 마키코. 1990년 1월 12일~3월 30일까지 방송된 12부작.
377 히라타 유키에, *한국을 소비하는 일본*, 책세상, 2005: 34.

계에 새로운 장르, 즉 '한국 드라마' 장르를 탄생시킨다.[378]

트렌디 드라마 〈질투〉(MBC)에서 시작된 한국의 드라마 수출은 한국형 포스트 트렌디 드라마와 홈드라마[379]로 수출 영역을 확대하고, 한류 절정기가 시작되는 2000년대 접어들면서 그동안 불가능한 것으로 여겨졌던 사극으로까지 수출 드라마 장르의 스펙트럼을 넓혀간다. 문화할인율(Culture Discount)이 높은 사극의 수출은 2001년 〈장희빈〉으로부터 시작된다. 그러나 아쉽게도 대만에 수출된 〈장희빈〉은 성공을 거두지 못한다. 그동안 방송사 해외 마케터들이 우려해왔던 것이 현실로 드러난 것처럼 보인다. 그러나 2002년 대만의 GTV가 〈명성황후〉와 난세의 풍운녀 정난정의 일대기를 그린 〈여인천하〉를 방송하면서부터 상황이 달라진다. 〈상도〉, 〈허준〉, 〈태양인 이제마〉 등이 잇달아 성공을 거둔다. 이처럼 사극이 인기를 끌었던 이유는 이영애, 김현주, 이미연 등 드라마의 주인공들이 이미 대만에서 잘 알려져 있을 뿐만 아니라, 중요한 것은 한국 사극의 품질이 대폭 고급화되었기 때문이다.[380] 이후, 조선시대 좌포도청에서 일했던 채옥이라는 여인의 삶과 사랑을 그린 〈다모〉와 조선 중종 시대 한 여인의 성공적인 삶을 그린 〈대장금〉, 해상왕 장보고의 일대기를 그린 〈해신〉, 퓨전 사극 〈궁〉, 〈주몽〉, 〈태왕사신기〉 등이 아시아인들의 이목을 집중시킨다.

특히, 〈대장금〉은 2005년 동아시아에 널리 퍼져 있던 한류 대위기의 잔영을 말끔히 씻어내는 쾌거를 이룬다. 2004년 7월 16일자 국내 신문들은 '대륙의 심장, 한류에 빠지다'(한국일보), '한류 열풍에 인민대회당도

378 ibid. 34~35.

379 대표적 홈드라마로는 수직적 가족관계와 수평적 가족관계의 조화가 아름다운 〈꽃보다 아름다워〉(2004)와 〈부모님 전상서〉(2004) 등이 있다.

380 한국관광공사, *신한류 관광마케팅*, 2004: 10.

들썩'(부산일보) 등과 같은 선정적인 제목으로 〈대장금〉의 성공적인 중국 상륙을 보도한다. 같은 해 인도의 전국 채널 두르다샨TV에서도 방송해 첫 시청률 5.29%를 기록했다는 기사도 있다. 〈대장금〉은 이후 독일 등 유럽에도 수출돼 지구 전역에서 가장 폭넓게 방송된 한국 드라마가 된다. 물론 국내에서의 인기도 대단해 2003년 9월 15일부터 2004년 3월 30일까지 총 54회를 방영하는 동안 평균 시청률 57.8%를 기록한다.

중국의 문화비평가는 〈대장금〉이 중국에서 환영받는 이유를 '도덕성의 성취'에 둔다. 정당하게 경쟁하고 정도를 지킨 대장금이 결국 승리하는 과정은 도덕성이 성취됨을 보여준다는 것이다. 인도 주재 한국대사관은 인도에서 〈대장금〉이 인기를 끄는 이유를 다채로운 궁중의상이나 아기자기한 음식 문화 외에 여성 주인공을 통한 이야기 전개 방식, 여성을 통해 궁금증을 발전시켜나가는 점 등을 성공 요인으로 꼽는다.[381] 홍콩에서도 〈대장금〉은 40%의 시청률을 기록하며 홍콩의 국민 드라마로 자리를 잡고, 소강상태의 한류를 되살린다. 최종회의 경우 홍콩 평균 시청률 사상 최고치인 47%의 시청률을 기록, 홍콩 인구의 절반이 〈대장금〉을 시청한 것으로 나타난다. 〈대장금〉의 남자 주인공 지진희는 홍콩의 10대에서 30대까지의 드라마 소비 주체[객체]들에게 폭넓은 사랑을 받으며 홍콩에서 인기배우 1위에 오른다.[382] 〈대장금〉의 성공으로 홍콩에서는 일본 드라마의 편성을 취소하고, '남장금'이라고 불리던 〈허준〉, 〈여인천하〉 등 한국의 사극을 긴급 수입, 대체 편성하기도 한다.

한편 2005년 10월부터 2006년 11월까지 NHK에서 방송된 〈대장금〉은 일본 내에서 한류 붐을 주도해왔던 중년 여성층뿐만 아니라, 30대

---

381 경상대학교 인문학연구소, *TV 드라마와 한류*, 도서출판 박이정, 2007: 175~177.

382 스포츠서울, 2005.04.13; 한국문화관광정책연구원, 한류 연구과제 개발을 위한 기초조사, 계문사, 2005: 41~42.

~50대의 남성들로부터도 반향을 불러일으켰으며, 밤 11시대 방송이었음에도 불구하고, 최종회의 시청률이 15.6%를 기록한다. 〈대장금〉은 일본어 더빙으로 방송되었으며, 편성시간에 맞추기 위해 매회 몇 개의 장면이 삭제되기도 했다. 그러나 시청자들로부터 '무삭제판을 보고 싶다.'는 요청이 쇄도해, 2007년 1월부터 노컷 자막판인 '완전판'이 NHK 위성방송 BS2로 매주 금요일에 방송되었다.[383]

〈대장금〉의 성공에 힘입어 일본에서도 2007년 상반기 위성방송을 통해 한국의 사극들이 많이 방송된다. BS후지에서는 4월부터 〈주몽〉을 방송하고, BS아사히에서는 4월부터 〈허준〉을 방송한다. CS 스카이퍼펙트TV 위성극장 채널에서는 5월부터 〈해신〉을, 한국 콘텐츠 전문 채널 KNTV에서는 〈연개소문〉을 방송한다.[384] 이는 곧, 한류 절정기 아시아인들의 한국 드라마에 대한 소구가 그만큼 다양해졌다는 것을 의미하는 것이기도 하고, 아시아 드라마 시장의 패권이 일본에서 한국으로 완전히 이동했음을 증거하는 또 다른 근거가 되기도 한다.[385]

절정은 위기를 동반한다. 한류가 절정기를 맞는 2000년대 초부터 한류의 위기는 그림자처럼 따라붙는다. [표 05-07] '대만 비디오랜드(Videoland)의 한국 드라마 편성 및 수입 현황'은 한류가 절정기를 구가하던 2000년대 전반기 아시아시장에 불기 시작한 '반한류' 저항의 움직임이 얼마나 거세었는지를 반증해 준다. '비디오랜드'는 자체 보유한 6개 채널 가운데 2개 채널에서 한국 드라마를 방영한다. 2001년 467시간이었던 한국 드라마 방송시간이 2002년 903시간으로 93.4%의 증가 추세를 보이다가 2003년 811.5시간, 2004년 356시간으로 급감한다. 또 수

383 한국방송영상산업진흥원, 2007년 상반기 방송 한류 현황 분석, KBI 포커스, 2007: 9.
384 ibid. 11.
385 박장순, *한류 한국과 일본의 드라마 전쟁*, 커뮤니케이션북스, 2008: 221.

입 총액도 2001년 81만 4천 달러, 2002년 224만 1천550달러, 2003년 319만 9천100달러로 각각 175.4%, 42.7%로 증가하다가 2004년에는 181만 2천 달러로 크게 꺾였고, 시청률도 점차 하락세를 보이면서 황금 시간대에서 밀려난다.[386]

[표 05-07] 대만 '비디오랜드'의 한국 드라마 편성 및 수입 현황

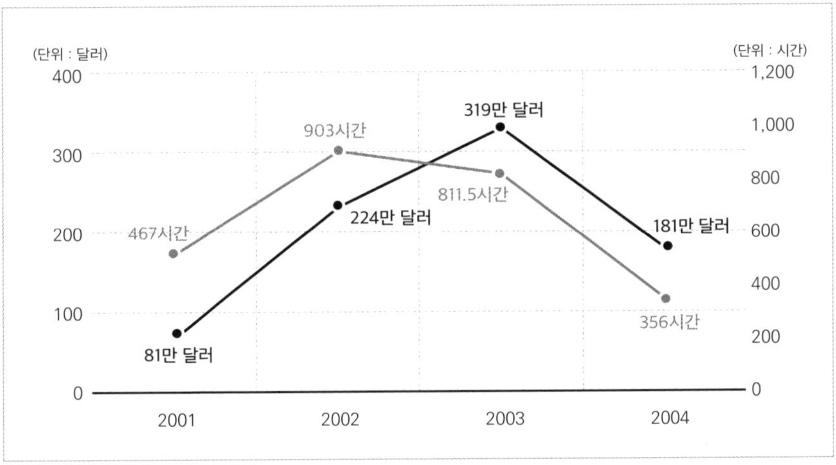

이처럼 2003년 최고의 절정기를 구가하던 한류는 2004년 급격히 몰락의 길로 접어들면서 대만발 1차 한류 위기가 허상이 아니었음을 증명한다. 대만에서 일기 시작한 반한류 저항의 움직임은 이웃한 중국을 비롯해 동남아시아 전역으로 급속히 퍼져나갔고, 한류는 탄생 이후 최대의 위기를 맞는다.[387] 일본발 〈겨울연가〉 신드롬(2004~2005)이 위험한 고비를 넘기게는 하지만 한류의 위기는 계속된다. 2005년 2월 일본의 지상파 방송은 64개의 한국 드라마를 방영한다. 그러나 2006년 36개로

386 연합뉴스, 2005.01.10.
387 박장순, *한류 신화가 미래다*, 커뮤니케이션북스, 2007: 33.

줄어든다.[388] 절반 가까이 한국 드라마의 편성이 줄어든 것이다. 시청률 또한 계속해서 하강한다. 중국의 경우도 마찬가지다. 북경TV의 책임자는 2006년, 한국 드라마의 방송량을 줄이고 대신 홍콩을 비롯한 다른 국가의 드라마에 관심을 돌리고 있다고 말한다. 호남위성의 관계자도 한국 드라마가 2004~2005년 2년 동안 중국 내 TV콘텐츠 관련 교역에서 거래가격이 높아져 수량이 감소함으로써 한국 드라마의 열기가 떨어질 것이라고 지적한다. 대만에서는 2005년 7월부터 한국 드라마에 대해 20%의 수입 관세를 부과하는 등 실질적인 제재를 가하기 시작했고, 외국 드라마의 수입 창구를 단일화해 외국 드라마 수입 가격의 상승을 막는 등 방법을 강구한다. 홍콩 경제일보는 한국 드라마가 홍콩 드라마 발전의 가장 큰 적이라고 언급하면서 자성을 촉구했고, 문예보는 사설에서 '한류침입'이라는 다소 과격한 용어를 사용하기도 한다.[389] 실제로, 매년 전체 방송콘텐츠 수출에서 드라마의 비중이 90% 이상을 차지하는데 2005년 〈대장금〉의 성공에 놀란 중국이 한국 드라마의 수입을 금지하면서 2006년에는 드라마의 수출 비중이 68.3%(8,500만 달러)로 크게 떨어진다.[390] 방송콘텐츠의 수출 증가율 또한 2000년대 전반기의 1/5 수준으로 크게 떨어지고, 2009년에는 더욱 심해져서 2008년 대비 1.9%의 증가에 그친다.[391] 한류의 위기가 중증임을 확인할 수 있게 해준다.

---

388 조선일보, 2006.03.23.

389 한국방송영상산업진흥원, 한류의 안정적 기반 구축과 방송 연예 매니지먼트 산업의 개선을 위한 해외사례 연구, 방송위원회, 자유 2006-26, 2006: 21~23.

390 한국방송영상산업진흥원, 2008년 방송프로그램 수출입현황, KBI 포커스, 09-01, 2009: 7.

391 한국콘텐츠진흥원, 방송콘텐츠 수출입현황보고서, KOCCA Focus, 10-1호, 2010.

2) 인류학적 진화 과정

그리스어의 인간을 뜻하는 '안드로포스'(Anthropos)와 논의 또는 학문을 뜻하는 '로고스'(Logos)의 합성어가 인류학(Anthropology)이다. 문화적 진화를 진화론과 전파론 두 가지 관점에서 다룬다. 진화론은 시간이 흐르면서 문화의 복합성이 증가한다는 사실을 강조하는 이론적 시각이며, 전파론은 문물이 한 지역에서 다른 지역으로 전달된다는 것에 중점을 두는 이론적 관점이다. 이 둘은 문화의 '변화'라는 같은 현상에 대해 서로 상이(相異)한 설명을 제시함으로써 경쟁 관계에 있는 것처럼 보인다. 그러나 사실은 '사회변동론'(Theory of Social Change)이라는 거대이론의 일부다.[392]

기술 변화의 순서는 하나의 혁신이 다른 혁신을 유도한다.[393] 문화의 다른 차원도 진보적 관계를 갖는다고 볼 수 있다. 고대에서 현대에 이르는 주된 경향은 '야만'에서 '문명'으로 향하는 것임을 입증한다.[394] 모건(Morgan)은 이 같은 인류학의 단계적 진화 과정을 '발명과 발견에 의한 예지의 발달, 통치 관념의 발달, 가족 관념의 발달, 재산 관념의 발달' 등 네 가지 문화적 성취를 중심으로 '야만시대'(Savagery), '미개시대'(Barbarism), '문명시대'(Civilization)로 구분한다.[395]

(1) 한류의 야만시대(Savagery)

야만시대는 그 초기를 알 수는 없지만 대략 3기로 세분할 수 있다. 야만시대 전기(The Older Period of Savagery), 중기(The Middle Period of Savagery),

392 Barnard, *History and Theory in Anthropology, 2000:30~31; 인류학의 역사와 이론*, 김우영, 한길사, 2003.
393 Moore, *Visions of Culture*, AltaMira Press, 1997; *인류학의 거장들*, 김우영, 한길사, 2002: 47; Tylor, *Primitive Culture*, New York, Harper & Row Publishers, 1958: 15. [Original Published 1871].
394 ibid. 47~48; 21.
395 ibid. 63.

후기(The Later Period of Savagery)가 그것이다. 이들은 야만시대 하급(The Lower Status of Savagery), 중급(The Middle Status of Savagery), 상급(The Upper Status of Savagery)의 상태로 구분이 가능하다.[396] 야만시대 전기, 즉 '하급 상태'는 인류 초창기로부터 어류의 식용(수렵)과 불의 사용이라는 새로운 지식을 획득하는 시기까지다. 당시 인류는 자기가 태어난 제한된 지역에서 살았으며, 과실과 나무 열매를 식료로 한다.[397] 야만시대 중기, 즉 '중급상태'는 물고기를 먹고, 불을 사용하는 지식의 획득과 함께 시작된다. 그리고 활과 화살의 발명과 함께 막을 내린다. 인류는 이 시기 제한된 거주지로부터 보다 넓은 세계로 나아간다.[398] 야만시대 후기, 즉 '상급상태'는 활과 화살을 발명함으로써 시작되고, 토기 제조 기술의 발명으로 막을 내린다.[399]

한류의 야만시대는 한국 방송사상 처음으로 애니메이션 시리즈 〈떠돌이 까치〉(KBS, 대원동화)가 프랑스에 수출된 1987년부터 중국 CCTV가 중국 전역에 드라마 〈사랑이 뭐길래〉를 방송해 한국 드라마 신드롬을 일으킨 1997년 직전까지의 기간이다. 진화생물학적 진화 과정의 '태동기→도전기→정착기'에 해당한다. 이 시기는 소수의 극히 일부 콘텐츠만이 해외시장에 나오는 콘텐츠 수출의 초기 단계다. 한국의 해외 마케터들이 콘텐츠를 들고, 외국의 바이어들을 직접 찾아 나서던 시장개척의 시기다.

야만시대 전기의 주요 수출상품 장르는 애니메이션이다. KBS의 〈달려라 하니〉, 〈날아라 슈퍼보드〉, 〈2020 원더 키디〉, 그리고 MBC의 〈꿈돌

396 Morgan, *Ancient Society*, 1877; *고대사회*, 최달곤·정동호, 문화문고, 2000: 25~26.
397 ibid. 26.
398 ibid. 26~27
399 ibid. 27.

이〉, 〈보거스는 내 친구〉, 〈걸리버 여행기〉 등이 대표적인 인기 상품이다. 그러다가 야만시대 후기, 진화생물학적 진화 과정의 '정착기'에 해당하는 1990년대 중반에 들어서면서부터 한국의 주요 수출품 장르가 애니메이션에서 드라마로 교체되기 시작한다.[400] 〈젊은이의 양지〉(KBS), 〈첫사랑〉(KBS), 〈목욕탕집 남자들〉(KBS), 〈마지막 승부〉(MBC), 〈사랑을 그대 품안에〉(MBC), 〈모래시계〉(SBS) 등이 그 시기의 대표적인 수출품이다.

(2) 한류의 미개시대(Barbarism)

미개시대도 야만시대와 마찬가지로 전기, 중기, 후기로 세분화가 가능하며, 이들 각 상태를 미개시대의 하급, 중급, 상급으로 부를 수 있다.[401] 미개시대 전기, 즉 '하급상태'는 토기 제조 기술의 발명에서 비롯된다. 토기의 발명은 야만시대와 미개시대를 구분하는 가장 유효한 근거다. 토기 제조 기술을 획득하지 못한 종족은 야만인으로 분류하고, 이 기술을 가지고 있으나, 성음자모와 문자를 사용하지 못하는 종족은 미개인으로 분류된다.[402] 미개시대 중기, 즉 '중급상태'는 동반구(East Hemispheres)에서는 동물 사육, 서반구에서는 건축 시 석재 사용과 식물 재배 시 관개 지식이 이용된다.[403] 미개시대 후기, 즉 '상급상태'는 철의 주조와 함께 시작되고, 문명시대를 알리는 성음자모의 등장과 함께 사라진다.[404]

토기의 발명이 야만시대(Savagery)와 미개시대(Barbarism)를 구분하는 기준이 되듯이 드라마 〈사랑이 뭐길래〉는 한류의 야만시대와 미개시대

400 박장순, *문화콘텐츠 해외마케팅*, 커뮤니케이션북스, 2005: 27~28.
401 Morgan, *Ancient Society*, 1877; *고대사회*, 최달곤·정동호, 문화문고, 2000: 26.
402 ibid. 27.
403 ibid. 28.
404 ibid. 28~29.

를 구분 짓는 기준이 된다. 한류의 소비자[객체]인 아시아인들이 한국 드라마를 새 시대의 문화 아이콘으로 인식하는가 아닌가를 기준으로 한다. 이처럼 한류사의 티핑 포인트가 된 드라마 〈사랑이 뭐길래〉는 중국인들에게 한국 드라마 신드롬을 불러일으킴으로써 본격적인 한류의 미개시대를 열게 한다.

한류의 야만시대가 방송콘텐츠의 수출 가능성을 인식하는 시기라면, 한류의 미개시대는 방송콘텐츠의 해외수출에 자신감을 붙이는 시기다. 드라마의 수출단가가 높아지고 수출 물량도 크게 늘어나, IMF 국가 위기 속에서도 1999년 1,000만 달러의 수출을 기록한다. 그러나 이 같은 시장의 변화가 어떤 의미를 갖는지 충분히 인식하지 못하고 있던 시기다. 심지어 1990년대 말, 미개시대 후기까지도 한국의 배우들은 자신이 아시아의 스타가 되어 있다는 사실조차 인식하지 못한다. 자기도 모르는 사이에 훌쩍 커버린 자신의 모습에 몹시 낯설어하는 시기다.

(3) 한류의 문명시대(Civilization)

성음자모의 사용과 문자에 의한 기록으로 시작되는 문명시대는 고대와 근대로 나뉜다. 문명시대 초기 상태에 해당하는 것으로는 돌에 새긴 상형문자를 들 수 있다.[405] 한류의 미개시대와 문명시대는 언어기호 '한류'(韓流)의 등장[406]에 의해 구분된다. '원시 수프'(Primeval Soup) 상태였던 한국 문화가 바깥세상에 모습을 드러내고, '한류'라는 새로운 언어기호를 얻게 됨으로써 본격적인 한류의 문명시대가 열리게 된다. 이 시기는 방송콘텐츠를 중심으로, 한국의 대중문화가 전 지구화(Globalization)를 이

405 ibid. 28~29.

406 언어기호 '한류'는 1998년 대만 〈연합만보〉(聯合晩報)에서 처음으로 쓰기 시작한다. 이후 1999년 중국의 〈북경청년보〉가 쓰기 시작한다.

행하는 시대다.

문화수입국에서 문화수출국으로의 진화에 성공(2002)하고, 아시아시장이 중심이던 수출지역을 미주, 중남미, 중동, 유럽, 아프리카 등지로 빠르게 확대해 간다. 수출 콘텐츠의 장르도 드라마에서 애니메이션, 다큐멘터리, 음악, 교양, 리얼리티 쇼, 뉴스 클립 등 다양한 영역과 소재로 넓혀가고, 수출 드라마의 장르도 트렌디 드라마에서 홈드라마, 한국형 포스트 트렌디 드라마, 역사드라마 등으로 그 스펙트럼을 넓혀간다. 배우들 또한 야만시대, 미개시대의 내수용 이미지에서 개방화된 세계적 스타의 이미지로 진화해 간다.

3) 언어기호 '한류'의 등장에서 본 진화 과정

유기체 '한류'의 진화 과정은 진화생물학과 인류학의 단계적 진화론의 관점에서 각각 '태동기→ 도전기→ 정착기→ 확장기→ 절정·위기'의 5단계와 '야만시대→ 미개시대→ 문명시대'의 3단계로 구분, 기술이 가능하다. 이 같은 구분의 준거는 드라마 밈, 한류 밈의 복제 성공도를 확인시켜 주는 방송콘텐츠 수출의 수치적 계량적 '표현형'과 시장 상황의 변화, 티핑 포인트, 그리고 언어기호 '한류'의 등장 등이다. 그 가운데서도 특히, 한류 개념화의 준거가 되는 언어기호 '한류'의 등장은 한류의 진화 과정을 또 다른 관점에서 바라보게 한다.

(1) 한류의 (개념적) 선사시대

한류의 (개념적) 선사시대는 진화생물학적 진화 단계인 태동기, 도전기, 정착기, 확장기에 해당하는 기간(1987~1998)이다. 인류학적 진화 과정의 야만시대, 미개시대에 해당한다. 한류의 역사시대를 잉태하고 있는 한류의 개념화 이전의 시기다. 이 시기는 한국의 드라마가 아시아시장의 주도권을 쥐고 있던 일본 드라마에 도전하는 시기, 아시아시장에 불고 있던 일본화(Japanization) 바람, 일명 '일류'(日流)를 한국 드라마가 공략해 가는 한·일 드라마 전국(戰國)시대다.[407] 새로운 언어기호 '한류'가 등장하기 이전, 그러니까 '원시 수프'(Primeval Soup) 상태의 한류가 무엇으로 진화할지, 어떻게 진화해 갈지, 아무도 예견하지 못하는 무개념의 시기다. 바로, 한류의 개념적 선사시대다.

(2) 한류의 역사시대

언어기호 '한류'의 등장(1998, 대만)은 한류사에서 특별한 의미를 갖는다. 10여 년 동안 아시아시장을 놓고 벌인 한국과 일본의 드라마 시장 쟁탈전이 끝나고, 새로운 아시아의 문화 패권국으로 한국이 자리하게 되었음을 알리는 신호다. 드라마 전국(戰國)시대의 패자(霸者)가 된 한국이 아시아시장의 새로운 강자로 등극해 아시아 방송콘텐츠 시장의 흐름을 주도하는 한류의 역사시대가 시작되었음을 의미한다.[408]

언어기호 '한류'의 등장과 함께하는 한류의 역사시대는 진화생물학적 관점의 '절정·위기'와 인류학적 관점의 '문명시대'에 해당하는 한류의 찬란한 개화기다. 다양한 한류 소재영역 밈(Meme)들의 왕성한 복제가 시장에서 성공적으로 이루어지고, 이를 통해 유기체 '한류'가 아시아를 넘어 세계로 급속히 시장을 확대해 가는 문화적 진화의 팽창 시기다.

---

407 박장순, *한류 한국과 일본의 드라마 전쟁*, 커뮤니케이션북스, 2008:155.
408 ibid. 216.

3. 유기체 '한류'의 진화 과정 평가

1) 한류, 한류 밈의 성공적 복제과정

밈의 복제 성공이란 밈의 생존율과 관계된다. 생존율의 높고 낮음이 밈의 성공도를 측정하는 기준이다. 그러나 밈 이론(Memetics)은 생존율의 높고 낮음을 판정하는 객관적 기준을 제시하지 않는다. 다만, 밈이 노래의 곡조(Tune)라면, 이의 전파력은 얼마나 많은 사람이 길거리에서 휘파람을 불며 이를 따라 부르는가를 가지고 측정할 수 있고, 밈이 숙녀화의 스타일이라면 구둣방의 매출 통계 수치를 가지고 이를 판정할 수 있다는 정도의 아이디어만을 제공한다.[409]

밈 운반자(Meme Vehicle)의 성공은 운반자가 실어 나르는 복제자의 번식능력에 의해 결정된다.[410] 복제자 한류 밈의 번식능력은 방송콘텐츠의 수출 규모를 가지고 측정할 수 있다. 수출 규모가 복제자 한류 밈의 번식능력을 증명해주기 때문이다. 유기체 '한류'의 성공적인 진화 여부 또한 아시아시장을 놓고 한국과 경쟁 관계에 있던 일본과의 방송콘텐츠 수출량 비교, 즉 한류 밈 확산의 계량적 수치 비교를 통해 검증이 가능하다. [표 05-08] '한·일 지상파 방송콘텐츠의 연도별 수출입 변화 추이'는 중국에서 언어기호 '한류'의 등장이 있었던 1999년을 전후한 7년간의 시장변화를 보여준다.

대만에서 언어기호 '한류'가 처음 등장하는 1998년, 한국은 일본과의 방송콘텐츠 수출입에서 562,000달러의 입초(入超)를 기록한다. 그러다가 중국에서 언어기호 '한류'가 처음 등장하는 1999년, 사상 처음으로

409 Dawkins, *The Selfish Gene*, Oxford University Press, 2009: 194.
410 Dawkins, *The Extended Phenotype*, Oxford, New York, 2008: 114.

101,000달러의 대일 출초(出超)를 기록한다. 비록 규모는 작지만, 아시아 방송콘텐츠 시장의 주도권이 일본에서 한국으로 넘어오고 있음을 확인해주는 근거다.

[표 05-08] 한·일 지상파 방송콘텐츠의 연도별 수출입 변화 추이[411]

연도	수출 / 한국 → 일본	수입 / 일본 → 한국
1998	1,077	1,639
1999	1,316	1,215
2000	2,433	1,803
2001	1,106	1,547
2002	2,092	627
2003	5,525	477
2004	33,490	529

단위: 천 달러. 출처: 문화관광부. 해외 교포방송 및 비디오 판매실적 제외.

이후, 한국의 출초는 2001년을 제외하고 매년 빠른 속도로 가파른 상승세를 보인다. 2002년 100만 달러를 넘어선 출초는 2003년 500만 달러를 넘어서고, 2004년 3천만 달러를 넘어선다. 상상을 초월하는 고성장이고, 유기체 '한류'의 성공적 진화를 객관화할 수 있는 근거다.

방송콘텐츠의 대일 '출초' 현상은 한국이 문화수입국에서 문화수출국으로의 변신을 가능하게 하는 기제가 된다. 한국에 처음으로 텔레비전이 도입되는 1956년 이후, 지속적으로 마치 운명처럼 이어져 오던 입초(入超) 국가의 위치에서 2002년 한국은 한류의 진화생물학적 진화 과정 다섯 번째 단계인 '절정기' 초입에서 의미 있는 '출초' 국가로의 변신에 성공한다. [표 05-09]는 한국의 방송콘텐츠 수출이 상업적 기초 위에서 본격화하기 시작하는 1992년부터 2008년까지 16년간의 방송콘텐츠 수

411 한국방송영상산업진흥원, 일본 TV애니메이션과 드라마의 국내 유입 실태, 방송 동향과 분석, 2005: 4.

출입 현황을 보여준다.

[표 05-09] 한국의 방송콘텐츠 수출입 변화 추이[412]

연도 \ 구분	수출		수입	
	금액	증가율	금액	증가율
1992	52	-	-	-
1993	132	153.8	-	-
1994	238	80.3	-	-
1995	242	1.7	-	-
1996	599	147.5	6,390	49.3
1997	831	38.7	5,727	-10.4
1998	1,001	20.4	2,703	-52.8
1999	1,273	27.1	2,873	6.2
2000	1,311	2.9	2,909	1.3
2001	1,892	44.3	2,044	-29.7
2002	2,881	52.3	2,511	22.8
2003	4,213	46.2	2,806	11.8
2004	7,146	69.6	3,109	10.8
2005	12,349	72.8	3,697	18.9
2006	14,774	19.6	3.165	-14.4
2007	16,258	10	3,226	1.9
2008	18,016	10.8	2,184	-32.3

증가율: %, 단위: 만 달러

방송콘텐츠 수출 전담 조직을 갖춘 KBS영상사업단(현 KBS미디어)과 MBC프로덕션이 설립(1991)되고, 1992년 사상 처음으로 52만 달러의 수출 성과를 이루어낸다. 같은 해 SBS프로덕션이 출범하면서 지상파 방송 3사의 방송콘텐츠 수출은 보다 탄력을 받게 되고, 1993년 전년 대비 153.8%의 높은 성장률을 보이며, 132만 달러의 수출을 기록한다. 비록 짧은 기간이지만, 수출 관련 신규 조직을 가동시킨 지상파 방송 3사는

412 문화관광부, *2005 문화산업백서*, 2006: 395. / 박장순, *한류 신화가 미래다*, 2007: 146. / 박장순, *한류 한국과 일본의 드라마 전쟁*, 커뮤니케이션북스, 2008: 227. / 한국방송영상산업진흥원, KBI 포커스 09-01, 통권 63호, 2009.2.16. 자료 재환산 및 편집, 인용.

곧바로 수출상품의 다양화와 해외 유통망 구축에 관심을 기울인다. 그 결과 진화생물학적 진화 과정 세 번째 단계인 한류 정착기(1994~1996)의 평균 수출액은 도전기(1991~1993) 대비 평균 291.3%의 높은 증가율을 보인다. 한편, 수입은 '정착기' 마지막 해인 1996년 6,390만 달러를 기록, 수출액 599만 달러의 10.7배에 달하는 엄청난 무역역조를 보인다. 그러다가 진화생물학적 진화 과정 네 번째 단계인 한류 '확장기'(1997~1999)에 접어들면서 역조 현상은 다소 개선되는 기미를 보인다. 1997년, 수출의 6.9배에 달하던 외국 콘텐츠 수입은 1998년 수출 증가세에 힘입어 2.7배로 입초 비율이 축소되고, 확장기 마지막 해인 1999년에는 2.3배로 개선된다.

새로운 세기 뉴밀레니엄에 대한 기대와 흥분으로 시작된 한류 절정기 첫해인 2000년은 수출 증가도 전년 대비 2.9%에 머물고, 수입 초과 현상의 개선도 2.2배에 그친다. 그러나 뉴밀레니엄의 감격을 정리하고, 다시 뛰기 시작한 2001년부터 입초 현상은 현저하게 개선된다. 그리고 2002년 마침내 사상 처음으로 370만 달러, 14.7%의 출초(出超)를 기록한다. 한국이 문화수입국에서 문화수출국으로의 변신에 성공한 것이다.

출초 원년인 2002년 이후, 출초율은 기하급수적으로 증가한다. 2003년 50.1%, 2004년 129.8%, 2005년 234.0%, 2006년 366.8%, 2007년 404.0%, 2008년 724.9%가 되는 등 수출과 수입의 격차가 경이로울 정도로 벌어진다. 이는 한국 방송콘텐츠의 아시아시장 점유율이 급격히 높아지고 있음을 의미하는 것이고, 아시아 방송콘텐츠 시장의 패권이 온전히 한국으로 옮겨져 왔음을 확인시켜 주는 근거가 된다. 동시에 이는 유기체 '한류'의 밈 복제가 성공적으로 이루어졌음을 증명하는 근거가 된다.

[표 05-10]은 한류 절정기 초기 대 일본 연도별 방송콘텐츠 수출 편수

및 수출단가 증가율 변화 추이를 보여준다. 대 일본 방송콘텐츠 수출 편수는 기준연도인 2001년 대비 매년 평균 73.1%씩 급증한다. 수출단가도 매년 평균 331.2%씩 수직상승한다. 일본에서 한류가 얼마나 거세게 일고 있는지를 확인시켜 주는 수치이고, 유기체 '한류'의 일본 내 밈 복제 성공을 입증해주는 단서가 된다.

[표 05-10] 대일 연도별 방송콘텐츠 수출 편수 및 단가 증가율 변화 추이[413]

연도	수출편수	편수 증가율	수출단가($)	단가 증가율
2001	2,158	기준	550	기준
2002	3,615	67.5%	639	16%
2003	4,115	90.7%	1,525	177.3%
2004	5,403	150.4%	6,679	1,114.4%
2005	8,469	292.4%	7,836	1,324.7%

증가율: %, 단위: 만 달러

2006년 2월 20~26일 현재, 일본 지상파TV에서 한국 드라마를 정규 편성하고 있는 곳은 〈대장금〉을 방영하고 있는 NHK를 비롯해 TBS, 후지TV 등 도쿄 키 스테이션 2개사, 그리고 지역 민간방송 33개사 등 총 36개사다. 공영방송 NHK를 제외하고, 일본 민간 지상파 방송 전체 127개사 가운데 한국 드라마를 방송하는 일본 지상파 방송 35개사의 시장 점유율은 28%에 이른다. 방송사의 지역분포는 위로는 홋카이도로부터 아래로는 오키나와까지 비교적 고른 분포를 보인다. 드라마 편수는 총 43편이 방송되고 있으며, 중복을 제외한 순수 드라마 편수는 21편이다.[414] 이처럼 한국 드라마가 아시아시장의 맹주였던 일본의 심장부를 공략하고 있다는 것은 아시아의 드라마 패권이 이미 한국으로

413 한국방송영상산업진흥원, 일본 내 한류 드라마 편성 실태와 전망, KBI 포커스, 통권 3호, 2006: 8. (편수 및 단가 증가율은 기준연도 대비 재환산 수치임. 박장순, *한류 한국과 일본의 드라마 전쟁*, 커뮤니케이션북스, 2008 인용.)
414 ibid. 18.

이동했음을 시사하는 것이고, 아시아시장에서 판세 굳히기가 진행되고 있음을 보여주는 근거다. 또 초밈복합체(Super Memeplex) '한류'의 밈 복제가 성공적으로 이루어지고 있음을 증명하는 근거다. 한국 드라마는 일본뿐 아니라, 일본 드라마가 마지막까지 저항하던 대만 시장에서도 선전을 계속한다. [표 05-11]은 이를 보여준다.

[표 05-11] 대만의 한국과 일본 드라마 방송시간 비교[415]

연도	분기	한국	일본
1999	1	4	27.8
	2	3	32.5
	3	6	33
	4	2	21
2000	1	5	16
	2	7	26.5
	3	2	19.5
	4	4	22.5
2001	1	14	23.5
	2	8	15
	3	19.5	23.5
	4	29	20.5
2002	1	16.3	19
	2	16	11.8
	3	26	12
	4	27.1	15

※ 단위: 시간

언어기호 '한류'가 처음 등장한 1998년 아시아시장의 분위기는 한국으로 기울기 시작한다. 그럼에도 대만 시장은 여전히 일본 드라마가 위세를 떨친다. 1999년 '한국 vs 일본'의 드라마 방송시간 비율은 15:114.3으로 일본의 절대 우위를 보여준다. 2000년 다소 개선되기는

415 KOTRA(2005); 한국문화관광정책연구원(2005): 37; 박장순, *한류 한국과 일본의 드라마 전쟁*, 커뮤니케이션북스, 2008: 230, 자료 편집 및 재인용.

하지만 18:84.5로 여전히 일본의 우위가 계속된다. 그러다가 2001년 4/4분기, 마침내 29:20.5로 한국 드라마의 방송 시간이 일본 드라마를 앞서기 시작한다. 그리고 2002년 85.4:57.8로 한국 드라마가 일본 드라마를 32.3% 앞선다. 마지막 남은 대만 시장에서의 일본 우위가 막을 내린 것이다. 아시아시장이 평정된 것이다. 대만인들의 한국 드라마 선호도도 2002년 이후, 일본을 앞서기 시작한다. [표 05-12] '대만의 한·일 드라마 선호도 비교'는 이를 보여준다. 2001년 11월 실시한 조사에서 대만인들의 일본 드라마 선호도는 서양, 특히 미국 드라마 선호도보다 2.6배 높은 것으로 나타난다. 한국 드라마는 비교의 대상이 되지도 못한다. 그러나 2003년 1월 실시한 조사에서는 한국 드라마에 대한 선호도(23.2%)가 일본(18.2%)을 압도하는 것으로 나타난다. 유기체 '한류'의 성공적인 아시아시장 안착을 최종 확인시켜 주는 근거다.

[표 05-12] 대만의 한·일 드라마 선호도 비교[416]

2001. 11.		2003. 1.	
좋아하는 TV콘텐츠		자주 시청하는 TV 드라마	
구분	선호도	구분	선호도
일본 드라마	22.5%	일본 드라마	18.2%
서양 드라마	8.5%	한국 드라마	23.2%
		서양 드라마	3.5%

중국의 '시나엔터테인먼트'가 실시한 여론조사(2005.10)에서 '어느 나라 드라마를 가장 좋아하는가?'라는 질문에 중국인들은 한국(48.89%), 중국(21.76%), 홍콩과 대만(20.26%), 구미(6.7%), 일본(2.4%) 등의 순으로 응답한다.[417] 자국인 중국 드라마보다도 한국 드라마를 2배 이상 좋아하고,

416 한국방송영상산업진흥원, 활기 띠는 일본방송의 해외진출, 방송 동향과 분석, 통권 193호, 2004: 17.
417 마이데일리, 2005.10.17.

한국 드라마와 경쟁관계에 있는 일본 드라마보다는 무려 20.4배의 엄청난 선호도 차이를 보인다. 한류 밈의 성공적인 복제를 보여주는 또 다른 수치적 근거다. 이처럼 경쟁국인 일본과의 수치적 비교를 통해 유기체 '한류'의 진화 과정을 살펴볼 때, 유기체 '한류'는 성공적으로 밈 복제를 구현해낸 문화적 진화 과정으로 평가할 수 있다.

2) 한류, 밈 복제 진화 과정의 문제

한국 드라마는 1990년대 초부터 발전적 밈 복제 진화 과정을 거치면서 '아시아의 정체성', '서구중심주의의 대안', '문화적 패권의 탈중심화' 등 화려한 수식어를 만들어 내며, 한국 대중문화의 전 지구화를 이끈다. 그런데 이런 한류 붐이 2005년 〈겨울연가〉와 〈대장금〉 신드롬 이후 급격히 침체 국면으로 빠져든다. 정부가 방송콘텐츠 수출 통계를 잡기 시작한 1995년 이후, 12년 만인 2006년 처음으로 주력 상품인 드라마 수출이 감소하기 시작한다. 1억 162만 달러였던 2005년 대비 15.7% 감소한다. 2007년에도 9천691만 달러로 2005년 수준을 넘지 못한다. 수출성장률 또한 연평균 10.5%로 2000년대 전반기 평균의 1/5 수준에 머문다.[418] 2009년 수출성장률은 이보다 더 취약해져 1억 536만 달러였던 2008년 대비 1.9% 성장에 그친다.[419] 그렇다면 이 같은 저성장, 장기 침체의 원인은 무엇일까? 여기서는 드라마와 K-pop 같은 한류 밈 운반자(Meme Vehicle)의 문제는 논외로 하고, 문화콘텐츠[서비스]의 유통[마케팅]과 관련한 한류 유전자 본성의 문제, 그리고 한류 위기에 대응하는 대중적 처방의 문제 등에 대해 논의하고, 이에 대한 진화생물학적 관점의 해

418 한국방송영상산업진흥원, 2008년 방송프로그램 수출입현황, KBI 포커스, 09-1, 통권 63호, 2009: 7.
419 한국콘텐츠진흥원, 방송콘텐츠 수출입현황 보고서, KOCCA Focus, 10-1호, 2010.

법을 제시하고자 한다.

(1) 한류 유전자 본성의 문제

유기체 '한류'의 1차 발화자(發火者)는 세계를 대상으로 한국 방송콘텐츠를 팔고 사는 국내 셀러와 외국 바이어다. 이들의 '이기적 본성'(Selfish Nature)이 유기체 '한류'를 발현시키는 추동력이다([그림 01-01] '한류의 통시적 진화구조 모형' 참조). 그런데 마케터들의 이기적 본성이 때로는 역기능적인 반한류의 원인 인자가 되기도 한다. 실적 지상주의는 수단과 방법을 가리지 않고, 오직 실적만을 강조하는 상업주의적 이데올로기다. 대표적인 사례가 연말의 '밀어내기식' 수출이다. 1960년대 경제개발 시대나 있을 법한 비합리적인 수출 방식이다. 그러나 수출실적은 부진하고, 수출 목표는 채워야 하는 연말 마켓 현장의 중압감이 때로는 이 같은 수출 방식을 선택하게 한다. 그때가 되면, 해외 현지에 쌓인 재고는 문제가 되지 않는다. 오직 수치(數値)로 나타나는 수출 목표 달성만이 지상과제일 뿐이다. 한·일 경쟁시기 한류 진화과정 세 번째 단계, '정착기' 후반인 1996~1997년부터 서서히 기미를 보이기 시작한 이 같은 '밀어내기식' 수출 방식은 네 번째 단계인 1990년대 종반 '확장기'에 더욱 심화되어 한류 '절정·위기'에 나타나는 반한류의 직접적인 원인이 되기도 한다.[420]

국내 서비스[문화콘텐츠] 생산 주체 간의 수출가격 고가경쟁도 밈 복제 진화 과정의 위기 요인 중 하나다. 지상파 방송 3사의 드라마 수출 경쟁은 2000년대 접어들면서 더욱 가속화된다. 수출의 외형적 성장 또한 급속히 이뤄진다. 이 시기 한국의 방송사들은 시장에 대한 소통과 배려보다 '누가 최고의 수출가(輸出價)를 갱신할 것인가?'를 놓고 치열하게 경쟁

420 박장순, *한류 신화가 미래다*, 커뮤니케이션북스, 2007: 55.

하는 듯한 모습을 보인다. 1990년대 초 편당 700~800달러이던 수출단가는 10년이 채 안 된 2000년 편당 1만 달러 내외의 높은 수준으로까지 올라가는 가파른 상승세를 보인다.[421] 방송콘텐츠 셀러 박OO(MBC)의 다음 기술은 수출가격 고가경쟁에 시달리는 국내 해외 마케터들의 피로감을 현실감 있게 보여준다.

> 수출 현장을 파고들어 속속들이 살펴보면, 지나치게 단기적 성과에 집착하는 분위기 속에서 수출을 이끌어가는 추진 동력이 지쳐 있거나 한계를 느끼기 시작했다는 조짐이 곳곳에서 나타난다. 이 같은 피로감이 드러나는 이유는 그동안 방송콘텐츠의 해외수출이 상당 부분 수직적인 가격 올리기에만 급급해 왔다는 점과 또 하나 품질 경쟁력을 키우기 위한 기초 체력 다지기에 소홀했다는 점이 복합적으로 작용했기 때문인 듯하다. 한류 바람은 모처럼 우리 문화의 해외 진출 가능성을 확인시켜 준 청신호임에 틀림없지만, 수출 현장에서 당장의 실적이나 가격 높이기에만 치중하여 절호의 기회를 놓치고 있는 것은 아닌가 하는 우려를 떨칠 수가 없다.[422]

상업주의적 색채의 과다 노출 또한 한류 밈 복제 진화 과정의 위기 요인 중 하나다. 상대를 고려하지 않는 지나친 이윤추구는 상대방의 적대감을 유발시켜 긴 호흡의 거래를 방해한다. 상대방이 원치 않는 드라마를 인기 있는 드라마에 끼워 파는 일명, 패키지 딜[423](Package Deal)과 같은 콘텐츠 거래방식은 상업주의적 이데올로기의 노골화된 정형이다. 이 같은 상업주의적 색채의 과도한 노출은 상대국에 감정적 대응을 유발시켜 반한류·항한류·혐한류·염한류 등의 한류 위기 요인으로 작동한

421 ibid. 57~58.

422 박재복, *한류 글로벌시대의 문화경쟁력*, 삼성경제연구소, 2005: 51.

423 영화나 드라마를 하나의 묶음으로 패키지화해서 판매하는 방식이다. 다량의 작품을 싼 가격으로 구매할 수 있다는 장점이 있다. 그러나 우수작 몇 편에 많은 양의 질 낮은 작품들이 함께 구성되는 경우가 많아 방송콘텐츠 시장에서의 인식은 좋지 않은 경우가 많다.

다.[424] 그 근본 원인이 한국 방송콘텐츠 해외 마케터들의 '이기적 본성'이다. 한류의 1차 발화자인 마케터들의 '이기적 본성'이 유기체 한류의 발현 인자(因子)이면서, 동시에 2000년대 반한류의 원인 인자가 되고 있는 것이다. 이같이 두 개의 얼굴을 가진 한류 유전자의 홍백가[425](紅白歌)적 특성은 결국 필연적으로 한류 유전자 패러다임의 변화를 요구하는 시대적 상황을 맞게 한다.

(2) 대증적 처방의 문제

'반한류 대응방안 연구 사례',[426] '한류의 지속화를 위한 연구 사례'[427] 등이 2005년 이후 집중적으로 발표되고 있다는 것은 그 시기 한류의 밈 복제 진화 과정에 문제가 있음을 반증하는 근거가 된다. [표 05-13]은 일본·중국·태국·싱가포르 등 아시아 각국에서 발생하고 있는 반한류의 원인과 대책을 기술한 연구 사례다.[428] 여기서 언급하고 있는 '반한류 원인'은 제2장-"3. 해외 수용자가 보는 한류의 위기 요인"에서 기술했던 내용[429]과 중첩되는 부분도 있고, 몇 가지 새로이 추가된 부분도 있다. 그런데 연구자에 따라 서로 다른 언어로 반한류의 원인을 이야기하고 있지만, 그 심층

---

424 박장순, *한류 신화가 미래다*, 커뮤니케이션북스, 2007: 60~61.

425 홍백가(紅白歌)는 전통인형극 〈꼭두각시극〉의 등장인물이다. 적과 백의 두 얼굴을 하고 있으며, 얼굴빛과 다른 백과 적의 옷을 입고 있다(박장순, *한국인형극의 재조명*, 유림사, 1980: 34). 상황에 따라 다른 얼굴을 내놓는 양면성의 소유자다.

426 이은숙, 반한류의 성격과 그 대응 방식(2005). 기타무라 가요코, 2005 한류! 기회와 도전 발제문; 일본에서의 혐한류 현상(2007). 아시아문화산업교류재단 일본지역 전문위원의 글; 한은경 외, 반한류 구성요인에 대한 탐색적 연구-중국 대학생을 중심으로(2007). 김용찬(호텔경영학연구), 한류진단, 중국-동아시아 한류의 발전과 반한류(2008). 윤경우(한국민족연구원 특집), 중국의 한류 수용양상: 선택적 수용, 저항, 그리고 변용 및 주변화(2008). 윤경우, 중국의 한류 수용 및 저항과 대응방안(2008). 이만(국가안보전략연구소 포럼 발표문), 중국 내 반한류 및 반한감정의 형성에 대한 고찰-중국 언론의 보도와 네티즌 반응을 중심으로(2009). 이윤경(경희대 석사학위논문), 2009: 44~45.

427 윤재식, 한류 지속을 위한 과제(2005). 김영원, 한류 문제점 및 지속 전략(2006). 정윤경, 방송영상콘텐츠 한류 지속을 위한 과제(2006). 박상현, 한류의 재활성화 방안에 관한 연구(2007). 정상철, 한류지속화방안(2009). 이윤경(경희대 석사학위논문), 2009: 43~44.

428 이윤경, 경희대학교 대학원 석사학위논문, 2009: 51~81.

429 지나치게 자극적, 선정적이다(24.9%), 획일적이고 식상하다(22.0%), 지나치게 상업적이다(21.1%), 자국 콘텐츠산업 보호가 필요하다(9.0%), 한류 스타의 부적절한 언행/비윤리적 행동(7.7%), 남북분단/북한의 국제적인 위협(6.1%), 한국과의 역사적 관계(4.3%), 한국과의 정치외교적 갈등(3.2%) 등.

에는 공통분모가 존재한다. 바로, 국가·민족 간의 '감정적 정서'다. 그런데 연구자들이 제시하는 반한류 대책들은 대체로 문화 민족으로서의 당당함보다는 소비 주체[객체]들의 비위 맞추기에 급급한 듯한 모습을 노정한다.

[표 05-13] 반한류의 원인과 대책

	원인	대책
일본	• 양국 간 고질적 적대감정의 연장으로서의 반한류 정서	• 방어적 전략보다 호한(好韓)파에 대한 적극적 전략 필요
중국	• 한국 문화산업계의 폐쇄성, 과도한 민족주의, 역사 왜곡에 대한 비판 • 문화상품 질적 문제, 한국 연예인 태도 문제 • 한국의 정치, 사회, 경제적 현황 관련 부정적 이미지	• 과도한 민족주의 폐쇄성 개선 필요 • 고증을 통해 역사왜곡 지양 • 쌍방향 문화교류 활성화
태국	• 한국 문화산업 침투에 따른 경쟁심리 • 한류로 인한 청소년의 일탈 문제	• 국가적 자존감에 대한 존중 필요 • 한국, 한국인의 이미지 개선 필요
싱가포르	• 친한류적 태도에 대한 경계심	• 반한류로 해석하여 방어적 태도를 취하기보다 한국에 대한 싱가포르인들의 관심에 적절히 호응하는 것이 필요

선문답 같은 반한류 대책이 위기의 한류를 수렁에서 구해낼 수 있을까? 왜 우리는 실천적 구체성이 결여된 대책밖에는 내놓을 수 없는 것일까? 이유는 하나, 우리에게 큰 그림이 없기 때문이다. 큰 그림이 없다 보니, 눈앞의 문제에만 급급해서 대증적 단기 처방전밖에는 내놓을 수 없는 것이다.

4. '이기적 본성'에서 '이타'로의 이행

한류 유전자의 이기적 본성은 한류의 태동기로부터 절정기를 맞는 2000년대까지 한류의 진화를 주도하는 순기능적인 역할을 한다. 그러나 진화가 계속될수록 한류 유전자의 이기적 본성은 실적 지상주의와 수출가 고가(高價)경쟁, 상업주의적 색채의 과다 노출 등으로 나타나며 역기능적인 반한류의 원인을 제공한다. 결국 21세기는 새로운 시대에 걸맞은 이기적 본성을 대체할 새로운 유전자 패러다임의 등장을 요구하게 된다.

진화는 자연선택에 의해 이뤄진다. 자연선택은 '최적자'(the Fittest)의 차별적 생존을 의미한다.[430] 한류는 아시아인들의 지속적인 자연선택의 결과가 낳은 차별적 문화 진화 현상이다. 아시아인들이 한국의 드라마·K-pop·영화·게임 등과 같은 다양한 한류 밈 복합체(Memeplex)들을 시장의 최적자로 자연선택했기 때문에 이뤄진 문화 진화 현상이다. 이는 아시아인들이 스스로 최적자의 차별적 삶을 원하고 있다는 반증이기도 하다. 그러기 때문에 이제는 한류 유전자의 지향 가치가 이기적 본성만이 아닌, 아시아인들이 계속해서 최적자의 차별적 삶의 지위를 유지할 수 있도록 이들을 지켜주는 데 가치의 초점을 맞춰야 한다.

다행히 우리에게는 눈앞의 이익이나 욕심보다 앞으로 오랫동안 도움이 될 것에 더 신경을 쓰도록 마음을 조정할 수 있는 능력이 있다. 우리에게는 태어날 때부터 가지고 있는 이기적인 유전자에 대항할 수 있는 능력이 있으며, 필요하다면 이기적인 유전자를 교화시킬 수도 있다.[431] 한류의 발화자들도 -먼 미래를 위해- 이기적 본성의 유전자에 대항할 수 있는 능력을 가지고 있다. 이기적 본성이 노정한 한류 유전자의 역기능적인 속성을 교화할 수 있는 능력도 가지고 있다. 이런 관점에서 진화생물학의 '이타'(Altruism)는 중요한 의미를 갖는다. 진화생물학의 관점에서

430 Dawkins, *The Selfish Gene*, Oxford University Press, 2009: 7.
431 ibid. 200.

이타는 타자(他者)의 생존 가능성을 높이는 행위이며, 동시에 이데올로기다.[432] [그림 05-03]은 '이타'와 '공존'을 향한 한류 유전자의 가치 지향을 보여준다.

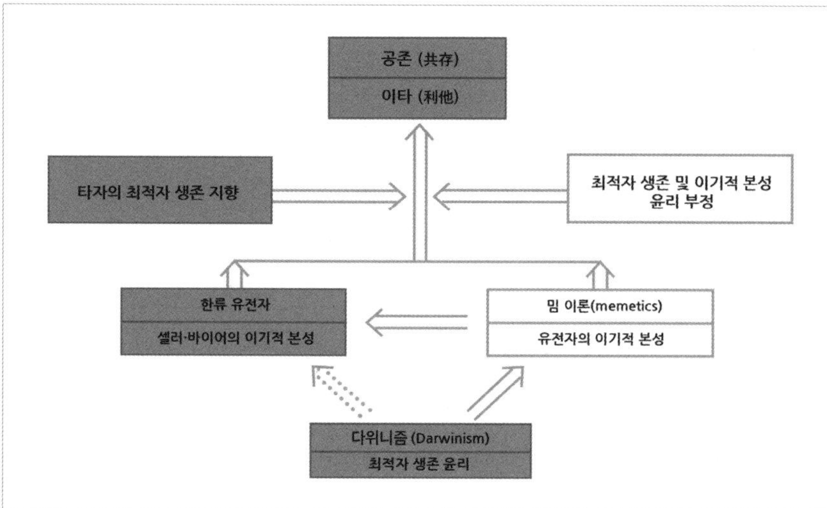

[그림 05-03] 한류 유전자의 가치 지향

이타와 공존, 생존을 넘어 공존에 이르는 이데올로기로서의 '이타'가 무엇인지를 우리는 역사적 사실에 기반한 랜싱(Lansing)의 『섀클턴의 위대한 항해』 이야기를 통해 확인할 수 있다. 1914년 섀클턴 경(Sir Shackleton)은 탐험 대원들과 함께 탐험선 인듀어런스(Endurance) 호를 타고, 영국을 출발해 남극 횡단에 나선다. 그런데 배는 항행 중 부빙군(浮氷群)을 만나 갇히게 되고, 얼음산과 부딪혀 침몰해간다. 대원들은 생사의 갈림길에서 서둘러 배를 탈출한다. 이때의 절박함을 의사 맥클린(Macklin)은 다음과 같이 일기장에 기록한다.

432 ibid. 4.

육지에 닿게 해달라고 하느님께 기도한다. 표류하고 있는 통제 불능의 이 부빙군은 우리가 아무리 노력을 해도 어딘지도 모르는 곳으로 우리를 끌고 가고 있다. … 하지만 우리는 더 높으신 하느님의 손에 달려 있다. 죽을 수밖에 없는 보잘것없는 우리는 자연의 거대한 힘 앞에서 아무것도 할 수가 없다.[433]

맥클린이 묘사하고 있는 이런 극한 상황에서도 섀클턴 경을 위시한 스물일곱 명의 탐험 대원들은 타자[동료]에 대한 배려, 즉 '이타'(Altruism)를 실천한다. 이것이 그들의 생존을 가능하게 한 중요한 요인으로 작용한다.

우유를 엎지른 슬픔에 그린스트리트(1등 항해사)는 금방이라도 울음을 터뜨릴 것만 같았다. 클라크(생물학자)는 아무 말 없이 다가가 그린스트리트의 잔에 자신의 우유를 따라 주었다. 그러자 워슬리(선장)와 맥클린 그리고 리킨슨(1등 기관사)과 커어(2등 기관사), 오들리(모터전문가)와 마지막으로 블랙보로(주방보조)도 조금씩 부어 주었다. 그들은 말없이 남은 우유를 마셨다. 섀클턴(탐험대장)은 기름 스토브에 불을 붙이라고 지시했다. 그리곤 젖은 옷을 입고 사시나무 떨듯 떨고 있는 홀리스(화부)를 보았다. 각자 입고 있는 옷이 전부였기 때문에 그에게 갈아입힐 마른 옷은 한 벌도 없었다. 새클턴은 홀리스에게 옷이 마를 때까지 계속 움직이라고 지시했다. 그날 밤 대원들은 교대로 그와 함께 걸어 다녔다. 맥클린과 그린스트리트는 부츠를 벗어 발의 동상을 확인했다. 그린스트리트의 증세는 맥클린보다 훨씬 더 심했다. 놀랍게도 오들리는 그린스트리트의 발을 마사지해 주었다. 그는 꽤 오랫동안 마사지를 해준 뒤에 셔츠의 앞자락을 풀어 그린스트리트의 언 발을 자신의 맨살에 갖다 댔다. 잠시 후 눌렸던 혈관으로 피가 흘러 들어가면서 그린스트리트는 통증을 느끼기 시작했다. 맥클린은 일기에 썼다. "연기에 찌들고 꾀죄죄하며 금방이라도 무너져 내릴 듯한 비좁은 오두막에서 우리는 콩나물시루처럼 서로 뒤엉켜 살고 있다. 한 솥의 물을 마시고 … 종기가 난 사람 옆에 바짝 누워서 … 정말 끔찍한 생활이

433 Lansing, *Endurance*, Daniel's Stone Publishing, 1959; *섀클턴의 위대한 항해*, 유혜경, 뜨인돌출판사, 2001: 164.

다. 여기서 인간의 존엄성을 깨닫기란 쉽지 않다. 그런데도 아직 우리는 무척 행복하다. 나는 오션 캠프에서 가져온 사슴 가죽을 블랙보로에게 주었다. 그의 슬리핑백이 내 것보다 더 많이 썩었기 때문이다. 가엾은 녀석." 식사를 마친 시각은 8시였다. 섀클턴은 커드 호[434]를 지킬 한 사람만을 제외하고 모두 잠자리에 들라고 지시했다. 그러고는 자기가 제일 먼저 경비를 섰다.

셰클턴 경을 비롯해 탐험 대원들이 행한 타자의 생존 가능성을 높이기 위한 '이타'는 마침내 634일이라는 생사를 넘나드는 빙판 위에서의 악몽을 떨쳐버리고, '전원 생환'이라는 기적을 일궈낸다. 남극 횡단에는 실패했지만, 섀클턴의 탐험에 '위대한'이라는 수식어를 붙이는 이유가 여기에 있다. '이타'는 생존을 넘어 '공존'에 이르는 위대한 문화적 진화 이데올로기다.

한류 유전자의 '이타' 또한 타자인 세계인의 생존을 위한 유전자 패러다임이다. 동시에 우리의 생존을 위한 가치이기도 하고, 인류의 공동 번영, '전원 생존'을 위한 유전자 패러다임이기도 하다. 진화생물학의 '이타'는 이처럼 [그림 05-01] '유기체 한류의 공시적 진화구조 모형'을 관통하는 한국의 셀러와 외국 바이어의 이기적 본성을 교화할 수 있는 예지(叡智)가 찾은 새로운 대체 이데올로기다. 이타는 인류의 '공존'을 위한 유기체 '한류'의 세계 문화사적 의미를 강화시켜 주는 한류 유전자의 미래 가치 지향이다. '이타'와 '공존'은 한류가 그려가야 할 큰 그림(Big Picture), '한류토피아'의 지향 가치다.

434 모선 '인듀어런스'가 침몰할 때 끌어낸 보조용 작은 보트.

제 3 부

한류와 동서문명의 철학적 만남

"동서문명의 융합,
가능한 것인가?"

드라마 밈의 흥행 진화를 분석한 제5장은 한류 밈이 대중의 사랑과 시장의 성공을 통해 어떤 힘을 발휘했는지를 보여주었다. 이제 제6장에서는 한류 밈을 보다 심층적으로 파고들어, 성리학과 유가 철학이라는 전통 사상 속에서 밈을 해석한다. 특히 사단칠정론과 성·정의 철학은 한류 밈의 내적 구조와 외적 표현을 규명하는 열쇠가 되며, 한류토피아로 나아가는 철학적 토대를 제공한다.

제6장

유가 철학에서 본 한류

드라마는 복제자인 드라마 밈이 여행하는 실체다. 실체의 특질은 그 안에 있는 복제자 밈에 의해 영향을 받고, 복제자 밈 번식의 복합적인 도구로 인식된다.[435] 따라서 운반자가 파괴되면, 그 안에 있는 모든 복제자 밈 또한 파괴된다.[436] 운반자인 드라마가 파괴되면, 그 내부의 복제자 밈 또한 파괴된다. 밈 운반자인 드라마의 건강함이 요구되는 이유가 여기에 있다. 한국 드라마는 우리의 전통 사상이자, 철학인 유가 성리학의 사단칠정론에 기반한 건강한 밈을 실어 나른다.[437] 그렇다면 그 밈은 사단칠정론의 관점에서 어떻게 유형화되고, 그 분석 결과를 통해 우리가 확인할 수 있는 것은 무엇인가?

---

435 Dawkins, *The Extended Phenotype*, Oxford, New York, 2008: 112.

436 ibid. 114.

437 제3장 '한류 밈은 드라마 밈, 드라마 밈은 한류 밈' 참조.

1. 드라마 밈 유전자형의 사단칠정론적 유형 분류

1) 인(仁) 유전자형(惻隱之心)

(1) 화목 밈

'서로 뜻이 맞고 정다움'이라는 사전적 의미를 갖는 유교적 가치 '화목'(和睦)은 밈 운반자인 한국 드라마, 특히 대부분의 한국 홈드라마, 포스트 트렌디 드라마가 실어 나르는 대표적인 밈 가운데 하나다. 사랑은 인(仁)의 용(用)이다. 효를 근간으로 하는 가족 간의 화목은 사랑의 이치, 즉 인이다(仁是愛之理).[438] 효도와 공경은 인의 실제다(孝弟, 便是箇仁之實).[439] 드라마 〈사랑이 뭐길래〉(MBC, 1991)는 이 같은 '인' 유전자형 '화목'의 두 가지 유형, 즉 전통적·수직적 구조의 화목과 민주적·수평적 구조의 화목을 함께 보여준다. 민주적·수평적 구조란 가족 구성원 간에 생각이나 의사가 자유롭게 수평적으로 교환되는 서구의 평등주의에 기초한 의사소통 체계를 말한다. 전통적·수직적 구조란 장유유서(長幼有序)와 상명하복(上命下服)과 같은 전통적 가치체계에 기반한 가족 간의 수직적 의사소통 구조로 서구적 의사소통 구조와는 대립적 관계에 있다.

극중에서 박이사 집안은 민주적·수평적 구조의 화목을 보여준다. 아버지 박창규(김세윤 분), 어머니 한심애(윤여정 분), 큰딸 지은(하희라 분), 둘째 딸 정은(신애라 분), 막내아들 정섭(김찬우 분), 그리고 박이사의 노모 진숙(여운계 분) 등 적극적이고 활달한 성격의 인물들로 구성된다. 어머니 한심애는 중학생 때부터 좋아한 박이사와 결혼을 위해 대학을 중퇴한 목적 달성형 인물이다. 이 성격은 자식들의 결혼이나 교육에서도 유감

438 陳淳, *性理字義*, 박완식, *성리자의*, 여강출판사, 2005: 83.
439 이기동, *대학·중용강설*, 성균관대학교 출판부, 2012: 177.

없이 발휘된다. 한때는 새침데기였으나, 대가족의 맏며느리로 오랜 기간 시집살이를 하면서 자신도 모르는 사이에 수다쟁이로 변해 있다. 큰딸 지은은 대학원에서 사회학 박사과정을 밟고 있는 총명한 여성이다. 그런데 부족함 없이 자란 그녀가 '결혼하면 학업도 포기하겠다.'는 각서에 서명까지 하면서 한 남자 대발(극중의 이사장 집안 장남, 최민수 분)에게 먼저 청혼을 한다. 어린 시절 어머니 한심애가 아버지 박창규에 보여줬던 열렬한 사랑을 대물림해 보여주는 것 같다. 둘째 딸 정은은 약사다. 활달하고 낙천적이고 유머러스한 성격이다. 그러면서도 남자 기피증을 가지고 있다. 결혼은 싫고, 아이만 셋을 낳아 키우고 싶어 한다. 막내아들 정섭은 삼수 끝에 어렵게 대학에 진학한 늦깎이 대학생이다. 능력 있는 여자와 결혼해서 집안 살림이나 했으면 좋겠다는 엉뚱한 생각의 소유자다. 어린 나이에 콧수염을 기르고 싶어 해 부모님의 속을 썩이기도 한다. 전통적·수직적 구조의 가정에서는 상상조차 할 수 없는 독특한 생각과 태도를 보여준다. 박이사의 모친 진숙은 남편의 사랑을 듬뿍 받고 살아온 집안의 여왕이다. 그런 남편이 죽자, 고독감과 상실감에 며느리 한심애를 불편하게 한다. 급기야 홀로 된 막내 여동생 미숙(사미자 분)과 미국에 이민 가 있는 둘째 여동생 선숙(강부자 분)을 불러들여 아들 박이사 집에서 '노인 트리오'를 구성한다. 며느리 한심애의 부담이 말할 수 없이 커진다. 이렇게 개성 넘치고 자유분방한 가족 구성원들의 중심에 아버지 박창규가 있다. 항공사 이사로 엄청난 효자다. 애처가이며 동시에 자식들에 대한 사랑이 유별난 아버지다. 그의 따뜻한 가족애가 민주적·수평적 구조의 가족 간 화목의 근간이다. 드라마 제4회 '진숙방' 장면은 효를 근간으로 하는 가족 간의 사랑, 즉 '인' 유전자형 '화목'을 깊이 느낄 수 있게 해준다. 시어머니와 시어머니의 두 분 동생을 함께 모시는 남편 창규와 아내 심애의 모습에서 자식으로서의 도리가 무엇인지를 확인하게 된다.

#진숙방

심애 어떻게, 많이 드셨어요?

미숙 응.

심애 저희가 저녁에 만두를 먹는 바람에 찬이 신통치 않아서….

미숙 아이고, 얘, 사치스러운 소리 하지마~ 애들이 사갖고 들어온 누런내나는 햄버거 하나로 저녁 먹는 날이 부지기수다. 왕후 마마처럼 먹었다!

심애 그러셨으면 다행이고요.

선숙 아니, 넌 집에서 밥해 애들 안 먹이고 이게 무슨 소리야~

미숙 에이, 교통사고 나서 6개월을 꼼짝 못하고 지팡이 짚고 다녔을적 얘기예요.

창규 이모님, 배 좀 드세요.

미숙 아이고, 이 배! 이 그리운 배! 미국에서 비싸서 못 먹는 이 내 나라배! (다 같이 웃는다) 아이구, 이 시려!

진숙 얘, 이모 치과부터 보내야겠다.

창규 아! 예 예… 저 한강 이 박사께 모시고 가요 당신.

심애 네.

진숙 넌 괜찮니? 뭐 손볼 거 없어?

선숙 난 뭐 여름에 손보고 깨끗해.

진숙 뭐 시원찮은 거 있으면 염치 차리지 말고 얘 다닐 때 따라다녀~

창규 예~ 그러세요!

선숙 아니야 아니야~ 그럴 필요 없어. 없어 하나도 없어~

심애 근데 이모님 정말 어떻게 어머님 놀라시라고 작정하시고 떠나신 거예요? 별안간 대문 벨 누르고 나타나세요? 어떻게~

미숙 (웃으며) 서프라이즈 좀 했지? (다 같이 웃는다)

창규 그래도 저, 국내 여행도 아닌데, 그럼 되나요~ 연락주셨으면 어머님 이모님 모시고 나가서 편안히 모셔드렸을 텐데. 짐 드시고 택시 타시고~

진숙 그러게 말이다. 얘가 항공회사 이사다. 미리 연락했으면 자리도 잘 봐주었을 거고, 비행기 안에서도 스… 스튜 뭐냐….

미숙 스튜어디스~

진숙 특별히 챙겨 줬을 거고! 무슨 초친 맛이야 그게~

미숙 이렇게 와서 앉아 있으니 됐지 뭘 그래요~

진숙 너 애들한테 전화 좀 넣어. 내 요것들을 그냥 혼쭐을 내야지. 어떻게 수만 리 비행기를 타는데, 지 어머니 푼수 떤다고 같이 쿵짝 맞춰 죽은 듯 가만히 있어? 걱정도 안 돼?

미숙 언니~

진숙 어여 전화 넣어~

창규 아, 예~

미숙 아이구 얘, 놔둬 됐어~ 놔둬~ 걔들 지금 전화해도 없어, 몽땅 어디 가고 없어.

진숙 어디?

미숙 하와이 갔수, 휴가 내서~ 한 대엿새 되야 와요. 걔들은 하와이로 뜨고 난 여기로 뜨고 그랬어요.

진숙 아니 그럼 하와이에서도 전화 못해 그럼?

미숙 아유, 별걸 다 신경 쓰네 참~ 아이구, 얘 니들 내려가 쉬어라. 괜히 대접한다고 앉아 있을 거 없어~

창규 예~ 예. 그럼 말씀들 나누세요. 뭐, 오늘만 날 아니고 내일도 있고 모레도 있고 주무시고 나면 자꾸 새날, 날 많으니까 무리하시지 마세요. 그럼 어머니 안녕히 주무세요.

진숙 오냐~

창규 그럼, 안녕히 주무세요.

미숙 그래~ 굿 나잇이다~

심애 그럼, 주무세요. 여보~

창규 자자 이리 내요, 내가 들고 내려갈게. 하하~ 저 사람이 발목이 좀 약하거든요.

미숙 으이구~ 천상 니 아버지다.

심애 아이고, 저, 자리 깔아 드려야 되는데!

선숙 얘, 아무리 늙었어도 여자가 셋이다. 걱정하지 말어, 어여 내려가 봤어. 우리 자려면 아직 멀었다.

심애 네 그럼, 편히 쉬세요.

미숙 그래~

극중의 이사장(이순재 분) 집안은 전통적·수직적 구조의 '화목'을 보여준다. 아버지 병호(이순재 분), 어머니 순자(김혜자 분), 아들 대발(최민수 분), 막내딸 성실(임채원 분) 등으로 구성된다. 아버지 이병호는 사업가다. 가장의 권위를 지키기 위해 가족들 앞에서는 절대 웃지도 않는 완고한 현대판 자린고비다. 어머니 여순자는 이렇게 유별난 남편에게 아침마다 세숫물을 떠다 바치는 순종녀다. 동창인 심애와 정반대의 삶을 살고 있다. 그러다 보니 심정이 꼬여있어 밖에만 나가면 미운 소리를 해대 친구들의 비위를 긁어놓곤 한다. 아들 대발은 레지던트 2년 차다. 어머니 여순자처럼 순종을 미덕으로 삼는 여자가 있다면 결혼을 고려해 보겠다는 정도의 남성우월주의적 청년이다. 여자에 대해 별 관심을 보이지 않는다. 막내딸 성실은 완고한 집안의 돌연변이다. 텔레비전 광고 모델을 꿈꾼다. 전통적 가치로 무장된 아버지 병호에 대해 두려움도 가지고 있지만, 자신의 꿈을 향해 용기 있게 나아간다. 민주적·수평적 가정에서는 아버지 박창규가 가족 간 화목의 출발점이자 동시에 완결자다. 그런데 전통적·수직적 구조의 이사장 집안에서는 어머니 여순자와 아버지 이병호가 가족 간의 화목을 위해 역할을 나눠 맡는다. 다시 말해 어머니 여순자는 출발점, 아버지 이병호는 화목의 완결자 역할을 한다. 이는 막내딸 성실의 문제를 해결해가는 그들의 태도에 잘 드러나 있다.

아버지 병호는 딸 성실이 집에 늦게 들어왔다는 이유만으로 벌을 세운다. 어머니 순자는 딸의 늦은 귀가가 CF모델 오디션 때문이라는 사실을 알고 기겁을 한다(22회). 우리 집안에서는 있을 수 없는 일이다. 그런데 성실은 모델 오디션에 합격했다고 기뻐하고, 순자는 남편 병호가 무서워 이를 못하게 말린다(25회). 아버지 병호는 딸 성실이 또 늦는다고 고함을 지르고, 어머니 순자는 급한 김에 병원에 입원한 친구를 문병 갔다고 둘러댄다. 촬영을 끝내고 녹초가 돼 들어 온 성실은 그저 행복하기만 할 뿐이다. 어머니 순자의 걱정은 안중에도 없다(29회). 성실이가 TV 광고에 나온다는 사실을 알고 있는 순자는 남편 병호가 알까 봐 불안해한다. 그러면서도 텔레비전에 나오는 딸 성실이의 모습이 궁금한 순자는 대문을 걸어 잠그고 TV를 보다가 남편 병호가 들어오는 바람에 화들짝 놀란다(35회). TV를 고장내 보려고 하지만 고장이 안 난다(36회). 저녁 식사 시간, 아버지 병호는 TV를 켜라고 하고, 가족들은 아버지가 성실의 광고를 볼까 봐 불안해한다. 이런 분위기를 견디지 못한 성실이 마침내 아버지에게 이실직고하고 광고모델을 허락해달라고 청한다. 화가 난 아버지 병호는 성실의 머리카락을 자르려고 한다(39회). 참다못한 딸은 가출하고, 이를 알게 된 아버지 병호는 이제 성실은 내 자식이 아니라며 대노한다. 딸이 걱정된 어머니 순자는 몸져눕는다(40회). 속으로는 걱정되면서 겉으로는 이를 드러내지 못하는 아버지 병호는 성실을 찾아 나서지 않는다며, 아들 대발에게 화를 내고(47회), 성실이 돌아올 때까지는 집에서 웃지도 말라고 명령한다(48회). 며느리 지은(하희라 분)의 친정에서 성실을 데리고 온 아버지 병호는 온 가족을 불러 모은다. 아내 순자, 아들 대발, 딸 성실은 아버지 병호의 불호령을 기다리며 무릎을 꿇고 앉아 안절부절못한다. 긴장된 순간, 아버지 병호는 뜻밖에도 가족 모두를 용서한다. 집안에는 순간, 평화와 행복이 흐른다(50회). 결국, 전통적·수직적 구조에서 가족 간의 화목은 아버지의 결단에 의해 완성되고,

어머니는 화목에 이르는 과정의 출발점이자 동시에 조정자의 역할을 수행한다. 비록 아래 대사에는 나타나 있지 않지만, 이 같은 극적 화해의 출발점이자 숨은 조력자가 바로, 어머니 순자다.

#안방

병호 아가.

지은 네.

병호 시부모 기만하고, 너희 남편 기만하고, 너희 친정 부모님께 폐 끼치고. 너 이제부터 앞으로 석 달 열흘 백일동안 물통 들고 마당에 나가서,

대발 아, 아버지!

병호 벌을 서도록 해야 마땅하지만, 홀몸이 아니니까 반으로 줄여 오십 일 동안…!

대발 아유 아버지! 그건 정말 너무 하십니다. 이 사람한테 너무 지나친 징계세요. 아니, 물론 저, 아버지 뜻을 거역하고 가출한 시누이 편에서 이러고, 저러고, 한 거는 아버지 입장에서는 몹시 언짢으시고 불쾌하시겠지만요. 아버지가 반면에 이 사람 입장이 되어보십시오. 시누이인데 어떻게 모른 척할 수 있겠습니까. 도와주고는 싶지만 아버지한테 벌 받는 게 겁나서 모른 척할 수밖에 없었다. 그렇게 딱 잡아떼었어야 했습니까? 그럴 순 없는 거 아닙니까, 아버지, 예?

병호 부모 말허리 자르는 건 어디서 배운 게야?

대발 아… 예….

병호 반으로 줄여서 오십 일 동안!

대발 아이고~ 저, 아버지. 그, 벌을 제가 이 사람 대신 제가….

병호 벌을 서게 하고 싶다만, 네가 시누이 끔찍이 걱정하는 생각이 기특한데다가 다른 데도 아니고, 너희 친정에 데리고 가서 아무 탈 없이 돌아오게 하는 현명함에 내 감복해서, 벌은 면제다. 고맙다!

대발 아, 예. 그러시죠 아버지, 전 또 그냥….

병호 성실아.

성실 네….

병호　아버지 기분이 몹시 좋다.

(2) 순수 밈, 순애보 밈

"사사로운 욕심이나 못된 생각이 없음"이라는 사전적 의미처럼 '순수'는 어떤 의도나 계산을 깔고 있지 않다. 하늘의 작용은 알맞고 바르다. 순수하고 정밀하다(大哉 剛健中正純粹精也).[440] '순수한 사랑 이야기'(純愛譜)는 아시아인들의 뇌 속에 복제돼 있는 한국 드라마가 실어 나르는 또 하나의 '인'(仁) 유전자형이다. '순애보'란 상대를 자기처럼 사랑하는 인(仁)을 실천하는 인의 용(用)이다. 이들 '순수'와 '순애보'는 젊은 남녀의 열정과 순수한 사랑을 소재로 한 트렌디 드라마가 1990년대 초부터 한국 드라마 사조의 주류로 떠오르면서 얻게 된 한국 드라마 밈이다.

'순수' 밈, '순애보' 밈은 세계 각국에서 방송된 한국 드라마의 현지어 번역 제목에서도 쉽게 발견된다. 드라마 〈가을동화〉(KBS, 2000)가 중국에서는 〈藍色生死恋〉, 일본에서는 〈秋の童話〉, 베트남에서는 〈Trai Tim Mua Thu〉(가을의 심장), 미주 지역에서는 〈Autumn in My Heart〉, 필리핀에서는 〈Autumn in My Heart, Endless Love〉, 베네수엘라에서는 〈Otoño en mi Corazón〉(내 마음의 가을) 등의 타이틀로 방송되었다.

남색(藍色)의 색채적 의미는 '헌신'이다. 이를 적용한다면 중국 제목 〈藍色生死恋〉은 "목숨 같은, 목숨을 건 헌신적인 사랑"의 의미로 해석될 수 있다. 이처럼 중국인들은 〈가을동화〉를 통해 목숨 같은 순수, 순애보의 인(仁) 유전자형을 발견한다. 동화(童話)는 동심(童心)으로 쓰인 어린이들을 위한 이야기다. 어린이들의 마음에서 읽어낼 수 있는 순수, 천진난만함의 이미지를 담아낸다. 〈가을동화〉의 일본 제목 〈秋の

440 이기동, *주역강설*, 성균관대학교 출판부, 2010: 75~77.

童話〉는 일본인들이 〈가을동화〉를 통해 어린이들의 마음과 같은 순수, 순애보의 밈을 발견했기 때문에 붙인 이름이다. '심장'(Heart)은 '목숨'과도 같다. '마음'으로도 해석된다. 〈가을동화〉의 베트남 제목 〈Trai Tim Mua Thu〉(가을의 심장), 미주 및 필리핀 제목 〈Autumn in My Heart〉, 〈Autumn in My Heart, Endless Love〉, 베네수엘라 제목 〈Otoño en mi Corazón〉(내 마음의 가을) 등은 심장·목숨·마음에 내재된 순수, 순애보의 인(仁) 유전자형을 담아내고 있다.

드라마 〈겨울연가〉(KBS, 2002) 또한 중국에서는 〈冬季恋歌〉, 일본에서는 〈冬のソナタ〉, 미주 지역에서는 〈Winter Sonata〉, 필리핀에서는 〈Winter Sonata, Endless Love II〉, 베네수엘라에서는 〈Sonata de Invierno〉(겨울소나타) 등의 제목으로 방송되었다. 그런데 이들 제목에 나오는 '연가'(恋歌)는 사랑하는 사람을 그리워하며 부르는 노래다. 사랑의 순수함을 담고 있다. '소나타'(Sonata)는 본디 진지한 내용과 절대음악적 구성을 가진 음악이다. 순수한 예술적 감상을 목적으로 한다. 이처럼 '연가', '소나타' 등 제목에 나타난 순수, 순애보라는 표제적(標題的) 밈은 주인공 준상(배용준 분)과 유진(최지우 분), 그리고 상혁(박용하 분) 사이에 얽힌 첫사랑 이야기 속에 깊숙이 인코딩돼 있다.

유진은 밤늦도록 길에서 준상을 기다린다. 그러나 준상은 나타나지 않는다. 다음날 유진은 준상이 교통사고로 죽었다는 소식을 듣는다. 유진은 눈물을 흘리지 않는다. 준상의 죽음을 믿으려고 하지 않았기 때문이다. 그러던 어느 날 집에 준상의 피아노 연주 녹음테이프가 도착한다. 유진은 오랫동안 참고 있었던 긴 울음을 토해낸다. 그로부터 10년 후, 상혁과의 약혼식이 있는 날 유진은 약혼선물과도 같은 첫눈을 맞으면서 식장을 향해 간다. 그때, 유진은 준상과 똑같이 생긴 남자를 발견한다. 10년 전 "첫눈이 오면 뭐 할 거니?"라고 묻던 준상의 목소리가 들린다. 유진은 약혼식도 잊은 채 준상을 닮은 그 남자를 찾아서 거리를 헤맨다. 결국 약혼식은 엉망이 돼버린다(3회). 얼마 후 스키장 리노베이션 공사를 맡기 위해 폴라리스의 대표로 프리젠테이션을 하러 마르시안으로 가던 유진은 그곳에서 준상과 똑같은 외모의 그 사람, 민형(배용준 분)을 다시 만나게 된다. 그가 폴라리스를 힘들게 했던 미국에서 왔다는 마르시안의 신임 이사다. 결국 유진은 민형을 보고는 아무 말도 하지 못하고 뛰쳐나와 버린다(4회).

엄마가 아파서 급히 춘천으로 가려던 유진이 민형과 함께 가는 상황이 된다. 그곳에서 유진은 어린 시절 준상과 함께 갔던 호숫가에 민형과 같이 들르게 되고, 준상과의 옛 추억에 사로잡힌다. 그런 유진을 보는 민형의 표정은 안타깝기만 하다(7회). 준상이 살았던 집으로 찾아간 민형은 그곳에서 엄마 강미희(송옥숙 분)를 만난다. 그녀로부터 자신이 준상임을 확인받는다(12회). 이 사실을 유진에게 밝히지만 유진은 믿지 못한다. 민형이 자신을 잊지 못해서 준상이가 되고 싶어 한다고 생각하고, 오히려 더 멀리하려고 한다(13회). 강미희를 통해 준상이 자신의 아들임을 알게 된 진우(정동환 분)는 망연자실해한다. 마침 미희를 찾아온 준상도 그 자리에서 진실을 듣게 된다. 말할 수 없을 정도로 심한 분노와 참담함에 사로잡힌 준상은 상혁(진우의 아들)을 찾아가서 다시 유진을 찾고 싶다고 말한다. 준상은 전화를 걸어 유진과 약속을 잡는데 마침 병원에서 검사 결과가 나왔다면서 전화가 걸려 온다. 교통사고 후유증으로 수술을 받지 않으면 생명이 위독하다는 진단을 받는다. 하지만 수술을 받게 되면 기억을 잃을 수도 있다는 의사의 말에 준상은 망설이게 된다. 마지막으로 유진을 만난 준상은 유학을 떠난다는 유진의 말에 가슴 한

구석이 무너지는 느낌을 받는다. 기억할 게 있다면 평생 다시 만나지 못한다 해도 행복할 수 있다는 유진의 말에 준상은 수술을 포기한다. 기억을 간직하고 싶었던 것이다. 한편, 아버지 진우와 이복형제가 된 상혁은 준상을 살리기 위해 수술을 권하지만, 준상의 결심은 쉽게 바뀌지 않는다. 그러던 준상이 미국으로 치료를 받으러 떠나고, 상혁은 이 사실을 유진에게 알린다. 유진은 자신을 떠나는 준상의 마음을 이해하고 더 먼 미래를 기약하기로 마음을 먹는다(20회). 다음 20회 장면은 준상과 유진이 이별하는 바로 전날의 가슴 저린 모습을 보여준다. 애틋한 이들의 이별 모습에서 디코딩되는 첫사랑의 순수함이 묻어난다.

#찻집 (낮)

준상 유진아…!

유진 (보며) 왜?

준상 그냥… 봐두는 거야… 다시는 너 못 볼지도 모르니까.

유진 (글썽)

준상 널 첨 봤을 때 나 놀랐었다? 저렇게 예쁜 애가 있다니 정말 놀랐었어. 그리고 폴라리스에서 다시 널 봤을 때도 씩씩하게 일하는 너의 모습이 참 눈부셨어. 넌… 넌 그렇게 늘 좋은 모습이었는데, 난 니 좋은 모습 지켜주지 못했어. 슬프게만 만들었어.

유진 아니야, 아니었어. 나 너 만나서… 얼마나 행복했는데. 정말 행복했어.

준상 고마워… 유진아.

#유진의 집 앞 (밤)

준상의 차가 들어온다. 두 사람은 한동안 그렇게 앉아 있다. 준상이 먼저 차문을 열어준다. 유진이 차에서 내린다. 두 사람 그렇게 마주 보고 있는데…

준상 내일 공항엔 나오지 마…. 너 두고 가는 거 나 힘들 거 같아.

유진 그래….

준상 그리고 너, 어디서든, 밥 잘 먹고, 잠도 잘 자고… 씩씩하게 잘 살겠다고 약속해줘.

유진 약속할게.

준상 그리고 유진아. 우리, 앞으론 다시 만나지 말자. 그냥 바닷가에서 행복했던 그 기억을 마지막으로 우리 다시 만나지 말고 좋은 모습만 기억하자. 그래 줄 수 있어?

유진 그래….

준상 그래 고마워, 갈게…. (나즈막하게) 안녕…. (하는)

유진 (확 준상의 옷을 잡는다) 안녕….

이처럼 가슴을 저리게 하는 순수 밈, 순애보 밈은 장금(이영애 분)과 정호(지진희 분)의 지고지순한 사랑을 배경으로 한 〈대장금〉(MBC)에서도 이어진다. 칼에 맞고 쓰러진 민정호는 자신을 구해준 여인(장금)을 찾기 위해 땅에 떨어져 있는 그녀의 삼작노리개를 갖고 치계천을 찾아간다. 그곳에서 그는 대령숙수[441] 강덕구(임현식 분)에 관한 이야기를 듣고 그의 집으로 향한다(9회). 덕구와 덕구 처는 저잣거리에서 민정호를 만나게 되고, 그가 내금위 군관임을 알게 된다. 덕구는 장금에게 "삼작노리개를 가지고 너를 찾아온 선비가 있다."며 장금을 민정호에게 안내한다. 하지만 두 사람은 서로를 알아보지 못하고 엇갈린다(13회). 운암사로 간 장금은 비밀임무를 수행하기 위해 그곳에 와있는 민정호와 덕구를 만나게 되고, 우연한 기회에 민정호에게 지금까지 비밀로 해왔던 아버지(박찬환 분)와 어머니 박나인(김혜선 분)에 관한 이야기를 들려준다(16회). 어머니의 죽음에 관한 비밀서찰이 없어진 사실을 안 장금과 스승 한상궁(양미경 분)은 민정호를 찾아가 도움을 청하고, 민정호는 이때 장금에 대한 자신의 마음을 내비친다(25회). 중종(임호 분)이 유황오리를 먹고 쓰러지는 사건에 연루

441 조선시대 궁중의 남자 조리사.

돼 제주로 귀양을 간 장금은 한양으로 돌아가기 위해 계속 탈출을 시도한다. 그러던 어느 날 한양에서 제주 감찰을 내려온 민정호가 이런 장금을 발견하게 된다(28회). 민정호의 도움으로 풀려난 장금은 동료 의녀들과 윗사람들에게 오해를 사게 되어 다시 역병이 발병한 지역으로 차출돼 나간다(39회). 다음 39회 장면은 이런 장금을 구하기 위해 아무도 가기를 꺼리는 돌림병 마을로 들어간 민정호의 애틋한 사랑을 보여준다.

#경계 지역

병졸들이 지키고 서 있는 곳으로 달려오는 민정호. 들어가려 하자 군관이 막아선다.

정호　나는 감진부사다. 들어가야 한다.

군관　들어가실 수는 있으나, 한 번 들어가면 누구도 나올 수 없습니다.

정호　그래도 들어가야 한다.

군관　지금 나으리께서 들어가시면 성난 백성들에게 곤욕을 치르실 겁니다.

정호　그래도 들어가야 한다. 확인을 해야 해.

군관　명을 내리신 분이 어찌 이러시는 겁니까? 어명이라 하지 않으셨습니까?

정호　안다! 허나 들어가야 한다. (정호, 군관을 제치고는 그냥 들어가 버리자)

군관　나으리!

#마을 일각

민정호, 이리저리 찾아 헤매는데, 휙 지나다가 멀리, 나무 밑에 앉아 있는 누군가를 본다. 웬 여자다. 달려가는 민정호.

#나무 밑

달려오는 민정호.

정호　(반가워) 서나인!

장금　(멍하니 바라보는데 눈에는 눈물이 가득 고여 있다.)

이처럼 드라마 〈대장금〉은 시대의 벽을 넘어선 감동과 함께 인간 대(大)장금의 탄생과정에 민정호의 지극한 사랑이 깊이 들어와 있음을 확인시켜준다. 장금에 대한 민정호의 순수 밈, 순애보 밈이 전하는 간절하면서도 절제된 속 깊은 사랑은 어찌 보면 한국 드라마가 실어 나르는 전통적인 '인' 밈, '사랑' 밈의 극치라고도 할 수 있다.

(3) 선량함 밈, 아름다움 밈

인(仁)이란 '선'(善)의 으뜸으로서 마음의 전덕(全德)을 대표한다(然仁所以長衆善, 而專一心之全德者).[442] 선(善)은 만물을 살리는 하늘의 작용을 형용한 말이다.[443] 선량(善良)함은 품성이 어질고 착해서 만물을 살리는 힘을 갖고 있다. 〈사랑이 뭐길래〉의 지은(하희라 분)의 아버지 박창규(김세윤 분)는 선량함의 대표적 표상이다. 가장으로서 가족 간의 화목을 위해 애쓰는 그의 민주적·수평적 언행은 가정을 살리고자 하는 선량함에서 출발한다. 예를 들어, 딸 지은의 결혼 문제로 속상해하는 아내 심애를 위로하기 위해 남편 창규는 그녀와 함께 바람을 쐬러 나간다. 그리고 아내를 달래며 딸 지은의 결혼을 허락해주자고 설득한다(10회).

창규 자식은 어차피 떠나게 돼 있어요. 부모 섭섭하지 않게 하는 자식 없어요. 부모는 누구나 다 자식한테 코 물려 뜯기고는 배신당하는 거라고. 크건 작건 심각하던 가볍던, 부모와 자식은 애당초 번지수가 다른 거라구요.

심애 서양 사람들이 역시 현명하다 싶어요. 열여덟 살만 되면 독립시켜서 저 혼자 살게 놔두고, 우리처럼 이렇게 애면글면 안하는 게. 그게, 부모 자식 일방적으로 부모는 밑지기만 하는 관계라는 거. 일찌감치 터득한 거라구요

442 陳淳, *性理字義*, 박완식, *성리자의*, 여강출판사, 2005: 84.
443 이기동, *주역강설*, 성균관대학교 출판부, 2010: 76.

창규 그러니까 우리도 성인이 될 때까지만 열심히 키우고, 교육시키고, 보호해주는 거야. 그 뒤에는 배꼽 줄을 잘라내야 하는 거라구. 배꼽 줄을 잘라내 주라고. 그만 당신이 져줘….

심애 성년과 함께 배꼽 줄을 잘랐으면 대학서부턴 공부도 지들이 벌어서 해야 될 거 아니에요, 왜 우리가 내요!

창규 뭘~ 치사하게 돈 문제 갖고….

심애 감정적으론 남보다 더 매정하면서 왜 경제적으로 의지해! 그런 법이 어디 있어요! 우리 지들한테 빚 쓴 거 있어요? 우리 뒷바라지 당연한거고, 지들도 잘난 척 독립선언 당연한 거고, 독립선언했으면 자립해야죠!

창규 자식은, 여보. 낳아서 키우는 동안, 무엇보다도 어여쁜 짓 하면서 우릴 행복하게 해준 많은 순간들로 끝나야 해. 그 행복했던 순간들을 부모한테 제공하는 것으로 자식한테서 받을 건 다 받았다고 생각하자고. 더 받을 게 없어. 이제 줄 것만 있지.

이처럼 설득 과정을 거친 후에야 남편 창규는 딸 지은의 결혼을 어머니를 비롯해 두 분 이모와 가족들에게 알린다. 드라마 전반에 걸쳐 보이는 이 같은 남편 창규의 절차적 과정은 만물을 살리는 하늘의 작용인 '선함', '선량함'으로 가정을 살리는 힘으로 작동한다. 표현방식은 다르지만, 전통적·수직적 언행을 보이는 대발(최민수 분) 아버지 이병호(이순재 분)의 품성 또한 선해서 만물을 살리는 힘을 갖고 있다. 그는 자신의 반대로 광고모델을 할 수 없게 된 막내딸 성실(임채원 분)이 집을 나가자, "성실이가 돌아올 때까지 집에서 웃지 말라."고 가족들에게 명령한다(48회). 엄격한 가부장적 아버지의 모습을 보여주는 상징적 장면이다. 그러나 이는 집 나간 딸을 걱정하는 아버지가 마음의 전덕(全德)인 '인'을 실천하는 속 깊은 '선함'을 드러내는 표상이다.

#마당

병호 당신이 어머니라는 사람이야?

순자 네…?

병호 아니, 집 나간 자식을 두고 웃음이라니. 웃어져? 웃을 수가 있는 거냐구?

순자 (한숨 쉬며) 닦으세요.

병호 성실이 들어올 때까지 이 집 식구 누구도 웃는 얼굴 나한테 보이지마! (웃는 대발) 웃지 마!

대발 네….

딸을 찾아 직접 나선 아버지 병호는 사돈 박창규의 집에 숨어있던 딸 성실을 발견하고 집으로 데려온다. 그리고 딸 성실을 용서하며, 그녀가 모델 활동을 할 수 있도록 허락한다(50회). 이런 병호의 '인'을 실천하는 속 깊은 마음은 며느리와 아내를 대하는 그의 태도에서도 나타난다. 평생을 함께 고생한 아내 순자를 위해 새집을 지어주는 '만물을 살리는' 선한 남편이며(50회), 진통이 시작된 며느리(하희라 분)를 위해 택시를 잡으러 뛰어나가는 시아버지다(55회). 비록 전통적·수직적 사고의 소유자이기는 하지만, 아버지 병호의 본성은 가족을 사랑하는 선함, 선량함으로 가득 차 있다.

'아름다움' 즉 미(美)란 감각기관을 통해 얻어지는 가치다. 인간에게 좋은 느낌을 준다. 때로는 내적 쾌감을 주는 감성적 대상을 가리키기도 한다. 드라마 〈대장금〉에서 병든 백성을 돌보기 위해 궁을 떠나 척박한 환경의 활인서[444]로 향하는 주인공 장금의 마음은 '인'을 실천하는 인간 본성의 '아름다움'을 보여준다(49회). 꽃놀이 가시는 세 분 할머니들의 도시락을 준비하는 〈사랑이 뭐길래〉의 며느리 한심애(윤여정 분)의 마음도

444 活人署, 조선시대 빈민 의료사업을 맡아보던 관청.

‘인’을 실천하는 인간 본성의 ‘아름다움’을 보여준다(40회). 〈가을동화〉에서 백혈병에 걸린 은서(송혜교 분)를 위해 최선을 다하는 준서(송승헌 분)와 태석(원빈 분)의 헌신적인 사랑도 ‘인’을 실천하는 인간 본성의 ‘아름다움’을 보여준다. 〈겨울연가〉에서 “기억할 게 있다면 평생 다시 만나지 못한다 해도 행복할 수 있다.”는 유진(최지우 분)의 말에 -자신의 생명과 사랑하는 이에 대한 기억 사이에서- 수술(생명)을 포기하고 기억을 선택한 준상(배용준 분)의 마음도 남을 나처럼 사랑하는 ‘인’(仁)의 아름다운 실천으로 볼 수 있다(20회). 이처럼 한국 드라마는 선(善)과 미(美), ‘선량함’ 밈과 ‘아름다움’ 밈을 실어 나른다.

‘아름다움’의 가치나 대상은 남을 나로 여기고 남을 나처럼 사랑하는 ‘인’의 마음이 없이는 얻어질 수 없다. 아시아인들이 한국 드라마를 ‘아름다움’을 실어 나르는 밈 운반자로 인식하고 있다는 것은 한국 드라마를 대하는 그들의 마음속에도 ‘인’을 실천하는 인간의 선(善)한 본성이 작동하고 있음을 의미한다. 또, 그러기 때문에 아시아인들이 한국 드라마 속에서 ‘아름다움’ 밈을 발견할 수 있었던 것이다. 한국 드라마에 대한 중국 언론의 평가를 인용한 국내 신문의 다음 기사가 이를 반증해 준다.

> 아름다움은 인간 문화의 기본이다. 가장 기본적인 인간의 주제 창작의 고통을 첨가하여 영원한 청춘과 사랑을 만들어낸 것이 바로 한국 드라마다. 한국 드라마는 신선한 혈액과 매력으로 잠깐 출현했다가 사라지는 일시적 현상이 아닌 아시아 전체를 녹이는 새로운 문화로 재탄생한 것이다.[445]

445 경제투데이, 2005.10.27.

2) 예(禮) 유전자형(辭讓之心)

(1) 노인공경 밈

군위신강(君爲臣綱), 부위자강(父爲子綱), 부위부강(夫爲婦綱)을 삼강(三綱)이라고 한다. 사람이 마땅히 지켜야 할 도리다. 그리고 이의 실천 강령인 부자유친(父子有親), 군신유의(君臣有義), 부부유별(夫婦有別), 장유유서(長幼有序), 붕우유신(朋友有信)을 오륜(五倫)이라고 한다. 이 가운데서도 "임금과 신하 사이에 마땅히 지켜야 할 도리가 있다."는 군위신강, "아버지와 자식 사이에 마땅히 지켜야 할 도리가 있다."는 부위자강, "어른과 어린이 사이에 지켜야 할 차례와 질서가 있다."는 장유유서는 노인과 윗사람을 공경하는 마음과 자세를 이야기하는 유교의 삼강오륜적 가치다.

공경(恭敬)은 사양지심의 단서인 예(禮)의 용(用)이다. '예'란 공경하는 마음이요, 천리의 절문(節文)이다(禮者, 心之敬而天理之節文也).[446] 드라마 〈사랑이 뭐길래〉(MBC)에서 지은(하희라 분)의 아버지 박창규(김세윤 분)는 투정이 심한 어머니 진숙(여운계 분)과 두 분 이모 선숙(강부자 분)과 미숙(사미자 분)을 정성스럽게 모신다(4회). 노인공경의 모범이라고 할 수 있다. 유학 결심을 한 지은(하희라 분)은 순종만을 원하는 대발(최민수 분)과 결혼할 수 없다고 버틴다. 대발은 지은이가 유학 가면 "아버지 병호(이순재 분)의 명령으로 아무나 하고 결혼해야 될 것 같다."고 말하며 가버린다. 물론, 이 말은 "당신이 떠나면, 당신이 사랑하는 나는, 부모님이 시키는 대로 아무나 하고 결혼하게 될 거야."라는 지은에 대한 엄포일 수 있다. 그러나 이 말 속에는 아버지의 명령에 복종하는 어른공경, 노인공경의 마음과 자세가 깔려 있다(6회). 또 설날 아침 대발과 지은은 아버지 병호와 어머니 순자에게 세배를 드린다. 세배는 공경의 마음을 겉으로 드러내

446 陳淳, *性理字義*, 박완식, *성리자의*, 여강출판사, 2005: 86~87.

는 행위다(18회). 신혼여행에서 돌아온 지은과 대발은 세 분 할머니와 지은의 부모 심애와 창규에게 인사를 드린다. 이 또한 노인공경, 어른공경의 모습이다(20회). 대발의 큰할아버지가 집에 오시는 날, 아버지 병호를 비롯해 온 가족이 그분 앞에 무릎을 꿇고 조아리는 모습을 보인다. 이는 웃어른에 대한 극(極)공경의 예다(24회). 물론, 민주적·수평적 가정에서 자란 며느리 지은은 이를 못마땅하게 생각한다. 그러나 전통적·수직적 가족 문화 환경에서 자란 대발에게는 미풍양속일 뿐이다.

#안방

백부 너 이놈!

병호 예.

백부 니 애비가 저 죽은 다음 큰 애비는 아무데도 쓸데없는 물건이니까 그렇게 하라고 유언하든?

병호 아닙니다, 백부님. 어떻게 그런 일이, 제가 그만….

백부 늙고 병들면, 자식 놈들이 금 숟갈로 밥을 떠먹어도, 서글프기 짝이 없는 신세거늘. 어찌 세상에 하나밖에 없는 조카 놈이 제 큰 애비를 능멸한단 말이야!

병호 죄송한 말씀, 이루 다 형언할 수 없사옵니다. 백부님. 이 저도, 늙어가는 터라 그만 깜….

백부 뭣이 어쩌고 어째?

병호 아, 아닙니다. 그런 게 아니오라….

백부 내 거동이 불편해서 혼인식 거두는 데 참여 못했다만!

병호 예, 예. 저, 혼인식 끝나는 길로 당연히 자식 놈 내외를 백부님께 인사를 올렸어야 하는데. 아, 당신 밥 먹고 뭐해! 내가 깜박했어도 당신…!

백부 너! 이놈의 자식, 너 어따 떠밀어? 떠밀긴!

병호 아이고 잘못했습니다! 백부님.

백부 오늘 오나, 내일 오나, 내일이면 또 오늘은 오겠지. 내일은 오겠지.

병호 잘못했습니다! 백부님. 제 입이 천 개라도 드릴 말씀이 없사옵니다. 백부님.

대발과 지은 부부가 친정아버지 박창규와 어머니 한심애 앞에서 기타를 치며 노래를 부른다(53회). 이 기분 좋은 선물은 가족 간의 화목을 위해 애써온 아버지 창규와 어머니 심애에 대한 자식들의 헌사다. 동시에 부모님을 즐겁게 해드리기 위한 자식들의 어른 공경의 마음을 담은 표상이다. 주자(朱子)는 "예(禮)는 인(仁)의 나타남"(禮者仁之著)이라고 했다. 어버이를 섬기는 이 같은 진실된 바는 예이면서 동시에 '인'의 신(信)이기도 하다(所以爲事親之實, 則仁之信也).[447]

(2) 도덕 밈

사양지심이란 양보하고 남을 배려하는 마음으로 '예'(禮)가 나타난 것이다.[448] 예는 각자의 신분과 사회적 위치에 따라 서로 행하거나 지켜야 할 도리를 뜻한다. 인간이 지켜야 할 도리나 행동 규범을 도덕이라고 한다면, 예와 도덕은 같은 맥락에서 이해할 수 있다. 삼강오륜은 도덕과 윤리를 실천하는 유교의 대표적 강령이다. 삼강(三綱)은 "임금과 신하 사이에 마땅히 지켜야 할 도리(君爲臣綱)", "부모와 자식 사이에 마땅히 지켜야 할 도리(父爲子綱)", "남편과 아내 사이에 마땅히 지켜야 할 도리(夫爲婦綱)"를 강조하는 도덕적 가치다. "아버지는 아들을 사랑하고, 아들은 아버지를 잘 섬겨야 한다(父子有親).", "임금과 신하 사이에는 의리가 있어야 한다(君臣有義).", "남편과 아내 사이에는 엄격히 지켜야 할 구별이 있고(夫婦有別), 어른과 어린이, 윗사람과 아랫사람 사이에는 지켜야 할 차례와 질서가 있고(長幼有序), 벗의 도리는 믿음에 있다(朋友有信)."고 하는 오륜(五倫)은 사람으로서 지켜야 할 다섯 가지 윤리 규범을 말한다. 아시아인들

447 ibid. 95~97.
448 최영진, *퇴계 이황. 사단칠정론·성학십도·무진육조소*, 살림출판사, 2012: 63~64.

은 이 같은 사양지심에 기초한 도덕적, 윤리적 '예'(禮) 유전자형을 한국 드라마에서 발견한다.

드라마 〈대장금〉의 한상궁(양미경 분)은 수라간 최고상궁을 뽑는 경합을 준비하면서 제자인 장금(이영애 분)에게 "음식을 만드는 정성과 마음은 다 버리고, 좋은 재료와 비법만 찾아 헤매고 있다."며 크게 꾸짖는다. 그리고 벌로 보모상궁[449](保姆尙宮)이 요양 중인 곳으로 수발을 들러 갈 것을 명한다. 먹는 이를 위해 정성과 마음을 다하는 것이 요리하는 사람의 기본 도리라고 여겼기 때문이다(16회). 병자들 진단에 나선 장금이 어느 순간 자신이 얄팍한 지식에 기대어 겸허한 마음으로 병의 완전한 모습을 보려 하지 않음을 깨닫는다(33회).

#혜민서 병사

이제 병사1은 울음을 그친 상태인데, 이때 초복과 조동, 수련1이 들어온다.

신비 왔어요?

초복 이분들이야?

장금 응. (초복과 조동 등이 병자들을 진맥하는데, 신비는 이번엔 병증이 같았던 두 번째 환자 곁에서 또 눌러 보고 만져 보고 한다. 그 모습을 보는 장금.)

신비 배가 언제부터 부풀어 오르셨어요?

병자2 한 일 년쯤 됐나?

신비 (적는다. 그러다가는 병자2의 옆에 있는 작은 봉지를 본다. 열어 보는데) 소금이네요?

장금 (세 번째 병자의 얼굴을 닦아주다가는 소금이라는 말에 본다.)

병자2 응. 심심할 때 아주 조금씩 먹으려고.

신비 (또 적는다.) 또 뭐 다른 거 드신 건 없어요?

병자2 글쎄….

장금 (어느새 다가와) 찻잎이요, 찻잎 드시지 않아요?

449 조선시대 왕의 자녀를 양육하던 나인들의 우두머리 상궁.

병자2 비싸 그렇지 입에서야 땡기지.

신비 (장금을 보고)

장금 흙은요?

병자2 아이구! 내가 흙 먹는 건 어떻게 알아? 안 그래도 우리 남편한테 혼나는데. (신비, 장금을 본다. 장금, 그제야 뭔가 깨달은 듯한 얼굴이다.)

신비 왜?

장금 신교수 나으리 말씀이 맞아….

신비 무슨 소리야?

장금 나는 건방져! 병자의 기분이나 섭생에 주의를 기울이지 않고, 내 의학지식만 믿고 병자들을 대해왔었어. 저, 미안한데 네가 적은 것 좀 같이 볼 수 있을까?

신비 그야 어렵지 않지만 별 도움이 안 될 거야. 아무거나 다 적어 놓아서…. (하고는 건네주면, 장금이 신비가 적은 것을 보며 병자들의 진맥을 신중하게 처음부터 다시 시작한다. 얼굴엔 반성의 빛이 가득한 채로. 바라보는 신비.)

그런 장금에게 약재 구분 재시험의 기회가 주어지고, 전의감[450] 교육책임자인 신익필로부터 "의원은 총명한 사람보다 깊이 있는 사람이어야 한다."는 말을 전해 듣는다. 의원은 인간에 대한 깊은 성찰과 이해가 있어야 한다. 생명을 다루는 숭고한 직업이기 때문이다(34회). 이것이 의원으로서의 기본 '예'(禮)다.

식중독에 걸린 최상궁(견미리 분)은 오랫동안 그녀가 제거하려고 했던 장금에게 몸을 맡기고 시료를 받을 수밖에 없는 상황에 놓인다. 장금에게 최상궁은 아버지 서천수(박찬환 분)와 어머니 박나인(김혜선 분)의 죽음과 연계돼 있는 철천지원수다. 장금 또한 이런 사실을 알고 있다. 그럼에도 장금은 최상궁을 시료하기 위해 그녀의 처소에 든다(41회). 이것이 의원의 도리이기 때문이다. 사사로운 감정보다 의원으로서의 도리, '예'

450 典醫監, 조선시대 궁궐 안에서 쓰는 의약에 관한 일을 맡아보던 관청.

(禮)가 그녀에게는 선행되어야 할 가치였기 때문이다.

3) 지(智) 유전자형(是非之心)

(1) 교육 밈

사리를 잘 판단하는 슬기, 시시비비(是是非非)를 알아서 확고히 정하는 것, 이것이 '지'(智)다(知得是是非非, 恁地確定, 是智).[451] 지(智)는 천명(天命)이다. 시비지심의 단서다. 그러나 '지'는 교육을 통해서도 얻어질 수 있다. 1980년대 30%대에 머물던 우리나라의 대학 진학률은 1990년대부터 급격히 상승해 2000년대 후반에는 80%대에 이른다. 이런 변화는 드라마에 나오는 등장인물들의 학력에도 그대로 반영된다. 〈사랑이 뭐길래〉의 지은(하희라 분)은 사회학 박사과정을 밟고 있는 대학원생이다. 지은의 여동생 정은(신애라 분)은 약학대학을 졸업한 약사다. 남동생 정섭(김찬우 분)은 삼수 끝에 대학에 진학한 늦깎이 대학생이다. 지은의 남편 대발(최민수 분)은 의과대학을 졸업한 레지던트 2년차다. 드라마 〈질투〉의 주인공 영호(최수종 분)와 하경(최진실 분)은 대학 동창이다. 하경의 친구 채리(김혜리 분)도 같은 대학 동창이다. 〈가을동화〉의 세 주인공 준서(송승헌 분), 은서(송혜교 분), 태석(원빈 분)도 유학을 다녀왔거나 대학을 졸업했다. 〈겨울연가〉의 민형(배용준 분)은 미국에서 공부를 마친 재미교포 2세로 나온다. 유진(최지우 분)은 대학에서 디자인을 공부한 인테리어 디자이너이다. 상혁(박용하 분)은 대학을 졸업한 라디오 PD다. 민형의 연인이었던 채린(박솔미 분)은 프랑스 유학을 마치고 돌아온 패션 디자이너다. 이처럼 한국 드라마의 등장인물들은 대부분 대학교육을 마쳤거나, 대학 이상의 교육을 받은 '지'(智) 유전자형 인물들이다. 아시아인들은

451 陳淳, *性理字義*, 박완식, *성리자의*, 여강출판사, 2005: 88.

이를 한국의 높은 교육열로 인식하고, 그들의 뇌 속에 이를 한국의 드라마 밈으로 복제, 저장한다. 드라마 〈대장금〉의 주인공 장금(이영애 분)의 교육열 또한 대단하다. 어린 시절 수라간 궁녀로 입궐해 의녀(醫女)로 성공하기까지의 파란만장한 일대기를 그린 〈대장금〉은 장금의 배움에 대한 욕구가 실현돼 가는 과정이라고 해도 과언이 아니다.

수라간 보조 금영은 명나라에서 온 금계(金鷄)를 잃어버린다. 다급해진 금영은 똑같이 생긴 금계를 구하기 위해 몰래 궁을 빠져나온다. 장금도 그녀를 돕기 위해 따라나선다. 금계를 구하기는 했지만, 시간이 너무 늦었다. 몰래 궁으로 잠입하던 금영은 입궁에 성공하지만, 장금은 내금위 군관에게 붙잡힌다. 이 일로 장금은 다재헌(多栽軒)으로 쫓겨난다. 다재헌은 궁중에서 관리하는 약초를 재배하는 곳이다. 그곳에서 장금은 오랫동안 아무도 해내지 못한 백본(百本, 황기)의 재배에 성공한다. 이는 교육적 탐구열의 결과다(7회).

#52 채마밭 일각

별감과 바지들이 앉아 있는데, 장금이 물통을 들고 힘겹게 오고 있다. 그렇게 장금이 이랑골로 발을 내딛으려는데.

운백 (E)잠깐! (하고 소리를 지르며 내딛으려는 장금의 발을 막아선다. 놀라는 장금. 다른 사람들도 놀라 바라보고.)

장금 왜 그러십니까? (운백이 이랑에 앉아 뭔가를 본다. 장금도 같이 본다. 이랑골에서 아주 조그맣게 떡잎이 뾰죽이 나와 있다.) 이건….

운백 …….

별감 (어느새 모두들 몰려와) 백본 잎 아냐?

모두 그런 거 같은데요. (하며 모두들 한마디씩 떠들고, 장금이 땅에 무릎을 꿇고 앉아 잎을 본다. 그러고 보니 이랑골에 아주 작은 잎들이 조금씩 많이 나 있다. 바라보는 장금. 너무 좋아 눈물이 날 것 같다.)

바지2 (그제야) 어? 저기도 났다.

바지3 저기도…. (보는 사람들도 뭐라 말을 못 하면서 쩡하다. 바라보는 운백.)

중종(임호 분)의 원자마마가 대령숙수 강덕구가 올린 보양 닭죽을 먹고 쓰러지는 엄청난 사건이 발생한다. 장금은 그 원인이 독이 아니라 보양 닭죽에 들어간 인삼이 육두구[452](肉荳蔲)의 효능을 순식간에 극대화해 발생하게 된 마비 증상이라는 것을 직접 시식을 통해 밝혀낸다(12회). 이는 목숨을 건 장금의 높은 탐구열을 보여주는 한 사례다. 한편, 중종이 오리고기를 먹고 쓰러지는 사건과 연루돼 장금은 제주도로 쫓겨난다. 궁으로 돌아갈 수 있는 유일한 길이 의술 공부라는 사실을 알게 된 장금은 그때부터 같은 처지의 관비 장덕을 찾아가 의술을 배우기 시작한다. 그리고 마침내 중종의 주치의가 된다. 남자들의 세상인 그곳에서 최초의 어의녀(御醫女)가 된 그녀에게는 '대장금'의 칭호가 주어진다(30회). 이 같은 장금의 치열한 교육열을 보면서 아시아인들은 한국의 드라마가 실어 나르는 대표적인 '교육' 밈, 지(智) 유전자형을 뇌 속에 복제, 저장하게 된다.

이처럼 '화목·순수·순애보, 선량함·아름다움·노인공경·도덕·교육' 등 한국의 드라마가 실어 나르는 밈 유전자형 8개를 사단칠정론의 관점에서 다시 분류하면, 측은지심의 단서인 '인' 유전자형은 '화목·순수·순애보·선량함·아름다움' 등 5개, 사양지심의 단서인 '예' 유전자형은 '노인공경·도덕' 등 2개, 시비지심의 단서인 '지' 유전자형은 '교육' 등 1개로 그 유형이 나눠진다. 이 같은 사단칠정론적 유형 분류의 결과는 한국의 드라마 밈 유전자형이 '인' 유전자형에 집중(62.5%)되어 있음을 확인시켜

452 육두구과에 속한 상록 활엽 교목. 높이는 10~20미터 정도이며, 잎은 두꺼우며, 꽃은 황백색이며 꽃잎이 없다. 종자는 육두구라 하여 동양에서는 약으로 사용하고, 서양에서는 향미료로 사용한다. 몰루카 제도가 원산지이며, 아시아 열대 지방에서 재배된다.

준다. 더욱이 '인'을 확장된 개념으로 해석할 경우, 즉 "인(仁)이 많은 선(善)의 으뜸으로 마음의 전덕을 대표한다(然仁所以長衆善, 而專一心之全德者)"고 할 때, '의예지'(義禮智) 또한, 모두 '인' 유전자형으로 볼 수 있다(知仁兼統四者, 義禮智都是仁).[453] 다시 말해 '예' 유전자형인 '노인공경'은 노인을 사랑하는 측은지심 '인'이 사양지심의 '예'로 나타난 것으로 볼 수 있다('인'의 '예'). 효도와 공경, 즉 효제(孝弟)도 '인'의 실상이다(孝弟, 便是箇仁之實).[454] 이 또한, '노인공경'을 '인'의 실상으로 볼 수 있게 해주는 근거가 된다. 이처럼 '인'을 전덕(全德)의 관점에서 볼 때 한국의 드라마 밈 유전자형이 가지고 있는 가치는 모두 '인' 유전자형으로 수렴될 수 있다. 다만, 한국의 드라마 밈이 갖는 확장성을 좀 더 세부적으로 논의하기 위해 이번 제6장 '유가 철학에서 본 한류'에서는 '인'을 '전덕'의 관점이 아닌 개별적 사성(四性)의 관점에서 논의한다.

2. 드라마 밈 표현형의 사단칠정론적 유형 분류

1) 인(仁) 표현형(惻隱之心)

(1) 평민화 밈, 편안함 밈

중국인들이 한국 드라마에서 발견한 밈 표현형 '평민화'(平民化)는 드라마가 '보통 사람들의 일상을 있는 그대로 보여주고 있다.'는 것을 의미한다. 자신들의 가족 이야기가 있는 그대로 드라마에 나온다는 것이다. 할아버지, 할머니, 아버지, 어머니, 형, 동생, 손자 등 보통 가정의 가족 구

453 陳淳, *性理字義*, 박완식, *성리자의*, 여강출판사, 2005: 92~94.
454 ibid. 105.

성원들이 모두 드라마의 주인공이 돼서 나온다. 이 같은 '평민화' 밈이 한국 드라마의 대표적인 밈 표현형 가운데 하나가 될 수 있었던 이유는 아시아 지역의 여러 공산주의 국가 시청자들이 '평민화'된 드라마를 경험해 본 적이 없기 때문이다. 이들 국가에서 드라마는 단지, 공산주의 이데올로기를 전파하는 프로파간다(Propaganda) 수단일 뿐이었기 때문이다. 이처럼 보통 사람들의 이야기를 TV에서 본 적이 없는 아시아 시청자들에게 보통 사람들의 이야기를 들려주는 한국 드라마는 엄청난 충격이었던 것이다. '평민화'가 가장 잘 구현된 드라마 가운데 하나인 〈사랑이 뭐길래〉는 결혼을 앞둔 젊은 청춘 남녀와 이들을 둘러싼 양가 어른들 사이에서 벌어지는 어디서나 있을 법한 소소한 사건들을 코믹하게 그려내고 있다.

여자 주인공 지은(하희라 분)은 남자 주인공 대발(최민수 분)에게 프로포즈를 한다. 여자의 청혼은 흔치 않던 시절이다. 그런데 대발은 지은의 청혼을 거절한다. 여자에 대해 별 관심이 없다. 청혼을 거절당한 지은은 유학을 결심하고, 아버지 창규(김세윤 분)와 어머니 심애(윤여정 분)에게 허락을 받는다. 이모할머니 선숙(강부자 분)과 미숙(사미자 분), 시어머니 진숙(여운계 분) 등 세 노인을 함께 모셔야 할 처지가 된 지은 어머니 심애는 집안일이 너무 바쁘다. 모임에 나갈 수 없게 되자 심애는 동창인 순자(대발 엄마)에게 전화를 걸어 회비를 대신 전해달라고 부탁한다. 심사가 뒤틀린 순자는 심애의 속을 긁어놓는다. 이때까지도 심애(지은 엄마)와 순자(대발 엄마)는 서로가 곧 사돈이 될 것이라는 사실을 모르고 있다(5회). 지은의 유학 소식에 결혼을 결심한 대발은 지은을 만나 청혼을 하고, 지은은 유학을 포기한다. 유학을 가겠다던 지은의 갑작스런 유학 포기와 결혼 발표에 아버지 창규와 어머니 심애는 깜짝 놀란다. 특히, 남자 쪽

집의 반대를 수용해 결혼하면 박사학위 과정을 그만두겠다는 지은의 생각을 심애는 이해할 수가 없다(7회).

#안방

창규 어떻게 그런 중대 선언 시간을 이렇게 고약하게 잡니, 응? 어쨌든, 사안이 사안이니 만큼 시간을 따질 때가 아닌 것 같구나. 여보, 당신 생각은 어때요?

심애 다시 한 번 말해줄래?

지은 결혼하겠다구.

심애 결혼하겠다?

창규 그건 낭보야 여보.

심애 나이 찬 딸자식 결혼하겠다는 걸 비보로 생각하는 엄마는 없어요.

창규 그렇지.

심애 근데, 공부는 어떻게 한다고?

지은 그만둔다고.

심애 이것도 낭보에요?

창규 아니, 그건 약간 실망스러운 소식이오.

심애 약간 실망스러운 정도에요?

창규 아, 약간보단 더 약간 더 실망스러운….

심애 그래, 결혼하겠다는 결정 자체는 좋아. 상대가 어떤 인물인지 아직 아무 정보도 없어서 잘은 모르겠다만, 어쨌든 엄만 니 수준을 믿으니까. 상대가 어떤 사람인가는 나중으로 돌리고. 근데, 왜 공부를 그만둬야 하니?

지은 그게, 엄마.

심애 응? 너 스스로 설정했던 목표 아니야?

지은 응.

심애 근데,

지은 그게 엄마,

심애 니가 타고난 두뇌, 자질, 그동안에 투자했던 시간, 노력 그런 거 아깝고 분하지도 않아?

지은 아깝고 분해.

심애 근데 왜 공부를 그만둔다니?

지은 내가 공부를 계속하는 걸 원하지 않아.

심애 누가?

지은 그 사람이.

심애 니가 결혼하겠다는 사람이?

지은 응.

심애 그래서, 공부를 도중하차하겠다는 이유가 단지 그거니? 그 남자가 싫어하기 때문에?

지은 응.

심애 (기가 막힌다.)

창규 남자는 그래~ 여자가 공부 많이 하는 거 싫을 수도 있지. 그래~

심애 누구보다 잘 이해하겠구려! 나 중퇴시킨 양반이니까.

창규 아니, 그거야 하루빨리 당신이랑 같이 있고 싶어서 그런 거지. 아, 당신 그렇게 날 전근대적인 남자로 몰지 말아요.

심애 그래, 그런 전근대적인 남자는 도대체 뭐하는 사람이며 몇 살이니?

지은 나랑 동갑이고,

창규 동, 동갑이야?

지은 지금 레지던트야.

창규 오~ 레지던트?

심애 솔깃해 할 거 없어요. 레지던트가 아니라 대학 병원장이래도 하던 공부 중단하라는 그런 구시대 유물한텐, 내 딸 안 줘요.

지은 엄마!

심애 너는 공부해야 해. 무슨 일이 있어도 공부해야 한다고. 너희 학과장님이랑 교수님들 다 니가 실망시켜 드릴래? 응? 공부 끝까지 계속해줬으면 하는 애들은 홀랑 결혼해서 그 좋은 두뇌랑 자질 푹푹 썩히고, 빨리 시집이나 가줬으면 하는 애들이 거꾸로 죽어라 공부하겠다는 거 답답하단 말씀도 잊어버렸니?

지은 엄마…!

심애 너는 교수님들이 다 같이 공부해줬으면 하는 애야. 공부해야 해.

지은　그럼 결혼할 수가 없는 걸?

심애　그 결혼 그만두면 될 거 아니야? 뭐가 걱정이야?

지은　하고 싶은걸?

심애　결혼을?

지은　결혼을….

심애　공부는 하기 싫고?

지은　휴~ 엄마 진짜 답답해 죽겠네, 공부 계속하겠다, 그러면 결혼 안 해준다, 그런단 말이에요!

심애　안 해준다? 안 해주다니? 너 어째 말이 그러니?

지은　어쨌든 엄마, 난 결심했어. 그 남자를 잃고 공부를 하느냐, 공부를 얻고 그 남자를 잃느냐 중에 그 남자를 선택했다구.

심애　왜? 왜 그래야 해?

지은　엄마…!

심애　공부도 하고 결혼도 하고 두 가지 동시에 할 수도 얼마든지 있는데, 왜 그런 말도 안 되는!

지은　사랑하니까 그렇죠, 엄마.

심애　너..! 너 공부 방해된다고 같이 공부하는 남자도 싫다고 머리 흔들던 니가! 아니! 아닌 밤중에 홍두깨도 분수가 있지. 너 왜 이러는 거야? 니가 어떻게 하다 이렇게 됐니, 응? 왜 이래? 얘, 지은아! 솔직히 말해봐, 엄마 뭐든지 다 이해해, 다 이해할 자신 있다. 응?

지은　사랑한다니깐! 사랑해서 그래. 실망시켜서 미안해 엄마. 아빠 죄송해요. 나도 어쩔 수가 없는 걸 어떻게 해…. 헤어질 결심도 했었어. 그치만 막상 헤어져 놓고 나니깐 불행해서 견딜 수가 없던 걸. 왜 아빠한테 여권 수속해 달라고 했는데, 모든 걸 다 잊고 떠나려 했던 거란 말이야.

심애　그런데?

지은　그런데… 아무래도 안 되겠어서 마음을 바꿨어. 바꿨더니 그 순간부터 불행하지 않아. 엄마는 내가 불행하길 원해? 뭐든지 다 이해하잖아 엄마. 이해해줘….

심애　당신은 출근했어요?

창규　이럴 땐 출근하고 없는 것처럼 가만히 있는 게….

심애 엄만 싫다. 우선, 난 걔가 마음에 안 들어. 여자 공부하는 거 싫다는 그 한 가지 점만으로도 난 걔가 싫어. 내 사위로 들이고 싶은 생각 털끝만큼도 없어.

마침내 심애는 공부를 계속하게 해주지 않으면 결혼을 시킬 수 없다고 대발네를 향해 선전포고를 한다(8회). 이런 사소한 일상적 줄다리기의 밑바닥에는 가족에 대한 깊은 사랑이 깔려 있다. '평민화'를 측은지심 '인'(仁) 표현형으로 분류한 이유가 여기에 있다. 가족 간의 사랑이 밑바닥에 깔려 있기 때문이다. "인(仁)은 만물일체를 실천하는 것이므로 남과 나를 구별하지 않고, 남을 나처럼 여기는 마음의 상태"다.[455] 대발에 대한 지은의 사랑이 바로 그런 모습을 보여준다.

아시아인들은 "한국 드라마는 대부분 골치 아픈 주제를 다루고 있지 않다. 가볍고 재치 있는 말투로 극이 진행되기 때문에 방송할 때 번역과 성우들의 연기가 중요한 몫을 차지한다. '편안한' 한국 드라마를 보면 화목한 사회란 설교와 쟁론이 아니라, 우리 주변의 도덕과 문화로 만들 수 있음을 느끼게 해준다."고 한다.[456] 한국 드라마를 보고 '편안함'이라는 밈 표현형을 발견하고 있는 것이다. 밈 표현형 '편안함'은 마음의 여유에서 온다. 드라마를 제작한 한국인들의 체질적 본성이 겉으로 드러나 있는 것이다.

공자는 사람의 유형을 인자(仁者)와 지자(知者)로 구분한다. 인자는 마음을 중시하는 사람으로, 하늘에 바탕을 두고 사는 사람이다. 지자는 몸을 중시하는 사람으로, 땅에 바탕을 두고 사는 사람이다.[457] 마음을 중시하는 사람은 양(陽)의 성격을 갖고 있고, 몸을 중시하는 사람은 음(陰)의

455 이기동, *논어강설*, 성균관대학교 출판부, 2012: 51.
456 고뉴스, 2005.10.27.
457 이기동, *주역강설*, 성균관대학교 출판부, 2010: 92.

성격을 갖고 있다. 몸을 중시하면 사람은 서로 몸이 살아가는 데 필요한 물질을 차지하기 위해 다투는 존재가 된다. 그러나 마음을 중시하는 사람은 하늘에 바탕을 두고 천명(天命)에 따라 살고자 하기 때문에 마음이 여유롭고 다툼이 없다. 다툼이 없다는 것은 남을 나처럼 사랑하는 측은지심의 단서, 즉 '인' 유전자형을 가지고 있다는 것을 의미한다. 한국은 양(陽)의 방향으로 가장 끝에 존재하는 진정한 의미의 양의 나라다([표 06-01] 참조).[458]

[표 06-01] 국가와 음양의 관계

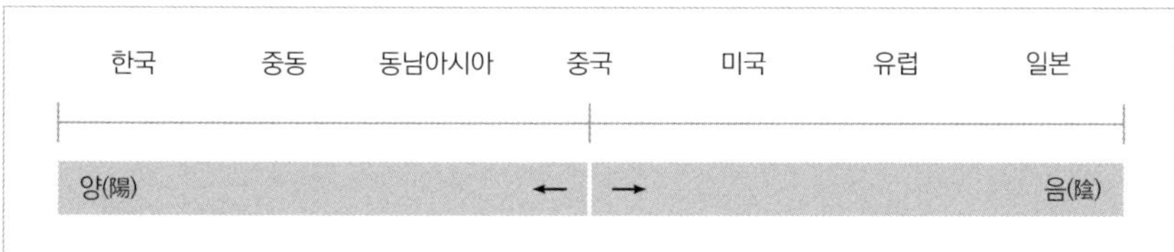

그 나라에 뿌리를 두고 사는 사람은 당연히 하늘에 바탕을 둔 양의 성격을 갖게 된다. 마음은 성과 정으로 이뤄진다. 아시아인들이 발견한 밈 표현형 '편안함'은 천명, 즉 남을 나처럼 사랑하는 한국인들의 성(性), 측은지심의 단서인 '인'의 겉으로 드러난 모습이다. 국가적으로 볼 때 건괘(蹇卦)에 해당하는 전형적인 나라가 한국이라면 곤괘(坤卦)에 해당하는 전형적인 나라는 일본이다. 그리고 중국을 포함한 다른 나라들은 나머지의 괘에 해당한다고 볼 수 있다. 모든 나라를 음과 양을 끝으로 하는 선 위에 배열한다면, 한국은 양의 방향으로 가장 끝에 존재하고, 일본은 음의 방향으로 가장 끝에 존재하며, 다른 나라들은 그사이에 존재한다.[459]

458 ibid. 100~105.
459 ibid. 101.

(2) 미남미녀 배우 밈

아시아인들이 한국 드라마를 즐겨보는 가장 큰 이유 중의 하나는 드라마에 등장하는 미남미녀 배우들 때문이라고 한다.[460] 일본인 저술가 이토오 준코는 드라마 〈겨울연가〉의 주인공 배용준과 최지우에 대해 "배용준은 서구적 얼굴선, 부드러운 미소, 목소리, 그리고 최지우는 큰 키, 흰 피부를 갖고 있어 마치 '화성에서 온 사람' 같은 절대적 신비감을 준다."고 분석한다.[461] 〈겨울연가〉를 본 일본의 중년 여성들은 한국 배우에 대해 "키가 크고 지적이면서 수려한 외모에다 예의 바르고 순수한 이미지와 감정표현이 풍부한 스타"라고 표현한다.[462] 이처럼 일본 여성들이 한류 스타에 매료되는 이유는 '얼짱', '몸짱'을 기본으로 하는 한국 남자 배우들의 수려한 외모와 "일본 남성에게서는 찾아보기 힘든 강인하면서도 자상한 매력 때문"이라는 분석이다. 자기 의사를 지나치리만큼 나타내지 않는 일본 남성들과 달리, 드라마 속의 한국 남성들은 일편단심, 자신의 사랑을 직선적으로 표현하는 카리스마를 보여주어 일본 여성들을 압도한다.[463]

〈가을동화〉의 준석(송승헌 분)과 태석(원빈 분), 〈겨울연가〉의 준상(배용준 분)과 상혁(박용하 분) 등과 같이 신체 조건이나 집안 배경이 아주 뛰어난 거의 완벽한 모습의 남자 주인공들이 등장하고, 〈사랑이 뭐길래〉의 지은(하희라 분)과 〈대장금〉의 장금(이영애 분)과 같이 당차고 강한 성격 혹은 〈겨울연가〉의 유진(최지우 분)과 〈가을동화〉의 은서(송혜교 분)와 같이 연약하고 가련한 형상의 여자 주인공들이 등장해 아시아인들의 시선을

460 한국관광공사, 한류체험에 대한 설문조사, 북경지사, 2003.
461 조선일보, 2005.10.01.
462 삼성경제연구소, 한류 지속화를 위한 방안, 이슈 페이퍼, 2005: 35~36.
463 방정배 외, *한류와 문화 커뮤니케이션*, 커뮤니케이션북스, 2007: 101.

사로잡는다. 이것이 아시아인들의 뇌 속에 복제, 저장되어 한국 드라마의 대표적인 밈 표현형으로 '미남미녀 배우'를 꼽게 한다. 그러나 더 중요한 것은 이들 배우의 아름다움을 아름다움으로 인식할 수 있는 아시아인들의 아름다운 마음이다. 아시아인들이 남을 나처럼 사랑하는 인(仁)의 마음을 갖고 있지 않다면, 한국 드라마의 '미남미녀 배우' 밈은 존재할 수 없다. '인'은 사랑의 뿌리요, 측은(測隱)은 그 뿌리에서 돋아난 싹이요, 사랑은 싹이 무성하게 자라서 성장한 것이다(仁乃是愛之根, 而測隱則根之萌芽, 而愛又萌芽之長茂已成者也).[464] 한국 드라마의 대표적인 '미남미녀 배우' 밈은 아시아인들의 마음의 뿌리인 '인'이 측은(惻隱)의 과정을 거치며 성장해, 사랑으로 만개한 아시아인들의 마음의 '인' 표현형이라고 할 수 있다.

(3) 진실 밈, 자연스런 연기 밈

진실(眞實)은 "거짓 없이 바르고 참됨"을 뜻한다. 그러나 드라마 밈 표현형으로서 아시아인들이 이야기하는 한국 드라마에서의 '진실'은 배우들의 '거짓 없는 연기'를 뜻한다. 아시아인들은 한국 드라마가 보통 사람들의 삶을 있는 그대로 보여준다고 보고 있고, 이것이 배우들의 거짓 없는 연기에 의해 겉으로 드러나 잘 표현되고 있다고 인식한다. 아시아인들이 뇌 속에 복제, 저장하고 있는 이런 한국 드라마에 대한 생각(Idea), 즉 밈 유전자형이 배우들의 거짓 없는 연기에 의해 겉으로 드러나 보이는 것이 한국 드라마의 밈 표현형 '진실'이다. 그런 의미에서 '진실' 밈은 아시아인들이 인식하고 있는 한국 배우들의 '자연스런 연기' 밈과도 맥이 닿아 있다. 그들은 한국 배우들이 극 중의 생활을 마치 현실 속의 생활

464 陳淳, *性理字義*, 박완식, *성리자의*, 여강출판사, 2005: 85.

처럼 있는 그대로 재현해내고 있다고 본다. 대사와 동작이 실생활의 모습 그대로라고 그들은 인식한다.

〈사랑이 뭐길래〉에서 새 며느리 지은(하희라 분)을 맞이한 자린고비 시아버지 병호(이순재 분)는 며느리를 위해 목욕탕도 새로 짓고, 화장실도 수세식으로 고치는 등 공사를 시작한다. 순자(김혜자 분)는 그런 남편 병호가 얄밉다. 아들 대발(최민수 분)은 아버지 병호에게 임신한 아내(하희라 분) 대신 당분간 연탄불을 갈겠다고 허락을 받는다(37회).

#안방

대발 아버지 우선 있죠, 저… 탄불 가는 게 영 고역 중에선 산고역이니까 딴 건 다 그만두더라도 당분간 탄불은 제가 좀 거두겠습니다. 양해하세요. 아버지, 어머니.

순자 너희 아버지 아무 말씀 안 하시는 거 보면 해서는 안 된다는 대답이시다. 못마땅하다는 뜻이야.

대발 아, 저 그게, 아버지 손자 두뇌에 나쁜 영향이라도 끼칠까 하는 노파심이 들어서요. 예? 아버지. 저 그럴 일은 없지만요~ 만에 하나 이 사람이 탄을 갈다 쓰러지기라도 하면….

병호 걱정마라, 니 엄마도 그게 걱정이 된다고 니 엄마가 갈기로 했다.

아버지 병호는 이를 아내 순자에게 대신하라고 명령한다. 애기를 가진 며느리를 위해 스스로 알아서 연탄불을 갈고 있던 시어머니 순자는 갑자기 남편 병호 앞에서 다 탄 연탄을 내동댕이친다.

#마당

화장실에서 나오는 병호, 연탄불을 갈러 부엌에 가던 순자.

순자 이씨! (연탄불을 내팽개친다.)

이처럼 어느 가정에서나 있을 법한 소소한 갈등과 사건을 있는 그대로 겉으로 드러내 보여주는 '진실, 거짓 없는 연기' 밈, '자연스런 연기' 밈은 드라마 속 '인물'에 대한 한국 배우들의 깊이 있는 성찰과 사랑을 전제로 한다. 성찰과 사랑 없이는 진실한 연기가 겉으로 드러나 보여질 수 없기 때문이다. 인물에 대한 사랑은 내가 표현해야 할 대상, 즉 극중 '나'에 대한 사랑이다. 밈 표현형 '진실'과 '자연스런 연기'를 측은지심의 단서인 '인' 표현형으로 분류할 수 있는 이유도 극중의 '나'를 배우인 인간 '나'처럼 사랑할 수 있어야만 그런 진실, 거짓 없는 연기, 자연스런 연기가 가능해지기 때문이다.

(4) 패션 밈, 유행 선도 밈

"한국 드라마 속의 인물들은 할머니 할아버지들까지도 아름답다. 화장, 의상, 그리고 인물의 대화까지도 모두가 시청자들의 눈과 귀를 자극한다."[465] 아시아인들의 이 같은 한국 드라마에 대한 인식은 한국 드라마가 보여주는 밈 표현형을 닮고 싶어 하고, 따라해 보고 싶어 하는 아시아인들의 마음을 읽을 수 있게 해준다. 이들의 뇌 속에 복제, 저장돼 있는 한국 드라마의 밈 유전자형 '패션'과 '유행 선도'가 그들의 현실 속에서 곧바로, 밈 표현형 '패션'과 '유행 선도'로 재현된다. 이것이 밈 운반자인 한국 드라마가 실어 나르는 한국 드라마의 밈 표현형이다.

〈겨울연가〉(KBS)에서 준상(배용준 분)이 입고 나온 베이지색 롱코트와 폴라 스웨터, 꽈배기 머플러 등이 유행을 하고, '바람머리'라고 불리는 그의 자연스런 웨이브 파마 머리형과 매회 달라지는 그의 머플러 매는 법 4가지도 크게 유행을 했다. 여주인공 유진(최지우 분)은 '최지우 목걸

465 고뉴스, 2005.10.27.

이'를 유행시키기도 했다. 차가워 보인다는 이유로 겨울철에는 은색 목걸이를 기피했던 많은 패션 리더들도 '최지우 목걸이' 이후, 순수하고 깨끗해 보인다며 너도나도 은색 목걸이를 하고 거리를 활보했다.

〈가을동화〉(KBS)에서 여주인공 은서(송혜교 분)는 청순한 이미지의 '민낯화장'을 유행시킨다. '화장하지 않은 듯한 화장'이 은서의 순수한 이미지와 맞아떨어지면서 '뷰티 한류'의 시작이 되기도 한다. 〈대장금〉(MBC)은 전 세계에 한식과 한복을 유행시키고, 주인공 장금(이영애 분)의 단아한 이미지는 '이영애 성형수술'이라는 신조어를 만들어내기도 한다. 이처럼 드라마 속 인물 '따라하기'는 극중 인물과 그 인물을 연기하는 배우에 대한 시청자들의 신뢰와 무한 사랑 없이는 이루어지기 어렵다. 극중 인물과 일체가 되고 싶어 하는 이런 아시아 시청자들의 로망이 겉으로 드러나 보여진 행태, 즉 '따라하기'의 결과는 극중 인물과 배우에 대한 사랑의 표현이고, 인(仁)을 실천하는 소비 주체[객체]들의 '인' 표현형이다.

(5) 아름다운 화면 밈, 이국적 정취 밈

1차 한류시대(1987~2010)의 티핑 포인트가 된 5편의 드라마[466] 가운데 〈질투〉(MBC), 〈가을동화〉(KBS), 〈겨울연가〉(KBS) 등 3편은 장르 구분상 트렌디 드라마에 속한다. 1980년대 후반 일본에서 시작된 트렌디 드라마는 1990년대 우리나라의 X세대[467]와 맞닿아 있다. 본래, 감각과 분위기 위주의 시각적 볼거리를 지향하는 드라마다. 그러기 때문에 기존 드라마와는 특히, 영상미학적 측면에서 차별화된다.

---

466 〈질투〉(MBC), 〈사랑이 뭐길래〉(MBC), 〈가을동화〉(KBS), 〈겨울연가〉(KBS), 〈대장금〉(MBC).

467 쿠플랜드(Coupland)의 장편소설 『Generation-X』(1991)에서 유래된 용어다. 주인공들은 중산층 가정에서 자라나 배울 만큼 배웠고 성공할 수 있는 조건을 갖춘 미국의 젊은이지만, 미래는 암울하고 어쩌면 원자폭탄의 섬광 속에 종말을 맞게 될지도 모른다고 생각한다. 때문에 출세나 가족, 돈 등에는 전혀 관심이 없고, 시간제 일을 하고 여가를 보낸다. 직업적인 성공 없이도 좋은 친구들을 가질 수 있다는 점을 강조한다.

드라마 〈질투〉의 여주인공 하경(최진실 분)은 미국 연수에서 돌아오자마자 영호(최수종 분)를 찾는다. 그러나 집은 이사했고, 그와의 연락이 닿지 않는다. 우연히 영애(이응경 분)의 피자가게에서 아이를 안고 나오는 영호를 발견한다. 하경은 영호와 영애가 결혼을 했다고 생각한다(15회). 그 아이가 다른 사람의 아이라는 것을 알게 되지만, 여전히 둘은 사랑하는 마음을 표현하지 못하고, 친구도 연인도 아닌 어정쩡한 관계를 유지한다. 그러다가 하경의 엄마(김창숙 분)가 그녀를 데리고 미국으로 돌아가려고 하자, 그때야 영호는 이별을 고하는 하경에게 곁에 있어 달라고 청한다. 마침내 사랑을 확인한 두 사람은 긴 포옹을 한다(16회). 이 장면이 〈질투〉하면 떠올리게 되는 아름다운 장면 중의 하나다. 카메라는 포옹하고 있는 두 연인의 주변을 돌며, 속도감 있게 팔로우(follow)한다. 두 주인공의 심리를 극적으로 표현한 '아름다운 화면' 밈으로 남는다.

〈가을동화〉는 장면 하나하나가 마치 한 편의 동화를 보는 듯한 착각을 불러일으킨다. 은서(송혜교 분)와 준서(송승헌 분)가 어린 시절 자전거를 타고 학교 가던 아름다운 가로수길, 둘이서 내리던 비를 피해 앉아 있던 낡은 농협 창고건물, 은서네 집, 속초 아바이 마을, 그리고 줄을 당겨야만 앞으로 가는 갯배를 타고 가던 은서, 햇빛 좋은 날 상운 폐교 창가에 앉은 은서와 준서의 모습 등을 보여준다. 특히, 과거와 현재의 연결을 상징적으로 처리한 터널 장면은 '아름다운 화면' 밈의 백미다.

〈겨울연가〉는 눈(雪)과 겨울이라는 계절적 이미지를 슬픈 멜로 위에 채색해 심미적 영상 스타일을 구축한다. 대만, 홍콩, 베트남, 태국, 말레이시아, 필리핀 등 지리적으로 '눈'을 볼 수 없는 아시아 지역의 소비 주체[객체]들에게 '아름다운 화면'과 함께 '이국적 정취'라는 한국 드라마에 대한 환상적인 밈을 갖게 한다. 앞서 언급한 한국 드라마의 내재된 '아름다움'이 측은지심, '인' 유전자형이라면, '아름다운 화면' 밈과 '이국적 정취' 밈은 겉으로 드러난 한국 드라마의 오브제에 대한 아시아인들의 사랑으로, '인' 표현형으로 분류될 수 있다.

2) 지(智) 표현형(是非之心)

(1) 정직 밈

'바르고 곧음'을 뜻하는 정직(正直)이 밈 표현형에서는 '생활 속의 윤리와 정신을 어렵고 고상하게 말하려 하지 않고, 쉽고 바르게 보여줌으로써 보통 사람들의 선량함과 미덕을 생생하게 표현하는 것'을 의미한다. 다시 말해 아시아인들은 보통 사람들의 모습을 있는 그대로 '솔직하게' 보여주는 한국의 드라마를 통해 '정직'이라는 밈 표현형, 다시 말해 사리를 판단하는 시비지심, 지(智) 표현형을 발견한다. 드라마 〈사랑이 뭐길래〉에서 며느리 지은(하희라 분)은 옷이 별로 없는 시어머니 순자(김혜자 분)를 위해 새 옷을 사온다. 그런데 시어머니는 며느리 지은의 이런 구매 행위를 낭비라고 지적한다(27회). 시어머니를 위해 효행을 한 며느리와 이런 행위를 낭비로 인식하는 시어머니와의 가치 충돌이 시청자들에게는 시시비비를 가리게 하는 '지'(智) 표현형으로 다가온다.

#부엌

지은 저, 어머니, 이거 어머니 거예요. 제가 바바리하고 투피스 한 벌 샀어요. 어머니 걸루요.

순자 뭐어~?

지은 들어가세요, 들어가서 입어보시구 마음에 안 드시면 바꾸셔도 돼요. 그러기로 하고 산 거예요.

순자 아니, 니가 무슨 돈이 있어서~ 대발이가 주대?

지은　아니에요, 제 돈으로 샀어요.

순자　니 돈?

지은　초등학교 때부터 저금해 둔 돈 꽤 있어요.

#안방

지은　자, 보세요. 아마 어울리실 거예요. 평범한 듯하면서두요, 멋쟁이에요.

순자　니 엄마 거랑 비슷하다~

지은　비슷한데, 쪼금 달라요. 기장이 약간 길지도 모르지만요, 줄이지 말고 그냥 입으세요. 괜찮아요. 저, 어머니! 그리고 이 투피스요!

순자　얘….

지은　네?

순자　너희 엄마보다 나보니까 너무 초라해서 그렇지?

지은　그게 아니라… 너무 구식이라….

순자　마음 써주는 건 고마운데, 너 그렇게 돈을 겁 없이 쓰는 게 아니야. 너, 내가 보기에 이거, 이거 일이십만 원짜리가 아닌 거 같은데…. 여자가 야무지지 못하면 살림 거덜 나. 너희 집하고 우리 집하고는 달라. 속 실력은 누가 더 나은지 모르겠다만, 너 돈을 이렇게 겁 없이 쓰면 어떡하니?

지은　저 야물어요, 염려하지 마세요. 제 선물이에요 어머니.

순자　얘. 선물 고맙다고 해야 할 텐데, 그 고맙다는 말이 안 나온다. 너희 아버지한테 혼난단 말이야. 애가 물정 모르고 너 혼나. 벌 선단 말이야.

지은　네, 벌 설게요.

순자　얘 이거 한 벌에 저기, 육만 원씩 줬다 그러자. 응?

지은　네.

순자　너 다시는 이런 짓 하지 마~

지은　네~

담배 심부름 문제로, 씩씩거리며 부부싸움을 하게 된 대발(최민수 분)과 지은은 집 밖 운동장으로 나가 남의 눈치 보지 않고, 마음껏 소리를 지른다(28회). 어른들이 계신 집에서 젊은 부부가 큰 소리를 내며 싸우는 것은 윗분들에 대한 공경의 예가 아니기 때문이다. 그래서 대발과 지은은 집 근처 학교 운동장으로 나간 것이다. 이는 가정 내에서 하게 되는 부부싸움의 '예'(禮)가 무엇인지를 보여준다. 운동장으로 가는 것은 공경의 예를 범하지 않겠다는 도덕적 판단에 따른 것이다. 싸움의 발단은 남편 대발의 담배 심부름이다. 담배를 피우고 싶으면 피우고 싶은 사람이 사 오면 되지, 왜 그것을 아무 관계도 없는 아내에게 시키는가? 민주적·수평적 구조의 가정에서 자란 아내 지은과 전통적·수직적 구조의 가정에서 자란 가부장적 남편 대발 사이의 가치 충돌이 시청자들로 하여금 시비지심을 일으키게 하는 '지' 표현형으로 작동한다.

대발의 아버지 병호(이순재 분)는 막내딸 성실이 밤늦게까지 집에 들어오지 않자 화를 내며 고함을 지른다. 아내 순자는 딸을 지켜주기 위해 병원에 입원한 친구한테 문병 갔다고 둘러대면서 안절부절못한다(29회). 이 장면은 자녀 교육이 집안 살림을 책임지는 아내의 몫이라는 전통적 가치를 보여준다. 딸의 늦은 귀가가 아내의 가정교육 부재 때문이라고 보는 것이다. 늦은 시각, 아버지 몰래 숨어 들어온 성실은 광고 촬영으로 몸은 녹초가 되었지만, 마음만은 행복하다. 아버지 몰래 모델 일을 하고 있다는 것이 두렵기도 하지만, 한편으로는 하고 싶은 일을 하고 있다는 사실이 그녀를 들뜨게 한다. 이런 아버지 병호와 딸 성실의 세대 간 가치 충돌이 시청자들의 눈에는 시시비비의 '지'(智) 표현형으로 다가온다.

대발은 부부싸움을 하고, 친정으로 가버린 아내 지은을 찾아 처가로 향한다. 장인(김세윤 분)과 장모(윤여정 분) 앞에서 그는 지은과 부부싸움을 하게 된 경위를 설명한다. 이야기를 듣고 난 장모는 사위 앞에서는 딸을 두둔하고, 사위가 없는 데서는 딸을 야단치며 시댁으로 돌아가라고 나무란다(51회). 이런 장모의 분별력이 한국 드라마가 보여주는 시비지심의 단서 '지'(智) 표현형이다. 그러나 이런 분별력이 시청자들로 하여금 또 다른 시시비비를 자극하는 '지' 표현형으로 작동할 수도 있다. 다시 말해 민주적·수평적 가정의 안주인인 심애가 출가외인(出嫁外人)이라는 전통적·수직적 구조의 사회통념을 수용하는 이중적 행태를 보이기 때문이다.

(2) 발전된 경제 밈

드라마를 통해 아시아인들은 한국이 경제적으로 부유한 나라라는 인식을 뇌 속에 복제, 저장하게 된다. 이것이 한국 드라마가 실어 나르는 '발전된 경제' 밈이다. 이 밈은 아름답고 화려한 트렌디 드라마라는 장르가 보여주는 시지각적 아름다움과도 연계돼 있다. 앞서 언급한 측은지심의 단서인 인(仁) 표현형의 '아름다운 화면' 밈과 '이국적 정취' 밈, '패션' 밈과 '유행 선도' 밈 등도 이에 해당될 수 있다. 작품의 내용과 소재를 통해서도 '발전된 경제' 밈은 획득된다. 드라마 〈질투〉에 나오는 체리(김혜리 분) 삼촌(김성겸 분)의 변호사 사무실, 〈사랑이 뭐길래〉의 지은(하희라 분) 아버지 박창규(김세윤 분)가 다니는 항공사, 〈가을동화〉의 태석(원빈 분) 아버지가 소유한 호텔, 〈겨울연가〉의 민형(배용준 분) 소속사인 마르시안 스키장, 유진(최지우 분)이 공동대표로 있는 인테리어 회사 폴라리스 등 극중 공간의 시지각적 윤택함과 그곳과 관련돼 있는 사람들의 이야기는 삶의 여유, 한국의 '발전된 경제' 밈을 획득할 수 있게 해주는 극적 단서가 된다. 한국 드라마의 '발전된 경제' 밈은 머지않은 미래 아시아인들이 성취하게 될 희망의 밈 표현형이기도 하고, 그들이 나아갈 지향점이 되어주기도 한다. 이런 판단이 '발전된 경제' 밈을 시비지심의 단서 지(智) 표현형으로 분류할 수 있게 해주는 근거가 된다.

이처럼 한국 드라마의 밈 표현형은 측은지심의 단서인 '인' 표현형 9개, 즉 '평민화·편안함·미남미녀 배우·진실·자연스런 연기·패션·유행 선도·아름다운 화면·이국적 정취' 밈과 시비지심의 단서인 '지' 표현형 2개, 즉 '정직·발전된 경제' 밈 등으로 유형을 분류할 수 있다. 이 같은 분류 결과는 한국의 드라마 밈 표현형이 측은지심의 단서인 '인' 표현형에 크게 경도(81.8%)돼 있음을 확인시켜준다. 드라마 밈의 인(仁) 유전자형 비율 62.5%와 비교해도 높은 수치임을 알 수 있다.

3. 드라마 밈 유형의 확장성

드라마 밈의 사단칠정론적 유형 분류 결과를 정리해 보면, 한국의 드라마 밈 전체 19개는 '인' 유전자형 5개, '예' 유전자형 2개, '지' 유전자형 1개, '인' 표현형 9개, '지' 표현형 2개 등으로 구성돼 있다. 밈 표현형이 시청자의 뇌 속에 복제, 저장돼 있는 밈 유전자형의 또 다른 형태, 즉 이형(異型)이라고 할 때, 이를 다시 재분류하면, 한국의 드라마 밈은 '인' 유전자형 14개(73.7%), '예' 유전자형 2개(10.5%), '지' 유전자형 3개(15.8%) 등으로 나눌 수 있다.

이 같은 분석 결과는 두 가지 사실을 확인시켜준다. 첫째, 한국 드라마는 수오지심(羞惡之心)의 단서인 '의'(義) 유전자형을 가지고 있지 않다는 사실이다. 이는 한국 드라마사에서 아직 '의' 유전자형의 개발이 충분히 이뤄지지 않고 있음을 의미한다. 이를 달리 해석하면, 한국 드라마가 안고 있는 고질적인 '소재 빈곤'의 문제를 해결하기 위해서라도 '의' 유전자형의 개발이 절실하다는 것이다. 둘째, 드라마 밈의 유형별 점유율의 높고 낮음은 한국 드라마 밈의 확장성과 반비례한다는 사실이다. 다시 말해 10.5%의 점유율을 보이는 '예'(禮) 유전자형은 최대 89.5%의 확장성을 가지고 있고, 15.8%의 점유율을 보이고 있는 '지'(智) 유전자형은 최대 84.2% 확장성을 가지고 있다. 이 같은 사실은 한국 드라마 밈의 확장성이 아직도 크게 열려 있음을 확인시켜주는 근거가 된다([표 06-02] 참조). 한국 드라마의 발전적 진화 가능성을 이야기해 주는 것이기도 하다. 지금까지의 한류가 '인' 유전자형, '인' 표현형만으로 이뤄졌다고 볼 수 있기 때문이다.

[표 06-02] 한국 드라마 밈의 사단칠정론적 확장성

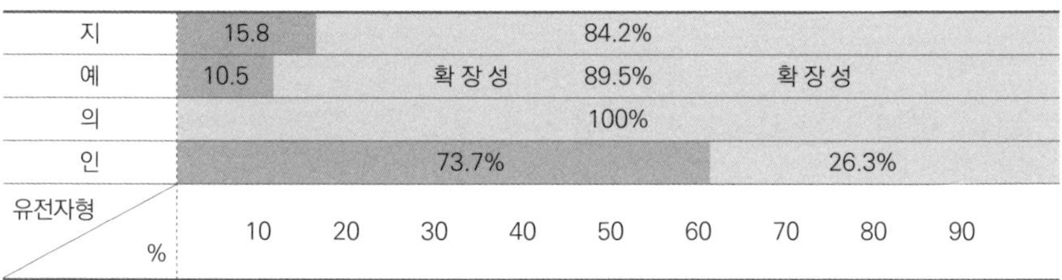

4. 드라마 밈 확장의 방향성

드라마 밈은 밈의 생산과 소비 사이의 상호 커뮤니케이션이 낳은 일종의 가상적 복제자(Hypothetical Replicator)다. 서비스[문화콘텐츠]의 생산 측면에서, 한국 드라마 밈의 탄생 배경은 유교 성리학적 문화 환경이다. 이기론(理氣論)과 사단칠정론(四端七情論)을 완성시킨 조선시대 선조들의 학문적 성과가 수백 년간 우리의 생활 문화 속에 녹아있었기 때문에 우리는 유교적 드라마 밈을 생산해 낼 수 있었던 것이다. 서비스[문화콘텐츠]의 소비 측면에서, 한국 드라마 밈의 탄생 배경은 아시아인들이 가지고 있는 그들의 순수 기질지성(氣質之性)이다. 기(氣)에서 발(發)하는 기질지성[情]은 발하는 환경의 청탁수박(淸濁粹駁), 즉 환경이 '맑은가, 흐린가, 순수한가, 그렇지 않은가' 여부에 따라 그 성질이 선과 악으로 변질될 수 있다.[468] 다시 말해 성(性, 유전자형)이 정(情, 표현형)으로 나타나는 순간 이기적인 생각을 하면 이기적인 정[표현형]이 되고, 간사한 생각을 하면 간사한 정[표현형]이 된다. 따라서 한국 드라마를 대하는 아시아인들의 기질지성이 순수하지 않았다면, 한국 드라마의 본연지성[절대선]은 왜곡되고 말았을 것이다. 이 지점에서 우리는 한국 드라마 밈의 사단칠정론적 확장의 방향성을 발견하게 된다. 다시 말해 세계인들의 '기질지성'이 이제까지와 같이 순수하게 지켜질 수 있도록 한국 드라마 밈 확장의 방향을 설정해야 한다는 것이다.

1) 밈이 '드러내 보여줘야' 할 가치

방송콘텐츠의 해외수출이 시작된 지 40년[469] 가까이 되었다. 그 사이 한류는 세 차례의 크고 작은 위기를 맞기도 한다.[470] 때론 거품이라는 자기 비하적인 대접을 받기도 하고, 길어봐야 4~5년이면 제 수명을 다할 것이라는 냉소적인 반응에 직면하기도 한다.[471] 2014년 실시된 한국문화

468 李恒은 "사단은 성(性)이 발한 것으로 순선(純善)하며, 칠정은 이와 기가 함께 발한 것이기 때문에 선과 악이 있다"고 주장했다(최영진, *퇴계 이황. 사단칠정론·성학십도·무진육조소*, 살림출판사, 2012: 67). 이황(李滉)은 '사단=이(理)=순선(純善), 칠정=이(理)+기(氣)=선악(善惡)'이라는 도식을 설정했다(ibid. 71~72).

469 방송콘텐츠의 해외수출로부터 한류가 시작되었다고 할 때. 그 시작은 한국 최초의 TV애니메이션 시리즈 〈떠돌이 까치〉(KBS)가 프랑스에 수출된 88서울올림픽 직전 해인 1987년으로 볼 수 있다.

470 1차 위기는 2000년대 초, 언어기호 '한류'의 등장 직후, 2차 위기는 2005년 초중반, 〈겨울연가〉 신드롬 직후, 3차 위기는 2006년, 〈대장금〉의 대성공 직후(박장순, *한류 아시아 TV드라마 시장의 역사*, 2012: 97~100).

471 최근 대만과 베트남, 캄보디아 등 동남아의 한류 실태를 파악하고 돌아온 국회 문화관광위원회 소속 여야 국

산업교류재단의 해외 한류실태조사 보고서 또한, 한류의 지속 가능성을 4년 정도로 보았다.[472] 그런데 신기한 것은 이렇게 단명할 것이라는 우려 속에서도 언어기호 '한류' 등장[473] 이후 30년 가까이 한류는 끊임없이 지속돼 왔고, 오늘도 꿋꿋하게 드라마에서 K-pop으로 시장 선도 영역을 교체해 가면서 한국 대중문화의 전 지구적 확산을 계속하고 있다. 과연 그 힘의 원천은 무엇일까?

전 세계를 향해 한국의 밈 운반자들이 실어 나르는 유가(儒家)적 밈, '인' 유전자형 덕분이다. 이들이 전 지구적 확산의 발화자(發火者) 역할을 하고 있기 때문이다. 그러나 이것이 전 지구적 확산의 충분조건은 아니다. 우리에게는 또 다른 불쏘시개가 필요하다. 드라마 밈, 한류 밈의 확장성이 현실 속에서 구체화되고 '드러나 보여져야' 한다. 그래야만 한류가 신화적 영원성을 구현할 수 있게 될 것이다. 한류는 신화다.[474] 레비스트로스나 바르트의 구조주의 신화론을 차용하지 않더라도 한류는 우리 시대가 낳은 세계인의 신화다. 대중은 모래알처럼 흩어져 있다. 흩어진 대중에게 신화를 불어 넣으면, 대중은 엄청난 역동성을 발휘한다. 그 에너지가 인류를 지어지선(止於至善)의 세계, 한류토피아(Hallyutopia)로 이끌어 갈 것이다.

원거리교역(Long Distance Trade)은 한국 대중문화의 전 지구적 확산을 이끄는 한류사의 원동력이다. 한류 신화의 영원성을 담보해 주는 근본

회의원들이 내린 결론이다. "동남아 한류 열풍 5년 안에 끝날 수 있다(중앙일보, 2005.01.10.)."

472 '한류에 대한 의식 및 소비 행태 파악, 향후 한류의 지속 가능성과 발전 방향 제시'를 위해 2014년 11월 온라인 조사 방식으로 전 세계 14개국 5,600명(15세~59세)을 대상으로 실시된 조사에서 한류의 지속 가능성을 묻는 질문에 응답자의 58.3%(233명)가 4년 이내에 한류가 소멸할 것이라고 응답했다.

473 언어기호 '한류'는 1998년 11월 7일 대만 '연합만보'의 "들어라! 한류가 왔다. 클론, 디바, HOT, SES 4팀이 이번 달 대만에 모여 노래를 한다(聽! *韓流*來了 酷龍, DIVA, HOT, SES 四團本月更將集合臺灣開唱)."라는 기사 제목에 처음 쓰이기 시작한다(최재준, 가천대학교 아시아문화연구소 국제학술대회, 한류의 경계: 'K-'의 인문학, 2023.05.19: 33).

474 박장순, *한류 신화가 미래다*, 커뮤니케이션북스, 2007.

원리이기도 하다. 원거리교역의 오브제(Objet) 서비스[문화콘텐츠]다. 한류 문화콘텐츠가 인간의 순수 기질지성에 초점을 맞추고, 측은지심의 단서인 '인'과 더불어 '의, 예, 지'로 한류 밈의 사단칠정론적 확장을 계속한다면, 한류는 머지않은 미래, 효(孝)와 신(信)에 기초한 '인의예지'가 실현되는 대동사회, '한류토피아'에 이르게 될 것이다.

더욱이 지금의 한류는 마치 '모두 한마음이 된다.'는 천화동인(天火同人)의 괘[475]를 닮았다. "남과 하나가 되는 형국이다. 들에서 남과 하나가 되는 역할을 해야 한다. 떨쳐 일어나야 한다. 큰 내를 건너는 것이 이롭다. ~중략~ 큰 내를 건너는 것이 이로운 까닭은 하늘이 행하기 때문이다(同人于野 亨 利涉大川 ~중략~ 同人于野亨利涉大川 乾行也)."[476]

큰 내(大川)를 건너는 '원거리교역'을 통해 한류가 오늘의 신화를 이뤄낸 것이 하늘의 뜻이라는 의미로 해석된다. 지금 우리는 5천 년 역사 이래 처음으로 문화를 통한 이상사회를 건설할 수 있는 천재일우의 기회를 맞고 있다. 하늘이 행하기 때문이다(乾行也). 한류토피아는 하늘과 땅, 너와 내가 '인'으로 하나가 되는 유교적 이상향이다. 한류로 하나가 되는 대동사회다.

'인'은 사랑이다. 사랑의 실천적 문화코드는 '이타'다. 진화생물학에서의 이타는 타자의 생존 가능성을 높이는 행위이며, 동시에 이데올로기다. 한류 유전자[477]의 이타는 타자인 세계인들의 생존 가능성을 높이는 유전자 패러다임이다. 동시에 우리의 생존 가능성을 높이는 가치이

475 상괘는 건괘(乾卦; ☰), 하괘는 리괘(離卦; ☲)로 이루어진다.

476 이기동, *주역강설*, 성균관대학교 출판부, 2010: 239.

477 유전자는 이기적 본성을 갖고 있다. 자신의 보존을 위해서 수단과 방법을 가리지 않는다. 한류 유전자는 한국 대중문화의 세계적 유통을 담당하는 국내 셀러와 외국의 바이어의 이기적 본성이다. 이들이 가지고 있는 이기적 본성이 오늘의 한류를 만든 추동력이다. 그러나 다행스럽게도 "인간은 예지력을 갖고 있다. 눈앞의 이익이나 욕심보다 오랫동안 앞으로 도움이 될 수 있는 것에 더 신경을 쓰도록 마음을 조정할 수 있는 능력을 갖고 있다. 태어날 때부터 가지고 있는 이기적인 유전자에 대항할 수 있는 능력이 있고, 필요하다면 이기적인 유전자를 교화시킬 수도 있다(Dawkins, 2009: 200)." 한류의 대자(對自)인 우리 또한, 이기적인 유전자에 대항할 수 있는 능력을 갖고 있으며, 이기적인 본성이 내재된 한류 유전자의 속성을 교화할 수 있는 능력도 가지고 있다.

기도 하고, 인류의 공동 번영을 위한 유전자 패러다임이기도 하다. 이타는 한류의 전 지구화 시대, 인류 문화화 시대의 핵심 이데올로기다. 타자의 입장에서 대자(對自)[478]와 즉자(卽自)[479]를 바라보는 '아웃사이드-인 뷰'[480](Outside-In View)의 자세가 필요하다.

한류는 지금까지 '인사이드-아웃'(Inside-Out View) 방식으로 세계의 타자를 만나왔다. 대자는 타자에게 '대자-즉자'[서비스]를 제공하고, 타자는 이를 일방적으로 수용하는 구조였다. 물론, 타자의 선택은 시장의 최적자인 한국의 즉자, 즉 한국의 드라마와 K-pop 등을 자연선택함으로써 스스로 최적자의 삶을 누리고 있다는 믿음을 갖고 싶어 하는 이들의 이기적 본성이 작동한 행위임에는 틀림이 없다.[481] 그러나 세상은 변하고 있다. 타자의 권리가 강조되고, 타자의 자발적 참여가 확대되고 있다. '아웃사이드-인 뷰'는 이런 변화하는 시장에 최적화된 삶의 공존 방식이다. 타자의 관점에서 대자와 즉자를 바라보는, 그래서 한류토피아의 문화정신을 구현하는 이타적 커뮤니케이션 방식이다.

이타는 배려이고, 사랑이다. 대자와 타자의 공존을 위한 필수 가치다. 하이데거에 의하면 공존이란 '함께 있는 존재'다. 자신의 동료와 팀워크를 이루는 암묵의 공동존재, 연대적인 결합이다. '세계-속-존재'라는 존재론의 구조적인 측면에서 '함께 존재한다.'는 것은 인간 존재가 본성상, 본질적이고 보편적인 자격으로 '함께 존재한다.'는 말이다.[482] '세계인과 함께 있는 존재'가 대자인 나의 '구체적-존재'를 구성하는 하나의 구조라는 것이다. 따라서 나에게 타자인 세계인이 없다면, 나의 구체적인 존재

478 '나' 자신 l'être-pour-soi.
479 곧, '나'인 존재. 사물. l'être-en-soi.
480 통합 마케팅 커뮤니케이션(IMC; Integrated Marketing Communications)의 기본 정신.
481 세계의 타자가 한국의 드라마와 K-pop을 자연선택하는 것도 실은, 그들이 최적자의 삶을 살고 있다는 것을 보여주기 위한 일종의 상징이다.
482 Sartre, *L'Être et le Néant*, 1943; *존재와 무*, 정소성, 동서문화사, 2014: 422~423.

또한 있을 수 없는 것이 된다. '이타'와 '공존'은 밈이 '드러내 보여줘야' 할 가치다. 한류의 유교적 이상향이 지향하는 지어지선(止於至善)의 가치다([그림 05-03] '한류 유전자의 가치 지향' 참조).

2) 무엇을 준비해야 하는가

효(孝)와 신(信)에 기초한 인의예지(仁義禮智)가 구현되는 '이타'와 '공존'의 세상, 유교적 이상향 '한류토피아'를 위해 지금 우리가 준비해야 할 것은 무엇일까? 그 중심에 서비스[문화콘텐츠]가 있다. 서비스[문화콘텐츠]는 원거리교역의 대상이다. 원거리교역은 한류사, 한류 신화의 동력이다. 한류 신화는 '원거리교역'(Long Distance Trade)의 대상인 문화콘텐츠[서비스]에서 비롯된다. 이것이 문화콘텐츠[서비스]에 대해 관심을 가져야 하는 이유다. 문화콘텐츠[서비스]가 곧 한류이기 때문이다.

그렇다면 문화콘텐츠가 담아내야 할 유가적 가치의 지향은 어디에 둬야 할 것인가? 앞서도 언급했지만, 한류의 소비 주체[객체]인 세계인이 자신들의 순수 기질지성(氣質之性)을 지킬 수 있도록 초점을 맞춰야 한다. 그러기 위해서는 먼저 우리의 순수 기질지성을 되돌아봐야 한다. 맑고 순수한 나로부터 맑고 순수한 기질지성의 문화콘텐츠가 생산될 수 있기 때문이다. 오염과 혼탁, 폭력과 부도덕은 세계인이 소구하는 바가 아니다. 이는 드라마를 메인스트림으로 한 1차 한류시대(1987~1999)의 '경쟁시기', 아시아시장을 선도하던 일본 드라마가 한국 드라마에게 시장의 주도권을 내주게 된 배경을 살펴보면 알 수 있다.[483]

손괘(巽卦; ☴, 상괘)와 진괘(震卦; ☳, 하괘)의 결합 형태를 주역에서는 '풍뢰익'(風雷益)이라고 한다. 하괘인 진괘는 움직이는 성질이고, 상괘

483 제2장 ③일본 드라마(1990년대)의 재현 경향성, 참조.

인 손괘는 겸손하기 때문에 풍뢰익은 '움직이면서 겸손함'을 뜻한다.[484] 일이 잘 풀릴 때 사람들은 거만해지기 쉽다. 거만해지면 일은 곧 막히기 시작한다. '움직이면서 겸손함'이란 잘나갈 때 더 겸손해야 함을 뜻한다. 그런데 1990년대 잘나가던 일본 드라마는 소재와 코드의 극단화 경향을 보이기 시작한다. 섹스와 폭력의 노출 수위가 심각한 상태에 이른다.[485] 이런 극단적인 시장 상황에서 아시아인들은 '인'에 기초한 한국의 드라마를 자연선택한다. 자신들의 순수 기질지성을 지키기 위해 최적자를 찾고 있던 그들 유전자의 '이기적 본성'이 발현된 결과다. 이는 한류 문화콘텐츠[서비스]가 우리의 순수 기질지성에 기초해야 하고, 효(孝)와 신(信)에 기초한 '인, 의, 예, 지'라는 확장된 유교적 가치 밈을 담아내야 한다는 것을 의미한다.

그다음 과제는 이 같은 유교적 가치 밈을 '무엇을 통해 드러내 보여줄 것인가?' 하는 것이다. 소재가 부실하면, 그 밈은 성공적인 복제에 이르지 못한다. 그러기 때문에 중요한 것은 유교적 가치를 실을 최적의 원천 소재를 발굴하는 일이다. 우리의 삶과 역사는 원천 소재의 근원이다. 우리 것에 대한 높은 관심과 적극적인 소재 발굴은 '인'과 더불어 '의, 예, 지'로의 사단칠정론적 밈 확장성을 높여줄 것이다. 또 하나의 과제는 발굴된 원천 소재를 가공할 능력 있는 창작자들을 육성하는 일이다. 이상사회는 구성원 각각이 -마음에서는- 모두 하나가 되면서 현실적으로는 구별되는 각각의 역할을 수행할 때 가능하다.[486] 창작자는 원천 소재의 가공자이며, 한류토피아의 문을 열 수 있는 키맨이다. 자신의 역할을 수행할 수 있도록 육성, 지원해야 한다. 이들에 대한 투자는 한류 신화의

---

484 이기동, *주역강설*, 성균관대학교 출판부, 2010: 583.
485 박장순, *한류 한국과 일본의 드라마 전쟁*, 커뮤니케이션북스, 2008: 173~194.
486 이기동, *주역강설*, 성균관대학교 출판부, 2010: 240.

영원성을 담보하는 첫걸음이 될 것이다.

우리는 스스로 경시했던 슬픈 과거를 가지고 있다. “이게 얼마나 간다고” 하면서 우리의 대중문화 확산 바람, ‘한류’를 우습게 여기기도 했다. 그러나 이제 우리는 자신에 대한 믿음을 가져도 될 때가 됐다. 그럴만한 충분한 자격조건을 갖췄다. 우리의 삶과 역사, 우리의 문화는 우리가 생각하는 것보다 훨씬 더 우리가 믿음을 가져도 될 만큼 충분한 가치를 가지고 있다. 한류토피아의 문이 열릴 날이 그리 멀지 않았다. 그 문에 다다르기 전에 우리의 마음이 ‘인’으로 하나 되는 마음의 통일이 이루어졌으면 한다. 그래야만 인류의 내일을 위한 진정한 의미의 한류토피아가 우리에게 다가올 것이다.

제6장에서 한류 밈을 성리학과 유교 철학의 틀로 분석하며 철학적 기초를 세웠다. 이제 제7장에서는 시선을 서구로 옮겨, 기독교와의 유비 구조 속에서 한류를 살펴본다. 동서문명의 심층 가치가 어떻게 공명할 수 있는지, 그리고 그 공명이 한류의 세계적 확산을 가능케 하는 다리 역할을 할 수 있는지를 검토한다.

제7장

기독교와 유가 철학의 유비 구조: 한류, 서구 확장성의 근거

1. 부자(父子)관계로 본 기독교 정신

성서는 설화적 걸작품이며, 방대한 범위가 비교적 정확하게 이뤄진 역사적 이야기로 간주된다. 그것은 과학적이며 비판적인 역사에 훨씬 가까운 것이다. 성서 속에는 역사의 목적과 테마가 있다. 유대인들은 그들의 신앙에 역사의 옷을 입혀 역사의 모든 사건이 하느님의 뜻을 증거하고 있다고 믿었다. 그들은 유일신 여호와의 자손이라고 믿었다.[487] 그런데 신은 어째서 그들을 '일으키고, 또 넘어뜨렸는가?' 선지자들은 그 이유를 흔히, 죄의 결과로 파악한다. 그래서 이스라엘의 회개와 속죄의 기초로 삼는다. 그러나 『한류철학-초인공지능시대 '유토피아'의 성선적 가

487 Conkin, P. & Stromberg, R. *The Heritage and Challenge of History*, New York, Harper & Row, 1975, *서양사학사*, 임희완, 1993, 철학과 현실사, 1975: 17~18.

치 지향』은 그 이유를 아버지와 자식의 관계에서 찾는다. 불충하고 아버지에 대한 불평과 불만이 가득한 자식, 아버지의 말씀을 거스르기에 때로는 넘어뜨리기도 하지만 자식이기에 또 일으킬 수밖에 없는, 그러면서 믿고 사랑할 수밖에 없는 그런 아버지와 자식의 모습을 성서가 보여주고 있다는 관점에서 논의(論意)를 풀어간다.

1) 구약성서: 자식 이기는 부모 없다

(1) '아버지' 하느님

하느님은 인간을 창조하신다. 창세기 1장 26~27절에 다음과 같은 구절이 있다. "◎우리와 비슷하게 우리 모습으로 사람을 만들자. 그래서 그가 바다의 물고기와 하늘의 새와 집짐승과 온갖 들짐승과 땅을 기어 다니는 온갖 것을 다스리게 하자. ◎하느님께서는 이렇게 당신의 모습으로 사람을 창조하셨다. 하느님의 모습으로 사람을 창조하시되 남자와 여자로 그들을 창조하셨다." 그 남자와 그 여자가 바로, 우리 인간의 조상이다. 하느님이 낳은 하느님의 자식이다. 하느님은 인간의 아버지다. 당신이 낳은 자식에게 그가 창조한 모든 것을 다 주셨다.

> ◎자식을 많이 낳고 번성하여 땅을 가득 채우고 지배하여라. 그리고 바다의 물고기와 하늘의 새와 땅을 기어 다니는 온갖 생물을 다스려라. ◎이제 내가 온 땅 위에서 씨를 맺는 모든 풀과 씨 있는 모든 과일나무를 너희에게 준다. 이것이 너희의 양식이 될 것이다.[488]

이 같은 자식에 대한 아버지의 '베풂'이 곧 사랑이다. 사랑 없이는 아무것도 베풀 수 없다. 아버지는 이처럼 자식을 사랑하신다. 당신이 창조하

488 창세기 1: 28~29.

셨지만, 멋진 자식이 대견스럽기만 하다. "하느님께서 보시니 손수 만드신 모든 것이 참 좋았다."[489] 낳은 아버지만이 느낄 수 있는 행복이다.

(2) 아버지의 한계

하느님은 만군의 주님이시다. "낮을 밝히라고 해를 주시고 밤을 밝히라고 달과 별들에 질서를 정하신 분, 파도 소리 요란하게 바다를 뒤흔드시는 분, 그 이름 만군의 주님이시다."[490] 이 같은 아버지를 우리는 흔히 '아이언 존'(Iron John)이라고 한다. '철인'이라는 강한 남성성의 이미지로 아버지를 인식한다. 만물을 창조하신 아버지 하느님 또한 '아이언 존'이다. 전지전능한 힘을 갖고 있다. 그러나 정말로, 우리의 아버지는 모두가 '아이언 존'일까? 앤드류 오헤이건(Andrew O'Hagan)은 그의 소설 『우리의 아버지들』(Our Fathers)에서 "아버지들의 삶은 슬픔으로 점철되었다(Our fathers were made for grief)."고 이야기한다. '자식 이기는 부모 없다.'는 말이 있듯이 구약(舊約) 속 '아버지' 하느님의 삶도 '우리의 아버지들'과 별반 다르지 않다. 불평과 불만, 어긋나기만 하는 자식들 때문에 '아버지' 하느님 또한, 슬픔으로 점철된 삶을 사신다. 때로는 그들을 일으키고, 또 넘어뜨리기도 한다. 이집트 종살이에서 구해내기도 하고, 어긋나기만 하는 자식들을 마음은 아프지만, 바빌론으로 유배를 보내기도 한다. 그러나 '아버지' 하느님은 그 이상 자식들을 어찌하지 못한다. '아이언 존'이지만, 자식을 이길 도리가 없기 때문이다. 이것이 아버지의 한계다.

---

489 창세기 1: 31.
490 예레미야서 31: 35.

(3) 자식들의 불충과 끝없는 불평, 불만

아버지의 말씀을 거역한 최초의 불충은 아담과 이브로부터 시작한다. 그들은 "동산 한가운데 있는 열매만은 -너희가 죽지 않으려거든- 먹지도 만지지도 말라."고 하신 아버지의 말씀을 거스른다. 그들은 눈이 열리게 되었고, 그들 자신이 알몸인 것을 알게 된다.[491] 이로써 그들은 죽음이라는 인간의 숙명과도 맞닥뜨리게 된다. 에덴동산에서의 영원한 삶을 잃게 된 것이다. 아버지는 또 다음과 같이 우상숭배에 대한 경계의 말씀도 하신다.

> 주님께서 예리코 앞 요르단 강가의 모압 벌판에서 모세에게 이르셨다. ◎"너는 이스라엘 자손들에게 일러라. 그들에게 이렇게 말하여라. '너희가 요르단을 건너 가나안 땅으로 들어가면, ◎그 땅의 주민들을 너희 앞에서 모조리 쫓아내고, 돌에 새긴 그들의 우상들과 주조 신상들을 없애고, 그들의 산당들도 모조리 헐어 버려야 한다.'"[492]

> 너희는 마음에 유혹을 받아, 길을 벗어나서 다른 신들을 섬기거나 그들에게 경배하는 일이 없도록 조심하여라.[493]

> 너희는, 너희가 쫓아낼 민족들이 높은 산 위에서든, 언덕 위에서든, 푸른 나무 아래서든, 자기들의 신들을 섬기던 곳은 모조리 없애버려야 한다. ◎그들의 제단들을 허물어뜨리고 그들의 기념 기둥들을 부수며, 그들의 아세라 목상들을 불에 태워버려야 한다. 또 그들의 신상을 깨뜨리고 그들의 이름을 그곳에서 없애버려야 한다.[494]

---

491 창세기 3: 1~7.
492 민수기 33: 50~52.
493 신명기 11: 16.
494 ibid. 12: 2~3.

그러나 자식들은 이 같은 아버지의 말씀을 듣지 않았다. 더욱이 ◎"시팀에 머물러 있을 때, 그들은 모압의 여자들과 불륜을 저지르기 시작하였다. ◎이 여자들이 저희 신들에게 드리는 제사에 그들을 부르자, 그들은 거기에서 함께 먹으며 여인들의 신들에게 경배하였다."[495] 아버지의 말씀을 거스르며, 자식들은 이렇게 어처구니없는 불충을 저지른다. 그러면 왜, 아버지는 자식들이 우상숭배를 하지 못하게 하는 것일까? 이유는 간단하다. "너희는 소리만 들었기 때문이다."[496] 아버지의 형상을 보지 못했기 때문이다.

> 너희가 호렙에서 주 너희 하느님 앞에 서 있던 날, 주님께서 나(모세)에게 말씀하셨다. "백성을 나에게 불러 모아라. 내가 그들에게 내 말을 들려주어, 그들이 이 땅에 사는 동안 늘 나를 경외하는 법을 배우고 그들의 자손들도 가르치게 하겠다." ◎그리하여 너희가 다가와서 산 밑에 서자, 그 산은 하늘 한가운데까지 치솟는 불길에 휩싸였다. 그런데도 어둠과 짙은 구름이 깔려 있었다. ◎그때에 주님께서 불 속에서 너희에게 이르셨다. 너희는 말씀하시는 소리는 들었지만, 어떤 형상도 보지 못하였다.[497]

어떤 형상도 보지 못했기 때문에 너희는 ◎"매우 조심하여, ◎남자의 모습이든 여자의 모습이든, 어떤 형상으로도 우상을 만들어 타락하지 않도록 하여라. ◎땅 위에 있는 어떤 짐승의 형상이나, 하늘을 날아다니는 어떤 새의 형상이나, ◎땅 위를 기어 다니는 어떤 것의 형상이나, 땅 아래 물속에 있는 어떤 물고기의 형상으로도 우상을 만들어서는 안 된다. ◎너희는 하늘로 눈을 들어, 해나 달이나 별 같은 어떤 천체를 보고

495 민수기 25: 1~2.
496 신명기 4: 12.
497 ibid. 4: 10~12.

유혹을 받아, 그것들에게 경배하고 그것들을 섬겨서는 안 된다."[498]는 것이다. 그런데 자식들은 모세가 이야기하듯 "내가 너희를 알게 된 날부터 너희는 줄곧 주님을 거역해 왔다."[499] 이 같은 불충뿐 아니라, 자식들은 아버지가 이집트 땅에서 400년 동안 종살이하던 그들을 구해내 젖과 꿀이 흐르는 가나안 땅으로 데리고 오는 과정에서도 아버지에 대한 끝없는 불평과 불만을 쏟아낸다. 미래에 대한 꿈과 희망보다도 지금 처한 작은 어려움이 그들에게는 더 크게 다가왔던 것이다. 아버지는 이런 자식들의 끝없는 불평과 불만을 모두 다 들어주신다. '자식 이기는 부모 없다.'는 세상의 속담을 '아버지' 하느님이 증명해 보여주신 것이나 다름없다.

가. "이집트인들을 섬기게 우리를 그냥 놔두시오."

이스라엘 백성이 도망쳤다는 소식이 이집트 임금에게 전해졌다.[500] 그러자 파라오는 병거 육백 대에 이르는 정예 부대와 군관이 이끄는 이집트의 모든 기병을 거느리고 나섰다.[501] ◎마침내 파라오의 모든 말이며 병거, 그의 기병이며 보병 등 이집트 인들이 그들의 뒤를 쫓아가, 바알 츠폰 앞 피 하히롯 근처 바닷가에 진을 친 그들을 따라잡았다. ◎이스라엘 자손들은 몹시 두려워하며 주님께 부르짖었다. ◎그들은 모세에게 말하였다. "이집트에는 묏자리가 없어 광야에서 죽으라고 우리를 데려왔소? 어쩌자고 우리를 이집트에서 이끌어내어 이렇게 만드는 것이오? ◎우리한테는 이집트인들을 섬기는 것이 광야에서 죽는 것보다 나으니, 이집트인들을 섬기게 우리를 그냥 놔두시오. 우리가 이미 이집트에서

498 ibid. 4: 15~19.
499 ibid. 9: 24.
500 ibid. 14: 5.
501 ibid. 14: 7.

당신에게 말하지 않았소?"[502] 위기에 처하자 자식들은 어처구니없게도 그들을 구해낸 아버지께 원망을 쏟아낸다.

나. "우리가 무엇을 마셔야 한단 말이오?"

주님께서는 밤새도록 거센 샛바람으로 바닷물을 밀어내시어, 바다를 마른 땅으로 만드셨다. 그리하여 바닷물이 갈라지자, 이스라엘 자손들이 바다 가운데로 마른 땅을 걸어 들어갔다. 물은 그들 좌우에서 벽이 되어주었다.[503] 주님께서 모세에게 말씀하셨다. "바다 위로 손을 뻗어, 이집트 인들과 그들의 병거와 기병들 위로 물이 되돌아오게 하여라."[504] 물이 되돌아와서 이스라엘 자손들을 따라 바다로 들어선 파라오의 모든 군대의 병거와 기병들을 덮쳐버렸다. 그들 가운데 한 사람도 살아남지 못하였다.[505] 그날 주님께서는 이렇게 이스라엘을 이집트인들의 손에서 구해주셨고, 이스라엘은 바닷가에 죽어 있는 이집트인들을 보게 되었다.[506] ◎모세가 이스라엘을 갈대 바다에서 떠나게 하니, 그들이 수르 광야로 나아갔다. 광야에서 사흘 동안을 걸었는데도, 그들은 물을 찾지 못하였다. ◎마침내 마라에 다다랐지만, 그곳 마라의 물이 써서 마실 수가 없었다. ◎백성은 모세에게 "우리가 무엇을 마셔야 한단 말이오?" 하고 불평하였다. ◎모세가 주님께 부르짖으니, 주님께서 나무 하나를 보여주셨다. 모세가 그것을 물에 던지자 그 물이 단물이 되었다.[507]

502 ibid. 14: 9~12.
503 ibid. 14: 21.
504 ibid. 14: 26.
505 ibid. 14: 28.
506 ibid. 14: 30.
507 ibid. 15: 22~25.

다. "우리를 굶겨 죽이려고, 이 광야로 끌고 왔소?"

이스라엘 자손들의 온 공동체는 엘림을 떠나, 엘림과 시나이 사이에 있는 신 광야에 이르렀다. 그들이 이집트 땅에서 나온 뒤, 둘째 달 보름이 되는 날이었다.[508] 이스라엘 자손들의 온 공동체가 광야에서 모세와 아론[509]에게 불평하였다. "아, 우리가 고기 냄비 곁에 앉아 빵을 배불리 먹던 그때, 이집트 땅에서 주님의 손에 죽었더라면! 그런데 당신들은 이 무리를 모조리 굶겨 죽이려고, 우리를 이 광야로 끌고 왔소?"[510] ◎주님께서 모세에게 이렇게 이르셨다. ◎"나는 이스라엘 자손들이 불평하는 소리를 들었다. 그들에게 이렇게 일러라. '너희가 저녁 어스름에는 고기를 먹고, 아침에는 양식을 배불리 먹을 것이다. 그러면 너희는 내가 주 너희 하느님임을 알게 될 것이다."[511]

라. "어쩌자고 우리를 이집트 땅에서 데리고 올라왔소?"

이스라엘 자손들의 온 공동체는 주님의 분부대로 신 광야를 떠나 차츰차츰 자리를 옮겨갔다. 그들은 르피딤에 진을 쳤는데, 백성이 마실 물이 없었다. ◎백성은 "우리가 마실 물을 내놓으시오." 하면서 모세와 시비하였다. ◎"어쩌자고 우리를 이집트에서 데리고 올라왔소? 우리와 우리 자식들과 가축들을 목말라 죽게 하려고 그랬소?" ◎모세가 주님께 부르짖었다. "이 백성에게 제가 무엇을 해야 합니까? 이제 조금만 있으면 저에게 돌을 던질 것 같습니다." ◎그러자 주님께서 모세에게 말씀하셨다. "이제 내가 저기 호렙의 바위 위에서 네 앞에 서 있겠다. 네가 그 바

---

508 ibid. 16: 1.
509 모세의 형. 어눌한 모세를 돕도록 하느님은 말 잘하는 형 아론을 그의 대변인 격으로 선택한다.
510 ibid. 16: 3.
511 ibid. 16: 11~12.

위를 (지팡이로) 치면 그곳에서 물이 터져 나와, 백성이 그것을 마시게 될 것이다." 모세는 이스라엘의 원로들이 보는 앞에서 그대로 하였다.[512]

마. "보이는 것은 만나뿐, 아무것도 없구나!"

이집트를 탈출한 이듬해 둘째 달 스무날에 증언판을 모신 성막에서 구름이 올라갔다. ◎그러자 이스라엘 자손들은 시나이 광야를 떠나 차츰차츰 자리를 옮겨갔다.[513] 그들은 주님의 산을 떠나 사흘 길을 갔다.[514] 백성이 주님의 귀에 거슬리는 불평을 하였다. 주님께서 그것을 들으시고 진노하셨다.[515] ◎이스라엘 자손들까지 울며 말하였다. "누가 우리에게 고기를 먹여줄까? ◎우리가 이집트 땅에서 공짜로 먹던 생선이며, 오이와 수박과 부추와 파와 마늘이 생각나는구나. ◎이제 우리 기운은 떨어지는데, 보이는 것은 만나뿐, 아무것도 없구나."[516] 주님께서 모세에게 말씀하셨다.[517] ◎"너희는 주님의 귀에다 대고, '누가 우리에게 고기를 먹여줄까? 우리가 이집트에서는 좋았는데!' 하면서 울었다. 이제 주님이 너희에게 고기를 줄 터이니 너희가 먹게 될 것이다. ◎너희가 하루만 먹는 것이 아니다. 이틀도 아니고 닷새도 아니며, 열흘도 아니고 스무날도 아니다. ◎한 달 내내, 너희 콧구멍에서 그것이 나와 구역질이 날 때까지다. 너희 가운데에 있는 주님을 너희가 배척하고, 그 앞에서 '우리가 어쩌자고 이집트를 떠났던가?' 하면서 울었기 때문이다."[518] 자식들은 이렇게 '아버지' 하느님을 화나게 하였다. 그러나 여기까지다. 화난 하느님도

512 ibid. 17: 1~5.
513 민수기 10: 11~12.
514 ibid. 10: 33.
515 ibid. 11: 1.
516 ibid. 11: 4~6.
517 ibid. 11: 16.
518 ibid. 11: 18~20.

자식들만은 더는 어쩌지 못하신다.

바. "우리 가운데 우두머리를 하나 세워 이집트로 돌아가자."

주님께서 모세에게 이르셨다. ◎"사람들을 보내어, 내가 이스라엘 자손들에게 주는 가나안 땅을 정찰하게 하여라. 각 지파에서 모두 수장을 한 사람씩 보내야 한다." ◎모세는 주님의 분부에 따라 파란 광야에서 그들을 보냈다. 그 사람들은 모두 이스라엘 자손들의 우두머리였다.[519] ◎그들은 사십 일 만에 그 땅을 정찰하고 돌아왔다. ◎그들은 모세와 아론과 온 공동체에게 그 땅의 과일을 보여주면서 보고하였다. ◎"우리를 보내신 그 땅으로 가 보았습니다. 과연 젖과 꿀이 흐르는 곳이었습니다. 이것이 그곳 과일입니다. ◎그러나 그 땅에 사는 백성은 힘세고, 성읍들은 거창한 성채로 되어 있습니다.[520] ◎우리는 그 백성에게로 쳐 올라가지 못합니다. 그들은 우리보다 강합니다." 하면서, ◎이스라엘 자손들에게 자기들이 정찰한 땅에 대하여 나쁜 소문을 퍼뜨렸다.[521] 온 공동체가 소리 높여 아우성쳤다. 백성이 밤새도록 통곡하였다. ◎이스라엘의 모든 자손이 모세와 아론에게 투덜거렸다. 온 공동체가 그들에게 말하였다. "우리가 차라리 이집트 땅에서 죽었더라면! 아니면 이 광야에서라도 죽어버렸으면! ◎주님께서는 어쩌자고 우리를 이 땅으로 데려오셔서, 우리는 칼에 맞아 쓰러지고, 우리 아내와 어린것들은 노획물이 되게 하시는가? 차라리 이집트로 돌아가는 것이 더 낫지 않겠는가?" ◎그러면서 서로 "우두머리를 하나 세워 이집트로 돌아가자." 하고 말하였다.[522]

519 ibid. 13: 1~3.
520 ibid. 13: 25~28.
521 ibid. 13: 31~32.
522 ibid. 14: 1~4.

이처럼 자식들은 이집트를 탈출해 가나안 땅에 이르는 40년 동안 끊임없이 아버지의 말씀을 거스르고, 아버지를 화나게 하고, 아버지의 구원 사업에 불평과 불만을 늘어놓는다. 자식들의 이런 불충스런 행태는 아버지의 마음을 슬프게 하고, '슬픔으로 점철된 평범한 아버지의 삶'을 '아버지' 하느님에게도 강요한다. 결국, 구약이 서술하고 있는 이스라엘 백성들의 이집트 탈출과 젖과 꿀이 흐르는 가나안 땅으로의 고난의 여정은 '자식 이기는 부모 없다.'는 인간사의 속담이 전지전능한 '아버지' 하느님에게도 그대로 적용되고 있음을 보여준다. 어쩔 수 없는 자식, 때로는 계륵 같기도 하지만, 그래도 '아버지' 하느님은 희망의 끈을 놓지 않는다. "◎내가 너희에게 엘리야 예언자를 보내리라. ◎그가 부모의 마음을 자녀에게 돌리고 자녀의 마음을 부모에게 돌리리라."[523]

2) 신약성서: 사랑하는 아들, 내 마음에 드는 아들

구약이 불충한 자식과 그 자식을 이기지 못하는 아버지와의 갈등 관계를 이야기하고 있다면, 신약(新約)은 '내가 사랑하는 아들, 내 마음에 드는 아들, 예수(Jesus)'[524]의 탄생과 죽음, 부활을 이야기한다. 구약에서 다 이루지 못한 아버지의 소망이 신약에서 사랑하는 아들 '예수'의 탄생과 죽음으로 온전히 이루어지게 된다. 아버지는 이제 더는 슬픔으로 점철된 평범한 아버지의 삶을 살지 않아도 되는 것이다.

(1) 아들 예수의 탄생

하느님께서는 가브리엘 천사를 갈릴래아 지방 나자렛이라는 고을로 보

523 말라키서 3: 23~24.
524 마태오복음서 17: 5; 루카복음서 3: 22.

내시어, ◎다윗 집안의 요셉이라는 사람과 약혼한 처녀를 찾아가게 하셨다. 그 처녀의 이름은 마리아였다. ◎천사가 마리아의 집으로 들어가 말하였다. "은총이 가득한 이여, 기뻐하여라. 주님께서 너와 함께 계시다." ◎이 말에 마리아는 몹시 놀랐다. 그리고 이 인사말이 무슨 뜻인가 하고 곰곰이 생각하였다. ◎천사가 다시 마리아에게 말하였다. "두려워하지 마라, 마리아야. 너는 하느님의 총애를 받았다. ◎보라, 이제 네가 잉태하여 아들을 낳을 터이니 그 이름을 예수라 하여라. ◎그분께서는 큰 인물이 되시고 지극히 높으신 분의 아드님이라 불리실 것이다. 주 하느님께서 그분의 조상 다윗의 왕좌를 그분께 주시어, ◎그분께서 야곱 집안을 영원히 다스리시니 그분의 나라는 끝이 없을 것이다." ◎마리아가 천사에게, "저는 남자를 알지 못하는데, 어떻게 그런 일이 있을 수 있겠습니까?" 하고 말하자, ◎천사가 마리아에게 대답하였다. "성령께서 너에게 내려오시고 지극히 높으신 분의 힘이 너를 덮을 것이다. 그러므로 태어날 아기는 거룩하신 분, 하느님의 아드님이라 불릴 것이다.[525] ◎하느님께는 불가능한 일이 없다." ◎마리아가 말하였다. "보십시오, 저는 주님의 종입니다. 말씀하신 대로 저에게 이루어지기를 바랍니다." 그러자 천사는 마리아에게서 떠나갔다.[526]

그 무렵 아우구스투스 황제[527]가 칙령을 내려 온 세상이 호적 등록을 하게 되었다. ◎이 첫 번째 호적 등록은 퀴리니우스가 시리아 총독으로 있을 때에 실시되었다. ◎그래서 모두 호적 등록을 하러 저마다 자기 본향으로 갔다. ◎요셉도 갈릴래아 지방 나자렛 고을을 떠나 유다 지방, 베들레헴으로 불리는 다윗 고을로 올라갔다. 그가 다윗 집안의 자손이었

525 루카복음서 1: 26~35.
526 ibid. 1: 37~38.
527 고대 로마의 초대 황제(BC 63~AD 14).

기 때문이다. ◎그는 자기와 약혼한 마리아와 함께 호적 등록을 하러 갔는데, 마리아는 임신 중이었다. ◎그들이 거기에 머무르는 동안 마리아는 해산날이 되어, ◎첫 아들을 낳았다. 그들은 아기를 포대기에 싸서 구유에 뉘었다. 여관에는 그들이 들어갈 자리가 없었다. ◎그 고장에는 들에 살면서 밤에도 양 떼를 지키는 목자들이 있었다. ◎그런데 주님의 천사가 다가오고 주님의 영광이 그 목자들의 둘레를 비추었다. 그들은 몹시 두려워하였다. ◎그러자 천사가 그들에게 말하였다. "두려워하지 마라. 보라, 나는 온 백성에게 큰 기쁨이 될 소식을 너희에게 전한다. ◎오늘 너희를 위하여 다윗 고을에서 구원자가 태어나셨으니, 주 그리스도이시다. ◎너희는 포대기에 싸여 구유에 누워 있는 아기를 보게 될 터인데, 그것이 너희를 위한 표징이다." ◎그때에 갑자기 그 천사 곁에 수많은 하늘의 군대가 나타나 하느님을 이렇게 찬미하였다. ◎"지극히 높은 곳에서는 하느님께 영광, 땅에서는 그분 마음에 드는 사람들에게 평화!" ◎천사들이 하늘로 떠나가자 목자들은 서로 말하였다. "베들레헴으로 가서 주님께서 우리에게 알려주신 그 일, 그곳에서 일어난 일을 봅시다." ◎그리고 서둘러 가서, 마리아와 요셉과 구유에 누운 아기를 찾아냈다.[528] 목자들은 천사가 자기들에게 말한 대로 듣고 본 모든 것에 대하여 하느님을 찬양하고 찬미하며 돌아갔다.[529] 다윗의 자손이며 아브라함의 42대[530]손으로 추정되는 하느님의 아들 예수는 이렇게 탄생했다.

528 ibid. 2: 1~16.

529 ibid. 2: 20.

530 아브라함부터 다윗까지가 십사 대이고, 다윗부터 바빌론 유배까지가 십사 대이며, 바빌론 유배부터 그리스도까지가 십사 대이다(마태오복음서 1: 17).

(2) 예수의 죽음과 부활

예수님이 숨을 거두시자 성전 휘장이 위에서 아래까지 두 갈래로 찢어졌다. 땅이 흔들리고 바위들이 갈라졌다.[531] ◎백인대장과 또 그와 함께 예수님을 지키던 이들이 지진과 다른 여러 가지 일들을 보고 몹시 두려워하며, "참으로 이분은 하느님의 아드님이셨다." 하고 말하였다.[532] ◎저녁때가 되자 아리마태아 출신의 부유한 사람으로서 요셉이라는 이가 왔는데, 그도 예수님의 제자였다. ◎이 사람이 빌라도에게 가서 예수님의 시신을 내어 달라고 청하자, 빌라도가 내주라고 명령하였다. ◎요셉은 시신을 받아 깨끗한 아마포로 감싼 다음, ◎바위를 깎아 만든 자기의 새 무덤에 모시고 나서, 무덤 입구에 큰 돌을 굴려 막아 놓고 갔다. ◎거기 무덤 맞은쪽에는 마리아 막달레나와 다른 마리아가 앉아 있었다.[533]

수석 사제들과 바리사이들이 함께 빌라도에게 가서 ◎말하였다. "나리, 저 사기꾼이 살아 있을 때, '나는 사흘 만에 되살아날 것이다.' 하고 말한 것을 저희는 기억합니다. ◎그러니 셋째 날까지 무덤을 지키도록 명령하십시오. 그의 제자들이 와서 시체를 훔쳐내고서는, '그분은 죽은 이들 가운데에서 되살아나셨다.' 하고 말할지도 모릅니다. 그러면 이 마지막 기만이 처음 것보다 더 해로울 것입니다." ◎그러자 빌라도가 그들에게, "당신들에게 경비병들이 있지 않소. 가서 재주껏 지키시오." 하고 대답하였다. ◎그들은 가서 그 돌을 봉인하고 경비병들을 세워 무덤을 지키게 하였다.[534]

안식일이 지나고 주간 첫날이 밝아올 무렵, 마리아 막달레나와 다른

531 마태오복음서 27: 51.
532 ibid. 27: 54.
533 ibid. 27: 62~66.
534 ibid. 27: 62~66.

마리아가 무덤을 보러 갔다. ◎그런데 갑자기 큰 지진이 일어났다. 그리고 주님의 천사가 하늘에서 내려오더니 무덤으로 다가가 돌을 옆으로 굴리고서는 그 위에 앉는 것이었다. ◎그의 모습은 번개 같고 옷은 눈처럼 희었다. ◎무덤을 경비하던 자들은 천사를 보고 두려워 떨다가 까무러쳤다. ◎그때에 천사가 여자들에게 말하였다. "두려워하지 마라. 너희가 십자가에 못 박히신 예수님을 찾는 줄을 나는 안다. ◎그분께서는 여기에 계시지 않는다. 말씀하신 대로 그분께서는 되살아나셨다. 와서 그분께서 누워 계셨던 곳을 보아라. ◎그러니 서둘러 그분의 제자들에게 가서 이렇게 일러라. '그분께서는 죽은 이들 가운데에서 되살아나셨습니다. 이제 여러분보다 먼저 갈릴래아로 가실 터이니, 여러분은 그분을 거기에서 뵙게 될 것이다.' 이것이 내가 너희에게 알리는 말이다." ◎그 여자들은 두려워하면서도 크게 기뻐하며 서둘러 무덤을 떠나, 제자들에게 소식을 전하러 달려갔다. ◎그런데 갑자기 예수님께서 마주 오시면서 그 여자들에게 "평안하냐?" 하고 말씀하셨다. 그들은 다가가 엎드려 그분의 발을 붙잡고 절하였다.[535]

그때에 예수님께서 그들에게 말씀하셨다. "두려워하지 마라. 가서 내 형제들에게 갈릴래아로 가라고 전하여라. 그들은 거기에서 나를 보게 될 것이다." 열한 제자는 갈릴래아로 떠나 예수님께서 분부하신 산으로 갔다. ◎그들은 예수님을 뵙고 엎드려 경배하였다. 예수님께서는 그들에게 다가가 이르셨다. "나는 하늘과 땅의 모든 권한을 받았다. ◎그러므로 너희는 가서 모든 민족을 제자로 삼아, 아버지와 아들과 성령의 이름으로 세례를 주고, ◎내가 너희에게 명령한 모든 것을 가르쳐 지키게 하

535 ibid. 28: 1~9.

여라. 보라, 내가 세상 끝날까지 언제나 너희와 함께 있겠다."[536] ◎주 예수님께서는 제자들에게 말씀하신 다음 승천하시어 하느님 오른쪽에 앉으셨다. ◎제자들은 떠나가서 곳곳에 복음을 선포하였다. 주님께서는 그들과 함께 일하시면서 표징들이 뒤따르게 하시어, 그들이 전하는 말씀을 확증해 주셨다.[537]

2. 성서의 문화기호학적 이해

파리 기호학파의 창시자인 그레마스(Greimas)는 의미의 생성을 심층구조, 서사구조, 표층구조로 파악한다. 심층구조에는 작가의 사상과 철학이 담겨 있고, 작가의 사상과 철학은 작가가 기록한 텍스트의 서사(구조)를 통해 겉으로 드러나, 표층구조화된다. 이번 '성서의 문화기호학적 이해'에서는 성서의 심층구조에 흐르는 기독교 정신이 무엇이고, 이것이 성서의 말씀, 즉 서사를 통해 어떻게 표층(구조)화되는지, 이를 규명하고자 한다.

1) 심층의 가치: 효(孝)와 믿음

'효'(Filial Piety)의 궁극적인 정의는 부모의 뜻과 사업을 잘 계승하는 것이다(夫孝者 善繼人之志 善述人之事者也).[538] 아버지의 말씀을 따르고 받드는 일, 이것이 '효'다. 아버지 하느님은 그것을 원하신다. "◎이스라엘아, 주 너희 하느님께서 너희에게 요구하시는 것이 무엇이겠느냐? 그것은 주 너

536 ibid. 28: 16~20.
537 마르코복음서 16: 19~20.
538 이기동, *대학·중용 제십구장*, 2012: 177~179.

희 하느님을 경외하고, 그분의 모든 길을 따라 걸으며 그분을 사랑하고, 마음을 다하고 목숨을 다하여 주 너희 하느님을 섬기는 것, ◎그리고 너희가 잘되도록 오늘 내가 너희에게 명령하는 주님의 계명과 규정들을 지키는 것이다."[539] 이처럼 아버지는 당신의 말씀을 자식들이 잘 따르고 받들어주기를 바란다. '마음을 다하고 목숨을 다하여' 아버지를 섬기는 '효'의 표본은 외아들 이사악을 '아버지' 하느님께 바치는 아브라함을 통해 확인할 수 있다.

> 그분께서 말씀하셨다. "너의 아들, 네가 사랑하는 외아들 이사악을 데리고 모리야 땅으로 가거라. 그곳, 내가 너에게 일러주는 산에서 그를 나에게 번제물로 바쳐라." ◎아브라함은 아침 일찍 일어나 나귀에 안장을 얹고 두 하인과 아들 이사악을 데리고서는, 번제물을 사를 장작을 팬 뒤 하느님께서 자기에게 말씀하신 곳으로 길을 떠났다. ◎사흘째 되는 날에 아브라함이 눈을 들자, 멀리 있는 그곳을 볼 수 있었다. ◎아브라함이 하인들에게 말하였다. "너희는 나귀와 함께 여기에 머물러 있어라. 나와 이 아이는 저리로 가서 경배하고 너희에게 돌아오겠다." ◎그러고 나서 아브라함은 번제물을 사를 장작을 가져다 아들 이사악에게 지우고, 자기는 손에 불과 칼을 들었다. 그렇게 둘은 함께 걸어갔다. ◎이사악이 아버지 아브라함에게 "아버지!" 하고 부르자, 그가 "얘야, 왜 그러느냐?" 하고 대답하였다. 이사악이 "불과 장작은 여기 있는데, 번제물로 바칠 양은 어디 있습니까?" 하고 묻자, ◎아브라함이 "얘야, 번제물로 바칠 양은 하느님께서 손수 마련하실 거란다." 하고 대답하였다. 둘은 계속 함께 걸어갔다. ◎그들이 하느님께서 말씀하신 곳에 다다르자, 아브라함은 그곳에 제단을 쌓고 장작을 얹어 놓았다. 그러고 나서 아들 이사악을 묶어 제단 장작 위에 올려놓았다. ◎아브라함이 손을 뻗쳐 칼을 잡고 자기 아들을 죽이려 하였다. ◎그때, 주님의 천사가 하늘에서 "아브라함아, 아브라함아!" 하고 그를 불렀다. 그가 "예, 여기 있습니다." 하고 대답하자, ◎천사가 말하였다. "그 아이

539 신명기 10: 12~13.

에게 손대지 마라. 그에게 아무 해도 입히지 마라. 네가 너의 아들, 너의 외아들까지 나를 위하여 아끼지 않았으니, 네가 하느님을 경외하는 줄을 이제 내가 알았다." ◎아브라함이 눈을 들어 보니, 덤불에 뿔이 걸린 숫양 한 마리가 있었다. 아브라함은 가서 그 숫양을 끌어와 아들 대신 번제물로 바쳤다.[540]

'아버지' 하느님은 아브라함을 시험해 보려고 그의 외아들 이사악을 당신께 제물로 바치라고 명한다. 아브라함은 아버지의 말씀을 성실히 수행했고, 이에 만족한 아버지는 이사악을 대신해 숫양 한 마리를 번제물로 내놓으신다. 모세는 말한다. "너희는 마음을 다하고 목숨을 다하고 힘을 다하여 주 너희 하느님을 사랑해야 한다.[541] 너희는 집에 앉아 있을 때나 길을 갈 때나, 누워 있을 때나 일어나 있을 때나, 이 말을 너희 자녀에게 거듭 들려주고 일러 주어라."[542] 이것이 아버지에 대한 자식의 도리이기 때문이다. '효'를 행하지 않는 자식은 악이고, 악은 없애버려야 한다.

어떤 사람에게, 고집이 셀뿐더러 반항만 하며 아버지의 말이나 어머니의 말을 들으려 하지 않고, 부모가 꾸짖어도 듣지 않는 아들이 있을 경우, ◎그의 아버지와 어머니는 그를 붙잡고 그가 사는 성읍의 성문으로 원로들에게 데리고 가서, ◎그들에게 '이 우리 아들은 고집이 셀뿐더러 반항만 하며 우리 말을 듣지 않는데다 방탕아이고 술꾼입니다' 하고 말해야 한다. ◎그러면 그 성읍의 남자들이 모두 그에게 돌을 던져 죽여야 한다. 그렇게 너희는 너희 가운데에서 악을 치워버려야 한다.[543]

'기브 앤 테이크'(Give and Take)라는 말은 기본적으로 상호 균형성을

---

540 창세기 22: 2~13.
541 신명기 6: 5.
542 ibid. 6: 7.
543 ibid. 21: 18~21.

전제로 한다. 그러기 때문에 한쪽이 기울면, 다른 한쪽이 섭섭해한다. 그러나 아버지의 사랑은 다르다. 자식이 아버지에게 바치는, 그래서 아버지가 취하게 되는 '효'의 크기와 상관이 없다. 다시 말해 아버지의 사랑은 완전 불균형한 '줌'(Giving) 중심의 일방향적인 것이다. 그래도 아버지는 섭섭해하지 않는다. '주는 것'이 곧, 당신의 기쁨이기 때문이다. 이것이 부성(父性)이다.

'믿음'은 신앙의 기초다. 예수님께서 제자들에게 말씀하셨다. "내가 진실로 너희에게 말한다. 누구든지 이 산더러 '들려서 저 바다에 빠져라.' 하면서, 마음속으로 의심하지 않고 자기가 말하는 대로 이루어진다고 믿으면, 그대로 될 것이다."[544] 이것이 믿음이다. ◎믿음은 우리가 바라는 것들의 보증이며 보이지 않는 실체들의 확증이다.[545] ◎믿음으로써, 우리는 세상이 하느님의 말씀으로 마련되었음을, 따라서 보이는 것이 보이지 않는 것에서 나왔음을 깨닫는다.[546] 하느님께 나아가는 사람은 그분께서 계시다는 것과 그분께서 당신을 찾는 이들에게 상을 주신다는 것을 믿어야 한다.[547] 하느님께서 토마스에게 말씀하신 것처럼 "보지 않고도 믿는 사람은 행복하다."[548] ◎주님을 신뢰하고 그의 신뢰를 주님께 두는 이는 복되다. ◎그는 물가에 심긴 나무와 같아 제 뿌리를 시냇가에 뻗어 무더위가 닥쳐와도 두려움 없이 그 잎이 푸르고 가문 해에도 걱정 없이 줄곧 열매를 맺는다.[549] 예레미아의 기도는 절대적 믿음을 보여준다. ◎"주님, 저를 낫게 해주소서. 그러면 제가 나으리이다. 저를 구원해 주소서.

544 마르코복음서 11: 23.
545 히브리 인들에게 보낸 서간 11: 1.
546 ibid. 11: 3.
547 ibid. 11: 6.
548 요한복음서 20: 29.
549 예레미야서 17: 7~8.

그러면 제가 구원받으리이다."[550] '믿음'은 신앙의 시작이며 끝이다.

(1) 예수의 수난: 효와 믿음의 증명 과정

예수의 삶은 수난의 역사다. 지상과 영계의 구분 없이 어찌 보면 전방위적으로 수난이 이뤄진다. 지상계 최고의 권력자인 헤로데 왕은 태어나는 아기 예수를 죽이려고 한다. 새로운 영웅의 등장이 두려웠던 것이다. 그의 가혹한 행위는 비슷한 시기에 태어난 많은 아기를 죽음으로 내몬다. 그러나 아기 예수를 죽음에 이르게 하지는 못한다. 결국, 아기 예수는 베들레헴에서 태어나 고향인 갈릴래아 지방 나자렛으로 돌아가지 못하고, 헤로데 왕이 죽을 때까지 이집트로 피신해 그곳에서 도피 생활을 할 수밖에 없는 신세가 된다. 선왕의 뒤를 이어 새로 권좌에 오른 그의 아들 헤로데(Herod Antipas) 임금 또한, 이집트에서 돌아와 갈릴래아 지방에서 공생활을 시작한 예수를 탐탁하게 여기지 않는다. 회당에서 복음을 선포하고, 병자를 고치고, 기적을 행하는 예수의 소식을 듣고, 아들 헤로데 임금은 몹시 당황하였다. ◎더러는 "요한이 죽은 이들 가운데에서 되살아났다." 하고, ◎더러는 "엘리야가 나타났다." 하는가 하면, 또 어떤 이들은 "옛 예언자 한 분이 다시 살아났다." 하였기 때문이다. ◎그래서 헤로데는 이렇게 말하였다. "(세례자) 요한은 내가 목을 베었는데, 소문에 들리는 이 사람은 누구인가?" 그러면서 그는 예수님을 만나 보려고 하였다.[551] 바로 그때에 바리사이 몇 사람이 예수님께 다가와, "어서 이곳을 떠나십시오. 헤로데가 선생님을 죽이려고 합니다." 하고 말하였다.[552] 사회 지도층인 수석 사제와 율법학자들 또한, 그들의 권위에 도

550 ibid. 17: 14.
551 루카복음서 9: 7~9.
552 ibid. 13: 31.

전하는 새로운 아이돌, '예수'의 등장을 받아들일 수가 없었다. 그래서 그들은 예수를 제거하기 위한 온갖 모략을 행한다.

예수님께서 어느 날 성전에서 백성을 가르치시며 복음을 전하고 계시는데, 수석 사제들과 율법학자들이 원로들과 함께 다가와, ◎예수님께 말하였다. "당신이 무슨 권한으로 이런 일을 하는지, 또 당신에게 그러한 권한을 준 이가 누구인지 말해 보시오." ◎그러자 예수님께서 그들에게 말씀하셨다. "나도 너희에게 한 가지 물을 터이니 대답해 보아라. ◎요한의 세례가 하늘에서 온 것이냐, 아니면 사람에게서 온 것이냐?" ◎그들은 저희끼리 서로 의논하였다. "'하늘에서 왔다.' 하면 '어찌하여 그를 믿지 않았느냐?' 하고 말할 것이오. ◎그렇다고 '사람에게서 왔다.' 하면 온 백성이 요한을 예언자로 확신하고 있으니 그들이 돌을 던져 우리를 죽일 것이오." ◎그래서 그들은 어디에서 왔는지 모른다고 대답하였다. ◎그러자 예수님께서 그들에게 말씀하셨다. "나도 무슨 권한으로 이런 일을 하는지 너희에게 말하지 않겠다."[553]

그리하여 그들은 기회를 엿보다가, 선량한 사람처럼 꾸민 앞잡이들을 보내어 예수님의 말씀을 빌미로 그분을 붙잡게 하였다. 예수님을 직권과 사법권을 가진 총독에게 넘기려는 것이었다. ◎그들이 예수님께 물었다. "스승님, 저희는 스승님께서 올바르게 말씀하시고 가르치시며 사람을 그 신분에 따라 가리지 않으시고, 하느님의 길을 참되게 가르치신다는 것을 압니다. ◎그런데 저희가 황제에게 조세를 내는 것이 합당합니까, 합당하지 않습니까?" ◎예수님께서는 그들의 교활한 속셈을 꿰뚫어 보시고 그들에게 말씀하셨다. ◎"데나리온 한 닢을 나에게 보여라. 누구의 초상과 글자가 새겨져 있느냐?" 그들이 "황제의 것입니다." 하고 대답하였다. ◎이에 예수님께서 그들에게 이르셨다. "그러면 황제의 것은 황제에게 돌려주고, 하느님의 것은 하느님께 돌려 드려라." ◎그들은 예수님께서 하신 말씀을 빌미로 백성 앞에서 그분을 붙잡지 못하였을

553 ibid. 20: 1~8.

뿐만 아니라, 그분의 답변에 경탄하며 입을 다물었다.[554]

예수님께서 다시 회당에 들어가셨는데, 그곳에 한쪽 손이 오그라든 사람이 있었다. ◎사람들(바리사이)은 예수님을 고발하려고, 그분께서 안식일에 그 사람을 고쳐 주시는지 지켜보고 있었다. ◎예수님께서 손이 오그라든 사람에게 "일어나 가운데로 나와라." 하시고, ◎그들에게 말씀하셨다. "안식일에 좋은 일을 하는 것이 합당하냐? 남을 해치는 일을 하는 것이 합당하냐?" 그러나 그들은 입을 열지 않았다. ◎그분께서는 노기를 띠시고 그들을 둘러보셨다. 그리고 그들의 마음이 완고한 것을 몹시 슬퍼하시면서 그 사람에게, "손을 뻗어라." 하고 말씀하셨다. 그가 손을 뻗자 그 손이 다시 성하여졌다. ◎바리사이들은 나가서 곧바로 헤로데 당원들과 더불어 예수님을 어떻게 없앨까 모의를 하였다.[555]

파스카라고 하는 무교절이 다가왔다. ◎수석 사제들과 율법학자들은 백성이 두려워, 예수님을 어떻게 제거해야 할지 그 방법을 찾고 있었다. ◎그런데 사탄이 열두 제자 가운데 하나로 이스카리옷이라고 하는 유다에게 들어갔다. ◎그리하여 그는 수석 사제들과 성전 경비대장들을 찾아가 그들에게 예수님을 넘길 방도를 함께 의논하였다. ◎그들은 기뻐하며 그에게 돈을 주기로 합의를 보았다. ◎유다는 그것에 동의하고, 군중이 없을 때에 예수님을 그들에게 넘길 적당한 기회를 노렸다.[556]

영계의 악마도 예수를 괴롭힌다. 요르단 강가에서 세례자 요한으로부터 물로 세례를 받은 예수는 성령으로 가득 차 있다. 그런 예수를 기다리는 것은 악마였다. 악마는 단식을 하며 사십 일 동안 광야에서 기도하는 예수를 유혹한다.

---

554 ibid. 20: 20~26.
555 마르코복음서 3: 1~6.
556 루카복음서 22: 1~6.

예수님께서는 ◎그동안 아무것도 잡수시지 않아 그 기간이 끝났을 때에 시장하셨다. ◎그런데 악마가 그분께, "당신이 하느님의 아들이라면 이 돌더러 빵이 되라고 해 보시오." 하고 말하였다. ◎예수님께서 그에게 대답하셨다. "'사람은 빵만으로 살지 않는다.'고 성경에 기록되어 있다." ◎그러자 악마는 예수님을 높은 곳으로 데리고 가서 한순간에 세계의 모든 나라를 보여주며, ◎그분께 말하였다. "내가 저 나라들의 모든 권세와 영광을 당신에게 주겠소. 내가 받은 것이니 내가 원하는 이에게 주는 것이오. ◎당신이 내 앞에 경배하면 모두 당신 차지가 될 것이오." ◎예수님께서 그에게 대답하셨다. "성경에 기록되어 있다. '주 너의 하느님께 경배하고 그분만을 섬겨라.'" ◎그러자 악마는 예수님을 예루살렘으로 데리고 가서 성전 꼭대기에 세운 다음, 그분께 말하였다. "당신이 하느님의 아들이라면 여기에서 밑으로 몸을 던져 보시오. ◎성경에 이렇게 기록되어 있지 않소? '그분께서는 너를 위해 당신 천사들에게 너를 보호하라고 명령하시리라.' ◎'행여 네 발이 돌에 차일세라 그들이 손으로 너를 받쳐 주리라.'" ◎예수님께서 그에게, "'주 너의 하느님을 시험하지 마라.' 하신 말씀이 성경에 있다." 하고 대답하셨다. ◎악마는 모든 유혹을 끝내고 다음 기회를 노리며 그분에게서 물러갔다.[557]

이처럼 지상계와 영계에서 수석사제와 율법학자, 그리고 악마에 의해 행해졌던 예수 수난의 역사는 결국, '아버지' 하느님에 대한 '아들' 예수의 '효'와 '믿음'을 증명해가는 과정이다. 아버지의 원대한 계획 속에 들어와 있는 아들의 운명이기도 하다. 예언자 시메온(Simeon)이 성모님께 드리는 이야기를 통해서도 확인할 수 있다.

예루살렘에 시메온이라는 사람이 있었다. 이 사람은 의롭고 독실하며 이스라엘이 위로받을 때를 기다리는 이였는데, 성령께서 그 위에 머물러 계셨다. ◎성령께서는 그에게 주님의 그리스도(예수)를 뵙기 전에는 죽지 않으리라고 알

557 ibid. 4: 1~13.

려 주셨다. ◎그가 성령에 이끌려 성전으로 들어갔다. 그리고 아기에 관한 율법의 관례를 준수하려고 부모가 아기 예수님을 데리고 들어오자, ◎그는 아기를 두 팔에 받아 안고 이렇게 하느님을 찬미하였다. ◎"주님, 이제야 말씀하신 대로 당신 종을 평화로이 떠나게 해 주셨습니다. ◎제 눈이 당신의 구원을 본 것입니다. ◎이는 당신께서 모든 민족 앞에서 마련하신 것으로 ◎다른 민족들에게는 계시의 빛이며, 당신 백성 이스라엘에게는 영광입니다." ◎아기의 아버지와 어머니는 아기를 두고 하는 이 말에 놀라워하였다. ◎시메온은 그들을 축복하고 나서 아기 어머니 마리아에게 말하였다. "보십시오, 이 아기는 이스라엘에서 많은 사람을 쓰러지게도 하고 일어나게도 하며, 또 반대를 받는 표징이 되도록 정해졌습니다. ◎그리하여 당신의 영혼이 칼에 꿰찔리는 가운데, 많은 사람의 마음속 생각이 드러날 것입니다."[558]

(2) 예수의 죽음: 심층의 가치 효(Filial Piety)와 믿음(Faith)의 극적 발현

예수의 죽음과 그에 이르는 과정은 '아버지' 하느님에 대한 아들 예수의 '효'와 '믿음'을 증명해 보여준다. '마음을 다하고, 목숨을 다해' 아버지의 뜻에 순종하는 아들 예수의 참모습이 그 과정에서 감동적으로 보여진다. 특히, 겟세마니에서의 기도는 아들 예수의 아버지에 대한 '효'와 '믿음'이 얼마나 극진한가를 보여준다. 첫 번째 기도 "아버지, 하실 수만 있으시면 이 잔이 저를 비켜가게 해주십시오. 그러나 제가 원하는 대로 하지 마시고 아버지께서 원하시는 대로 하십시오."[559] 두 번째 기도 "아버지, 이 잔이 비켜갈 수 없는 것이라서 제가 마셔야 한다면, 아버지의 뜻이 이루어지게 하십시오."[560]는 '마음을 다하고, 목숨을 다한' 아들 예수의 '효'와 '믿음'의 깊이를 알 수 있게 해주는 대목이다. 그럼에도 아들 예수의 기도가 연민과 애틋함으로 다가오는 것은 그가 마지막까지도 '사

558 ibid. 2: 25~35.
559 마태오복음서 26: 39.
560 ibid. 26: 42.

람의 아들'로서 삶의 끈을 놓고 싶어 하지 않았다는 것이다. "아버지, 하실 수만 있으시면 이 잔이 저를 비켜가게 해주십시오."(My Father, if it is possible, let this cup pass me by.) 그 간절함이 성자의 인간적인 면모를 드러내 보여줌으로써 그의 죽음이 오히려 아버지에 대한 '효'와 '믿음'을 더욱 극적으로 발현시켜준다.

2) 서사를 통해 나타난 표층의 가치

성서의 말씀, 즉 서사를 통해 겉으로 드러난 표층화된 기독교 정신은 크게 네 가지, '사랑·정의·순명·계명'으로 요약된다. 이는 성서의 심층에 흐르는 가치, 즉 '아버지' 하느님에 대한 효(Filial Piety)와 믿음(Faith)의 정신에 뿌리를 둔다. '효'는 아버지의 뜻을 이어받고, 아버지의 뜻을 계승하는 것이다. 아버지의 말씀을 따르고, 잘 받드는 일이다. 그래서 아버지의 마음을 평안하게 해드리는 것이다. '마음을 다하고 목숨을 다한' 심층에 깔린 아버지에 대한 자식의 경외심, 공경심, 즉 '효'가 겉으로 드러나 표층화된 것이 '사랑'이다. '정의'(正義)는 아버지의 뜻과 말씀, 즉 '계명'을 드러내 실천하는 것이다. '순명'(順命)은 이런 아버지의 계명을 받들고, 따르고자 하는 마음이다. 서사를 통해 표층화된 이 같은 '사랑·정의·순명'은 바로, 아버지의 '계명'에 대한 심층의 '믿음'과 '효'에서 출발한 기독교 정신이다.

(1) 사랑

"스승님, 율법에서 가장 큰 계명은 무엇입니까?" ◎예수님께서 그에게 말씀하셨다. "'네 마음을 다하고 네 목숨을 다하고 네 정신을 다하여 주 너의 하느님을 사랑해야 한다.' ◎이것이 가장 크고 첫째가는 계명이다.

◎둘째도 이와 같다. '네 이웃을 너 자신처럼 사랑해야 한다.'는 것이다. ◎온 율법과 예언서의 정신이 이 두 계명에 달려 있다."[561] "이보다 더 큰 계명은 없다."[562]

기독교의 선행가치는 '사랑'이다. '아버지' 하느님은 당신의 아들 예수를 우리의 죄를 사하기 위한 속죄 제물로 바쳤다. 우리가 '하느님은 사랑이다.'[563]라고 하는 이유가 여기에 있다. 하느님께서 우리를 이렇게 사랑하셨으니, 우리도 서로 사랑해야 한다는 것이다. 우리가 서로 사랑하면, 하느님께서 우리 안에 머무르시고, 그분 사랑이 우리에게서 완성된다고 한다.[564] 사랑이 우리에게서 완성되었다는 것은, 우리도 이 세상에서 그분처럼 살고 있기에 우리가 심판 날에 확신을 가질 수 있다는 사실에서 드러난다.[565]

요한의 첫째 서간은 이렇게 말한다. "사랑에는 두려움이 없습니다. 완전한 사랑은 두려움을 쫓아냅니다. 두려워하는 이는 아직 자기의 사랑을 완성하지 못한 사람입니다."[566] 사람의 아들 예수가 '아버지' 하느님의 말씀에 순명하며, 자신의 목숨을 내어놓을 수 있었던 것은 그가 우리 인간을 너무도 사랑했기 때문이다. 이는 '아버지' 하느님이 당신의 아들을 속죄 제물로 내놓으신 것과 같은 사랑이다. 그의 무한 사랑, '아버지'의 무한 사랑은 '돌아온 탕자'의 비유 속에서도 잘 나타나 있다.

> 예수님께서 말씀하셨다. "어떤 사람에게 아들이 둘 있었다. ◎그런데 작은아들이, '아버지, 재산 가운데에서 저에게 돌아올 몫을 주십시오.' 하고 아버지에

561 ibid. 22: 36~40.
562 마르코복음서 12: 31.
563 요한의 첫째 서간 4: 16.
564 ibid. 4: 11~12.
565 ibid. 4: 17.
566 ibid. 4: 18.

게 말하였다. 그래서 아버지는 아들들에게 가산을 나누어 주었다. ◎며칠 뒤에 작은아들은 자기 것을 모두 챙겨서 먼 고장으로 떠났다. 그러고는 그곳에서 방종한 생활을 하며 자기 재산을 허비하였다. ◎모든 것을 탕진하였을 즈음 그 고장에 심한 기근이 들어, 그가 곤궁에 허덕이기 시작하였다. ◎그래서 그 고장 주민을 찾아가서 매달렸다. 그 주민은 그를 자기 소유의 들로 보내어 돼지를 치게 하였다. ◎그는 돼지들이 먹는 열매 꼬투리로라도 배를 채우기를 간절히 바랐지만, 아무도 주지 않았다. ◎그제야 제정신이 든 그는 이렇게 말하였다. '내 아버지의 그 많은 품팔이꾼들은 먹을 것이 남아도는데, 나는 여기에서 굶어 죽는구나. ◎일어나 아버지께 가서 이렇게 말씀드려야지. 아버지, 제가 하늘과 아버지께 죄를 지었습니다. ◎저는 아버지의 아들이라고 불릴 자격이 없습니다. 저를 아버지의 품팔이꾼 가운데 하나로 삼아 주십시오.'" ◎그리하여 그는 일어나 아버지에게로 갔다. 그가 아직도 멀리 떨어져 있을 때에 아버지가 그를 보고 가엾은 마음이 들었다. 그리고 달려가 아들의 목을 껴안고 입을 맞추었다. ◎아들이 아버지께 말하였다. '아버지, 제가 하늘과 아버지께 죄를 지었습니다. 저는 아버지의 아들이라고 불릴 자격이 없습니다.' ◎그러나 아버지는 종들에게 일렀다. '어서 가장 좋은 옷을 가져다 입히고 손에 반지를 끼우고 발에 신발을 신겨 주어라. ◎그리고 살진 송아지를 끌어다가 잡아라. 먹고 즐기자. ◎나의 이 아들은 죽었다가 다시 살아났고 내가 잃었다가 도로 찾았다.' 그리하여 그들은 즐거운 잔치를 벌이기 시작하였다.[567]

내가 너희를 사랑한 것처럼 너희도 서로 사랑하여라. ◎친구들을 위하여 목숨을 내놓는 것보다 더 큰 사랑은 없다.[568] 원수를 사랑하여라.[569] ◎너를 재판에 걸어 네 속옷을 가지려는 자에게는 겉옷까지 내주어라. ◎누가 너에게 천 걸음을 가자고 강요하거든, 그와 함께 이천 걸음을 가

567 루카복음서 15: 11~24.
568 요한복음서 15: 12~13.
569 루카복음서 6: 35.

주어라. ◎달라는 자에게 주고 꾸려는 자를 물리치지 마라.[570] ◎너희가 밭에서 곡식을 거둘 때에, 곡식 한 묶음을 잊어버리더라도 그것을 가지러 되돌아가서는 안 된다. 그것은 이방인과 고아와 과부의 몫이 되어야 한다. ◎너희가 올리브 나무 열매를 떨 때, 지나온 가지에 다시 손을 대어서는 안 된다. 그것은 이방인과 고아와 과부의 몫이 되어야 한다. ◎너희는 포도를 수확할 때에도 지나온 것을 따서는 안 된다. 그것은 이방인과 고아와 과부의 몫이 되어야 한다.[571] 이 같은 하느님의 사랑은 '도피 성읍'이라는 공간을 통해 죄지은 자에게까지도 이어진다.

> 주 너희 하느님께서 너희에게 차지하라고 주시는 땅에서 성읍 셋을 따로 떼어 놓아야 한다. ◎그러고 나서 주 너희 하느님께서 너희에게 상속 재산으로 주시는 땅을 셋으로 나누고 길을 지정하여, 모든 살인자가 그곳으로 피신할 수 있게 하여라.[572] 너희 땅에서 무죄한 이의 피가 흐르는 일이 없게 해야 한다.[573]

> 너희가 레위 인들에게 내줄 성읍들에는 살인자가 피신할 수 있도록 너희가 정한 도피 성읍 여섯이 들어 있어야 한다.[574] 너희는 이 성읍들을 보복자를 피하는 도피처로 삼아, 살인자가 재판받으려고 공동체 앞에 서기 전에 죽는 일이 없게 해야 한다.[575] 증인 한 사람의 증언만으로는 사형에 처하지 못한다.[576]

---

570 마태오복음서 5: 40~42.
571 신명기 24: 19~21.
572 ibid. 19: 2~3.
573 ibid. 19: 10.
574 민수기 35: 6.
575 ibid. 35: 12.
576 ibid. 35: 30.

(2) 정의, 공정

'정의'를 뜻하는 'Justice'에서 'Jus'는 '법'(Law)을 뜻한다. 정의는 아버지의 말씀, 즉 계명을 실천하는 것이다.[577] 이는 아버지의 말씀에 대한 '믿음'에서 출발한다. 자식을 갖지 못한 아브라함이 아버지께 아뢰었다. ◎ "주 하느님, 저에게 무엇을 주시렵니까? 저는 자식 없이 살아가는 몸, 제 집안의 상속자는 다마스쿠스 사람 엘리에제르가 될 것입니다." ◎아브라함이 다시 아뢰었다. "저를 보십시오. 당신께서 자식을 주지 않으셔서, 제 집의 종이 저를 상속하게 되었습니다." ◎그러자 주님의 말씀이 그에게 내렸다. "그가 너를 상속하지 못할 것이다. 네 몸에서 나온 아이가 너를 상속할 것이다." ◎그러고는 그를 밖으로 데리고 나가서 말씀하셨다. "하늘을 쳐다보아라. 네가 셀 수 있거든 저 별들을 세어 보아라." 그에게 또 말씀하셨다. "너희 후손이 저렇게 많아질 것이다." ◎아브라함이 주님을 믿으니, 주님께서 그 믿음을 의로움으로 인정해 주셨다.[578] 이처럼 아버지를 믿는 것이 의로움, 곧 정의다.

'정의'의 실현을 위해 '아버지' 하느님이 실행한 첫 번째 사건은 40일간의 대홍수다. ◎주님께서는 사람들의 악이 세상에 많아지고, 그들 마음의 모든 생각과 뜻이 언제나 악하기만 한 것을 보시고, ◎세상에 사람을 만드신 것을 후회하시며 마음 아파하셨다.[579] ◎세상은 하느님 앞에 타락해 있었다. 세상은 폭력으로 가득 차 있었다. ◎하느님께서 내려다보시니, 세상은 타락해 있었다. 정녕 모든 살덩어리가 세상에서 타락한 길을 걷고 있었다.[580]

577 주 우리 하느님께서 명령하신 대로, 그분 앞에서 이 모든 계명을 명심하여 실천하면, 우리가 의로워질 것이다(신명기 6: 25).

578 창세기 15: 2~6.

579 ibid. 6: 5~6.

580 ibid. 6: 11~12.

노아는 당대에 의롭고 흠 없는 사람이었다.[581] ◎주님께서는 노아에게 말씀하셨다. "너는 네 가족과 함께 방주로 들어가라. 내가 보니 이 세대에 내 앞에서 의로운 사람은 너밖에 없구나. ◎정결한 짐승은 모두 수놈과 암놈으로 일곱 쌍씩, 부정한 짐승은 수놈과 암놈으로 한 쌍씩 데려가거라. ◎하늘의 새들도 수컷과 암컷으로 일곱 쌍씩 데리고 가서, 그 씨가 온 땅 위에 살아남게 하여라. ◎이제 이레가 지나면, 내가 사십 일 동안 밤낮으로 땅에 비를 내려, 내가 만든 생물을 땅에서 모두 쓸어버리겠다." ◎노아는 주님께서 명령하신 대로 다 하였다.[582]

땅에 사십 일 동안 홍수가 계속되었다. 물이 차올라 방주를 밀어 올리자 그것이 땅에서 떠올랐다. ◎물이 불어나면서 땅 위로 가득 차오르자 방주는 물 위를 떠다니게 되었다. ◎땅에 물이 점점 더 불어나, 온 하늘 아래 높은 산들을 모두 뒤덮었다. ◎물은 산들을 덮고도 열다섯 암마[583]나 더 불어났다. ◎그러자 땅에서 움직이는 모든 살덩어리들, 새와 집짐승과 들짐승과 땅에서 우글거리는 모든 것, 그리고 사람들이 모두 숨지고 말았다. ◎마른 땅 위에 살면서 코에 생명의 숨이 붙어 있는 것들은 모두 죽었다. ◎노아와 그와 함께 방주에 있는 사람과 짐승만 남았다.[584] 이렇게 해서 아버지는 인간 세상의 타락을 정리하고, 정의를 세웠다.

남이 너희에게 해주기를 바라는 그대로 너희도 남에게 해주어라.[585] 이는 공정에 관한 기독교의 황금률, 율법과 예언서의 정신이다. ◎사람들 사이에 분쟁이 생겨서 재판받으러 나아가면, 판관들은 그들을 재판하여 옳은 이에게는 무죄를 선언하고, 그른 자에게는 유죄를 선언해야

581 ibid. 6: 9.
582 ibid. 7: 1~5.
583 팔꿈치에서 가운데 중지 끝까지의 길이; 약 46~56㎝.
584 ibid. 7: 17~23.
585 마태오복음서 7: 12.

한다. ◎그른 자가 매를 맞아야 하면, 판관은 그를 자기 앞에 엎드리게 한 다음, 그의 잘못에 해당하는 대수만큼 매질하게 해야 한다. ◎그를 마흔 대까지는 매질하여도 괜찮지만 그 이상은 안 된다. 그것은 마흔 번이 넘도록 너희 동족을 매질하다가, 너희가 보는 앞에서 그가 업신여김을 받지 않게 하려는 것이다.[586] ◎너희는 자루에 크고 작은 두 개의 저울추를 가지고 있어서는 안 된다. ◎너희는 집에 크고 작은 두 개의 되를 가지고 있어서는 안 된다. ◎너희는 정확하게 올바른 저울추를 가지고 있어야 하며, 정확하고 올바른 되를 가지고 있어야 한다.[587] 이는 공정을 실현하기 위한 아버지의 말씀이다. 이를 지키는 것이 정의다.

(3) 순명, 순종

오베이(Obey)는 '복종하다'라는 뜻을 갖는 동사다. '~하는 것'을 뜻하는 'Ob'(to)와 '듣다'를 뜻하는 'ey'(listen)가 결합된 단어다. '복종'(Obedience)이라는 말은 이처럼 본래 '듣는 것', '귀 기울이는 것'이라는 어원적 의미를 갖는다. 순명(順命)은 명(命)을 '좇다', '그대로 따르다'라는 뜻이다. 아버지의 말씀(命)에 귀 기울이고(듣고), 이를 따른다는 뜻이다. '순명'은 하느님에 대한 사랑으로 자신을 희생하며, 자유 의지를 가지고 기쁨으로 명령에 따르는 덕을 뜻한다. '하느님을 사랑하는 것은 바로 그분의 계명을 지키는 것이다.' 아버지 하느님은 이런 순명과 순종을 원한다. 아버지 하느님은 순명하는 사람, '계명을 지키는 사람' 안에 머무르신다.

> 이스라엘아, 주 너희 하느님께서 너희에게 요구하시는 것이 무엇이겠느냐? 그것은 주 너희 하느님을 경외하고, 그분의 모든 길을 따라 걸으며 그분을 사

586 신명기 25: 1~3.
587 ibid. 25: 13~15.

랑하고, 마음을 다하고 목숨을 다하여 주 너희 하느님을 섬기는 것, ◎그리고 너희가 잘되도록 오늘 내가(모세) 너희에게 명령하는 주님의 계명과 규정들을 지키는 것이다.[588] ◎너희는 주 너희 하느님을 사랑하고, 그분의 명령과 규정과 법규와 계명들을 늘 지켜야 한다.[589] ◎하느님을 사랑하는 것은 바로 그분의 계명을 지키는 것이다.[590] ◎그분의 계명을 지키는 사람은 그분 안에 머무르고, 그분께서도 그 사람 안에 머무르신다.[591]

(4) 계명, 규정[法]

최초의 말씀(命)은 '무화과나무 열매를 먹지 말라는 것'이다. 여기에서 시작된 아버지의 말씀은 십계명으로 요약된다. "◎너에게는 나 말고 다른 신이 있어서는 안 된다. ◎너는 위로 하늘에 있는 것이든, 아래로 땅 위에 있는 것이든, 땅 아래로 물속에 있는 것이든 어떤 형상으로도 신상을 만들어서는 안 된다. 너는 그것들에 경배하거나 그것들을 섬기지 못한다.[592] ◎주 너의 하느님의 이름을 부당하게 불러서는 안 된다. ◎주 너의 하느님이 너에게 명령한 대로 안식일을 지켜 거룩하게 하여라.[593] ◎주 너의 하느님이 너에게 명령한 대로, 아버지와 어머니를 공경하여라. ◎살인해서는 안 된다. ◎간음해서는 안 된다. ◎도둑질해서는 안 된다. ◎이웃에게 불리한 허위 증언을 해서는 안 된다. ◎이웃의 아내를 탐내서는 안 된다."[594] 주님께서는 구름이 덮이고 어두운 산 위 불 속에서, 큰 소리로 온 회중에게 이 말씀을 하시고, 아무것도 보태지 않으셨다. 그리고 두 돌판에 이 말씀을 쓰시어 모세에게 주셨다.[595] 아버지와 자식 사이

588 ibid. 10: 12~13.
589 ibid. 11: 1.
590 요한의 첫째 서간 5: 3.
591 ibid. 3: 24.
592 신명기 5: 7~9.
593 ibid. 5: 11~12.
594 ibid. 5: 16~21.
595 ibid. 5: 22.

에 계약이 맺어진 것이다. 이 밖에도 아버지의 말씀은 다음과 같이 다양한 규정[法]들로 이뤄진다.

가. 십일조 규정

너희는 해마다 밭에서 나는 모든 소출의 십분의 일을 떼어 놓아야 한다. ◎너희는 주 너희 하느님께서 당신의 이름을 머무르게 하시려고 선택하시는 곳에서, 너희의 곡식과 포도주와 기름의 십분의 일을, 그리고 너희의 소와 양의 맏배를 그분 앞에서 먹어야 한다. 그러면 너희가 언제나 주 하느님을 경외하는 법을 배울 수 있을 것이다.[596]

나. 빚을 탕감해주는 해에 관한 규정

너희는 일곱 해마다 빚을 탕감해주어야 한다. ◎이웃에게 빚을 준 모든 사람은 자기가 꾸어 준 것을 탕감해주어야 한다. 자기 이웃이나 동족에게 독촉해서는 안 된다.[597]

다. 가난한 이들에 관한 규정

주 너희 하느님께서 너희에게 주시는 땅 어느 성에서 너희 동족 가운데 가난한 이가 있거든, 가난한 그 동족에게 매정한 마음을 품거나 인색하게 굴어서는 안 된다. ◎오히려 너희 손을 활짝 펴서, 그가 필요한 만큼 넉넉히 꾸어 주어야 한다. ◎가난한 동족을 괄시하고 그에게 아무것도 주지 않는 일이 없도록 조심하여라. ◎그리고 그에게 줄 때에 아까워하는 마음을 갖지 말아야 한다.[598]

596 ibid. 14: 22~23.
597 ibid. 15: 1~2.
598 ibid. 15: 7~10.

라. 이자에 관한 규정

너희는 동족에게 이자를 받고 꾸어 주어서는 안 된다. 돈에 대한 이자든 곡식에 대한 이자든, 그 밖에 이자가 나올 수 있는 것은 모두 마찬가지다.[599]

마. 남의 포도나 곡식에 관한 규정

너희가 이웃의 포도밭에 들어갈 경우, 원하는 만큼 배불리 포도를 먹을 수는 있지만 그릇에 담아서는 안 된다. ◎너희가 이웃의 곡식밭에 들어갈 경우, 손으로 이삭을 자를 수는 있지만 이웃의 곡식에 낫을 대서는 안 된다.[600]

바. 담보물에 관한 규정

맷돌은 그 위짝 하나라도 담보물로 삼아서는 안 된다. 그것은 생명을 담보물로 삼는 것이다.[601] ◎너희는 이웃에게 무엇이든지 꾸어줄 경우, 담보물을 잡으려고 그의 집에 들어가서는 안 된다. ◎너희는 밖에 서 있고, 너희가 꾸어줄 사람이 밖으로 담보물을 가지고 나와야 한다. ◎그 사람이 가난하면, 너희는 그의 담보물을 잡아 둔 채 잠자리에 들어서는 안 된다. ◎해가 질 무렵에는 그 담보물을 반드시 돌려주어, 그가 자기 겉옷을 덮고 잘 수 있게 해야 한다.[602]

599 ibid. 23: 20.
600 ibid. 23: 25~26.
601 ibid. 24: 6.
602 ibid. 24: 10~13.

사. 품삯에 관한 규정

너희는 너희 동족들 가운데에서나 너희 땅, 너희 성 안에 있는 이방인들 가운데에서, 가난하고 궁핍한 품팔이꾼을 억눌러서는 안 된다. ◎그의 품삯은 그날로 주어야 한다. 그는 가난하여 품삯을 애타게 기다리므로, 해가 지기 전에 그에게 품삯을 주어야 한다.[603]

아. 약한 사람을 보호하는 규정

너희가 밭에서 곡식을 거둘 때에, 곡식 한 묶음을 잊어버리더라도 그것을 가지러 되돌아가서는 안 된다. 그것은 이방인과 고아와 과부의 몫이 되어야 한다. ◎너희가 올리브 나무 열매를 떨 때, 지나온 가지에 다시 손을 대어서는 안 된다. 그것은 이방인과 고아와 과부의 몫이 되어야 한다. ◎너희는 포도를 수확할 때에도 지나온 것을 따서는 안 된다. 그것은 이방인과 고아와 과부의 몫이 되어야 한다. ◎너희는 너희가 이집트 땅에서 종이었던 것을 기억해야 한다.[604]

자. 가축의 맏배에 관한 규정

너희의 소와 양에게서 난 맏배의 수컷은 모두 주 너희 하느님께 봉헌해야 한다. 너희는 소의 맏배를 부리거나 양의 맏배의 털을 깎아서는 안 된다.[605]

차. 파스카 축제에 관한 규정

너희는 아빕[606] 달을 지켜, 주 너희 하느님을 위하여 파스카 축제를 지

603 ibid. 24: 14~15.
604 ibid. 24: 19~22.
605 ibid. 15: 19.
606 고대 헤브라이력(曆)의 제1월.

내야 한다. 그것은 아빕 달에, 주 너희 하느님께서 너희를 밤에 이집트에서 이끌어내오셨기 때문이다. ◎주님께서 당신의 이름을 머무르게 하시려고 선택한 곳에서, 양과 소를 주 너희 하느님께 파스카 제물로 잡아 바쳐야 한다. ◎너희는 누룩 넣은 빵을 그 제물과 함께 먹어서는 안 된다. 이레 동안은 누룩 없는 빵, 곧 고난의 빵을 그 제물과 함께 먹어야 한다. 그것은 너희가 이집트 땅에서 급하게 나왔기 때문이다. 또한 너희가 이집트 땅에서 나온 날을 평생토록 기억하게 하려는 것이다.[607]

카. 판관이 지켜야 할 규정

너희는 공정을 왜곡해서도 안 되고 한쪽을 편들어서도 안 되며 뇌물을 받아서도 안 된다. 뇌물은 지혜로운 이들의 눈을 어둡게 하고, 의로운 이들의 송사를 뒤엎어 버린다. ◎너희는 정의, 오직 정의만 따라야 한다.[608]

타. 임금이 지켜야 할 규정

반드시 주 너희 하느님께서 선택하시는 사람을 임금으로 세워야 한다. 너희는 너희 동족 가운데에서 임금을 세워야 하며, 너희 동족이 아닌 외국인을 임금으로 삼아서는 안 된다.[609] ◎임금은 또 아내를 늘려 마음이 빗나가는 일이 있어서는 안 되고, 은이나 금을 너무 많이 늘려서도 안 된다. ◎임금은 왕위에 오르면, 레위인 사제들 앞에서 이 율법의 사본을 책에 기록해야 한다. ◎그리고 그것을 자기 곁에 두고 평생토록 날마다 읽으면서, 주 자기 하느님을 경외하는 법을 배우고, 이 율법의 모든 말씀과

607 ibid. 16: 1~3.
608 ibid. 16: 19~20.
609 ibid. 17: 15.

이 규정을 명심하여 실천해야 한다.[610]

3) 심층의 가치는 표층화된 기독교 정신의 근본

'효'(Filial Piety)와 '믿음'(Faith)은 성서의 '심층'에 흐르는 가치다. 이는 성서의 말씀, 즉 '서사'를 통해 '사랑·정의·순명·계명' 등 4가지 기독교 정신을 겉으로 드러내 '표층'화시킨다. 다시 말해 심층의 '효'와 '믿음'은 표층의 '사랑·정의·순명·계명'을 모두 진실하게 하는 근본이다. 이들 '표층'화된 가치는 '효'와 '믿음'이 전제되지 않으면 진실할 수가 없다. 그렇다면 심층의 '효'와 '믿음'은 서로 어떤 관계일까?

'효'는 만덕(萬德)의 으뜸이다. 자식으로서 부모를 섬기는 '효'의 마음을 임금에게 적용하면 '충'(忠)이 되고, 친구 사이에 적용하면 '신'(信)이 된다고 공자는 말했다.[611] 이는 '효'가 '믿음'[信]에 선행하는 기독교적 가치의 근원이라는 유교 철학적 단서를 제공한다. 다시 말해 '믿음'은 아버지 하느님에 대한 '효'에 뿌리를 둔다. 이처럼 아버지 하느님에 대한 '효'에서 출발한 '믿음'은 기독교 신앙의 기초다. ◎믿음으로써, 우리는 세상이 하느님의 말씀으로 마련되었음을, 따라서 보이는 것이 보이지 않는 것에서 나왔음을 깨닫는다.[612] '믿음'은 '사랑·정의·순명·계명'의 근본이다. '믿음' 안에 '사랑'이 있고, 믿음 안에 '정의'가 있고, 믿음 안에 '순명'이 있고, 믿음 안에 '계명'이 있다.

(1) 믿음과 사랑

예수님께서 그곳(겐네사렛 땅)을 떠나 티로와 시돈 지방으로 물러가셨다.

---

610 ibid. 17: 17~19.
611 김학주, *孝經*, 명문당, 2012: 66.
612 히브리 인들에게 보낸 서간 11: 3.

◎그런데 그 고장에서 어떤 가나안 부인이 나와, "다윗의 자손이신 주님, 저에게 자비를 베풀어 주십시오. 제 딸이 호되게 마귀가 들렸습니다." 하고 소리 질렀다. ◎예수님께서는 한마디도 대답하지 않으셨다. 제자들이 다가와 말하였다. "저 여자를 돌려보내십시오. 우리 뒤에서 소리 지르고 있습니다." ◎그제야 예수님께서 "나는 오직 이스라엘 집안의 길 잃은 양들에게 파견되었을 뿐이다." 하고 대답하셨다. ◎그러나 그 여자는 예수님께 와 엎드려 절하며, "주님, 저를 도와주십시오." 하고 청하였다. ◎예수님께서는 "자녀들의 빵을 집어 강아지들에게 던져 주는 것은 좋지 않다." 하고 말씀하셨다. ◎그러자 그 여자가 "주님, 그렇습니다. 그러나 강아지들도 주인의 상에서 떨어지는 부스러기는 먹습니다." 하고 말하였다. ◎그때에 예수님께서 그 여자에게 말씀하셨다. "아, 여인아! 네 믿음이 참으로 크구나. 네가 바라는 대로 될 것이다." 바로 그 시간에 그 여자의 딸이 나았다.[613] "강아지들도 주인의 상에서 떨어지는 부스러기는 먹습니다."라는 병든 딸을 지극히도 사랑하는 가나안 여인의 '아버지' 하느님에 대한 간절한 믿음의 절규가 그녀의 딸을 악마로부터 해방시키는 감동적인 기적을 일궈낸다. 믿음은 사랑이다. ◎사랑 안에 머무르는 사람은 하느님 안에 머무르고, 하느님께서도 그 사람 안에 머무르신다.[614]

(2) 믿음과 정의

모세는 어른이 되었을 때에 파라오의 딸의 아들이라고 불리기를 거부하였습니다. ◎죄의 일시적인 향락을 누리기보다 하느님의 백성과 함께

613 마태오복음서 15: 21~28.
614 요한의 첫째 서간 4: 16.

학대받는 길을 선택하였습니다. ◎그는 그리스도를 위하여 받는 모욕을 이집트의 보물보다 더 큰 재산으로 여겼습니다. 앞으로 받을 상을 내다 보고 있었던 것입니다. ◎믿음으로써 그는 (이집트) 임금의 분노도 두려워하지 않고 이집트를 떠났습니다. 보이지 않으시는 분을 보고 있는 사람처럼 굳건히 견디어 냈습니다.[615] 믿음으로써, 창녀 라합은 정탐꾼들을 평화로이 맞아들였기에, 순종하지 않은 자들[616]과 함께 망하지 않았습니다.[617] 그녀는 "주 당신들의 하느님만이 위로는 하늘에서, 아래로는 땅에서 하느님이십니다."[618]라고 아버지에 대한 믿음을 고백하였다. ◎믿음에 실천이 없으면 그러한 믿음은 죽은 것입니다.[619] ◎사람은 믿음만으로 의롭게 되는 것이 아니라 실천으로 의롭게 됩니다.[620]

뒷날, 너희 아들이 너희에게, '주 우리 하느님께서 부모님께 명령하신 법령과 규정과 법규들이 왜 있습니까?' 하고 물으면, ◎너희는 너희 아들에게 이렇게 말해 주어야 한다. '우리는 이집트에서 파라오의 종이었다. 그러나 주님께서는 강한 손으로 우리를 이집트에서 이끌어내셨다. ◎주님께서는 우리가 보는 앞에서 이집트, 곧 파라오와 그의 집안에 크고 무서운 표징들과 기적들을 내리셨다. ◎그리고 그곳에서 우리를 이끌어내셨다. 우리 조상들에게 맹세하신 땅으로 우리를 데려다가, 그 땅을 우리에게 주시려는 것이었다. ◎그런 다음에 우리가 늘 잘되고 오늘 이처럼 우리를 살게 해주시려고, 주님께서는 이 모든 규정을 실천하고 주 우리 하느님을 경외하라고 우리에게 명령하셨다. ◎주 우리 하느님께서 명령

615 히브리 인들에게 보낸 서간 11: 24~27.
616 라합의 아버지와 어머니, 형제자매, 그리고 그들에게 딸린 모든 이.
617 ibid. 11: 31.
618 여호수아기 2: 11.
619 야고보 서간 2: 17.
620 야고보 서간 2: 24.

하신 대로, 그분 앞에서 이 모든 계명을 명심하여 실천하면, 우리가 의로워질 것이다.[621] 정의는 바로, 믿음의 실천이다.

(3) 믿음과 순명

노아는 아직 보이지 않는 일에 관하여 지시를 받고 경건한 마음으로 방주를 마련하여 자기 집안을 구하였습니다. ◎믿음으로써, 아브라함은 장차 상속 재산으로 받을 곳을 향하여 떠나라는 부르심을 받고 그대로 순종하였습니다. 그는 어디로 가는지도 모르고 떠난 것입니다.[622] ◎믿음으로써, 사라는 아이를 가지지 못하는 여인인 데다 나이까지 지났는데도 임신할 능력을 얻었습니다.[623] 약속해 주신 분을 성실하신 분으로 여겼기 때문입니다. ◎그리하여 한 사람에게서, 그것도 죽은 것이나 다름없는 사람에게서 하늘의 별처럼 수가 많고 바닷가의 모래처럼 셀 수 없는 후손이 태어났습니다.[624] 믿음으로써, 아브라함은 시험을 받을 때에 이사악을 바쳤습니다. 약속을 받은 아브라함이 외아들을 바치려고 하였습니다. ◎그 외아들을 두고 하느님께서는 일찍이, "이사악을 통하여 후손들이 너의 이름을 물려받을 것이다."[625] 하고 말씀하셨습니다. 아브라함은 하느님께서 죽은 사람까지 일으키실 수 있다고 생각하였습니다. 그리하여 이사악을 하나의 상징으로 돌려받은 것입니다.[626]

---

621 신명기 6: 20~25.

622 히브리 인들에게 보낸 서간 11: 7~8.

623 창세기 17: 17~19, 21: 1~5. 이때 아브라함의 나이는 백 살, 아내 사라의 나이는 아흔 살이었다. 이때 낳은 아이가 이사악이다.

624 히브리 인들에게 보낸 서간 11: 11~12.

625 창세기 21: 12.

626 히브리 인들에게 보낸 서간 11: 17~19.

(4) 믿음과 계명

계명은 아버지에 대한 믿음이 있을 때 따르게 된다. "◎주 너희 하느님께서는 너희를 좋은 땅으로 데리고 가신다. 그곳은 물이 흐르는 시내와 샘이 있고, 골짜기와 산에서는 지하수가 솟아나오는 땅이다. ◎또 밀과 보리와 포도주와 무화과와 석류가 나는 땅이며, 올리브 기름과 꿀이 나는 땅이다. ◎그곳은 너희가 모자람 없이 양식을 먹을 수 있고, 아쉬울 것이 하나도 없는 땅이며, 돌이 곧 쇠이고, 산에서는 구리를 캐낼 수 있는 땅이다. ◎너희는 배불리 먹고, 주 너희 하느님께서 너희에게 주신 좋은 땅 때문에 그분을 찬미하게 될 것이다."[627] 라는 믿음이 아버지의 말씀, 즉 계명을 따르게 한다. ◎너희는 오늘 내가(모세) 너희에게 명령하는 모든 계명을 명심하여 실천하여라. 그러면 너희가 살 수 있고 번성할 것이다. 그리고 주님께서 너희 조상들에게 맹세하며 약속하신 땅에 들어가 그 땅을 차지할 것이다.[628]

3. 한류의 서구 확장성: 기독교와 유교 철학의 유비적 관계

문화 진화이론 '미메틱스'(Memetics)에서 밈 유전자형이란 뇌 속에 복제 저장돼 있는, 겉으로 드러나 있지 않은 밈 복제자다. 장차 겉으로 드러나게 될 밈 표현형의 원천이다. 유교 철학에서 성(性)이란 마음속에 있으면서 발산되지 않은 것, 고요하여 움직임이 없는 것이다(在心裏面, 未發動底, 是性; 寂然不動). 겉으로 드러나게 될 정(情)의 상대적 개념이다(情與性

627 신명기 8: 7~10.
628 신명기 8: 1.

相對).[629]

뿌리(性, 유전자형)의 작용은 모든 잎과 가지에 드러나 있지만(情, 표현형), 그 모습(性, 유전자형)은 보이지 않는 곳에 숨어 있고, 그 움직임은 모든 잎과 가지의 움직임으로 드러나지만(情, 표현형), 그 자체의 움직임은 지극히 미세하다. 마치 하늘의 천명(天命)과도 같다. 하늘의 모습(性, 유전자형)은 보이지 않지만, 그 작용은 천지만물로 나타나 있고(情, 표현형), 그 움직임은 지극히 미세하지만, 천지만물의 움직임으로 드러나 있다.[630]

이처럼 문화 진화이론 미메틱스의 '밈 유전자형'과 유교 철학의 '성', 문화 진화이론 미메틱스의 '밈 표현형'과 유교 철학의 '정', 이들 사이의 유비적 상호 관계성이 한류 밈의 사단칠정론적 해석을 가능하게 하는 근거가 된다. 물론, 밈 유전자형과 밈 표현형이 '뇌'와 관련되고, 성과 정이 '마음'과 관계된다는 점에서 분명, 차이는 있다. 그러나 마음이 뇌의 작용이라는 신경의학적 관점에서 볼 때, 그 차이가 둘 사이의 유비적 관계를 논의하는 과정에서 걸림돌이 되지는 않는다.

앞서 '2. 성서의 문화기호학적 이해'에서도 잠시 언급했지만, 파리 기호학파의 창시자인 그레마스(Greimas)의 의미생성 모델에서 '심층'(구조)은 마음의 깊은 곳이다. 작가의 사상과 철학이 흐르는 곳이다. 겉으로 드러나지 않는다. '심층'은 마음의 '뿌리'다. 문화 진화이론 미메틱스에서 이야기하는 밈 '유전자형'이다. 유교 철학, 특히 사단칠정론에서 이야기하는 '성'이다. '표층'(구조)은 마음의 뿌리가 '서사'(구조)를 통해 겉으로 드러난 밈 '표현형'이다. 동시에 유교 철학의 '정'이다. 이 같은 유비적 관계가 진화생물학의 미메틱스를 중개자로 기독교 신학과 유교 철학의 유

629 陳淳, *性理字義*, 박완식, *성리자의*, 여강출판사, 2005: 69~71.
630 이기동, *대학·중용강설*, 성균관대학교 출판부, 2012: 115.

비성을 논의할 수 있게 해주는 출발점이다.

1) 심층의 밈 유전자형[性]: 효(孝)와 믿음[信]의 유비성

'효'는 기독교 신학과 유교 철학을 관통하는 심층의 가치, 즉 밈 유전자형이다. 성서는 "이스라엘아, 주 너희 하느님께서 너희에게 요구하시는 것이 무엇이겠느냐? 그것은 주 너희 하느님을 경외하고, 그분의 모든 길을 따라 걸으며 그분을 사랑하고, 마음을 다하고 목숨을 다하여 주 너희 하느님을 섬기는 것이다"[631]라고 말한다. 이것이 기독교 신학의 '효'(Filial Piety)다. 그러면서 성서는 아버지와 어머니를 공경하고[632], "만나 뵐 수 있을 때 아버지를 찾아라. 가까이 계실 때에 그분을 부르라."[633]고 강조한다. 이에 반하는 행위를 할 경우, 아버지는 그들에게 벌을 내린다. "자기 아버지나 어머니를 업신여기는 자는 저주를 받는다."[634] "아버지나 어머니를 욕하는 자는 사형을 받아야 한다."[635]고 기독교 신학은 이야기한다.

유교 철학의 '사단칠정론'이 성리학의 중심 이론체계라면, '효'는 본류(本流) 유교 철학의 근본이다. 공자는 『효경』(孝經) 18장을 논설하여 임금과 신하와 아버지와 자식 사이의 행실의 근거를 밝혔다(遂說孝經一十八章, 以明君臣父子之行所寄). 그래서 법도를 아는 사람은 행실을 닦을 수 있고, 행실에 대하여 아는 사람은 법도를 삼가게 되었던 것이다(知其法者, 修其行, 知其行者, 謹其法).[636] 우리가 유교를 윤리 철학이라고 하는 이유가 여기에 있다. '효경'은 온갖 행실의 으뜸이고, 오륜의 바탕이 되는 것이다(孝

631 신명기 10: 12.
632 신명기 5; 16; 루카복음서 18: 20; 마태오복음서 15: 4.
633 이사야서 55: 6.
634 신명기 27: 16.
635 마태오복음서 15: 4.
636 김학주, *孝經*, 명문당, 2012: 46~47.

經者, 百行之宗, 五教之要).[637] 유자(有子)는 "효와 우애는 인(仁)을 행하는 근본이다(孝悌也者, 其爲仁之本與)."라고 설파한다.[638] '인의예지'를 중심으로 한 성리학의 '사단칠정론'과 '효'의 관계를 명확히 설정해주는 구절이라고도 할 수 있다. 공자께서 말씀하셨다. "효는 하늘의 법도이며 땅의 의리이고 사람들의 행실이다(子曰; 夫孝 天之經也, 地之義也, 民之行也)."[639] 다시 말해 효는 삼재(三才), 즉 '하늘·땅·사람'의 법도다. 효를 '덕', 즉 '성'(性)의 근본이라고 가르쳤던 공자는『효경』의 첫 장 '개종명의'(開宗明義)에서 이 같은 '성'의 근본인 유전자형 '효'에 관해 다음과 같이 기술한다.

> 身體髮膚 受之父母
> 몸과 머리털, 피부는 부모로부터 받은 것이다.
>
> 不敢毀傷 孝之始也
> 그것을 손상하지 않는 것이 효의 시작이다.
>
> 立身行道 揚名於後世
> 입신해서 도를 행하고, 후세에 이름을 떨쳐
>
> 以顯父母 孝之終也
> 부모를 널리 알리는 것이 효의 끝이다.

'효'의 시작은 우리가 부모로부터 물려받은 신체발부(身體髮膚)를 다치지 않게 하는 것이고, '효'의 끝은 우리가 뜻을 이뤄 후세에 이름을 떨침으로써 부모를 널리 알리는 것[640]이라고 유교 철학은 말한다. 성서의 구약(舊約)도 이 같은 공자의 가르침과 마찬가지로, "신체발부 수지부모,

637 ibid. 51.
638 *논어(論語) '학이'(學而)* 제2장.
639 김학주, *孝經*, 명문당, 2012: 90~91.
640 제1부 제1장 '인간의 본성: 이기적 본성과 영원성' 참조.

불감훼상 효지시야"를 이야기한다. "사제들은 머리를 밀거나, 수염 끝을 깎거나, 몸에 상처를 내서는 안 된다."[641] "너희 몸에 문신을 새겨서도 안 된다."[642] 이처럼 기독교 신학과 유교 철학은 '효'라는 심층의 가치, 즉 유전자형[性]의 가치를 공유함으로써 상호 유비적 관계를 갖는다.

『논어』 '태백'(泰伯) 제3장은 '효'의 진정한 모습이 무엇인지를 잘 보여주고 있다. 죽음이 임박한 증자는 제자들을 불러놓고 확인시킨다. "이불을 젖혀 내 발을 보아라. 이불을 젖혀 내 손을 보아라. 『시경』에 '전전긍긍하며 깊은 못가를 가는 듯, 엷은 얼음을 밟는 듯 조심한다.'는 말이 있는데 내가 지금까지 내 몸을 보존하기 위하여 그렇게 살았다. 내 수족이 온전하니 이제야 불효의 죄에서 벗어나게 되었구나(曾子有疾 召門弟子曰啓予足 啓予手 詩云戰戰兢兢 如臨深淵 如履薄氷 而今而後 吾知免夫 小子)."[643]

'믿음'은 신앙의 기초다. '효'와 더불어 성서의 심층에 깊숙이 흐르는 기독교 신학적 가치다. 믿음은 아버지에 대한 경외심, 효에서 시작된다. 경외심은 자식들이 아버지를 믿고, 사랑하게 되는 이유다. 아버지의 모상을 한 자식들이 아버지를 사랑하는 이유다. 아버지를 닮아 정의로워지려고 하고, 아버지께 순명하고, 아버지의 계명을 지키려 하는 것도 아버지에 대한 믿음에서 시작된다.

유교 철학에서의 '믿음', 즉 '신'(信)은 '인의예지'를 실행할 수 있게 해주는 기본 덕목이다. 처음부터 끝까지 모두를 진실하게 하는 것, 이것이 바로 '신'이다(從首至末, 皆真實, 是信).[644] 인을 진실되게 하고, 의를 진실되게 하고, 예를 진실되게 하고, 지를 진실되게 한다. '믿음'과 '신'(信)은 기독교

641 레위기 21: 5.
642 ibid. 19: 28.
643 이기동, *논어강설*, 성균관대학교 출판부, 2012: 301~302.
644 陳淳, *性理字義*, 박완식, *성리자의*, 여강출판사, 2005: 91~92.

신학과 유교 철학의 유전자형이다. 겉으로 드러나지는 않지만, 적연부동(寂然不動)의 상태로 성서와 유교 경전의 심층에 깊숙이 흐르는 가치다.

2) 표층 밈 표현형[情]의 유비성

성서의 말씀인 '서사'를 통해 '표층화'된 '사랑·정의·순명·계명'은 기독교적 가치를 드러내는 밈 표현형이다. 이는 '아버지' 하느님에 대한 심층구조의 밈 유전자형, '효'와 '믿음'에서 출발한다. 경전의 말씀인 '서사'를 통해 표층화된 '인·의·예·지'는 유교 철학의 가치를 드러내는 밈 표현형이다. 이는 심층구조의 밈 유전자형 '효'와 '신'(信)에 뿌리를 둔다.

(1) 사랑과 인(仁)

'인'은 '측은지심'의 단서다. '인·의·예·지' 사성의 으뜸이며, '인·의·예·지' 전덕(全德)을 대표한다. '사랑'은 '인'의 용(用)이다. 사랑의 이치는 내재된 것이다(愛發見於外, 乃仁之用; 而愛之理, 則在內). 사랑은 '인'이 쓰임[用]을 통해 겉으로 드러난 것이다. 따라서 밈 표현형이다. 사랑의 이치[仁]는 내재된 것, 즉 '인'은 밈 유전자형이다. 인은 사랑의 뿌리요, 측은은 그 뿌리에서 돋아난 싹이요, 사랑은 또한 싹이 무성하게 뻗어서 이미 성장한 것이다(仁乃是愛之根, 而測隱則根之萌芽, 而愛又萌芽之長茂已成者也). 인은 사랑하는 이치다(仁是愛之理).[645]

앞서도 언급했지만, 밈 표현형은 뇌 속에 복제, 저장돼 있는 밈 유전자형의 겉으로 드러난 모습이다. 밈 표현형과 밈 유전자형이 같을 수밖에 없는 이유다. 그런 입장에서 '사랑'과 '인'은 같은 밈 표현형이라고 할 수 있다. 다시 말해 유교 철학의 '인'은 뇌 속에 복제, 저장돼 있는 밈 유

645 ibid. 83~85.

전자형의 또 다른 형태(異型), 즉 기독교 신학의 밈 표현형 '사랑'과 같다. 밈 표현형 '사랑'은 심층의 밈 유전자형 '효'로부터 나온다. 공자의 『효경』 서(序)-당(唐) 현종(玄宗)'에 있는 다음의 구절이 이를 뒷받침해준다.

> 聖人知孝之可以教人也 故因嚴以教敬 因親以教愛
>
> 성인께서는 '효'가 사람을 교화시킬 수 있는 것임을 알았기 때문에 부모에 대한 존엄한 생각을 근거로 널리 공경을 가르쳤고, 부모에 대한 친애의 정을 근거로 널리 사랑을 가르쳤다.[646]

아버지는 '사랑'이다. 아버지의 사랑은 '인' 유전자형, 곧 '성'(性)이다. 우주 만물의 질서가 깨어지지 않는 한 자식에 대한 아버지의 사랑은 영원하다. "하늘의 너희 아버지께서 완전하신 것처럼 너희도 완전한 사람이 되어야 한다."[647] 아버지는 완전체다. 아들 예수의 이 같은 말씀은 아버지의 모상을 한 우리가 아버지를 닮아 '인·의·예·지'를 갖춘 완전한 인격체가 되기를 바라는 그리스도의 마음을 전하고 있다. 이는 '사랑'인 아버지에 대한 보답일 수 있고, 자식의 아버지에 대한 사랑의 구현이기도 하다. 아버지를 사랑하고, 이웃을 너 자신처럼 사랑할 때, 그 사랑은 밈 표현형, 곧 '정'(情)이다. '인' 유전자형인 아버지의 '사랑'이 자식들에 의해 겉으로 드러난 것이기 때문이다. 아버지는 항상 자식들에게 사랑하라고 하신다. 사랑이 가장 큰 계명이기 때문이다.

율법교사 한 사람이 예수님을 시험하려고 물었다. ◎"스승님, 율법에서 가장 큰 계명은 무엇입니까?" ◎예수님께서 그에게 말씀하셨다. "'네 마음을 다하고 네 목숨을 다하고 네 정신을 다하여 주 너의 하느님을 사

646 김학주, *孝經*, 명문당, 2012: 53~54.
647 마태오복음서 5: 48.

랑해야 한다.' ◎이것이 가장 크고 첫째가는 계명이다. ◎둘째도 이와 같다. '네 이웃을 너 자신처럼 사랑해야 한다.'는 것이다. ◎온 율법과 예언서의 정신이 이 두 계명에 달려 있다."[648] "이보다 더 큰 계명은 없다."[649]

가. 사랑과 '인'의 '의'(義)

너희는 제 주인에게서 피신해온 종을 주인에게 넘겨서는 안 된다.[650] 너희 형제가 가난하게 되어 너희 곁에서 허덕이면, 너희는 그를 거들어주어야 한다. 그에게서 이자나 이익을 거두어서는 안 된다. 그리하여 너희 형제가 너희 곁에서 살 수 있게 해야 한다.[651] 너희는 동족에게 이자를 받고 꾸어주어서는 안 된다. 돈에 대한 이자든 곡식에 대한 이자든, 그밖에 이자가 나올 수 있는 것은 모두 마찬가지다.[652] 너희 땅에서 이방인이 함께 머무를 경우, 그를 억압해서는 안 된다. 너희와 함께 머무르는 이방인을 너희 본토인 가운데 한 사람처럼 여겨야 한다. 그를 너 자신처럼 사랑해야 한다.[653] 이는 '사랑'과 '인'의 '의'(義)다.

나. 사랑과 '인'의 '예'(禮)

너희가 이웃의 포도밭에 들어갈 경우, 원하는 만큼 배불리 포도를 먹을 수는 있지만 그릇에 담아서는 안 된다. ◎너희가 이웃의 곡식밭에 들어갈 경우, 손으로 이삭을 자를 수는 있지만 이웃의 곡식에 낫을 대서는 안 된다.[654] 너희가 밭에서 곡식을 거둘 때에, 곡식 한 묶음을 잊어버리

---

648 ibid. 22: 35~40.
649 마르코복음서 12: 31.
650 신명기 23: 16.
651 레위기 25: 35~36.
652 신명기 23: 20.
653 레위기 19: 33~34.
654 신명기 23: 25~26.

더라도 그것을 가지러 되돌아가서는 안 된다. 그것은 이방인과 고아와 과부의 몫이 되어야 한다. ◎너희가 올리브 나무 열매를 떨 때, 지나온 가지에 다시 손을 대어서는 안 된다. 그것은 이방인과 고아와 과부의 몫이 되어야 한다. ◎너희는 포도를 수확할 때에도 지나온 것을 따서는 안 된다. 그것은 이방인과 고아와 과부의 몫이 되어야 한다.[655] 그의 품삯은 그날로 주어야 한다. 그는 가난하여 품삯을 애타게 기다리므로, 해가 지기 전에 그에게 품삯을 주어야 한다.[656] 이는 힘없고 가난한 이들을 위한 '사랑'과 '인'의 '예'(禮)다.

다. '사랑'과 '인'의 '지'(智)

자애와 진실이 너를 떠나지 않도록 하여라. 그것들을 네 목에 묶고 네 마음속에 새겨 두어라.[657] 너희가 내 형제들인 이 가장 작은이들 가운데 한 사람에게 해준 것이 바로 나에게 해준 것이다.[658] 남이 너희에게 해주기를 바라는 그대로 너희도 남에게 해주어라.[659] 네가 할 수만 있다면 도와야 할 이에게 선행을 거절하지 마라. ◎가진 것이 있으면서도 네 이웃에게 "갔다가 다시 오게, 내일 줄 테니." 하지 마라.[660] 네가 자선을 베풀 때에는, 위선자들이 사람들에게 칭찬을 받으려고 회당과 거리에서 하듯이, 스스로 나팔을 불지 마라.[661] 너는 악을 피하고 선을 행하여라. 그러면 길이 살리라.[662] 행복하여라, 마음이 가난한 사람들! 하늘나라가 그

655 ibid. 24: 19~21.
656 ibid. 24: 15.
657 잠언 3: 3.
658 마태오복음서 25: 40.
659 루카복음서 6: 31.
660 잠언 3; 27~28.
661 마태오복음서 6: 2.
662 시편 37: 27.

들의 것이다.[663] 자신이 가진 사랑(仁)을 모두 베푼 사람들 그들은 행복하다. 아버지의 나라가 그들의 것이기 때문이다. 이는 '사랑'과 '인'의 '지'(智)다. '지'는 시비(是非)를 알 수 있는 이치다. '지'는 아버지의 말씀이다. 아버지의 말씀이 시비의 근거다.

(2) 정의와 의(義)

'의'는 '수오지심'(羞惡之心)의 단서다. 마땅케 하는[宜] 이치다. 자신의 잘못을 부끄러워하고, 불의에 대해 분노하는 마음이다. 사물에 마땅케 하는 것은 '의'의 용(用)이다. 마땅케 하는 이치는 내재된 것이다(事物各得其宜, 乃義之用, 而宜之理, 則在內).[664] 기독교 신학의 '표층' 가치, '정의'는 '의'가 쓰임[用]을 통해 겉으로 드러난 밈 표현형이다. '정의'의 이치[義]는 내재된 것, 다시 말해 '의'는 밈 유전자형이다. 그러나 앞서도 언급했지만, 밈 표현형은 뇌 속에 복제, 저장돼 있는 밈 유전자형의 겉으로 드러난 모습이다. 그러기 때문에 '의'가 밈 유전자형이라 해도 그 모습은 밈 표현형인 '정의'와 같다고 할 수 있다. '정의'와 '의'를 함께 논의할 수 있는 근거가 여기에 있다.

아버지께서는 정의를 실천하시고 억눌린 이들 모두에게 공정을 베푸신다.[665] 아버지는 말씀하신다. "너희는 정의, 오직 정의만 따라야 한다."[666] 주님, 당신께서는 의로우시고 당신의 법규는 바릅니다. ◎당신 법을 정의로, 크나큰 성실로 내려 주셨습니다.[667] 당신의 정의는 영원한 '정

---

663 마태오복음서 5: 3.
664 陳淳, *性理字義*, 박완식, *성리자의*, 여강출판사, 2005: 83~84.
665 시편 103: 6.
666 신명기 16: 20.
667 시편 119: 137~138.

의' 당신의 가르침은 '진실'입니다.[668] 임금의 권능은 공정을 사랑함이니 당신께서 공의(공정과 정의)를 굳히셨습니다.[669] ◎구름과 먹구름이 그분을 둘러싸고 '정의'와 '공정'이 그분 어좌의 바탕이라네.[670] 아버지는 '정의'다. 성서는 '정의'를 '의'의 용(用), 모든 계명의 '실천'이라고 말한다.

너희는 너희 아들에게 이렇게 말해 주어야 한다. "우리는 이집트에서 파라오의 종이었다. 그러나 주님께서는 강한 손으로 우리를 이집트에서 이끌어내셨다. ◎주님께서는 우리가 보는 앞에서 이집트, 곧 파라오와 그의 집안에 크고 무서운 표징들과 기적들을 내리셨다. ◎그리고 그곳에서 우리를 이끌어내셨다. 우리 조상들에게 맹세하신 땅으로 우리를 데려다가, 그 땅을 우리에게 주시려는 것이었다. ◎그런 다음에 우리가 늘 잘되고 오늘 이처럼 우리를 살게 해주시려고, 주님께서는 이 모든 규정을 실천하고 주 우리 하느님을 경외하라고 우리에게 명령하셨다. ◎주 우리 하느님께서 명령하신 대로, 그분 앞에서 이 모든 계명을 명심하여 실천하면, 우리가 의로워질 것이다."[671]

가. 정의와 '의'의 '인'(仁)

의인은 성실함으로 산다.[672] "너희는 이 작은이들 가운데 하나라도 업신여기지 않도록 주의하여라."[673] '의'는 마땅케 하는 것(宜)이다. 누구도 업신여겨서는 안 된다. '의'의 실천, 이는 '사랑'(仁)이다. 사랑 없이는 '의'를 실천할 수가 없다. 약한 자를 돕는 것은 마땅히 해야 할 도리다. 그러

668 ibid. 119: 142.
669 ibid. 99: 4.
670 ibid. 97: 2.
671 신명기 6: 21~25.
672 하바쿡서 2: 4.
673 마태오복음서 18: 10.

나 사랑 없이는 행할 수가 없다. "너희(모세 등)가 레위인들에게 내줄 성읍들에는 살인자가 피신할 수 있도록 너희가 정한 도피 성읍 여섯이 들어 있어야 한다.[674] 너희는 이 성읍들을 보복자를 피하는 도피처로 삼아, 살인자가 재판받으려고 공동체 앞에 서기 전에 죽는 일이 없게 해야 한다.[675] 증인 한 사람의 증언만으로는 사형에 처하지 못한다."[676] 이 또한 '의'의 '인'(사랑)이다. 살인자는 마땅히 벌을 받아야 한다. 그러나 공정한 재판이 이루어지기 전까지 그의 생명은 보호되어야 한다.

"사람들 사이에 분쟁이 생겨서 재판을 받으러 나아가면, 판관들은 그들을 재판하여 옳은 이에게는 무죄를 선언하고, 그른 자에게는 유죄를 선언해야 한다. ◎그른 자가 매를 맞아야 하면, 판관은 그를 자기 앞에 엎드리게 한 다음, 그의 잘못에 해당하는 대수만큼 매질하게 해야 한다. ◎그를 마흔 대까지는 매질하여도 괜찮지만, 그 이상은 안 된다. 그것은 마흔 번이 넘도록 너희 동족을 매질하다가, 너희가 보는 앞에서 그가 업신여김을 받지 않게 하려는 것이다."[677] 죄가 있는 사람은 마땅히 벌을 받아야 한다. 그러나 그 벌도 죄인이 업신여김을 받지 않을 정도의 것이어야 한다. 친구들을 위하여 목숨을 내놓는 것보다 더 큰 사랑은 없다.[678] 이 또한, '정의'와 '의'의 '인', '의'의 '사랑'을 보여준다.

나. '정의'와 '의'의 '예'(禮)

너희는 바른 저울과 바른 추, 바른 에파[679](Ephah)와 바른 힌[680](Hin)을

674 민수기 35: 6.
675 ibid. 35: 12.
676 ibid. 35: 30.
677 신명기 25: 1~3.
678 요한복음서 15: 13.
679 곡식을 재는 용량 단위, 약 22리터.
680 기름, 포도주 같은 액체를 재는 용량 단위. 1힌은 약 3.7리터.

써야 한다.[681] 이는 마땅한 일이다. 저울과 추는 정의와 공정의 잣대이기 때문이다. 저울과 추가 바르지 못하면 정의와 공정은 바로 설 수 없다. 바른 저울과 바른 추의 사용, 즉 바른 저울과 바른 추의 용[用]은 사람에 대한 기본적인 '예'(禮)다. 모든 사람을 공정과 정의로 대할 수 있게 해준다. "너희는 주 너희 하느님께서 너희에게 차지하라고 주시는 땅에서, 너희가 물려받을 너희 상속지에 선조들이 정해 놓은 이웃의 경계를 밀어내서는 안 된다."[682] 이는 '정의'이며 '예'다. 아버지가 주신 땅을 물려받는 것은 마땅한 이치다. 이웃과의 경계를 지키는 것 또한, 마땅한 도리다. 그러나 선조들이 정해 놓은 이웃과의 경계를 밀어내는 것은 '정의'도 '예'도 아니다. 경계는 지키기 위해 만든 것이다. "이웃의 경계를 밀어내는 자는 저주를 받는다."[683] "다윗 집안아, 아침마다 공정한 판결을 내리고 착취당한 자를 압제자의 손에서 구해 주어라. 그러지 않으면 나의 진노가 불처럼 튀어 나가 아무도 끌 수 없게 타오르리라."[684] '정의'의 '예'를 다하지 않을 경우, 그 사람은 저주를 받는다. "너희는, 주 너희 하느님께서 너희에게 명령하신 대로 그것들을 명심하여 실천해야 한다. 너희는 오른쪽으로도 왼쪽으로도 벗어나서는 안 된다. ◎너희는 주 너희 하느님께서 너희에게 명령하신 길을 따라 걸어야 한다."[685] 너희에게 명령하는 (주님의) 모든 말씀에서 오른쪽으로든 왼쪽으로든 벗어나서 다른 신들을 따라가 섬기지 않으면, 그렇게 될 것이다(복을 받고, 잘되게 될 것이다).[686] 내가 너희에게 명령하는 모든 말을 명심하여 실천해야 한다. 거기에 무

681 레위기 19: 36.
682 신명기 19: 14.
683 ibid. 27: 17.
684 예레미야서 21: 12.
685 신명기 5: 32~33.
686 ibid. 28: 14.

엇을 보태서도 안 되고 빼서도 안 된다.[687] 이는 아버지에 대한 '정의'와 '의'의 '예'(禮)다.

다. 정의와 '의'의 '지'(智)

"너희는 말할 때에 '예' 할 것은 '예' 하고, '아니오' 할 것은 '아니오'라고만 하여라. 그 이상의 것은 악에서 나오는 것이다."[688] '예' 할 것은 '예'하고, '아니오' 할 것은 '아니오'라고 말하는 것은 사람이 해야 할 마땅한 도리다. 바로, '정의'다. 그런데 '예', '아니오'의 기준은 인류 보편적 진실, 도덕적 윤리적 기준, '인·의·예·지' 가운데서도 특히, '지'에 근거한다. '지'(智)는 시비지심의 단서다. 시시비비를 가리는 지혜다.

숨겨진 것은 드러나기 마련이고 감추어진 것은 알려지기 마련이다.[689] 너희는 사람들에게 보이려고 그들 앞에서 의로운 일을 하지 않도록 조심하여라.[690] 아주 작은 일에 성실한 사람은 큰일에도 성실하고, 아주 작은 일에 불의한 사람은 큰일에도 불의하다.[691] 네 오른 눈이 너를 죄짓게 하거든 그것을 빼어 던져 버려라. 온몸이 지옥에 던져지는 것보다 지체 하나를 잃는 것이 낫다. ◎네 오른손이 너를 죄짓게 하거든 그것을 잘라 던져 버려라. 온몸이 지옥에 던져지는 것보다 지체 하나를 잃는 것이 낫다.[692] 이는 의롭게 행동하라는 아버지의 말씀, '정의'와 '의'의 '지'(智)다.

내 아들아, 죄인들이 너를 유혹하여도 따라가지 마라.[693] 정의는 사람

---

687 ibid. 13: 1.
688 마태오복음서 5: 37.
689 ibid. 10: 26.
690 ibid. 6: 1.
691 루카복음서 16: 10.
692 마태오복음서 5: 29~30.
693 잠언 1: 10.

을 죽음에서 구해준다.[694] 의인은 나뭇잎처럼 번성한다.[695] 의인에게는 빛이, 마음 바른 이들에게는 기쁨이 뿌려진다. ◎의인들아, 주님 안에서 기뻐하여라.[696] 올곧은 이들의 세대는 복을 받으리라. ◎부와 재물이 그의 집에 있고 그의 의로움은 길이 존속하리라. ◎올곧은 이들에게는 어둠 속에서 빛이 솟으리라.[697] 행복하여라, 의로움 때문에 박해를 받는 사람들! 하늘나라가 그들의 것이다.[698] 주님께서 이렇게 말씀하신다. "너희는 공정을 지키고 정의를 실천하여라." ◎행복하여라, 이를 실천하는 사람! 이를 준수하는 인간.[699] 행복하여라, 주님의 가르침을 따라 걷는 이들! ◎행복하여라, 그분의 법을 따르는 이들.[700] 행복하여라! 악인들의 뜻에 따라 걷지 않고 죄인들의 길에 들지 않으며 오만한 자들의 자리에 앉지 않는 사람. ◎오히려 주님의 가르침을 좋아하고 그분의 가르침을 밤낮으로 되새기는 사람.[701] 이는 '정의'와 '의'를 실천하는 의로운 이들이 누리는 기쁨과 행복의 '지'(智)를 이야기하고 있다.

(3) 순명과 예(禮)

'예'란 공경하는 마음이요 천리의 절문이다(禮者, 心之敬而天理之節文也). 마음속의 공경하는 마음이 밖으로 나오는 것이 밈 표현형 '예'이며, 이로써 자연히 인물을 대하는 데 절문(節文)이 있게 되는데, '절'(節)은 지나침이 없는 것이며, '문'(文)은 미치지 못함이 없는 것이다.[702] 그 내재된 절

694 ibid. 10: 2.
695 ibid. 11: 28.
696 시편 97: 11~12.
697 ibid. 112: 2~4.
698 마태오복음서 5: 10.
699 이사야서 56: 1~2.
700 시편 119: 1~2.
701 ibid. 1: 1~2.
702 陳淳, *性理字義*, 박완식, *성리자의*, 여강출판사, 2005: 86~87.

문의 이치가 곧, 밈 유전자형 '예'다. '천리'(天理)란 하늘의 이치다. 아버지가 창조한 지나침도, 미치지 못함도 없는 절문의 이치다. '순명'(順命)이란 기쁨으로 '천리', 즉 아버지의 말씀, '계명'을 따르는 '덕'(德)이다. 공경하는 마음으로 '천리'를 수행하는 것, 이것이 '순명', 곧 아버지에 대한 '예'다.

내 아들아, 아버지의 계명을 지키고 어머니의 가르침을 저버리지 마라. ◎그것들을 언제나 네 마음에 새겨 두고 네 목에 감아 두어라.[703] 내 아들아, 아버지의 교훈을 들어라. 어머니의 가르침을 저버리지 마라. ◎그것들은 네 머리에 우아한 화관이며 네 목에 목걸이다.[704] 너희 마음에 할례를 하고, 더는 목을 뻣뻣하게 하지 마라.[705] 아버지의 명령에 순명하라. 이는 아버지에 대한 사랑(仁), 도리(義), 겸손(禮), 이해(智)를 전제로 한다.

예수님께서는 열두 제자[706]들과 최후의 만찬을 마치고, 베드로와 야고보와 요한만을 데리고 겟세마니 동산으로 가서 하느님께 기도를 바치신다. 죽음에 대한 공포와 번민에 휩싸이기 시작하셨다. ◎"ⓐ아빠! 아버지! 아버지께서는 무엇이든 하실 수 있으시니, 이 잔을 저에게서 거두어 주십시오. ⓑ그러나 제가 원하는 것을 하지 마시고 아버지께서 원하시는 것을 하십시오(He kept saying, "Abba (O Father), you have the power to do all things. Take this cup away from me. But let it be as you would have it, not as I")."[707]

"이 잔을 저에게서 거두어 주십시오."라는 간절한 기도 'ⓐ'는 예수님

703 잠언 6: 20~21.
704 ibid. 1: 8~9.
705 신명기 10: 16.
706 베드로(Peter, Simon)와 안드레아(Andrew, 시몬 베드로의 동생), 야고보(James)와 요한(John, 제베대오의 아들), 필립보(Philip), 토마스(Thomas), 바르톨로메오(Bartholomew), 마태오(Mattew, 세리), 야고보(小야고보)와 유다 타대오(Judas Thaddaeus, 알패오의 아들), 시몬(Simon, 열혈당원), 유다 이스카리옷(Judas Iscariot).
707 마르코복음서 14: 36.

도 피할 수 없는 '사람의 아들'임을 드러낸다. 죽음에 대한 두려움, 공포에서 벗어나고 싶어 하는 그의 간절함이 담겨 있다. 아버지를 '아빠'(Abba)라고까지 부르며, 아들 예수는 어린아이처럼 아버지에게 매달리며 삶을 구한다. 그러면서도 기도의 끝은 아버지가 뜻하시는 대로 이루어지길 간구한다. 이 같은 기도 'ⓑ'가 바로 우리에게 '순명'이 무엇인지를 깨닫게 한다. 아버지에 대한 절대복종, 순종, 이것이 '순명'이다.

가. 순명과 '예'의 '인'(仁)

나는 그분의 신발 끈을 풀어드리기에도 합당하지 않다.[708] 나는 그분의 신발을 들고 다닐 자격조차 없다.[709] 세례자 요한의 이 같은 말은 '아버지' 하느님과 그의 아들 예수에 대한 공경의 '예'(禮)다. 아버지에 대한 사랑(仁)에 근거한다. 너희는 백발이 성성한 어른 앞에서 일어서고, 노인을 존경해야 한다.[710] "너희 가운데에서 가장 높은 사람은 너희를 섬기는 사람이 되어야 한다. ◎누구든지 자신을 높이는 이는 낮아지고 자신을 낮추는 이는 높아질 것이다."[711] 너희가 자기 형제들에게만 인사[恭敬]한다면, 너희가 남보다 잘하는 것이 무엇이겠느냐? 그런 것은 다른 민족 사람들도 하지 않느냐?[712] 성서에 기록된 이 같은 아버지의 말씀은 모두가 순명의 '인'을 강조한 것으로 사랑을 전제로 한다.

"입에서 나오는 것은 마음에서 나오는데 바로 그것이 사람을 더럽힌다."[713] 사람에게서 나오는 것, 그것이 사람을 더럽힌다. ◎안에서 곧 사

708 요한복음서, 1: 27.
709 마태오복음서 3: 11.
710 레위기 19: 32.
711 마태오복음서 23: 11~12.
712 ibid. 5: 47.
713 ibid. 15: 18.

람의 마음에서 나쁜 생각들, 불륜, 도둑질, 살인, ◎간음, 탐욕, 악의, 사기, 방탕, 시기, 중상, 교만, 어리석음이 나온다. ◎이런 악한 것들이 모두 안에서 나와 사람을 더럽힌다.[714] 마음을 바로하고, 언행을 조심해서 이웃을 다치게 하지 말라는 이 말씀은 우리가 따라야 할 순명이며, '예'이고, 또 '사랑'(仁)이다.

제자들이 예수님께 다가와, "하늘나라에서는 누가 가장 큰 사람입니까?" 하고 물었다.[715] 그러자 예수님께서 "누구든지 이 어린이처럼 자신을 낮추는 이가 하늘나라에서 가장 큰 사람이다."[716] 누구든지 자신을 높이는 이는 낮아지고 자신을 낮추는 이는 높아질 것이다.[717] 너희 가운데에서 가장 작은 사람이야말로 가장 큰 사람이다.[718] 너희 가운데에서 가장 높은 사람은 가장 어린 사람처럼 되어야 하고 지도자는 섬기는 사람처럼 되어야 한다.[719] 누구든지 첫째가 되려면, 모든 이의 꼴찌가 되고 모든 이의 종이 되어야 한다.[720] 이 모두는 순명이며, '예'이고, '인'(사랑)을 요구한다.

나. 순명과 '예'의 '의'(義)와 '지'(智)

제자는 스승보다 높지 않고 종은 주인보다 높지 않다. ◎제자가 스승처럼 되고 종이 주인처럼 되는 것으로 충분하다.[721] 이는 제자와 스승, 주인과 종의 관계에서 마땅히 따라야 할 순명의 '의'다. 너희는 기도할 때에 위선자들처럼 해서는 안 된다. 그들은 사람들에게 드러내 보이려

714 마르코복음서 7: 20~23.
715 마태오복음서 18: 1.
716 ibid. 18: 4.
717 루카복음서 18: 14.
718 ibid. 9: 48.
719 ibid. 22: 26.
720 마르코복음서 9: 35.
721 마태오복음서 10: 24~25.

고 회당과 한길 모퉁이에 서서 기도하기를 좋아한다. ◎너는 기도할 때 골방에 들어가 문을 닫은 다음, 숨어 계신 네 아버지께 기도하여라. 그러면 숨은 일도 보시는 네 아버지께서 너에게 갚아 주실 것이다.[722] 너희는 단식할 때에 위선자처럼 침통한 표정을 짓지 마라. 그들은 단식한다는 것을 사람들에게 드러내 보이려고 얼굴을 찌푸린다. ◎너는 단식할 때 머리에 기름을 바르고 얼굴을 씻어라. ◎그리하여 네가 단식한다는 것을 사람들에게 드러내 보이지 말고, 숨어 계신 네 아버지께 보여라.[723] 이는 어떻게 기도하고, 어떻게 단식해야 하는가에 관한 아버지의 말씀이다. 우리가 순명해야 할 기도와 단식의 자세다. 어떤 것이 바르고, 어떤 것이 바르지 않은가를 판단할 수 있게 해주는 시비지심의 단서, 곧 '순명'의 '지'(智)다.

(4) 계명과 지(智)

'옳고 그름'(是非)을 아는 것은 '지'(智)의 용(用)이다. '옳고 그름'을 알 수 있는 이치는 내재된 것이다(知箇是知箇非是, 智之用; 而知之理, 則在內).[724] 다시 말해 '지'의 '용'은 밈 표현형이고, '지'의 내재된 이치는 밈 유전자형이다. 주님을 경외함은 지식의 근원[밈 유전자형]이다.[725] 지혜의 근원은 주님을 경외함이니 그것들(계명, 규정, 법)을 행(行)하는 이들은 빼어난 슬기를 얻으리라[밈 표현형].[726] 지혜의 소득은 은보다 낫고 그 소출은 순금보다 낫다.[727] 지식이 좋은 점은 그 지혜가 소유자의 생명을 보존하여 준다는 것

722 ibid. 6: 5~6.
723 ibid. 6: 16~18.
724 陳淳, *性理字義*, 박완식, *성리자의*, 여강출판사, 2005: 83~84.
725 잠언 1: 7.
726 시편 111: 10.
727 잠언 3: 14.

이다.[728] "지혜를 저버리지 마라. 그것이 너를 보호해 주리라. 지혜를 사랑하여라. 그것이 너를 지켜 주리라."[729] 지혜를 소중히 여겨라. 그것이 너를 높여 주리라. 지혜를 품으면 그것이 너를 영광스럽게 하리라.[730] 계명은 등불이고 가르침은 빛이며 교훈이 담긴 훈계는 생명의 길이다.[731]

"내 아들아, 네가 만일 내 말을 받아들이고 내 계명을 네 안에 간직한다면,[732] 네가 은을 구하듯 그것을 구하고 보물을 찾듯 그것을 찾는다면 ◎그때에 너는 주님 경외함을 깨닫고 하느님을 아는 지식을 찾아 얻으리라."[733] 그때에 너는 정의와 공정과 정직을, 모든 선한 길을 깨닫게 되리라.[734] "지혜가 네 마음속으로 들어가고 지식이 네 영혼에 감미로우리라. ◎현명함이 너를 보살피고 슬기가 너를 지켜 ◎악의 길에서 사악한 것을 말하는 자에게서 너를 구해주리라."[735] 주님의 법은 참되어 어수룩한 이를 슬기롭게 하네. ◎주님의 규정은 올발라서 마음을 기쁘게 하고 주님의 계명은 맑아서 눈에 빛을 주네. ◎주님의 법규들은 진실이니 모두가 의롭네.[736]

아버지의 계명과 규정(법), 가르침은 시비지심의 단서인 '지'(智)다. '옳고 그름'(是非)을 판단할 수 있는 근거다. 십계명의 처음 다섯 가지, "◎너에게는 나 말고 다른 신이 있어서는 안 된다. ◎너는 위로 하늘에 있는 것이든, 아래로 땅 위에 있는 것이든, 땅 아래로 물속에 있는 것이든 어떤 형상으로도 신상을 만들어서는 안 된다. 너는 그것들에 경배하거나

728 코헬렛 7: 12.
729 잠언 4: 6.
730 ibid. 4: 8.
731 ibid. 6: 23.
732 ibid. 2: 1.
733 ibid. 2: 4~5.
734 ibid. 2: 9.
735 ibid. 2: 10~12.
736 시편 19: 8~10.

그것들을 섬기지 못한다.[737] ◎주 너의 하느님의 이름을 부당하게 불러서는 안 된다. ◎주 너의 하느님이 너에게 명령한 대로 안식일을 지켜 거룩하게 하여라.[738] ◎주 너의 하느님이 너에게 명령한 대로, 아버지와 어머니를 공경하여라."[739] 등은 주 하느님과 부모의 권위, 이의 존중을 위해 지켜져야 하는 계명이다.

뒤의 다섯 가지, "◎살인해서는 안 된다. ◎간음해서는 안 된다. ◎도둑질해서는 안 된다. ◎이웃에게 불리한 허위 증언을 해서는 안 된다. ◎이웃의 아내를 탐내서는 안 된다."[740] 등은 이웃에 대한 존중을 위해 지켜져야 하는 계명이다. "남을 심판하지 마라. 그래야 너희도 심판받지 않는다. ◎너희가 심판하는 그대로 너희도 심판받고 너희가 되질하는 바로 그 되로 너희도 받을 것이다."[741] 내일을 걱정하지 마라. 내일 걱정은 내일이 할 것이다. 그날 고생은 그날로 충분하다.[742] "청하여라, 너희에게 주실 것이다. 찾아라, 너희가 얻을 것이다. 문을 두드려라, 너희에게 열릴 것이다. ◎누구든지 청하는 이는 받고, 찾는 이는 얻고, 문을 두드리는 이에게는 열릴 것이다."[743] 너희는 좁은 문으로 들어가라. 멸망으로 이끄는 문은 넓고 길도 널찍하여 그리로 들어가는 자들이 많다.[744] 하느님의 말씀은 '지'(智)다. 시비지심의 단서다. 지혜는 붙잡는 이에게 생명의 나무, 그것을 붙드는 이들은 행복하다.[745]

737 신명기 5: 7~9.
738 ibid. 5: 11~12.
739 ibid. 5: 16.
740 ibid. 5: 17~21.
741 마태오복음서 7: 1~2.
742 ibid. 6: 34.
743 ibid. 7: 7~8.
744 ibid. 7: 13.
745 잠언 3: 18.

3) 유비성의 문화기호학적 의미생성 구조

[표 07-01] '기독교와 유교/성리학의 문화기호학적 의미생성 구조'를 보면, 기독교의 '사랑·정의·순명·계명'과 유교의 '인·의·예·지'가 '표층'[표현형]이라는 같은 층위에 위치해 있다. 그런데 유가 성리학의 '인·의·예·지'는 이들과 층위를 달리해 '심층'[유전자형]에 위치해 있음을 확인할 수 있다. 그럼에도 기독교 신학의 밈 표현형 '사랑·정의·순명·계명'과 유교의 '인·의·예·지', 유가 성리학의 밈 유전자형 '성'[인·의·예·지]을 같은 층위에서 논의할 수 있는 것은 밈 표현형과 밈 유전자형을 굳이 구분하지 않아도 되기 때문이다. 왜냐하면 밈 표현형은 밈 유전자형이 겉으로 드러난, 밈 유전자형 그대로의 모습[異型]을 하고 있기 때문이다. 그러기 때문에 학술적 경계가 요구되는 특별한 경우가 아니라면, 굳이 밈 표현형과 밈 유전자형을 구분하지 않아도 된다.[746]

[표 07-01] 기독교와 유교/성리학의 문화기호학적 의미생성 구조

	기독교	유교	성리학(사단칠정론)
표층 [표현형]	사랑·정의·순명·계명	인·의·예·지	정(情) (희노애구애오욕)
서사	성서	경전	사물의 감촉[750]
심층 [유전자형]	효(Filial Piety) 믿음(Faith)	효(孝) 신(信)	성(性) 인·의·예·지

746 제3장 '밈(자연과학)과 사단칠정(유교)의 만남' 참조.

747 사람은 '생각하는 기능'(思慮), '분별하는 기능'(分別), '계산하고 비교하는 기능'(計較), '헤아리는 기능'(商量), '외물을 인지하고 깨닫는 기능'(知覺) 등 5가지 기능을 가지고 있다. 그래서 사물과 감촉할 때 천명인 '성'이 각기 다른 '정'의 모습으로 나타난다.

4. 기독교의 복음 선교 권고문에서 찾는 '서구의 벽' 넘기 방법론

문화진화 이론인 '미메틱스'(Memetics)에서 출발해 우리는 지금까지 기독교와 유교 철학 사이에 존재하는 유비적 관계를 문화기호학적 관점에서 분석해 왔다. 그리고 이를 통해 한류가 '서구의 벽'을 넘을 수 있다는 가능성의 근거를 마련하게 된다. 심층의 가치인 '밈 유전자형'과 표층의 가치인 '밈 표현형'을 서로 공유하고 있기 때문이다. 그렇다면 그 가능성을 어떻게 구체화할 것인가? 다작은 서구의 기독교 복음 선교 권고문에서 그 방법을 찾고자 한다.

로마 교황 바오로 6세(262대)는 1976년 제2차 바티칸 공의회 10주년을 기념해 현대의 '복음 선교'(Evangelii Nuntiandi) 권고문을 발표한다. 권고문의 48항은 민간인들 사이에서 내려오는 하느님을 찾고자 하는 전통적인 신앙이 그리스도 교회가 있는 나라 안에서도 이미 널리 퍼져 있음을 하나의 현상으로 지적하고 있다. 이런 전통적인 신앙을 복음화 과정에서 만나게 될 때 사목자들은 어떤 태도를 취해야 할까? 사제 배경민은 '인정성, 수용성, 해석, 평가, 정화작업, 조화 및 화합성' 등의 차원에서 접근해야 한다고 주장한다.[748] 이 같은 절충주의적 복음화 방식은 '서구의 벽'을 넘어야 하는 우리에게도 시사하는 바가 크다. 한류의 서구 현지화를 위한 하나의 실천적 방안을 제시해주고 있기 때문이다.

1) 인정성과 수용성

민간 신앙은 그 기원과 성향, 특성 등이 충분하게 인정되는 것이 필요하다. 현대의 '복음 선교' 48항은 섬세하고 유의 깊게 민간 신앙을 고려

748 배경민, *현대 복음화*, 분도출판사, 2006: 298

하도록 요청하면서, 내적인 차원과 부인할 수 없는 가치들을 통찰하도록 한다.[749] 이는 곧, 복음화 과정에서 만나게 되는 선교 현지의 민간 신앙을 그들의 자체적 토속 신앙으로 인정하는 데서부터 현지의 복음화가 시작된다는 의미다. 이처럼 체계화된 고등 종교가 다듬어지지 않은 야성(野性)의 민간 신앙을 처음 접할 때에도 민간 신앙이 갖고 있는 그들만의 가치를 통찰하도록 현대 복음 선교는 그들 신앙에 대한 배려를 아끼지 않고 있다. 하물며 주변부 문화였던 한국 문화가 중심부 문화의 벽을 뛰어넘어야 하는 상황에서 서구문화를 '인정'하고 시작한다는 것은 어찌 보면 당연한 일인지도 모른다. 이들 문화의 가치를 있는 그대로 인정하고, 이를 어떻게 수용해서 한국 문화로 녹여낼 것인가를 고민해야 한다. 다음 구절은 한류의 현지화를 위해 우리가 '어떤 자세를 취해야 할 것인가'를 엿볼 수 있게 해준다.

> 사목자는 부정적 선입견과 불신을 버리고 민간 신앙에 접근해야 한다. 여러 인종과 민족의 정신적 유산을 존중하고 선호하며, 형제애를 가지고 현실적인 모습으로 이해하고 수용해야 한다.[750]

중심부 문화에 대한 경외심이나 지나친 선호가 때로는 한류의 서구 현지화에 장애가 될 수도 있다. 지나침과 모자람이라는 허물을 범하지 않는 중절(中節)의 도를 취해야 한다. 형제애를 가지고, 그들의 정신적 유산을 존중하고, 그들이 좋아하는 그들만의 '표현형'이 무엇인지를 발견해야 한다. 그리고 이것을 우리의 문화적 '유전자형' 위에 입혀야 한다. 이 같은 수용 태도는 기독교 복음화의 절충주의적 방식과도 맥을 같

749 ibid. 298.
750 ibid. 298.

이 하는 것으로 볼 수 있다. 결국, 한국 문화의 서구 현지화는 그들의 문화를 어떻게 수용해서 겉으로 '드러내 보여줄' 것인가에 의해 판가름나게 될 것이다. 심층의 유전자형을 서로 공유하고 있기 때문에 이제는 그들이 선호하는 그들의 표현형이 어떤 것인지, 이를 발견하는 일이 중요하다.

2) 해석과 평가

민간 신앙은 복합적이다. 파악하기 쉬운 것이 아니다. 그러나 민간 신앙 안에 내재된 심오한 가치의 생성은 과거와 같이 오늘날에도 복음의 씨앗을 아직 불완전한 상태로 간직하고 있거나, 또는 복음의 씨앗을 성장하게 할 수 있는 비옥한 풍토를 조성하고 있다.[751] 이 같은 민간 신앙을 바라보는 기독교적인 해석은 서구의 벽을 넘어야 하는 오늘의 한류가 서구의 문화적 기반을 "어떻게 바라보고 접근해야 할 것인가?"에 대한 해답을 제시한다. 다시 말해 서구문화에 내재된 -유가적 가치와 일치하는- 기독교적인 가치가 한류 문화의 현지화를 위한 비옥한 풍토가 되어줄 것이라는 점이다.

민간 신앙 안에 있는 제반 가치의 풍요로움을 선용하면서, "축제 감각과 단결성 혹은 연대성, 하느님의 부성(父性)과 현존의식, 창조된 현실감과 섭리 의식, 십자가 느낌, 관대함과 이타주의" 등의 내용들을 평가해야 한다. 복음적 메시지의 전수를 위하여, 믿음을 심화시키기 위하여, 종교 생활의 증진을 위하여, 또한 신앙에의 효과적인 참여를 위하여 민간 신앙의 영능(靈能, 카리스마)을 평가할 필요가 있다.[752] 이 같은 기독교

751 ibid. 298~299.
752 ibid. 299.

의 복음화 방식은 한류의 현지화가 서구문화의 영능을 취하는 데서부터 시작해야 함을 알려준다. 우리 문화의 이식에만 전념할 것이 아니라, 서구문화의 영능을 취함으로써 한류가 보다 풍성하게 꽃 필 수 있게 기반을 구축해야 할 것이다.

3) 정화

민간 신앙을 순수한 상태로 발견하기는 쉽지 않다. 이따금 보면 민간전승의 노래와 미신적이며 마술적인 요소들, 정형화된 것, 그리고 삼위일체적이며 그리스도적인 평등성 등등의 여러 요소가 복합적으로 혼합되어 조성된 형태의 경우가 있다. 이런 경우에는 반드시 순화 작업 단계와 정화 작업 단계의 과정을 거쳐야 하는 것이다."[753] 기독교 복음화 단계에서 이뤄지는 이 같은 민간 신앙에 대한 순화 및 정화 과정은 한류의 서구 현지화 과정에서도 필연적으로 거쳐야 하는 과정이다. 어찌 보면 이는 서구 중심부 문화의 한국화 과정으로 이해할 수도 있고, 서구 현지문화에 한류만의 독특한 색채 입히기 과정으로 이해할 수도 있다.

4) 조화 및 화합성

민간 신앙은 민간 심성에 심도 깊게, 그리고 널리 그 뿌리가 내려져 있다. 그러기 때문에, 집단주의화 또는 단순한 퇴마(退魔) 그룹 등으로 쇠퇴되어서는 안 된다. 다른 형태의 종교성과 조화를 이루면서 식별과 평가를 신중하게 진행시키는 것을 도와야 한다. 비록 민간 신앙의 부분적인 요소에 불과하다고 해도, 그런 부분을 임의로 또는 함부로 간단히 제거하거나 과소평가하려 해서는 안 된다. 이상의 관점들을 고려하여 민

753 ibid. 299.

간 신앙을 이해하면, 민간 신앙은 복음화를 위한 훌륭한 수단이 되며 그 지름길이 됨을 알 수 있다.

아울러 간과해서는 안 될 점은 그리스도의 복음 역시 민간 신앙 안에서, 예컨대 아시아인의 본래적 전통문화 안에서 아시아인의 고유한 모습과 표현으로써 적절하게 적용되어야 한다는 것이다. 그리스도는 아시아인에게 있어서 아시아인의 얼굴로 드러나고 이해되어야 하며, 서구적인 문명의 흔적으로부터는 탈피해야 한다. 그리스도의 복음은 아시아라는 한 지역 안에서 아시아적인 민간 신앙의 요르단 강에서 세례를 받고, 태평양과 인도양을 새로운 지중해로 삼아 구원의 십자가 신비가 새롭게 표현되어 아시아인의 심성에 깊이 그 뿌리를 내려야 하는 것이다.[754]

한류의 '서구의 벽 넘기' 전략도 마찬가지다. 서구인의 전통문화 안에서 서구인의 고유한 모습과 표현으로써 적절하게 적용되어야 한다. 한류는 서구인에게 있어서 서구인의 얼굴로 드러나고 이해되어야 한다. 한국적인 문명의 흔적으로부터 탈피해야 한다. 그래서 서구인의 심성에 깊이 그 뿌리를 내려야 한다. '정화' 과정을 거치며 한류가 독특한 한국적 색채 입히기에 성공을 한다고 해도, 이것이 서구 현지 문화와 '조화'와 '화합'을 이루지 못한다면, 결국 한류의 서구 현지화는 어려움을 겪게 될 것이다. 이런 측면에서라도 기독교의 대아시아 복음화 전략과 방법론은 '서구의 벽'을 넘으려는 우리에게 많은 것을 시사한다.

754 ibid. 299~300; P. Giglioni, Cultura, 96.

서구 기독교와 유교 철학의 유비 관계를 다룬 제7장은 한류가 동서 문화의 벽을 넘어설 수 있는 가능성을 제시했다. 이어지는 제8장에서는 시선을 다시 아시아로 돌려, 아시아의 역사적 맥락과 정치·경제학적 조건 속에서 한류가 어떤 동력을 얻고, 또 어떤 갈등과 협력의 구도를 형성했는지를 탐구한다.

제8장

아시아의 역사와 한류의 정치·경제학

한국의 방송콘텐츠 수출은 1993년 드라마 〈질투〉(MBC)로부터 시작한다. 1992년 중국과의 국교 정상화가 이루어지고, 그다음 해인 1993년 〈질투〉의 하얼빈TV 수출이 성사된다. 한국 드라마의 해외시장 진출이 시작된 것이다. 이 시기 일본은 아시아시장의 드라마 트렌드를 선도하는 리딩 국가였다([그림 05-02] '아시아 TV드라마 시장의 트렌드 변화와 패권 이동' 참조). 그러다 보니, 한국 드라마는 필연적으로 일본 드라마와 아시아시장을 놓고 한판 승부를 벌이지 않을 수 없었다. 이 같은 극적 상황의 전개가 가능했던 것은 1990년대의 시대 환경적 요인들 때문이다. 다시 말해 드라마의 구매력과 직결되는 아시아시장의 '고도 경제성장', 드라마의 하드웨어적 시장 수요인 '다매체·다채널 시대'의 도래, 드라마의 소프트웨어적 시장 수요인 아시아인들의 '드라마 선호', 그리고 '문화의 이동'을 가능하게 한 여러 요인들과 아시아시장의 '정치·경제적 역학관계'들 때문이다.

1. 구매력: 아시아의 고도 경제성장

아시아시장에 새로운 바람이 일기 시작한 것은 한국에서 제1차 경제개발 5개년계획이 한창 진행 중이던 1960년대 중반 이후다. 그러니까 1965~1981년 사이 한국·홍콩·대만·싱가포르·태국·말레이시아 등의 제조업 부문 실질성장률이 매년 10% 포인트를 넘어선다. 값싼 노동력과 노동 탄압의 대가로 이뤄진 이 같은 아시아 지역의 고도 경제성장은 아시아 국가들에게 새로운 경제 세력의 위상을 갖게 한다. 또 이를 바탕으로 스스로 문화의 생산과 소비의 기반을 닦는다.[755]

중국 또한 1971년 UN에 가입하고, 미국과 외교관계를 맺기 시작하면서 근대화, 개혁 그리고 개방정책을 추진하기 시작한다. 개방정책을 확대하면서 중국은 1990년 이후 매년 10% 이상의 GDP 성장률을 기록한다. 1994년 12.6%, 1995년 10.5%, 1996년 10%의 고도성장으로 중국의 소비경제는 빠르게 발전한다. GDP의 성장뿐만 아니라 중국은 1996년 12%의 산업성장, 14%의 자본투자, 그리고 20%의 수출신장률을 기록한다.[756]

[표 08-01] 중국의 경제지표

연도	1995	1997	1999	2001
GDP	58,478.1억	74,462.6억	82,067.5억	95,933.3억
1인당 GDP	4,854	6,054	6,547	7,543

※'중국문화산업', 한국문화콘텐츠진흥원, 2003: 10., 단위: 위안.

755 구연상, 한류의 근원과 미래-문화자치성/한류연구의 방향, 세계생명문화포럼, 특별세미나: 한류 발전방향 모색, 2005: 3~4/8.

756 윤선희, 영상산업의 아시아시장 진출을 위한 수출전략 연구, 연구보고 98-01, 한국방송개발원, 1998: 80~81.

이처럼 중국의 경제체제는 1978년 등소평에 의한 개혁 개방, 1992년 사회주의 시장경제 채택 이후 급속히 계획경제로부터 시장경제로 전환된다. 그러면서 고도성장 속에서 개인의 소득이 증대되고, 소비 패턴의 변화가 뒤따랐다. 시장화와 더불어 경제와 사회에 대한 국가의 직접적인 통제가 약화되고, 그 결과 대중문화의 발전이 촉발되는 상황을 맞는다. 대도시를 중심으로 막대한 부를 축적한 계층이 형성되고, 그들의 자녀는 소(小)황제로서 풍요로운 물적 기반 아래 성장하면서 대중문화를 소비할 수 있는 여력을 갖게 된다.[757] 더욱이 1992~2006년 연평균 10.2%의 고도성장을 실현하면서 저소득층의 중산층 편입이 가속화되고, 중산층 비율은 1995년 7%에서 2005년 22%로 증가한다.[758]

이런 경제적인 상황의 변화는 중국 텔레비전 수용자의 라이프 스타일에도 변화를 가져온다. 중국은 1990년대 주6일 근무제에서 주5일 근무제로 전환한다. 사람들의 여가시간이 늘어나자, 텔레비전 방송사는 그들의 여가시간을 채우기 위해 좀 더 나은 양질의 프로그램을 공급해야 했다. 근무제의 변화는 주시청시간대의 개념을 바꾸어 놓았고, 더 매력 있는 프로그램을 공급하려는 방송사들 사이의 경쟁을 부추긴다. 결국 프로그램의 부족과 양질의 프로그램 수급을 위한 최선의 해결책은 외국 프로그램의 수입이었다.[759] 시청자들의 소비 욕구를 충족시켜줄 대중문화가 중국에는 부족했고, 특히 젊은 층을 끌어들일 엔터테인먼트는 거의 없었다. 한류는 이런 대체 문화의 성격으로 출발한다.[760]

757 구연상, 한류의 근원과 미래-문화자치성/한류연구의 방향, 세계생명문화포럼, 특별세미나: 한류 발전방향 모색, 2005: 4~5/8.

758 중국 소비시장의 신조류, CEO INFORMATION 제631호, 삼성경제연구소, 2007: 3.

759 중국 방송산업 현황과 상호교류 방안 연구, 연구보고 01-13, 한국방송진흥원, 2001: 17; Hong, *The Internationalization of Television in China*, Greenwood Publishing Group, 1998: 119~120.

760 구연상, 한류의 근원과 미래-문화자치성/한류연구의 방향, 세계생명문화포럼, 특별세미나: 한류 발전방향 모색, 2005: 5/8.

대만은 중소기업을 기반으로 한 경제구조를 가졌고, 탄탄한 국가경쟁력을 자랑한다([표 08-02]). 1990년대에도 6%를 넘는 높은 경제성장률을 보인다. 1996년 5.8%로 다소 주춤하는 모습을 보이지만, 대만의 대외무역은 수출 둔화에도 불구하고, 수입이 감소해 큰 폭의 흑자를 구현한다. 수출은 연초 중국과의 무력 마찰에 따른 바이어 이탈, 대중국 수출 침체 등으로 전년 대비 3.8% 증가에 그친 1,159억 달러였으나, 수입은 2.2% 감소한 1,012억 달러에 불과해 무역수지가 147억 달러로 흑자 규모가 확대된다.[761]

[표 08-02] 1990년대 중국·대만·홍콩의 주요 경제지표

	지표	1992	1993	1994	1995	1996
중국	GDP총액	4,356	5,446	5,082	6,900	8,170
	실질경제성장률	13.6	13.4	11.8	10.2	9.8
대만	경제성장률	-	6.3	6.5	6.0	5.8
홍콩	경제성장률	-	6.1	5.5	4.6	4.7

※삼성경제연구소, 96년 중화권 경제동향 및 97년 전망, 삼성경제연구소, 1997: 3; 중국국가통계국, 홍콩정부 통계처.
단위: 억 달러, %

영국 자치령으로 자유무역을 구가하며 승승장구하던 홍콩경제는 1997년 중국 반환을 앞두고 위축되는 경향을 보인다. 실제로 복속 직전 해인 1996년 홍콩의 대외무역은 1991년 이후 가장 저조한 양상을 보인다. 그럼에도 수출은 전년 대비 4.5% 증가한 1,985억 달러였고, 무역적자는 전년보다 21억 달러가 줄어든 169억 달러로 개선된다.[762] 1990년대 중반을 넘어서면서 태국·인도네시아·한국을 비롯해서 아시아 전역에 IMF의 공포가 휩쓸고 가지만, 비슷한 시기 연쇄적으로 불어닥쳤던 아시아의 경제위기는 한편으로 견고한 경제성장의 기틀을 마련하는 기

761 중국문화산업, 한국문화콘텐츠진흥원, 2003: 5.
762 96년 중화권 경제 동향 및 97년 전망, 삼성경제연구소, 1997: 6.

회가 되기도 한다. 뒤늦게 출발한 베트남의 경제성장도 한류의 생성을 가능하게 한 해외 환경적 요인으로 작용한다. 베트남은 1975년 4월 공산 통일국가를 수립한다. 이후 극심한 경제난에 시달리던 베트남은 1986년 '도이 모이'(Doi Moi)[763] 정책을 채택, 시장경제 체제를 도입한다. 그에 따라 급속한 경제성장이 이루어졌고, 베트남 국민의 문화적 욕구도 함께 증대한다.[764]

이처럼 1990년대 일본 드라마와의 '경쟁시기', 아시아가 이룩한 고도 경제성장은 아시아인의 문화적 욕구를 증대시켰고, 이는 욕구충족을 위한 외국 드라마의 구매력으로 작동한다. 이것이 한류 생성의 산업 메커니즘적 요인, 그중에서도 소비 측면의 중요한 변화 요인으로 작동한다. 그렇다고 고도 경제성장이라는 시대 환경적 요인이 모든 나라에 똑같이 적용되는 것은 아니다. 다시 말해 똑같은 조건이라고 해서 모든 나라의 드라마가 모두 성공하는 것은 아니다. 시장은 준비된 자에게 열리기 때문이다. 같은 조건 아래서도 1990년대 아시아시장을 선도하던 일본 드라마는 한국 드라마에게 시장을 잠식당하고, 시장의 주도권을 한국에게 넘겨주지 않을 수 없는 상황을 맞게 된다([그림 05-02] '아시아 TV드라마 시장의 트렌드 변화와 패권 이동' 참조).

763 베트남 공산당 제6차 대회(1986)의 슬로건으로, 가격의 자유화, 생산성 향상, 국제 분업형 산업구조의 지향을 목표로 함.

764 구연상, 한류의 근원과 미래-문화자치성/한류연구의 방향, 세계생명문화포럼, 특별세미나: 한류 발전방향 모색, 2005: 5/8.

2. 드라마의 수요

1) 하드웨어적 수요: 다매체·다채널 시대의 도래

1990년을 전후한 시기, 케이블과 위성 등 다매체·다채널의 등장은 드라마의 수요를 창출하는 하드웨어적 기제가 된다. 나라마다 규모와 양태의 차이는 있지만, 아시아 지역 대부분의 나라는 이 시기 폭발적인 미디어와 채널 시장의 변화를 보여준다([표 08-03] 참조). 그러기 때문에 아시아시장에서 전개되는 1990년대 다매체·다채널 시대의 공통된 화두는 방송콘텐츠, 특히 수용자들이 선호하는 드라마의 니즈로 모아진다.

[표 08-03] 아시아시장의 다매체·다채널 동향(1990년대)

국가	다매체·다채널 동향
일본	BS, 스카이퍼펙TV 출범(1989), 189개 신규 채널 등장
중국	TV보급률 증가: 1990년 16.2%→1997년 34% - 방송콘텐츠 신규 수요 창출
홍콩	위성 스타TV 출범, 15개 이상 신규 채널 등장, TVBI 신규 위성방송 시작
대만	1993년 CATV법 제정; CATV 합법화; 100개 가까운 채널 운영 지상파의 케이블 위성 진입, 케이블의 지상파 진입 허용
베트남	1991년 위성을 이용 지상파의 전국방송 실시, 1993~1995년 주요 도시 중심 CATV 운영
말레이	1995년 CATV 출범, 1996년 위성TV 출범

일본의 방송시장은 지상파 방송과 BS, CS로 구성된 디지털 위성방송, 그리고 케이블TV로 구성된다. 지상파 방송은 전국방송인 NHK와 전국 네트워크 5계열, 13개 독립 UHF로 나눠지며, 드라마 제작은 주로 지상파 방송의 자회사 프로덕션이나 독립프로덕션에서 담당한다.[765] 일본의 위성방송 BS는 1989년부터 본방송을 시작해 2000년에 디지털로 전환하면서 2000년대 초반 HDTV가 7개사 7개 채널, SDTV가 21개의 채

765 한국 드라마의 일본 진출 현황과 전망, 방송 동향과 분석, 통권 171, 한국방송영상산업진흥원, 2003: 1.

널을 운영한다. 다만 SDTV는 보조채널 형식을 띠고 있어 HDTV 7개 채널이 주축이다. CS디지털위성방송은 스카이퍼펙TV와 스카이퍼펙TV!110 등 2개의 플랫폼 사업자로 운영된다. DBS 가입 건수는 2006년 말 현재 374만, 스카이퍼펙TV!110은 29만에 이른다. 1996년 출범한 스카이퍼펙TV에는 189개의 비디오 채널, 2002년에 출범한 스카이퍼펙TV!110에는 71개의 비디오 채널이 운영되었다.[766]

중국의 방송시장은 1997년 950개의 지상파 방송사와 1,200개의 케이블 방송사로 구성된다. 텔레비전 보급률은 1990년 16.2%에서 1997년 34%로 증가한다. 국영방송인 CCTV는 4개의 위성채널과 1개의 유료 영화채널(Pay TV)을 포함해서 전체 인구의 80%인 약 10억 명에게 프로그램을 공급한다. 1996년 이후 CCTV는 전국적, 세계적으로 프로그램 전송 범위를 확대한다. 광역과 주요 도시 네트워크인 상하이TV, 베이징TV, 동방TV는 1990년대 이후 빠르게 성장해서 CCTV의 아성에 도전한다. 이들 네트워크는 텔레비전 광고시장의 25% 이상을 점유하고 있으며, 한해 70% 가까운 성장률을 기록한다.[767]

홍콩의 방송 환경은 민영으로 운영되는 TVB(TV Broadcasters)와 ATV 등 2개의 지상파 텔레비전과 1개의 케이블(Wharf), 2개의 위성방송으로 구성된다. 지상파 방송은 4개 채널, 케이블 방송은 20개 채널을 보유한다. 위성방송 스타TV는 15개 이상의 채널을 운영하고 있다.[768] 설립 초기, 스타TV는 미국 프로그램을 중심으로 편성한다. 그러나 루퍼트 머독의 의견에 따라 스타TV는 현지 협력 기업을 찾는 데 힘을 기울였다.[769]

766 일본 내 한류 드라마 편성 실태와 전망, KBI 포커스, 통권 3호, 한국방송영상산업진흥원, 2006: 11.
767 윤선희, 영상산업의 아시아시장 진출을 위한 수출전략 연구, 연구보고 98-01, 한국방송개발원, 1998: 81~83; TV International Sourcebook, 1997: 60.
768 ibid. 107.
769 Iwabuchi, *아시아를 잇는 대중문화*, 2001, 전오경, 또 하나의 문화, 2004: 137.

홍콩의 최대 방송사 TVB는 방송콘텐츠 수출뿐만 아니라 TVBI라는 위성 채널 서비스를 대만에서 시작하고, 적극적으로 다른 나라와의 프로그램 합작에도 착수한다. TVB는 합작을 통해 광동어와 북경어의 언어 장벽을 극복해 다른 중국어 문화권에 진출했고, 중국계 인도네시아 자본과 제휴해 말레이어 텔레비전 프로그램 제작에도 착수한다.[770]

대만은 TTV(1962)와 CTV(1969), CTS(1971) 개국 이후, 30년간 지상파 방송의 정부 독점시대를 유지한다. 국토의 대부분이 산악지대인 대만은 지상파 방송의 발전을 기대하기 어렵고, 방송 수신이 가능한 케이블TV와 위성방송의 발전이 이뤄질 수밖에 없었다.[771] 이것이 대만을 세계 최대의 케이블TV 대국으로 키운 직접적인 원인이 되기도 한다. 대만의 케이블TV 방송은 오락 프로그램에 충실하지 않았던 TTV, CTV, CTS 등 3개 공영 지상파 방송사에 대한 시청자의 불만을 반영, 불법 채널로 1980년대 비약적인 발전을 이룩한다. 정부와 불법 케이블 방송 사업자 간에 케이블을 절단하고 다시 연결하는 악순환이 계속되던 끝에 1993년 마침내 대만 정부는 케이블TV법을 제정하고 이들을 합법화한다. 그 뒤 600개가 넘는 케이블 방송사가 도태돼 그 수가 약 1/5로 감소했지만, 이미 그 시점에서 50%가 넘었던 가입률은 합법화된 후 더욱 늘어나 1998년에는 80%에 달한다.[772] 1993년 통과된 케이블TV법은 케이블TV 방송사들이 1995년부터 지상파 방송 시장을 잠식할 수 있게 하고, 지상파 방송 또한 1997년부터 케이블TV와 위성방송 시장으로 뛰어들 수 있게 한다.[773]

770 윤선희, 영상산업의 아시아시장 진출을 위한 수출전략 연구, 연구보고 98-01, 한국방송개발원, 1998: 137~138.

771 방정배 외, *한류와 문화커뮤니케이션*, 커뮤니케이션북스, 2007: 133.

772 Iwabuchi, *아시아를 잇는 대중문화*, 2001, 전오경, 또 하나의 문화, 2004: 191~192.

773 윤선희, 영상산업의 아시아시장 진출을 위한 수출전략 연구, 연구보고 98-01, 한국방송개발원, 1998: 98~99.

베트남은 1970년 지상파 방송을 시작하고, 1991년 위성을 통한 전국 방송을 시작한다. 케이블TV 방송은 1993년 베트남 거주 외국인과 호텔 등을 대상으로 제한적인 서비스를 시작하다가, 1995년 주요 도시 지역을 중심으로 본방송에 들어간다.[774] 베트남의 라디오와 텔레비전 방송사는 모두 68개로 1998년부터 2003년까지 방송사 수는 변동이 없다. 전체 방송사 중 중앙정부 소속 방송사는 5개, 지방정부 소속은 63개다. 라디오 방송사는 3개, 텔레비전 방송사는 6개, 라디오와 텔레비전을 모두 갖고 있는 방송사는 59개다. 가장 많은 채널을 가지고 있는 방송사는 유일한 전국방송인 국영 베트남TV(VTV)로 다섯 개의 채널을 가지고 있다. 하노이에 본부를 둔 국영 VTV는 다섯 개 채널을 통해 하루 총 62.5시간을 방송하며, 자체 제작 프로그램이 49%를 차지하고 있다. 콘텐츠가 절대적으로 부족한 탓에 프로그램 재방 비율이 높아 전체 방송시간 중 신규 프로그램의 방영시간은 전체 40% 정도에 그친다.[775]

말레이시아의 텔레비전 방송은 1963년 시작된다. 이후 1969년 두 번째 전국 네트워크가 생겨나고, 1984년 최초의 민영방송 TV3가 허용된다. 이런 말레이시아 방송시장에 다매체·다채널 시대가 도래한 것은 1990년대 중반이다. 1995년 케이블TV 방송이 시작되고, 1996년 위성방송이 시작되면서 말레이시아의 방송시장은 급격하게 변모한다.[776] 이처럼 일본, 중국, 홍콩, 대만, 베트남, 말레이시아 등 아시아 주요 국가들은 1990년대, 변화하는 디지털 방송환경에 대처하며 다양한 하드웨어적 드라마 수요를 창출한다. 그러나 내수시장을 충족시킬 만한 여건을

774 이후 2008년 베트남 정부는 난시청 지역 해소 등을 위해 베트남 최초의 통신위성 비나샛(Vinasat) 1호를 발사한다. 비나샛의 사용 가능 채널 수는 최소 80개에서 최대 168개까지 늘어날 수 있다.

775 한국 문화산업의 동남아지역 진출 강화 및 한류 지속화방안 연구, 한국문화콘텐츠진흥원, 2003: 157~160.

776 ibid. 386.

갖추고 있지 못했다. 급격한 매체와 채널의 양적 확대는 필연적으로 방송콘텐츠의 공백을 불러오게 된다. 이것이 한류 생성의 해외시장 변화 요인 가운데 문화콘텐츠 수요 측면의 요인으로 작동한다.

2) 소프트웨어적 수요: 아시아시장의 드라마 선호

중국, 일본, 홍콩, 대만, 태국, 필리핀 등 아시아 각국의 텔레비전 프로그램 편성비율과 시청률, 시청시간과 시청시간 점유율 등을 살펴보면 아시아시장의 드라마 선호도를 확인할 수 있고, 이것이 한국 드라마의 해외수출 변인으로 작동할 수 있음을 확인시켜준다. 다매체·다채널 시대의 도래가 한국 드라마의 하드웨어적 수요 기제라면, 아시아시장의 드라마 선호는 한국 드라마의 소프트웨어적 수요 기제가 된다.

(1) 편성 비율과 시청률[777]

홍콩, 말레이시아, 필리핀, 중국(상하이) 등 아시아 4개국에서 드라마 장르의 편성비율은 모두 1위로 나타난다. 이들 국가의 드라마 편성비율은 평균 20.4%로, 전체 8개 장르의 프로그램 평균 편성비율 12.5%를 7.9%나 앞선다. 편성비율 1위를 뉴스 등 다른 프로그램 장르에 빼앗긴 대만과 태국의 드라마 편성비율도 각각 18.5%, 14%로 전체 프로그램의 장르별 평균 편성비율 12.5%를 3.8% 상회한다([표 08-04]).

---

777 시청률은 방송 프로그램의 가치를 가장 객관적으로 나타내주는 척도다(Fletcher, 1993). 프로그램 방송 후, 후속 시장 판매에 가장 영향을 미치는 요인 또한 시청률이다(Wildman & Robinson, 1995). 시청률은 프로그램에 대한 수요를 가장 객관적으로 나타내주는 지표로서, 국내외의 후속 시장 진입에 매우 중요한 영향을 미친다(이문행, 국내 지상파 방송 드라마의 수출성과 분석, 아시아의 재발견, 동아시아 국가 간 TV프로그램 교류의 의미, 한국언론학회, 2005: 38). 예를 들어, 국내 시청률이 13% 미만으로 낮은 경우, 드라마의 평균 수출단가는 20만2,447달러다. 이에 반해, 국내 시청률이 20% 이상인 경우는 이의 두 배인 73만5,716달러다(ibid. 58).

[표 08-04] 아시아 국가의 방송콘텐츠 장르별 편성비율

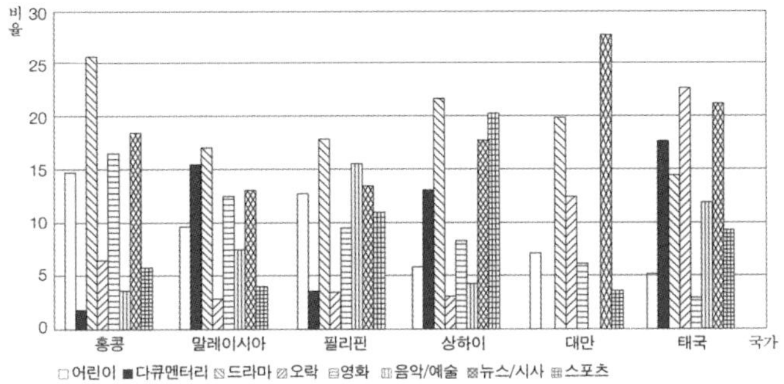

※출처: 윤선희, 1998: 17; Television Asia, 1998. 5월호. 재인용

텔레비전 프로그램 편성이 시청자들의 관심과 시청률에 근거한다고 할 때, 이는 아시아인들이 드라마 장르를 얼마나 선호하는지를 확인할 수 있게 해주는 근거가 된다. 오락, 다큐멘터리, 드라마, 영화, 음악/예술, 뉴스/시사, 스포츠, 어린이 프로그램 등 다양한 텔레비전 프로그램 장르 중에서 아시아인들이 선호하는 드라마의 시청률은 영화 장르에 1위 자리를 내준 말레이시아를 제외하고는 모두 30%를 웃도는 가장 높은 시청률을 보인다([표 08-05]).

[표 08-05] 아시아 국가의 방송콘텐츠 장르별 시청률

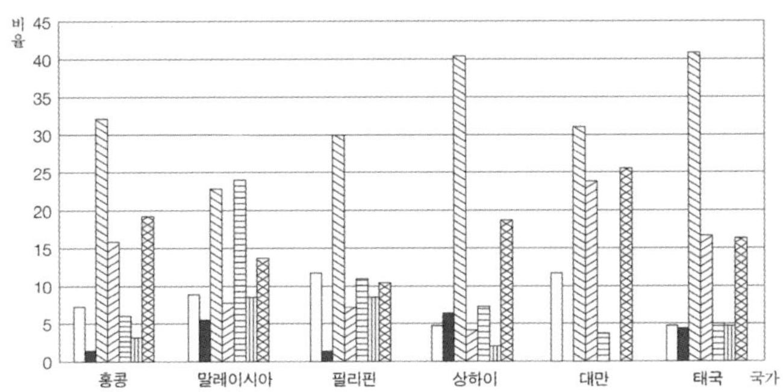

※출처: 윤선희, 1998: 18; Television Asia, 1998. 5월호. 재인용

편성비율에서 오락, 뉴스/시사, 다큐멘터리 장르에 1위를 빼앗긴 태국의 드라마도 프로그램의 장르별 시청률에서는 1위를 차지한다. 특히, 태국의 경우는 드라마 시청 비율이 40%를 넘어서서 아시아 국가 중에서 최고치를 기록하고 있다. 이처럼 프로그램의 장르별 편성비율뿐만 아니라 프로그램의 장르별 시청률 조사를 통해서도 아시아인들이 얼마나 텔레비전 드라마를 선호하는지를 확인할 수 있다.

중국인들의 드라마 선호 또한 다른 지역 아시아인들과 마찬가지로 높게 나타난다([표 08-06]). 전체 14개 프로그램 장르 가운데서 드라마 장르의 편성비율과 시청률이 각각 23.78%, 37.54%로 가장 높다. 드라마 전문 채널이 아닌 한 성급 위성TV는 -예외적인 경우이기는 하지만- 24시간 동안 15회의 드라마를 편성해 총 방송시간의 62.5%를 드라마로 채우기도 한다. 다른 프로그램 장르의 재방송, 중계방송 등의 시간을 제외한다면, 드라마의 총방송량은 전체 방송시간의 70%에 이르기도 한다.

[표 08-06] 중국의 방송콘텐츠 장르별 편성비율 및 시청률(2003)

프로그램 장르	편성비율(%)	시청률(%)
뉴스	7.97	15.23
드라마	23.78	37.54
희곡	0.78	0.90
종합예술	5.39	5.67
영화	5.06	5.10
스포츠	3.52	2.93
어린이	2.80	2.14
음악	2.23	1.64
특집	9.80	6.84
기타	29.66	18.52
생활 서비스	5.87	2.55
재정 경제	2.25	0.75
수강	0.46	0.13
외국어	0.41	0.07

※출처: 중국 국민의 TV시청 경향, 방송 동향과 분석, 통권 197호, 한국방송영상산업진흥원, 2004: 27.

더욱이 드라마는 황금시간대(19:35~21:30)에 집중 편성되고 있어서 방송 시간 및 황금시간대 점유율, 시청률 등 모든 면에서 여타 프로그램 장르에 비해 뚜렷한 우위를 점한다.[778]

한류 '도전기'인 1992년 홍콩의 위성 스타TV는 '일본 트렌디 드라마' 편성시간띠를 만들어 황금시간대에 배치한다. 당시 일본 드라마는 스타TV의 대만 지역화 전략에 필수불가결한 도구로 인식되었다.[779] 다시 말해 대만 시장의 공략을 위해 일본 드라마는 꼭 필요한 존재였다. 이는 대만 시청자들의 일본 드라마 선호가 어느 정도인지를 가늠할 수 있게 해주는 근거가 되기도 한다. 그만큼 홍콩은 물론 대만 시장도 1990년대 한국 드라마와 일본 드라마의 '경쟁시기' 일본 드라마의 영향권 아래 있었고, 그러기 때문에 한국 드라마의 홍콩, 대만 시장 진출이 어려운 상황이었다.

한류의 '정착기'와 '확장기'가 교차하는 1996년과 1997년 4/4분기, 대만 지상파 방송의 편성비율과 시청률([표 08-07])을 보면, 드라마가 각각 15.8%, 18.8%로 전체 12개 프로그램 장르 가운데 1위를 차지한 뉴스 프로그램의 뒤를 이어 2위를 기록한다. 그러나 시청률에서는 편성비율과 달리, 드라마가 뉴스 프로그램을 각각 1.6%, 5.5% 앞서면서 전체 12개 프로그램 장르 가운데 1위를 차지한다. 이는 홍콩과 대만 시장도 다른 아시아 국가들과 마찬가지로 '드라마가 아시아 최고의 선호 장르'라는 사실을 입증해준다. 한편, 이 같은 아시아 각국의 드라마 선호와는 대조적으로, 일본은 한류 '확장기'(1997~1999)를 전후한 1996년부터 2000년까지의 기간 동안 드라마의 편성시간이 축소되는 아시아시장의

778 중국 TV드라마 시장 전망, 방송 동향과 분석, 통권 206호, 한국방송영상산업진흥원, 2004: 65.
779 Iwabuchi, *아시아를 잇는 대중문화*, 2001, 전오경, 또 하나의 문화, 2004: 191.

유일한 국가가 된다([표 08-08]).

[표 08-07] 대만 지상파 방송 편성비율 및 시청률

장르	1996년 10월-12월		1997년 10월-12월	
	편성비율	시청률	편성비율	시청률
어린이	6.6	5.8	6.7	6.3
문화/종교	1.6	0.3	0.8	2.7
드라마	15.8	27.2	18.8	30.8
교육/정보	7.8	1.2	13.0	3.1
영화	10.1	7.6	5.6	3.1
뉴스	22.9	25.6	26.2	25.3
기타/특집	3.1	3.4	4.6	5.1
Public TV	2.7	1.9	1.5	1.1
스포츠	4.1	0.7	3.5	0.7
여행	0.8	0.7	0.8	0.7
버라이어티	14.9	24.5	11.7	23.4
여성	0.2	0.1	0.3	0.1

※ 출처: 윤선희, 1998: 104; Television Asia. 1998년 5월호, 단위: %.

[표 08-08] 일본 텔레비전의 일일 평균 방송콘텐츠 장르별 편성시간

	1996	1997	1998	1999	2000
보도	585	538	505	466	414
예능	411	409	465	520	562
스포츠	230	200	218	186	187
퀴즈 게임	180	163	137	129	114
일반극	123	107	113	111	97
교육 교양	175	208	201	201	190
일반 실용	155	161	164	150	146
만화	91	89	89	90	97
음악	80	100	102	107	113
사극	45	43	41	33	28
코미디	17	22	31	19	29
시사해설	26	24	22	24	21

※ 출처: 일본 디지털 콘텐츠 백서 2001, 방송 동향과 분석, 통권 138호, 한국방송진흥원, 2001: 68; (주)비디오리서치 'TV시청률 광고 동향' 각 연도 판을 토대로 작성. 18~24시, 관동지구, 단위: 분.

드라마와 사극을 합친 드라마 총편성시간이 1996년 168분, 1997년 150분, 1998년 154분, 1999년 144분, 2000년 125분으로 매년 줄어든다. 시청률 또한 드라마의 편성시간 축소와 비례해서 점차 낮아진다. 1996년 일본의 드라마 시청률은 일반 드라마 14.0%, 사극 14.6%로 조사대상 프로그램 장르 가운데 가장 높은 시청률을 기록한다([표 08-09]). 그러다가 드라마는 1997년에는 코미디(14.8%)에 밀리고, 1998년에는 퀴즈게임(13.5%), 코미디(13.1%), 1999년에는 퀴즈게임(12.8%), 2000년에는 코미디(13.7%), 퀴즈게임(12.6%) 등에 밀려 시청률 순위에서 2~3위를 기록하게 된다.

[표 08-09] 일본 텔레비전의 일일 평균 방송콘텐츠 장르별 시청률

	1996	1997	1998	1999	2000
보도	9.2	9.2	9.7	9.4	9.4
예능	10.4	10.9	10.9	11.2	11.0
스포츠	10.4	10.8	11.3	11.1	11.5
퀴즈 게임	13.1	13.3	13.5	12.8	12.6
일반극	14.0	14.1	12.7	12.2	12.5
교육 교양	9.0	8.8	8.5	8.4	8.2
일반실용	10.0	10.2	10.6	10.9	10.3
만화	10.8	11.1	10.3	9.4	9.1
음악	11.9	11.4	11.0	11.2	10.6
사극	14.6	13.5	12.8	12.6	12.3
코미디	11.7	14.8	13.1	9.9	13.7
시사해설	7.8	6.1	7.1	6.7	7.0

※ 출처: 일본 디지털 콘텐츠 백서 2001, 방송 동향과 분석, 통권 138호, 한국방송진흥원, 2001: 67; (주)비디오리서치 'TV시청률 광고 동향' 각 연도 판을 토대로 작성. 18~24시. 관동지구. 단위:%.

이처럼 한국 드라마와 일본 드라마의 '경쟁시기'(1990년대), 일본은 아시아시장에서 유일하게 드라마 장르의 쇠퇴를 보여준다. 이는 한국 드라마와의 경쟁 구도에서 그 원인의 일단을 찾아볼 수 있다. 일본 드라마가 높은 시청률을 보였던 1996년과 쇠퇴 기미를 보이기 시작하는 1997년은 한류의 정착기(1994~1996)와 확장기(1997~1999)가 교차하는 다이내믹한 시점이다. 일본이 '적극적 방어기'에서 '수세적 방어기'로 몰리는 시점이다([표 08-10]). 다시 말해 절정기의 일본 드라마가 아시아시장의 새로운 대안 세력으로 떠오르기 시작한 한국 드라마에 밀려 아시아시장의 주도권을 한국에게 넘겨주는 전환기 일본의 쇠락하는 모습을 보여준다.

[표 08-10] 한류의 생성과정, 대일 방송콘텐츠 출초 시점(1999) 이전

	87~90	91~93	94~96	97~99
한국	태동기	도전기	정착기	확장기
일본	아시아시장 독점기			
	방관적 방어기		적극적 방어기	수세적 방어기

한편, 아시아 지역뿐 아니라 남미지역, 특히 멕시코 시청자들의 경우도 드라마에 대한 선호도가 매우 높다. 멕시코인들이 가장 선호하는 텔레비전 프로그램 장르는 선호도 20%의 일일연속극 텔레노벨라[780](Telenovela)다. 다음이 뉴스(19.5%), 영화(17.0%)의 순이다.[781] 이는 곧, 드라마 선호가 지역이나 인종을 초월한 인간의 본성에서 출발한 것이 아닐까 하는 의문을 갖게 한다. "모방은 인간 본성에 어렸을 때부터 내재된 것이다. 인간이 다른 동물과 다른 점도 모방을 잘하고, 지식도 모방에 의해 획득되기 시작한다는 점에 있다. 그리고 모방된 것에 대해 모든 인간이 희열을 느낀다는 것도 인간의 본성에 속한다."[782] 이처럼 이야기에 귀 기울이는 것은 인간의 원초적 본능이고, 인간은 이야기 본능을 가지고 있다.[783] 드라마의 선호도가 높을 수밖에 없는 이유가 아닐까 한다.

780 멕시코, 브라질 등 남미지역의 일일연속극(soap opera)을 지칭하는 용어.
781 은혜정, *남미로 가는 교두보 멕시코 방송시장*, 커뮤니케이션북스, 2005: 85.
782 Aristotle, Bywater, *de arte Poetica*, 1955, 시학, 손명현, 박영사, 1974: 43.
783 Brockett, *History of the Theatre*, Allyn and Bacon, 1982: 35.

(2) 시청시간과 시청시간 점유율

홍콩·태국·대만·중국(상하이)·필리핀 등 아시아 각국 시청자들의 시청시간과 시청시간 점유율 조사자료를 보면, 아시아인들의 방송 프로그램에 대한 선호도가 드라마 장르에 집중되어 있음을 확인할 수 있다. 시청시간과 시청시간 점유율에 나타난 아시아인들의 드라마 선호는 아시아시장의 소프트웨어적 드라마 수요로, 산업 메커니즘적 소비 측면의 한류 생성요인으로 작동한다.

가. 홍콩

홍콩인들의 일일 평균 시청시간은 2시간 36분으로, 조사대상 5개국 가운데 텔레비전 방송을 가장 많이 보는 것으로 나타난다. 그중에서도 드라마를 가장 많이 보며, 드라마 시청시간은 하루 51분이다. 일일 시청시간의 32.6%를 텔레비전 드라마 시청에 할애하고 있는 것이다([표 08-11]).

[표 08-11] 홍콩인의 일일 평균 시청시간 및 시청시간 점유율

	평균 시청시간(분/1인)	시청시간 중 점유율(%)
어린이	13	8.5
다큐멘터리	4	2.8
드라마	51	32.6
영화	13	8.4
취미, 레저	5	3.4
오락	21	13.2
교양	3	2.0
음악, 예술	5	3.0
뉴스, 시사	30	19.2
정보, 교육	5	3.2
스포츠	6	3.7
합계	156	100

※ 한국방송영상산업진흥원, 1997: 2-3/3. 대상채널: TBVJ, TVBP, ATVH, ATVW. 모집단: 569만 1,000명.

나. 태국

태국인들의 일일 평균 시청시간은 아시아에서 홍콩에 이어 두 번째로 긴 하루 2시간 10분이다. 그 가운데서 태국인들의 드라마 시청시간은 47분으로 조사대상 9개 TV프로그램 장르 가운데서 가장 길다. 태국인들은 일일 시청시간의 35.8%를 드라마 시청에 쏟고 있다([표 08-12]).

[표 08-12] 태국인의 일일 평균 시청시간 및 시청시간 점유율

	평균 시청시간(분/1인)	시청시간 중 점유율(%)
어린이	7	5.2
다큐멘터리	9	6.5
드라마	47	35.8
오락	22	17.1
영화	7	5.6
음악	5	4.1
뉴스, 시사	26	19.6
종교	0	0.1
스포츠	8	5.9
합계	130	100

※ 한국방송영상산업진흥원, 1997: 2-3/3. 대상채널: Ch3, Ch7, Ch9, Ch11. 모집단: 1,916만 4,000명.

다. 대만

대만은 조사대상 아시아 국가 가운데서 일일 시청시간이 가장 짧다. 대만인들은 하루 평균 66분 텔레비전을 시청한다. 그중에서 드라마에는 18분을 할애한다. 이는 일일 TV시청시간의 27.2 %에 해당하는 수치로, 5개국 가운데서 가장 낮은 수치다. 그렇다고 이 같은 사실이 대만인들이 다른 아시아인들에 비해 TV드라마에 관심이 적다는 것을 의미하지는 않는다. 대만인들은 조사대상 12개 프로그램 장르 가운데서 다른 아시아인들과 마찬가지로 드라마를 가장 선호하고, 드라마 시청시간 점유율 또한 25.6%의 뉴스보다도 1.6%가 높은 27.2%로 최고의 시청시간 점유율을 보인다([표 08-13]).

[표 08-13] 대만인의 일일 평균 시청시간 및 시청시간 점유율

	평균 시청시간(분/1인)	전체 시청시간 중 점유율(%)
어린이, 만화	4	5.8
지역 문화	1	1.6
드라마	18	27.2
교육, 정보	1	1.2
영화	5	7.4
뉴스	17	25.6
기타, 특집	2	3.1
공공TV	1	1.9
스포츠	0	0.7
여행	1	0.9
버라이어티	16	24.5
여성	0	0.1
합계	66	100

※ 한국방송영상산업진흥원, 1997: 2-3/3. 대상채널: TTV, CTV, CTS. 모집단: 1,990만 2,000명.

라. 중국 및 필리핀

중국(상하이)인들의 일일 평균 텔레비전 시청시간은 대만인들에 비해 9분 정도 긴 1시간 15분이다. 그리고 중국인들의 하루 평균 드라마 시청시간은 27분, 드라마의 시청시간 점유율은 35.9%다([표 08-14]). 이는 다양한 전체 프로그램 장르 가운데 시청시간 순위 2위인 뉴스의 평균 14분, 시청시간 점유율 18.9%의 거의 2배 가까운 수치다. 이는 드라마를 선호하는 중국인들의 텔레비전 시청 기호를 알아볼 수 있는 근거가 된다. 필리핀 인의 일일 평균 텔레비전 시청시간은 2시간 4분으로 홍콩, 태국에 이어 조사대상 5개국 가운데 3번째로 길다([표 08-15]). 드라마의 평균 시청시간 또한 37분으로 51분의 홍콩, 47분의 태국에 이어 3번째로 길다.

[표 08-14] 중국(상하이)인의 일일 평균 시청시간 및 시청시간 점유율

	평균 시청시간(분/1인)	시청시간 중 점유율(%)
어린이	4	4.9
다큐멘터리	7	9.4
드라마	27	35.9
교육	0	0.5
취미, 레저	3	3.9
오락	5	6.1
교양	0	0.1
영화	8	10.0
음악, 예술	2	2.9
뉴스	14	18.9
스포츠	4	5.8
텔레 쇼핑 외	1	1.5
합계	75	100

※ 한국방송영상산업진흥원, 1997: 2-3/3. 대상채널: CCTV1, CCTV2, CCTV4, ShTV1, OTV, OTV33. 모집단: 809만 1,000명.

[표 08-15] 필리핀 인의 일일 평균 시청시간 및 시청시간 점유율

	평균 시청시간(분/1인)	전체 시청시간 중 점유율(%)
어린이	11	9.2
다큐멘터리	1	0.9
드라마	37	29.7
교육	1	0.7
특집	2	1.5
영화	19	15.0
문화/음악	9	7.0
뉴스/시사	13	10.4
종교	2	1.2
쇼	4	3.4
스포츠	12	10.0
토크쇼	3	2.1
버라이어티	11	3.9
합계	124	100

※ 한국방송영상산업진흥원, 1997: 2-3/3. 대상채널: ABS-CBN2, PTV4, ABC5, GMA7, RPN9, IBC13, SBN21, BJTV29, CTV31. 모집단: 771만 3,000명.

그러나 이런 순위에 특별히 의미를 부여할 필요는 없다. 나라마다 조사대상 프로그램의 장르 구분이 다르고, 구분 장르의 수 또한 11개에서 13개로 각기 서로 다르기 때문이다. 따라서 여기에 나타난 시청시간과 시청시간 점유율만을 가지고 아시아 각국 국민들의 드라마 선호를 계량화, 서열화할 수는 없다. 다만, 조사대상 아시아 5개국의 시청자들이 다양한 TV프로그램 장르들 가운데서도 특히, 드라마를 선호한다는 사실만큼은 명백하다.

3. 문화의 이동 요인

1) 문화적 근접성

베트남에서 한국 드라마가 인기 있는 이유는 무엇일까? 한국과 베트남 사회가 문화적으로 유사한 문화적 근접성을 갖고 있기 때문이다. 그래서 쉽게 공감을 불러일으키게 되는 것이다. 그렇다면 한·베의 문화적 근접성은 어디서 찾을 수 있는 것일까? [표 08-16] '한국·베트남 간의 문화적 가치에 대한 근접성 분석표'는 한국과 베트남 간의 문화적 가치에 대한 근접성을 조사한 결과다. 사회주의 국가인 베트남과 민주주의 국가인 한국은 서로 다른 체제, 다른 이념을 택하고 있기 때문에 정치적 가치의 근접성은 5점 척도상, 최하인 0점으로 나타난다. 이는 두 나라 사이에 정치이념 항목에서 전혀 근접성이 없다는 것을 뜻한다.

그러나 두 나라는 자국 문화에 대한 애착심과 긍지, 그리고 동시에 타문화에 대한 배타성을 표출하는 정치이념의 민족주의 항목에서는 5점 만점을 기록한다. 이는 두 나라가 민족주의적 성향에서 매우 강한 문화적 근접성을 보여주고 있음을 나타낸다. 경제활동 항목에서의 근접성은 자본주의적 가치에서만 2점으로 나타나 0점인 사회주의적 가치와 함께 근접성이 별로 없는 것으로 나타난다. 종교 항목에서는 불교적 가치가 5점 만점을 기록, 2점인 기독교 가치와 달리 문화적 근접성이 매우 높은 것으로 나타난다.

[표 08-16] 한국·베트남 간의 문화적 가치에 대한 근접성 분석표[784]

유형		근접성	유형별 평균
정치이념	사회주의	0	1.67
	민주주의	0	
	민족주의	5	
경제활동	사회주의적 가치	0	1.00
	자본주의적 가치	2	
주요 종교	불교적 가치	5	3.50
	기독교적 가치	2	
전통	아시아 봉건주의적 가치	5	3.75
	유교적 가치	5	
	동남아 문화적 가치	0	
	동북아 문화적 가치	5	
언어	베트남 어	0	1.80
	한글	0	
	한자어	5	
	프랑스 어	0	
	영어	4	

언어 항목에서는 한자어를 사용한다는 세부 항목에서만 5점 만점을 기록, 한자 문화권이라는 근접성이 강조될 뿐 나머지 다른 4가지 언어 유형에서는 근접성이 전혀 없는 것으로 나타난다. 이런 5가지 유형을 종합할 경우, 한국과 베트남의 문화적 근접성은 가장 높은 유형별 평균 점

784 한국 문화산업의 동남아지역 진출 강화 및 한류 지속화방안 연구, 한국문화콘텐츠진흥원, 2003: 357.

수 3.75를 기록한 '전통' 항목을 중심으로 정리할 수 있다. '전통'의 4가지 세부 항목 가운데 '아시아 봉건주의적 가치, 유교적 가치, 동북아 문화적 가치' 등 3개 항목에서 5점 만점을 기록해 한국과 베트남 두 나라 사이의 문화적 근접성의 실체가 무엇인지를 파악할 수 있게 해준다. 다시 말해 한·베 두 나라는 3가지 전통적 가치를 기반으로 하는 불교적 색채의 한자 문화권, 민족주의 국가라는 문화적 근접성을 갖는 것으로 파악할 수 있다. 이 같은 문화적 근접성이 베트남 인들로 하여금 가풍 중시, 경로효친, 장유유서 등의 유가적 전통 밈을 실어 나르는 한국 드라마에 공감할 수 있게 해준다. 또, 두 나라가 공유하고 있는 오랜 식민지 경험과 이데올로기로 인한 남북 분단의 비극도 두 나라가 문화적 근접성을 갖게 하는 요인이 된다.

유·불교적 가치관을 공유하는 한국과 베트남과는 달리 태국은 인도 문화의 영향이 강하게 나타나는 남방불교 문화권에 속한 나라다. 그러나 사실상 불교에서 강조하는 가치관은 유교의 그것과 공통적인 것들이 상당히 많음을 알 수 있다. 불교문화에서도 가부장적인 가족관계와 효, 사회질서, 권력에의 복종, 연장자 우대 등을 강조하고 있다. 물론 유교와 불교는 차이점도 있다. 두 문화 모두 다 사회질서를 강조하고 있긴 하지만 태국의 상좌부불교는 개인의 자유를 강조하며 집단의 의무를 강요하지 않는다. 불교에서도 부모에 대한 효도와 연장자 존경의 의무가 있지만, 유교와 같이 복잡한 의무 규정을 정해 놓지는 않는다. 하지만 중요한 것은 이런 차이점이 문화적 이질감을 형성하지는 않는다는 것이다. 또 공덕쌓기(Thambun), 인정(Namchai), 다른 사람을 직접적으로 비난하거나 괴롭히는 것을 싫어하는 것(Kreng Chai) 등의 불교적 가치관도 우리에게 크게 낯설지 않은 것들이다.

따라서 유교문화와 불교문화는 이질적 문화이긴 하지만 서로 조화를 이룰 수 있는 문화적 친화성을 갖고 있다고 볼 수 있다. 한편 태국은 인도 불교문화의 영향을 크게 받고 있으나, 역사적으로 많은 중국계 인종이 이주해옴으로써 사회적으로 중국의 유교적 분위기가 엄존해 왔던 것도 사실이다. 중국인들은 태국의 경제권을 장악하고 있을 뿐 아니라 정치, 사회적으로도 큰 영향력을 발휘해 왔다.[785] 이 또한 중국 문화를 공유하는 한국과 태국의 간접적인 문화 근접성으로 이해할 수 있다. 이처럼 문화적 근접성은 문화적 동질성·유사성과 동일하게 취급되는 경향이 있다. 그러나 문화의 근접성을 이와 같은 일반화된 형태로 규정하지 않으려면 스튜어트 홀(Stuart Hall)이 말하는 '유기적 결합'(Articulation) 개념이 유용하다. 이 개념은 어떤 한 이데올로기가 특정한 역사적 맥락에서 어떻게 정치·경제·사회적 요소와 복잡하게 중층적으로 연결되어 지배적인 의미를 얻어 가는지를 설명한다. 홀은 영어의 아티큐레이트(Articulate)라는 말이 '명료하게 발화하다.'와 '특정한 접점, 마디에서 연결된다.'는 두 가지 의미를 가진다는 데 주목하고, 후자가 시사하는 우연성의 의의를 강조한다.[786]

> '유기적 결합'이란 어떤 특정한 상황 속에서 두 가지 다른 요소를 일체화할 수 있는 연결과정을 의미한다. 그러나 그 연계는 필연적인 것도 아니고 예정된 것처럼 절대적인 것도 아니다. 우리가 생각해야 하는 것은 도대체 어떤 상황 속에서 그러한 연결이 일어날 수 있었을까 하는 것이다.[787]

785 김홍구, 새로운 한류시장 동남아: 현황과 지속·확산방안, 국제문화산업교류재단, 2005: 12.

786 Iwabuchi, *TRANSNATIONAL JAPAN;* 히라타 유키에/전오경, *아시아를 잇는 대중문화*, 또 하나의 문화, 2004: 185~186.

787 Hall, On Postmodernism and articulation: An Interview with Stuart Hall, 1996: 141.

문화적 근접성이라는 인식은 결코 주어진 것이 아니기 때문에 시청자들이 어떠한 역사적 맥락에서 외국 미디어 텍스트를 통해 문화적 근접성을 경험했는지를 살펴보아야 한다. 대만의 일본 TV프로그램은 일본 식민지 경험 때문에 중층적으로 결정된 것이지만 급속한 미디어 산업과 시장, 특히 케이블TV의 발달이 일본 TV프로그램을 일상적으로 보급하는 데 큰 역할을 한다. 그런 상황은 계엄령이 해제된 1980년대 후반의 민주화와 자유화, 친일적인 대만 출신 이등휘 총통의 출현이라는 더욱 큰 정치적 흐름 속에서 파악해 볼 수 있다. 또 고도 경제성장으로 물질적 풍요로움을 향유하는 등 경제적·사회적 요소도 1990년대 대만 시청자가 TV프로그램을 시청하면서 대만과 일본 사이의 문화적 근접성을 경험했다고 고찰해 보는 것과 밀접한 관련이 있다.[788] 이처럼 문화적 근접성은 단순히 문화적 동질성·유사성과 동일하게 취급될 수도 있지만, 역사적 맥락 속에서 중층적으로 연결된 '유기적 결합' 관계의 파악을 통해서도 문화적 근접성은 확인이 가능하다.

2) 새로운 발견에 대한 낯섦

한류 연구는 대부분 아시아 여러 나라가 함께 소통하고 공감대를 형성하는 요인으로 한국 드라마의 유교 문화적 동질성을 상정한다. 그런데 중국 CCTV 시청자 게시판(bbs.cctv.com.cn)에 실린 중국 시청자들의 글을 분석하다 보면 소비 주체[객체]들은 이와 전혀 다른 반응을 보여준다는 흥미로운 사실을 발견하게 된다. 중국의 수용자들은 한국이 중국으로부터 유교 문화적 전통을 물려받았음에도 오늘날 중국보다 더 강력하

788 Iwabuchi, *TRANSNATIONAL JAPAN;* 히라타 유키에/전오경, *아시아를 잇는 대중문화*, 또 하나의 문화, 2004: 186.

게 유교문화를 고수하고 있다는 사실에 낯설어한다.[789]

> #7-2(cctv) 이 드라마가 반영하고 있는 것이 한국 사람들의 현실 생활이 맞나요? 오늘날의 한국 사람이 여전히 가부장제 사상이 이렇게 강한가요? 우리나라보다 앞선 나라지만 생각이 이렇게 뒤진 줄 몰랐네요.
>
> -〈목욕탕집 남자들〉에 대한 소감 중에서-
>
> #3(cctv) 우리도 한국의 좋은 전통을 본받아야 합니다. 예를 들어 반드시 어른들의 말씀을 잘 들어야 하는 것, 바로 우리나라 어른을 존경하고 어린이를 사랑하는 전통이에요. 한 사람에게 시집을 가면 죽을 때까지 이 사람을 따라야 하는 것은 여기서 함부로 말할 수 없어서 여러분의 생각을 좀 들어보고 싶어요.
>
> #4(cctv) 한국의 가부장제를 찬성해야 되는지 여기서 우리가 토론할 내용은 아닌 것 같아요. 하지만 (서로 다른 방식의) 생활은 많이 양해해주는 것이 필요하지 않겠어요?

다시 말해, 중국 네티즌들의 게시판 글은 중국을 포함한 아시아의 많은 시청자가 한국 드라마를 보고 즐거워하는 것의 실체를 유교 문화적 전통이라는 본질적이고 정태적인 요소로부터 찾으려는 입장을 경계해야 한다는 사실을 알려준다. 문화적 경험과 감수성은 끊임없이 변화하는 것이다. 중국의 젊은이들이 관심을 갖고 공감하는 문화적 감수성의 실체가 무엇인가를 이해하기 위해서는 1990년대의 사회·문화적 변화들이 충분히 고려되어야 한다. 적어도 중국 젊은이들은 한국의 드라마 속에서 그려지는 현대적이고 감각적인 소비 문화적 감수성들에 훨씬 더

789 손병우, 양은경, 한국 대중문화의 현주소와 글로벌화 방안-한류 현상을 중심으로, 사회과학연구 제14권, 충남대학교 사회과학연구소, 2003: 164.

큰 관심과 친근감을 느낀다. 이런 사실은 1980년대식의 비판적 패러다임에서 바라보면, 아시아의 문화 형성체가 상당 부분 자본주의적 소비문화의 아시아적 확산과 밀접한 연관을 지니고 있음을 말해주는 것이기도 하다. 그러나 아시아의 시청자들은 지금 대중문화를 매개로 하는 소통과 뒤섞임을 통해서 서로를 이해하고 발견해나가는 중이며, 이런 이해와 발견을 토대로 만들어지는 문화적 정체성이 무엇인가에 대해서는 단순히 자본주의적 소비문화라거나 전통적인 유교 공동체의 복원이라는 식의 이분법적인 해석을 넘어서서 접근할 필요가 있다.[790] 분명한 것은 지금 중국의 시청자들이 한국 드라마가 보여주고 있는 유교문화에 대해 낯섦을 토로하고 있고, 이런 낯섦이 유교문화에 대한 그들의 또 다른 관심이라고 볼 때, 그들의 정신 속에 녹아있는 그러나 지금은 잊혀진 유교 문화적 잔재들을 끄집어내 주는 한국 드라마에 대한 관심의 표현으로도 볼 수 있다. 이런 사실들이 한편으로는 한국 드라마에 대한 친밀감으로 나타나고, 한류 생성의 해외 환경적 요인으로 작동하기도 한다.

3) 문화할인율

드라마는 보통 그 드라마를 제작한 나라의 보편적 문화를 담게 된다. 그러기 때문에 드라마를 제작한 나라의 사람들은 그들 나라에서 제작된 드라마를 수용하는 데 부담을 느끼지 않는다. 문화적 친숙함 때문이다. 그러나 이 드라마가 다른 나라 사람들과 만나게 될 때, 흔히 문화적 소통에 어려움을 겪게 된다. 이것이 바로 문화할인율(Culture Discount)이다. 예를 들어서 문화할인율이 낮은 드라마란 어느 나라 사람들에게나 쉽게 접근이 가능해서 그 나라 시청자들과의 교감이 자유로울 수 있는

790 ibid. 166~167.

드라마를 일컫는다. 한류의 생성에 관한 해외 환경적 요소로서 문화할인율을 언급할 수 있는 것은 아시아시장에서 한국 드라마가 갖는 문화적 근접성과 더불어 한국 드라마의 시장 친화적 특성 때문이다. 그렇다면 외국의 시청자들이 보는 한국 드라마의 시장 친화력이란 무엇일까?

중국의 경화시보(京華時報, 2001.8.30)는 한국의 드라마가 중국에서 인기를 끌게 된 이유를 4가지로 요약한다. 첫째 일본이나 홍콩 또는 대만의 드라마에서 보지 못한 신선함을 안겨주었고, 둘째 동양적인 사고와 정서 그리고 친근한 인물 형상을 통해 공감대를 형성하였으며, 셋째 미국과 일본의 상업적 요소를 세련되게 표현하고 있으면서도 현대 도시 생활에서 오는 정신적 압박과 생활 주변의 갈등을 동양적 도덕률에 근거하여 재구성함으로써 동체서용(東体西用)의 실천적 모델을 제시하였으며, 넷째 스타 출연진의 개성 있고 수려한 용모와 의상, 뛰어난 촬영기법과 아름다운 영상미가 돋보였다는 사실 등을 들었다. 게다가 신문은 동일 기사에서 한국의 TV드라마는 화려한 배경 화면, 젊고 아름다운 출연 배우, 낭만적 스토리 그리고 빠른 템포의 극 전개 등으로 중국 시청자들의 사랑을 받게 되었는데 이는 지난 30년간의 각고 끝에 1990년대 비로소 나름대로 영상문화의 꽃을 피워 중국 등 국제무대에서 인정받게 된 것이라 평가하기도 한다.[791] 이런 시장 친화력이 아시아시장에서 한국 드라마의 문화할인율을 낮추는 요소로 작동한다.

호스킨스(Hoskins)와 마이러스(Mirus)[792]는 문화의 뿌리가 같고, 그 환경 속에서 흥미를 끄는 특정 프로그램은 다른 환경의 시청자들에게 그 프로그램의 스타일, 가치, 신념, 제도, 행위 패턴을 동일시하기 힘들며, 그

791 중국 방송산업 현황과 상호교류 방안 연구, 연구보고 01-13, 한국방송진흥원, 2001: 165.

792 Hoskins, Colin. & Mirus, Rolf(11988). 'Reasons for the the US Dominance of the international trade in television programs, Media, Culture and Society, 10.

러기 때문에 프로그램의 소구력이 감소한다고 주장하면서 문화의 국제적 유통이 오락, 특히 드라마를 중심으로 이뤄지는 이유는 이 장르가 국가 간의 경계를 넘어서면서 나타나는 문화적 할인율이 다른 장르들에 비해 낮기 때문[793]이라고 드라마의 문화할인율에 대해 언급한다. 그러나 드라마의 문화할인율이 자연 다큐멘터리나 TV애니메이션 장르만큼 낮다고 할 수는 없다. 다만 드라마에 대한 국가와 국가 간의 문화할인율을 낮출 수 있는 또 다른 방식이 있는데, 그것은 수출 대상 지역과 문화가 비슷한 제3국을 경유해 드라마를 수출하는 방식이다.

예를 들어, 말레이시아의 인구는 말레이계 58%, 중국계 24%, 인도계 8%, 기타 10%로 구성된다. 그러나 한국 대중 문화상품의 소비 중심지이자 말레이시아 경제생산량의 70%가 집중된 수도 쿠알라룸푸르는 전혀 다른 인종 분포를 보인다. 중국계가 오히려 42%로 최대를 점하고, 말레이계가 36%, 인도계가 12% 순이다. 이런 인종 분포가 한국 대중 문화상품의 진입구조를 결정짓는다. 즉 중국, 대만 등지에서 성공한 한국의 대중 문화상품이 화교권의 교역시스템 구조를 따라 동남아시아 최대 화교경제 중심지의 하나인 쿠알라룸푸르로 전달되는 것이다. 이는 말레이시아라는 국가에 한국 드라마가 직접 진출한 것이 아니라 아시아의 화교권 교역시스템을 통해 간접 진출[794]함으로써 드라마가 가지는 문화할인율을 낮출 수 있었기 때문에 가능한 일이었다.

4) 문화적 패권의 탈중심화

1990년대 아시아 지역의 고도 경제성장과 2000년대 브릭스(BRICS; 브라

793 손병우·양은경, 한국 대중문화의 현주소와 글로벌화 방안 - 한류 현상을 중심으로, 사회과학연구 제14권, 충남대학교 사회과학연구소, 2003: 150.

794 한국 문화산업의 동남아지역 진출 강화 및 한류 지속화방안 연구, 한국문화콘텐츠진흥원, 2003: 416.

질·러시아·인도·중국)의 도약을 보더라도 오늘의 세계는 확실히 다극화하고 있음을 알 수 있다. 문화연구가 톰린슨(Tomlinson)이 지적하듯이 미국, 유럽, 일본이 누려왔던 정치 경제적 패권의 탈(脫)중심화만이 아니라 문화적 패권 역시 탈중심화하기 시작하고 있다. 냉전 종식 이후 지구화의 진전, 개도국의 성장에 따른 정보적 인적 교류의 증대로 서구 쪽으로만 쏠리던 관심이 비서구 지역으로 다각화되는 것은 극히 자연스러운 현상이다. 공산권의 붕괴와 중국 개방 이후 이들 지역으로 교역과 관광이 증대하면서 해당 지역 문화에 대한 관심도 지속적으로 증가하고 있다. 그 결과 '근대화=서구화'로 간주되었던 발전에 대한 20세기의 선형적 인식과는 달리 비서구적 근대화의 다양한 경로가 있다는 점이 알려지고 있다. 유럽식 근대화, 미국식 근대화, 일본식 근대화가 세계 각국이 모방해야 할 하나의 모델이 아니라 각 나라가 역사-지리적 궤적의 차이에 따라 다양한 형태로 근대화를 수행해 왔다는 것이다. 나아가 탈(脫)식민, 탈(脫)근대의 요구가 지역과 국가에 따라 다양한 방식으로 제기되고 있어서 오늘날의 근대성이라고 하는 것은 과거와 같이 선형적인 진보와 위계의 방식으로 이해되기가 점점 어려워지고 있다. 이런 이유에서 아시아 지역에서 일고 있는 한류열풍은 복합적 지구화 과정에서 나타나는 문화적 패권의 탈(脫)중심화, 문화적 혼종의 증대라는 거시적인 콘텍스트 속에서 조망할 필요가 있다.[795]

서구 중심 근대 자본주의의 전 지구적 확산은 많은 비서구 지역이 제국주의와 식민주의라는 폭력 속에서 그리고 구조적으로 불균형한 문화왕래 속에서 근대 경험을 하게 한다. 그러나 비서구에서 강제된 근대 경

795 심광현, 한류의 미학적 특성과 문화정치적 의미, 세계생명문화포럼 특별 세미나: 한류 발전방향 모색, 2005: 3/14.

험이야말로 지역이라는 장에서 다양한 형태의 토착화된 근대를 낳고 문화의 다양화와 새로운 차이를 만들고 있다. 그러나 문화의 차이가 만들어지는 과정 또한 구조적 규제에서 자유로운 것은 아니다. 오히려 세계를 동질화하려는 전 지구화의 힘은 예측 불가능한 문화 차이의 조직 시스템을 계속 만들어내고 있다.[796] 몰리와 로빈스(Morley & Robins, 1995)는 '글로벌-로컬 연결'이라는 말로 글로벌과 로컬의 복잡한 문화적인 연결과 상관성을 언급하고, 전 지구화는 (재)지역화의 새로운 역학과 깊은 관계가 있다고 주장한다. 그리고 로버트슨(Robertson, 1992; 1995)도 자신의 주장이 단순한 기능주의적 모델과 동일시되지 않도록 주의하면서 전 지구화란 전 지구적 차원에서 상호 연결이 많이 조직화되어 새로운 특수성이 제도화되는 과정이라고 정의한다.[797]

미국 대중문화의 권위가 약화되면서 일어나고 있는 현재의 탈(脫)중심화 또한 또 다른 중심화로의 재편을 위한 과정으로 볼 수도 있다. 그러기 때문에 한류는 그 과정에서 새로운 문화 중심축의 역할을 수행하고 있는 중이다. 전 지구적인 힘이 탈중심화했다고 해서 중심이 완전히 사라지는 것은 아니다. 어찌 보면 문화 패권의 재배치로 볼 수 있고, 한류가 그 중심에 서 있는 것이다. 여기서 문득, "큰 내(大川)를 건너는 것이 이롭다. ~중략~ 큰 내를 건너는 것이 이로운 까닭은 하늘이 행하기 때문이다(利涉大川 ~중략~ 同人于野亨利涉大川 乾行也)."[798]라는 『주역강설』의 한 구절이 떠오른다. 큰 내(大川) 즉, 바다를 건너는 '원거리교역'(Long Distance Trade)이 낳은 '한류'가 지금 문화 패권의 탈중심화, 문화 패권의

796 Hannerz, *Cultural Complexity*, studies in the social organization of meaning, New York: Columbia University Press, 1992.

797 Iwabuchi, *TRANSNATIONAL JAPAN;* 히라타 유키에/전오경, *아시아를 잇는 대중문화*, 또 하나의 문화, 2004: 55~56.

798 이기동, *주역강설*, 2010: 239.

재배치 주역으로 '한류토피아'를 향해 나아가고 있고, 이것이 곧, 하늘의 뜻[乾行]이라는 의미로 다가온다.

4. 정치·경제적 역학관계

2차 세계대전의 패전국 일본은 전쟁의 폐허에서 한국전쟁(1950~1953)을 발판으로 나라 경제를 일으킨다. 1964년 동경올림픽을 계기로 국운 상승의 기회를 잡고, 1970~80년대 세계 제2의 경제대국으로 우뚝 선다. 이때 동남아시아에서는 일본 바람, 즉 '일류'(日流)가 불었고, 아시아 젊은이들은 일본 대중문화의 회오리 속에 빠져든다. 그러다가 1990년대 말 버블경제가 무너지고, 잃어버린 10년이 시작되면서 일본은 아시아 시장에서 경제는 물론, 문화 주도권마저도 상실한다.

일본 제국주의의 침략에 무너졌던 아시아인들의 대일(對日) 적개심은 일본의 경제력 약화와 함께 되살아나고, 이 같은 적개심은 일본 대중문화에 대한 강한 거부 움직임으로 나타난다. 이것이 바로 반(反)일류다. 이 시기, 일본 대중문화와 함께 동남아시아에서 중요한 몫을 차지하고 있던 서구와 결합된 중국풍의 홍콩문화도 1997년 홍콩의 중국 본토 반환 이후, 각종 문화산업의 주도권이 약화되면서 그 위치가 퇴조한다.[799] 결국, 아시아시장에 문화적 힘의 공백이 생긴 것이다. 이때 등장한 것이 드라마를 중심으로 한 한국의 대중문화다.

문화적 이질감과 역사적 반감에도 불구하고 미국과 일본의 대중문화를 수용할 수밖에 없었던 아시아 시장이 마침내 새로운 대안을 발견한

799 한국문화콘텐츠진흥원, 한국 문화산업의 동남아지역 진출 강화 및 한류 지속화 방안 연구, 2003: 4.

다. 한국의 대중문화는 기술적으로나 내용 면에서 미국과 일본의 대중문화에 버금가고, 동시에 문화적 이질감이나 역사적 반감도 없고, 가격도 상대적으로 저렴해서 충분히 그들의 대체상품이 될 수 있었던 것이다.[800] 또 고도 경제성장에 따른 소득 증대 또한 아시아 지역이 새 문화에 대한 기대감을 갖게 하고, 그 대안을 자신들보다 경제적으로 우월하고 사회, 문화, 역사적으로 동류의식을 가질 수 있는 한국의 독특한 문화 코드에서 그 대안을 찾게 한다.[801]

한때, 중국은 신(新)중국의 개혁개방과 현대화 정책에 화교의 활용을 천명한다. 중화민족 부흥의 기치를 걸자, 화인(華人)들은 본국의 요구에 애국심과 경제적 지원으로 화답한다. 화인들은 조국에 대한 기여를 통해 자부심과 조국과의 연대감을 확인한다. 아울러 화인으로서의 정체성 회복 의지가 강해지는데, 이 의지가 대중문화와 접맥한 결과가 중국 드라마의 수입이다. 중화민족으로서의 자부심과 정체성 회복 의지가 조국 중국에 대한 인식욕과 그 후손들에게 중화민족임을 고취시키려는 의지로 이어지며, 중국 드라마를 통한 학습으로 나타나게 된 것이다. 이들이 중국 본토로부터 정통사극을 주로 수입하는 이유가 바로 이 때문이다.[802] 그러나 드라마의 가치는 '교육'에 있지 않고, 서비스[문화콘텐츠] 생산 주체와의 소통을 통한 '즐거움'의 획득에 있다. 정치·경제적 목적을 가지고 출발한 드라마와 관련한 중국의 신(新)중국정책은 결국 실패로 돌아가고, 중국 정통사극을 수입하던 싱가포르, 말레이시아, 인도네시아, 홍콩, 대만 등지의 화인들은 드라마의 수입선을 중국에서 한국으로

800 심광현, 한류의 미학적 특성과 문화정치적 의미, 세계생명포럼 특별 세미나: 한류 발전방향 모색, 2005.7: 1~2.
801 한국문화콘텐츠진흥원, 한국 문화산업의 동남아지역 진출 강화 및 한류 지속화방안 연구, 2003: 4.
802 이은숙, 화인의 한류 기여 양상 고찰, KOFICE, 2007: 15~16.

돌리게 된다. 이 또한 '즐거움'을 제공하는 한국 드라마의 독특한 문화적 코드에 기인한다.

중국 정부는 국제 문화교류를 확대해 외국문화를 흡수하면서 역으로 자국 문화상품의 자생력을 강화시켜 외국문화에 침투할 수 있는 능력을 배양하는 방향으로 문화산업의 발전을 독려하고 있다. 그러나 현실은 이를 따라주지 못한다. 정부의 간섭과 정치색 짙은 문화만을 대중에게 제공해 왔던 과거의 오랜 타성이 문화적 자생력을 상실케 한 것이다. 그 와중에 미국 문화와 일본 문화가 들어와 중국 사회 전체에 퍼져 나갔는데, 이를 제어하기 위한 대안이 새로 등장한 한국 문화인 셈이다. 중국의 입장에서는 한국의 문화상품이 미국 문화와 일본 문화의 영향력을 어느 정도 중화시켜주고, 장차 중국의 문화산업이 나아갈 방향과 자신감을 제공하는 역할을 해주기를 바라는지도 모른다.[803] 실제로, 1997년 드라마 〈사랑이 뭐길래〉로부터 시작된 중국에서의 한류 열풍은 같은 해 있었던 홍콩의 중국 반환과도 밀접한 관계가 있는 것으로 보인다. 그해 7월 홍콩이 중국에 귀속되자, 홍콩을 거점으로 해서 영화와 방송 제작에 참여하던 수많은 배우와 스태프들이 중국에 등을 돌리고 미국 할리우드로 자유를 찾아 떠난다. 이런 상황에서 중국은 자체 방송 프로그램에 대한 수요를 충당하고, 미국 문화를 비롯해 1980년대부터 아시아권을 휩쓸던 일본과 대만의 대중문화를 견제할 대안 세력으로서 한국의 대중문화를 선택한 것[804]일 수도 있다.

한편, 베트남은 반복된 외세와의 전쟁, 식민지 경험, 분단과 이념전쟁 그리고 급속한 산업화와 개방 등 일련의 중요한 역사적 경험을 한국과

803 한국방송진흥원, 중국 방송산업 현황과 상호교류 방안 연구, 연구보고 01-13, 2001.11: 168.
804 ibid. 166.

공유하고 있고, 전통적으로 한국과 정치·경제적 공통분모를 갖고 있다. 예를 들어 중국의 변방 국가로서의 유사한 경험, 외세와의 오랜 투쟁, 그리고 외국 식민지 시대의 기억 등이 그것이다. 이념적 갈등에 의한 분단도 겪었다. 불교와 유교란 전통적 가치도 공유한다. 가풍중시, 경로효친, 장유유서의 전통을 통한 가족주의와 가부장제도 등이 그 예다. 베트남이 경제 개방 이후 새롭게 겪는 자본주의 문화와 고속 성장에 따른 급격한 사회 변동, 이에 기인하는 사회적 갈등도 한국은 이미 1970년대부터 겪었다.

베트남의 급속한 소득향상과 가치관의 변화는 서구적 문화상품에 대한 새로운 욕구를 낳는다. 한국 대중문화 상품이 갖는 미덕, 즉 동양적 바탕 위에 서구적 스타일을 갖춘 잘생긴 배우와 아름다운 배경 그리고 사랑이라는 주제는 이런 그들의 욕구와 시기적으로 맞았고,[805] 이것이 양국의 정치·경제적 고려와 연결되면서 한국 정부의 정책적 지원과 베트남 현지 한국 기업의 프로그램 제작 참여로 한류 붐을 일궈낸다. 한류의 개념적 선사시대인 1990년대 중반 한국 정부는 베트남과의 우호적 문화교류 차원에서 한국 드라마를 베트남 정부에 무상 제공한다. 이때 베트남 시청자들이 보인 호의적인 반응은 현지 한국 기업들이 문화마케팅 차원에서 베트남 방송사들의 한국 드라마 방송을 지원했고, 이를 계기로 한국 대중 문화상품의 베트남 진출은 더욱 본격화된다.[806] 정부의 외교적 제안이 성공한 첫 번째 케이스로 꼽힌다. 이후 한 한국 오퍼상의 아이디어로, 베트남 주재 한국 기업의 광고와 한국 드라마를 연결하는 프로그램 공급방식이 만들어지고, 이것이 초기 베트남 진출의 물꼬를

805 ibid. 303.
806 ibid. 300.

트는 계기가 된다. 베트남 텔레비전 방송사 입장에서도 열악한 제작환경을 비켜갈 환영할 만한 프로그램 공급방식이었다.

싱가포르는 서구적인 가치관의 영향을 가장 많이 받은 아시아 국가 중의 하나다. 경제가 성장하면서 서구적 가치관은 더욱 팽배해졌고, 이는 전통적인 관계와 미덕에 대한 위협으로 작용하기도 한다. 국민들이 서구적 가치관에 지나치게 편향되는 것을 우려한 이광요 전 총리는 아시아적 가치를 내세우며 신(新)유교주의를 강조한다. 2004년 8월 고촉통 총리의 뒤를 이어 싱가포르 총리가 된 이광요의 장남 이현룡은 독립기념일 연설에서 앞으로 정부는 중화문화를 강화하고 중국어 인재를 양성할 것이라고 말한다. 이는 싱가포르 정부가 앞으로 신유교주의를 강화할 것임을 천명한 것이다. 이와 같은 정책 때문에 싱가포르는 한국보다 훨씬 개방적이고 서구적인 문화를 가지고 있으면서도 유교적 가치관의 영향과 전통적인 풍습을 유지할 수 있게 된 것이고, 유교적 가치관의 흔적을 한국 드라마에서 발견한다.[807] 이런 정치적 의도가 빚은 한류의 문화이동 요인은 대만과 일본 사이에서 벌어진 조어도(釣魚島, 일본명 尖閣諸島) 영유권 분쟁에서도 나타난다. 1996년 9월 조어도 영유권 문제를 둘러싸고 대만에서는 일본 상품의 불매운동이 일어나고, 일본의 텔레비전 프로그램까지 '반일'의 표적이 된다. 대만 입법원에서는 일본 프로그램의 방송을 중지해야 한다는 의견이 제안되고 일본 프로그램의 방송정지가 논의된다.[808] 이처럼 한류의 문화이동과 관련한 환경적 요인의 하나로서 정치·경제적 역학관계도 빼놓을 수 없는 중요한 요소로 작동한다. 과거 제국주의 일본에 대한 심리적 저항이 동남아시아 국가들의

807 김홍구, 새로운 한류시장 동남아: 현황과 지속·확산 방안, 국제문화산업교류재단, 2005: 11~12.

808 대만에서 인기를 끌고 있는 일본의 텔레비전 프로그램, 방송 동향과 분석, 통권 36호, 한국방송진흥원, 1997.1.31: 4/5.

정치·경제적 입장에 반영되고, 미국과 일본, 대만 문화를 경계하는 중국 정부의 전략적 접근이 한국 문화의 중국 진입과 관련되고, 한국을 모델로 하는 베트남의 정치·경제적 고려가 베트남의 한류 붐 조성에 기여하고, 아시아 국가 중에서 마지막 미개척지로 남아있던 싱가포르가 정치 지도자의 전략적 어젠다에 의해 한국 드라마의 싱가포르 진입이 용이해지는 계기가 된다.

제 4 부

문화콘텐츠학으로서의 학제적 한류

"
학문으로서의 문화콘텐츠,
산업으로서의 문화콘텐츠학
"

아시아의 역사와 정치·경제학적 맥락 속에서 한류의 조건을 살펴본 제8장은 외부 환경이 한류의 성장에 어떤 영향을 미쳤는지를 보여주었다. 이제 제9장에서는 한류를 다시 내부의 학문적 구조로 끌어와, '문화콘텐츠학'이라는 학문적 체계 속에서 그 개념과 기능, 역할을 정리한다. 이를 통해 한류 연구가 단순한 현상 기술을 넘어 학문적 기틀로 확장되는 과정을 살펴보게 된다.

제9장

문화콘텐츠란 무엇인가

IMF(1997)라는 초유의 국가 부도사태를 극복하고, 정부는 2001년 제9회 국가과학기술위원회를 연다. 여기서 정부는 문화기술(CT)을 21세기형 미래 국가전략산업의 하나로 채택한다. 물론, 그 배경에는 1990년대 급속히 성장한 방송콘텐츠의 해외수출과 이에 따른 언어기호 '한류'의 등장(1998)이 결정적 역할을 한 것으로 보인다. 그리고 문화체육관광부는 그해 실행기구로 한국문화콘텐츠진흥원(KOCCA)을 설립한다. '문화'와 '콘텐츠'의 합성어인 새로운 개념의 신조어가 등장한 것은 한국문화콘텐츠진흥원의 설립 직전 시기로 보인다. 왜냐하면 정부는 한류 중심소재영역들을 통칭할 새로운 '언어기호'가 필요했고, 이 같은 시대적 요구가 '문화콘텐츠'라는 신조어를 탄생케 한 것이다.

1. 정의

‘주체’[생산 주체]와 ‘객체’[소비 주체]를 기본 구성요소로 하는 문화콘텐츠는 “서비스[문화콘텐츠]를 중심으로 주체와 객체 간에 이루어지는 내밀한 교감이 객체에게는 재미와 즐거움을 얻게 하고, 주체에게는 상업적 가치 창출의 기회를 제공한다.” 이 같은 문화콘텐츠의 정의는 [그림 09-01] ‘문화콘텐츠의 커뮤니케이션 구조도’를 통해 확인할 수 있다. 다시 말해 주체가 제공하는 서비스(① ②)를 중심으로 주체와 객체는 내밀한 교감(③④, ③' ④')을 하게 되고, 그 결과는 서비스에 직접 반영된다(③ ④). 이런 주체와 객체 간에 이뤄지는 커뮤니케이션의 순환 과정은 객체에게는 궁극적 가치인 “재미와 즐거움, 정신적 고양과 해방감, 카타르시스” 등을 제공하고(⑤), 주체에게는 서비스에 대한 ‘보상’, ‘대가’와 같은 상업적 가치를 획득할 수 있는 기회를 제공한다(⑤').

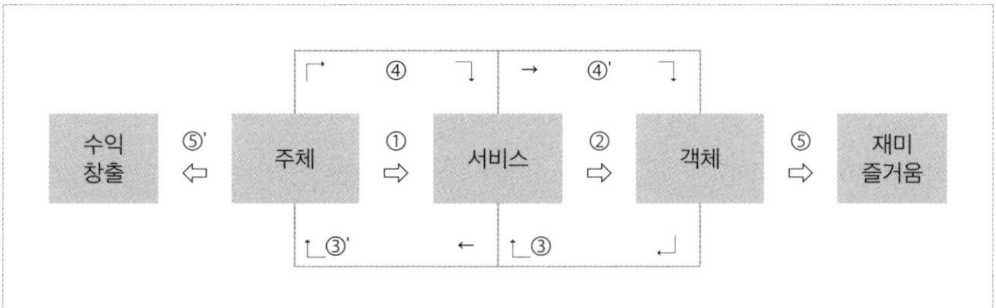

[그림 09-01] 문화콘텐츠의 커뮤니케이션 구조도

‘상품’이란 판매를 목적으로 만들어진 물건이다. 드라마, K-pop, 영화, 온라인게임, 애니메이션, 뮤지컬 등과 같은 문화콘텐츠 또한 판매[서비스 제공]를 전제로 만들어진 문화상품[서비스]이다. 다시 말해 서비스[문화상품]를 이용하는 소비 주체[객체]의 유무상의 보상을 담보로 그들에게 서비스가 제공된다. 소비 주체[객체]는 문화상품의 가치를 최종적으로 구현할 수 있게 해주는 서비스[문화콘텐츠]의 기본 구성요소다. 왜냐하면 서비스의 생산 주체들이 창조한 문화콘텐츠는 서비스의 대상인 소비 주체[객체]들을 전제로 해 창조된 것이고, 소비 주체[객체]의 자발적인 참여와 적극적인 수용에 의해 최종적으로 서비스[문화콘텐츠]가 완성되기 때문이다. 이는 사르트르(Sartre)가 이야기하는 '타자에 의한 예술', '독자에 의한 문학'과 궤를 같이한다. 사르트르는 시나 소설 같은 문학 작품을 작가와 독자의 상호주체성의 발산(émanation de l'intersubjectivité)으로 규정한다. 작가와 독자가 각기 자신들의 주체성을 하나의 작품 속에 불어넣음으로써 "공동으로 작품을 만들어낸다."고 주장한다.[809]

그런데 왜 생산 주체를 '주체', 소비 주체를 '객체', 문화콘텐츠를 '서비스'라고 하는 것일까? 이유는 간단하다. '생산 주체', '소비 주체'라는 4음절 표기보다 '주체', '객체'라는 2음절 표기가 편의성 면에서 더 낫다고 봤기 때문이다. 마치 도킨스가 복제의 단위를 3음절인 '미메메'(Mimeme) 대신 발음하기 편하고 기억하기 좋게 '밈'(Meme)이라는 단음절의 새로운 단어를 생각해낸 것과 같은 맥락이라고 보면 되지 않을까 싶다. 혹여, '객체'라는 표현이 마음에 내키지 않는 분이 계시다면 그분들의 양해를 구한다. '서비스'란 본래 가치창출 수단이다. 문화콘텐츠를 개념화하면서 이 단어를 취택한 것은 의도된 것으로, 문화콘텐츠가 상업적 가치를 창출하는 수단이라는 본질적 속성을 명확히 드러내기 위함이다.

809 변광배, *사르트르 참여문학론*, 살림출판사, 2006: 46.

2. 기원은 무엇이고, 원형은 무엇인가

작가는 희곡, 시나리오, 각본의 창조주다. 소우주인 작품 속에서 하늘과 땅, 산과 바다, 들짐승과 날짐승, 수풀과 나무, 각양각색의 집과 사람들을 창조한다. 작가는 작품 속에 나오는 여러 인물과 생명체들의 운명을 좌우하고, 그들의 운명을 속속들이 알고 있다. 마치 우주 만물의 창조주인 하느님과 같이 작가는 극중 인물들의 시초와 중간과 종말을 알고 있다. 그러나 피조물인 우리 인간은 자신의 시초와 중간, 과거와 현재는 어느 정도 알고 있지만, 창조주에 의해 예정된 내일[종말]을 예견하지는 못한다.

이처럼 끝을 알지 못하는 데서 오는 인간의 불안은 불안정한 상태로부터의 탈출과 해방을 원하게 한다. 일시적인 '유보, 유예'를 뜻하는 엔터테인먼트(Entertainment)의 어원적 의미[810]가 말해주듯 문화콘텐츠란 비록 시공간적으로 제한적이기는 하지만, 불안정한 상태로부터의 해방, 일시적인 유보를 위한 도구다. 즐거움을 제공하는 서비스의 주체와 이를 수용하는 객체 사이의 내밀한 교감으로부터 객체가 정신적 고양과 해방감, 카타르시스를 얻게 한다는 문화콘텐츠의 정의로부터 우리는 문화콘텐츠의 기원을 유추해낼 수 있는 중요한 단서를 발견하게 된다. 즉, '즐거움을 제공하는 서비스의 주체'가 그것이다.

태초에 인간은 왜 누군가에게 즐거움을 제공해야만 했는가? 내일[종

---

810 엔터(enter)와 테인(tain)의 합성어인 엔터테인(entertain)은 본래 '가지다, 잡다, 쥐다', 즉 홀드(hold)를 뜻하는 테인(tain)을 어근으로 하고, '가운데, 사이에, 함께', 즉 투게더(together)를 의미하는 엔터(enter)가 합쳐져서 홀드 투게더(hold together), 즉 '함께 잡다, 함께 붙들어 두다.'라는 어원적 의미를 갖는 동사다. 엔터테인먼트란 바로 동사인 '엔터테인'에 명사형 어미인 먼트(ment)가 붙어 완성된 합성어로, '사람들을 한곳에 모아놓고 벌이는 굿판의 총칭'으로 이해할 수 있다. 한편 미국의 평론가이자 의학자인 크로셔(Crawshaw)는 엔터테인먼트의 어원에 대해 '투 스탠드'(to stand) 또는 '투 홀드 비트인'(to hold between), 즉 일시적인 유보, 유예를 뜻하는 중세 프랑스 어에서 엔터테인먼트가 유래했다는 주장을 한다. 복잡한 세상사로부터 해방(유보)되어 비록 제한된 시공간 내이지만 잠시나마 세상사를 잊고 편안하게 머물 수 있게 해준다는 의미로부터 엔터테인먼트가 출발했다는 해석을 하고 있다(박장순, *문화콘텐츠 해외마케팅*, 커뮤니케이션북스, 2005: 6~7).

말]을 모르는 불안정한 상태의 인간은 자연에 대한 경외감, 신에 대한 두려움을 안고 살아왔고, 원시 종족들은 불가항력적인 자연 현상, 즉 천둥, 번개, 태풍, 폭우, 장마, 쓰나미, 산사태, 질병 등의 자연재해를 신의 노여움으로 인식했다. 이런 신의 노여움을 풀기 위한 방법의 일환으로, 원시 종족들은 제사와 같은 제의적인 형태를 취하기도 하고, 춤과 노래와 같은 유희적인 형태를 취해 신을 위로하고 즐겁게 해주려고 노력했다.

이 같은 인간의 주체적 서비스 행위가 바로 문화콘텐츠의 기원이다. 신의 노여움을 풀어주고, 신을 즐겁게 해주려는 원시 종족들의 다양한 제의적, 유희적 노력은 점차 시간이 흐르면서 그 대상인 객체, 즉 신(神)을 '인간'으로 대체, 진화해 가는 양상을 보이는데, 객체가 신에서 인간으로 대체된 바로 그것이 문화콘텐츠의 원형이다.

객체가 신에서 인간으로 대체돼 가는 역사적인 과정은 고대 그리스 원형극장의 구조 변화에서 찾아볼 수 있다. 고대 그리스 극장은 스케네(Skene), 오케스트라(Orchestra), 테아트론(Theatron) 등 크게 3개의 공간으로 이루어진다. 스케네는 작품의 배경, 장치적 역할을 하는 고정 건축물이다. 내부는 배우들의 대기실, 분장실, 의상실 등으로 쓰였다. '춤추는 곳'(Dancing Place)이라고도 불렸던 오케스트라는 연극, 무용, 노래 경연 등 공연이 펼쳐지던 원형무대다. 테아트론은 주로 경사지를 이용해 만든 둥근 관람석, 즉 관객석이다. 여기서 주목해야 할 곳이 연희 공간인 오케스트라다. 디오니소스 신을 위한 춤과 노래가 펼쳐지던 이곳 고대 그리스 초기 극장의 원형 오케스트라 중앙에는 제단(Thymele)이 설치되어 있었다. 이는 당시 공연이 디오니소스와 같은 신들을 위한, 신을 '객체'로 한 제례의식이었음을 확인시켜 준다.

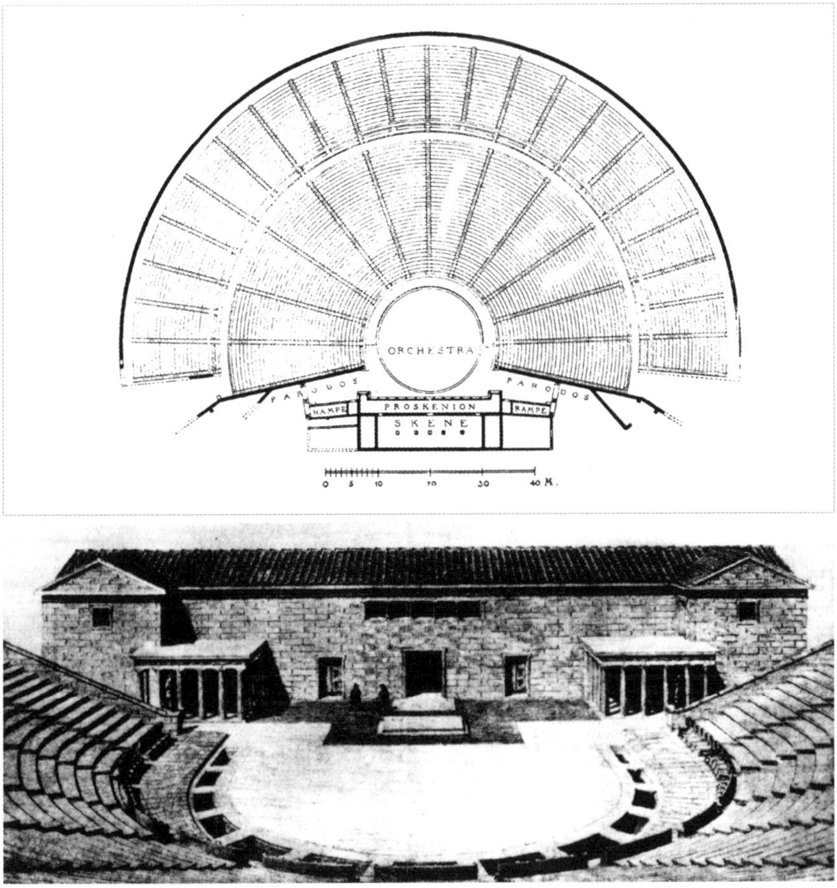

[그림 09-02] 고대 그리스의 원형무대, 반원형무대[811]

그런데 기원전 4세기 말, 마케도니아의 알렉산더 왕이 페르시아를 정복하고, 헬레니즘 시대에 접어들면서 원형의 '오케스트라'가 반원형으로 바뀐다([그림 09-02] 참조). 그러다 보니 원형무대의 중앙에 있던 제단이 갈 곳을 잃고, 극중 장치나 분장실, 의상실 등으로 쓰이던 스케네 뒤쪽으로 옮겨져 관객들의 시야에서 완전히 사라지게 된다. 이 놀라운 변화는 기원전 4세기 말 이후 그리스의 연극, 무용, 노래 경연 등 공연이 '신'을 객

811 Brockett, *History of the Theatre*, Allyn and Bacon, 1982: 46~47.

체로 한 전통적 제의의 형태에서 '인간'을 객체로 한 문화콘텐츠로 바뀌었음을 의미한다. 바로 이 시기의 공연이 문화콘텐츠의 원형이다.

3. 기능과 역할

1) 본질적 기능

본질적 기능은 즐거움을 제공하는 서비스의 주체와 이를 수용하는 객체의 내밀한 커뮤니케이션에 의해 이뤄지는 문화콘텐츠의 근원적 기능이다. 이는 내적 기능과 외적 기능으로 나뉜다. 내적 기능에는 자기정화 기능, 레크레이션 기능, 자기계발 기능, 자기실현 기능 등이 있고, 외적 기능에는 문화콘텐츠와의 커뮤니케이션을 통해 이뤄지는 사회통합 기능과 인류통합 기능 등이 있다.

(1) 내적 기능

가. 자기정화(Self-Purification) **기능**

'자기정화'란 일종의 정신적 승화작용으로 카타르시스(Catharsis)라고도 한다. 아리스토텔레스는『시학』제6장 '비극의 정의' 편에서 주인공의 비참한 운명이 관객의 마음에 두려움과 연민을 유발시켜 인간적 정념을 어떤 형태로든지 순화시킨다고 비극을 정의하면서 처음으로 카타르시스라는 용어를 사용한다. 그런데 카타르시스에 대한 학자들의 생각을 정리해 보면 두 가지 유형으로 나뉜다. 하나는 종교의식상의 정화작용에서 유래한 은유적 표현으로, 비극의 목적을 도덕적인 것, 즉 여러 감정의 정화에 있다고 보는 견해다. 다른 하나는 카타르시스를 신체 안의 좋지 못한 체액의 배설, 제거 등을 의미하는 의학상의 용어에서 유래한 표현으로 보아, 예술의 목적을 비도덕적인 것으로 보는 견해다.[812] 그러나 비극이나 예술의 목적이 도덕적이건 비도덕적이건, 문화콘텐츠는 인간의 심성을 순화하고 고양시키는 정신적 기능과 역할을 수행한다. 기쁨과 슬픔, 고통과 분노, 즐거움과 짜증스러움, 환희와 비통함 등 온갖 삶의 단면과 희로애락을 담아내는 서비스 주체들의 창조적 행위는 대중 객체에게 웃음과 눈물, 페이소스를 제공함으로써 그들의 마음을 정화하고, 그들의 삶을 순화시킨다. 이것이 문화콘텐츠가 갖는 '자기정화'(Self-purification) 기능이다.

나. 레크리에이션(Recreation) 기능

문화콘텐츠는 인간을 노동으로부터 해방시키고, 자신을 새롭게 탄생시키는 레크리에이션의 기능을 가지고 있다. 다시 말해 '복잡한 세상사로부터 해방[유예, 유보]되어, 비록 제한된 시공간 내이지만 잠시나마 세상사를 잊고 편안하게 머물 수 있게 해준다(Hold together; to stand or to hold between)'는 엔터테인먼트의 어원적 접근[813]에서도 알 수 있듯이 문화콘텐츠는 복잡한 세상사로부터 인간을 탈출시켜 잠시나마 자신을 비울 수 있게 하고, 찌든 삶으로 피폐해진 인간의 본성을 회복할 수 있게 한다. 이것이 문화콘텐츠의 레크리에이션(Recreation) 기능이다.

다. 자기계발, 자기실현 기능

서비스의 주체가 제공하는 미적 가치와 역할은 수용 객체의 '자기계

---

812 Aristòtele, *Poietikē*, *시학*, 손명현, 박영사, 1974: 19~20.
813 박장순, *문화콘텐츠 해외마케팅*, 커뮤니케이션북스, 2005: 6~7.

발'(Self-Development)을 유도하고, 객체는 문화콘텐츠를 통해 대리체험, 대리만족 등의 '자기실현'(Vicarious Self-Realization)을 간접 체험하기도 한다. 신데렐라의 꿈을 드라마 〈파리의 연인〉(SBS, 2004)을 통해 실현하고, 드라마 〈별에서 온 그대〉(SBS, 2014)를 통해 시대를 넘나드는 사랑을 체험하고, 드라마 〈밀회〉(JTBC, 2014)를 통해 욕망이 이끄는 대로 자신을 맡겨보기도 한다. 현실에서 이루기 어려운, 그러나 한 번쯤은 이뤄보고 싶은 꿈같은 일들을 문화콘텐츠는 실현시켜 준다.

(2) 외적 기능

가. 사회통합, 인류통합 기능

서비스의 객체(소비주체)는 자유 의지로 문화콘텐츠를 선택한다. 따라서 충성도가 매우 높아 사회적 공감대 형성을 용이하게 한다. 특히, 초고속 인터넷 통신망의 발달로 쌍방향 소통이 가능해지면서 문화콘텐츠를 중심으로 한 마니아층의 결집력은 사회참여를 강조하는 객체의 성격적 패러다임을 변화시킨다. 예를 들어, 지금도 잊을 수 없는 스포츠 빅이벤트 '2002 한·일 월드컵'에서 보여준 '붉은악마'와 일반 시민들의 자발적인 참여와 충성도는 이런 문화콘텐츠의 사회통합(Social Integration) 기능을 보여주는 대표적인 사례다.

나아가 문화콘텐츠의 사회통합 기능은 미디어와 네트워크의 발달로 그 기능이 확대되면서 지역과 국가, 인종과 민족을 초월해 인류의 화합과 정신적 일체감까지도 구현해내는 인류통합(Integration of Humanity)의 긍정적 동인으로 작동한다. 예를 들어, 한류시대의 메인스트림인 드라마와 K-pop은 80억 세계인의 마음을 하나로 연결시켜 주고, 온라인게임(MMORPG)은 지역과 국경, 인종을 초월해 실시간으로 세계 각국의 서비스 수용 객체들 사이의 '객-객' 커뮤니케이션을 가능하게 해 지구촌 한 가족의 형성에 이바지한다. 남녀노소 가리지 않고 세계인들이 싸이의 〈강남스타일〉을 따라 부르고 말춤을 추며, 또 그의 노래와 춤을 패러디한 커버댄스가 전 세계적으로 유행하는 것도 문화콘텐츠가 가지고 있는 인류통합 기능의 한 사례로 볼 수 있다. 이처럼 문화콘텐츠가 갖는 사회통합 기능, 인류통합 기능은 그 어떤 기능보다도 중요한 의미를 갖는다. 유가적 이상향 '한류토피아'의 건설을 가능하게 하는 힘의 원천이되기도 한다.

2) 파생적 기능: 산업·경제적 가치창출 기능

문화콘텐츠의 '수익창출' 기능은 본래 본질적 기능 중의 하나였다. 기원전 5~6세기 고대 그리스 시대의 연극, 무용, 노래 경연에서부터 100여 년 전인 19세기 말 조선시대 산대도감 계통극의 공연에 이르기까지 모든 공연[서비스]은 수익창출원으로서의 기능을 수행해 왔다. 그런데 여기서 이를 '파생적 기능'으로 따로 분리, 명명한 것은 한류가 '확산시기'에 접어드는 2000년 이후, 문화콘텐츠의 산업 경제적 가치창출 기능이 상상할 수 없을 정도로 급팽창해, 과거와 같이 본질적 기능의 일부로 그냥 둘 수 없는 상황에 이르렀기 때문이다. 다시 말해 문화콘텐츠의 '수익창출' 기능이 이제 독자적인 연구대상으로서의 가치를 갖게 될 만큼 그 규모가 커졌다는 것을 의미한다.

문화콘텐츠는 정보기술 혁명시대, 고부가가치를 창출하는 대표적인 21세기 국가전략산업이다. 〈명성황후〉, 〈난타〉, 〈사물놀이〉 등과 같은 공연예술의 활발한 해외 공연, 〈리니지〉, 〈바람의 나라〉, 〈어둠의 전설〉, 〈드래곤 라자〉 같은 첨단 디지털 기술의 종합 결정체인 온라인

게임 타이틀의 성공적인 해외시장 진출, 한류 열풍을 몰고 온 드라마, K-pop, 영화, 웹툰 같은 영상콘텐츠의 활발한 해외수출과 이에 따른 고수익 창출이 문화콘텐츠의 산업 경제적 가치창출 기능을 강조하는 사회적 분위기를 조성한다.

실제로 드라마 〈별에서 온 그대〉의 여주인공 전지현이 만들어 낸 신드롬의 경제적 파급효과는 드라마 수출 33억 2,400만 원, 광고수익 68억 5,700만 원, 관련 상품 수출 549억 5,500만 원, 관광수익 4,651억 6,400만 원 등 총 5,300억 원에 이르는 것으로 조사되었다. 이로 인한 국내 생산유발효과는 약 1조 110억 원, 부가가치 유발효과는 약 5,151억 원, 취업 유발효과는 10억 원당 1만 1,635명 정도의 파급효과가 예상된다. 이를 자동차 생산과 비교해 보면, 생산유발효과의 경우 2014년형 쏘나타 더 브릴리언트 2만 1,495대 생산에 따른 생산유발효과와 동일하며, 부가가치유발효과는 2만 8,838대, 취업 유발효과는 6만 8,627대 생산에 따른 취업 유발효과와 동일하다.[814]

한류발달사의 티핑 포인트 가운데 하나인 〈겨울연가〉는 드라마 관련 개발상품만 해도 방송권과 DVD, 비디오 등을 비롯해 모두 40여 종에 이른다. 2005년 3월 아시아문화산업교류재단이 산업정책연구원(IPS)에 의뢰해서 조사한 연구 결과에 따르면, 드라마 〈겨울연가〉로부터 시작된 한류의 경제적 파급 효과는 그 당시 4조 5,000억 원에 이르는 것으로 나타났다. 이는 방송, 영화, 음반, 게임 등 4개 분야 문화콘텐츠산업의 생산유발액, 부가가치유발액, 취업 유발인원 등의 총계인 직접효과와 휴대폰, 가전제품, 의류, 화장품, 관광 등 5개 분야 제조 및 서비스업의 생산유발액, 부가가치유발액, 취업 유발인원의 총계인 간접효과를 합친

814 정헌일, 드라마 〈별에서 온 그대〉의 경제적 파급효과, 한국문화관광연구원, 웹진 7월호, 2014.

결과로, 국가별 경제효과는 중국 3조 3,506억 원, 홍콩 1조 3,004억 원, 대만 6,201억 원 순으로 나타났다. 이처럼 문화콘텐츠는 국가전략산업의 하나로서 산업·경제적 가치창출 기능을 충실히 수행하고 있다.

4. 분류

문화콘텐츠는 주체와 객체가 어떤 형식으로 만나고, 어떤 커뮤니케이션의 형태를 취하는가에 따라 대면(對面) 문화콘텐츠와 비(非)대면 문화콘텐츠로 구분한다. 대면 문화콘텐츠는 서비스를 제공하는 주체와 이를 제공받는 객체가 동일한 장소, 동일한 시간대에 만나, 제한된 공간과 제한된 시간 안에서 직접 교감을 나누는 소통의 형태(Face to Face)를 취하는 문화콘텐츠다. 이에 반해 비대면 문화콘텐츠는 미디어와 같은 중간매체를 통해 주체와 객체가 간접 교감하는 소통의 형태(Non Face to Face)를 취한다. 대면 문화콘텐츠에 비해 시간과 공간의 제약으로부터 자유롭다. 이들의 소통방식은 대부분 주체와 객체 간에 이뤄지는 '주-객' 커뮤니케이션이 주를 이룬다. 그러나 다중 접속 온라인게임(MMORPG)과 같은 경우는 '주-객' 커뮤니케이션뿐만 아니라 게임에 참여하는 객체와 객체 간의 소통, 즉 '객-객' 커뮤니케이션의 형태도 활발하게 이뤄진다.

대면 문화콘텐츠에는 연극, 뮤지컬, 오페라, 가면극, 창극, 인형극, 무용, 음악회, 콘서트 등의 공연예술과 축제, 퍼포먼스, 스포츠 등의 이벤트가 있다. 비대면 문화콘텐츠에는 텔레비전 수상기나 극장의 스크린을 중간 미디어로 하는 영화, 다큐멘터리, 애니메이션, 드라마, 시트콤, 스포츠 중계, 광고 등과 같은 영상콘텐츠가 있고, 모바일, 게임기, MP3,

CD플레이어와 같은 디지털 디바이스를 중간 미디어로 하는 콘텐츠, 그리고 서적, 음반 등과 같은 중간 미디어를 통해 서비스의 주체와 객체가 간접 커뮤니케이션을 하는 음반, 출판 콘텐츠도 비대면 문화콘텐츠에 속한다.

5. 특성

서비스[문화콘텐츠]는 재화를 창출하는 일종의 가치이자 상품이다. 그러기 때문에 즐거움을 제공하는 서비스 주체들의 행위는 어떤 형태로든지 수혜자인 객체의 보상을 담보로 한다. 따라서 문화콘텐츠의 특성을 나타내는 가장 중요한 키워드는 '상업성'이다. 문화콘텐츠의 상업성이란 주체가 제공하는 서비스를 향유하는 객체, 즉 소비 대상인 대중을 전제로 한 것이고, 대중으로부터 유형무형의 재화를 취득할 수 있을 때 문화콘텐츠는 완성된다.

대중이란 여러 관점에서 이해될 수 있다. 사회학에서의 대중은 지배자의 심볼 조작에 의해 쉽게 움직이는 비조직집단으로 민주주의의 위기를 몰고 올 수 있는 비합리적 존재로 인식된다. 불평등주의에 기초한 파시즘에서의 대중은 지배와 복종의 관계로, 엘리트 계층에 의해 지배되는 복종하는 존재로서 의미를 갖는다. 마르크시즘에서 대중은 역사 발전의 원동력으로, 사회변혁을 담당하는 주체로 인식된다. 그러나 문화콘텐츠에서 대중은 이와 달리 지위, 계급, 직업, 학력, 재산 등 일반 사회적 속성을 초월한 불특정 다수의 사람들로 이루어진 비조직집단이다. 이런 일반적 개념의 대중을 구성요소로 하지 않는 문화콘텐츠는 존재할 수 없다. 왜냐면 대중은 문화콘텐츠의 상업성을 담보해 주는 없어서는 안되는 절대적 필수요소이기 때문이다.

물론, 시민의식이 싹트기 이전인 고대 왕정이나 봉건제후시대와 같이 사회계급이 분명하게 나뉘어 있던 시절에는 일부 문화콘텐츠가 특권 귀족층을 위한 전유물이던 적도 있었다. 그러나 이 또한 당시의 시대적 관점에서 볼 때, 오늘의 대중 개념과는 차이가 있겠지만, 서비스의 객체였던 특권 귀족층을 일반적인 대중의 개념으로 이해할 수도 있다. 왜냐면 시대 특성상 당시의 피지배계층은 인간으로서 가치를 인정받지 못했던 단순한 지배층의 귀속물이거나, 생산도구에 불과했기 때문이다.

이처럼 문화콘텐츠의 '상업성'이 '대중성'을 전제로 한 것이라면, 서비스의 주체는 언제나 객체인 대중의 관심을 불러일으킬 수 있는 재미있는 소재와 형태, 요소들을 찾아내고 가공해서 이를 상품화하기 위한 노력을 경주해야 한다. 하나의 상품을 개발해 내기 위한 이같은 서비스 주체들의 혼을 갈아넣는 것 같은 노력은 문화콘텐츠의 또 다른 특성을 탄생시키는데, 이것이 바로 문화콘텐츠의 '오락성'이다.

오락성이 결여된 문화콘텐츠는 대중성을 잃게 되고, 대중성을 잃은 문화콘텐츠는 상업성을 결여하게 된다. 상업성이 결여된 문화콘텐츠는 순수예술이나 순수 창작물일 수는 있어도 진정한 문화콘텐츠로서의 가치는 상실한다. 그렇다고 문화콘텐츠가 저급예술이나 저급문화를 의미하지는 않는다. 그것은 서비스의 주체들이 창조성, 예술성에 기반을 두고 새로운 문화콘텐츠를 탄생시키기 때문이다. 다시 말해 '오락성'은 서비스 주체들의 예술적 '창조성'에 기반한다. 이처럼 문화콘텐츠는 '상업성←대중성←오락성←창조성'이라는 네 가지 특성이 절묘하게 조화를 이루는 문화예술 영역이다([그림 09-03]).

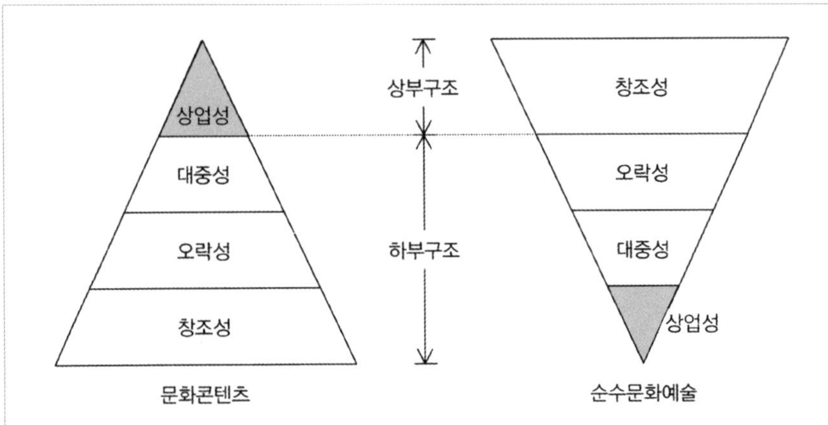

[그림 09-03] 문화콘텐츠와 순수예술의 방향성

특히, 드라마와 K-pop 같은 한류 중심소재영역들이 사회적 관심을 불러일으킬 수 있었던 가장 큰 이유 중의 하나는 이들이 갖고 있는 '산업경제적 가치창출' 기능 때문이다. 굴뚝산업이라고 불리는 전통산업에 비해 6~7배 높은 성장세를 보이고 있고, 세계시장 점유율 또한 2013년 말 현재 2.7%에 불과해 앞으로도 무한히 커갈 수 있는 시장 잠재력과 가능성을 갖고 있기 때문이다. 이들이 갖고 있는 산업 경제적 가치창출 기능은 문화콘텐츠가 추구하는 지고의 선인 '상업성'과 맞닿아 있다. 이는 서비스 주체가 추구하는 초목표로, 순수 문화예술의 작가가 추구하는 가치와 극명하게 대별되는 차별적 특성이기도 하다.

제9장에서 우리는 '문화콘텐츠'라는 개념의 발생과 진화를 살펴보며, 한류가 단순히 산업적 흐름을 넘어 학문적·개념적 토대 위에서 확장될 수 있음을 확인했다. 그러나 개념의 정립만으로는 충분하지 않다. 문화콘텐츠가 실제로 세계 속에서 지속 가능한 영향력을 갖기 위해서는, 그 본질을 규정하고 내실을 다지는 작업이 필요하다. 제10장은 바로 이 지점에서 출발한다. 한류가 위기를 극복하고 신화로 거듭나기 위해서는 무엇보다 '콘텐츠 자체'로 돌아가야 한다는 것이다(Back to the Contents). 이는 문화콘텐츠를 분석하고 형상화하는 구체적 방법론을 통해, 한류가 어떻게 지속적 생명력을 유지할 수 있을지를 모색하는 단계다.

제10장

문화콘텐츠, 분석과 형상화의 미학적 원리

2000년대 중반 한류가 절체절명의 위기에 처해 있던 시기, 다작은 한류의 신화화 작업을 시작한다. 신화의 '영원성'에 한류를 싣고자 하는 염원 때문이었다. 그러나 이보다 먼저 시급히 선행되어야 할 과제가 있다. '백 투 더 콘텐츠!'(Back to the Contents!) 우리의 관심을 콘텐츠로 되돌려야 한다. 위기의 한류를 구할 현실적이고 직접적인 근원적 해법이기 때문이다. 이와 관련해서 이번 제10장에서는 "한류, 포에버!"(Hallyu, Forever!)를 위해 다양한 서비스[문화콘텐츠] 창작의 기본이 되는 텍스트의 분석과 형상화 방법론의 미학적 원리에 관해 기술하고자 한다.

1. 텍스트와의 첫 만남

1) 어떻게 다가갈 것인가

'첫 만남'은 설렘이다. 첫 만남은 배우들의 가슴을 설레게 한다. 그러나 설렘이 너무 크다 보면, 자칫 텍스트의 정확한 해독(解讀)에 방해가 되기도 한다. 경우에 따라서는 서비스[문화콘텐츠]가 추구하는 상업적 가치의 구현을 어렵게 할 수도 있다. 그렇다면 텍스트와의 첫 만남, 어떻게 다가가야 할 것인가? 『블루오션 전략』의 공동 저자인 김위찬은 기업과 정부의 구조조정 관련한 설명 자리에서 척추 통증 환자의 사례를 예로 들었다.

환자가 의사를 찾았다. 처음 만난 외과의사는 지체없이 수술을 권유했고, 다른 병원의 두 번째 의사도 똑같은 진단을 내렸다. 그러나 세 번째 의사는 달랐다. 이 환자를 멀리 세워놓고 걷는 모습을 관찰하면서 이상 현상을 발견한다. 정밀진단 결과, 환자의 한쪽 다리가 다른 쪽보다 약간 짧다는 것을 알았다. 그는 이 환자의 짧은 발에 맞는 구두를 만들어 줬으며, 몇 개월이 지나 척추 통증이 사라졌다.[815]

동양인과 서양인, 어른과 아이 사이에는 사물이나 현상을 바라보는 시각에 분명한 차이가 있다. 전체를 하나의 통합된 이미지로 받아들이는 아이들의 경우, 어른에 비해 사물을 쉽게 인식하고 정확하게 판단하는 경향을 보이기도 한다. 미국의 미시건 대학교 리처드 니스벳 교수 연구팀은 중국인 학생 27명과 유럽계 미국인 학생 25명을 대상으로 정글 속 표범의 사진을 보여준 뒤, 이들의 눈동자 움직임을 관찰하는 실험을 했다. 그 결과, 유럽계 미국인 학생들의 눈동자는 표범의 모습에 머물렀으며, 머문 시간도 길었다. 이에 반해 중국인 학생들은 정글 속 배경을

815 중앙일보, 2005.09.05.

먼저 살피고, 그러고 나서 눈동자가 배경과 표범의 사이를 부지런히 오간 것으로 관찰되었다.[816]

또 다른 실험에서도 이와 유사한 결과가 나왔다. 니스벳 교수 연구팀은 바닷속 풍경을 찍은 사진을 실험 대상자인 일본인과 미국인들에게 보여주고, 일정 시간이 흐른 뒤 '무엇을 보았는지?'에 대해 물었다. 미국인들은 역동적으로 움직이는 환한 빛깔의 송어 세 마리를 보았다고 답변을 하고, 일본인들은 초록빛 물 색깔, 물의 흐름, 바닥에 깔린 자갈 등 사진 속 배경을 먼저 설명한 뒤, 송어를 언급했다. 이와 같은 니스벳 교수 연구팀의 연구결과는 사물이나 현상을 대하는 동양인과 서양인의 인식 방식의 차이를 보여준다. 사물 자체에 초점을 맞추는 서양인과 사물이 있는 배경에 관심을 갖고, 사물과 배경 사이의 관계, 즉 맥락을 통해 사물을 인식하는 동양인의 접근 방식의 차이를 보여준다. 이런 연구결과를 놓고, 아시아인들은 사회적으로 복잡하게 얽힌 세계에 살고 있어서 항상 타인에게 신경을 써야 하는 반면, 서양인들은 강한 개인주의적 성향의 사회에 살고 있어서 그런 것으로 분석하기도 한다.[817] 동양과 서양의 오랜 역사, 문화, 사회, 철학적 기반 환경의 상이함에서 비롯된 차이라고 할 수 있다.

미국 오하이오 주립대학의 한 연구팀은 어린이와 대학생의 기억력을 테스트하는 실험을 했다. 실험대상자들에게 고양이, 새, 곰의 사진을 보여주고, 일정 시간이 흐른 뒤 동물들의 모습을 '얼마나 기억하고 있는지'를 조사했다. 연구결과 어린이들은 31%, 대학생은 7%만이 동물들의 모습을 기억하고 있었다. 기억력의 차이 24%는 사물을 분류해서 인식하는 어른들의 사고체계에 기인한다. 다시 말해 논리적 사고체계를 갖춘

816 중앙일보, 2005.08.24.
817 위 기사.

어른[대학생]들은 대상을 관찰하기도 전에 이들을 고양이, 새, 곰으로 분류, 기억을 담당하는 뇌의 창고에 단순 보관해 버림으로써 많은 기억의 단서들을 잃게 된다. 어쩌면 이성적으로 체계화된 사고체계를 요구하는 사회 환경이 어른들의 분류 습관을 이런 식으로 강화했는지도 모른다.[818]

환자의 몸 전체[큰 그림]를 보고, 환자의 증상을 파악하는 외과의사, 전체를 하나의 통합된 이미지로 인식하는 어린이, 사물에 관심의 초점을 맞추는 서양인, 배경과 사물의 관계, 맥락을 중시하는 동양인, 기억도 하기 전에 개별적인 기억의 창고 속에 사물의 이미지를 별도로 분류 보관해 버리는 논리적 사고체계의 대학생 등에 관한 다양한 실험의 결과는 우리가 텍스트와의 첫 만남에서 '어떻게 텍스트에 다가가야 하는가?'에 대한 방법을 다음과 같이 4단계로 제시해 준다.

1단계

외과의사나 어린아이같이 텍스트 전체를 직관에 의해
하나의 통합된 이미지로 인식한다.

⇩

2단계

동양인과 같이 배경과 구체적인 그림 속의 사물, 텍스트 속의
인물과 사건과의 관계, 맥락을 밝혀나간다.

⇩

3단계

대학생과 같이 논리적인 분류, 분석 과정을 거쳐 텍스트가 무엇을 보여주려고 하는지,
텍스트가 전달하고자 하는 초목표(Super Objective)가 무엇인지를 찾는다.

⇩

4단계

한류의 서비스 생산 주체로서 나는 이 텍스트를 통해
무엇을 보여줄 것인가? 새로운 초목표(S.O)를 설정한다.

818 http://feature.media.daum.net/foreign/article01009.shtm, 2005.3.31.

2) 대사 읽기

인간은 누구나 독특한 개성과 가치관을 가지고 살아간다. 그러기에 똑같은 사건이나 사물을 놓고도 서로 다른 시각과 관점에서 바라보게 되고, 때론 서로 다른 의견을 개진하기도 하며, 동조하기도 하고 서로 충돌하기도 한다. 처음 텍스트를 대면할 때, 중립(Neutral) 상태의 편안한 책 읽기를 권하는 것은 주관적인 시각을 접어두고 객관적이고 보편성 있는 사고를 유지하면서 언어의 마술과도 같은 텍스트를 읽어 나가야 한다는 이유에서다. 서비스[문화콘텐츠] 생산 주체의 한 사람으로서 텍스트를 쓴 작가의 참뜻과 의도를 정확히 파악할 필요가 있기 때문이다. 또한 이것이 작가에 대한 최소한의 예의이기도 하다. 편향된 시각을 가지고 텍스트를 바라보면, 작가의 의도와 전혀 다른 해석을 내놓을 수도 있다. 물론, 텍스트에 대한 해석은 개성 있는 한류 서비스 생산 주체의 몫이기도 하다. 그러나 1차적으로는 원작의 참뜻과 의미를 정확하게 파악하고 난 후에 재해석에 들어가는 것이 바람직한 대사 읽기의 자세다.

드라마 〈겨울이 갈 때까지〉[819]는 췌장암에 걸린 한 여인의 오랜 투병 생활을 배경으로 한 작품이다. 간병에 지친 남편과 사춘기의 두 딸, 그리고 여섯 살 난 늦둥이 막내딸 일가가 겪는 고통과 갈등, 그리고 그 속에서 피어나는 가족 간의 애틋한 사랑과 가슴 시린 행복을 보여준다. 전형적인 최루성 멜로 드라마다. 그런데 진보적인 성향의 한 배우가 공동 독해(讀解) 시간 전에 이 극본을 혼자 읽었다고 가정해 보자. 그는 순수 최루성 멜로 드라마로 준비한 작가의 의도와 달리 이 각본을 사회복지 및 계층적 관점에서 파악하려 들지도 모른다. 즉, 이 드라마를 통해 사회복지와 국가 의료정책의 불비를 고발하고, 오랜 병수발을 견디

819 MBC 베스트극장, 제475화: 2002.01.11.

지 못한 평범한 중산층 가정의 몰락과정을 그리는 사회 비극으로 이 드라마를 해석할 수도 있다. 원작에 대한 독특한 해석과 접근 방식은 서비스 생산 주체에 의해 재창조될 시나리오나 각본, 희곡의 형상화를 더욱 풍성하게 해줄 수도 있다. 그러나 처음부터 편향된 시각을 갖고 작품에 접근하게 되면, 자칫 작품 해석에 대한 다양한 가능성을 놓칠 수도 있다. 따라서 원작을 있는 그대로 받아들이는 열린 자세가 필요하다. 중립(Neutral) 상태로 편안한 책 읽기를 권하는 이유다. 텍스트는 서비스[문화콘텐츠] 생산의 원질료다. 원질료에 대한 정확한 이해가 전제될 때 텍스트의 올바른 형상화도 가능하다. 텍스트의 해석은 작가에 대한 이해로부터 시작한다. 그러기 때문에 작가 연구를 통해 작가 정신이 무엇인지를 규명하고, 그 정신이 원질료에 어떻게 구현되고 있는지를 발견하는 것이 텍스트 읽기의 첫걸음이다.[820]

2. 구조분석 및 초목표(Super Objective) 설정

정형외과 의사는 환자가 오면 정확한 검진을 위해 X-레이 촬영을 한다. 머리, 척추, 골반, 견갑골, 늑골, 팔뼈, 다리뼈 등 인체를 구성하는 전체 206개의 크고 작은 뼈들을 관찰하고, 이들을 유기적으로 연결해주고 있는 관절의 상태도 점검한다. 그리고 근육과 신경조직이 뼈와 관절에 어떻게 연결되어 있는지 등을 살핀다. 서비스[문화콘텐츠]의 생산 주체들도 X-레이와 같은 '눈'을 가지고 텍스트 전체의 골격, 즉 구조를 파악하고, 구성상의 취약점은 없는지, 있다면 어떤 방식으로 지지대를 세우고 덧

820 제1장 '이기적 본성과 영원성' - 실존주의 철학에서 본 영원성 참조.

대어 보다 튼튼한 구성이 될 수 있도록 조치할 것인지 등을 판단한다. 또 구성의 효과적인 전개를 위해 어떤 갈등구조들이 근육과 신경조직의 역할을 수행하기 위해 준비되고 만들어져 있는지, 또 이들이 작품의 골격과 어떻게 연결되어 있는지 등을 파악해 간다. 이것이 곧 텍스트의 구조분석이다. 초목표란 텍스트를 통해서 '무엇을 보여줄 것인가?'에 대한 서비스[문화콘텐츠] 생산 주체들의 응답이다. 텍스트를 끌고 가고자 하는 궁극적인 방향, 지향점이다. 따라서 텍스트의 해석에서부터 배우들의 연기, 장치, 조명, 오디오, 카메라, 편집, 의상, 음향, 음악 등 모든 개별적 서비스 생산 주체들의 예술적 아이디어는 이곳을 향해야 한다. 다시 말해 일체의 창작 요소는 모두 초목표를 향해 가야 한다. 초목표는 텍스트 구조분석의 기초 준거이기 때문이다.

1) 영화 〈유니버설 솔저〉[821]

(1) 초목표와 구조분석

'지시우주'란 '상징우주'를 움직일 수 있게 해주는 작가의 전략적 우주, 내러티브의 흐름을 지배하거나 바꾸어 놓을 수 있는 디렉션을 포함한 요소의 총칭이다. 영화 〈유니버설 솔저〉의 초목표를 '휴머니즘의 승리'라고 할 때, 각각의 지시우주에 대한 해석은 초목표인 휴머니즘의 승리에 초점이 맞춰져야 한다. 이는 곧, 주인공 사이보그 룩크의 인간화 과정을 보여준다. [그림 10-01]은 '휴머니즘의 승리'에 초점이 맞춰진 〈유니버설 솔저〉의 내러티브 전개과정을 보여준다.

821 롤랜드 에머리히 감독의 액션, SF영화(1992). 장 클로드 반담, 돌프 룬드그렌 주연.

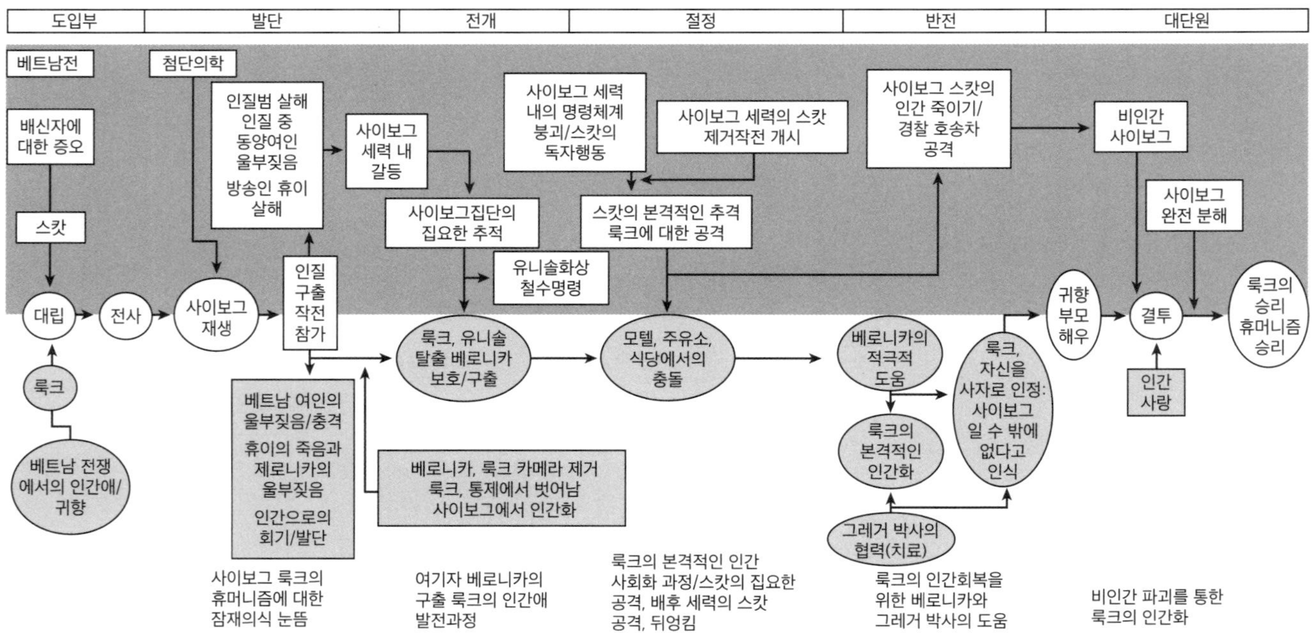

[그림 10-01] 영화 〈유니버설 솔저〉의 텍스트 구조

「발단」은 인질 구출작전에 참가한 사이보그 룩크가 한 동양 여인의 겁에 질려 울부짖는 모습과 동료 기자 휴이의 죽음을 목격하고 울부짖는 CNA 여기자 베로니카의 모습이 과거 월남전에서 스캇 상사의 총에 맞아 죽기 직전에 목격했던 울부짖는 베트남 여인의 모습과 오버랩되면서 사이보그 이전, 그러니까 룩크가 인간이던 시절의 휴머니즘에 대한 잔영이 조금씩 되살아나기 시작하면서 혼란을 겪는 단계다. 「전개」는 소속 부대인 유니솔로부터 사이보그 룩크가 여기자 베로니카를 구출해 내는 과정이다. 룩크의 인간애 발전과정이라고 할 수 있다.

「절정」은 사이보그 세력 대 휴머니즘 세력의 대립, 사이보그 세력 내부의 추종세력 대 반추종세력의 대립, 휴머니즘 세력 대 인간화 과정에 있는 룩크의 대립 등 여러 개의 극적인 대립구조가 중첩되는 복잡한 양상을 띤다. '철수' 명령을 내리는 페리 대령을 사살하고, 유니솔의 지휘권을 장악한 스캇 상사(GR13)는 대원들을 이끌고 룩크와 여기자 베로니카를 추격하고, 그 과정에서 사이보그 반추종세력에 의한 내부적인 GR13 제거 작전이 동시에 진행된다. 또 GR13의 추격을 따돌리고 도망가는 사이보그 룩크는 베로니카가 급히 공중전화를 이용해서 CNA 방송사에 연락을 취하러 자리를 비운 사이, 무전취식으로 오해를 받아 휴머니즘 세력과 한바탕 소동을 벌인다. 이런 일련의 중첩된 사건들은 결국, 주인공 룩크의 복잡다기한 인간 사회화 과정을 보여준다.

「반전」은 사이보그 룩크의 휴머니즘 세력화 과정을 돕고 있는 베로니카와 그레거 박사의 도움을 룩크가 거부한 데서 비롯된다. 자신은 이미 죽었고, 인간이 될 수 없다고 생각하는 주인공 룩크에 의해 인간화 과정에 제동이 걸린 것이다. 더욱이 룩크와 베로니카가 타고 있던 경찰호송차가 맹렬히 추격하는 GR13의 대형트럭에 받혀서 낭떠러지로 굴러떨어진다. 마치 룩크의 인간화 과정이 끝난 것처럼 보인다. 「대단원」은 낭떠러지에서 떨어져 죽은 줄로만 알았던 사이보그 룩크와 GR13의 대결로 시작된다. 계속해서 수세에 몰리던 룩크가 마침내 GR13을 분쇄기로 밀어 넣어 그를 가루로 만든다. 사이보그 GR13의 분해는 룩크의 인간화를 실현시킨다. 룩크의 승리는 휴머니즘의 승리를 상징한다. 초목표가 구현된 것이다.

이 작품에서 상정우주 룩크의 이중적 양태가 문제가 될 수도 있다. 룩크의 표현형 이미지는 사이보그다. 그러나 룩크의 유전자형 이미지는 인간이다. 이처럼 룩크는 표현형 이미지와 유전자형 이미지가 서로 충돌하는, 이중의 중첩된 양태를 하고 있어서 관객들에게 혼란을 준다. 다시 말해 대단원에서 GR13과의 싸움을 끝내고 베로니카와 포옹을 하는 룩크의 모습을 보면서 그를 '인간으로 볼 것이냐, 사이보그로 볼 것이냐' 하는 의문이 제기된다. 그럼에도 룩크의 이중적 모호함이 문제가 되지 않는 것은 베로니카와의 인간적인 사랑에 의해 아름답게 포장되었기 때문이다.

(2) 상정우주 간의 대립구조

플롯의 동력은 등장인물[캐릭터]이다. 등장인물을 통해 작가는 이야기를 끌어간다. 그러기 때문에 인물 간의 관계 설정은 중요하다. 이것이 곧, 텍스트의 대립구도, 갈등구조가 되기 때문이다. 상정우주란 등장인물에게 설정된 우주, 즉 성격, 역할 등을 가리킨다. 작가에 의해 그의 운명이 이미 상정되어 있기 때문에 붙여진 이름이다. 상정우주를 중심으로 한 〈유니버설 솔저〉의 대립구도는 크게 '사이보그 세력' 대 '휴머니즘 세력'으로 나뉜다. '사이보그 세력'은 다시 '추종세력' 대 '반추종세력'으로 나뉘고, 휴머니즘 세력은 사이보그 세력에서 휴머니즘 세력으로 편입되어가는 과정의 룩크와 일반인으로 나뉜다.

[그림 10-02]는 상정우주를 중심으로 한 〈유니버설 솔저〉의 대립구도를 보여준다. 사이보그 세력 내의 대립구도는 스캇 상사(GR13)가 대장인 페리 대령을 살해하면서부터 본격화한다. 사이보그 추종세력에는 군의 일부 세력과 FBI 같은 비밀정보기관, 그리고 이들에 의해 조종되는 유니솔 대원 등이 속한다. 사이보그 세력 내의 반추종세력에는 사이보그의 비인간적인 활용에 반대하는 우드워드 박사와 그레거 박사 등이 포함된다. 휴머니즘 세력 내의 갈등구조는 사이보그인 룩크가 휴머니즘 세력으로 편입되어가는 과정에서 일반인들과 부딪히게 되는 충돌로 생겨난다. 일반인으로는 모텔 주인, 주유소 주인, 식당 주방장, 웨이트리스, 식당 손님, 경찰 등이 포함된다.

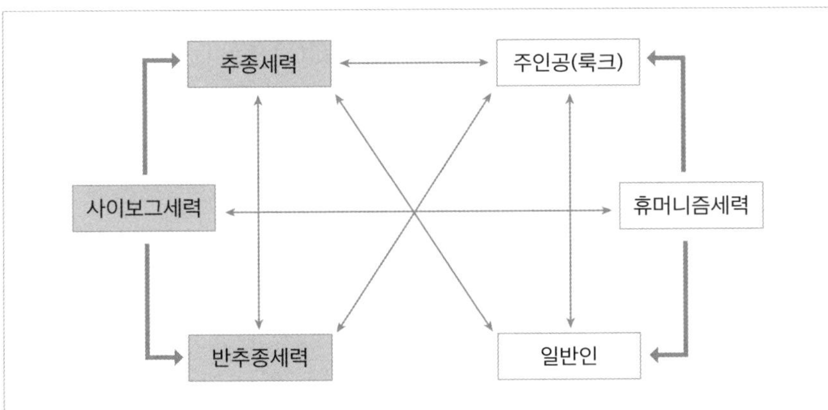

[그림 10-02] 영화 〈유니버설 솔저〉의 대립구도

(3) 기호사각형에서 본 대립구조

영화 〈유니버설 솔저〉에서 사이보그 세력은 반추종세력인 비사이보그 세력과 대척점에 서고, 휴머니즘 세력은 비휴머니즘 세력, 즉 룩크와 대척점에 선다. 비휴머니즘 세력인 룩크는 '과학'에 의해서 사이보그가 되고, 우드워드 박사와 그레거 박사 같은 비사이보그 세력은 '인간'이라는 점을 매개로 휴머니즘 세력화한다. [그림 10-03] 기호사각형에서 '과학'과 '인간'은 세력 간 이동을 가능하게 하는 미디어로 대립적 위치에 선다.

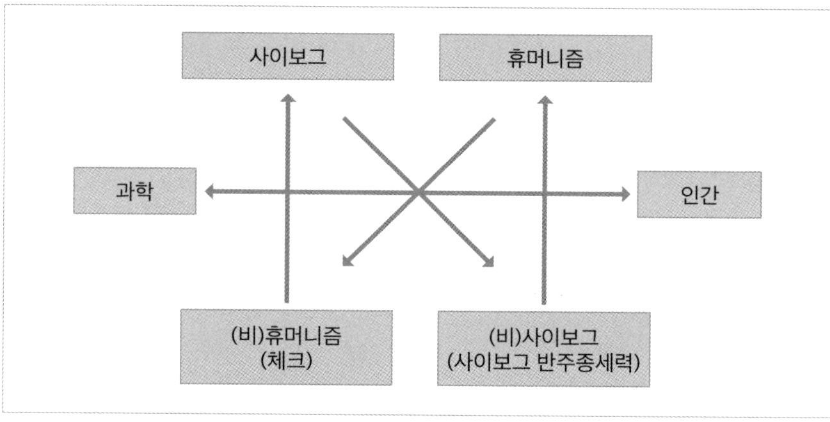

[그림 10-03] 기호사각형으로 본 영화 〈유니버설 솔저〉의 대립구도

2) 연극 〈맥베드〉

작가의 위대성을 증명이나 하듯 희곡 〈맥베드〉는 '피의 비극'이다, '선과 악의 비극'이다, '양심의 비극'이다 등 다양한 시각과 관점에서 조명된다. 그 가운데 또 다른 하나는 '질서의 비극'으로 보는 시각이다. 그럼 어떤 관점에서 보면 〈맥베드〉가 '질서의 비극'이 되는 것일까? 이번 사례에서는 초목표(Super Objective)를 '질서의 비극'으로 잡고, 희곡 〈맥베드〉의 구조를 분석해 보고자 한다.

(1) 초목표 '질서의 비극'의 비극에 맞춘 구조분석

[그림 10-04] '연극 〈맥베드〉의 텍스트 구조분석'의 번호①(1막 3장)은 맥

베드가 황야에서 마녀들을 만나는 장면이다. 맥베드에 의한 '질서 파괴의 출발점'이라고 할 수 있다. 당컨 왕이 구축해 놓은 기존 질서가 손상을 입게 되는 계기가 된다. 번호②(1막 4장)는 당컨 왕이 장자 맬컴을 왕위계승자로 선포하는 자리다. 맥베드가 질서 파괴의 시기를 앞당기는 결정적 계기가 된다. 번호③(2막 2장)은 맥베드가 당컨 왕을 시해하는 장면으로, 질서 파괴의 정점이라고 할 수 있다. 당컨 왕의 구질서가 무너지고, 맥베드에 의해 새로운 질서가 탄생하는 순간이다.

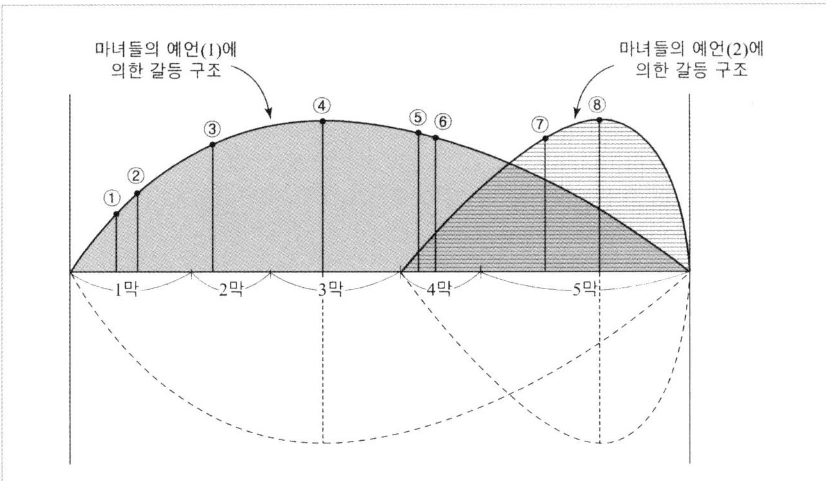

[그림 10-04] 연극 〈맥베드〉의 텍스트 구조분석

이후 번호④, ⑥, ⑦은 맥베드가 뱅코우, 맥다프의 젊은 부인, 그의 어린 아들, 젊은 시이워드 등 반대파 세력을 연속적으로 살해하는 맥베드의 내적 파괴가 극단으로 치닫는 그의 몰락과정이다. 번호⑧(5막 8장)은 맥베드가 반대파에 설 수밖에 없었던 맥다프에 의해 살해되는 장면이다. 맥베드의 새로운 질서가 몰락하고, 당컨 왕의 장자 맬컴이 선왕의 구질서를 복원하는 상징적 순간이다.

(2) 마녀들의 예언; 초목표 '질서의 비극'의 완성을 위한 추동력

〈맥베드〉의 갈등구조는 주인공 맥베드의 성격적 결함에서 비롯된다. 물론 직접적인 동인은 마녀들의 예언이다. 그러나 예언을 들었다고 해서 모든 사람이 다 맥베드처럼 행동하는 것은 아니다. 동료 장군 뱅코우의 경우는 똑같이 마녀들의 예언을 들었지만 흔들림이 없다. 그는 충직하고 이성적인 사람이다. 그러나 맥베드는 다르다. 마녀들의 예언은 맥베드가 가지고 있는 내면의 소리다. 마녀들은 이런 맥베드의 마음에 불을 지핀다.

앞의 [그림 10-04]는 마녀들의 예언에 의해 희곡 〈맥베드〉의 초목표 '질서의 비극'이 드러나 보여지는 것을 확인시켜 준다. 다시 말해 희곡 〈맥베드〉는 마녀들의 1차, 2차 예언을 동력으로, '질서의 비극'의 완성을 위해 달려간다. 그림에서 회색 부분은 1차 예언에 따른 갈등 부분이고, 오른쪽 가는 선 부분은 2차 예언에 따른 갈등 부분이다. 회색과 가는 선의 중복 부분은 1차 예언과 2차 예언이 중첩돼 함께 작동하는 갈등 부분이다.

번호①(1막 3장)은 맥베드가 마녀와 처음 만나는 맥베드 몰락의 출발점이다. 승전고를 울리며 전장에서 돌아오던 장군 맥베드와 뱅코우는 황야에서 마녀들을 만난다. 이때 마녀들은 맥베드가 글래미스 영주라는 것을 알고 있고, 그에게 코오더 영주가 되고, 장차 왕이 되실 분이라고 예언한다. 함께 있던 뱅코우에게는 "맥베드보다는 못하지만, 장차 왕의 조상이 되실 분"이라고 예언한다. 마녀들과 헤어지고 당컨 왕이 있는 본진으로 돌아오던 맥베드는 도중에 귀족 로스로부터 코오더 영주가 되었다는 당컨 왕의 전갈을 받으면서 심하게 마음이 흔들린다. 마녀들의 첫 번째 예언이 정확하게 들어맞았기 때문이다.

번호②(1막 4장)는 당컨 왕의 환영을 받는 맥베드 장군의 귀환 장면이다. 스코틀랜드와의 전쟁에서 승리한 당컨 왕은 큰일을 치르기에는 이제 너무 늙은 것 같다고 생각하며, 맥베드를 환영하는 자리에서 "다음번 왕위계승자를 장자인 맬컴으로 하고, 이후 그를 컴버랜드 공이라 부르게 하노라."라고 선언한다. 마녀들의 예언에 깊이 빠져있던 맥베드는 이런 당컨 왕의 갑작스런 왕위계승자 선포에 당황해하며 혼잣말로 중얼거린다.

맥베드

"컴버랜드 공이라! 이것은 하나의 계단이다. 내가 걸려 넘어지거나 아니면 뛰어넘어야 하는, 왜냐하면 그것이 나의 길을 가로막고 있기 때문이다. 별들아, 그 빛을 감추어라! 빛이 나의 검고 깊은 욕망을 엿보지 못하게 하고, 눈은 손이 하는 일을 보지 못하게 하여라. 하지만 그 일은 해치워야 한다. 하고 나면 눈이 보기도 끔찍하여 무서워할 일을!"

당컨 왕의 왕위 계승에 관한 갑작스런 선포가 결과적으로, 맥베드의 몰락을 앞당기는 계기가 된다. 맥베드가 당컨 왕의 시해를 결심하게 되는 중요한 모멘텀을 제공해주기 때문이다. 번호③(2막 2장)은 맥베드가 왕이 된다는 마녀들의 예언이 실현되는 장면이다. 맥베드는 부인과 함께 공모하여 전승을 축하해주기 위해 자신의 성 인버네스를 방문한 당컨 왕을 살해한다. 맥베드의 몰락이 본격화하는 시점이다.

번호④(3막 3장)는 맥베드 몰락의 정점이다. 마녀들의 예언에 의하면 뱅코우는 "맥베드보다는 못하지만, 장차 왕의 조상이 된다."고 했다. 그렇다면 맥베드는 미래의 왕이 될 뱅코우의 후손들을 위해 당컨 왕을 시해한 셈이 된다. 또 본인은 뱅코우의 후손들에 의해 죽임을 당할지도 모른다. 이런 불안감 때문에 맥베드는 마녀들의 예언을 완전히 자기의 것으로 하기 위해 자객을 시켜 뱅코우와 그의 아들 플리언스를 죽이려 한다. 그러나 불행히도 절반의 성공밖에는 거두지 못한다. 동료 뱅코우는 살해했지만 그의 아들 플리언스는 놓치고 말았다. 맥베드의 마음에는 불안의 씨앗이 싹튼다. 마녀들의 예언대로, 절차야 어찌 되었든 맥베드는 왕이 되었다. 그러나 아직도 남아있는 불안의 씨앗은 맥베드로 하여금 다시 마녀들을 찾게 한다. 번호⑤(4막 1장)는 마녀들의 제2차 예언 장면이다.

마녀들

"맥베드, 맥다프를 주의하라!", "아무리 잔혹한 일이라도 두려워하지 말고 행하여라! 여자가 낳은 자 중에는 맥베드를 넘어뜨릴 자가 없다!"

이런 마녀들의 2차 예언은 결국 맥베드의 내적 파괴, 2차 도화선이 된다. 이제 맥베드에게는 두려울 것이 없다. 왕위를 지킬 수만 있다면 무슨 일이라도 한다. 거센 바람이 교회를 넘어뜨리고 백성들이 먹고 살 다익은 곡식을 쓰러뜨려도 그에게는 상관이 없다. 완전히 파괴된 맥베드의 모습이 애처롭기까지 하다. 번호⑥(4막2장)은 맥베드를 피해 맬컴 왕자가 망명해 있는 잉글랜드로 도망을 가는 맥다프. 맥베드는 그런 맥다프에 대한 복수로, 미처 피신하지 못한 맥다프의 젊은 아내와 어린 아들을 살해한다. 이제 더는 인간이기를 포기한 맥베드의 광기가 장면 전체에 가득하다.

이후 잉글랜드 왕의 지원을 받은 맬컴 왕자는 맥다프를 선봉장으로 해서 맥베드를 제거하기 위한 총공세에 나선다. 맥베드의 성을 도망쳐 나오는 많은 귀족과 영주들, 맥베드의 성은 풍전등화와 같다. 마침내 결연히 일어선 맥베드는 갑옷을 걸치고 전투에 나선다. 인간적인 연민과 함께 비장함마저도 느끼게 한다. 번호⑦(5막7장)은 용맹스런 장군답게 맥베드는 어린 시이워드를 단칼에 베어버린다. 맥베드가 마녀들의 예언에 확신을 갖게 하는 싸움이다. "여자의 몸에서 낳은 자 중에는 맥베드를 쓰러뜨릴 자가 없다!" 확신에 찬 맥베드는 맹렬히 사자처럼 전장을 헤집고 다닌다.

번호⑧(5막8장)은 젊은 아내와 어린 자식이 살해당한 맥다프 장군의 복수심과 맥베드가 조우하는 장면이다. 맥베드는 맥다프를 향해 "내 목숨에는 마술이 걸려있다. 여자가 낳은 자에게는 굽힐 줄을 모른다!"고 외친다. 그러나 맥베드의 외침은 곧 공허한 메아리가 되고 만다. 맥다프는 냉정하게 "맥다프는 달이 차기 전에 어머니의 배를 가르고 나왔다."고 응수한다. 이 한마디에 전의를 상실해버린 맥베드는 마침내 맥다프의 칼에 목숨을 내놓고 만다.

[그림 10-04]에서 X축 아랫부분의 포물선[점선]은 마녀들의 예언에 의한 극 전개의 이면에 드리워진 맥베드의 내면적 심상을 보여준다. 뱅코우를 살해한 극적인 정점(번호④)에서 맥베드의 내면은 최고의 갈등, 불안의 상태로 떨어진다. 결국 뱅코우의 유령을 보며 그는 만찬장에서 헛소리를 한다. 2차 예언의 정점인 번호⑧에서 맥베드는 용감하게 맥다프와 맞닥뜨리지만, 실은 그의 내면은 맥다프와의 만남을 두려워한다. 맥다프의 처자식을 살해했다는 양심의 갈등과 맥다프가 가지고 있는 당컨왕에 대한 충성심과 강직함이 왕위를 찬탈한 그의 도덕적 열등의식을 자극하기 때문이다.

3) 연극 〈마지막 키스〉

캐나다 작가 샤론 폴락(Sharon Pollock)의 희곡 〈마지막 키스〉(원제: Blood Relations)는 아버지와 계모가 '도끼'라는 무자비한 도구로 살해되는 희대의 엽기적인 살인사건을 다룬다. 등장인물들이 역(役)을 바꿔가며, 극적인 상황을 재현하는 극중 역할극의 형식을 취한다. 마지막 순간까지도 범행의 실체가 드러나지 않는 미스터리 추리극 〈마지막 키스〉의 범인은 과연 누구일까? 관객들의 끝없는 궁금증을 불러일으킨다.

(1) 초목표와 구조분석

희곡 〈마지막 키스〉의 장르적 성격이 미스터리극인 만큼 서비스 생산주체의 초목표는 '범인이 누구일까?'라는 관객들의 궁금증을 끊임없이 유발시키는 일이다. 여기에 동원되는 소재가 -누구에게나 민감할 수밖에 없는- 돈 문제, 즉 계모 에비겔과 두 딸 리찌, 엠마 사이의 재산상속에 관한 문제다.

「발단」은 아버지 앤드류의 재산이 계모 에비겔의 남동생 해리의 농간에 의해 상속권자인 두 딸 엠마와 리찌 몰래 계모인 에비겔의 손에 넘어가는 것이 리찌에 의해 발각되면서 시작된다. 「전개」는 무관심한 아버지의 관심을 끌기 위해 막내딸 리찌가 유부남인 젊은 의사 패트릭과 연애를 하는 것으로부터 시작된다. 자유연애, 자유결혼을 상상할 수도 없던 시절, 그것도 유부남을 택한 리찌의 반항적인 행동이 눈에 띈다. 계모 에비겔과 외삼촌 해리는 그런 리찌를 부도덕한 딸로 몰아붙여 재산상속에서 배제하려 한다. 아들을 갖지 못한 아버지 앤드류는 처남인 해리에게 남다른 관심을 가질 수밖에 없고, 해리는 이런 매형을 이용해서 사업자금을 끌어내려고 한다. 외삼촌 해리의 음모를 알고 있는 막내딸 리찌는 그에 대한 경계의 시선을 늦추지 않는다.

「절정」은 해리의 사업계획이 본격화되면서, 아버지 앤드류는 해리의 투자 요구와 만약을 대비한 유언장 작성 요구를 수용하고, 그의 말대로 아내 에비겔에게 농장을 넘겨주기 위한 명의변경을 딸들 몰래 해주기로 약속한다. 그러나 우연히 이 사실을 엿듣게 된 리찌는 딸들의 상속권을 주장하고, 아버지가 강요하는 맥클로드와의 중매결혼도 완강히 거부한다. 계모의 편에 선 아버지로부터 뺨까지 얻어맞은 리찌는 계모 에비겔에 대한 복수를 결심하고, 아버지 앤드류는 리찌가 기르고 있는 비둘기들을 모조리 도끼로 찍어 죽인다. 이 세상에서 리찌가 사랑하는 유일한 존재인 '비둘기'의 죽음은 리찌의 사회통념에 대한 저항과 리찌의 가정 내 권리 주장에 대한 아버지의 최후통첩을 의미한다. 즉, 앞으로 리찌는 연애를 해서도 안 되고, 직업을 가져서도 안 되며, 아울러 그녀에게는 한 푼의 재산도 상속해주지 않겠다는 아버지의 단호한 결심을 상징한다.

「위기/반전」은 현실 속의 리찌와 여배우가, 부모를 살해하는 장면의 재현에 합의하고, 극중극으로 넘어가면서 시작된다. 오늘 오전, 은행에 가서 상속에 필요한 서류에 서명하기로 약속한 아버지 앤드류와 외삼촌 해리의 비밀계획을 알고 있는 리찌(여배우)는 아버지에 대한 마지막 설득에 나선다. "오늘은 나가지 말고, 집에서 쉬세요." 딸로서 아버지에게 보내는 애틋한 경고다. 이를 받아들이지 않으면 아버지에게 죽음이 있을 것이라는 암시다. 그러나 아버지는 박절하게 막내딸 리찌의 제안을 거부한다. 재산을 계모인 에비겔에게 상속하겠다는 의지의 표현이다. 리찌로서는 이제 더는 갈 곳이 없다.

「결말」은 극중극의 리찌(여배우)가 계모를 살해하고, 약속 시간에 은행에 나오지 못한 아내 에비겔이 궁금해서 집에 돌아와 아내를 찾는 아버지 앤드류마저도 살해하는 것으로 끝이 난다. 살해를 행동으로 옮기기 전, 리찌(여배우)는 재혼 전의 아버지가 자신의 여고 시절에 보여주었던 사랑에 대한 추억을 이야기하며, 그동안 하지 못했던 아버지에 대한 애틋한 사랑을 고백한다. 그리고 키스를 부탁한다. 이승에서의 마지막 키스다. 재산상속과 관련한 이 같은 스토리 전개 과정에서 놓치지 말아야 할 것이 초목표의 구현이다. 과연 '범인이 누구일까?'라는 궁금증을 서비스 생산 주체는 끊임없이 유발해야 한다.

(2) 상정우주의 설정과 대립구조

희곡 〈마지막 키스〉의 대립구조는 19세기 말 미주 지역에 팽배해 있던 가부장적 남성우위의 사회통념에 기초한다. 재산은 아들을 중심으로 상속되는 것이고, 여성은 가사에만 충실해야 하며, 사회참여나 직장을 생각해서는 안 되고, 결혼은 반드시 부모가 정해주는 사람과 해야 한다. 여성의 자유와 권리가 철저히 무시된 이와 같은 사회통념은 〈마지막 키스〉의 대립구조를 추종세력과 반추종 저항세력으로 구분한다. 사회통념의 추종세력에는 상속 주체인 아버지 앤드류와 통념을 빌미로 두 딸의 법적 상속분마저도 빼앗으려는 계모 에비겔, 그의 남동생 해리가 속하며, 사회통념의 저항세력, 즉 반추종 세력에는 둘째 딸 리찌가 중심에 서 있다. 결국 사회통념을 중심으로 한 등장인물들 사이의 극단적인 대립구조는 급기야 부모 살해라는 끔찍한 사건과 맞물리면서 종지부를 찍는다. 작가 샤론 폴락은 이런 대립구조의 구축과 전개를 위해 상정우주의 성격을 다음과 같이 설정한다.

사회통념, 반추종 세력

리찌 주인공. 젊은 여인으로서 사회통념에 반하는 진보적인 사고를 갖고 있다. 사회통념을 파괴하기 위한 저항적인 행동과 사내다운 활달함을 보인다. 리찌의 이런 기질은 아들을 갖고 싶어 하는 사회통념의 화신인 아버지에 대한 애증에서 비롯된 것으로 파악할 수 있다.

엠마 리찌의 언니. 완전한 반추종 세력도 완전한 추종세력도 아니다. 다만 사회통념에 익숙하고, 적응력도 있는 요조숙녀형의 여인이다. 때론 적극적인 저항세력이 되어주지 않는다는 이유로 리찌와 마찰을 빚기도 한다. 그러나 언니로서 품위를 지키려고 노력한다. 계모와의 관계도 원만한 편이다. 그렇다고 재산상속과 관련해 불만이 없는 것은 아니다. 집안의 갈등이 극심할 때 그녀는 바닷가로 도피성 여행을 떠난다. 그러나 이는 활달하고 저항적인 동생 리찌가 큰일을 저지르기 전에 자신이 직접 계모를 살해하고 범행 자체를 감추기 위한, 다시 말해 알리바이를 위한 위장 여행으로 볼 수도 있다. 말 없고 내성적이며 조용한 성격의 소유자가 때로는 활달한 성격의 소유자보다 더 무섭고 과감한 결단을 내릴 수도 있다.

사회통념, 추종세력

에비겔 계모. 사회통념의 적극적인 추종자다. 남아를 선호하나, 아들을 갖지 못한 남편 앤드류의 심리를 이용해서 남동생 해리가 남편의 재산을 끌어내 새로운 사업을 할 수 있도록 측면 지원한다. 또한 사회통념을 빌미로 남편의 전 재산을 상속받으려고 하며, 그 과정에서 리찌가 가지고 있는 법적 상속권마저도 박탈해 자신의 것으로 하려고 한다. 리찌의 최대 적대 세력이다.

앤드류 리찌의 아버지. 가부장적 사회통념의 화신이다. 극단적인 아들 선호 사상을 갖고 있다. 여성의 자유와 권리를 인정하지 않으며, 연애를 터부시하는 고전적 결혼관을 갖고 있다. 심지어 여성의 법적 상속권마저도 인정하지 않는 무뚝뚝하면서도 고집스런 성격의 소유자다. 그러나 두 딸에 대한 아버지로서의 사랑은 깊다. 재혼한 아버지로서 두 딸에게 언제나 당당하기만 할 수 없는 입장과 재혼한 아내를 엄마로 인정하지 않는 작은 딸 리찌의 저항으로 아내에 대한 미안함을 가지고 있다.

해리 엠마와 리찌의 외삼촌. 사회통념과 누나 에비겔의 덕으로 살아가는 백수건달로 리찌의 증오 대상이다. 아들이 없는 매형 앤드류의 위안이 되기도 하며, 이를 이용해서 매형의 재산을 빼내 새로운 사업을 벌이려고 한다. 또한 매형의 전 재산이 누나 에비겔에게 상속되도록 매형을 부추기며, 이런 술수 때문에 사회통념의 저항 세력인 리찌의 눈치를 본다.

이 밖에도 〈마지막 키스〉에는 사회통념에 기초하지 않는 '여배우'라는 독특한 상징우주가 존재한다. 주인공 리찌의 친구로 리찌의 집에 기거한다. 리찌의 분신과도 같은 인물로 극중극의 주인공이다. 친구인 리찌의 집에서 발생한 살인사건을 소재로 한 연극에 출연하는 직업 배우이기도 하다. 작가 샤론 폴락은 '여배우'를 객관적인 제3의 위치에 서게 한다. 사회통념에 기초한 추종세력과 반추종 세력의 대립 구도에서 따로 빼내 '여배우'가 자유롭게 살인사건의 범인을 추적할 수 있도록 추적자의 역할을 부여한다.

3. '초목표' 구현을 위한 텍스트의 리모델링

텍스트 읽기와 작품 분석과정을 거치며, 작가가 의도하는 초목표(S.O)가 무엇인지를 파악하고 나면, 이제 나는 이 텍스트와 함께 무엇을 드러내 보여줄 것인가를 고민하게 된다. 작가의 초목표를 그대로 수용할 수도 있고, 아니면 제2의 창작자로서 새로운 초목표를 설정해 텍스트의 또 다른 개념화를 시도할 수도 있다.

초목표가 확정되면 서비스[문화콘텐츠] 생산 주체들은 이에 초점을 맞춰 텍스트의 리모델링에 들어간다. 초목표를 선명하게 드러내기 위함이다. 작가의 눈에 맞춰진 시나리오나 각본, 희곡을 서비스 생산 주체들의 개성 있는 시각으로 새롭게 조명하면서, 새로 설정된 초목표에 맞춰 텍스트의 틀과 구조를 바꾸고, 변형시키는 작업이 곧, 텍스트의 리모델링이다.

1) 원작 〈맥베드〉의 재구성[822]

리모델링의 초점을 '질서의 비극'에 맞춘 것은 맥베드의 당컨 왕 시해 사건을 엄청난 질서 파괴행위로 보았기 때문이다. 맥베드가 당컨 왕을 시해하고 스코틀랜드 왕으로 등극하는 그 시점부터, 당컨 왕의 장자 맬컴이 다시 스코틀랜드 왕으로 복귀할 때까지의 전(全) 과정을 일종의 파괴된 질서의 새로운 복구과정으로 리모델링 〈맥베드〉는 바라본다. 맥베드가 마녀들의 예언에 의해 몰락하고 파멸되어가는 과정이란, 곧 당컨 왕의 아들 맬컴에 의한 새로운 질서의 탄생과정으로 해석할 수 있기 때문이다.

원작 〈맥베드〉는 귀납적 형태의 구성을 취하고 있다. 그러나 리모델링 〈맥베드〉는 형식을 뒤집어 '막전(幕前)/프롤로그→바디→에필로그/막후(幕後)' 형태의 양괄적 구성 형식을 취한다. 초목표를 선명하게 드러내고 강조하기 위해서다. '프롤로그'는 원작의 발단, 전개 부분의 일부를 극도로 압축해서 충격적인 당컨 왕의 시해 장면으로 처리한다. 맥베드 몰락의 단초를 관객들에게 강하게 각인시키고, 그의 파멸 과정이 곧 새로운 질서의 탄생과정임을 암시하기 위함이다.

822 박장순 각색/연출, 동국대학교 스튜디오, 1976. 9. 공연. 〈맥베드〉 원작 번역 이장환, 삼중당문고본, 1975.

(1) 막전(幕前)

나레이터 안녕하십니까. 이곳 스코틀랜드 왕국을 방문해주신 여러분을 진심으로 환영합니다. 여러분은 지금 서기 1040년, 시해와 반역의 현장에 와 계십니다. 어쩌면 여러분은 오늘 밤 그 시해 사건의 공범이 될는지도 모릅니다. 무슨 뜻이냐구요? 오늘 밤에 재현해 드릴 연극은 바로 이곳 스코틀랜드 왕 맥베드에 관한 이야기입니다. 여기 오신 걸 후회하시는 분 안 계세요? 떠나고 싶으시면 지금이라도 늦지 않았습니다. 여러분은 아직 이 사건에 연루되지 않았으니까요. (오랫동안 관객을 주시하는 나레이터) 나가실 분, 안 계세요? 좋습니다. 문을 닫아주시지요. 감사합니다. 질서란 무질서와는 상반된 개념이지요. 오늘 밤 저는 질서와 대조를 이루는 바로 이 무질서의 세계가 어떤 것인지, 여러분께 보여드리고자 합니다. 자, 그럼 먼저 나오시지요. 이 연극에는 많은 배우가 필요합니다. 나오고 싶으신 분은 누구라도 환영합니다.

(객석에서 일어나는 배우들)

배우(1) 제가 한번 해봐도 될까요?

나레이터 좋습니다. 감사합니다. 다른 분 안 계십니까?

배우(2) 저도 해보고 싶은데요….

나레이터 감사합니다. 그럼 배우(1)께서는 맥베드 역을 맡아주시고, 배우(2)께서는 맥베드 부인 역을 해주시겠습니까? 감사합니다. 지금 자리에서 일어나신 다른 분들도 함께 나오시지요. 여러분께는 특별한 역할이 주어지지 않습니다. 상황에 따라 변해야 하니까요. 아, 당신이 맥베드시죠?

배우(1) 네.

나레이터 당신이 당컨 왕을 시해하는 것은….

배우(1) (오버랩) 아, 질서의 파괴입니다.

나레이터 (웃으며) 맞습니다. 그럼, 한번 혼돈과 무질서, 당신의 파멸 과정을 방문객들에게 보여 주시겠습니까?

배우(3) 우린 뭘 하죠?

배우(4) 난 햄릿같은 역을 하고 싶었는데… (전체 배우들, 웅성거린다.)

나레이터 (웃으며) 맥베드보다는 못하지만 여러분은 더 크고 훌륭하신 분들입니다. 파괴된 질서를 복구시켜가는 중요한 역할을 수행해야 하기 때문이지요. 다시 말해 여러분은 새로운 질서를 만들어가는 이 극의 주인공들이십니다.

배우(5) 아주 어렵네요, 그렇지 않아요?

나레이터 자, 시작합시다. 방문객들을 기다리게 해서는 안 되니까요.

(2) 프롤로그

(무대와 객석의 조명이 어두워지며, 무대 위 다섯 명의 배우와 객석에 있던 나머지 배우들이 기괴한 동작과 함께 무대로 향한다. 실루엣. 배우들 정위치.)

맥베드 해버리면, 이것으로 일이 끝난다면, 얼른 해버리는 것이 좋을 것이다. 만약 암살이 그 성과를 일망타진할 수 있고, 그 종언과 더불어 대원을 성취할 수가 있다면… 그리하여 이 일격이 영원한 시간의 흐름인 이승에서 전부가 되고 종국이 된다면, 저승은 어떻게 되건 기꺼이 모험을 하리라. 그러나 이런 일은 반드시 현세에서 심판을 받는 법이다. 누구에게나 피비린내 나는 악행을 교사하면 인과는 되돌아와 원흉을 쓰러뜨린다.

정의의 신은 우리가 독살을 준비하면 그 독배를 우리의 입술에 들이대는 것이다. 당컨 왕이 이곳에 온 것은 나를 이중으로 신뢰하기 때문이다. 첫째로 나는 근친이며 신하이므로 그런 일을 할 리가 없다. 둘째로 나는 이 집 주인으로 자객을 막아 문을 닫을망정 스스로 비수를 든다는 것은 생각할 수도 없는 일이다. 더욱이 당컨 왕은 온후하신 임금이시며 대권을 가지고도 청렴결백하시어 그의 시역이라는 비도가 행해지면, 그의 미덕은 천사가 부는 나팔처럼 울려 퍼져 그 죄를 천하에 호소할 것이다. 그러면 연민이 벌거숭이 갓난애나 성스런 하늘의 동자 모습으로 보이지 않는 말에 올라 그 무참한 악행을 만인의 눈 속에 불어넣어 넘치는 눈물은 바람도 자게 만들 것이다. 그에 거역하면서까지 나의 계획을 채찍질할 박차는 하나도 없다. 날뛰는 야심은 있지만 그것만으로는 말안장 너머로 나가떨어질 뿐이다.

마녀(일동) 맥베드 만세! 맥베드 만세! 맥베드 만세!

마녀(1) 글래미스 영주께 축복을 드립니다!

마녀(2) 코오더 영주께 축복을 드립니다!

마녀(3) 장차 왕이 되실 분!

맥베드 부인 이제부터는 당신의 애정도 그런 것인 줄 알겠습니다. 마음으로는 원하면서도 그것을 행위로 옮기는 것은 두렵다는 말씀이지요? 이 세상의 보배라고 생각하시는 것을 간절히 원하시면서도 스스로 별 수 없는 겁쟁이라고 체념하여 '해 보이겠다.' 하면서도 '역시 못 하겠어!' 발을 적시지 않고 물고기를 얻으려는 고양이처럼 살아가실 작정이십니까?

마녀(일동) 예쁜 건 추한 것, 추한 건 예쁜 것.

맥베드 부인 대담하게 이 계획을 밝히셨을 때야말로 당신은 사나이시었습니다. 그 이상이 되시면 당신은 그만큼 더욱 사나이답게 되실 수 있습니다. 시간도 장소도 그때는 적당치 않았지만, 당신은 두 가지를 갖추려 하셨습니다. 그런데 이번엔 저절로 갖추어지니 도리어 당신은 '물러서겠다' 하십니다. 저도 젖을 먹여 보아서 젖을 빠는 갓난아이가 얼마나 귀여운지 잘 알고 있습니다. 그러나 하려고만 하면 천진스레 웃으며 빨고 있는 그 아이의 말랑한 잇몸에서 젖꼭지를 잡아 빼버리고 머리를 둘러메쳐 뇌수를 꺼내 보일 거예요. 그때의 당신처럼 일단 하겠다고 맹세한 이상은….

배우(6)/마녀(2) 당신은 왕이 되셔야 합니다!

배우(5)/마녀(1) 당신은 왕이 되셔야 합니다!

배우(4)/마녀(3) 당신은 왕이 되셔야 합니다!

맥베드 부인/배우(3) 살해하시오!

배우(4)/마녀(3) 당신은 왕이 되셔야 합니다!

배우(5)/마녀(1) 살해하시오!

전체(일동) 당신은 왕이 되셔야 합니다!

(전체 등장인물, 마임 동작과 함께 퇴장. 맥베드는 결심한다. 단검을 뽑아들고 잠자고 있는 당컨 왕의 침실로 뛰어드는 맥베드. 무대 뒷면의 둥근 배경 막에는 거대한 그림자의 모습으로 당컨 왕의 시해 장면이 비추어진다. 고막을 찢는 당컨 왕의 비명. 정적.)

(3) 바디

(잠시 후 비틀거리며 무대로 나오는 맥베드의 두 손에는 피가 묻어있다. 한 손에는 칼을 든 채… 맥베드 부인은 두려움과 안도, 남편에 대한 신뢰와 불안이 교차한다.)

맥베드 부인 여보!

맥베드 (소리를 낮춰) 해치웠소… 소리가 들리지 않았소?

맥베드 부인 들었어요. 부엉이 우는 소리와 귀뚜라미 소리를, 당신 뭐라고 말씀하시지 않았어요?

맥베드 언제?

맥베드 부인 방금.

맥베드 내가 내려올 때 말이오?

맥베드 부인 네.

이처럼 리모델링 〈맥베드〉에서 '프롤로그'와 '바디'의 시작 부분은 원작 〈맥베드〉의 1막 1장에서 2막 2장까지, 실제 공연 시간 40분 정도의 분량을 8~9분 정도로 압축해 재구성했다. 맥베드가 행하는 최종적인 당컨 왕 시해 결심의 동기를 극적으로 강화하고, 왕권에 도전하고 반역을 꾀하는 맥베드의 심리적 갈등을 극적으로 표현하기 위함이다. 아울러 '에필로그'는 '질서의 비극'임을 명확히 하기 위해서 다음과 같이 수미일관된 형태의 양괄식으로 재구성한다.

(4) 에필로그

(무대 안팎에 흩어져 있던 배우들 전원이 마임과 함께 등장하며, 서로 어우러져 새로운 질서의 탄생을 상징하는 조형적 그림을 완성한다. 무대 위는 환희와 감격의 물결이 넘친다.)

(5) 막후(幕後)

나레이터 이처럼 파괴된 질서는 새롭게 재건되었습니다. "아름다운 것은 추한 것, 추한 것은 아름다운 것"이라는 혼돈의 질서가 '아름다운 것은 아름다운 것, 추한 것은 추한 것'이 되어 자연의 질서를 따르게 되었습니다. 다시 21세기로 돌아가야 할 시간입니다. 방문객 여러분의 긴 여정에 축복이 함께 하시길 빕니다.

이처럼 텍스트의 리모델링이란 작가적 관점의 원작을 서비스[문화콘텐츠] 생산 주체들의 또 다른 시각에서 새롭게 재설계하는 것으로, 서비스 생산 주체들이 지향하고 있는 초목표의 개념화를 보다 강화하기 위한 작업이다.

2) 연극 〈리타 죠우의 엑스타시〉의 재구성

캐나다 작가 죠오지 리가의 희곡 〈리타 죠우의 엑스타시〉는 캐나다 인디언 보호구역 문제를 다루는 귀납적 형태의 사회극이다. 1막은 법정 장면으로 인디언 보호구역을 떠나 꿈꾸던 도회지로 나온 젊은 인디언 여인 리타 죠우를 매춘죄, 도시배회죄, 법정모욕죄 등 갖가지 죄목으로 옭아매려는 백인 경찰들의 야만적 행위를 보여준다. 2막은 법정 판결에 따른 감옥생활과 감옥에서 풀려나와 백인 살인자들에 의해 살해되기까지의 비극적인 상황을 보여준다. 작가는 서문에서 "캐나다 인디언들은 지금 이 순간에도 자신들의 메시지가 캐나다인 모두에게 전달되기를 바라고 있습니다. 왜냐하면 캐나다의 법률이 원주민인 캐나다 인디언들에게 불리한 입장을 강요하고 있기 때문입니다. 우선 인디언 원주민들은 경제적 좌절에 대한 보상으로 캐나다인들의 동정과 이해를 끌어내고

자 합니다. 마음을 열고 듣지 않을 때 아무런 소용도 없기 때문이지요. 여주인공 리타 죠우는 캐나다인들이 마음으로 들을 수 있도록 도와줍니다. 가슴이 열릴 때 귀가 틔게 됩니다. 리타 죠우의 메시지는 진실입니다. 이 진실을 저는 선명하게 보여드리고 싶었습니다. 작가가 자신의 메시지를 전개시켜 가는 방식은 별개의 것입니다. 인디언 문제를 다루는 여러 기관의 비난으로 일부 사람들이 다치는 것에도 놀라지 않습니다. 만인이 묵인해주는 비밀을 들춰내는 것도 잘못일 수 있습니다. 이 희곡은 이런 비밀을 암시해주고 있습니다."[823]라고 밝힌다.

본래 캐나다 대륙 전체가 인디언들의 땅이었음에도 백인들에 의해 인디언 보호구역이라는 제한된 구역 안에서 갇혀 살도록 강요받고 있는 이들의 현실 문제, 특히 인디언 젊은이들의 문제를 작가 죠오지 리가는 관심 있게 보고 있다. 리모델링된 〈리타 죠우의 엑스타시〉는 이런 작가의 메시지를 분명하게 전달하기 위해 귀납적 형태의 원작에 프롤로그와 에필로그 성격의 시지각적 무대 처리를 함으로써 양괄적 형태의 실행 대본으로 이를 재구성한다. 리모델링된 〈리타 죠우의 엑스타시〉의 프롤로그와 에필로그는 동일 형태의 그림으로 재현된다.

(1) 프롤로그

무대와 객석, 조명이 모두 꺼진다. 치안판사, 경관, 가수, 리타를 제외한 16명(백인, 인디언 각 8명)의 등장인물들이 객석 좌우, 무대 안쪽 좌우에서 차례로 등장한다. 백인들은 독거미처럼 무엇이든 잡아먹을 듯한 무시무시한 동작을 취하면서 등장하고, 인디언들은 겁에 질린 듯한 마임을 하며 등장한다. 무대 바닥 전체가 야광 처리된 거대한 거미줄로 변한다.

823 George Ryga, *THE ECSTASY OF RITA JOE*, Talonbooks, Vancouver, Los Angeles, 1970: 5.

깜짝 놀란 인디언들이 거미줄로부터 탈출하려고 몸부림을 친다. 백인(거미)들은 무대 안쪽 중앙의 경사로(거미줄)에 걸린 인디언(벌레)들을 빙 둘러싼다. 공포가 극에 달하는 순간, 거미줄에 걸린 인디언들이 관객(백인으로 인식)을 향해 뛰쳐나오며 증오의 눈빛을 보낸다. 백인들은 슬그머니 무시무시한 모양의 야광 처리된 선글라스를 쓴다. 비웃는 듯한 동작을 해보이며 무대를 빠져나간다.

(2) 에필로그
음악이 바뀌며 침울과 혼돈을 암시하는 도시의 뒷골목 전경이 대형 멀티비전에 나타난다. 경찰에 압송되는 리타 죠우의 고통스런 모습이 실루엣으로 보인다. "리타 죠우"를 연호하며, 그녀 쪽을 향하는 인디언들. 쓰러지는 리타 죠우….

이처럼 리모델링 텍스트는 작품의 시작과 끝에 '프롤로그'와 '에필로그'를 추가 배치함으로써 작가가 전하고자 하는 '초목표'를 보다 선명하게 드러내 보여준다. 이로써 귀납적 형태의 원작 텍스트는 양괄적 형태의 구조로 바뀌면서 작가의 메시지, 초목표를 더욱 강화해주는 역할을 한다.

4. 대사분석

대사분석은 크게 감각적·감성적 접근 방식과 이성적·논리적 접근 방식으로 구분할 수 있다. 전자를 대사의 평면적 해석이라고 한다면, 후자는 입체적 해석이라고 할 수 있다. 평면적 해석이란 대사와 대사 사이의 문

맥을 중심으로 대사가 가지는 의미를 찾아가는 방식이고, 입체적 해석이란 대사분석의 방향성을 초목표에 두고, 여기에 초점을 맞춰 대사를 분석해 가는 방식이다. 평면적 해석은 해석의 객관적 근거가 명확하지 않아 상황에 따라 주관성이 개입할 여지가 있다. 그러나 입체적 해석은 대사분석의 일관성 유지를 가능하게 한다. 또한 대사분석의 깊이를 더할 수 있어서 인물 구축에 효과적이다.

1) 비트 분석법

대사의 입체적 해석을 효과적으로 할 수 있는 분석 틀 중의 하나가 비트 분석(Beat Analysis)이다. 비트(Beat)는 (심장) 고동, (시계) 소리, 박자, 장단, 맥놀이 등으로 해석된다. 다시 말해 '비트 분석'이란 대사의 맥을 짚고, 그 맥을 기점으로 인물의 심리적 상태와 목적(Objective), 연기 등이 어떻게 변화해 가는지를 분석, 관찰하는 방식이다. 영화의 '쇼트'(Shot)와 유사한 개념으로 움직임의 최소 단위 즉, 카메라가 한 번 테이크해서 끝날 때까지의 촬영분에 해당한다고 할 수 있다. '비트 분석'은 이처럼 대사 전체를 심리적 변화 움직임의 최소 단위로 조각내어 분석해가는 방식이다. 비트가 나뉜다는 것은 그 지점으로부터 인물의 심리적 상태나 상황이 변화, 발전해 간다는 것을 의미한다. 그러기 때문에 '동작선'의 변화와도 깊이 관계를 갖는다.

[표 10-01]은 등장인물의 '심리상태'(Psychological Tool)가 어떤 과정을 거쳐 어떻게 변화해 가는지, 그 대사를 하는 목적(Ojective)이 무엇이고, 초목표를 향해 어떻게 달려가는지, 그 심리상태에서 그 '목적'을 위해 어떻게 연기를 해야 하는지, 또 그 비트가 끝난 후의 심리상태, 즉 '페이오프'(Pay off)는 다음 비트의 심리상태와 어떻게 연결되는지 등을 파악할

수 있게 해준다. 이 같은 대사의 비트 분석 방식은 극중인물[배우]의 심리 상태, 목적, 연기, 페이오프 등의 연속성(Continuity)을 한눈에 파악할 수 있게 해주는 효과적인 툴이다.

[표 10-01] 비트(Beat) 분석 틀

비트	심리상태 (Psychological Tool)	목적 (Objective)	연기방법 (Acting Method)	페이오프 (Pay Off)
1				
2				
3				
4				
5				
:				
:				

초목표
(Super Objective)

2) 연극 〈무덤 없는 주검〉

샤르트르의 〈무덤 없는 주검〉 2막 3장은 대독협력파가 체포된 레지스탕스 마끼 대원 다섯 명 가운데 한 사람인 '앙리'[824]를 잡아다가 고문하는 장면이다. 다음의 대사는 그 장면 중의 일부다.

(앙리와 헌병 두 사람이 들어온다. 명령을 기다리며 문 앞에 대기하는 헌병.)

란드류 ①앉혀, 그리고 수갑을 벗겨줘. ②양손을 의자 뒤에 동여매. (헌병들은 그의 팔을 동여맨다.) ③자네 이름은?

앙리 앙리.

란드류 ④앙리 뭐야?

앙리 앙리. ⑤(란드류, 때리라는 눈짓을 한다. 헌병들 때린다.)

824 의과대학에 다니던 엘리트다. 2차 세계대전이 발발하자, 자유 의지로 연합군에 협력하는 레지스탕스 대원으로 사회 참여한다. 그리고 조직원으로서 책임을 다하기 위해 대독협력파의 고문을 견뎌낸다.

란드류　⑥ 그래 네 이름이 뭐야?
앙리　앙리, 그것뿐이오.

대독협력파 대장 '란드류'가 체포된 레지스탕스 마끼 대원 '앙리'의 고문을 시작하는 장면이다. 대장 '란드류'의 대사를 비트 분석하면 [표 10-02]와 같이 기술될 수 있다. 여기서 고문(拷問)은 대독협력파 대장 란드류가 자신의 존재 의미를 찾아가는 과정이며, 자신의 실존을 증명하기 위한 수단으로 작동한다. 란드류는 이 고문 장면의 '목적'인 레지스탕스 마끼단 대장의 거처를 알아내야 한다. 그것이 자신의 '자유' 의지로 선택[참여]한 대독협력파 조직원으로서의 '책임'을 다하는 길이다.

[표 10-02] 대독협력파 대장 '란드류'의 대사 비트 분석표

비트	심리상태 (psychological tool)	목적 (objective)	연기 (acting method)	페이오프 (pay off)
①	쉽지 않겠지만, 말할 거야. (다소 긴장/불안, 의지)	마끼 대장의 거소 확인	품위, 여유, 편안한 느낌	여유로움
②	독하게 마음먹어야지. (의지 강화)	고문 시작을 위해	단호, 앙리가 불안을 느끼게	이제 시작 해볼까?
③	의례적인 질문이니까 쉽게 답할 거야. (편안함, 안정감)	신분 확인을 위해	여유있게	답하겠지.
④	풀네임을 말하는 게 당연한 것 아냐? (다소 화남)	신분 확인을 위해	화가 전달될 수 있게	건방진 놈
⑤	괘씸한 놈, 어디 한번 맛 좀 봐라.	풀네임 확보를 위해	차갑고 매서운 느낌	이제 됐겠지.
⑥	이젠 풀네임을 불겠지. (여유)	풀네임 확보를 위해	타이르듯이	이름을 대겠지.

↓ **(S.O) 자유·참여·책임을 통한 존재 의미[본질] 찾기**

'책임'을 다함으로써, 다시 말해 마끼단 대장의 거처를 알아냄으로써 자신의 실존을 증명할 수 있게 되는 것이다. 이 장면의 목적(objective)은 궁극적으로 〈무덤 없는 주검〉의 초목표(Super Objective)인 인간의 존재 의미 찾기[실존 증명]로 귀결된다. 이처럼 비트 분석 틀은 대사의 흐름, 방향성 등을 확인할 수 있게 해주는 효과적인 분석 툴(Tool)이다.

5. 형상화의 기본원리

'형상화'란 텍스트의 빌드업(build-up)을 의미한다. 서비스[문화콘텐츠] 생산에 참여하는 창작 주체들에 의해 개별적·종합적·총체적으로 이뤄진다. 이들 창작 주체들에 의한 일체의 빌드업 과정을 우리는 흔히 '연출'이라고 한다. 서비스[문화콘텐츠] 생산 주체들이 행하는 텍스트의 '무대화·시각화·형상화' 과정의 총칭이다. 그렇다면 이 같은 연출 행위의 원리는 무엇에 근거하는 것일까?

1) 자연의 법칙

(1) 질량불변의 법칙(The Law of Constancy of Mass)

프랑스의 화학자 라부아지에(Lavoisier)가 발견한 '질량불변의 법칙/질량보존의 법칙'은 텍스트 빌드업 과정의 중요한 기본원리 가운데 하나다. 화학반응에서 '반응물'과 '생성물'의 총질량이 일정하게 유지된다는 법칙이다. 그런데 한때는 '반응물질의 전(全)질량과 생성물질의 전(全)질량에 차이가 있다.'는 아인슈타인(Einstein)의 특수상대성이론(Special Theory of Relativity)이 발견되면서 '법칙'으로서의 유효성에 문제가 제기되기도 했다. 그러나 반응물질의 전질량과 생성물질의 전질량의 차이가 실험오차 범위 내에서 충분히 성립된다는 사실이 1908년 독일 물리화학자 란돌트(Landolt)의 실험과 1909년 헝가리 물리학자 외트뵈시(Eötvös)의 실험에 의해 연속 증명됨으로써 질량불변의 법칙은 아직까지도 '법칙'으로서의 효용성을 인정받고 있다. 그렇다면 라부아지에의 질량불변의 법칙이 텍스트 빌드업 과정의 기본원리로서 어떻게 적용되고 있을까?

'무대라는 제한된 공간 안에 있는 배우 상호 간의 에너지의 총량은 일정하다.'라는 가설을 세워 보면, 배우들의 무대 위에서의 움직임, 동선을 이해하는 데 도움이 된다. 즉, 무대 위에 두 명의 배우가 있다고 가정해 보자. 두 배우가 가지고 있는 에너지의 양을 합치면, 이것이 무대 위에 있는 두 배우의 에너지 총량이 되는데, 제한된 무대 공간 안에서 이 에너지의 총량은 변하지 않는다고 보는 것이다. 다시 말해 에너지의 총량 범위 안에서 한쪽 배우의 에너지가 커지면 상대적으로 다른 쪽 배우의 에너지가 작아지고, 다른 쪽 배우의 에너지가 커지면, 반대로 한쪽 배우의 에너지가 작아진다는 말이다.

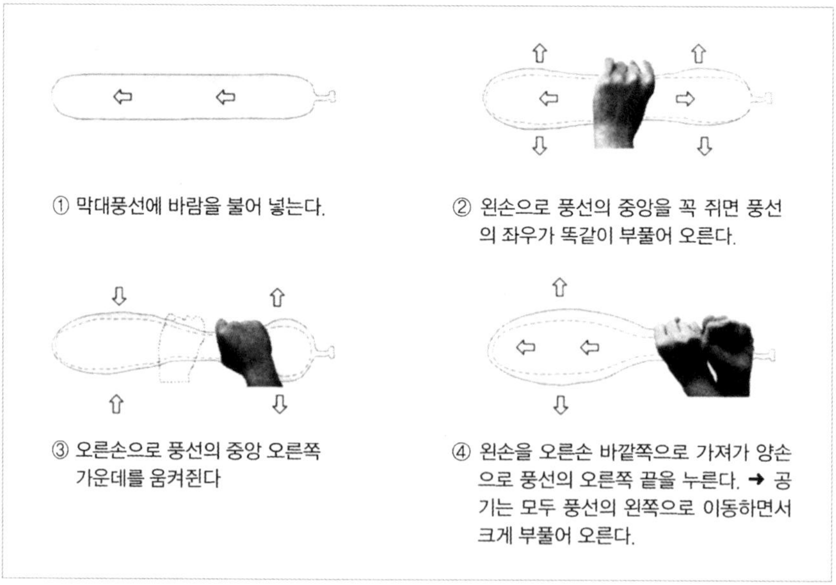

[그림 10-05] 풍선놀이: 공기(에너지)의 이동

예를 들어, [그림 10-05][825]와 같이 기다란 막대형 고무풍선에 바람을 불어넣고(①), 왼손으로 풍선의 중앙을 누르면 공기가 풍선의 양쪽 좌우로 똑같이 양분된다. 이때, 왼손이 쥐고 있는 바로 그 공간 부피만큼의 공기가 풍선의 좌우로 이동하기 때문에 풍선의 좌우측 모양은 원래 풍선 모양에 비해 부풀어 오른다(②). 그러다가 오른손으로 풍선의 중앙 오른쪽, 가운데를 누르면서 왼손을 놓으면 풍선의 중앙 왼쪽에 있는 공기와 풍선 중앙 오른쪽에 있던 공기 그리고 오른쪽 손을 쥘 때 왼편으로 밀려난 공기가 통합되면서 풍선의 중앙 오른쪽, 그리고 오른쪽 손을 쥘 때 왼편으로 밀려난 공기는 좀 더 왼쪽으로 이동하게 된다(③). 이때 왼손으로 오른쪽 손 우측의 풍선 나머지 끝부분을 꼭 움켜쥐면서 살짝 오른손의 힘을 빼 공기가 모두 풍선의 왼쪽으로 이동하게 하고, 다시 두 손으로 풍선을 꼭 쥐어 풍선의 오른쪽 중앙으로부터 오른쪽 끝까지 공기가 하나도 남지 않도록 하면, 두 손이 닿지 않은 풍선의 왼쪽 부분은 두 손이 움켜쥔 부피의 공기만큼 부풀려져 터질 듯한 모습을 하게 된다(④).

이 같은 '풍선놀이'에서 보듯이, 제한된 공간인 풍선의 내부, 즉 무대 공간 안에 있는 공기의 양, 다시 말해 배우들의 에너지의 총량은 언제나 일정하고, 손의 힘, 즉 연출자의 의도가 어디에 실리느냐에 따라서 풍선 안에 있는 공기는 자연스럽게 좌우로 이동해서 동선(동작선)을 그리며, 풍선의 모양, 즉 배우들에 의해 만들어지는 무대 위의 그림을 바꿔놓는다. 그렇다고 풍선 안의 공기의 양, 배우들의 에너지의 총량이 변한 것은 아니다. 물론 힘이 가해지는 동안 극히 일부의 공기가 풍선의 매듭 부분으로 빠져나갈 수도 있지만. 이는 반응물질의 전질량과 생성물질의 전질량이 같다는 라부아지에의 질량불변의 법칙이 갖는 실험 오차

825 박장순, 문화콘텐츠학 개론, 커뮤니케이션북스. 2006: 185

범위 내의 공기(에너지) 손실로 이해할 수 있다. 따라서 '무대라는 제한된 공간 안에 있는 배우 상호 간의 에너지의 총량은 일정하다.'라는 가설이 완벽한 자연의 법칙은 아닐지라도 무대 위에 등장한 배우들의 움직임과 동선을 이해하는 데는 도움이 된다.

"가면은 얼굴 표정이 보여주는 세심한 심리적 내면을 포기하는 대신, 연기자의 신체에 관심을 집중시키는 효과를 낳는다."[826] 그러기 때문에 가면극의 배우는 "일상보다 과장된 움직임이나 제스처를 기본 동작으로 삼는다."[827] 다시 말해 가면극의 배우는 얼굴 표정을 포기하는 대신, 과장된 동작과 제스처로 이를 보상해서 연기의 균형을 맞춘다. 즉, 전체적인 연기 에너지의 총량에는 변화가 없는 것이다.

(2) 특수상대성이론(Special Theory of Relativity)

아인슈타인이 '움직이는 물체의 전기역학에 대하여'라는 논문(1905)에서 다루는 물리학 이론이 특수상대성이론이다. STR에 따르면 물질과 에너지의 관계는 '$E=mc^2$'이라는 공식에 따라 서로 변환 가능한 등가(等價)이며, 이를 '질량-에너지 등가성(等價性)'이라고 한다. 즉, 질량이 커지면 에너지도 똑같이 커지고, 질량이 작아지면 에너지 또한 똑같이 작아진다는 주장이다. 이 같은 특수상대성이론의 '질량-에너지 등가성' 원리는 텍스트 빌드업 과정의 기본원리로 작동한다.

큰 물방울과 작은 물방울을 가까이 놓을 때, 작은 물방울은 큰 물방울의 강한 인력(引力)에 의해 큰 물방울과 합쳐지게 되는데, 이는 큰 물방울의 질량이 작은 물방울의 질량보다 크고, 질량이 크면 에너지도 커지기

826 김형기 외, *가면과 욕망*, 연극과 인간, 2005: 103.
827 신현숙 외, *한국연극과 기호학*, 연극과 인간, 2006: 56.

때문이다. 즉, 에너지가 강한 큰 물방울이 에너지가 약한 작은 물방울을 끌어당기기 때문이다. 고속도로에서도 비슷한 경험을 하게 된다. 고속버스나 대형 트럭의 곁을 지날 때 소형 승용차의 운전자는 대형차 쪽으로 끌려 들어가는 듯한 힘을 느끼게 된다. 그래서 운전자는 무의식중에 대형차의 반대편 쪽으로 핸들을 꺾게 된다. 그렇지 않을 경우, 자칫 대형 차량의 인력(引力)에 끌려 들어가 충돌을 하게 될 수도 있다.

이처럼 질량이 큰 차량과 질량이 작은 차량의 관계, 즉 에너지가 큰 차량과 에너지가 작은 차량 사이의 역학관계는 키 작은 꼬마 아이가 맞은편에서 오는 키 크고 덩치도 큰 어른과 마주치는 순간에도 똑같이 적용된다. 질량(에너지)이 작은 어린아이는 질량(에너지)이 몇 배나 큰 어른에게 끌려 들어가는 듯한 느낌을 갖게 되고, 이를 피하기 위해서 어린아이는 본능적으로 어른을 피해 일정한 거리를 유지하는 호(弧)를 그리면서 -어른을 경계하면서- 어른의 곁을 지나가게 된다. 이와 같은 '질량-에너지 등가성' 원리는 무대나 화면 구성 시 배우들을 움직이는 기본원리로 작동한다.

2) 우주의 원리

(1) 공전과 자전의 방향성

사람의 움직임은 항상 왼쪽을 중심으로 한다. 카메라 팬(PAN)의 기본은 팬라이트(PAN Right)이다. '팬라이트'(PR)란 카메라가 왼쪽에서 시작해 오른쪽으로 이동해가는 카메라 워킹을 말한다. 카메라의 '렌즈', 즉 사람의 '눈'이 왼쪽을 출발점으로 하고 있다는 것을 보여준다. 남녀가 데이트를 할 때, 대부분의 남자는 파트너인 여자를 자신의 왼편에 두고 길을 걷는다. 여자의 안전을 지키기 위한 남자의 본능적인 행위다. 혹자는 이런 모습이 9세기~11세기 유럽을 휩쓸던 스칸디나비아 3국의 해양 전사들, 일명 바이킹족의 결혼예식에서 유래했다고도 한다. 항상 싸움과 대면하고 살아야 했던 바이킹들은 결혼식장에서도 싸움을 염두에 둬야 했고, 그래서 직접 칼을 쓰지 않는 왼손 쪽에 신부를 서게 했다는 설이다. 오늘날의 결혼예식에서도 신부는 하객들을 향해 설 때, 신랑의 왼편에 위치해 있는 모습을 볼 수 있다.

국제육상연맹(IAAF)은 '트랙경기의 달리는 방향은 왼손이 안쪽으로 달려야 한다.'고 명시하고 있다. 시계 반대 방향, 즉 왼쪽으로 도는 게 의무사항이라는 이야기다. 이 규정이 생긴 1913년 이전에는 시계 반대 방향으로 도는 경주만큼 시계방향, 즉 오른쪽으로 도는 경주도 흔했다. 1896년 그리스 아테네에서 열린 제1회 올림픽 때도 오른쪽으로 돌았다. 당시엔 국제적으로 통용되는 규정이 없어서 개최국 규정이나 관습을 따랐기 때문이다. 하지만 1900년대 초반부터 참가선수들이 "시계방향, 즉 오른쪽으로 도는 게 불편하다."고 항의하는 일이 벌어져, 1913년 국제육상연맹은 시계 반대 방향, 즉 왼쪽으로 도는 것을 명문화했다.

이런 규정은 인간의 생리적 특성과 무관치 않다는 게 일반적인 견해다. 대체로 오른손잡이는 오른쪽 다리, 왼손잡이는 왼쪽 다리가 발달하는 게 일반적이다. 트랙의 곡선 주로(走路)를 달릴 때는 곡선 안쪽으로 몸을 기울여야 하는데 속도를 그대로 유지하려면 안쪽 팔다리는 작게, 바깥쪽 팔다리는 크게 움직여야 한다. 그만큼 바깥쪽 팔다리가 발달돼 있어야 하는 것이다. 결국 이 규정은 전 세계 인구의 70%가 오른손잡이라는 점을 감안해 만들어진 것이라고도 볼 수 있다. 오른손잡이의 경우 버팀이 되는 왼쪽으로 도는 것이 속도를 붙이는 데 더 유리하다는 인체역학 연구 결과도 나와 있다.

또 하나의 설득력 있는 견해는 -다른 장기(臟器)에 비해- 무거운 심장이 인체의 왼쪽에 위치해 있기 때문이라는 것이다. 레이스 중에 몸의 중심이 심장이 있는 왼쪽으로 치우치게 돼 시계 반대 방향으로 도는 게 더 자연스럽고 편하다는 것이다. 만약 오른쪽으로 돌 경우 원심력 때문에 심장에 무리한 힘이 가해질 수 있다는 의견도 이를 뒷받침한다. 시계 반대 방향, 즉 왼쪽으로 돌기의 원칙은 육상뿐 아니라 빙상, 사이클, 심지어 야구의 베이스 돌기에도 그대로 적용된다.[828]

[그림 10-06]을 보면, 어느 사선이 상승하고, 어느 사선이 하강하는 것처럼 보이는가? 아마 '사선 1'과 '사선 4'가 상승하는 것처럼, '사선 2'와 '사선 3'이 하강하는 것처럼 보일 것이다. 왜 그럴까? 왜 특정 사선을 상승하는 것으로, 또 특정 사선을 하강하는 것으로 우리는 인식하는 것일까?

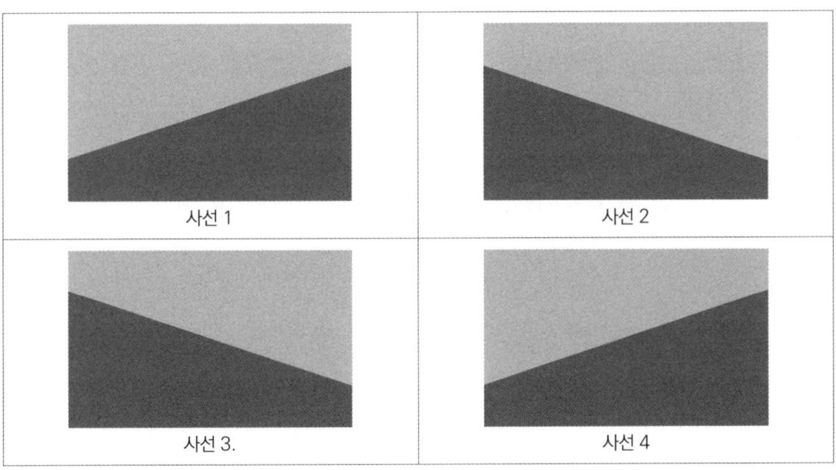

[그림 10-06] 화면상의 사선[829]

828 http://www.chosun.com/w21data/html/news/200405/200405060351.html

829 Herbert Zettl, *Sight, Sound, Motion - Applied media aesthetics, 영상제작의 미학적 원리와 방법*, 박덕춘·정우근, 커뮤니케이션북스, 2005: 154.

이에 대한 명확한 설명은 아직 존재하지 않는다. 그러나 왼쪽에서 오른쪽으로 글을 쓰도록 배웠든, 아니면 오른쪽에서 왼쪽으로, 위에서 아래로 글을 쓰도록 배웠든, 그리고 자신이 왼손잡이든 오른손잡이든 관계없이 사람들은 똑같이 사선을 왼쪽에서 오른쪽으로 읽는다.[830] 이처럼 사람은 의식하든 의식하지 못하든 항상 왼쪽 중심의 생활을 하고 있다. 그리고 그 이유 또한 생리적 특성, 인체 구조적 특성 등 다양한 관점에서 연구, 해석되고 있다. 그러나 보다 근원적인 이유는 태양계의 운행방식, 특히 지구의 공전(公轉)과 자전(自轉) 같은 우주의 운행 원리에서 그 연관성을 찾을 수 있다.

지구가 일정 궤도를 유지하며 태양의 주위를 도는 것을 공전이라고 한다. 자전이란 지구가 스스로 도는 것을 말한다. 공전과 자전의 주기는 각각 1년 365일, 1일 24시간이다. 지구는 하루에 스스로 한 바퀴를 돌면서 밤과 낮을 만들고[자전], 태양을 한 바퀴 돌면서 봄, 여름, 가을, 겨울 4계절을 만든다[공전]. 그런데 공전과 자전의 방향이 모두 왼쪽 중심, 즉 시계 반대 방향으로 이뤄지고 있다는 사실이다. 인간은 우주의 일부다. 우주에 속한 피조물이다. 그러기 때문에 우주의 운행 원리로부터 자유로울 수 없다. 이는 인간의 행위가 왼쪽 중심의 우주원리로부터 비껴갈 수 없음을 시사하는 것이다. 우리가 '자연스럽다.'고 이야기하는 것은 인간의 행위가 우주의 원리에 따르고 있음을 의미하는 것이다. 이와 같은 왼쪽 중심의 우주원리는 텍스트의 빌드업 과정에서 중요한 창조원리의 하나로 작동한다.

830 ibid. 154~155.

6. 형상화의 기본 구성요소

텍스트의 빌드업 과정은 우주의 원리, 자연의 법칙에 근거한다. 그러나 이것이 텍스트 형상화의 'A to Z'를 의미하지는 않는다. 텍스트 형상화의 기본 구성요소, 즉 미장센 구성요소들은 우주의 원리와 더불어 첫째, 의미가 있어야 하고, 둘째, 기능적이어야 하고, 셋째, 예술적이어야 한다. 이런 조건 아래서 텍스트 형상화의 기본 구성요소들은 작동한다.

1) 무대[화면]의 공간

(1) 구획

배우들의 연기 공간을 무대[화면]라고 한다. 무대는 좌와 우로 나눠 오른쪽을 상수(上手), 왼쪽을 하수(下手)라 부르기도 하고, 아래와 위로 나눠 아래[앞] 무대(Down Stage), 위[뒤] 무대(Up Stage)라 구분하기도 한다([그림 10-07] 참조). 그리고 좀 더 세분화해서 무대를 6등분할 경우, 업라이트(Up Right), 업센터(Up Center), 업레프트(Up Left), 다운라이트(Down Right), 다운센터(Down Center), 다운레프트(Down Left)라고 부르기도 한다([그림 10-08] 참조).

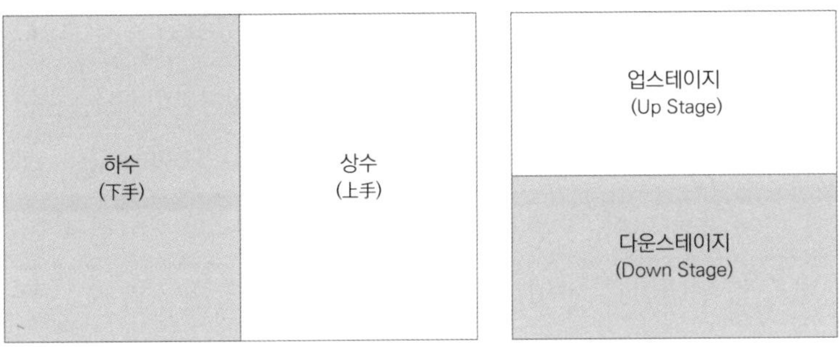

[그림 10-07] 무대 구획

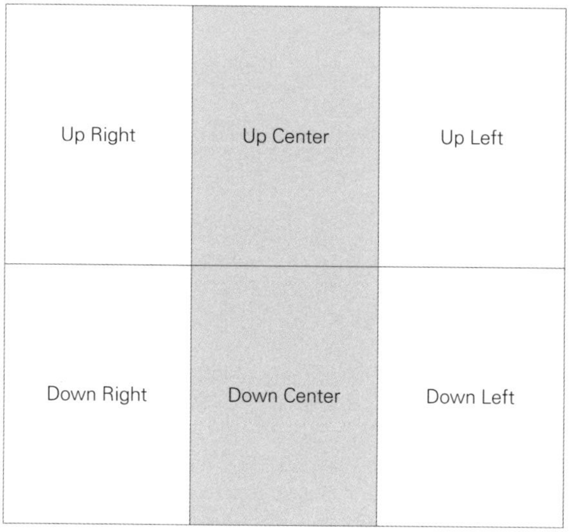

[그림 10-08] 무대 6분할 구획

이 같은 무대구획의 명칭과 다음에 언급할 '무대구획의 기능과 역할'은 일반 무대뿐 아니라, 텔레비전 화면이나 영화 스크린 화면의 연출에서도 적용 가능하다. 앞 무대를 다운스테이지(Down Stage), 뒷 무대를 업스테이지(Up Stage)라고 하는 이유는 무대 뒤쪽이 높고, 무대 앞쪽이 낮았던 14세기 르네상스 시대의 경사면 무대에서 유래한다. 19세기에 이르러 극장에서 물리적인 경사면이 사라졌지만, 아직까지도 업(up)과 다운(down)이라는 표현은 남아있다. 무대 구분에서 '왼쪽', '오른쪽'이라는 표현이 가끔 배우와 연출, 번역가 사이에 혼선이 빚어지기도 한다. 왜냐하면 서구에서는 객석을 향해 있는 무대 위 배우의 시점에서 왼쪽, 오른쪽을 이야기하고, 동양 특히, 한국에서는 객석에서 무대를 바라보는 연출자의 시점에서 왼쪽, 오른쪽을 이야기하기 때문이다. 이런 차이는 미국의 희곡을 우리말로 번역할 때도 가끔 나타나서 왼쪽과 오른쪽이 뒤바뀌는 경우도 종종 있다.

(2) 기능 및 역할

무대를 좌와 우, 위와 아래, 혹은 6등분할 때, 각각의 개별 공간은 극적인 공간으로서 특별한 기능과 쓰임새를 갖는다. 상수는 흔히 격렬하고 불안정한 상황이나 동적인 행위의 공간, 하수는 안정되고 편안한 느낌의 공간으로 활용된다. 위 무대(US)는 장엄하고, 권위 있는 묵직한 행위의 공간, 아래 무대(DS)는 가볍고 발랄한 분위기 연출의 공간, 호소력과 전달력이 강한 힘을 갖고 있는 공간이다. 무대를 세분화해서 6등분할 경우도 각각의 공간은 특별한 의미를 갖고, 그에 상응하는 극중의 역할을 수행한다.

가. 업라이트(UR)

업라이트는 '엿보기' 공간이다. 1656년 스페인의 궁중 화가 디에고 벨라스케스(Velzquez)가 그린 〈시녀들〉(Las Meninas, The Maids of Honour)은 스페인 국왕 펠리페 4세의 마드리드 궁전에 있는 큰 방을 그린 것이며, 스페인 왕실의 가장 특징적인 부분들을 마치 스냅샷 사진을 찍은 것처럼 정확히 포착하고 있다. 몇몇 인물들은 캔버스 밖을 바라보고 있는 반면, 다른 몇몇 인물들은 서로를 바라보며 동작을 진행하고 있다. 어린 마르가리타 왕녀를 시녀들, 샤프롱, 호위병, 그리고 두 명의 난쟁이가 에워싸고 있다.

그들 바로 뒤에, 화가인 벨라스케스 자신이 큰 캔버스에 작업 중인 그림을 바라보고 있는 모습이 그려져 있다. 벨라스케스는 작품 내부의 공간을 넘어 이 그림을 감상할 누군가가 자리할 캔버스 밖 저편을 바라보고 있다. 배경에는 거울이 걸려있으며, 거울 속에는 왕과 왕비의 상반신이 보인다. 이 왕과 왕비는 감상자와 마찬가지로 작품 내부가 아닌 바깥

공간에 자리하고 있는 것처럼 보이지만, 몇몇 학자들은 이 왕과 왕비의 모습이 그림 속에서 벨라스케스가 캔버스에 작업 중인 그림 속의 것이라고 주장하기도 한다.[831]

[그림 10-09]에서 무대 공간적으로 주목해야 할 지점이 바로 화가인 벨라스케스가 서 있는 위치다. 캔버스의 왼쪽 뒤편, 그러니까 무대 구획상 업라이트(UR)에 해당하는 위치다. 화가인 벨라스케스는 업라이트 위치에서 무대 앞쪽 중앙에 있는 마르가리타 왕녀를 어깨 너머로 엿보는 듯한 자세를 취하고 있다. 왕녀를 그리기 위해 관찰하는 모습이다. 마치 왕녀가 있는 무대 안쪽을 엿보는 듯한 이런 그의 자세가 바로 업라이트의 공간적 의미를 대변해 준다.

[그림 10-09] 벨라스케스의 〈시녀들〉

나. 업센터(UC)

업센터는 '권위와 힘을 상징'하는 무대 공간이다. 고대 그리스의 극장은 원형 또는 반원형의 연기 공간, 즉 '오케스트라'(Orchestra)와 배우들의

831 http://enc.daum.net/dic100/contents.do?query1=10XX167655

분장실, 의상실로 쓰이던 고정형 배경 건물 '스케네'(Skene), 오케스트라를 둘러싸고 있는 관객석 '테아트론'(Theatron)으로 구성된다. [그림 10-10]은 배경 건물 '스케네'에 3개의 문이 나 있음을 보여준다. 가운데 중앙에 설치된 큰 문이 바로 왕이 등장하는 왕의 전용 통로다. 그리고 이 문이 바로 무대의 업센터와 연결된다. 업센터의 권위가 오늘날까지 유지되는 것도 이와 같은 전통적 맥락에 기인하는 것으로 볼 수 있다.

[그림 10-10] 그리스 오랑게 극장의 스케네 전면 스케치[832]

다. 업레프트(UL)

업레프트는 '환상, 환영, 유령' 등의 장면에 자주 활용되는 무대 공간이다. 셰익스피어의 〈햄릿〉 1막 4장 '성벽의 망대'에서 주인공 햄릿은 친구인 호레이쇼와 함께 부친인 선왕의 망령을 보게 된다. 그 공간이 바로, '업레프트'(UL)다.

832 Brockett, *History of the Theatre*, Allyn and Bacon, 1982: 75.

햄릿　천사들이여, 신의 사자들이여, 우리를 보호하소서! 너는 선량한 신령이냐, 저주의 악귀냐, 천상에서 내린 정기냐, 아니면 지옥에서 불어온 독기냐. 네 의도가 악하건 선하건 간에, 질문을 하라는 모습으로 나타났으니 말을 걸겠다. 너를 햄릿 폐하, 국왕, 아버님, 덴마크 왕이라고 부르겠다. 대답을 하라! 내가 모르다 보니 가슴이 터진다. 자 말해다오. 운명하자마자 의식에 따라 안장한 유해가 왜 수의를 찢고 고인이 고이 안치됨을 우리가 확인했던 무덤인데, 어찌하여 육중한 대리석 입을 열어 너를 다시 토해냈는가? 이것이 무슨 뜻인가! 너, 유명을 달리한 시체가 갑옷으로 무장하고, 하필이면 어스름 달빛 아래 다시 나타나 이 밤을 소름끼치게 하며, 자연의 노리개인 우리를 겁먹게 하며, 우리의 영혼이 풀 수도 없는 생각들로 우리의 정신상태를 뒤흔드는가? 말하라, 왜 그러는가? 어찌하라는 건가?[833]

삼촌인 클로디어스에 의해 독살된 선친 햄릿 왕이 아들 햄릿 앞에 나타나서 죽음의 비밀을 밝혀달라고 호소하는 장면이다. 이 장면을 대부분의 〈햄릿〉 공연은 무대의 업레프트(UL) 공간을 이용해서 처리한다. 그렇다면 그 이유는 무엇일까? 물론, 관행적인 것으로 해석할 수도 있다. 그러나 왼쪽을 중심으로 순항하는 우주의 원리에 기초할 때 무대 위의 업레프트 공간은 바라보기 불편한 위치다. 객석에 있는 관객이 오른쪽으로 고개를 돌려야 바라볼 수 있는 공간이기 때문이다. 오른쪽은 관객이 왼쪽을 볼 때의 편안함을 갖지 못하게 한다. 이런 불편한 위치에 불편한 그림을 올려놓음으로써 불편한 상황을 보다 불편하게 만들고, 관객의 기억 속에 이 불편한 그림이 오래 남아있게 각인시킨다. 업레프트가 환영, 환상, 유령, 망령이 등장하는 위치로 자주 이용되는 이유다.

833 셰익스피어, *햄릿*, 신정옥, 전예원세계문학선 301, 2008: 50.

라. 다운레프트(DL)

다운레프트는 '독백'의 공간이다. 이 위치는 업레프트(UL) 공간과 마찬가지로, 객석에서 바라보기 불편한 위치다. 그러기 때문에 관객의 시선이 가기 어렵고, 관객의 시선이 자주 오지 않는 공간이다. 따라서 혼잣소리인 독백을 처리하기에 유리한 공간이다. 더욱이 이 위치는 무대 전체를 등 뒤로 보는 위치다. 다운레프트가 독백의 공간으로 자주 이용되는 근거다. 리모델링된 〈맥베드〉의 압축된 '프롤로그' 첫 부분, 당컨 왕을 시해하려는 맥베드의 고뇌 어린 독백도 다운레프트 공간을 이용해서 이뤄진다.

맥베드 해버리면, 이것으로 일이 끝난다면, 얼른 해버리는 것이 좋을 것이다. 만약 암살이 그 성과를 일망타진할 수 있고, 그 종언과 더불어 대원을 성취할 수가 있다면… 그리하여 이 일격이 영원한 시간의 흐름인 이승에서 전부가 되고 종국이 된다면, 저승은 어떻게 되건 기꺼이 모험을 하리라. 그러나 이런 일은 반드시 현세에서 심판을 받는 법이다. 누구에게나 피비린내 나는 악행을 교사하면 인과는 되돌아와 원흉을 쓰러뜨린다. 정의의 신은 우리가 독살을 준비하면 그 독배를 우리의 입술에 들이대는 것이다. -중략- 그에 거역하면서까지 나의 계획을 채찍질할 박차는 하나도 없다. 날뛰는 야심은 있지만 그것만으로는 말안장 너머로 나가떨어질 뿐이다.

마. 다운센터(DC)

다운센터는 '가장 강하고, 호소력 있는 공간'이다. 〈햄릿〉의 햄릿과 어머니인 왕비 거트루드의 갈등, 〈세일즈맨의 죽음〉의 아버지 윌리 로먼과 아들 비프의 장면처럼 강하기 때문에 강함을 필요로 하는 장면들은 무대의 중앙, 다운센터 공간을 요구한다.[834]

834 Cameron·Hoffman, *A Guide to Theatre Study*, Macmillan, 1974: 329.

바. 다운라이트(DR)

다운라이트는 '가장 안락하고, 편안한 공간'이다. 관객들이 바라보기에 가장 편안한 위치다. 편안한 곳에 안락한 장면을 놓아둠으로써 극중의 편안함을 더욱 강화해줄 수 있다.

2) 무대[화면] 연출의 미장센

미장센(Mise en Scène)이란 본래, 놓기, 두기를 뜻하는 미즈(Mise)와 '~위에'라는 전치사 앙(en), 그리고 장면, 무대를 뜻하는 센(Scène)이 합쳐진 조어(造語)다. '무대 위에 놓기(두기)', '장면 위에 놓기(두기)'의 뜻을 갖는다. 작가주의적 연출가에게 나타나는 일종의 작가적 날인으로 인식되기도 한다. 미장센은 초목표를 드러내기 위해 동원되는 일체의 창조적 요소들을 '통합·조정·조율'하는 예술적 가치의 창조행위를 뜻한다.

(1) 높낮이(Level)

무대 위에서 배우 위치의 높낮이, 즉 레벨은 중요한 장치다. 다른 배우들보다 1~2피트 높은 곳에 위치한 배우는 그 장면을 지배하게 된다.[835] [그림 10-11]은 낮은 곳에 위치한 두 명의 배우가 단 위에 있는 배우를 올려다보는 모습을 보여주고 있다. 단 아래 있는 두 사람의 시선이 단 위에 있는 사람을 향하고 있고, 시선을 받는 단 위의 사람은 강조되는 느낌을 준다.

835 ibid. 327.

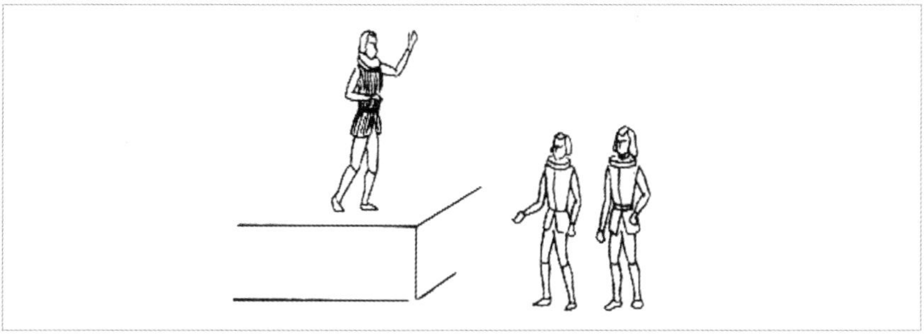

[그림 10-11] 레벨을 통한 강조[836]

다시 말해 높은 곳에 위치할수록 그 사람은 주위 사람들의 시선을 끌고, 주위 사람들의 주목의 대상이 된다. 그러기 때문에 어떤 인물을 강조하기 위해서는 그 사람을 높은 곳에 위치시키면 효과적이다. 성경의 느헤미야기에 나오는 장면, 즉 에즈라 사제가 군중에게 율법서를 읽어주는 장면에서도 높낮이를 설명할 수 있는 이야기가 나온다.

> 그 무렵 에즈라 사제는 남자와 여자, 그리고 말귀를 알아들을 수 있는 모든 이로 이루어진 회중 앞에 율법서를 가져왔다. 때는 일곱째 달 초하룻날이었다. 그는 '물 문' 앞 광장에서, 해 뜰 때부터 한낮이 되기까지 남자와 여자와 알아들을 수 있는 이들에게 그것을 읽어주었다. 백성은 모두 율법서의 말씀에 귀를 기울였다. 율법학자 에즈라는 이 일에 쓰려고 만든 나무 단 위에 섰다. 그 곁에는 마티트야, 세마, 아나야, 우리야, 힐키야, 마아세야가 오른쪽에, 프다야, 미사엘, 말키야, 하숨, 하스바따나, 즈카르야, 므슐람이 왼쪽에 섰다. 에즈라는 온 백성보다 높은 곳에 자리를 잡았으므로, 그들이 모두 보는 앞에서 책을 폈다. 그가 책을 펴자 온 백성이 일어섰다. 에즈라가 위대하신 주 하느님을 찬양하자, 온 백성은 손을 쳐들고 "아멘, 아멘" 하고 응답하였다.[837]

836 ibid. 328.
837 *성경, 느헤미야기 8: 2~8: 6*. 한국천주교중앙협의회, 2005: 924.

율법서의 내용을 많은 군중에게 정확하고 올바르게 전달하기 위한 방법의 하나로 에즈라 사제는 높은 나무 단을 준비한다. 단 위에 선 사람에게 군중의 시선이 쏠리기 때문이다. 화자(話者)에게 시선이 집중될 때, 화자가 전달하고자 하는 내용이 보다 정확하게 청자(聽者)에게 전달될 수 있다. 그런 의미에서 높은 나무 단은 율법서의 내용을 보다 명확하게 전달할 수 있게 하는 도구의 역할을 한다. 높은 곳에 위치하게 되면 사람들은 자연스럽게 우월적 지위를 느끼게 되고, 낮은 곳에 위치하면 상대적으로 높은 곳에 위치한 사람으로부터 심리적인 압박감을 갖게 된다. 장치로 높낮이를 만들 수 없는 경우, 배우를 서거나, 앉거나, 무릎을 꿇게 해서 높낮이, 즉 레벨을 조정할 수 있다. 무대라는 제한된 공간 안에서 업스테이지(US)에서의 높낮이 사용은 공간의 극대화에 매우 유용한 수단이 된다. [그림 10-12]처럼 프로시니엄 극장에서 업스테이지에 있는 플랫폼을 사용하는 것은 아주 흔한 일이다.

[그림 10-12] 업라이트(UR) 스테이지의 플랫폼[838]

838 Cameron·Hoffman, *A Guide to Theatre Study*, Macmillan, 1974: 326.

플랫폼이 무대 뒤편이 가지는 강세의 취약함을 보강해주기 때문이다. 예를 들어, 업라이트(UR)의 플랫폼에서 어떤 장면이 연출될 수 있는데, 이 장면 연출은 무대구획상 가장 큰 에너지를 발휘할 수 있는 무대 앞쪽, 다운스테이지(DS)에서 펼쳐지는 것과 동일한 장면의 중요성을 인정받을 수 있게 된다.[839]

(2) 강화(Reinforcement)

높낮이의 조정을 통해 인물을 강조할 수도 있지만, 주변 인물들의 지원이나 장치의 활용을 통해서도 인물을 강조할 수 있다. 이를 인물의 '강화'(强化)라고 한다. 시녀들을 거느리고 궁궐 안의 정원을 산책하는 왕, 많은 비서진을 대동하고 해외 출장에 나서는 재벌그룹 회장, 부하들을 거느리고 대로를 활보하는 마피아 두목 등은 이들이 거느리고 있는 시녀들, 비서진, 부하들의 수에 의해서 인물이 강화된다. 주변의 지원 세력들에 의해서 더 힘있는 인물로 부각되는 것이다. '높낮이'에서 언급했던 '느헤미야기'에 다음과 같은 구절이 있다.

> 에즈라 사제가 높은 단 위에 올라 군중에게 율법서를 읽어줄 때, 에즈라 사제의 오른쪽에는 마티트야, 세마, 아나야, 우리야, 힐키야, 마아세야가, 왼쪽에는 프다야, 미사엘, 말키야, 하숨, 하스바따나, 즈카르야, 므슬람이 섰다.

이런 인물의 배치가 바로 에즈라 사제의 권위를 강화하는 요소다. 더욱이 그가 위치한 높은 나무 단이라는 장치가 그의 권위를 이중으로 강화시켜 준다. [그림 10-13]은 중앙에 있는 왕이 주변에 있는 장군과 귀족들에 의해서 인물이 강화되는 모습을 보여준다.

839 ibid. 327.

'강화'는 주변 인물들의 지원 이외에도 의자와 같은 대도구나 소도구, 아치 같은 무대장치를 통해서도 구현이 가능하다. [그림 10-14]는 프레임(Frame)에 의해서 인물이 강화되는 모습을 보여준다.

[그림 10-13] 주변 사람에 의한 인물의 강화[840]

[그림 10-14] 대도구, 소도구, 장치를 이용한 강화[841]

(3) 색깔(Color)

광원이나 반사된 빛은 볼 수 있지만 진정한 의미의 빛은 볼 수 없다. 예를 들어서 빛이 깨끗한 방이나 스튜디오를 비추더라도 먼지나 연기, 그리고 물체나 사람과 같은 반사물에 부딪히지 않으면 우리의 눈이나 카메라는 인지하지 못한다. 마찬가지로 대기 중의 반사 물질(먼지나 수증기

840 ibid. 328.
841 ibid. 328.

등)이 빛을 반사하지 않으면 우리는 칠흑 같은 어둠 속에서 살게 될 것이다.[842] 색이란 물체 혹은 물질의 특성이 아니라 빛의 특성이다. 색은 물체에 의해서 하나 혹은 그 이상의 가시광선으로 나누어진 빛이다. 색을 지각한다는 것은 눈이 어떤 파장을 받아들여 그것을 뇌로 전달하고 뇌가 그것을 색으로 인식하는 것을 말한다.[843]

색 에너지란 하나의 색이 가지는 미학적 힘을 말한다. 색 에너지는 색상·명도·채도, 채색 면적, 전경색과 배경색의 상대적인 콘트라스트에 따라 달라진다. 우리가 색상을 볼 때 따뜻한 색이 차가운 색보다 더 큰 에너지를 가지고 있으며, 짙은 갈색과 같은 저명도(低明度)의 색보다 밝은 노란색과 같은 고명도(高明度)의 색이 더 큰 에너지를 가지고 있는 것같이 느낀다. 그러나 색 에너지를 결정하는 요소는 색의 선명도, 즉 채도라고 할 수 있다. 채도가 같을 경우, 따뜻한 느낌의 빨간색이 차가운 느낌의 파란색보다 더 큰 색 에너지를 가지고 있다고 할 수 있다. 그러나 빨간색 기운을 빼버리면 차가운 파란색이 더 힘있는 느낌을 준다. 대개 채도가 높으면 색 에너지가 크고, 채도가 낮으면 색 에너지가 작은 것으로 볼 수 있다. 그러나 무채색일지라도 명암의 콘트라스트가 큰 배경과 대비될 때는 색 에너지가 크게 느껴지기도 한다. 또한 채도가 같을 때는 채색 면적이 클수록 색 에너지가 크다. 에너지가 큰 색은 작은 색보다 더 활동적이다.[844] 따라서 어떤 인물을 강조하기 위해서는 따뜻한 색상, 고명도, 고채도의 색 에너지가 강한 의상을 입히는 것이 좋다.

---

842 Zettl, *Sight, Sound, Motion-Applied media aesthetics*, *영상제작의 미학적 원리와 방법*, 박덕춘·정우근, 커뮤니케이션북스, 2005: 48.

843 ibid. 86.

844 ibid. 106.

(4) 대조(Contrast)

무채색일지라도 명암의 대조가 큰 배경과 대비될 때는 색 에너지가 크게 느껴지는 것처럼, 주변 인물들과 다른 특색을 가지면, 그 인물은 콘트라스트에 의해 무대 지배력을 갖게 된다. 검정색 옷을 입고 있는 사람들 가운데 혼자서 흰색 옷을 입고 있다면, 그는 관객의 시선을 끌게 된다. 사람들이 서 있는데 혼자서 앉아 있다면, 그 또한 관객의 시선을 끌게 된다. 사람들이 정면을 향하고 있는데 혼자서 등을 보이고 있어도 관객의 시선은 등을 돌린 그 사람에게 관심을 쏟게 된다. 상황에 따라 달라질 수도 있지만, 무대 위에서 앉거나 누워있는 인물의 경우도 서 있는 다른 배우들에 비해 관객의 시선을 끄는 힘을 갖게 된다. 이처럼 대조의 기법은 텍스트의 빌드업 과정에서 초목표(S.O)의 구현을 위해 효과적인 표현방식 중의 하나가 된다.

(5) 조명(Lighting)

조명이란 빛을 제어하는 것을 말하며, 근본적인 목적은 주변의 물체들을 지각하도록 하기 위한 것이다. 조명은 외적 환경(시간과 공간)과 내적 환경(감정)을 표현하여 우리가 하나의 장면을 보고 느낄 수 있게 해준다. 즉, 조명은 물체의 형태와 위치, 그리고 표면의 질감 등을 나타내 그 느낌을 표현한다.[845] 무대 위의 공간, 구역에 대한 강조와 구역의 정체성은 창조적으로 구축된 섬세한 조명 시스템의 매우 복잡한 조작으로 가능해진다. 현대 조명이 보여주는 극도의 선택성, 즉 스포트라이트는 배우들에게 개별적인 연기 공간을 허락한다. 좀 더 민감한 부분이지만, 조명의 밝기가 어느 정도냐에 따라서 또는 따뜻한 조명, 차가운 조명 여하에 따

845 ibid. 48~49.

라서 똑같은 지역이 강조되기도 하고, 관심 밖의 지역이 되기도 한다.[846]

조명을 통해서 우리는 물체의 형태, 표면의 질감, 그리고 가장자리의 곡면 정도를 알 수 있다. 그리고 주변 물체와 어떤 관계를 가지고 있는지, 낮인지 밤인지, 아침인지 저녁인지, 여름인지 겨울인지를 알 수 있다. 조명은 공간기능(Spatial Orientation), 촉감기능(Tactile Orientation), 시간기능(Time Orientation)을 가지고 있다.[847] 우리는 조명을 통해서 우리의 감정과 정서까지도 표현할 수 있다. 분위기를 조성하는 조명에는 로우키(Low-key) 조명[848]과 하이키(High-key) 조명[849], 그리고 하이앵글(High Angle) 조명과 로우앵글(Low Angle) 조명[850]이 있다. 때로는 이들 조명이 사건을 암시하기도 하고, 극적인 효과를 제공하기도 한다.[851]

시공간이라는 외적 환경과 사람의 감정 같은 내적 환경을 표현해내는 조명의 표현기능은 텍스트의 빌드업 과정에서 인물의 강세 표현에도 효과적인 방식으로 이용된다. 다시 말해 강(强) 조명은 약(弱) 조명에 비해 관객의 시선을 끌어당기는 데 효과적이다. 예를 들어서 '(2)기능 및 역할 - 가. 업라이트'에서 언급했던 벨라스케스의 그림 〈시녀들〉을 보면, 강 조명을 받고 있는 인물이 약 조명 아래 있는 인물보다 강조되고 있음을 발견하게 된다. 〈시녀들〉에는 거울에 비친 왕과 왕비를 제외하고, 아

846 Cameron·Hoffman, *A Guide to Theatre Study*, Macmillan, 1974: 327.

847 Zettl, *Sight, Sound, Motion - Applied media aesthetics*, *영상제작의 미학적 원리와 방법*, 박덕춘·정우근, 커뮤니케이션북스, 2005: 56.

848 하이키 조명보다 적은 광량을 사용하며, 선택적으로 폴오프(Fall Off, 명암의 변화속도)를 빠르게 하는 기법이며, 배경과 장면의 일부를 완전히 어둡게 처리한다. 중세의 지하 감옥, 잠수함 내부, 동굴 속, 야경과 같은 장면은 대개 로우키 조명에 속한다.

849 주광원(key light)이 전체적으로 밝고, 폴오프를 느리게 하는 조명기법을 말한다. 텔레비전 뉴스와 오락 프로그램, 그리고 시츄에이션 코미디 등에서 쓰인다. 이 조명기법은 전체적으로 밝은 느낌을 준다.

850 하이앵글 조명과 로우앵글 조명은 주광원(key light)의 높이를 기준으로 구분한다. 자연스런 조명은 대개 피사체보다 높은 위치에서 비추어 표면 그림자가 돌출 부분의 아래쪽에 나타나게 한다. 이런 정상적인 조명은 키 라이트를 사람의 눈높이 혹은 물체의 중간 부분보다 높은 위치에서 비추는 것이다. 키 라이트가 피사체의 눈높이보다 낮은 위치에서 조명을 하면 표면 그림자가 반대로 되어버린다. 이렇게 로우앵글로 조명된 사람의 얼굴은 이상한 느낌을 주며 때로는 야수 같은 느낌을 주기도 한다. 이처럼 조명의 위치를 하이앵글 혹은 로우앵글로 바꿈으로써 사람의 인격 혹은 신뢰도를 완전히 바꾸어 버릴 수 있는 것이다.

851 ibid. 60~61.

홉 명의 인물이 화면을 가득히 채운다. 그런데 관람객의 시선은 그 많은 사람 가운데에서도 마르가리타 왕녀를 중심으로 한 다운스테이지, 다운센터(DC) 쪽으로 향하게 된다. 주변부에 비해 다운센터 지역이 강 조명으로 표현되고 있기 때문이다. 다운센터에 있는 인물들 중에서도 특히, 왕녀 마르가리타에게 관람객의 시선이 집중되는데, 이는 어린 왕녀의 미모 때문이 아니라, 왕녀를 향한 보다 섬세한 밝기의 강 조명이 그녀를 비추고 있기 때문이다. 이처럼 조명의 밝기는 화폭에서뿐만 아니라 무대와 화면 위에서도 인물을 강조하는 데 효과적인 표현방식으로 이용된다.

(6) 공간과 거리(Space & Distance)

무대 위에서 혼자 있는 사람은 여럿이 모여 있는 사람들에 비해 관객의 시선을 끄는 데 유리하다. 혼자서 넓은 공간을 확보하고 있는 사람은 한 곳에 옹기종기 모여 있는 사람들에 비해 관객의 시선을 끌게 된다. [그림 10-15]는 혼자 있는 사람이 여럿이 모여 있는 사람군에 비해 강조되고 있는 모습을 보여준다. 이때 혼자 있는 사람과 여럿이 모여 있는 사람들 사이의 거리가 멀면 멀수록 혼자 있는 사람은 더 강조된다.

[그림 10-15] 공간과 거리에 따른 강세[852]

852 Cameron·Hoffman, *A Guide to Theatre Study*, Macmillan, 1974: 328.

(7) 선과 시선 집중(Line & Eye-Focusing)

여기서 '선'(線, Line)은 무대 위에 있는 배우들이 서 있는 위치를 꼭짓점으로 해서 연결할 때 만들어지는 선을 의미한다. 두 사람에 의한 직선, 세 사람에 의한 3각 구도선 등의 형태를 말한다. 특히, 3각 구도선은 '선과 시선 집중'을 설명하는 데 효과적이다. 무대 위에 3명의 배우가 있을 때, 무대 위에는 이 배우들을 꼭짓점으로 하는 정삼각형, 이등변삼각형, 직각삼각형 등 다양한 형태의 3각 구도선의 형태가 만들어진다. 그런데 이 3각 구도선의 정점은 언제든지 변할 수 있다. [그림 10-16]은 배우①을 3각 구도의 정점으로 하기 위한 조치의 그림이다. 배우② 또는 배우③을 정점으로 하고자 할 때도 동일한 방식으로 시선의 변화를 통해 정점의 변화를 가져올 수 있다.

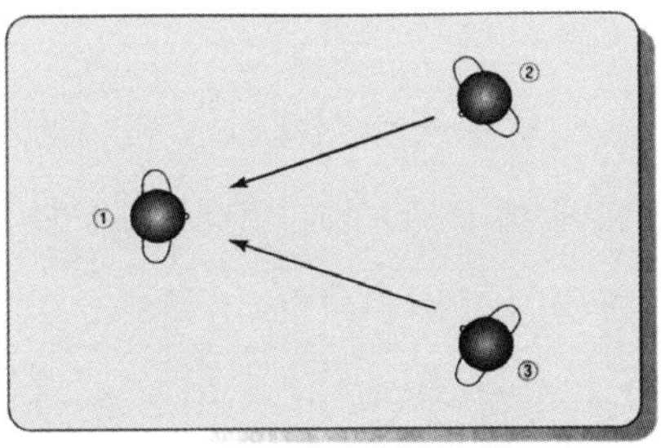

[그림 10-16] 배우①이 정점인 3각 구도[853]

배우①을 3각 구도의 정점에 놓기 위해서는 배우②와 배우③의 시선이 모두 배우①을 향하게 하면 된다. 같은 방식으로 배우②를 3각 구도의 정점에 놓기 위해서는 배우①과 배우③의 시선이 배우②를 향하게 하면 된다. 이것이 바로 '시선 집중'(Eye-Focusing)이다. '특정 배우에게 강

853 박장순, *문화콘텐츠 분석과 형상화 원리*, 형설, 2009: 149.

세를 준다.'는 것은 관객들의 시선을 특정 배우에게 쏠리게 하는 것을 의미한다. 사람들은 다른 사람들이 보고 있는 곳을 보기 때문이다. 배우②와 배우③이 배우①을 보면, 관객은 배우②와 배우③의 시선을 따라 배우①을 보게 된다. 이는 배우①이 3각 구도선의 정점에 서게 됨과 동시에 관객들의 시선을 한몸에 받는 주인공이 된다는 것을 뜻한다. 한편, 정점 몰아주기와 달리, 정점의 '이동'(移動)을 보여주는 시선 집중도 있다. 무대 위의 3각 구도선에서 배우①이 배우②에게 시선을 주고, 배우①의 시선을 받은 배우②가 다시 시선을 배우③에게 주면, 관객의 시선은 배우①과 배우②의 시선을 따라 최종적으로 배우③에 이르게 된다. 이와 같은 다양한 시선 집중, 아이-포커싱의 기술적 표현방식은 텍스트의 극적인 효과를 증대시켜주는 요소로 작용한다.

(8) 몸의 위치(Body Position)

엘리자베스 시대의 무대, 왕정복고 시대의 무대, 르네상스 후기의 프로시니엄 무대[854] 등 시대에 따라 무대의 형태는 변하지만, 수백 년 동안 변치 않는 배우의 가장 일반적이면서도, 강력하고 효과적인 몸의 위치(Body Position)는 관객을 향해 정면(Full Front)으로 서는 것이다. 대사와 모든 스피치는 흔히 정면을 향해 돌아서는 배우에 의해 강조된다. 관객이 정면으로 바라보게 되는 배우의 어깨는 '프로시니엄 라인'과 평행선을 이룬다. 이런 몸의 위치가 아직까지도 유효한 것은 가청도(可聽度) 때문이다.[855]

몸의 위치 가운데 가청도가 가장 높은 '정면'(FF, Full Front)은 배우의 에

854 액자형 무대라고도 불린다. 커튼이 설치된 프로시니엄 아치가 객석과 무대를 구분 짓는다. 이를 제4의 벽(the Fourth Wall)이라고도 한다.

855 Cameron·Hoffman, *A Guide to Theatre Study*, Macmillan, 1974: 330.

너지가 가장 강력하게 느껴지는 포지션이고, 반대로 배우가 관객에게 완전히 등을 보이는 풀백(FB, Full Back)은 배우의 에너지가 가장 약하게 전해지는 몸의 위치다. 가장 강한 에너지를 보이는 '정면'에서 가장 약한 위치인 '풀백'(FB)으로 진행되는 중간 과정의 프로파일(Profile)은 정면과 풀백의 중간 크기의 에너지를 갖는다([그림 10-17] 참조).

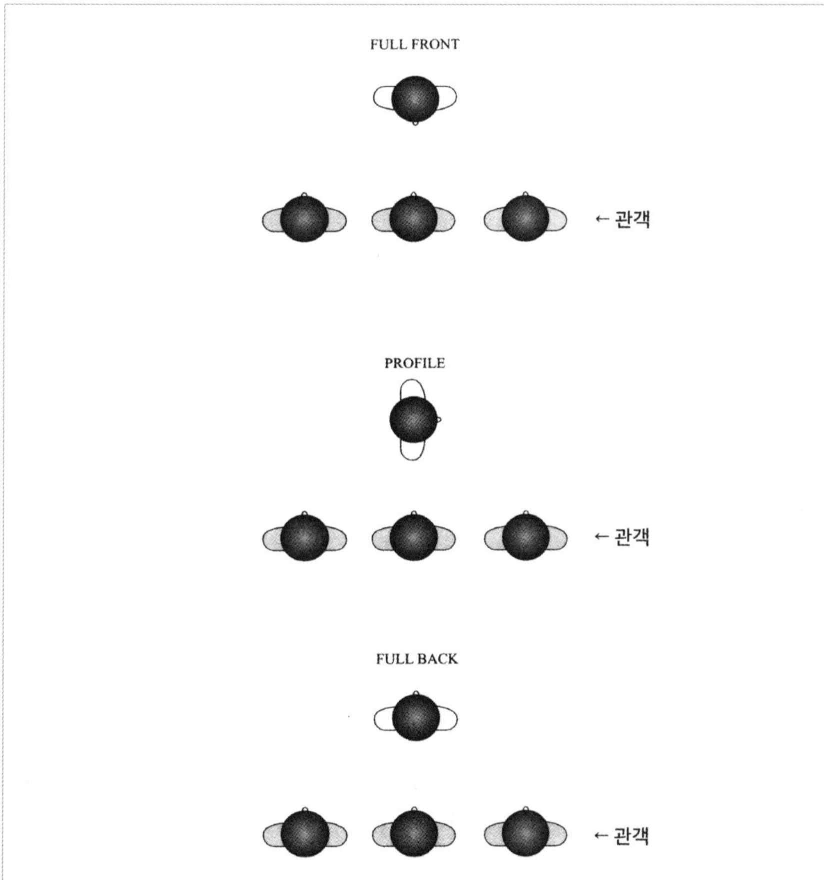

[그림 10-17] 몸의 위치[856]

856 박장순, *문화콘텐츠 분석과 형상화 원리*, 형설, 2009: 151.

(9) 대사(Line/Dialogue)

무대 위에서는 말하는 배우가 관객의 시선을 끌게 된다. 특히, 움직임이 없는 경우, 대사가 있는 배우의 지배력은 강화된다. 대사를 하면서 움직이면 대사를 약화시킬 수 있다. 대사를 강조하기 위해서는 대사를 하기 직전, 말없이 배우를 움직이게 한다. 그러면 그 배우에 대한 관객들의 관심이 고조된다. 그때 대사를 하게 하면 그 배우는 관객의 시선을 집중시킬 수 있다.

3) 동선에 대한 이해

(1) 동작(Movement)

동작은 의미를 갖는다. 단순히 '안녕하세요?'라고 말하는 다음의 4가지 상황에서도 화자(話者)가 취하는 각각의 동작은 -비록 같은 인사말이라도- 두 사람의 관계가 근본적으로 서로 다르다는 것을 보여준다.

사례①

'갑'은 '을'에게 다가서며, "안녕하세요?"라고 말하며 그의 손을 잡고 흔든다.
(통상적인 관계)

사례②

'갑'은 '을'로부터 뒷걸음질을 치며, "안녕하세요?"라고 말한다.
('갑'이 '을'에 대해 두려움 또는 혐오감을 갖는 관계)

사례③

'갑'은 "안녕하세요?"라고 말하며 '을'을 향하고, '을'은 뒷걸음을 친다.
('을'이 '갑'에 대해 두려움 또는 혐오감을 느끼는 관계)

사례④

'갑'은 "안녕하세요?"라고 말하고, 즉시 돌아서 가버린다.
('갑'이 '을'에 대해 화가 나 있거나, 다른 부정적인 감정을 가지고 있는 관계)[857]

857 ibid. 335.

위의 4가지 사례를 보면, 화자인 '갑'의 동작이 먼저 이루어지고 있다는 사실을 알 수 있다. 다시 말해 사례①에서는 '갑'이 먼저 '을'에게 다가서는 동작을 하고, 사례②에서는 '갑'이 '을'을 보고 먼저 뒷걸음질을 친다. 사례③에서는 '갑'이 '안녕하세요'라고 말하며, 먼저 '을'을 향하고, 사례④에서는 '갑'이 '안녕하세요'라고 말하고, 즉시 돌아서 가버린다. 이럴 경우, 관객의 시선은 동작을 행하는 화자에게 쏠리게 된다. 무대 위에서는 움직이는 인물이 강조되기 때문이다. 특히, 대사가 없는 경우, 움직이는 인물이 강조된다.

(2) 동선(Blocking)

행위는 의식적이든 무의식적이든 분명한 목적을 가지고 이뤄진다. 운동을 하다가 이마에 땀방울이 맺히면 얼른 손을 들어 이마의 땀을 닦는다. 손바닥에 흙이 묻어 있거나 더럽다고 의식하면 손바닥보다는 손등으로 땀을 씻어내게 되고, 땀방울이 흘러내리기까지 충분한 시간적 여유가 있다고 판단되면 바지 주머니에서 손수건을 꺼내 천천히 이마의 땀을 닦는다. 이처럼 이마나 뺨까지 손을 들어 올리는 행위는 땀을 닦기 위한 분명한 목적을 가지고 이루어진다. 이런 정지 상태에서의 동작뿐 아니라 이동 간의 움직임에도 언제나 분명한 목적이 있고, 인간은 그 목적을 위해 움직인다. 이런 이동 간의 움직임을 우리는 흔히 동선, 동작선(Blocking)이라고 한다. 동선이란 목적을 가지고 움직이는 배우의 동작을 하나의 연속적인 선으로 나타낸 것이다. 간결하고 압축된, 목적이 있는 움직임의 연속선으로 배우의 성격과 감정을 표현하기도 하고, 등장인물 상호 간의 내적인 역학관계를 보여주기도 한다. 또 무대나 화면상의 시각적인 조화와 미적 밸런스를 고려해서 인위적으로 만들어지기도 한다.

여러 가지 형태의 동선이 있겠지만, 업스테이지(US)에서 다운스테이지(DS), 즉 무대 뒤에서 객석 쪽을 향해 정면으로 나오는 직선[동선]은 강한 인상을 준다. 배우가 관객에게 강력한 메시지를 전달하고자 할 때 흔히 이용하는 선이다. 반대로, 배우가 관객에게 등을 보이고 걷는 동선은 약한 에너지를 갖는다. 등장인물이 좌절했거나 힘든 상황에 빠졌을 때 이용된다. 배우가 그리는 둥근 호(弧) 모양의 곡선은 강한 느낌을 주는 직선과 달리 부드러운 느낌을 준다.

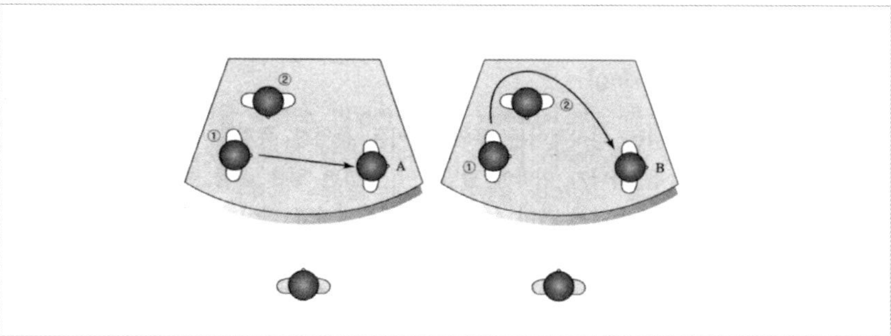

[그림 10-18] 상대를 압박하는 동선[858]

[그림 10-18]에서 왼쪽의 그림은 배우①이 옆에 서 있는 배우②의 바로 앞을 가로질러 Ⓐ의 위치로 이동하는 동선이다. 상대인 배우②를 압도하고자 할 때 이용하는 선이다. 오른쪽의 그림은 배우①이 서 있는 현 위치에서 몸의 방향을 틀면서 배우②의 등 뒤를 돌아 Ⓐ의 위치로 가는 동선이다. 왼쪽의 그림과 똑같이 상대를 억압하는 동선이다. 그러나 배우②의 입장은 왼쪽 그림의 상황과 전혀 다르다. 자신의 등이 배우①에게 노출됨으로써 불안하고, 때로는 겁을 먹는 상황이 되기도 한다. 이처

858 ibid, 154.

럼 다양한 의미를 갖는 동선[동작선]은 카메라라는 메커니즘을 활용하는 영화나 텔레비전 드라마보다도 관객과 배우가 제한된 공간 안에서 직접 대면하게 되는 연극에서 더 중시되는 경향이 있다. 왜냐하면 배우의 동작 하나하나가 지근거리에서 관객의 눈에 완전히 노출된, 개방된 상태에서 이뤄지기 때문이다.

(3) 동선의 원리

동선의 원리는 자연의 법칙이다. 자연 속에서 그 원리를 찾을 수 있다. 물론 강제적인 동선도 있다. 예를 들어, 백화점 같은 대형 매장의 경우, 내부 설계를 할 때 에스컬레이터를 이용하는 고객들이 비록 구매에 관심이 없는 코너라 하더라도 둘러보지 않고는 원하는 다른 층이나 다른 매장으로 이동할 수 없게 인위적인 설계를 통해 고객들의 움직임을 강제하는 경우가 있다. 이런 동선을 '강제동선'이라고 한다. 강제동선은 백화점의 수익구조 개선에는 도움이 되겠지만, 원하지 않는 매장을 거쳐야 하는 고객의 입장에서는 매우 불편한 동선이다. 고객이 불편함을 느낀다는 것은 강제동선이 동선의 기본원리인 '자연의 법칙'을 따르지 않았다는 것을 의미한다.

가. 고유영역: 1차 안전거리, 안전지대

아프리카 최대의 호수인 빅토리아 호수에서 길이 5미터, 무게 1톤, 나이가 예순인 거대 악어가 전문 사냥꾼들에 의해 생포되었다. 악어가 20년간 무려 80명의 사람들을 희생시켰기 때문이다. 사람들이 희생된 이유는 단지 악어의 영역을 침범했기 때문이라고 한다.[859] 이처럼 자연

859 미디어다음, 우간다에서 사람 80명 먹어 치운 악어 생포, 2005.03.09. 쿠키인터넷. http://ucc.media.daum.

계에서 살아 숨 쉬는 모든 생명체, 특히 동물의 경우는 본능적으로 자신의 고유영역[1차 안전거리, 안전지대]을 갖고 싶어 하고, 또 그 영역을 지키고자 하는 강한 본능을 가지고 있다. 호랑이, 사자, 곰과 같은 야생동물에서부터 집에서 키우는 작고 귀여운 애완동물까지도 자신의 고유영역을 여러 가지 방식으로 표시하고, 그 영역을 지키기 위해서 침입자와 목숨을 건 사투를 벌이기도 한다. 인간도 마찬가지다. 자신의 고유영역을 갖고 싶어 하고, 또 그 영역을 지키고자 한다.

초등학교 시절, 둘이 앉는 2인용 책상의 한가운데를 연필 깎기 칼로 금을 긋고, 짝꿍이 넘어오지 못하게 심술을 부리던 개구쟁이 시절의 추억을 특히, 남학생들의 경우는 많이 갖고 있지 않을까 싶다. 어쩌다 실수로 그 선을 넘어오기라도 하면 말다툼을 하거나, 때로는 코피가 터지도록 싸우기도 한다. 옆 동네 아이들이 하굣길에 우리 동네 골목길을 지나갈 때면, 시비를 걸며 우리 땅이라고 딴 길로 돌아가라고 억지를 부리던 말썽꾸러기 시절의 기억들도 가지고 있다.

그런 아이들이 커서 사춘기가 되면 자기만의 방을 갖고 싶어 하고, 결혼을 하면 부부만의 집을 갖고 싶어 한다. 좀 더 나이가 들어 인생의 황혼녘에 접어들게 되면 사람들은 영원히 쉴 자신의 무덤까지도 준비해 놓고 싶어 한다. 자신의 안전을 보장할 수 있는 자기만의 안락한 공간을 원하기 때문이다. 또 이를 지키기 위해서 사람들은 창문에는 쇠창살을 달고, 현관문에는 서너 개의 안전장치를 이중삼중으로 설치한다. 이도 미덥지 못하면 집의 경비를 아예 전문 용역업체에 맡겨 안전을 도모하기도 한다. 그래도 침입자가 생겼을 경우, 우리는 소리를 질러 침입자가 놀라 달아나게 하거나 때로는 목숨을 걸고 대항해 싸우기도 한다. 이처럼 동물의 세

---

net/uccmix/news/foreign/others/200503/09/k..

계에는 자기만의 고유영역이 있고, 고유영역을 지키고자 하는 부단한 노력들이 생존의 차원에서 다양한 방법으로 이뤄지고 있다.

나. 2차 안전거리, 안전지대

고유영역 안에는 제2의 방어선인 자기만의 '안전거리(2차 안전거리, 안전지대)'가 존재한다. 안전거리란 상대의 갑작스런 공격으로부터 자신을 방어하고 반격할 수 있는 시간적 여유를 확보할 수 있는 최소한의 거리를 의미한다. 예를 들어, 안전거리 내에서 상대방으로부터 공격을 받게 되면 동물이나 사람 모두, 아무런 대응도 하지 못한 채 그대로 당해야만 한다. 그러나 상대가 안전거리 밖에서 공격을 시작해 오면 피공격자는 대응할 수 있는 시간적 여유를 확보할 수 있어, 반격을 시도하고 공격자를 퇴치할 수 있게 된다.

개나 호랑이, 사자 같은 동물들이 땅에 납작 엎드렸다가 사냥감을 향해 힘껏 점프해서 도달할 수 있는 거리, 이를 흔히 동물의 '안전거리'라고 한다. 그리고 그 거리를 반지름으로 해서 한 바퀴 원을 그렸을 때 만들어지는 원의 내부 면을 동물의 '안전지대'라고 한다. 사람의 경우는 팔의 길이를 '안전거리'라고 하고, 이를 반지름으로 해서 한 바퀴 빙 돌았을 때 만들어지는 원의 내부를 '안전지대'라고 한다.

팔 끝, 즉 손가락 끝은 자신으로부터 가장 먼 거리다. 양팔을 벌렸을 때, 그 길이는 보통 사람의 키와 같다. 레오나르도 다빈치의 '인체도'는 사람이 양팔을 벌렸을 때의 길이가 그 사람의 신장과 같다는 것을 보여준다. [그림 10-19]에서 두 팔을 정수리까지 올리고, 다리를 신장의 1/4 정도 벌린 상태에서 양 발끝과 양 손끝을 연결하면 둥근 원이 되고, 이는 영계(靈界)를 뜻한다. 이때의 중심은 배꼽이다. 팔을 수평으로 벌린 상태에서 머리끝과 발끝, 양 손끝을 모두 연결하면 정사각형이 되고, 이는 지상계를 의미한다. 이때의 중심은 단전(丹田)이다.[860] 정사각형이란 가로와 세로의 길이가 같은 사각형을 말한다.

[그림 10-19] 다빈치의 '인체도'(Vitruvian Man)

레오나르도 다빈치의 '인체도'(Vitruvian Man)는 사람이 양팔을 벌렸을 때의 길이와 머리끝에서 발바닥까지의 길이가 같음을 보여준다. 결국, 사람이 주변의 사물에 닿지 않고 누울 수 있고 서 있을 수 있는 최소한의 거리, 공간이 바로 안전거리, 안전지대다.

사람이나 동물 모두, 안전거리 밖에 위치한 상대에 대해서는 위협을 크게 느끼지 않기 때문에 공격할 준비를 하지 않는다. 그러나 상대가 안전거리 가까이 접근해오면 경계를 하기 시작해서 안전거리를 넘어서게

860 플라톤과 중세 신학에서는 원을 영계를 나타내는 도형, 사각형을 지상계를 상징하는 도형으로 보았다.

되면 즉각 치명적인 공격을 가한다. 낯선 개에게 물리는 경우도 대개는 사람이 이 안전거리를 침범했기 때문이다. 요즘 아파트나 병원, 백화점 등과 같이 다중이 이용하는 공간에는 엘리베이터가 설치되어 있다. 엘리베이터의 크기도 다양해서 병원에 설치된 엘리베이터의 경우는 환자의 침대를 실어 나를 수 있을 정도의 넓이를 가지고 있고, 어떤 아파트의 경우는 일반 엘리베이터보다 훨씬 작은 소형인 경우도 있다. 그런데 넓고 큰 대형 엘리베이터를 탈 때와 서너 명만 타도 꽉 찰 것 같은 아주 작은 소형 엘리베이터를 탈 때의 느낌에는 차이가 있다. 특히 소형의 경우는 혼자 타더라도 불안한 마음을 지울 수 없다. 물론 추락할지 모른다는 만분의 일의 기계적인 두려움일 수도 있지만, 그보다는 충분한 자기만의* '안전거리, 안전지대'가 확보되지 않은 상태에서 오는 두려움이 더 크다. 누군가 낯선 사람이 합류하게 될 경우, 부족한 안전거리, 안전지대를 처음 보는 낯선 사람과 나누어 가져야 하기 때문이다.

다. 3차 안전거리

1차 안전거리, 안전지대인 고유영역이 붕괴되고, 팔길이인 2차 안전거리, 안전지대가 붕괴되었을 때, 마지막 최후의 3차 안전거리는 무엇일까? 낯선 남녀 한 쌍을 무대 위에 세워놓고 서로 마주 보고 서게 한다. 맨 처음에는 두 사람의 안전거리에 해당하는 2m 정도의 사이를 둔다. 충분한 안전거리가 확보되어 있어도, 사실 여성의 입장에서는 낯선 남자와 눈을 마주하고 서 있다는 것이 불편하다. 그러나 그렇게 걱정되거나 두렵지는 않다. 충분한 안전거리가 확보되어 있기 때문이다. 이런 상황에서 연출자는 남성에게 은밀히 여성을 향해 천천히 다가가라는 지시를 내린다. 지시의 내용을 모르고 있는 여성은 남성이 접근해오면 접근

하는 속도와 거리에 비례해서 경계심을 갖기 시작한다. 그러다가 안전거리가 붕괴되는 순간, 여성은 어쩔 줄 몰라 한다. 동물적인 본능이라면 당연히 상대를 공격해야 하는데 그러지도 못한다. 결국 접근해오는 남성을 피해 여성은 뒷걸음질을 치기 시작한다. 그러다가 벽에 부딪혀 더는 뒷걸음칠 수 없는 상황에 이르게 되면, 여성은 어쩔 줄 몰라 하며 난감해한다. 연출의 지시를 받은 남성은 그래도 계속해서 다가가고 두 사람의 거리가 거의 닿을 정도가 되면, 여성은 머리를 이리저리 피하기 시작한다. 얼굴이 맞닿는 것을 피하기 위해서다. 머리를 움직여 피할 수 있는 거리, 그 거리를 3차 방어선 즉, '최후의 안전거리'라고 한다.

(4) 동선의 사례

안전거리나 안전지대에 대한 고려는 무대 위에서 배우들을 배치하거나 움직이는 동선(동작선)의 원리에 그대로 적용된다. 연극 무대와 같이 제한된 공간이라는 점에서 엘리베이터의 실내 공간 상황을 예로 들어본다.

> 화려한 고층 건물의 1층 로비, 험상궂게 생긴 한 사내가 엘리베이터에 탄다. 스피커에서는 아름다운 여인의 목소리가 들려온다. "어서 오세요. 올라갑니다!" 사내는 한켠에 있는 버튼 패널로 가서, 가고자 하는 층의 버튼을 누른다. 그러고는 그 자리에 그대로 선 채 뭔가 기분 나쁜 일이 있었던 것처럼 험상궂게 인상을 쓴다. 19층의 불이 빨갛게 들어오고 엘리베이터는 올라가기 시작한다. 잠시 후 엘리베이터는 5층에서 멈춰 선다. 문이 열리자 "어서 오세요, 올라갑니다!" 하는 녹음된 여인의 기계음 소리가 다시 들려오고, 엘리베이터를 타려고 밖에 서 있던 작고 귀여운 여인은 순간 멈칫하며 엘리베이터를 '탈까?, 말까?' 망설인다. 험상궂게 생긴 사내가 인상을 쓰고 엘리베이터 문 바로 옆에 버티고 서 있기 때문이다.

이런 상황에서 몇 가지 경우의 수를 상정해 볼 수 있다. 첫째, 사내가 꼼짝도 하지 않은 채 여인이 들어와도 그 자리를 지키고 서 있는 경우다. 이때 여인은 [그림 10-20]의 (1)과 같이 자신의 몸이 사내의 몸에 닿지 않도록 조심하면서 가고자 하는 층의 버튼만 살짝 누르고(동작선①), 사내와 가장 멀리 떨어진 대각선 코너 쪽으로 깊숙이 이동해 최대한 자신의 안전거리를 확보하고자 하는 동선을 보일 수 있다(동작선②).

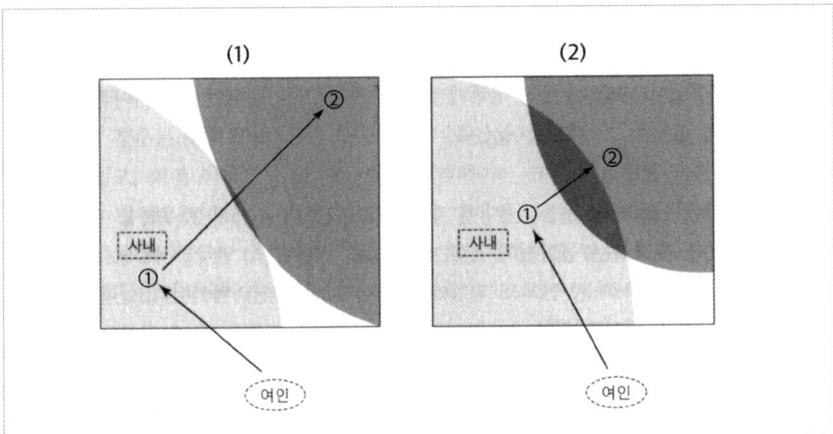

[그림 10-20] 엘리베이터 내 동선: 첫 번째 사례[861]

여인의 성격에 따라 조금은 달라지겠지만, 만약 여인이 담대한 성격의 소유자라면 [그림 10-20]의 (2)와 같이 꼼짝도 하지 않고 서 있는 사내를 향해 "몇 층 좀 눌러주시겠습니까?"라고 요구하고(동작선①), 사내가 버튼을 눌러주는 것을 보고 난 뒤, 여유 있게 앞에 동선보다는 안전거리를 조금 더 짧게 해서 나머지 엘리베이터 안의 빈 공간을 넓게 확보하는 동선을 보일 수 있다(동작선②).

861 박장순, *문화콘텐츠 분석과 형상화 원리*, 형설, 2009: 160.

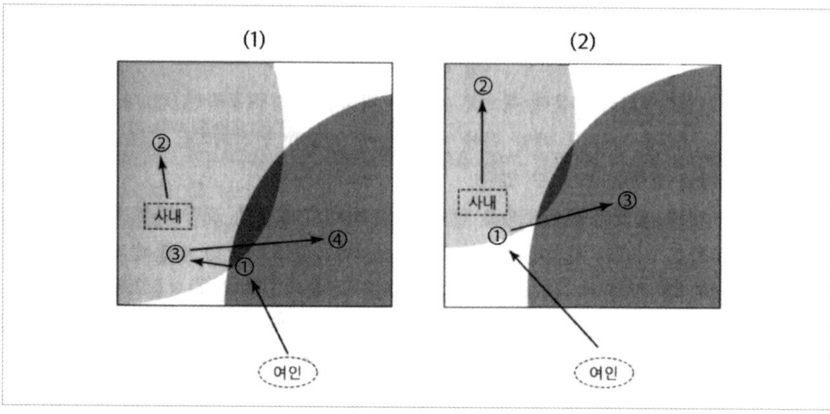

[그림 10-21] 엘리베이터 내 동선: (1) 두 번째 사례, (2) 세 번째 사례[862]

둘째, 여인이 들어오면(동작선①), [그림 10-21]의 (1)처럼 여인이 버튼을 누를 수 있도록 사내가 한걸음 뒤로 빠져줄 경우(동작선②)다. 조금은 편안하게 여인은 버튼을 누르고(동작선③), 사내와 대각선을 이루며(동작선④) 안전거리를 확보하는 동선을 취할 수 있다. 셋째, 여인이 들어오자 [그림 10-21]의 (2)처럼 사내가 엘리베이터 뒤쪽으로 쭉 빠져주는 경우(동작선①②), 여인은 버튼을 누르고 편안하게 사내와 대각선 방향(동작선③)으로 가 여유롭게 안전거리를 확보하며 서는 동선을 보일 수 있다. 그러나 이때는 등이 사내에게 노출되기 때문에 여인으로서는 불편한 위치가 될 수도 있다. 따라서 여인은 안전거리 이외에도 최대한의 자기방어를 위해 몸의 방향을 15도 정도 오른쪽으로 돌릴 수 있다.

넷째, 여인이 들어오자 [그림 10-22]의 (1)처럼 사내가 엘리베이터 가운데 쪽으로 자리를 피해주는 경우(동작선①②), 여인은 버튼을 누르고 그 자리에 바짝 붙어 최대한 안전거리를 확보하고자 하는 동선을 보일 수 있다. 다섯째, 여인이 들어오려고 하자 [그림 10-22]의 (2)처럼 사내가

862 ibid. 161.

대각선 안쪽으로 깊숙이 빠져나가, 여인이 편안하게 버튼을 누를 수 있도록 해주는 경우(동작선①②), 여인은 버튼을 누르고 네 번째 경우의 동선보다 더 편안한 상태에서 넉넉한 안전거리를 확보하며(동작선③), 버튼 패널 쪽에 위치하는 동선을 보일 수 있다.

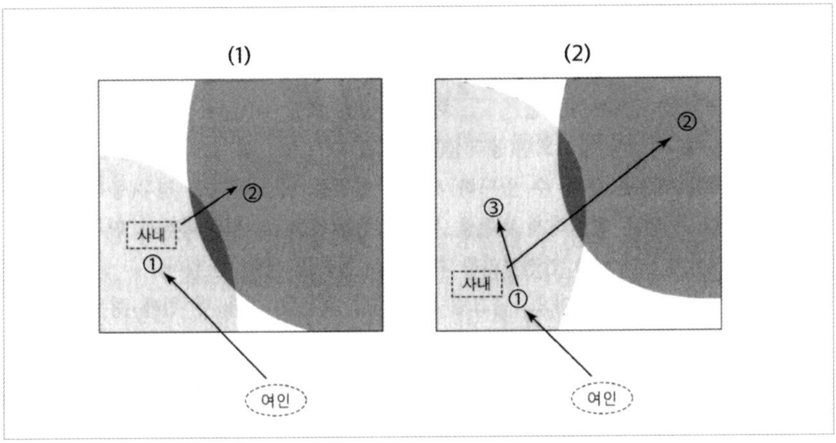

[그림 10-22] 엘리베이터 내 동선: (1) 네 번째 사례, (2) 다섯 번째 사례[863]

이 밖에도 무수히 많은 경우의 수들이 존재할 수 있고, 두 사람의 성격이나 심리상태에 따라서 얼마든지 변화무쌍한 동선들이 만들어질 수 있다. 중요한 것은 넓으면 넓은 대로, 좁으면 좁은 대로, 그 안에서 인간은 최대한의 안전거리와 안전지대를 확보하려고 노력하면서 나름대로 동선을 만들어 간다는 것이다. 만약 이런 상황에서 나중에 들어온 사람이 먼저 들어온 사람의 안전거리, 안전지대를 침범할 경우, 먼저 들어온 사람은 공간을 먼저 확보한 기득권을 내심 주장하며, 답답해하거나 불쾌하게 생각한다. 그러면서 자신의 안전거리를 나중에 들어온 사람

863 ibid. 162.

이 먼저 확보해주기를 바란다. 그럼에도 나중에 들어온 사람이 꼼짝도 안 하고 버틸 경우, 먼저 들어온 사람은 상대를 괘씸하게 여기기도 하고, 공간의 답답함을 못 이겨 자신이 먼저 안전거리 확보를 위해 엘리베이터 안의 또 다른 빈 공간으로 움직이는 동선을 보이기도 한다. 이처럼 자연스런 배우의 움직임은 안전거리를 기본 동인으로 하고, 제한된 공간 안에 함께 위치하고 있는 사람들 상호 간의 상황과 힘의 역학관계에 의해 동선을 완성해 간다.

4) 화면의 구도 운용

(1) 구도와 힘

우리는 수평 방향으로 구도가 잡힌 화면에 심리적으로 부담을 느끼지 않기 때문에 수평 구도를 보면 평온함, 고요함, 휴식의 느낌을 갖게 된다. 반면 수직 구도에는 심리적인 부담을 느껴 쉽게 받아들이지 못하기 때문에 수직 구도는 수평 구도보다 더 역동적이고 강하며 흥미를 끄는 속성을 지닌다. 화면의 가장자리는 자석과 같은 역할을 해 가까이 있는 물체를 끌어당기려고 하는 경향이 있다. 예를 들어서, 헤드룸(Head Room)을 의도적으로 적게 하거나 거의 없애, 화면 상단의 인력(引力)을 이용할 수도 있다.

[그림 10-23]은 메시나(Messina)의 작품 '캘베리'(The Calvary)다. 십자가에 못 박힌 사형수들 중에서 특히, 예수 그리스도의 모습을 화면 상단에 가까이 붙여서 십자가에 못 박힌 예수의 고통을 강조하고 있다. 이와 유사한 방식으로, 높은 곳에서 작업하는 사람의 위험한 모습을 표현하고 싶을 때, 헤드룸을 정상보다 적게 둔 화면이 정상적인 화면보다 더 높은 위험을 느끼게 한다([그림 10-24]).

[그림 10-23]
화면 상단의 자성을 이용하는 기법[864]

[그림 10-24]
화면의 헤드룸 부족에 의한 강조 기법[865]

(2) 화면의 깊이

화면의 깊이를 나타내는 중요한 요소로는 면의 중첩, 상대적인 크기, 화면상의 높이, 선상원근법(Linear Perspective), 공기원근법(Aerial Perspective) 등을 들 수 있다. 화면의 깊이를 느끼게 하는 요소 중 가장 직접적인 것은 부분적인 '면의 중첩'이다. 예를 들어, 한 물체에 겹쳐진 다른 물체를 볼 때, 겹치고 있는 물체가 겹쳐진 물체보다 앞쪽에 있다고 인식한다. 우리가 특정 물체의 크기를 알고 있으면, 그 주변에 있는 물체의 크기와 상대적인 거리를 알 수 있다. 즉, 물체의 크기가 클수록 시청자에게 가까이 있는 것이고, 물체의 크기가 작을수록 멀리 떨어져 있는 것으로 생

864 Zettl, *Sight, Sound, Motion-Applied Media Aesthetics*, 박덕춘·정우근, *영상제작의 미학적 원리와 방법*, 커뮤니케이션북스, 2005: 151.
865 ibid. 151.

각한다.[866] 화면에서 서로 비교의 대상이 될 만한 물체가 존재하지 않고 카메라가 수평 앵글이라고 가정했을 때, 우리는 화면에서 수평선을 기준으로 하여 상대적으로 높은 위치에 있을수록 멀리 떨어져 있는 것으로 생각한다. 수평선은 눈높이에서 볼 때 지면과 평행한 가상의 선이다. 선상원근법에서 모든 수평선은 한 점에서 모이기 때문에 시청자로부터 멀어질수록 그 밀도가 높아져 복잡한 형태를 띠게 된다.[867] 대기 중에는 항상 먼지나 습기가 존재하고 있다. 그러므로 가까이 있는 물체는 멀리 있는 물체에 비해 더욱 뚜렷하게 보인다. 특히 안개가 낀 경우에 근경과 원경 간의 선명도(Sharpness)에는 많은 차이를 보인다. 그리고 물체가 카메라로부터 멀리 떨어져 있을수록 색의 명도와 채도가 낮아지며, 야외 촬영에서 멀리 떨어져 있는 물체의 색상은 파란 색조를 엷게 띠게 된다. 이런 현상들은 공기원근법에 의해 설명될 수 있으며, 이 공기원근법을 이용하면 화면에 깊이를 더해줄 수 있다.[868]

(3) 화면의 비대칭성

'5. 형상화의 기본원리 - 2)우주의 원리'에서 왼쪽을 중심을 한 우주의 운행 원리를 언급했듯이, 무대뿐 아니라 TV나 영화 화면에서도 왼쪽과 오른쪽에 대한 우리의 관심이 서로 다르다. 이를 화면의 비대칭성(Asymmetry)이라고 한다. 왼쪽에서 시작하는 상승 사선과 오른쪽에서 시작하는 하강 사선의 개념을 이용하면 물체의 움직임을 강조할 수 있다. 예를 들어, 어떤 차가 언덕을 부드럽게 올라가는 모습을 표현하고 싶다면 그 차를 왼쪽에서 오른쪽으로 올라가도록 해야 할 것이다.

866 ibid. 211.
867 ibid. 214.
868 ibid. 216~217.

[그림 10-25] 상승 사선[869]

이때 상승 사선은 [그림 10-25]와 같이 차가 언덕 꼭대기까지 쉽게 올라갈 수 있도록 당겨주는 역할을 한다. 반대로, 언덕을 힘겹게 올라가는 대형 트럭이나 트랙터의 모습을 나타내고 싶을 때는 왼쪽에서 오른쪽으로 올라가는 것보다 [그림 10-26]처럼 오른쪽에서 왼쪽으로 올라가도록 하는 것이 자연스러운 하강 사선을 거슬러 올라가야 하기 때문에 더욱 힘들게 보인다.[870]

[그림 10-26] 하강 사선[871]

869 박장순, 문화콘텐츠 분석과 형상화 원리, 형설, 2009: 179
870 ibid. 154~155.
871 ibid. 180.

한편, 어떤 물체가 화면의 왼쪽에 있을 때보다 오른쪽에 있을 때 더 많은 관심을 받게 된다. 이것은 화면의 오른쪽에 강조하고 싶은 사물이나 중요하다고 생각하는 사람을 위치시켜야 한다는 뜻이다. 예를 들면, 인터뷰에서 기자나 리포터보다 인터뷰의 대상이 되는 사람이 더 중요하다고 볼 수 있는데, 이때 기자나 리포터는 화면의 왼쪽에 오도록 해야 한다. 그렇다면 왜 뉴스 캐스터는 화면의 왼쪽에 오게 하고 미학적으로 덜 중요하다고 생각되는 그래픽을 화면 오른쪽에 두는 것일까? 그것은 미학적 에너지가 큰 뉴스 캐스터가 관심의 비중이 적은 왼쪽에 위치하고, 미학적 에너지가 작은 그래픽 화면이 관심의 비중이 큰 오른쪽에 위치해야 화면의 균형이 맞는다고 보기 때문이다.[872] 이는 앞서 "6. 형상화의 기본 구성요소 - 1)무대[화면]의 공간 - (1)구획"에서 언급한 "상수(上手)는 격렬하고 동적인 공간, 불안정한 상황의 연출에 유용하고, 하수(下手)는 안정되고 편안한 느낌의 공간으로 활용된다."는 무대 공간의 '상수', '하수' 개념과 맥을 같이한다. 다시 말해 사람들은 편안하게 볼 수 있는 무대 왼쪽, '하수' 공간에서 펼쳐지는 안락하고 안정된 모습의 그림은 오래 기억하지 못하지만, 보기 불편한 무대 오른쪽, '상수'에서 벌어지는 격렬하고 무시무시한 공포의 순간은 오랫동안 기억을 한다. 이런 원리는 뉴스 화면의 그라운드 플랜에서도 차용된다. 즉, 미학적으로는 덜 중요할지 모르지만, 그래픽 화면은 시청자들에게 전달해야 할 뉴스의 핵심 정보를 담고 있다. 그러기 때문에 화면의 오른쪽에 위치시킴으로써 시청자들이 그래픽 정보를 오래 기억할 수 있도록 만들어 줄 필요가 있다. 다시 말해 그래픽의 화면 오른쪽 배치는 화면 구도의 미학적 균형을 맞추기 위한 것일 수도 있지만, 뉴스 정보의 정확한 시청자 전달을 위한

872 ibid. 155~156.

기술적인 화면 구도 운용방식의 일환으로 해석할 수도 있다.

[그림 10-27]을 놓고 허버트 제틀(Zettl)은 화면의 비대칭성에 근거해서 두 그림 모두 시청자들이 오른쪽에 있는 사람에게 관심을 보이는 것으로 해석한다.[873] 그러나 비대칭성 말고도 이처럼 시청자의 관심이 오른쪽에 있는 사람에게 많이 쏠리는 데에는 또 다른 이유가 있다. 첫째, '6. 형상화의 기본 구성요소 - 2)무대[화면] 연출의 미장센 - (5)조명' 편에서도 언급했지만, 강(强) 조명이 약(弱) 조명에 비해 관객의 시선을 더 강하게 끈다는 사실이다. 아래 두 사진은 모두 오른쪽 사람에게만 조명이 비치고 있다. 시청자들의 관심이 강 조명을 받고 있는 오른쪽 사람에게 더 쏠릴 수밖에 없는 이유다.

[그림 10-27] 화면의 비대칭성, 관심의 이동[874]

둘째, "6. 형상화의 기본 구성요소 - 2)무대[화면] 연출의 미장센 - (8)몸의 위치"에서도 다루었지만, 배우의 몸이 시청자를 향해 열려 있으면, 닫혀 있는 배우에 비해 시청자의 관심을 더 끌게 된다는 사실이다. [그림 10-27]의 왼쪽 사진은 오른쪽 남자의 몸이 객석을 향해 열려 있고, 왼

873 ibid. 156.
874 ibid. 182.

쪽에 있는 여자의 몸은 객석에 등을 보이는 닫힌 자세를 취하고 있다. 당연히 열린 상태의 남자에게 관객의 관심이 쏠리게 된다. [그림 10-27]의 오른쪽 사진은 반대로 오른쪽에 있는 여자의 몸이 객석을 향해 열려 있고, 왼쪽에 있는 남자의 몸은 객석에 옆모습, 즉 프로필을 보이고 있다. 반열림/반닫힘의 상태다. 그러기 때문에 관객의 시선은 오른쪽에 있는 여자에게 쏠리게 된다. 만약, [그림 10-27]에서 관객들의 관심이 오른쪽에 있는 사람에게 쏠리는 현상을 화면의 비대칭으로만 해석한다면, 화면의 좌우 상황을 바꾼 [그림 10-28]은 해석이 어려워질 수도 있다.

[그림 10-28] 화면의 비대칭성 파괴[875]

다시 말해 [그림 10-28]은 화면의 왼쪽에 있는 남자에게 밝고 강한 조명을 주었고, 악수를 하는 남자의 몸의 자세는 여자의 위치를 카메라 쪽으로 조금 더 가까이 세워서 객석을 향해 열려 있도록 조치했다. 그리고

875 ibid. 182.

화면 오른쪽의 여자에게는 조명을 주지 않았고, 관객을 향해 살짝 등을 보이도록 닫힌 몸의 위치를 요구했다. 이럴 경우, 관객은 어느 쪽의 누구에게 관심을 보이겠는가? 당연히 조명을 받고 있는 열린 자세의 왼쪽에 있는 남자에게 관객들의 관심이 쏠리게 될 것이다. 이는 무대나 화면의 구도 운용방식이 화면의 비대칭성만으로는 풀기 어려운 복합적 요소들에 의해 이뤄지고 있음을 보여준다.

(4) 화면의 밸런스

물체가 화면의 중심에 올 때 우리는 가장 안정된 느낌을 갖게 된다. 이와 같이 그래픽의 질량이 화면의 중심에 왔을 때, 주변의 공간과 화면 가장자리의 인력(引力)이 서로 균형을 이룬다. 그러나 그래픽을 한쪽으로 치우치게 하면, 그래픽 무게가 증가한다. 그리고 화면의 중심에서 벗어날수록 화면의 자성이 증가하면서 그래픽 무게도 증가하고, 그 화면은 균형을 잃게 된다. 이런 불균형은 카메라를 움직이거나 물체를 움직여서 구도를 다시 잡아 화면의 인력을 중화시키거나 그래픽 무게가 비슷한 물체를 갖다 놓아 화면의 밸런스를 잡을 수 있다.

제10장에서 우리는 한류 콘텐츠의 본질적 가치를 위해 "Back to the Contents"라는 원칙을 강조했다. 콘텐츠 자체의 미학적·구조적 완성도가 한류 지속의 핵심임을 확인한 셈이다. 이제 제11장에서는 이러한 완성도가 실제로 어떻게 산업적 흐름과 해외 마케팅 속에서 작동하는지 살펴본다. 즉, 철학적 토대 위에서 구체적 시장의 역동을 이해하는 단계로 넘어간다.

제11장

문화콘텐츠산업과 해외마케팅

지식기반산업인 문화산업의 포괄적 전체 영역 중에서 특히, 재미와 내러티브가 중심이 된 콘텐츠 사업 분야를 총칭해서 우리는 '문화콘텐츠산업'이라고 한다. 그러나 이는 지역과 국가 간에 용어의 쓰임이 다르고, 개념과 관심 대상에서 다소의 차이가 발견되기도 한다. 예를 들어, 미국에서는 '엔터테인먼트산업'(Entertainment Industry)이라고 하며, 할리우드를 중심으로 한 영화, 애니메이션 같은 영상산업과 뮤지컬, 엑스트라베간자(Extravaganza)와 같은 화려한 무대공연에 초점이 맞춰져 있다. 또 영국에서는 '창조산업'(Creative Industry)이라고 하며, '개인의 창의성, 기술, 재능 등을 이용해 지적재산권을 설정하고, 이를 활용함으로써 부와 고용을 창출할 수 있는 잠재력을 지닌 산업으로 정의되는 영역들을 가리킨다.'[876]

876 구윤모 외, 엔터테인먼트산업의 패러다임 변화와 정책과제, 2003, KIET.

1. 문화콘텐츠 마켓

1) 문화콘텐츠의 속성: 오리지널리티와 유일성

상품을 구매하면, 그 상품의 소유권은 생산자나 유통업자로부터 이를 구매한 엔드 유저, 즉 최종사용자인 소비자에게로 넘어온다. 구매자는 자신이 소유한 그 물건의 주인이 되어 이를 사용하다가 수명이 다해 못 쓰게 되면, 분해해서 재활용하거나 쓰레기통에 버린다. 이로써 구매자의 소유권은 자연스럽게 소멸된다. 문화콘텐츠도 복사라는 과정을 거쳐 일반 상품화가 되면, 일반 상품과 똑같은 라이프 사이클을 갖게 된다. 그러나 일반 상품과 문화콘텐츠의 근본적인 차이는 '오리지널리티(원본성)'와 '유일성'(Univocity)에서 찾을 수 있다. 물론, 유명 디자이너에 의해 만들어지는 상품으로서의 구두, 핸드백, 의상, 장신구, 액세서리 등과 같은 제품도 제품의 오리지널리티를 이야기할 수 있다. 그러나 여기에서의 오리지널리티는 일반적으로 희소성이 강조되는 오리지널리티로 유한성을 가지며, '유일성'을 갖는 문화콘텐츠의 '오리지널리티(원본성)'와는 근본적인 차이가 있다. 이 세상에 오직 하나뿐인 이 같은 문화콘텐츠만의 특별한 속성은 콘텐츠 마켓의 성격 또한 일반 마켓과 다른 특성을 갖게 한다.

2) 마켓의 특성

재래시장이나 대형 할인마트, 백화점 등과 같이 의류, 가전제품, 식음료 등 일상용품을 판매하는 소비자 중심의 마켓은 소비자의 다양한 요구를 수용해서 보다 나은 대고객 서비스를 제공하고자 노력한다. 동시에 이를 판매 전략과 전술의 변화에 적극 활용해 기업의 최종 목표인 이윤추구의 토대를 마련한다. 이처럼 소비자 주권을 우선시하며 고객을 왕으로 모시는 바이어스 마켓(Buyer's Market)과는 달리 콘텐츠 마켓은 고객인 바이어보다 판매자가 우선시되는 샐러스 마켓(Seller's Market)이다. 이 같은 콘텐츠 마켓의 특성은 '오리지널리티'와 '유일성'이라는 콘텐츠의 속성에 기인한다. 콘텐츠의 '오리지널리티'와 '유일성'이 판매자(Seller)를 거래의 중심에 서게 한다. 일반 마켓의 경우, 가게 주인이 불친절하면 다른 가게에 가서 원하는 물건을 살 수도 있다. 그러나 콘텐츠 마켓은 그렇지 않다. 물건이 오직 하나뿐이기 때문이다. 혹여, 판매자(Seller)와 불편한 관계라 해도 그가 원하는 콘텐츠를 갖고 있는 그 사람을 찾아가지 않을 수 없는 구조다. 이처럼 콘텐츠 마켓은 콘텐츠의 속성상 자칫 샐러의 횡포와 불합리한 전횡에 휘둘리기 쉬운 환경적 요인을 갖고 있다.

(1) 판권료의 가변성

시장 가격은 수요와 공급의 법칙에 의해 결정된다. 공급이 많아지면 가격은 떨어지고, 수요가 많아지면 가격은 오른다. 그러나 이 같은 일반 마켓의 가격 결정 과정이 콘텐츠 마켓에서는 온전히 적용되지 못한다. '오리지널리티'와 '유일성'이라는 콘텐츠의 속성이 이를 방해하기 때문이다. 다시 말해 콘텐츠에는 가격이 매겨져 있지 않다. 가격이 정해져 있지 않다는 것은 그만큼 판매가의 변동 폭이 크게 벌어질 수 있다는 것을 의미한다. 판매자의 마음 먹기에 따라서 가까운 사람에게는 무상으로 공급할 수도 있고, 낯선 사람에게는 터무니없이 높은 가격으로 판매할 수도 있다는 개연성을 열어 놓게 한다. 이처럼 가격의 진폭이 큰 판권료의 가변성은 시장에서 판매자(Seller)의 권한을 강화하는 직접적인 요인이 되기도 하고, 이런 특성이 콘텐츠 마켓을 샐러스 마켓으로 자리하게 한다.

(2) 관계의 지속성과 인간관계

수요자와 공급자의 관계 측면에서 콘텐츠 마켓은 일반 마켓과 다른 또 하나의 특성을 보인다. 일반 마켓이 불특정 다수의 일반 대중을 상대로 폭넓게 영업을 한다면, 콘텐츠 마켓은 방송사나 유통회사, 프로덕션, 출판사, 캐릭터 제조사 등 제한된 업종을 상대로 제한적인 영업을 한다. 제한된 업종을 상대로 한 제한적인 영업은 통상적으로 비즈니스의 지속성을 강화해주고, 공급자와 수요자의 관계를 전인적인 형태로 만들어 준다. 콘텐츠 마케팅의 기본 노하우를 공급자와 수요자 사이의 오랜 인간관계에서 찾는 이유도 여기에 있다. 인간관계의 축적 없이 이뤄지는 거래는 흔히, 이윤추구에 매달리는 경향을 보이기도 한다. 왜냐하면 상호관계나 콘텐츠 비즈니스의 지속적인 특성을 고려하지 않고, 한탕주의로 흐르기 쉽기 때문이다. 또, 이것이 가격상승을 부추기는 요인이 되기도 한다.

사례: 최초의 미국 메이저리그 베이스볼(MLB) 박찬호 경기의 국내 중계

박찬호가 마이너에서 메이저리그로 승격해 본격적인 활동을 시작하던 1995년 10월, 박찬호(LA다저스 소속)는 데뷔무대인 샌디에이고 파드레스와의 경기와 두 번째 경기인 시카고 컵스 전에서 아쉽게도 승리를 따내지 못해 0승 0패, 방어율 4.50으로 데뷔 첫 시즌을 마칠 수밖에 없었다. 그러나 한국인 최초의 메이저리거인 박찬호를 바라보는 한국 야구팬들의 열렬한 성원과 기대는 엄청난 것이었다.

이즈음 KBS는 국민의 여망을 등에 업고 1996~1997년도 박찬호 등판 경기의 국내 TV 중계방송권을 확보하기 위해 메이저리그의 해외판권사업을 관장하는 MLBI(Major League Baseball International)측과 중계권료 협상을 벌이고 있었다. 고액의 중계권료를 집요하게 요구하는 MLBI를 상대로 한 협상에서 KBS는 박찬호가 한국인 최초의 메이저리거라는 방송 가치는 인정하지만, 아직 상품성이 충분히 검증되지 않은 상태라는 주장을 펴면서 MLBI측을 설득해

30만 달러에 2년 계약으로 쌍방의 접점을 찾는 데 성공했다. 이렇게 시작된 국내 중계방송 첫해인 1996년, 박찬호는 5승 5패를 기록한다. 비록 호기록은 아니지만, 가능성을 읽을 수 있는 근거가 되었다.

1997년은 중계권자인 KBS가 MLBI를 상대로 1998년 이후의 중계를 위한 방송권료 추가 협상에 들어간 해다. 그런데 박찬호는 1997년에 14승 8패라는 놀라운 기록을 세운다. 계약 1년 차인 1996년에는 상품성이 검증되지 않았다는 KBS측의 주장을 받아들여 MLBI측이 다소 느긋한 입장을 취했지만, 계약 2년 차인 1997년에 박찬호가 엄청난 괴력을 발휘하자, MLBI측은 추가 협상에 임하는 KBS를 궁지로 몰아 방송권료를 대폭 올리겠다는 야심을 드러낸다. 그러나 KBS는 국민의 세금으로 운영되는 공영방송으로 연평균 15만 달러에 불과하던 중계 방송권료를 일시에 몇백 %씩 올려줄 수 있는 입장이 아니어서 협상은 난항을 겪을 수밖에 없었다.

이 틈을 노린 ITV(인천방송)가 민간방송의 특성을 살려 발 빠르게 3년 계약에 550만 달러라는 엄청난 거액을 제시하며 메이저리그 박찬호 등판 경기의 중계방송권을 가져가 버린다. 급격히 상승한 중계방송권료의 지불을 놓고 비난의 여론이 비등하기도 했으나, 다행히 ITV가 권리를 확보한 첫 해 박찬호는 15승 9패를 기록했고, 다음 해인 1999년에는 13승 11패, 계약 마지막 해인 2000년에는 18승 10패라는 화려한 기록을 세움으로써 ITV는 거액의 방송권료 지불과 관련한 비난 여론의 화살로부터 자유로워질 수 있었다.

박찬호의 상품 가치가 천정부지로 뛰어오르자, 욕심이 난 MBC는 4년 계약에 3,200만 달러라는 거액을 제시하며 배팅에 들어가, ITV의 협상우선권을 빼앗아 가버린다. 그러나 이런 MBC의 모험은 불행히도 박찬호의 피칭이 급격히 하향곡선을 그리는 시점과 맞물리면서 시련을 겪게 된다. 계약 첫해인 2001년의 15승 11패를 제외하고, 박찬호는 2002년 9승 8패, 2003년 1승 3패, 2004년 4승 7패로 최악의 상황에 빠져든다.

이처럼 텔레비전 중계방송권료가 6년이라는 짧은 기간 동안 15만 달러에서 800만 달러로, 53배 이상 급상승한 데에는 여러 가지 요인이 있다. 박찬호가 갖는 선수로서의 스타성과 국내 팬들의 열성적인 성원과 지지, 방송사 간의 뜨거운 중계 경쟁, 또 이를 적극 협상에 이용하는 MLBI만이 가지고 있는 박찬호 콘텐츠의 '유일성'과 '오리지널리티'에서 찾을 수 있다. 박찬호 경기의 중계방송권을 MLBI만이 가지고 있고, MLBI는 박찬호 콘텐츠를 확보할 수 있는 유일한 창구이기 때문이다. 그러나 또 다른 이유를 찾는다면, 박찬호라는 걸출한 스타의 갑작스런 부상(浮上)으로, 수요자인 국내 방송사와 공급자인 MLBI측이 오랜 기간 거래를 통해 쌓아야 할 전인적인 관계, 즉 '관계의 지속성과 인간관계'가 부재한 데서 찾을 수 있다. 그러기 때문에 MLBI는 먼 미래를 내다보지 않고, 한국 시장에서 이윤추구에만 골몰할 수 있었던 것이다.

2. 문화콘텐츠 마케팅의 실제

1) 거래의 방식과 종류

(1) 실렉션딜(Selection Deal)

가장 기본적인 형태의 거래방식이다. 실렉션딜은 공급자가 가지고 있는 영상 타이틀 가운데서 수요자가 원하는 타이틀만 골라서 구매하는 형태의 거래방식이다. 수요자의 입장에서는 꼭 필요한 타이틀만 골라서 구입할 수 있기 때문에 구매예산의 효율적 관리와 재고의 부담에서 벗어날 수 있어 좋다. 그러나 공급자 입장에서는 자칫 판매하기 어려운 '정크'(Junk) 타이틀만 재고로 떠안는 셈이 돼 후속 판매에 부담을 가질 수도 있다. 그러기 때문에 공급자는 -쉽지 않은 일이지만- 항상 우수한 타이틀을 골라서 판매 라인업을 구축하도록 신경을 써야 한다.

(2) 패키지딜(Package Deal)

공급자의 풍부한 라이브러리에서 수요자가 원하는 콘텐츠만 한 편 한 편씩 골라서 구매하는 실렉션딜과 달리, 패키지딜은 10편 또는 20편, 묶음 단위로 타이틀을 판매 또는 구매하는 방식이다. 이 방식은 수요자에게는 예산 절감과 물량확보 면에서 유리한 측면도 있다. 그러나 자칫 공급자의 전략적 계산이 남용될 경우, 불공정 거래방식으로 둔갑할 수도 있다. 제작 연도가 오래되었거나 프로그램의 질이 다소 떨어지는 타이틀들을 고가의 우수 타이틀에 끼워서 판매하는 경우가 대부분이기 때문이다.

한국 영화의 수준이 높아진 요즘에는 미국의 메이저 영화사들이 이와 같은 불합리한 거래방식을 강요하기가 어렵지만, 1980~1990년대와 같이 한국 영화가 오랜 침체기에 빠져있던 시절에는 엄청난 폐해를 가져오기도 한다. 그 당시 KBS, MBC, SBS 등 지상파 방송 3사는 각기 연간 150여 편 내외의 영화를 확보해야 한다. 주말 편성과 설·추석·연말연시 등 계기별 특집편성에 필요했기 때문이다. 이를 전부 합치면 연간 450여 편의 우수한 영화 소요(所要)가 발생한다.

그런데 한국 영화의 연간 제작 편수가 70~80여 편에 머물고, 그중에서도 방송으로 내보낼 수 있는 수준의 영화가 30여 편밖에 되지 않았던 시절에는 각 방송사가 확보할 수 있는 한국 영화의 평균 구매 가능 편수는 10여 편 내외로, 정부가 정한 한국 영화 의무편성 비율도 채우기 어려운 실정이었다. 이런 한국 내의 불리한 시장 상황이 미국 메이저 영화사들에게는 패키지딜을 강요할 수 있는 조건이 된다.

외국의 공급자들은 통상적으로 국내 구매 파트너사를 방문해 판매 가능 리스트를 놓고 협상을 벌인다. 그런데 미국 메이저 영화사들은 이와 반대로 자신들이 머무는 숙소로 방송사 구매 담당자들을 불러들인다. 이들이 하는 협상 패턴은 세 가지 형태로 분류할 수 있다. 첫째는 한국 방문 전, 팩스나 이메일로 구매 희망 방송사별로 각기 다른 패키지 리스트와 토털 가격을 제시하며, 그 패키지 범위 안에서 구매 협상이 이뤄지도록 강요하는 형태다. 둘째는 각각의 패키지를 모두 오픈하고 방송사들이 그중에서 선택할 수 있게 하는 형태다. 셋째는 패키지 리스트와 가격을 공개하지 않은 채 한국을 방문해 국내 방송사들이 암흑 속에서 서로 경쟁하도록 상황을 유도해 패키지의 가격을 최대한 끌어올리는 협상 전략의 형태가 그것이다.

공급자의 이 같은 횡포는 구매 희망 방송사의 당연한 권리인 원하는 타이틀의 선택 기회를 제한하고, 패키지 가격의 협상 폭 또한 제한하게 한다. 특히 패키지 안에 흥행에 성공한 대작 영화, 일명 블록버스터가 한두 편 포함됐을 경우, 그 패키지는 상대적으로 부실해지기 쉽다. 이런 패키지딜의 폐해는 외화 수입과정에서 또 다른 편법을 낳기도 한다. 외화를 수입할 때, 정부의 승인이 필요했던 1980~90년대에는 암묵적으로 정부가 설정해 놓은 수입 가격에 대한 가이드라인이 존재했다. 그러기 때문에 상한선을 넘는 외화는 수입이 불가능했다.

특A급 블록버스터 영화는 비싸니까 수입하지 말라는 이야기나 다름없다. 그러나 시청자의 수요가 있으니, 이를 피하기 위한 수단으로 방송사들은 특A급, A급 영화의 가격을 수입 상한선에 맞추고, 여기에서 발생한 나머지 차액을 값싼 B급, C급 영화의 가격에 덧붙여 수입 상한선제를 피해 나갔다. 그런데 이런 편법은 또 다른 문제를 야기한다. 비공식적으로 시행되었던 수입 상한선제는 결과적으로 외국 영화의 평균 수입가격을 올려놓는 결과를 초래한다. 한 번 형성된 시장 가격은 좀처럼 내려가지 않는다. 수입 상한선제를 피하기 위해 편법으로 올린 B급, C급 영화의 장부상 가격이 실제, 시장 가격이 돼버리는 고착화 현상을 보이는 것이다.

(3) 라이브러리딜(Library Deal)

다양한 장르의 콘텐츠를 다량 확보하고 있는 해외 방송사[배급사]와 콘텐츠가 필요한 국내 방송사 간의 거래에 적합한 방식이 '라이브러리딜'이다. 구매 방송사가 공급사의 콘텐츠 라이브러리를 일정 기간 독점적으로 활용할 수 있는 특별한 형태의 거래방식이다. 구매 방송사는 수준 높은 콘텐츠를 저렴한 가격에 안정적으로 확보할 수 있어서 좋고, 공급사는 경기의 부침과 관계없이 다량의 콘텐츠를 안정적으로 배급할 수 있어서 좋은 거래 형태다. 그러나 해외 방송사[배급사]의 라이브러리에 대한 평가를 잘못했을 경우, 구매 방송사는 어려운 지경에 처할 수도 있다. 라이브러리에 대한 평가에 신중을 기해야 하는 이유다.

(4) 아웃푸트딜(Output Deal)

라이브러리딜과 유사한 면을 갖고 있는 '아웃푸트딜'은 콘텐츠의 독점적 다량 구매방식을 일컫는다. 미국의 '디즈니/터치스톤'과 KBS가 오랜 기간 맺었던 계약이 아웃푸트딜의 대표적인 사례다. 미국의 7대 메이저 영화사 중 하나인 디즈니/터치스톤은 다른 메이저 영화사와는 달리, 영화뿐 아니라 세계적으로 유명한 애니메이션과 시리즈, 시트콤 등 다양한 장르의 풍부한 라이브러리를 가지고 있고, 각각의 장르는 우수한 작품들로 구성되어 있어 아웃푸트딜 형태의 거래방식에 유리한 조건을 갖추고 있다.

아웃푸트딜을 할 수 있는 공급사의 기본적인 요건은 매년 영화, 애니메이션, 시리즈, 시트콤, 다큐멘터리 등 각 장르별로 새로이 제작 발표되는 콘텐츠들이 특A급을 포함해서 다량의 우수한 작품들로 포진해 있어야 하고, 이런 뛰어난 콘텐츠 라인업이 매년 지속적으로 유지되어야 한다는 점이다. 이런 점에서 아웃푸트딜의 파트너를 찾는다는 것이 결코 쉬운 일은 아니다. KBS와 디즈니/터치스톤의 아웃푸트딜이 타 방송사들의 견제와 심한 경쟁 속에서도 10여 년 이상 지속될 수 있었던 것은 KBS와 디즈니/터치스톤, 양사 모두 자신들의 이기적 본성을 충족시킬 수 있는 요건을 서로가 갖추고 있었기 때문이다.

KBS는 디즈니/터치스톤의 세계적으로 유명한 만화영화와 화려한 장편영화 라이브러리가 필요했고, 디즈니/터치스톤은 한국 시장의 진출을 위해 가장 영향력 있는 방송 매체가 필요했다. 이런 쌍방 간의 니즈가 KBS와 디즈니/터치스톤의 아웃푸트딜을 성사시켰고, 계약이 이뤄지던 1990년대 초, 당시로서는 힘든 결정이었지만, KBS는 〈디즈니 만화동산〉이라는 디즈니/터치스톤의 브랜드명을 사용하는 타임블록을 선물했고, 디즈니/터치스톤은 이에 대한 보상으로 시장 가격보다 저렴한 가격으로 디즈니/터치스톤의 장편영화와 애니메이션을 KBS에 독점 공급했다.

그러나 아무리 훌륭한 제작사라 해도 매년 영화, 애니메이션, TV시리즈, 시트콤 등 모든 장르에서 우수한 작품만을 양산해낼 수 있는 것은 아니다. 실패도 따르기 마련이다. 여기에 아웃푸트딜의 위험요인이 있다. 특히, 외국과의 정서적 차이가 크게 드러나는 시트콤 장르의 경우는 협상 테이블의 계륵이 되곤 했다. 1995년 SBS가 제작 방송한 시트콤 〈LA 아리랑〉의 성공 이후, 우리 시청자들도 이제는 국내 제작 시트콤에 많이 익숙해져 있지만, 1960년대 초 출발한 한국 텔레비전 역사상 외국 시트콤이 국내에서 성공한 경우는 1960년대 말부터 1970년대 초까지 방송된 미국 CBS의 〈왈가닥 루시〉(I Love Lucy)와 1980년대 말에 방송된 〈코스비 가족〉(The Cosby Show) 정도로, 그만큼 외국 시트콤이 국내 시청자들의 사랑을 받기란 쉽지 않은 문제였다. 그런데 1990년대 말 당시 디즈니/터치스톤이 갖고 있던 시트콤은 〈아빠 뭐하세요〉(Home Improvement) 정도였다. 물론, 미국에서는 최고의 시청률을 자랑하는 시트콤 시리즈였지만, 국내에서의 성공을 장담할 수는 없었다. 결국 아웃푸트딜에 묶여 KBS는 이를 구매해 방송했지만, 예상을 빗나가지는 않았다.

급격한 시장 상황의 변화 또한 공급자와 수요자의 갈등을 부추기는 요인으로 작용한다. 3~4년에 한 번씩 이뤄지는 아웃푸트딜 계약 갱신은 변화된 시장 상황을 반영해 계약 내용을 수정하게 되는데, IMF 직전인 1990년대 중반 이후, 급격히 상승한 외국 영화의 수입가격은 디즈니/터치스톤과 KBS의 관계를 악화시킬 뻔했다. 왜냐하면 당시 다른 미국 메이저 영화사들의 특A급 영화 공급가격이 엄청나게 오른 상황에서 디즈니/터치스톤은 아웃푸트딜에 묶여 일정 비율 이상 공급가격을 올릴 수 없는 상황이어서 저가에 우수 영화를 공급할 수밖에 없었기 때문이다.

(5) 올라이트딜(All Right Deal)

콘텐츠의 모든 권리, 예를 들어 방송권, 비디오권, 캐릭터권, 출판권 등을 한꺼번에 일괄 구매하는 방식을 '올라이트딜'이라고 한다. 콘텐츠에 대한 개별적인 권리 확보에 비해 가격 측면에서 유리한 이점이 있다. 그러나 콘텐츠가 가지고 있는 개별적인 권리에 대한 판로를 확보하지 못한 채 성급하게 올라이트딜을 성사시킬 경우, 구매자는 재정적인 부담과 함께 위험을 떠안을 수도 있다.

완구, 캐릭터 제조사들은 애니메이션을 수입하면서 올라이트딜 방식을 취하는 경향이 있는데, 이는 매출을 극대화하기 위한 전략의 하나로 볼 수 있다. 예를 들어서 방송사와 사전 협의를 통해 해당 애니메이션의 방송 편성 가능성을 타진하고, 올라이트딜을 성사시키면 방송사는 방송사대로 애니메이션의 방송권 직구에 따른 고비용을 피할 수 있게 되고, 완구나 캐릭터 제조 유통사는 올라이트딜로 저렴하게 구입한 애니메이션의 방송권을 싼 가격으로 방송사에 제공하면서 동시에 방송과 함께 이뤄질 광고효과로 완구나 캐릭터의 제조 판매에 유리한 고지를 점할 수 있게 된다. 또한 방송이 끝난 후 방송사로부터 더빙권을 구입해 올라이트딜로 확보한 비디오의 출시에 활용할 수도 있어, 독자적인 비디오 출시로 지불하게 될 제작비의 절반 이상을 줄일 수 있다. 이처럼 방송사와 완구, 캐릭터 제조사의 협력 관계는 모두가 윈윈할 수 있는 상생전략으로, 과도한 외환 사용을 피할 수 있는 방법이 되기도 한다.

(6) 타임블록 편성방식 딜

공급자의 브랜드명을 프로그램의 타이틀에 명기해주는 거래방식이 타임블록 편성방식 딜이다. 판권료 협상을 원망하게 이끌기 위한 방안의 하나로 채택될 수 있다. KBS와 디즈니/터치스톤과의 타임블록 편성방식 딜이 대표적인 사례다. KBS는 디즈니/터치스톤과 아웃푸트딜을 진행하면서 공급자의 브랜드명을 사용한 〈디즈니 만화동산〉이라는 어린이 만화 시간대를 매주 일요일 아침 1시간씩 정기 편성해주는 조건으로 가격협상을 유리하게 이끌었다. 이런 타임블록 편성방식 딜은 공급자에게는 자사의 구매국 내 인지도를 높일 수 있는 기회가 되고, 구매국 내 추가 시장 확대에도 유리하게 작동한다. 구매자에게는 공급자의 세계적인 브랜드 파워를 이용할 수 있어서 시청자 확보에 유리한 위치에 서게 된다. 다큐멘터리 편성이 많은 KBS가 세계적인 다큐멘터리 제작 배급사인 미국의 내셔널 지오그래픽과 영국 BBC 방송 등과 맺었던 거래 또한 타임블록 편성방식 딜의 한 사례라고 할 수 있다.

(7) 광고를 연계한 편성시간대 판매방식 딜

구매력이 약한 저개발국과의 판권료 협상에 유용한 거래방식이 '광고를 연계한 편성시간대 판매방식 딜'이다. 구매를 희망하는 방송사는 편성시간을 제공하고, 에이전트는 공급자로부터 콘텐츠를 제공받아 광고를 붙여 방송사에 납품하는 방식이다. 구매를 희망하는 방송사는 판권료 부담 없이 콘텐츠를 확보할 수 있고, 콘텐츠 공급자는 에이전트로부터 광고 수익의 일부를 판권료로 받는다. 우리나라에서는 찾아보기 힘든 낯선 방식이지만, 1990년대 베트남에서는 일반화된 콘텐츠 거래방식 중의 하나로 자리 잡았다. 그러나 비용 부담 없이 손쉽게 매출을 일으킬 수 있는 이점도 있으나, 자칫 방송의 아이덴티티와 편성의 일관성을 상실할 수도 있는 위험도 따른다.

2) 판권과 윈도우, 홀드백

(1) 판권

영상 콘텐츠와 관련한 지적재산권, 즉 판권은 극장, 비디오, 텔레비전, 멀티미디어, 캐릭터, 음반, 출판, 더빙, 오디오 등 여러 개의 카테고리로 지적 권리가 나뉘며, 각각의 범주는 다시 적용 대상과 범위에 따라 세분화된다. 방송 판권은 지상파TV를 비롯해서 케이블TV, 위성TV, 인터넷, DMB 방송 등으로 나뉘며, 지상파TV 판권은 전파가 도달되는 범위, 즉 방송권역을 기준으로 지역TV 방송 판권, 전국TV 방송 판권으로 나눌 수 있고, 케이블TV 판권은 페이TV와 프리 케이블TV 판권으로 나뉘며, 멀티미디어 판권은 첨단 디지털 기술의 발달과 함께 다양한 미디어가 탄생하면서 CD, VCD, LCD, CD ROM, DVD, 인터넷 등 여러 가지로 권리가 세분화되고 캐릭터 판권은 방송, 출판, 문구, 팬시, 완구 등 적용되는 상품의 분류에 따라 권리가 세분화되기도 한다.

(2) 윈도우(Window)

영상콘텐츠 판권은 -앞서 언급한 대로- 여러 개의 카테고리로 구성되어 있다. '윈도우'란 그 각각의 카테고리를 일컫는 말이다. 그렇다면 윈도우는 왜 설정되는 것일까? 통상, 영화 판권의 경우 '극장→비디오→케이블(Pay TV)→케이블(Free TV)→지상파TV→위성TV' 등의 순으로 윈도우가 설정된다. 이같은 순서는 최대의 판권 판매를 위한 전략과 맞닿아 있다.

극장은 제한된 공간이다. 관객의 수가 제한적일 수밖에 없다. 그러기 때문에 제한된 인원에게 고가의 입장료를 부과하고, 이를 통해 수익을 창출한다. 비디오 시장은 극장에 비해 오픈되어 있고, 극장 관객 수보다 많은 고객층이 형성돼 있다. 대여료 또한 극장 입장료보다는 싸지만, 텔레비전 시청료보다는 상대적으로 비싸 매출 규모가 극장 다음으로 큰 윈도우다. 케이블TV는 비디오 시장의 유동적인 고객층과는 달리 다수의 고정적인 시청자층을 확보하고 있고, 수신료 또한 지상파나 위성방송에 비해 상대적으로 비싸 제작자에게는 비디오 다음으로 매출을 올리기에 좋은 시장이다. 가끔 지상파TV와 윈도우가 뒤바뀌는 경우도 있으나, 매출의 극대화를 위한 전략적 차원의 접근을 원한다면 관객이나 시청자의 수가 적은 윈도우, 케이블TV에서 많은 윈도우, 지상파TV로 옮겨가는 것이 유리하다. 지상파TV는 불특정 다수의 시청자를 대상으로 하는 방송으로 극장과 비디오, 케이블에 비해 광범위한 시청자층을 형성하고 있고, 시청료 또한 상대적으로 저렴하다. 위성방송은 지상파 방송에 비해 훨씬 더 넓은 방송권역을 가지고 있고, 접촉자 수 또한 지상파에 비해 많을 개연성을 가지고 있다. 이처럼 윈도우의 배급순서는 판권 판매를 통해 최대의 매출을 기록하기 위한 전략적 차원에서 이루어진다.

(3) 홀드백(Holdback)

각각의 윈도우에 주어진 권리를 일정 기간 판권 소유자가 독점적으로 행사할 수 있도록 권리를 보장해주는 시스템이 '홀드백'이다. 윈도우 사업자들이 최대한의 수익을 창출할 수 있도록 독점적인 권리행사 기간을 설정해주는 것이다. 그런데 요즘은 윈도우와 윈도우 사이의 홀드백 기간이 점차 짧아지는 경향을 보이고 있다. 예를 들어, 1990년대 초까지만 해도 극장에서 개봉된 영화가 지상파TV를 통해 방송되기까지 비디오와 케이블TV 윈도우를 거치느라 2년여의 기간이 소요되었는데, 최근에는 6개월도 채 안 된 상태에서 방송이 될 정도로 홀드백 기간이 짧아졌다. 간혹 윈도우 간에 설정된 홀드백 기간을 위반해서 해당 윈도우 사업자의 사업권을 침해하는 경우가 발생하기도 한다. 다음 사례는 영화 〈빛은 내 가슴에〉의 감독 겸 제작자가 윈도우 간 홀드백 기간 위반을 사유로 관계사들을 제소한 사건이다.

사례

영화 제작자는 영화진흥공사와 삼성물산, KBS영상사업단(현 KBS미디어)을 상대로 손해배상청구소송을 제기했다. 영화진흥공사는 시나리오 공모에 당선된 〈빛은 내 가슴에〉의 제작비 일부를 지원하면서 방송 판권을 확보한다. 그리고 이 권리를 삼성물산에 판매했고, 영화 전문 케이블TV인 '캐치온'을 운영하고 있던 삼성물산은 영화진흥공사로부터 확보한 방송 판권 중 케이블 판권은 자사의 채널을 위해 활용하고, 나머지 지상파 방송 판권은 KBS영상사업단에 판매하면서 1997년 2월 이후에 방송하도록 계약서상에 홀드백 기간을 명시했다. 그런데 KBS영상사업단이 1997년 4월 20일 '장애인의 날' 특집방송용으로 확보한 이 영화를 본사의 편성 담당자가 1996년 12월 크리스마스 특집으로 방송을 내보내면서 문제가 발생했다. 편성 담당자는 "홀드백 기간이 2개월 정도밖에 안 남았으니까 괜찮겠지." 하고 안이하게 생각했을지도 모른다. 아무튼 KBS는 홀드백 기간을 위반했고, 이로써 소송에 휘말리게 된다.

물론, 영화제작자의 소 제기는 기각되었다. 왜냐면 홀드백 위반의 피해 당사자는 실제 삼성물산이고, 소를 제기한다면 영화제작자가 아닌 삼성물산이 해야 하는데, 캐치온은 이미 영화의 방영을 마친 상태였고, 그러기 때문에 홀드백 기간이 남아 있다 해도 계약서대로 방송을 마쳤기 때문에 더는 방영을 할 수 없는 상태, 다시 말해 홀드백 기간이 무의미한 상태에 있었기 때문이다. 그러다 보니 삼성물산도 KBS에 대해 별다른 이의를 제기하지 않았다. 비록 2개월이지만, 홀드백 기간의 위반이 다른 윈도우 사업자에게 불이익을 줄 수 있다는 사실을 상기시키게 하는 사례다.

3) 문화콘텐츠와 지적재산권

(1) 저작권(Copyright)

영상콘텐츠에 대한 권리는 -일반 지적재산권과 마찬가지로- 저작권, 저작인접권, 저작인격권 등으로 나뉜다. 저작권은 제작비를 투입해서 콘텐츠를 완성한 사람이나 기업, 즉 콘텐츠의 제작자(프로듀서)나 제작사가 소유하게 된다. 간혹 방송사로부터 프로그램을 수주받아 콘텐츠를 제작하는 외부 프로덕션들이 프로그램에 대한 소유권을 주장하며 콘텐츠의 편집, 재제작, 판매 등 콘텐츠의 활용을 주장하는 경우도 발생한다. 그러나 이 경우, 방송사와 제작사 간의 계약 관계를 잘 살펴볼 필요가 있다. 계약의 조건에 따라 소유권의 향방이 달라질 수 있기 때문이다. 그러나 방송사가 영상물 제작에 따른 일체의 비용, 즉 제작비를 부담하는 경우 -특별한 경우를 제외하고- 영상콘텐츠에 대한 권리는 대부분 방송사의 소유가 된다. 물론, 제작사가 자체 자금으로 영상물을 제작하는 경우는 다르다. 콘텐츠에 대한 권리는 당연히 제작사의 소유가 된다.

(2) 저작인접권(Neighboring Right)

영상물에 대한 2차 저작권, 즉 저작인접권은 콘텐츠 제작에 관련된 작가나 번역자, 배우, 성우, 배경음악 작곡자, 연주자 등에 속한 권리다. 드라마를 재방송할 때, 방송된 영상물을 해외에 수출할 때, 애니메이션과 같이 더빙한 외국 영상물을 방송한 후 타 윈도우에 판매할 때 등 이미 제작, 방송된 콘텐츠가 또 다른 윈도우에서 수익을 창출하게 되면, 그때 저작인접권이 발생한다. 해외수출이나 콘텐츠의 상품화가 미미하고 케이블이나 위성방송도 없던 시절에는 작가협회나 번역작가협회, 성우협회 등도 저작인접권을 위해 조직적으로 움직이지 못했다. 시장이 없다 보니, 요구할 수도 없는 유명무실한 권리였다. 그러다가 1995년 케이블TV 30여 개 채널이 동시에 출범하면서 저작인접권이 주목을 받기 시작한다.

수입 외화를 더빙 제작할 때 방송사는 더빙과 관련한 일체의 비용, 즉 대본 번역료, 성우 출연료, 연출료 등을 지불한다. 그러니까 당연히 그 더빙권이 방송사의 소유라고 생각해 왔다. 그런데 1995년 케이블TV 방송이 시작하면서 국제 간에 분쟁이 발생한다. 미국의 메이저 영화사들이 한국의 방송사들을 상대로 한국어 더빙 판권을 요구한 것이다. 케이블TV 출범 이전에는 전혀 없었던 일이다. 그러나 신규 시장이 탄생하면서 오랜 세월 감추어 왔던 그들의 요구가 터져 나오기 시작한다.

KBS가 개국한 1961년 12월 이후, 30년 넘게 한국의 방송사들은 관례적으로 미국 메이저 영화사들과 외화 수입 계약을 할 때, 계약서에 첨부된 깨알같이 작은 글씨로 쓰인 세부 규약에는 별 관심을 두지 않았다. 그런데 '악마는 디테일에 있다.'고 하듯이 그 세부 규약에 2차 저작권인 한국어 더빙권이 배급사의 소유임을 밝히고 있다. 그러나 오랜 세월 한국 시장에서 저작인접권을 활용할 윈도우가 없었기 때문에, 미국 메이저 영화사들도 이와 관련한 언급을 할 필요가 없었고, 그런 면에서 이 규정 자체도 유명무실한 것이었다.

문제가 터진 것은 1995년 케이블TV가 출범하면서부터다. 한국의 지상파 방송 3사는 급당황할 수밖에 없었다. 경쟁자이면서도 서로 머리를 맞대고 이에 대한 공통 대응책 마련에 부심했다. 1960년대부터 1990년대 중반까지 방송 3사가 수입한 엄청난 양의 외화 전체 물량의 2차 저작권, 저작인접권을 넘겨준다는 것은 상상도 할 수 없는, 불가능한 일이었다. 다행히 이번 장 '1. 문화콘텐츠 마켓 - 2)마켓의 특성 - (2)관계의 지속성과 인간관계'에서 언급했던 것처럼, 문화콘텐츠 마켓의 특성이 급

박했던 시장 상황을 조용히 마무리할 수 있게 해주기는 했지만, 당혹스러운 순간이었음은 분명하다.

(3) 저작인격권(Author's Moral Right)

저작권 주체의 인격적 이익을 보장하기 위한 권리가 저작인격권이다. 공표권, 성명표시권, 동일성유지권 등으로 구성된다. 공표권은 저작자가 저작물의 공표 여부를 결정할 권리를 말하며, 성명표시권은 저작물의 공표에 있어서 저작권자가 실명 또는 이명을 표시할 권리를 말하고, 동일성유지권은 저작물의 내용이나 형식, 제호 등의 동일성을 유지할 권리를 지칭한다. 영상콘텐츠에 있어서도 저작인격권은 중요한 권리 항목 중 하나다. 영상물 제작자가 자신이 제작한 콘텐츠에 배경음악을 사용하고자 할 때 통상 음악사용에 대한 저작권료와 저작인접권료를 지불하면 모든 법적 조치가 끝나는 것으로 생각하기 쉽다. 그러나 음악이 오디오로서가 아니라, 또 다른 장르인 영상과 결합할 때는 상황이 달라진다. 저작물의 내용이나 형식, 제호 등의 동일성을 유지할 권리, 즉 동일성유지권 때문이다.

1997년 KBS가 영국 BBC로부터 유아교육용 프로그램 〈텔레토비〉를 수입, 방송할 때도 동일성유지권과 관련해 제작사인 렉돌(Ragdoll)로부터 많은 이의 제기가 있었다. 특히, 더빙 중심의 다른 외화와는 달리 영국 버전인 〈Teletubbies〉를 우리 어린이들에게 적합하도록 한국어판으로 재제작해야 하는 입장에서 내용의 편집 등 현저하게 동일성유지권을 손상하는 문제들이 발생했기 때문이다. 예를 들어, 프로그램의 타이틀 〈Teletubbies〉를 〈꼬꼬마 텔레토비〉로 바꾸는 문제, '팅키윙키, 딥시, 라라, 포' 등 4명의 주인공 이름을 '보라돌이, 뚜비, 나나, 뽀'로 새롭게 개명하는 문제, 프로그램이 시작하고 끝날 때 등장하는 영국 아가 '해님'의 얼굴을 한국 아가 '해님'의 얼굴로 바꾸는 문제 등 일일이 제작사의 승인을 받아 가며 최대한 원작자의 동일성유지권을 지켜주기 위해 노력하며, 프로그램을 완성했다.

4) 판권료

(1) 산출 근거

판권료는 콘텐츠를 사용하기 위해 지불하는 저작권료다. 흔히, 콘텐츠 가격이라는 이름으로 불린다. 세계적인 콘텐츠 비즈니스 전문 잡지인 〈티비아이〉(TBI, Television Business International), 〈채널 21〉(Channel 21), 〈리얼 스크린〉(Real Screen) 등은 매년 새해가 되면 세계 각국의 콘텐츠 국제 거래가격을 장르별로 조사 발표한다. 전년도에 형성된 국가별 콘텐츠의 시장 거래가격은 거래 당사자인 판매자나 구매자들에게 새롭게 형성될 국제 콘텐츠 시장의 국가별 판권료 기준가, 즉 가격 가이드라인이 된다. 이 자료들을 비교 분석해 보면, 판권료의 산출 근거가 될 만한 여러 가지 단서들을 발견하게 된다.

가. 국내총생산(GDP) 규모

영화와 드라마를 제외한 텔레비전 프로그램의 일반적인 유형으로는 와일드라이프/과학 다큐멘터리, 리얼리티 프로그램, 뉴스 시사 프로그램, 예술/음악 프로그램, 생활/여행 프로그램, 역사 프로그램 등이 있다. 그런데 〈리얼 스크린〉의 '팩츄얼 프라이스 가이드'(Factual Price Guide)[877]에 의하면 세계 각국이 구입하는 TV프로그램의 최고 평균 구매가격과

877 2002년 3월호.

해당 장르는 [표 11-01]과 같다. 이 표에서 확인할 수 있듯이, TV프로그램의 구매가격, 즉 판권료는 나라마다 큰 차이를 보이고 있다. 그중에서도 특히 1위인 미국의 판권료는 2위인 독일의 4배, 3위인 영국의 6배, 4위인 프랑스의 9배, 5위인 호주의 17배가 훨씬 넘는다. 이들 5개국은 모두 OECD의 대표적인 국가들로 이들 국가의 GDP를 살펴보면 [표 11-02]와 같다.

[표 11-01] 세계 각국의 TV프로그램 최고 평균 구매가격

가격 순위	국명	장르	평균 판권료($)
1	미국	리얼리티	268,500
2	독일	역사	66,045
3	영국	리얼리티	44,454
4	프랑스	역사	28,967
5	호주	와일드라이프(자연)	15,096

[표 11-02] OECD 5개국 GDP

순위	국명	GDP
1	미국	10,987.9
2	독일	2,403.2
3	영국	1,794.9
4	프랑스	1,758.6
5	호주	505.1

단위: 10억$, 2003년도.

[표 11-02]에 의하면 GDP가 가장 높은 나라는 미국이다. 독일의 4.5배, 영국과 프랑스의 6배, 호주의 21.7배임을 확인할 수 있다. 이처럼 국가별 판권료 순위표와 국가별 GDP 순위표를 살펴보면, 모두 '미국→독일→영국→프랑스→호주'의 순으로 나타나고 있다. 다시 말해 판권료 산출의 가장 기본이 되는 근거가 국내총생산(GDP)임을 알 수 있게 해

주는 대목이다. 그렇다고 GDP가 판권료를 결정하는 유일한 근거는 아니다. [표 11-03]은 GDP와 인구수에 대한 통계청 자료와 〈TBI〉의 '프라이스 가이드 2004'에 나온 지상파TV용 다큐멘터리 구입가를 정리한 것이다.

[표 11-03] GDP와 인구수, 지상파TV용 다큐멘터리 구입가 비교

국명	GDP	인구수	구입가
한국	605.2	47,925,000	1,500~5,000
노르웨이	220.9	4,533,000	12.000~21.000
스웨덴	301.8	8,876,000	

단위: 10억$, 2003년 기준.

이를 보면 한국의 국내총생산이 스칸디나비아 국가에 속하는 노르웨이, 스웨덴에 비해 2~3배 높음을 알 수 있다. 그러나 다큐멘터리 구입가는 오히려 노르웨이와 스웨덴이 한국에 비해 8~14배 높은 가격임을 알 수 있다. 이는 곧, 판권료 산출이 국내총생산뿐만 아니라 인구수에 따른 1인당 GDP의 영향을 받고 있음을 확인시켜주는 증거다.

나. 국가별 수요

콘텐츠의 국가별 수요도 판권료 산출의 중요한 근거가 된다. 지상파, 케이블, 위성, 인터넷, DMB 방송 등 콘텐츠를 필요로 하는 전체 미디어 시장이 크면 클수록 판권료는 상승하게 된다. 미디어의 수와 규모 이외에도 인구수, 텔레비전 수상기 대수, 텔레비전 보유가구 수 등도 콘텐츠에 대한 시장수요를 결정하는 요인으로 작용해 판권료 산출의 근거가 된다. 우리나라는 1995년 1월 시험방송에 들어간 케이블TV가 24개 PP(Program Provider)를 중심으로 3월 본방송을 시작하고, 1997년 7월

KBS의 시험방송으로 시작된 위성방송이 2002년 3월 플랫폼 사업자인 스카이 라이프를 중심으로 본방송을 개시하면서 본격적인 위성방송 시대를 여는데, 이런 급격한 콘텐츠 시장의 확대는 엄청난 양의 콘텐츠를 지속적으로 요구하게 됨으로써 판권료를 상승시키는 요인으로 작동한다. 더욱이 12개 동영상 채널로 2005년 5월 본방송에 들어간 DMB 방송 또한 새로운 콘텐츠 수요를 촉발시키게 되어 동영상 시장의 활성화와 더불어 판권료의 상승 요인으로 작동하게 된다. 실제로 케이블TV가 본격적으로 가동하기 직전인 1994년부터 국제 콘텐츠 시장에서 한국의 판권 수입가가 급격히 상승했던 사실이 이를 증명한다.

다. 국가별 선호도

〈리얼 스크린〉의 2002년도 조사[878]에 의하면, 영화와 드라마를 제외한 TV프로그램 장르 중에서 호주인들은 와일드라이프/과학다큐멘터리를 선호하고, 프랑스 인과 독일인들은 역사 프로그램을 선호하는 것으로 나타났다. 이들 국가의 장르별 콘텐츠 구매가격을 살펴보면 [표 11-04]와 같다.

[표 11-04] TV프로그램 장르별 구매가격

국명	리얼리티	뉴스/시사	역사	자연/과학	예술/음악	생활/여행
독일	10,000	24,111	66,045	17,318	10,000	14,400
프랑스	4,000	9,379	28,967	6,837	14,220	6,526
호주	8,800	5,450	300	15,096	5,000	3,283

단위: $

878 Factual Price Guide, 2002년 3월호: 26.

이에 의하면, TV프로그램 여러 장르 중에서 호주는 자연/과학다큐멘터리가 가장 높은 가격을 형성하고, 독일과 프랑스는 역사물이 가장 비싼 가격에 거래되고 있음을 보여준다. 즉, 자국민들이 선호하는 콘텐츠 장르의 가격이 가장 높게 책정되고 있음을 시사하는 것이다. 이는 콘텐츠에 대한 국가별 선호도가 판권료 산출의 근거가 됨을 보여주는 사례다. 한정된 공급 물량이 풍부한 수요를 감당하지 못할 때 가격은 상승하게 된다.

라. 기타

국내총생산(GDP) 규모와 국가별 수요, 국가별 선호도 등 계량화할 수 있는 수치적 근거 이외에도 판권료의 산출에 영향을 미치는 요소들은 많다. 구매하는 편수의 많고 적음에 따라 구매가격이 변화할 수 있으며, 판권료의 지급방식, 즉 일시불로 지급할 것인지 또는 분할 지급할 것인지에 따라서도 판권료는 달라질 수 있다. 방송 횟수의 많고 적음, 계약기간의 길고 짧음, 방송권역의 넓고 좁음에 따라서도 방송권료는 달라질 수 있다. 이런 요소들을 조율, 조정하는 협상 당사자들 사이의 인간관계 또한 중요한 변수가 될 수 있다.

(2) 판권료 협상

콘텐츠의 거래에 쓰이는 여러 가지 구매방식들, 즉 실렉션딜, 패키지딜, 라이브러리딜, 아웃푸트딜, 올라이트딜, 그리고 변종인 타임블록 편성방식, 광고를 연계한 편성시간대 구매방식 등은 서로의 이해가 상충되는 프로그램의 공급자와 수요자 간에 벌어지는 치열한 가격 공방의 결과가 낳은 거래방식의 유형들이다. 공급자는 비싼 가격에, 인기 없는 프로그램도 어느 정도 제값을 받고, 가능하면 많은 양의 콘텐츠를 팔고 싶어 하고, 수요자는 좋은 콘텐츠를 싼값에, 가능하면 우수한 프로그램만을 골라서 탄탄한 라이브러리를 구축하고 싶어 한다. 판권료 협상 과정은 바로 이런 서로 간의 입장 차를 좁혀가는 여정으로, 이해의 접점을 찾았을 때 판권료는 확정된다.

판권료 협상 과정에서 참고해야 할 사항은 동일 장르, 동일 유형의 프로그램이라 해도 지상파, 케이블, 위성 등 플랫폼의 유형에 따라서 판권료에 차이가 있다는 점이다. 예를 들어, 멕시코의 경우 드라마에 대한 지상파의 구매가격은 1,500~5,200달러이고, 케이블과 위성은 2,000~3,100달러에 판권료가 형성되고 있다. 영국의 경우도 지상파는 15,000~91,000달러, 케이블은 2,000~10,500달러 선에서 플랫폼별 거래가격에 차이를 보인다.[879]

그러나 이해의 접점을 찾아가는 판권료의 협상 과정에서 가장 중요한 몫을 차지하는 것은 수요자인 바이어의 전문성이다. 바이어는 자국의 시장을 잘 이해하고, 시청자나 소비자가 원하는 니즈가 무엇인지를 파악하고 있어야 한다. 또한 시장의 트렌드를 이끌어갈 수 있는 예지력도 갖추고 있어야 한다. 1997년 말, 어린이 교육용 프로그램 전문 제작사인 영국의 '랙돌'과 BBC Worldwide가 공동 기획, 제작한 〈텔레토비〉의 국내 방송과 비디오, 캐릭터, 출판시장에서의 대성공은 시청자와 소비자들 사이에 '텔레토비 신드롬'을 불러일으키면서 유아교육용 비디오 시장의 패러다임을 바꿔 놓았다. 이런 사회 환경과 의식의 변화도 결국은 바이어의 판단과 결정에 의해 시작된다.

아울러 수요자인 방송사나 유통 배급사의 성격에 따라 콘텐츠의 우수성 여부에 대한 시각의 차이가 있겠지만, 광고 수익을 주 수익원으로 하

879 Price Guide, 〈채널 21〉 2001년 1월호.

는 상업방송의 경우는 아무래도 시청률의 높고 낮음이 콘텐츠의 우수성 여부를 판단하는 기준이 되고, 유통 배급사의 경우는 소비자의 강력한 니즈와 맞닿는 시장의 요구도가 높고 낮음이 우수 콘텐츠를 결정하는 기준이 된다. 따라서 바이어는 구매하고자 하는 콘텐츠의 상품성, 즉 시청률을 예측하고 소비시장의 요구도를 판단할 수 있는 능력을 갖추고 있어야 한다. 그래야만 공급자와의 지난한 협상 과정에서 승리할 수 있기 때문이다.

반대로, 공급자인 샐러는 수요 국가, 수요 채널에 대한 정확한 정보를 갖고 있어야 하고, 이를 DB화해서 미래의 비즈니스에 대비해야 한다. 그런데 간혹 몇몇 외국 배급사들을 만나다 보면, 수요자의 채널이 어떤 특성을 갖고 있고, 어떤 편성 경향을 보이는지, 또 그런 트렌드하에서 어떤 장르의 콘텐츠가 필요할 것인지에 대한 예측과 조사 없이 자사가 갖고 있는 콘텐츠 라이브러리만을 자랑스럽게 펼쳐 보이는 경우를 보게 된다. 아무리 우수한 콘텐츠라도 수요자의 니즈가 없는 프로그램이라면 상품으로서의 가치를 상실한다. 따라서 샐러는 철저한 시장조사와 분석을 마케팅의 출발점으로 삼아야 한다.

5) 계약서와 텀스 앤드 컨디션스

협상이 마무리되면, 공급자와 수요자는 계약서 작성 단계로 넘어간다. 계약의 조건이나 항목들의 경우, 대부분 협상 과정에서 논의가 이뤄지지만, 간혹 그렇지 않은 경우도 발생한다. 계약서 쓸 때 꼼꼼히 챙겨봐야 하는 이유다. 특히, 콘텐츠의 거래 계약서에는 전문 용어[Term]들이 많이 등장한다. 그러기 때문에 계약서 작성 전, 이에 대한 이해가 필요하다.

타이틀(Title)

수요자가 구매 계약하고자 하는 콘텐츠의 프로그램명을 '타이틀'이라고 한다. 시리즈물의 경우는 타이틀에 편수(Number of Episode)를 함께 기록하기도 하고, 편수를 별도 항목으로 분리해 기록하기도 한다. 구매 편수가 많은 계약의 경우는 타이틀 목록을 계약서에 별도 첨부하기도 한다.

라이선스 피(Licence Fee)

콘텐츠를 구매하면서 수요자가 공급자에게 지불해야 할 콘텐츠의 사용권료, 즉 판권료를 '라이선스 피'(Licence Fee)라고 한다. 라이선스 피는 '네트'(Net)와 '그로스'(Gross) 두 가지 형태가 있다. '네트' 지불방식은 공급자가 자국에서 내야 할 세금을 수요자가 부담하고, 계약서상에 명시돼 있는 라이선스 피 그 자체를 액면가 그대로 공급자에게 송금해주는 결제 방식이다. '그로스' 지불방식은 계약서상의 라이선스 피에서 세금을 공제하고, 나머지 액수만을 공급자에게 송금, 결제하는 방식이다. 다시 말해 네트와 그로스는 세금 부담의 주체가 누구냐를 명시하는 것으로 계약서 작성 시 이 부분을 명확히 해야 한다. 다만, 콘텐츠 거래의 국제 관행은 대부분 네트 지불방식을 채택하고 있다.

1990년 12월에 문을 연 EBS가 개국 초, 처음으로 외화를 직접 수입할 때의 일이다. 다른 지상파 방송사와 마찬가지로 EBS도 국제 관행에 따라 네트 지불방식으로 외화를 구입하기 시작했다. 그런데 감사원은 EBS에 대한 정기감사에서 수익자 부담을 원칙으로 라이선스 피에 대한 세금은 공급자 측에서 부담해야 한다는 원칙적인 주장을 펴며, 외화 대금 지급을 '네트'에서 '그로스' 방식으로 전환할 것을 요구했다. 어찌 보면 당연한 일이다. 수익이 있는 곳에 세금이 있어야 한다. 그런데 국제적인 관행을 거스르며, 소규모 방송사 하나가 독자적으로 그로스 방식을 채택한다는 것, 이 또한 쉬운 일이 아니다.

감사원의 지적을 거스를 수 없었던 EBS는 다음에 참가하는 국제시장에서부터 그로스 방식을 채택했다. 우선, 국제 관행에 따라, 네트 방식으로 가격협상을 하고, 라이선스 피가 확정되면, 그때 EBS의 가격정책을 설명하면서 네트 가격의 라이선스 피를 그로스 가격으로 환산, 전환해 줄 것을 요구하게 된다.

그런데 이 전환 과정의 셈 또한 간단치만은 않다. 불필요한 과정과 절차를 거쳐야 하고, 미세하지만 라이선스 피의 상승을 초래한다. 다시 말해 네트 가격을 그로스로 전환하는 과정에서는 항상 우수리가 발생하는데, 이 우수리 부분을 공급자가 깎아주면 -미미하지만- 외화도 절약하고 좋겠지만, 공급자는 이미 확정된 네트 가격에서 한 발짝도 양보하지 않는다. 결국, 남은 우수리 부분의 문제 해결을 위해서는 -셈이 복잡해지니까- 절삭보다는 그 윗단계의 금액으로 최종 구매가격을 결정하게 된다.
세금을 공급자에게 부담시키려 한 합리적 원칙주의가 오히려 시장의 흐름에 역행함으로써 시간과 외화를 더 낭비케 하는 결과가 된 셈이다. 물론, 가격상승폭이 큰 것은 아니다. 다만, 국제 관행을 거스르면서 불필요한 절차와 과정을 거치면서까지 판권료를 더 지불할 필요는 없지 않을까 싶다. 우리가 그로스 방식을 채택한다고 해서 국제시장이 오랜 세월 관행으로 굳어진 네트 방식을 버리고 우리를 따라 오는 것도 아니다. 우리가 드라마를 수출할 때도 네트 방식으로 계약을 하고, 네트 방식으로 수출대금을 받는다. 세금은 당연히 구매자 쪽에서 부담한다. 이것을 어떻게 설명해야 할까? 더욱이 예전에는 우리가 수출보다 수입이 많았으니까, 그로스가 유리했을지도 모른다. 그러나 지금은 상황이 다르다. 수입보다 수출이 더 많다. 이 경우, 그로스 방식보다 네트가 더 유리하지 않은가. 굳이 관행을 거스르면서까지 국제 마켓 참여자들에게 불편을 조장할 이유는 없다고 본다.

미디어(Media)

계약서상에서 '미디어'는 구매하고자 하는 콘텐츠가 지상파(Terrestrial)용인지, CATV용인지, 아니면 위상방송용인지 등 매체를 구분하는 항목이다. 비디오 유통만을 위한 것이라면 VHS, VCD, DVD 등 어떤 권리를 확보했는지, 확보한 권리영역을 미디어 항에 명시하면 된다.

듀레이션(Duration)

구매하고자 하는 콘텐츠의 길이, 즉 방송시간을 나타내 준다. 편성시간을 기준으로 30분 물, 60분 물 등으로 구분하는데, 보통 실제 콘텐츠의 길이가 20분 정도를 넘어서면 30분 물로 간주하고, 50분을 넘어서면 60분 물로 간주한다. 이는 방송 편성 시 광고시간을 염두에 둔 것으로, 만약 이보다 구매하고자 하는 콘텐츠의 길이가 짧을 경우는 라이선스 피의 협상 과정에서 가격을 깎을 수 있는 근거가 되기도 한다. 왜냐면 짧은 길이가 편성에 불편한 점으로 작용할 수 있기 때문이다.

페이먼트 텀(Payment Term)

공급자와 구매자 간의 오랜 협상 끝에 결정된 판권료를 어떻게 지불할 것인지, 그 지급 방법을 명시한 항목이 '페이먼트 텀'이다. 콘텐츠 도착 즉시 지급하는 방법, 선적과 동시에 지급하는 방법, 계약서 서명 후 일부 지급하고 콘텐츠 수령 후 잔액을 지급하는 방법 등 페이먼트 텀은 공급자와 구매자 간의 협의에 따라 여러 형태의 지급방식이 있다. 수입 자유화가 이뤄지기 전인 1990년대 중반까지만 해도 페이먼트 텀은 우리나라 구매 담당자들을 곤혹스럽게 했던 항목 중 하나였다. 수입이 정부에 의해 통제되던 시절, 외화 수입 절차상 외국 배급사와 서명한 계약서가 효력을 발생하려면 정부의 수입 승인과 방송심의위원회의 심의, 두 단계를 거쳐야만 하는데, 승인과 심의 사이에는 통상 1년여의 시차가 있게 된다. 왜냐하면 외화는 장기 편성계획에 의해 물량을 우선 확보하고, 심의는 대부분 편성 확정 시점에 이뤄지기 때문이다. 이 두 단계 중 어느 한 곳에서라도 부결이 날 경우, 외국 배급사와의 계약은 무효가 된다. 그러기 때문에 계약서는 항상 정부 승인과 심의 통과를 전제조건으로 하며, 이 두 단계를 통과하기 전까지는 계약서에 서명을 했다 해도 가계약의 형태로 유지된다. 결국, 공급자는 자신의 콘텐츠가 1년여간 가계약 상태로 한국에 묶이는 불리함을 감수해야 했다. 이런 불리함에 대한 보상 차원에서 구매자는 통상 2차 단계인 심의과정을 기다리지 않고, 페이먼트 텀을 정부 승인 후 콘텐츠가 도착하는 즉시 지불하는 조건으로 하는 경우가 대부분이다. 그런데 심의과정에서 최종 부결이 날 경우, 구매 담당자는 곤혹스런 상황에 처하게 된다. 왜냐하면 이미 페이먼트 텀에 의해 방송권료 지급이 완료된 상태이기 때문이다. 지급된 돈을 되돌려받기란 쉬운 일이 아니다. 그러기 때문에 이를 해결하기 위해 공급자로부터 대체 콘텐츠를 추천받아 동일 가격으로 추가계약을 하고 다시 정부 승인절차를 받게 되는데, 문제는 앞서 심의 부결된 콘텐츠의 상품 가치와 공급자로부터 새로 추천을 받아 승인 절차에 들어간 콘텐츠의 가치가 동일하다는 증명을 하기가 불가능하다는 점이다. 완전한 수입 자유화가 이뤄지고, 사후심의, 자율심의가 강조되는 오늘의 시점에서 보면 -그리 먼 옛날이야기도 아니지만- 격세지감을 느낀다.

넘버 오브 트랜스미션(Number of Transmission)

콘텐츠가 상품성을 갖고 있느냐 없느냐에 따라 광고 수익과도 직결되는 중요한 항목이 '넘버 오브 트랜스미션'이다. '방송 횟수'를 뜻한다. 따라서 콘텐츠의 상품 가치를 저울질해서 방송 횟수를 결정해야 한다. 방송 횟수가 판권료에 영향을 미치기 때문이다. 2000년 초, 한국 영화의 평균 방송권료가 1억 원에 훨씬 못 미치던 시절, KBS는 특집방송으로 내보낼 한국 영화 〈쉬리〉의 방송권료로 5억 원을 지급했다. 당시로서는 상상할 수도 없는 금액이다. 이렇게 판권료가 급격히 상승할 수밖에 없었던 이유는 SBS와 치열한 구매경쟁이 붙었기 때문이다. 그러나 고가 구매를 상쇄하기 위한 KBS의 전술적 제안 또한 파격적이었다. 통상 1년 반에서 2년, 2회 방송 정도로 계약기간과 방송 횟수를 정해오던 기존의 한국 영화 구매 패턴을 깨고, 5년 계약 5회 방송을 조건으로 〈쉬리〉를 구매했다. 여기에는 작품의 상품성에 대한 믿음이 있었다. 〈쉬리〉는 그 믿음을 저버리지 않았고, 첫 회 방송에서 5억 원을 훨씬 뛰어넘는 광고 수익을 올려줬다. 방송 횟수 5회 중 1회 방송으로 구매 원가를 회수하고 이익도 남겼다. 결국, 남은 방송 횟수 4회에 붙을 광고 수익은 고스란히 순수익이 되는 셈이다. 방송 횟수는 판권료 산정과 깊이 연관돼 있다. 그러기 때문에 바이어는 콘텐츠의 상품 가치를 평가할 수 있는 안목을 길러야 한다. 협상 과정에서 방송 횟수를 많이 확보한다고 다 좋은 것은 아니다. 계약된 방송 횟수를 다 소화하지 못해서 어려움을 겪을 수도 있다. 특히, KBS와 같은 공영방송의 경우는 더욱 그렇다. 그 횟수가 자칫 악성 재고로 남을 수 있기 때문이다.

상품 가치가 떨어져 편성할 수 없는 악성 재고는 결국 국민의 혈세를 낭비하는 것이 된다.

매너 오브 트랜스미션(Manner of Transmission)

수입 외화를 어떻게 방송할 것인지, 예를 들어 자막 방송을 할 것인지, 아니면 더빙 방송을 할 것인지 등을 명시하는 항목이 '매너 오브 트랜스미션'이다. 통상적으로 케이블TV나 위성TV의 경우는 제작비 절감을 위해 자막 방송을 하는 경우가 많다. 반면, 지상파TV는 채널을 분리해 원음 방송과 더빙 방송을 이원화해서 송출하기도 하지만, 대분분의 경우는 더빙 방송을 위주로 한다. 더빙을 조건으로 수입 계약을 할 때는 앞서 '저작권' 부분에서 언급했듯이 더빙 판권의 소유에 대한 부분을 공급자와 명확히 할 필요가 있다.

테리토리(Territory)

수입한 외화가 커버하게 될 방송권역을 의미하는 것이 계약서상 '테리토리'다. 통상 우리나라의 경우, 계약서에 'KOREA'로 명기된다. 그러나 일부 공급자의 경우는 '사우스 코리아'로 방송 커버리지를 제한하는 경우도 있다. 우리나라 위성방송의 경우는 대부분 무궁화위성을 이용하고 있어서 수입한 외화의 커버리지는 자연스럽게 한반도로 제한된다. 그러나 무궁화위성의 커버리지가 일본 서부 지역 일부와 중국 북동부 지역을 커버하고 있어, 때에 따라서는 국제적인 분쟁의 소지가 될 수도 있다. 한때, 일본이 진행하던 '메이저리그 베이스볼'(MLB) 중계방송과 관련해 미국의 MLB 해외사업 담당사인 MLBI(Major League Baseball International)가 일본 측에 이의를 제기했다. 일본이 확보한 중계방송권이 일본 지역 내로 테리토리가 한정되어 있음에도, 전파의 월경으로 한국 시청자들이 일본이 중계하는 메이저리그 베이스볼을 보고 있었기 때문이다. 물론, 한국도 MLBI와 계약을 통해 메이저리그 베이스볼을 중계하고 있었지만, 이는 메이저리그 베이스볼 전체 경기를 중계방송하는 일본과 달리, 박찬호 등 한국 출신 메이저리거들이 출전하는 경기만을 중계방송할 수 있는 제한된 권리로, 일본의 전파가 월경해서 한국 테리토리를 커버하는 것은 미국 MLBI측의 입장에서는 자신들의 사업권을 일본이 침해하는 것이 된다. 다시 말해 MLB 전 경기 중계 계약도 안 된 한국 테리토리의 시청자들이 MLB 전 경기를 보고 있었기 때문이다. 그만큼 방송권 계약에서 테리토리 항목은 중요하고도 민감한 사안이다.

라이선스 피어리어드(Licnece Period)

구매자가 확보한 콘텐츠의 권리행사 기간을 '라이선스 피어리어드', 즉 '계약기간'이라고 한다. 통상 계약서에 서명날인한 날로부터 발효하는 것이 관례다. 그러나 계약 당사자 간의 합의에 의해 시작 날짜(Starting Date)를 달리 가져갈 수도 있다. 외화 수입 자유화가 시행되기 전의 우리나라는 서명날인 날짜와 관계없이 정부 승인날짜가 계약기간의 시작일이 되기도 한다. 계약기간을 설정할 때 구매자는 여러 가지 상황을 고려하게 되는데, 가장 중요한 것은 구매하고자 하는 콘텐츠가 무엇을 위한 것인지, 무엇에 쓰기 위한 것인지 구매 목적을 분명히 해야 한다. 어느 특정 시점을 위한 계기별 특집용인지, 아니면 단순히 스톡을 확보하기 위한 차원의 구매인지를 분명히 해야 권리행사 기간을 유리하게 가져갈 수 있다. 방송 횟수와 마찬가지로 계약기간 또한 판권료를 결정하는 중요한 요인 중의 하나이기 때문이다. 그렇다고 무조건 길게 잡는 것이 능사는 아니다. 방송이나 비디오 출시를 위한 최적의 시점이 언제인가를 잡고, 그로부터 사업의 성과를 최대한 끌어올릴 수 있는 기간이 얼마쯤인가를 예측하고 권리행사 기간으로 잡는 것이 유리하다. 예를 들어, 어린이 교육용 비디오를 수입한다면 어린이들의 수요가 가장 많은 3월 입학 시즌이나 또는 어린이날이 들어 있는 5월 초를 계약의 시작 날짜로 잡는 것이 유리하고, 크리스마스 특집방송용으로 구매하는 콘텐츠라면 12월 초를 계약 시작 날짜로 잡는 것이 유리하다. 이런 고려 없이 계약기간을 설정하게 되면, 자칫 몇 달이라는 계약기간을 무의미하게 소진해 버리는 경우도 발생할 수 있다. 어떨 때는 설정된 계약기간이 하루 이틀 부족해서 정작 콘텐츠를 사용해야 할 시점에 활용하지 못하는 안타까운 상황도 연출되곤 한다.

라이선스의 종류

콘텐츠의 권리 형태는 독점권(Exclusive)과 비독점권(Nonexclusive)으로 나뉘고, 상업적인 베이스의 권리 확보는 대부분 독점권 형태가 주류를 이룬다. 콘텐츠에 대한 독점권은 일정 테리토리 내에서의 독점사업권과 함께 방송권, 비디오권, 캐릭터권, 출판권 등 일정 권리영역에서의 독점 등으로 나뉘어 독자적인 권리행사를 가능하게 한다. 비독점인 권리 형태는 피계약자가 다수일 수 있으며, 이들 모두가 똑같은 권리를 갖게 된다. 비독점권 콘텐츠의 예로, 저작권이 소멸된 '퍼블릭 도메인'(Public Domain) 콘텐츠를 들 수 있다. 이 경우 마스터 필름만 확보하면 누구나 어떤 용도로든 자유롭게 사용할 수 있게 된다. 그러나 간혹 미국 메이저 영화사들이 퍼블릭 도메인으로 풀린 우수 대작 영화들의 권리를 다시 확보해 상품화하는 경향을 보이고 있어 마스터 필름을 확보할 때 주의를 기울여야 한다.

머티리얼 폼과 딜리버리 데이트(Material Form and Delivery Date)

구매계약이 이뤄진 콘텐츠를 어떤 형태로 담아 배송할 것인가를 결정하는 조항이 '머티리얼 폼'(Material Form)이다. 지금은 전 세계가 온라인으로 연결돼 있는 네트워크 시대라 머티리얼이 파일로 전송되지만, 1980년대까지만 해도 덩치가 큰 1인치 테이프, U-매틱 테이프 등으로 머티리얼을 공급했고, 방송 장비가 디지털화되기 시작하는 1990년대부터는 베타(Beta) 테이프, 디지-베타(digi-beta) 테이프 등 소형화된 머티리얼로 콘텐츠가 공급되었다. '머티리얼 폼'에는 이와 같은 공급할 테이프의 종류뿐 아니라 NTSC, PAL, SECAM 등 방송 전송방식을 명기했다. 배송일자(Delivery Date)는 선적일자보다는 오히려 구매자가 필요로 하는 시점에 맞춘, 도착일자를 중심으로 명기하는 것이 유리하다. 외화 수입 자유화 이전에는 '정부 승인 후 며칠 이내'라는 식으로 딜리버리 데이트를 표기하기도 했다.

트랜스포테이션(Transportation)/스페셜 컨디션

계약된 콘텐츠를 배송받기 위한 운송 수단을 명기하는 항이 '트랜스포테이션'

이다. 항공편이나 UPS, DHL 등과 같은 '도어 투 도어'(Door to Door) 방식의 전달 수단을 이용하기도 한다. 그러나 '도어 투 도어' 방식은 배송회사가 통관을 대행해줌으로써 구매자에게 편리함도 제공하지만, 간혹 관세나 통관세 부분이 누락될 수도 있어 문제가 되기도 한다. '스페셜 컨디션' 또는 '스페셜 인포메이션'(Special Information)은 계약과 관련해서 특별히 유의해야 할, 예를 들어 판권료의 원천세(Withholding Tax) 부과 여부 등과 같은 중요 사항들을 명기하는 항이다. 외화 수입 자유화가 이뤄지기 전에는 특히 '본 계약은 정부 승인 후 효력이 발생한다.' 또는 '심의를 필하는 조건' 등을 명기했고, 이런 스페셜 컨디션이 충족되지 않으면 계약이 파기되는 것으로 간주했다. 영상물 수입이 엄격히 통제되던 시절, 정부는 외화 수입을 승인하면서 외환은행장, 김포세관장, 방송심의위원회 위원장, 구매사 대표 등을 수신자로 하는 수입추천승인서를 발부했는데, 이 승인서를 발급받아야만 구매사는 환전을 통해 판권료를 지불할 수 있었고, 구매한 영상물의 마스터 테이프를 세관에서 정식 통관할 수 있었으며, 방송 전에 방송심의위원회의 심의절차를 마칠 수 있었다.

제 5 부

다작의 철학, 한류토피아를 꿈꾸다

“

한류토피아는 동서문명의
대안인가, 브리지인가?

”

제11장에서 문화콘텐츠 산업과 해외 마케팅의 전략적 특징을 분석했다면, 이제 우리는 한 단계 더 깊이 들어가야 한다. 바로 그 산업과 시장을 떠받치는 인간 행동의 윤리적 기반이다. 제12장은 "이타(Altruism)는 가능한가?"라는 근본적 질문을 던진다. 이는 단순히 도덕철학의 물음이 아니라, '한류가 글로벌 문화로 존속할 수 있는가'라는 실천적 과제와 직결된다.

제12장

'이타'(Altruism)는 존재하는가

이타는 행위의 결과가 가상적 이타주의자의 생존 가능성과 가상적 수익자의 생존 가능성을 낮추거나 높여주는 것과 관련된다.[880] 이런 관점에서 문화의 전달 단위인 밈(Meme)은 이타에 반하는 이기적인 존재일 수밖에 없다. 왜냐하면 오직 자신의 생존 가능성을 높이기 위해서만 선택을 하기 때문이다. 밈은 예지력(Foresight)을 갖고 있지 않다. 단순히 맹목적인 복제자일 뿐이다. 맹목적인 복제자는 장기적으로, 이익이 되는 경우에도 눈앞의 이익을 포기하지 못한다.[881]

그러나 인간은 밈의 이기적 본성을 제어할 수 있는 '예지'(叡智)를 가지고 있다. 그 예지가 인간의 이기적 본성에서 출발한 과학·종교·신화를 '이타'의 길로 인도한다. 이타는 '영원'에 대한 인간의 결핍 욕구를 충족시키기 위한 '자연선택'이다. 이타는 타자의 생존 가능성을 높이는 행위

880 Dawkins, *The Selfish Gene*, Oxford University Press, Oxford New York, 2009: 4.
881 ibid. 200.

이고, 동시에 나의 생존 가능성을 높이는 행위다. 이타는 인간이 추구하는 영원성을 구현해 낼 수 있는 최적자(the Fittest)의 지위를 갖는다. 한류이즘과 한류토피아의 영원성을 담보해줄 소중한 가치다.

1. 이타는 시뮬라크르(Simulacrum)

존재하지 않지만 때로는 존재하는 것보다 더 생생하게 인식되는 것을 '시뮬라크르'라고 한다. 흉내, 환상의 뜻을 가지고 있다. 흉내란 어떤 대상이 되는 것을 모방하는 것이다. 따라서 원래의 그 대상, 즉 원본이 존재한다. 그러나 환상은 원본을 꼭 필요로 하지는 않는다. 보드리야르(Baudrillard)가 말하는 시뮬라크르란 바로 이런 환상, 즉 실제로는 존재하지 않는 대상을 실제로 존재하는 것처럼 만들어 놓은 인공물을 가리킨다. 현대사회에서는 그 원본 없는 이미지가 얼마든지 현실을 대체할 수 있으며, 현실은 오히려 그 가상의 이미지에 의해 지배당하게 된다.[882]

이타는 없다. 이기적 본성[利己]이 작동하지 않는 '이타'는 이 세상에 없다. 그런데 현실 세계는 이기적 본성[利己]보다 더 진지하게 존재하지도 않는 '이타'를 원본인 '이기'보다 더 소중한 가치로 인식한다. 그리고 인간의 예지(叡智)는 마침내 가상의 이미지인 '이타'를 우리의 미래를 위한 가치로 자연선택한다. 존재하지도 않는 '이타'가 어쩌면 인간의 미래를 지배하는 그런 세상이 올지도 모른다.

882 남경태, *한눈에 읽는 현대철학*, 휴머니스트출판그룹, 2013: 301~302.

1) 뇌과학에서 본 이타

(1) '생존확률'을 높이기 위한 선택

뇌의 '복내측 전전두피질'(Ventral Medial Prefrontal Cortex)은 직관적이고 자동적인 선택의 가치를 계산하는 부위다. 사람의 도덕적 직관을 저장하는 곳이다. 설선혜[883]는 복내측 전전두피질이 타인을 위한 선택의 가치를 계산하는 데 중요한 기능을 하고 있음을 증명하기 위해 다음과 같은 실험을 했다.

> 컴퓨터 화면에 두 개의 도형을 보여주고 버튼을 눌러 두 도형 중 하나를 선택하게 한다. 그리고 잠시 뒤 포인트를 땄는지, 따지 못했는지를 알려준다. 두 도형 중 하나는 포인트를 딸 확률이 높은 것이고, 다른 하나는 그 확률이 낮은 것이다. 포인트를 딸수록 과제가 끝난 후 들어야 하는 '고통스러운 소음'을 줄일 수 있기 때문에 참가자들은 최대한 많은 포인트를 따기 위해 신중하게 선택해야 한다. 참가자는 실험 전 잠깐 본 자신과 같은 운명의 다른 참가자를 위해서도 포인트를 딸 수 있는 조건이 있다.

과연 참가자들은 자신을 위한 조건과 파트너를 위한 조건 간에 어떤 차이를 보일까? 연구 결과, 이타적인 사람들은 자신과 타인 모두를 위해 직관적이고 자동적인 선택의 가치를 계산하는 '복내측 전전두피질'을 사용했고, 이기적인 사람들은 자신을 위한 선택에서만 '복내측 전전두피질'을 사용하고, 타인을 위한 선택에서는 상대적으로 분석적인 가치판단 기제인 '배내측 전전두피질'을 사용했다.[884]

여기서 흥미로운 것은 이타적인 사람들이 사용하는 뇌 부위, 즉 '복내

---

883 부산대학교 심리학과 교수.
884 김학진, *이타주의자의 은밀한 뇌구조*, 갈매나무, 2017: 100~103.

측 전전두피질'이 핵심적인 '보상 영역'으로 이미 알려진 뇌 부위라는 사실이다. 다시 말해 이타적인 사람들이 행한 타인을 위한 선택은 결국, 자신을 위한 선택만큼 강한 보상감을 수반하는 행동이라는 것이다. 이 같은 연구 결과를 토대로 추론해 볼 때, 타인을 돕는 이타적인 행동은 복잡한 사회적 관계 속에서 자신의 생존확률을 높이기 위해 보다 우세하고 직관적인 가치로 강하게 우리의 뇌 속에 각인되어 나타난 것으로 볼 수 있다. 그러나 이기적 성향을 가진 사람의 경우는 직관적인 이타 행동을 조절하기 위해 통제 기능을 담당하는 신경 회로, 즉 '배내측 전전두피질'이 활성화되면서 보다 분석적인 정보 처리 과정을 통해 선택을 하는 것으로 보인다. 이는 곧 이타적 선택의 경향성을 감소시키는 것으로 해석할 수 있다.[885] 이처럼 뇌과학에서 보는 '이타'는 보상감을 수반하는 자신의 생존확률을 높이기 위한 직관적인 행동이다. '타자'의 생존 가능성을 높이는 행위를 '이타'로 보는 진화생물학적 해석과는 상반된 입장을 보인다.

(2) 이타는 '값비싼 신호'(Costly Signal)

뇌과학 실험에 의하면 이타적 행동은 장기적으로 볼 때 더 높은 이득을 주는 전략적 행동일 수 있다. 이타적 행동은 타인으로부터 호감을 이끌어낼 수 있으며, 사회 구성원으로서의 위치를 공고히 해줄 수 있는 것으로 보인다. 이런 점에서 이타적 행동은 자신의 능력과 이타적 성향을 과시하는 '값비싼 신호'가 될 수 있다. 이런 비싼 신호를 사용한 개체일수록 더 높은 사회적 지위를 얻을 수 있다. 또 이타적 행동은 사회적 지위라는 보상을 얻기 위해 계산된 전략적 행동일 수 있으며, 이를 통해 얻

885 ibid. 104.

고자 하는 보상이 제한된 상황에서는 경쟁적인 다툼이 생길 수도 있다는 것을 말한다.[886]

최근 도덕심리학의 관점에서 이타적 행동의 동기에 대해 새로운 해석이 제시되었다. 이타적 욕구는 훨씬 더 근원적이고 원초적인 욕구를 해결하기 위해 새롭게 생성되었지만, 사회화를 거치면서 자동화될 수 있는 도구라는 것이다. 이에 따르면 인간의 욕구는 셀 수 없을 만큼 다양하지만 크게 '궁극적 욕구'와 '도구적 욕구'로 구분된다. 궁극적 욕구(Ultimate Desire)는 배고프면 음식을 먹고, 목마르면 물을 마시는 것과 같은 기초적인 욕구들을 말한다. 도구적 욕구(Instrumental Desire)는 궁극적 욕구들을 해소하기 위해 필요한 부차적인 욕구를 가리킨다. 이를테면 배고픔을 해결해주는 대상인 엄마에게 다가가는 행동은 도구적 욕구에 의한 것이다.

궁극적 욕구는 상대적으로 그 수가 한정되어 있지만, 도구적 욕구는 거의 무한에 가까울 정도로 다양하게 존재한다. 여기서 중요한 것은 특정한 도구적 욕구가 궁극적 욕구와 이어지는 경험을 자주 갖는다면, 그 도구적 욕구는 궁극적 욕구와 매우 유사해지며 그 자체가 목적인 것처럼 기능하게 된다는 점이다. 이런 과정을 거쳐 자동화된 도구적 욕구를 '교육된 직관'(Educated Intuition)이라고 부른다. 최근 연구는 도덕적 판단과 행동들 역시 초기에는 많은 추론 과정을 거쳐 도구적 욕구로 발전했지만, 반복적인 학습을 거치면서 이러한 도구적 욕구들이 점차 직관적이고 정서적인 욕구로 자리 잡게 되었음을 주장하고 있다. 이러한 주장은 대부분의 도덕적 판단과 행동들이 논리적인 과정보다는 정서적인 과

886 ibid. 107~109.

정을 거쳐 직관적으로 표출된다는 주장들과도 일맥상통한다.[887]

위험 회피 행동을 학습하는 뇌 부위인 편도체(Amygdala)는 우리 뇌에서 가장 대표적인 정서적 정보 처리 기제로 알려져 있다. 이 부분은 타인의 눈에 매우 민감하게 반응한다. 20분의 1초라는, 의식적으로 지각하는 것이 불가능할 정도로 짧은 시간 동안 제시되는 이미지에도 높게 반응하는, 거의 유일한 뇌 구조인 것으로 밝혀졌다. 그런데 흥미롭게도 편도체는 복내측 전전두피질과 기능적으로나 구조적으로 모두 강한 연결성을 가지고 있는 것으로 관찰되었다. 이는 곧, 타인의 시선과 같은 사회적 정보들이 편도체를 통해 1/20초 동안에 빠르게 감지되어, 사회적 평판이나 도덕적 선택의 가치 같은 추상적이고 복잡한 가치들을 복내측 전전두피질에 형성하는 데 중요한 역할을 하는 것으로 보인다. 그리고 이렇게 무의식중에 제시되는 사회적 자극들은 편도체를 통해 복내측 전전두피질로까지 전달되어 도덕적 판단이나 이타적 행동 등에 영향을 미치는 것으로 보고 있다.

최근의 연구 결과를 보면 다양한 사람들과 사회적 관계를 맺고 타인과 강한 유대감을 형성하는 사람들의 경우, 평균적으로 편도체의 크기가 클 뿐 아니라, 편도체와 복내측 전전두피질 간의 기능적 상호연결성이 훨씬 더 강한 것으로 나타났다. 이타적 행동을 한 이타주의자들을 관찰해보면, 이들은 보통 사람들에 비해 편도체의 크기가 훨씬 컸고, 얼굴 표정에 대한 편도체의 반응도 더 높았다. 사회적 평판에 대한 인식은 무의식중에 우리에게 노출되는 사소한 단서들에 의해서도 쉽게 유발될 수 있다. 이렇게 유발된 자동적 평판 인식은 의식적인 자각 없이 실제로 남을 돕는 행동에도 영향을 미칠 수 있다. 이런 해석은 긴박한 상황에서

887 ibid. 123~124.

거의 자동적으로 이타적 행동을 보이는 영웅들의 행동을 설명하는 데에도 어느 정도 실마리가 될 수 있다.[888]

2) 진화생물학에서 본 이타

사람은 유전자를 전달하는 '유전자 기계'(Gene Machine)다.[889] 오랜 시간을 통해 살아서 존재해온 유전자는 성공한 유전자로서 비정한 이기주의적 성향을 지니는 것으로 생각한다. 즉, 긴 시간 동안 다양한 유전자가 존재하는 세계에서 현재까지 살아남을 수 있었던 것은 그것이 이기주의적 성향을 가지고 있기 때문이라는 것이다. 어떤 생물체가 자기를 희생하여 다른 생물체의 행복을 증진시키는 행동을 했다면 그 생물체의 행동은 이타적이라고 할 수 있다. 여기서 행복은 생존의 기회로 정의된다. 도킨스는 그 정의가 주관이 아닌 행동에 근거한다고 밝힌다. 그는 행동의 심리적 동기에 대해서는 별 관심이 없다. 그는 이타적으로 행동하는 사람이 정말로 숨겨진 혹은 무의식적인 이기적 동기에 따라 그러한 행동을 했는지를 논의하려는 것이 아니다. 다만, 이 행위가 이타 행위자의 생존 가능성과 이타 행위 수혜자의 생존 가능성을 높이는 효과를 내는지 아니면 낮추는지, 그것만이 중요하다고 본다.

이를 위해 도킨스는 '겉보기'에 어떤지를 관찰하고 그 현상을 설명하고자 한다. 겉보기에 이타적인 행위는 표면적으로 이타주의자의 죽을 가능성을 조금이나마 높이고 동시에 수혜자의 생존 가능성을 높이는 것처럼 보이는 행위다. 한 예로, 대부분의 작은 새는 매와 같은 포식자가 날아가는 것을 보면 독특한 경계음을 내는데 이 소리를 듣고 무리 전체

888 ibid. 111~112.
889 Dawkins, *The Selfish Gene*, Oxford University Press, Oxford New York, 2009: 199.

가 위험을 피하게 된다. 경계음을 내는 새는 포식자의 주의를 자신에게 쏠리게 하므로 특히 위험에 처할 수 있다는 간접적인 증거도 있다. 이 같은 이기적인 행동과 이타적인 행동 모두를 도킨스는 유전자의 이기성이라는 관점에서 설명한다.[890]

도킨스는 이타적 행위를 설명하기 위해 '혈연도'(Relatedness)라는 개념을 제시한다. 혈연도는 혈연관계에 있는 두 사람이 한 개의 유전자를 공유할 확률을 말한다. 두 사람이 형제 간인 경우, 한 사람이 가지고 있는 유전자의 절반을 그 형제도 갖고 있을 것이므로 혈연도는 1/2이다. 이것은 평균치다. 즉 감수분열이라는 제비뽑기에서 얼마나 행운이 따르느냐에 따라 어떤 형제들 사이에서 공유하는 유전자는 이보다 많을 수도 있고 적을 수도 있다. 그러나 부모와 자식 간의 혈연도는 언제나 반드시 1/2이다.

도킨스는 혈연 이타주의의 구체적인 예로서 부모의 자식 돌보기를 든다. 부모의 자식 돌보기도 결국, 자신의 유전자를 지키기 위한 이기적 행위로 파악할 수 있다. 유전자는 다수의 개체 내에 동시에 존재하는 분산된 존재로서 그 유전자는 남의 몸속에 있는 자신의 복사본을 도울 수 있다고 본다. 도킨스는 개체 간의 이타주의는 바로 개체에 존재하는 유전자를 보존하기 위한 이기적 행동과 다르지 않다는 입장을 보인다.[891]

이처럼 도킨스는 '겉으로' 나타난 행동을 관찰함으로써 '이타성'의 문제를 설명하고자 한다. 그는 행동의 이면에 작용하는 마음을 고려하지 않는다. 생물학자 윌리엄 해밀턴(Hamilton)은 '이타'를 자신의 '포괄적합

---

890 안환기, 이타적 행위의 중층적 의미-이타성에 대한 리처드 도킨스와 유식사상의 해석을 중심으로, 인문사회 21, Vol. 5, No. 2. 2014: 5~7; Dawkins, *The God Delusion*, 2006.

891 ibid. 7~8.

도'[892](Inclusive Fitness)를 낮추면서 타인의 적합도를 높여주는 행위로 정의한다. '포괄적합도' 모형은 수학적으로 이타적 행위가 일어날 수 있는 조건들을 제시한다. 물론 그것은 유전적 관계에 의한 혈연선택[친족선택, Kin Selection] 과정에서 이타적 행위가 일어날 수 있음을 보여준다. 혈연선택 이론이나 그 이후의 다양한 게임 이론들도 유전자나 개체의 이기적 원인을 통해 이타적 행위가 발생할 수 있음을 보여준다. 이처럼 진화론에서 보는 인간의 심리나 행위의 원인은 주로 생물학적으로 이기적인 동기나 합리적인 계산의 관점에서 이해된다. 이를 깊이 들여다보면 생명 세계의 존재자들이 자신의 보존과 번식을 위해 생물적 전략의 차원에서 채택한 결과물이 '이타'라는 것이다.[893]

진화 철학자 마이클 루스(Ruse)는 다위니즘에 있어서 도덕성은 '진화상 유리한 것'을 하도록 하는 중요한 요소라고 말한다. 이런 '진화상 유리한 것'은 포괄적합도를 올리는 것을 의미한다. 그에 따르면 예수나 간디, 마더 테레사 같은 성인들은 생물학적인 부적응 상태로 자신을 몰아가는 것이며, 그러한 예는 단지 도덕성과 같은 고차적인 사회적 편의 기제를 위해 지불하게 되는 이따금 나타나는 비용일 뿐이다. 다위니즘의 도덕성에 대한 마이클 루스의 이런 해석은 그의 도덕 이론이 심리적 이기주의에 기초하고 있다는 것을 보여주는 대목이라고 할 수 있다.[894]

이 밖에도 인습적인 도덕은 어느 정도의 이타주의를 강요하고 있다.

---

892 부모와 자식은 유전자의 적어도 1/2을 공유하며 형제도 마찬가지다. 따라서 유전자가 전파된다는 관점에서 보면, 자신 대신 부모, 자식, 형제를 위하는 행동을 하더라도 100% 손해는 보지 않는다. 구체적으로 얼마나 이익이 될지는 이익을 받는 쪽의 유전자 공유 비율과 숫자가 중요하다. 형제의 예를 들자면, 내가 먹을 것을 동생에게 주는 경우 나는(또는 내 유전자는) 당연히 손해지만 동생은 이득이다. 내가 이 행동을 할 때 동생이 받는 이익이 더 크다면, 동생에게 이로운 행동을 하도록 하는 유전자는 전파될 가능성이 있다. 생물학자 홀데인(Haldane)이 이렇게 말했다고 전해진다. "형제 한 명을 위해서 죽기는 싫습니다. 하지만 두 명 이상이면 괜찮지요. 사촌이면 여덟 명 이상이고요." 이것을 정식화한 것이 해밀턴 규칙(Hamilton's rule)이다(namu.wiki).

893 박정희, 자연주의 도덕 실재론 옹호-진화론과 플라너겐의 심리 실재론을 토대로, 성균관대학교 대학원 박사학위논문, 2011: 47~49.

894 ibid. 52.

그러나 인간의 본성으로 보아 이타주의는 거의 불가능하다. 자신의 덕을 자랑스럽게 여기는 사람들은 흔히 자신이 도달할 수 없는 이상에 도달했다고 상상한다. 가장 고상한 사람의 행동도 대부분 이기적인 동기에서 나온 것이다. 그렇다고 이것을 유감스럽게 생각할 필요는 없다. 만약 이런 이기적인 동기가 없다면 인류는 존속하지 못할 것이기 때문이다.[895] 아담 스미스가 『국부론』에서 이야기하는 '빵집 아저씨의 이기심'[896][이기적 본성]이 우리로 하여금 빵을 먹을 수 있게 해주는 것이다.

3) 불교 유식사상(唯識思想)에서 본 이타

모든 현상을 마음, 즉 '식'(識)의 관점에서 바라보는 불교 유식사상은 '이기성'과 '이타성'의 문제 또한 마음에 나타난 현상을 가지고 설명한다. 유식 불교는 인간의 마음을 세 단계로 구분한다. 첫째는 자신의 이익을 우선으로 하는 중생의 마음이다. 둘째는 수행의 과정에서 생겨나는 수행자의 마음이다. 이 마음에는 이타적 행위를 일으키게 하는 요인인 '무루종자'(無漏種子)[897]와 이기적 행위의 요인인 '유루종자'(有漏種子)[898]가 공존하게 된다. 셋째는 수행을 통해 도달한 보살(菩薩)[899]의 마음이다. 보살은

---

895 한은정, Bertrand Russell의 인간본성론에 관한 연구-도덕교육을 중심으로, 동국대학교 대학원 박사학위논문, 2012: 92~93; Russell, *The Conquest of Happiness*, New York, A Bantam Book, 1968: 74.

896 "그것(곡식)을 내다 파는 이의 머리 위에는 복이 내린다(잠언 11: 26)."

897 '무루'란 번뇌가 없는 것을 말한다. '무루종자'는 깨달음의 세계에 이를 수 있는 가능성을 지닌다. 안환기는 이것이 타인을 우선시하는 이타적 성향을 형성한다고 본다.

898 '유루'란 번뇌가 있는 것을 말한다. '유루종자'는 미혹의 세계를 만들어 낼 가능성을 지닌 것으로서 욕망에 의해 형성된다. 안환기는 '유루종자'에 이기적 성향이 저장되며, 이것이 이기주의적 행동으로 나타난다고 본다.

899 대승불교에서는 보살(菩薩)이 원(願)을 세우고 수행을 하며 살기 위해서는 구체적으로 육바라밀(六波羅蜜)을 실천해야 한다고 설한다. 그것은 이타행으로서 보시(布施)를 첫 번째 바라밀행으로 꼽는다. 부처님은 너그럽게 베푸는 보시자는 모든 사람으로부터 사랑을 받고, 정직한 사람들로부터 존경을 받고, 기탄없이 칭찬을 받고, 어디에서나 환대를 받고, 죽은 뒤에 천상에 올라간다며 보시의 유익함에 대해 강조하였다. 이렇게 보살행에는 자연스럽게 이익이 뒤따르지만, 보살은 이익을 바라서가 아니라 오로지 중생을 구제하는 일 자체를 중요시한다. 그래서 보살은 중생구제의 서원을 세우고 자신이 얻은 공덕을 중생에게 돌린다. 그렇게 되돌려주는 것을 회향(迴向)이라고 한다. 그리고 자비에 바탕을 둔 실천덕목으로서 바라밀행을 실천한다. 대승불교에서는 이타(利他)의 행동이 그대로 자리(自利)가 되며, 바로 그것이 대승불교의 참다운 실천행이 된다고 주장한다. 괴로움과 즐거움에 집착하지 않고, 업보윤회에도 끌림이 없이 오직 고통받는 중생들을 구제하기 위하여 스스로 험하고 고통스러운 세계에 뛰어들어 고난을 감수하는 것이다(대한불교조계종 포교원, 2017: 172~173).

순수하게 타인의 이익을 위한 행위 즉, 이타적 행위를 일으키는 자다.

중생들은 자신의 욕망을 충족시키기 위해 사유하고 행동한다. 유식사상에 의하면 중생들의 사유와 행위의 결과는 마음에 흔적을 남겨 다음의 사유와 행위를 일으키는 원인이 된다. 이 원인은 '종자'(種子)라는 개념으로 표현된다. 종자는 원래 식물의 씨앗을 의미하는 말이다. 여러 조건이 형성되었을 때 종자에서 싹이 발아하여 하나의 온전한 형태가 형성되듯이, 인간의 사유와 행위의 결과가 종자라는 형태로 마음에 저장돼 또 다른 사유와 행위를 일으키는 원인이 된다는 것을 비유적으로 표현한 것이다. 이 맥락에 따르면 일상생활 속에서 생각하고 행동한 모든 결과물이 마음에 저장된다. 그 결과물은 다시 다음 행위를 일으키는 원인이 된다.

이 종자는 -앞서 언급했지만- 크게 '유루종자'와 '무루종자'로 나뉜다. '유루'는 번뇌에 의해 물든 상태를 의미하는 말이다. 우리의 일상생활 속에서 이뤄지는 모든 행위가 욕망으로부터 생겨난다고 보고, 그 결과를 '유루종자'라는 개념으로 표현한 것이다. 여기에는 우리가 자신의 이익을 위해 생각하고 행동하는 행위가 포함된다. '무루종자'는 번뇌가 사라진 상태에서 생겨나는 것을 가리킨다. 유식사상의 관점에서 보면 궁극적 경지인 해탈에 이르도록 하는 원인이 된다.[900]

중생들은 자신의 욕구를 충족시키기 위해 방안을 모색하고, 그것을 위해 타인과 교류한다. 유식사상은 이러한 행위를 '이기적인 행위'로 본다. 이 이론에 의하면 이기적 행위는 자신을 중심으로 생각하는 데서 생겨난다. 자기가 가지고 있는 것을 계속 고수할수록 더 많은 것을 소유

900 안환기, 이타적 행위의 중층적 의미-이타성에 대한 리처드 도킨스와 유식사상의 해석을 중심으로, 인문사회 21, Vol. 5, No. 2. 2014: 8~10.

하려는 욕망이 발생하며, 이로 인해 타인과 경쟁하게 되고, 그 과정에서 충돌이 발생하게 된다는 것이다. 유식사상은 사유와 행위 관련된 모든 것이 마음, 즉 '식'(識)의 작용으로부터 나온다고 본다. '식'에 존재하고 있던 '종자'의 현현(顯現)에 의해 인간의 행동이 나타나게 된다는 것이다. 그 '종자'는 행위자 자신이 과거에 만들어 놓은 흔적이다. 인연이 무르익음에 따라 그 종자가 다시 다른 행위를 일으키게 된다는 것이다.

중생의 이타적 행위는 이기적 성향이 내재해 있는 행위로 해석된다. 즉 유식사상에서 중생은 욕망에 의해 사유하고 움직인다. 욕망은 행위의 주체가 사물을 바르게 보고, 이에 대해 정확하게 대응할 수 없게 한다. 그 주체는 자신의 욕구에 따라 움직이게 되는 것이다. 이로 인해 고통이 생겨나고, 그 결과물은 다시 마음에 흔적을 남긴다. 유식사상은 타인에 대한 이타적 행위 또한 순수하게 타인 그 자체의 이익을 위한 것으로 해석하지 않는다. 그 행위의 이면에는 자신의 이익을 위한 욕망이 존재한다고 보기 때문이다.[901]

2. 순수이타

마음[心]은 하나다. 그런데 이를 놓고 학자들의 주장은 성선과 성악으로 나뉜다. 이는 결국, 무엇을 중심으로 마음을 바라보느냐 하는 관점의 차이 때문이다. 다시 말해 마음을 천명(天命)인 '성'의 관점에서 보면 '성선'(性善)이 되고, 어떤 기능적인 힘의 영향을 받은 부정적인 상태의 '정'의 관점에서 보면 '성악'(性惡)이 된다. 마음의 움직임인 '이타'도 둘로 나뉜

901 ibid. 11~12.

다. 성선의 입장과 성악의 입장이 그것이다. 전자는 '순수이타', 후자는 앞서 언급한 이기적 본성에 기반한 시뮬라크르 '이타'다. 존재하지 않지만 존재하는 것처럼, 때로는 존재하는 것보다 더 생생하게 인식되는 이타다. 그러나 분명, 이타는 존재한다.

1) 유가(儒家)의 이타

유가에서도 순수이타의 뿌리를 찾아볼 수 있다. 맹자는 친족에 대한 사랑이 곧 사덕(四德)이므로, 인간은 가족에 대한 사랑을 통해 사덕을 구현해 나갈 수 있다고 하면서 선성(善性)의 회복 과정을 가족 간의 도덕적 관계 질서를 통해 보다 구체적으로 이야기하고 있다.[902] 이는 마치 사덕이 혈연 중심적인 친족에 대한 사랑에 한정되는 것처럼 보이게도 한다. 하지만 "인(仁)은 사람을 사랑하는 것이다."[樊遲問仁 子曰 愛人][903]라는 인이 갖는 범인류적인 속성 속에 순차적이고 차등적이긴 하지만 가족에 대한 사랑을 넘어 보편적인 사랑을 추구해 나가야 한다는 것이다.

이 같은 유가 사상은 측은지심이라는 인간의 구체적인 도덕 감정을 통해 점차 확장시켜 나가고 있다. 종(鐘)을 만들 때 동물을 죽여 그 피를 발라 신에게 제사 지내는 흔종(釁鐘) 의식의 예[904]를 통해 측은지심을 가까운 친족에게만이 아닌 사회적 타자는 물론, 동물까지 포함한 우주 만물로 계속해서 확장해 나가도록 촉구하고 있다. 그렇다면 측은지심이라는 도덕 감정은 인간의 선한 본성을 통해 나와 가장 가까운 부모 형제로부터 우주 만물에 이르기까지 모두 확장될 수 있는 우주심(宇宙心)과도

902 진화생물학에서 이야기하는 부모의 자식 사랑, 즉 '포괄적합도' 자신의 유전자를 보호하기 위한 수단으로서의 이타와 맥을 같이 하는 것으로 볼 수 있다.

903 *論語, 顔淵.*

904 *孟子, 梁惠王章句* 上7.

같은 보편적 도덕 감정이라고 할 수 있다. 이렇게 본다면 측은지심을 통한 타자에 대한 공감 능력과 감정이입 능력은 결국 인간에게 있어 가장 핵심적인 감정이 되고, 우리는 이런 감정능력을 통해 자기 인격의 완성은 물론, 타자와 이 사회에 도움이 되는 의미 있는 존재로 거듭날 수 있게 된다.[905] 이처럼 측은지심에 의한 인류와 우주 만물에 대한 보편적 사랑이 곧, 성선에 기초한 순수이타의 뿌리라고 할 수 있을 것이다.

2) 진체(眞諦)[906] 차원, 보살의 이타

유식사상에서는 인간의 마음이 변화될 수 있다고 본다. 이것은 마음이 다양하게 바뀌는 일상에서의 변화를 의미하는 것이 아니다. 변화 이전과 이후가 완전히 달라지는 것을 뜻한다. 불교 유식사상은 그것이 수행을 통해 가능하다고 본다. 유식 불교에서 '중생의 마음'은 '번뇌로 가득 차 있는 상태'로 묘사된다. 번뇌는 중생 자신이 만들어 놓은 것이다. 이로 인해 중생은 자신의 욕망대로 움직이는 존재가 된다. 평범한 인간들이 생각하고 행동하는 일상의 세계, 즉 속체(俗諦)에서 중생의 모든 행위는 결국 이기적인 목적에 의해 이루어지는 것으로 유식 불교는 해석한다.

중생이 어떤 계기에 의해 수행을 시작하게 될 때 중생의 마음은 '수행자의 마음'으로 변하게 된다. 그때 유루종자로 가득 차 있던 중생의 마음은 무루종자와 유루종자가 공존하는 마음, 즉 수행자의 마음이 된다. 진리의 세계로부터 흘러나온 말을 듣고 그 말을 되새기며 수행을 하게 될 때 번뇌로 물든 유루종자는 점점 사라지고 청정한 무루종자가 증가하게 되는 것이다. 수행자의 마음에는 이기적 성향과 이타적 성향이 혼

905 고희선, 맹자 심성론의 심리 치료적 적용에 대한 시론, 성균관대학교 대학원 박사학위논문, 2014: 60~62.
906 진체(眞諦)는 속체(俗諦)의 상대적 개념이다. 깨달음에 도달한 보살의 세계, 그 경지를 일컫는다.

재하게 된다. 그런데 여기서 이타적 성향은 중생의 세계에서 나타나는 이타적 성향과 다름을 주목할 필요가 있다. 중생의 세계에서 이타적 행위가 그 이면에 이기적 성향이 내재돼 있는 것이라면, 수행자의 마음에서 생겨나는 이타적 행위는 순수한 행위다. 자신의 이익을 위해 이타적 행위를 하는 것이 아니라, 오롯이 타인을 위한 순수한 마음에서 나오는 행위다.

이후 수행이 진전되어 유루종자가 완전히 소멸되면서 수행자는 '무분별지'(無分別智)[907]를 거쳐 '후득지'(後得智)[908]를 증득하게 된다. 이 과정을 경험하게 되면 수행자는 '보살'의 경지에 이르게 된다. 이것이 진체(眞諦)다. 진체는 욕망의 세계인 속체와 달리 욕망이 소멸되어 욕망으로부터 자유로운 경지다. 유식사상에 의하면 진체와 속체는 완전히 다른 경지이지만 보살은 자유롭게 이 두 세계를 넘나든다. 보살이 두 세계에 대해 자유로운 것은 그의 목적이 중생을 구원하겠다는 데 있다. 이것이 보살의 이타적 행위다. 보살의 마음은 번뇌가 완전히 소멸된 상태이기 때문에 이타적 행위를 하되 그 이면에 자신의 이익을 위한 마음이 존재하지 않는다. 이로 인해 오로지 타인을 위해 마음을 쓰며 행동할 수 있게 된다고 불교 유식사상은 이야기한다.[909]

3) 예수의 이타적 상징성

사람의 아들은 섬김을 받으러 온 것이 아니라 섬기러 왔고, 또 많은 이의 몸값으로 자기 목숨을 바치러 왔다.[910] 마르코복음서가 전하는 이 같

907 절대적인 세상의 진리를 올바르게 파악하는 지혜.
908 진리(根本智)를 깨달은 뒤에 얻는, 개별적인 사안에 관한 구체적인 지혜.
909 ibid. 13.
910 마르코복음서 10: 45.

은 예수의 탄생과 죽음, 그리고 그 이후 부활에 이르는 그분의 전 생애는 온전히 인간의 생존, 생존 가능성을 높이기 위한 것이다. "예수의 전 생애는 내어줌이자 다른 사람들을 위해 존재하는 것이었고, 십자가 위에서 하느님의 죽음[부재]을 체험하면서까지 그분은 '다른 사람들을 위해 존재하는' 삶을 사셨다."[911] 다시 말해 그리스도는 본래 그 자신이 아닌 타자, 즉 '나를 위해'(Pre me) 세상에 오셨고, 죄의 십자가를 짊어짐으로써 죄인을 대신하여 죄인의 자리에 세워지기 원하였다. 하느님의 아들인 예수의 이 같은 대속적 죽음은 그 자신을 위한 사건이 아닌 바로 '우리를 위하여' 행하신 일이었다.[912] 타자를 위하여 성육신하였고, 십자가에 매달리신 타자 지향적 인격이 바로 예수 그리스도다.[913] 인간을 구원하기 위한 그분의 희생, 이것이 이타행의 전범이고, 이것이 예수가 갖는 이타적 상징성이다. 이는 하느님의 행적이고, 동시에 하느님의 이타적 상징성이 성자 예수 그리스도를 통해 발현되고 있음을 증거해 주는 것이기도 하다.

(1) 예수의 탄생

하느님께서는 가브리엘 천사를 갈릴래아 지방 나자렛이라는 고을로 보내시어, ◎다윗(David) 집안의 요셉(Joseph)이라는 사람과 약혼한 처녀를 찾아가게 하셨다. 그 처녀의 이름은 마리아(Mary)였다. ◎천사가 마리아의 집으로 들어가 말하였다. "은총이 가득한 이여, 기뻐하여라. 주님께서 너와 함께 계시다." ◎이 말에 마리아는 몹시 놀랐다. 그리고 이 인사

---

911 김학선, 레오나르도 보프의 해방자 예수 그리스도, 인천가톨릭대학교 대학원 석사학위논문, 2001: 50; Boff, 해방자 예수 그리스도-우리 시대의 비판적 그리스도론, 왜관 분도출판사, 1993: 137.

912 마르코복음서 10: 45; 로마 신자들에게 보낸 서간 4: 25; 코린토 신자들에게 보낸 첫째 서간 15: 3.

913 고수진, 이타적 공동체의 회복을 위한 교육목회, 기독교교육논총 제42집, 2015: 275~276.

말이 무슨 뜻인가 하고 곰곰이 생각하였다. ◎천사가 다시 마리아에게 말하였다. "두려워하지 마라, 마리아야. 너는 하느님의 총애를 받았다. ◎보라, 이제 네가 잉태하여 아들을 낳을 터이니 그 이름을 예수라 하여라. ◎그분께서는 큰 인물이 되시고 지극히 높으신 분의 아드님이라 불리실 것이다. 주 하느님께서 그분의 조상 다윗의 왕좌를 그분께 주시어, ◎그분께서 야곱 집안을 영원히 다스리시니 그분의 나라는 끝이 없을 것이다." ◎마리아가 천사에게 "저는 남자를 알지 못하는데, 어떻게 그런 일이 있을 수 있겠습니까?" 하고 말하자, ◎천사가 마리아에게 대답하였다. "성령께서 너에게 내려오시고 지극히 높으신 분의 힘이 너를 덮을 것이다. 그러므로 태어날 아기는 거룩하신 분, 하느님의 아드님이라고 불릴 것이다.[914] ◎하느님께는 불가능한 일이 없다." ◎마리아가 말하였다. "보십시오, 저는 주님의 종입니다. 말씀하신 대로 저에게 이루어지기를 바랍니다." 그러자 천사는 마리아에게서 떠나갔다.[915]

그 무렵 아우구스투스 황제가 칙령을 내려, 온 세상이 호적 등록을 하게 되었다. ◎이 첫 번째 호적 등록은 퀴리니우스(Quirinius)가 시리아 총독으로 있을 때에 실시되었다. ◎그래서 모두 호적 등록을 하러 저마다 자기 본향으로 갔다. ◎요셉도 갈릴래아 지방 나자렛 고을을 떠나 유다 지방, 베들레헴이라고 불리는 다윗 고을로 올라갔다. 그가 다윗 집안의 자손이었기 때문이다. ◎그는 자기와 약혼한 마리아와 함께 호적 등록을 하러 갔는데, 마리아는 임신 중이었다. ◎그들이 거기에 머무르는 동안 마리아는 해산날이 되어, ◎첫아들을 낳았다. 그들은 아기를 포대기에 싸서 구유에 뉘었다. 여관에는 그들이 들어갈 자리가 없었던 것이다.

914 루카복음서 1: 26~35.
915 ibid. 1: 37~38.

◎그 고장에는 들에 살면서 밤에도 양 떼를 지키는 목자들이 있었다. ◎그런데 주님의 천사가 다가오고 주님의 영광이 그 목자들의 둘레를 비추었다. 그들은 몹시 두려워하였다. ◎그러자 천사가 그들에게 말하였다. "두려워하지 마라. 보라, 나는 온 백성에게 큰 기쁨이 될 소식을 너희에게 전한다. ◎오늘 너희를 위하여 다윗 고을에서 구원자가 태어나셨으니, 주 그리스도이시다. ◎너희는 포대기에 싸여 구유에 누워 있는 아기를 보게 될 터인데, 그것이 너희를 위한 표징이다." ◎그때에 갑자기 그 천사 곁에 수많은 하늘의 군대가 나타나 하느님을 이렇게 찬미하였다. ◎"지극히 높은 곳에서는 하느님께 영광, 땅에서는 그분 마음에 드는 사람들에게 평화!" ◎천사들이 하늘로 떠나가자 목자들은 서로 말하였다. "베들레헴으로 가서 주님께서 우리에게 알려 주신 그 일, 그곳에서 일어난 일을 봅시다." ◎그리고 서둘러 가서, 마리아와 요셉과 구유에 누운 아기를 찾아냈다.[916] 목자들은 천사가 자기들에게 말한 대로 듣고 본 모든 것에 대하여 하느님을 찬양하고 찬미하며 돌아갔다.[917]

다윗의 자손이며 아브라함의 42대[918]손으로 추정되는 하느님의 아들 예수는 이렇게 탄생한다. 예수님의 탄생은 죄를 용서받아 인간이 구원됨을 알리기 위한 하느님의 상징적 기호 작용이다. "하느님께서 아들을 세상에 보내신 것은, 세상을 심판하시려는 것이 아니라 세상이 아들을 통하여 구원을 받게 하시려는 것이다."[919] 구원은 곧, 사람의 아들 예수를 통해 행하시는 아버지 하느님의 이타행이다.

---

916 ibid. 2: 1~16.

917 ibid. 2: 20.

918 아브라함부터 다윗까지가 십사 대이고, 다윗부터 바빌론 유배까지가 십사 대이며, 바빌론 유배부터 그리스도까지가 십사 대이다(마태오복음서 1: 17). 그러나 루카복음서 '예수님의 족보'편(3: 23~38)을 보면, 예수님은 아브라함의 56대손이고, 다윗의 42대손이 되기도 한다.

919 요한복음서 3: 17.

(2) 예수의 죽음과 부활

파스카의 신비에는 두 가지 측면이 있다. 예수님은 먼저 당신의 죽음을 통해서 인간을 죄에서 구하고, 두 번째로 당신의 부활을 통해서 인류에게 새 생명으로의 길을 열어 준다. 이처럼 예수님의 죽음과 부활은 인간을 죄에서 구하고, 새 생명의 길을 열어 주는 이타행의 상징이다. 여기서 새 생명이란 인간에게 하느님의 은총을 다시 얻게 해줌으로써 이루어지는 의화이며, 영광에 대한 새로운 참여다.[920] 예수님은 십자가에 못 박힐 때, "아버지, 저들을 용서해 주십시오. 저들은 자기들이 무슨 일을 하는지 모릅니다."[921] 하고 기도한다. 죽음에 직면한 그 순간에도 예수님은 못 박는 병사들의 구원을 위해 기도한다. 이런 예수님의 죽음은 '우리를 위한' 그리고 '많은 이를 위한' 구원의 죽음, 속죄의 죽음이다.[922]

대표적 해방신학자인 레오나르도 보프(Boff)는 예수님의 부활이 영원하기를 바라는 인간의 근원적 희망에 생명을 불어넣었다고 말한다.[923] 죽은 자들 가운데서 다시 살아났기 때문이다. 바로 이것이 그리스도 신앙의 핵심적인 토대다. 부활은 예수님의 설교가 참되다는 것을 증명하는 결정적 사건이다. 부활은 예수님의 삶 속에서 하느님의 나라가 구체화된 것을 의미한다.[924] 예수님의 부활은 인간에게 희망을 주는 하느님의 메시지다. 타자의 생존 가능성을 높여주는 이타다. 희망이 없는 삶, 그것은 죽음이기 때문이다.

920 전대규, 예수의 죽음의 구속적 의미, 가톨릭대학교 대학원 석사학위논문, 1997: 68.
921 루카복음서 23: 34.
922 김학선, 레오나르도 보프의 해방자 예수 그리스도, 인천가톨릭대학교 대학원 석사학위논문, 2001: 56.
923 ibid. 66.
924 ibid. 60.

(3) 성찬례[925]

"성찬은 예수님의 희생 자체를 가리키는 것이 아니라, 십자가상에서 예수님에 의해 이루어진 유일무이한 희생을 기념하고 묵상하는 것"이라고 신학자 도널드 헤그너(Hagner)는 설명한다. 옥스퍼드 원어 『성경대전』은 "빵이 죄 사함을 얻게 하려고 찢긴 예수님의 몸을 상징하며, 이 빵에 예수님이 영적으로 임하는 것을 나타내는 의미로 보는 것이 타당하다."고 서술한다. 또, 클로드 타셍(Tassin) 신부는 성찬례에서 놀라운 사실 하나를 발견한다. "빵이 예수님이 된 것이 아니라, 예수님이 빵이 되었다는 것, 그리고 예수님의 죽음으로부터 양분을 얻어 살아가는 그리스도인들의 몸이 되었다."는 것이다.[926] 다시 말해 성찬례는 인류 구원을 위한 예수님의 순수 이타행이다.

(4) 세례와 예배

예수님의 공생활은 서른 즈음 시작돼 3년여간 지속된다. 그 기간은 아버지 하느님의 뜻을 실천하는 이타행의 과정이다. '세례'(Baptism)는 그 가운데서도 특히, 의례 형식 면에서 예수님이 행하는 인간 구원의 첫 단계 이타행이다. 바리사이 사람 니코데모(Nicodemus)와 예수님이 나누는 다음 대화를 보면 세례가 얼마나 중요한 이타행인가를 확인할 수 있다.

> 바리사이 가운데 니코데모라는 사람이 있었다. 그는 유다인들의 최고의회 의원이었다. ◎그 사람이 밤에 예수님께 와서 말하였다. "스승님, 저희는 스승님이 하느님에게서 오신 스승이심을 알고 있습니다. 하느님께서 함께 계시지

---

925 그들이 음식을 먹고 있을 때에 예수님께서 빵을 들고 찬미를 드리신 다음, 그것을 떼어 제자들에게 주시며 말씀하셨다. "받아먹어라. 이는 내 몸이다." ◎또 잔을 들어 감사를 드리신 다음 제자들에게 주시며 말씀하셨다. "모두 이 잔을 마셔라. ◎이는 죄를 용서해 주려고 많은 사람을 위하여 흘리는 내 계약의 피다(마태오복음서 26: 26~28)."

926 이진희, 예수 죽음의 의미에 관한 성경신학적 고찰, 대구가톨릭대학교 대학원 석사학위논문, 2011: 26~27.

않으면, 당신께서 일으키시는 그러한 표징들을 아무도 일으킬 수 없기 때문입니다." ◎그러자 예수님께서 그에게 이르셨다. "내가 진실로 진실로 너에게 말한다. 누구든지 위로부터 태어나지 않으면 하느님의 나라를 볼 수 없다." ◎니코데모가 예수님께 말하였다. "이미 늙은 사람이 어떻게 또 태어날 수 있겠습니까? 어머니 뱃속에 다시 들어갔다가 태어날 수야 없지 않습니까?" ◎예수님께서 대답하셨다. "내가 진실로 진실로 너에게 말한다. 누구든지 물과 성령으로 태어나지 않으면, 하느님 나라에 들어갈 수 없다."[927]

예수님은 이 같은 세례를 통해 인간을 구원하신다. 예배(Worship)는 세례 이후 이루어지는 두 번째 단계의 이타행이다. 예수님은 사마리아 여인과의 대화에서 "영과 진리 안에서 예배를 드려야 한다."고 말씀하신다.[928] 예배를 통해 인간은 구원받을 수 있다는 것이다. 예배는 행위인 동시에 태도이며, 외적인 것인 동시에 내적인 것이다. 행위로서의 예배는 신성과 만나고자 하는 시도이며 신성의 구현을 기념하는 의식이다. 태도로서의 예배는 신성의 존재가 인식되고 신성의 구현을 경험하는 의식상태다.[929]

사마리아 여인이 예수님께 "저는 그리스도라고도 하는 메시아께서 오신다는 것을 압니다. 그분께서 오시면 우리에게 모든 것을 알려주시겠지요." 하였다. 그러자 예수님께서 그 여자에게 말씀하셨다. "너와 말하고 있는 내가 바로 그 사람이다."[930] 이 놀랍고도 감격스러운 예배 장면은 바로 신성의 존재를 인식하고, 예수 신성의 현현(顯現)을 눈앞에서 목도하는 사마리아 여인의 의식상태를 상상할 수 있게 해준다. 그리스

927 요한복음서 3: 1~5.

928 진실한 예배자들이 영과 진리 안에서 아버지께 예배를 드릴 때가 온다. 지금이 바로 그때다. 사실 아버지께서는 이렇게 예배를 드리는 이들을 찾으신다. 하느님은 영이시다. 그러므로 그분께 예배를 드리는 이는 영과 진리 안에서 예배를 드려야 한다(요한복음서 4: 23~24).

929 가톨릭대사전.

930 요한복음서 4: 25~26.

도를 믿고, 또 그분이 오신다는 것을 믿었던 사마리아 여인을 위한 예수님의 이타행이라고 할 수 있다. 구세주 예수 그리스도와의 만남을 통해 그 여인은 구원, 즉 영원한 삶을 얻게 된 것이다.

(5) 표징

성서는 무수히 많은 표징을 보여주고 있다. 오병이어(五餠二魚)의 기적도 그들 가운데 하나다. 마태오복음서 14장 15절~21절, '오천 명을 먹이시다'[931]는 이런 예수님의 이타행을 다음과 같이 기록하고 있다. 이 모두가 인류 구원을 위한 예수님의 이타적 상징성을 보여주는 표징들이다.

> 저녁때가 되자 제자들이 예수님께 다가와 말하였다. "여기는 외딴 곳이고 시간도 이미 지났습니다. 그러니 군중을 돌려보내시어, 마을로 가서 스스로 먹을거리를 사게 하십시오." ◎예수님께서 "그들을 보낼 필요가 없다. 너희가 그들에게 먹을 것을 주어라." 하고 이르시니, ◎제자들이 "저희는 여기 빵 다섯 개와 물고기 두 마리밖에 가진 것이 없습니다." 하고 말하였다. ◎예수님께서는 "그것들을 이리 가져오너라." 하시고는, ◎군중에게 풀밭에 자리를 잡으라고 지시하였다. 그리고 빵 다섯 개와 물고기 두 마리를 손에 들고 하늘을 우러러 찬미를 드리신 다음 빵을 떼어 제자들에게 주시니, 제자들이 그것을 군중에게 나누어 주었다. ◎사람들은 모두 배불리 먹었다. 그리고 남은 조각을 모으니 열두 광주리에 가득 찼다. ◎먹은 사람은 여자들과 아이들 외에 남자만도 오천 명가량이었다.

왕실 관리의 아들을 살리신 예수님의 행적 또한 구원을 통한 예수님의 이타행을 보여주는 표징이다.

예수님께서는 물을 포도주로 만드신 적이 있는 갈릴래아 카나로 다시 가셨

931 마르코복음서 6: 30~44; 루카복음서 9: 10~17; 요한복음서 6: 1~14.

다. 거기에 왕실 관리가 한 사람 있었는데, 그의 아들이 카파르나움에서 앓아 누워 있었다. ◎그는 예수님께서 유다를 떠나 갈릴래아에 오셨다는 말을 듣고 예수님을 찾아와, 자기 아들이 죽게 되었으니 카파르나움으로 내려가시어 아들을 고쳐 주십사고 청하였다. ◎예수님께서는 그에게 이르셨다. "너희는 표징과 이적을 보지 않으면 믿지 않을 것이다." ◎그래도 그 왕실 관리는 예수님께 "주님, 제 아이가 죽기 전에 같이 내려가 주십시오." 하고 말하였다. ◎그러자 예수님께서 그에게 말씀하셨다. "가거라. 네 아들은 살아날 것이다." 그 사람은 예수님께서 자기에게 이르신 말씀을 믿고 떠나갔다. ◎그가 내려가는 도중에 그의 종들이 마주 와서 아이가 살아났다고 말하였다. ◎그래서 그가 종들에게 아이가 나아지기 시작한 시간을 묻자, "어제 오후 한 시에 열이 떨어졌습니다." 하고 대답하는 것이었다. ◎그 아버지는 바로 그 시간에 예수님께서 자기에게, "네 아들은 살아날 것이다." 하고 말씀하신 것을 알았다. 그리하여 그와 그의 온 집안이 믿게 되었다.[932]

벳자타(Bethesda) 못가에서 병자를 고치신 예수님의 행적 또한 구원을 통한 예수님의 이타행을 보여주는 표징이다.

예루살렘의 '양 문' 곁에는 히브리 말로 벳자타라고 불리는 못이 있었다. 그 못에는 주랑이 다섯 채 딸렸는데, ◎그 안에는 눈먼 이, 다리 저는 이, 팔다리가 말라비틀어진 이 같은 병자들이 많이 누워 있었다. ◎거기에는 서른여덟 해나 앓는 사람도 있었다. ◎예수님께서 그가 누워 있는 것을 보시고 또 이미 오래 그렇게 지낸다는 것을 아시고는, "건강해지고 싶으냐?" 하고 물으셨다. ◎그 병자가 예수님께 대답하였다. "선생님, 물이 출렁거릴 때에 저를 못 속에 넣어 줄 사람이 없습니다. 그래서 제가 가는 동안에 다른 이가 저보다 먼저 내려갑니다." ◎예수님께서 그에게 말씀하셨다. "일어나 네 들것을 들고 걸어가거라." ◎그러자 그 사람은 곧 건강하게 되어 자기 들것을 들고 걸어갔다.[933]

---

932 요한복음서 4: 46~53.
933 ibid. 5: 2~9.

교회의 본질이 그리스도의 인격을 구현하는 공동체라고 한다면 사명은 안과 밖에서 예수 그리스도의 이타적 이야기를 선포하는 것이다. 교회의 근원적 이야기는 개인과 인류를 대신하는 그리스도의 탄생, 죽음, 그리고 부활의 사건이다. 다시 말해 교회는 예수님의 탄생과 죽음, 부활이 갖는 의미, 즉 이타적 상징성을 드러내 보여주는 복음 선포의 공동체다.

4) 신화에서의 이타

신화의 주인공들은 그 신화가 전승되는 지역의 원시 종족이나 부족, 민족, 인류를 위해 특별한 영웅적 행위를 수행한다. 그 행위가 곧, '이타'다. 왜냐하면 영웅들의 행위가 원시 종족이나 부족, 민족, 인류를 구원하고, 이들 타자의 생존 가능성을 높여주는 역할을 하기 때문이다. 이 같은 이타는 한편으로 신화 속 영웅들의 생명에 영원성을 부여한다. 다시 말해 원시 종족이나 부족, 민족, 인류는 그들을 위한 영웅들의 이타행을 기억하며, 그들을 자신들의 신화 속 주인공으로 영원히 위치시켜 놓는다. 대만 타이야르 족의 마리코왐 번(蕃)과 북세 번(蕃)의 문신에 관한 신화의 기원도 죽음과 재생, 영원을 이야기한다.

> 옛날 많은 부녀자가 일시에 사망하였다. 사람들은 어떻게 하면 좋을까 하고 고민하였다. 어떤 날, 신이 꿈에 나타나서 문신을 하면 재난을 면할 것이라고 가르쳐 주었다. 그러나 누구도 그 방법을 알지 못하였다. 어느 발명하기를 좋아하는 남자가 먼저 횃불의 그을음을 가지고 여자의 의상에 있는 모양을 얼굴에 그리면 된다고 가르쳐 주었다. 그래서 여자는 가는 바늘로 얼굴을 찌르고 횃불의 그을음을 그 위에 발랐는데, 한번 바른 문신은 지워지지 않았다. 그러자 사망자가 없어졌다.[934]

934 大林太良, *神話學入門*, 中央公論社, 신화학입문, 兒玉仁夫·권태효, 새문사, 2003: 117~118.

그 이후, 문신은 끊임없이 성행하여 일종의 장식이 되고, 성숙한 여자의 증표가 된다. 인도 중부에서 동남아시아를 거쳐 오세아니아에 이르는 화전 경작민 사이에는 이 같은 문신이 사후세계로 가는 패스포트라고 하는 생각이 넓게 분포하고 있다. 또 문신을 하는 시기를 많은 민족이 사춘기에 두고 있다. 즉 성년식과 같은 아이로서의 인간이 한번 죽고 젊은이로서 재생할 때인 것이다.[935]

시베리아 지역 오비, 우골 등 여러 종족 또한, 지금도 '눈신발'을 만든 신화 속 영웅 '위대한 사냥꾼'을 기억한다. 그는 일본의 칸지키에 해당하는 '신발'(눈신발)을 만들어 신고, 육각(六脚)의 고라니를 막다른 곳에 가두고 뒷다리를 잘라냈다. 다리 수를 줄임으로써 누구나 그 위대하고 강력한 동물을 잡을 수 있는 능력을 갖게 했다. 은하수는 이 위대한 사냥꾼의 '스키 흔적'이다.[936]

그리스 신화에 등장하는 수많은 신과 영웅들 가운데서 가장 칭송받는 이는 프로메테우스(Prometheus)다. 프로메테우스는 인간을 사랑했고, 하늘로부터 인간 세상에 불을 가져다준다. 주신(主神) 제우스(Zeus)의 뜻을 거스르면서까지 그가 우리에게 불을 선사한 이유는 무엇일까? 인간을 이롭게 하기 위함이다. 인간의 생존 가능성을 높이기 위함이다. 우리가 오래도록 그를 기억하는 이유다. 수천 년이 지난 오늘날까지도 우리가 프로메테우스를 기억하는 이유는 그가 행한 영웅적 이타행 때문이다. 프로메테우스는 본래 '일찍 깨달은 자'라는 뜻이다. 즉, 프로메테우스는 '예지'(叡智)의 신이다. 우리는 흔히 프로메테우스가 불을 훔친 죄로 코카서스 산꼭대기 바위에 쇠사슬로 묶여 독수리에게 간을 쪼아 먹히는

935 ibid. 117~118.
936 ibid. 118.

형벌을 받는다고 이야기한다. 그러나 실제 이유는 다른 데 있다. 제우스는 거세공포증을 가지고 있었다. 자신이 아버지 크로노스(Cronus)를 제거하고 올림포스 주신의 자리에 올랐던 것처럼 자신 또한 자식에게 쫓겨날 것이 두려워 '예지'의 신, 프로메테우스에게 "어느 자식이 나를 해칠 것인가?"라고 묻는다. 그러나 프로메테우스는 대답하지 않는다. 왜 그랬을까? 프로메테우스의 예지가 인간 세상을 살리고, 제우스의 아들들을 살린다. 바로 이타행이다. 이것이 빌미가 돼 결국 그는 독수리에게 간을 쪼아 먹히는 가혹한 형벌을 받게 된다. 그러나 그로 인해 우리는 영웅 프로메테우스를 영원히 기억하고 있는 것이다.

3. 이타에 대한 두 개의 시선, 하나의 가치

마음의 밑바닥에는 '성'(性)이 있고, 마음속에는 성에서 나온 '정'(情)이 채워져 있다. 성이 나타난 것이 정이고, 정이 나타나기 이전의 상태가 성이다. 샘에 비유하면 샘은 마음이고, 땅속 깊은 곳에 있어서 눈에 보이지 않는 것, 즉 지하수는 성이며, 눈에 보이는 샘물은 정에 해당한다. 샘의 바닥에는 진흙이나 모래 같은 것들이 깔려있다. 그곳에 작은 힘이라도 가해지면 샘물은 곧 흐려진다. 우리의 마음에도 샘의 바닥에 있는 흙이나 모래 같은 것이 깔려있다. '생각하는 기능'(思慮), '분별하는 기능'(分別), '계산하고 비교하는 기능'(計較), '헤아리는 기능'(商量), '외물을 인지하고 깨닫는 기능'(知覺) 등이 그것이다. 이것들이 성이 정으로 나타날 때 물을 흐리는 미꾸라지처럼 영향력을 행사하게 된다. 그래서 성이 정으로 나타나는 순간 이기적인 생각을 하면 이기적인 정이 되고, 선한 생각

을 하면 선한 정이 되는 것이다.[937]

마음은 하나다. 그런데 성선설과 성악설로 주장이 나뉜다. 결국, 무엇을 중심으로 마음을 보느냐 하는 관점의 차이 때문이다. 다시 말해 마음을 천명(天命)인 '성'의 관점에서 보면 성선설이 되고, '사려(思慮), 분별(分別), 계교(計較), 상량(商量), 지각(知覺)' 등과 같은 기능적인 힘의 영향을 받은 부정적인 상태의 '정'의 관점에서 보면 성악설이 된다. 마음의 움직임인 '이타'도 이 같은 성선설적인 입장과 성악설적인 입장의 두 가지로 나뉜다.

기독교적 관점의 이타는 성선설적인 입장이다. 기독교는 예수님을 '프로 메'(Pro me[라틴어], For me), '나를 위해' 세상에 오신 분으로 받아들인다. 예수님의 전 생애를 나를 위한 '내어줌'으로 이해한다. 다시 말해 태생 자체가 타자(他者)를 위한 것이다. 예수님은 그를 시험하려 드는 사악한 율법 교사까지도 버리지 않으신다.

> 어떤 율법 교사가 일어서서 예수님을 시험하려고 말하였다. "스승님, 제가 무엇을 해야 영원한 생명을 받을 수 있습니까?" ◎예수님께서 그에게 말씀하셨다. "율법에 무엇이라고 쓰여 있느냐? 너는 어떻게 읽었느냐?" ◎그가 "'네 마음을 다하고 네 목숨을 다하고 네 힘을 다하고 네 정신을 다하여 주 너의 하느님을 사랑하고 네 이웃을 너 자신처럼 사랑해야 한다.' 하였습니다." 하고 대답하자, ◎예수님께서 그에게 이르셨다. "옳게 대답하였다. 그렇게 하여라. 그러면 네가 살 것이다."[938]

이타가 곧, 천명(天命)이기 때문이다. 이는 마음을 '성'의 관점에서 바

937 이기동, *논어강설*, 성균관대학교 출판부, 2012: 82.
938 루카복음서 10: 25~28.

라보는 유가(儒家)의 성선설적 입장과 맥을 같이 한다. 반면, 유전자와 밈을 '이기적'이라고 보는 진화생물학[memetics]적 관점이나, 이타를 '생존 확률을 높이기 위한 선택'으로 보는 뇌과학적 입장, 그리고 인간의 마음을 세 가지, 즉 '중생의 마음(利己), 수행자의 마음(利己, 利他), 보살의 마음(利他)'으로 나누는 불교 유식사상의 관점은 '정'의 관점에서 마음을 바라보는 유가의 성악설적인 입장과 그 맥을 같이 하는 것으로 볼 수 있다. 그러나 이처럼 서로 다른 입장 차이에도 불구하고, 이들이 바라보는 '이타'가 추구하는 가치는 하나다. 바로 '영원성'이다. 인간은 누구나 영원하기를 희망한다. 인간이 가지고 있는 가장 근원적인 소망이다. 그래서 인간은 이타를 통해 타자는 물론이거니와 나 자신의 생존 가능성을 높이고자 하는 것이다. 그리고 이를 통해 영원히 살고자 한다. 이타는 인간의 지혜[叡智]가 찾아낸 가장 숭고한 가치다.

4. 인간의 '예지'(叡智)가 선택한 '이타'

이타주의자는 다른 이에게 가져올 이익을 위해서 자신이 원치 않는 것을 하는 그러한 선호를 갖는 사람이다. 이타주의자는 다른 이의 소망에 반응해서 자신의 소망을 억제한다.[939] 리처드 도킨스는 이타를 행위의 결과가 가상적 이타주의자의 생존 가능성과 가상적 수익자의 생존 가능성을 낮추거나 높여주는 것과 관련되는 것으로 정의한다.[940] 다시 말해 행위의 결과가 가상적 이타주의자의 생존 가능성을 낮추고, 가상적 수

939 박정희, 자연주의 도덕 실재론 옹호-진화론과 플라너겐의 심리 실재론을 토대로, 성균관대학교 대학원 박사학위논문, 2011: 60; Kitcher, Psychological Altruism, Evolutionary Origins, and Moral Rules, Philosophical Studies, Kluwer Academic Publishers, 1998: 89.

940 Dawkins, *The Selfish Gene*, Oxford University Press, Oxford New York, 2009: 4.

익자의 생존 가능성을 높여주는 것을 이타라고 한다.

이렇게 볼 때 밈은 이타주의에 반하는 이기적인 존재일 수밖에 없다. 오직 자신의 생존 가능성을 높이기 위해서만 자연선택을 하기 때문이다. 밈은 예지(叡智)를 가지고 있지 않다. 장기적으로 이익이 되는 경우에도 눈앞의 이익을 포기하지 못한다.[941] 유전자는 더 많은 복사본을 퍼뜨리는 것이 마치 자신의 목표인 양 행동할 뿐 실제로 어떤 의식이나 특정 심리상태를 가지고 있지 않다.[942] 밈도 마찬가지다. 단순히 맹목적인 복제자일 뿐이다. 미래를 계획하지 못한다.[943]

다행히 인간은 눈앞의 이익만을 좇는 복제자 밈을 선도할 '예지'를 가지고 있다. 예지란 사물의 도리(道理)를 꿰뚫어 보는 뛰어난 지혜다. 도리란 사람이 마땅히 행해야 할 바른길이다. 바른길은 동양의 유교 철학과 서양의 기독교가 추구하는 근원적 가치인 심층의 '효'(孝)와 '신'(信, 믿음), 여기에 뿌리를 둔 표층의 인[사랑]과 의[정의]와 예[순명]와 지[계명]의 길이다. "지혜는 과거를 알고 미래를 예측하며 명언을 지어내고 수수께끼를 풀 줄 알며 표징과 기적을, 시간과 시대의 변천을 미리 안다."[944] 지혜는 하느님의 속성이다. 동시에 하느님의 형상으로 창조된 인간 안에 내재된 인간의 속성이다. 지혜의 축적을 통해 예지는 얻어진다. 구약의 잠언 7장 4절은 이 같은 예지와 지혜의 관계에 대해 다음과 같이 기술한다.

> "지혜에게 '너는 내 누이!'라 부르고, 예지를 '친지'(친구)라 불러라."
> "Say to Wisdom, 'You are my sister!' call Understanding, 'Friend!'"

---

941 ibid. 200.

942 장대익, 일반 복제자 이론: 유전자, 밈, 그리고 지향계, 과학철학 11권 1호, 한국과학철학회, 봄호, 2008: 17~18.

943 Dawkins, *The Selfish Gene*, Oxford University Press, Oxford New York, 2009: 24.

944 지혜서 8: 8.

지혜와 예지를 의인화한 구절이다. 누이는 신부, 아내로 해석되기도 한다. 지혜는 고귀한 여인이다. 결혼하기에 합당한, 다시 말해 지혜와 하나 되기에 합당하다는 의미다. 예지는 친구다. 믿음으로 맺어진 사이다[朋友有信]. 그러니 지혜와 예지, 둘 다 우리에게는 없어서는 안 될 귀한 존재들이다. "지혜를 원한다면 계명을 지켜라. 주님께서 너에게 지혜를 베푸시리라."[945] 계명은 지(智)다. 옳고 그름을 판단하는 시비지심의 단서다. "모든 지혜는 주님에게서 오고 영원히 주님과 함께 있다."[946]라고 성서는 말한다. '지'(智)는 성(性)이고, 성은 하늘의 명[天命]이다. 복제자 밈이 갖고 있는 이기적 본성의 문제를 해결하기 위해 마침내 인간의 예지는 '이타'를 소환한다. 눈앞의 이익보다는 타자의 생존 가능성을 높이면서 한류의 미래를 새롭게 계획하기 위한 전략적 자연선택이다. 이타는 인간의 예지가 찾아낸 가장 숭고한 가치다. 한류를 '영원'에 이르게 하는 지고의 가치다.

1) 이타와 한류의 형(形)과 색(色)

문명화된 사회 구성원으로 살아가기 위해 인간은 많은 부분을 무의식 속으로 억압시킨다. 그리고 이렇게 억압된 정신 에너지들은 에너지 보존의 법칙(Conservation of Energy)에 의해 변형되고 왜곡된 형태로 인간의 몸에 기억되고 저장된다. 이같이 왜곡된 신체적 증상들은 인간의 정신과 몸의 상관관계를 반증해 주고, 인간은 신체의 왜곡된 증상들을 통해 자기 내면의 정신적 문제들을 유추할 수 있게 된다. 이렇게 인간의 몸과 마음은 인간을 구성하는 주요한 부분이면서도 가장 상이(相異)한 요소이

---

945 집회서 1: 26.
946 ibid. 1: 1.

고, 또 가장 밀접한 관계 속에 여러 가지 현상들을 통해 자신들의 상관 관계를 드러낸다.[947]

한류 밈은 한국의 문화 정신[마음]이다. 그 정신을 실어 나르는 한류 문화콘텐츠는 신체[몸, 물질]다. 한류 밈을 실어 나르는 밈 운반자다. 신체인 한류 문화콘텐츠는 산업 경제적 가치 창출을 목적으로 한 이기적 도구다. 그러나 문화산업의 특성상 이기적 본성을 노골적으로 드러내기는 쉽지 않다. 이런 정신적 억압이 때로는 왜곡된 성과 폭력의 형태로 변형돼 나타나 마치 한국의 문화 정신[마음]인 것처럼 포장되기도 한다. 그래서 때로는 반한류·혐한류·항한류의 원인이 되기도 한다. 이같은 '심'[心, 마음]과 '신'[身, 신체]의 관계가 타자 및 사회적 관계성에 미치는 영향에 대해 맹자는 다음과 같이 말한다.

> 夫苟不好善則人將曰訑訑를 予旣已知之矣로라 하리니 訑訑之聲音顏色이 距人於千里之外하나니 士止於千里之外則讒諂面諛之人이 至矣리니 與讒諂面諛之人居國이면 欲治인들 可得乎아.
>
> 만일 선(善)을 좋아하지 않으면, 다른 사람들이 장차 말하기를 '잘난 체함을 내 이미 알았다.'라고 말할 것이니, 잘난 체하는 음성과 얼굴빛이 다른 사람을 천 리 밖에서 막는다. 그리하여 선비가 천 리 밖에서 발걸음을 멈추고 오지 않는다면, 아첨하고 비위 맞추는 말만 하는 사람들이 올 것이다. 아첨하고 비위 맞추는 말을 하는 사람들과 함께 있으면서 나라를 잘 다스리려고 한들, 그렇게 할 수 있겠는가.[948]

인간의 도덕 본성에서 벗어난 왜곡되고 편향된 심성은 인간의 음성과

947 고희선, 맹자 심성론의 심리 치료적 적용에 대한 시론, 성균관대학교 대학원 박사학위논문, 2014: 72~73.
948 *孟子, 告子章句下 13장.*

얼굴빛을 먼저 왜곡시키고, 왜곡된 심신 상태는 왜곡된 타자와의 관계로 확장되고, 사회적 관계까지도 병리적으로 만들게 된다는 것이다.[949] '이타'[善]를 좋아하지 않으면, 다시 말해 이기적 본성이 노골적으로 드러난 한류 문화콘텐츠[신체]는 한국의 문화 정신[마음]을 왜곡하고, 왜곡된 한국의 문화 정신은 한류의 세계화 과정에서 마치 1990년대 '잃어버린 10년'의 일본 드라마와 같이 병리적인 모습으로 비치게 될 것이다.

"형색은 곧 천성이다[孟子曰 形色 天性也]."[950] 맹자는 인간의 몸을 통해 드러나는 물리적 형상 또한 하늘로부터 부여받은 인간의 본성이라고 말하고 있다.[951] 이는 곧 형과 색으로 드러나는 몸의 현상 또한 선성(善性)과 마찬가지로 하늘로부터 본래적으로 부여받은 것이지만, 이런 천성으로서의 형색을 유지하려면 하늘로부터 품부(稟賦)받은 도덕 본성을 잘 보존하여, 그런 도덕 본성이 그대로 몸을 통해 발현되도록 해야 한다는 입장이다. 구약의 〈집회서〉 13장 25~26절도 "사람의 마음은 그의 얼굴을 좋게도 나쁘게도 바꿔 놓는다. 행복에 싸인 마음의 기운은 밝은 얼굴에 나타난다."고 기술한다. 이런 도덕 본성을 통한 심과 신의 관계에 대해 맹자는 다음과 같이 말하고 있다.

> 君子所性은 仁義禮智根於心하여 其生色也睟然見於面하며 盎於背하며 施於四體하여 四體不言而喩니라
>
> 군자의 본성은 인의예지가 마음속에 뿌리를 내려, 그 생겨난 빛이 온화하고 윤택하여 얼굴에 나타나고 등(背)에 밝게 드러나며 사체(四體)에 미쳐서 사체가 굳이 말하지 않아도 남들이 저절로 알게 된다.[952]

949 고희선, 맹자 심성론의 심리 치료적 적용에 대한 시론, 성균관대학교 대학원 박사학위논문, 2014: 76.
950 *孟子, 告子章句上 38장.*
951 "마음이 즐거우면 얼굴이 밝아지고 마음이 괴로우면 기가 꺾인다(잠언 15: 13).
952 *孟子, 盡心章句上 21장.*

맹자는 기(氣)로 구성된 인간의 몸에 대해 인간의 '도덕 본성이 그대로 드러나는 몸'이라는 도덕적 정체성을 부여함으로써 인간의 자연적이고 생리적인 몸의 영역 또한 도덕의 영역으로 끌어들인다.[953] 심[마음]이 아름다우면, 신[몸]에서 빛이 난다. 한국의 문화 정신[심, 마음]인 사덕 밈과 이타 정신이 결합한다면, 이를 실어 나르는 한류 문화콘텐츠[몸]의 형색은 밝게 빛이 나서 굳이 말하지 않아도 세계인과 인류 사회가 저절로 알아보게 될 것이다.

2) 이타와 공존: 한류토피아의 문화정신

한류는 지금까지 '인사이드-아웃'(Inside-Out) 방식으로 세계의 타자(他者)를 만나왔다. 대자(對自)는 타자에게 '대자-즉자(卽自)', 즉 서비스를 제공하고, 타자는 이를 수용하는 구조였다. 물론, 타자의 선택은 시장의 최적자인 한국의 '즉자', 즉 한국의 드라마와 K-pop과 같은 한류 소재영역들을 자연선택함으로써 스스로 최적자의 삶을 누리고 있다는 믿음을 갖고 싶어 하는 타자의 이기적 본성을 충족시키기 위한 행위였다.

그러나 세상은 변하고 있다. 타자의 권리가 강조되고, 타자의 자발적인 참여가 확대되고 있다. '아웃사이드-인 뷰'(Outside-In view) 방식은 이런 변화하는 시장에 최적화된 삶의 공생 방식이다. 타자의 관점에서 대자와 즉자를 바라보는, 그래서 한류토피아의 문화정신을 구현할 수 있게 해주는 이타적 커뮤니케이션 방식이다.

한류 유전자의 '이타'는 타자인 세계인의 생존 가능성을 높이는 유전자 패러다임이다. 동시에 우리의 생존 가능성을 높이는 가치이기도 하고, 인류의 공동 번영을 위한 유전자 패러다임이기도 하다. 이타는 한

953 고희선, 맹자 심성론의 심리 치료적 적용에 대한 시론, 성균관대학교 대학원 박사학위논문, 2014: 73.

류의 인류문화화시대, 한류토피아의 핵심 이데올로기다. '아웃사이드-인 뷰'의 기본 정신과 맥을 같이 한다. 이타는 배려이고, 사랑이다. 대자와 타자의 공존을 위한 필수 가치다. 독일의 실존주의 철학자 하이데거(Heidegger)의 말을 빌리면, 공존(Coexistence)은 '함께 있는 존재'다. 자신의 동료와 팀워크를 이루는 암묵의 공동존재, 연대적인 결합이다. '세계-속-존재'라는 존재론의 구조적 측면에서 '함께 존재한다.'는 것은 인간존재가 본성상, 본질적이고 보편적인 자격으로 '함께 존재한다.'는 말이다.[954] 예를 들어, '세계인과 함께 있는 존재'가 대자인 나의 '구체적-존재'를 구성하는 하나의 구조라는 것이다. 따라서 나에게 타자인 세계인이 없다면, 나의 구체적 존재 또한 있을 수 없는 것이 된다. '이타'와 '공존', 이는 한류토피아의 기본 문화정신이다. 한류의 신화적 영원성을 담보해줄 귀중한 가치다.

5. 집단 무의식과 한류 포에버

인간은 영원(Eternity)을 꿈꾼다. 그 꿈이 과학과 종교, 신화를 창조한다. 이들은 영원[永生]을 갈망하는 인간의 이기적 본성이 창조해낸 문화적 산물이다. 우리의 건국신화인 단군신화도 마찬가지다. 역사적 사실 여부를 떠나 그 자체만으로도 단군신화는 한민족의 웅혼한 기상을 드러내 보여준다.

954 Sartre, *l'Être et le Néant*, 1943: 422~423.

고기(古記)에 이르기를 옛날 환인(桓因)에게 지차 아들[庶子] 환웅(桓雄)이라는 이가 있어 자주 나라를 가져볼 뜻을 두고 인간 세상을 지망하였다. 그 아버지가 아들의 뜻을 알고 아래로 삼위태백(三危太伯) 땅을 내려다보니 인간들에게 크나큰 이익을 줌직한지라 이에 아들에게 천부인(天符印) 세 개를 주어 보내어 이곳을 다스리게 하였다.

이 같은 신화의 첫 구절에서 확인할 수 있듯이 단군신화 제일의 목적은 인간을 널리 이롭게 하는 것, 즉 홍익인간(弘益人間)의 정신을 구현하는 것이다. 한민족은 이를 건국이념으로 하고, 이의 구현이라는 역사적 의도를 가지고 신화를 창조한다.

환웅이 태백의 산꼭대기에 있는 신단수 아래로 내려와 신시(神市)를 만들고, 웅녀와 결혼해 아들 단군왕검을 낳고, 단군왕검은 평양성에 도읍을 정해 조선을 세운다.

이는 단군신화의 다음 전개 과정이다. 홍익인간이라는 한민족의 역사적 의도를 실천해 가는 자연화(自然化) 과정이다. 이를 위해 단군신화는 두 개의 이야기 구조[plot]를 갖는다. '천상계'(天上界)와 '지상계'(地上界) 이야기가 그것이다. 천상계는 천제인 환인과 그의 아들 환웅을 주인공으로 한 이야기 구조다. 지상계는 곰과 호랑이를 주인공으로 하고, 이들이 사람이 되기 위해 겪어야 하는 인고(忍苦)의 과정을 묘사한다. 이 두 개의 플롯은 천상계의 환웅과 지상계의 웅녀가 '결혼'이라는 역사적 결합을 통해 천(天)과 지(地), 하늘과 땅이 하나가 되면서 고조선이라는 신화적 국가를 출범시킨다.

단군신화는 한민족 최초의 국가인 고조선이 영원하기를 바라는 민족적 염원을 담고 있다. 이 같은 단군신화의 영원성 이데올로기는 나라꽃인 '무궁화'(無窮花), 국가(國歌)인 '애국가'에도 그 정신이 면면히 흐르고 있다. '무궁'이란 "(공간 또는 시간이) 다하는 끝이 없음. 한이 없음", 즉 '영원'을 뜻한다. 애국가의 첫 소절 "동해물과 백두산이 마르고 닳도록" 또한 '영원'을 갈망하는 한민족의 염원을 국가(國歌)에 그대로 담아내고 있다. 어찌 동해물이 마르고, 백두산이 닳아 없어지겠는가? 이처럼 단군신화의 '영원성' 이데올로기에 뿌리를 둔 우리의 국화(國花)와 국가(國歌) 또한, 영원에 대한 한민족의 끝없는 갈망을 상징한다.

종교도 마찬가지다. 인간은 시공 안에 살고 있는 '순간존재'다. 육체가 죽으면 육신을 떠난 영혼은 불멸한다. 이 같은 사고의 근원, 즉 무교(巫敎)의 원질사고(原質思考)는 인간이 '순간존재'로 세상에 존재 의미를 갖기 이전에 이미 카오스(Chaos, 혼돈/존재의 근원) 상태에서 '영원존재'로 있었다고 하는 사고 의식에 기초한다.[955] 영혼(靈魂)이라고 할 때, 영(靈)은 뛰어나고 신묘한 것, 신, 마음, 목숨 등 다양한 뜻을 가진다. 그리고 영혼의 '혼'(魂)의 오른쪽 방(旁) '귀'(鬼)는 특히 육체를 관장하는 백(魄)에 대해서 정신을 관장하는 정기(精氣)를 뜻하면서 마음, 생각을 가리킨다. 따라서 영혼은 '영'과 '혼'[魂魄, 혼백]의 양쪽 뜻을 다 포괄하는 독립의 인격적 실재로서, 감각에 의한 인식을 넘어선 영원한 존재를 의미한다.[956]

불교의 시간관을 이야기할 때 우리는 흔히 윤회전생(輪迴轉生)의 인과업보사상(因果業報思想)을 떠올린다. 윤회란 돌고 돈다는 뜻이다. 원어는 산스크리트어로 상사라(Samsāra)다. '흐르다, 움직인다.'라는 뜻에서 파생된 것으로 '흘러 맴돌다.'라는 뜻이다. 시간적으로는 과거, 현재, 미래

---

955 소재나, 한국 무교와 그리스도교의 사후 세계관에 관한 비교연구, 광주가톨릭대학교 대학원 석사학위논문, 2006: 9~10; 김태곤, *한국무속연구*, 집문당, 1981: 154~160.
956 ibid. 23.

에 걸쳐서 윤회하며, 공간적으로는 지옥, 축생, 신의 모습으로 생명을 바꾸어 윤회한다고 설한다. 인과(因果)란 원인이 있으면 반드시 결과가 따른다는 것이다. 선인선과(善因善果), 악인악과(惡因惡果), 혹은 선인락과(善因樂果), 악인고과(惡因苦果) 등의 인과응보(因果應報)를 이른다. 업[業報]이란 그 결과를 낳는 근원적인 행동을 말한다. 몸으로 짓는 신업(身業), 말로 짓는 구업(口業), 마음으로 짓는 의업(意業) 등이 있다.[957] 이처럼 인과업보(因果業報)에 따라 인간이 시간(과거, 현재, 미래)과 공간(지옥, 축생, 신)을 끊임없이 돌고 돈다는 불교사상 또한 끝이 없는 영원을 이야기한다. 이처럼 영원[영생]에 대한 인간의 갈망은 본능이다. 인간의 예지가 '이타'를 자연선택한 것도 결국은 '영원성'을 구현하기 위한 본능적 선택이다. 그렇다면 영원성을 확보하기 위한 전략적 선택일 수도 있는 '이타'의 자연선택만으로 한류의 영원성 확보가 가능한 것일까?

구스타프 융(Jung)은 '무의식'(Unconscious)을 인간 정신의 근원적인 에너지로서 인간의 생명 보존과 전체정신의 통합이라는 목적을 향해 자주적으로 움직이는 실체로 이해한다. 개인 무의식(Personal Unconscious)을 넘어 집단 무의식(Collective Unconscious) 내에서 작동하는 '자기'[Self]는 개인 중심적인 '자아'와 달리, 개체 초월적인 특성을 기본으로 하고 있다. 인간이 무의식의 세계와 관계 맺기를 시작하고, 자신의 개인 무의식을 넘어 집단 무의식의 영역으로 진입해 들어가면, 인간 정신은 더는 개인의 영역만이 아닌 인류 보편적 심성의 특성을 반영하는 객체 정신에 입각한 보편적 인간상으로 탈바꿈하게 된다. 그곳에서는 더는 개개인의 특수성에 입각한 인간 정신의 발현이 아닌, 오래된 인류 문화의 원형적인 심성 특성들이 작동해 나가게 되고, 그런 원형의 작용으로 인해

957 대한불교조계종 포교원, 2017: 118~121.

인간은 개체를 벗어난 자아초월적인 상태로 진입해 들어가게 된다. 그런 과정에서 인간은 개인의 문제에 국한된 심리 과정만이 아닌, 집단의 문제 해결과 건강성을 지향하는 정신역동 과정에 놓이게 된다. 즉, 집단 무의식의 영역에서 펼쳐지는 '자기'의 정신역동 과정은 자기 자신만의 개인 중심적인 사유와 삶의 영역을 넘어 타자와 함께하는 관계론적인 측면으로 발전해 나가게 된다. 따라서 이런 '자기'의 실현 과정에서 펼쳐지는 너와 나의 관계는 나의 영역에 국한된 심리영역도, 너의 영역에 국한된 심리영역도 아닌, 너와 내가 하나가 되고 공존하는 자아초월적인 심리영역이라고 할 수 있다.[958]

이타는 '한류, 포에버'(Hallyu, Forever)를 꿈꾸는 다작의 개인 무의식이 자연선택한 도덕적 가치다. 그 개인 무의식[欲]이 한류 문화콘텐츠[서비스] 생산 주체들의 집단 무의식으로 진화하고, 소비 주체[객체]인 세계인의 집단 무의식으로까지 확장된다면, 그래서 너와 내가 하나가 되는 자아초월적인 공존의 심리상태가 만들어진다면, '영원한 한류(Hallyu, Forever)'의 구현은 완성되지 않을까? 그 순간 '이타'는 세계인들의 이기적 본성을 자극할 수 있는 가장 소구력 있는 가치가 될 수 있을 것이다.

958 고희선, 맹자 심성론의 심리 치료적 적용에 대한 시론, 성균관대학교 대학원 박사학위논문, 2014: 45.

제12장에서 우리는 이타의 가능성을 종교, 철학, 과학의 관점에서 다각도로 검토했다. 그러나 이타가 단순한 개별적 가치에 머무르지 않고, 문화적 정신으로 승화되어야만 지속성을 갖는다. 제13장은 바로 그 정신을 한류이즘(Hallyuism)이라 명명하고, 이를 통해 한류토피아라는 이상 세계를 그려낸다. 다시 말해, 이타적 가치가 구체적 문화철학과 윤리로 체계화되는 과정이다. 더불어 그 한류 문화정신이 AGI, ASI시대가 낳을 '유토피아'의 성선적 가치 지향으로 자리할 것임을 밝힌다.

제13장

한류이즘과 한류토피아의 미학과 윤리

1. 한류이즘(Hallyuism)

1) 정의

한류이즘은 한류의 문화정신, 한류토피아의 문화 이데올로기다. 이타와 공존을 지향한다. 한류이즘은 인류의 보편적 세계문화정신이다. 예수의 인류동포사상, 스토아 철학의 세계시민주의(Cosmopolitanism), 그리고 확장된 '인'(仁)의 실천을 강조하는 사해동포주의(四海同胞主義)와도 그 맥을 같이한다. 한류이즘은 한국 문화의 세계적 확산 과정에서 필연적으로 만나게 되는 동서양 이종문화 간의 유성생식이 낳은 '융합'(Syngamy)의 정신을 담아낸다.

2) 구조

(1) 형식적 구조(Formal Structure)

한류이즘은 통합체다. 통합체 한류이즘은 '드라마 한류이즘', 'K-pop 한류이즘', '애니메이션 한류이즘', '게임 한류이즘', '영화 한류이즘' 등 다양한 한국의 온문화 한류이즘을 계열체로 한다. 통합체 한류이즘은 이 같은 계열체 'K-한류이즘'들의 토털 하모니(Total Harmony)가 만들어 내는 세계문화정신이다([그림 13-01]). 각 계열체 한류 문화콘텐츠들은 한국 문화와 전 세계 타민족 문화와의 이종문화 간 융합(Syngamy)의 정신을 실어 나르는 밈 운반자(Meme Vehicle)다. 이들 밈 운반자들이 실어 나르는 각 계열체 융합 정신의 합(合)이 통합체 한류이즘이다.

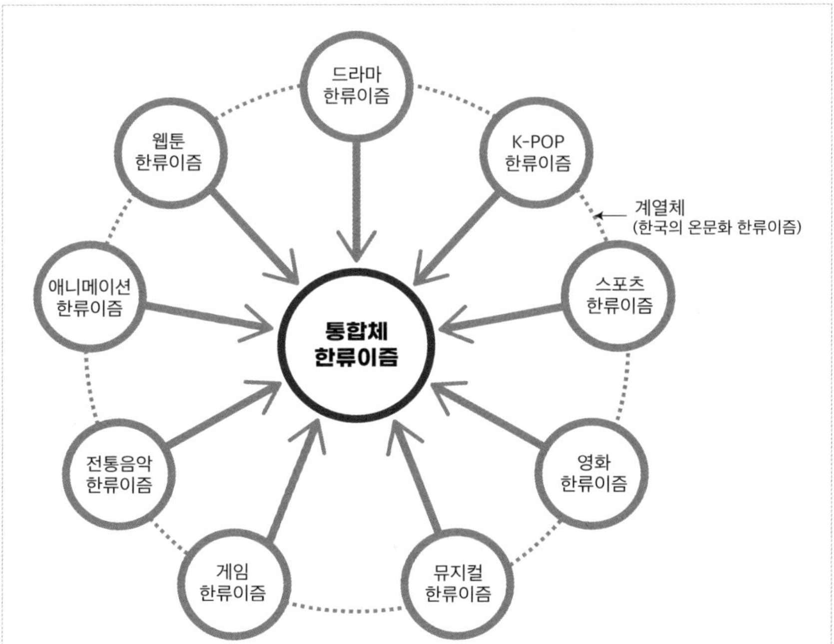

[그림 13-01] 통합체 '한류이즘'의 구조도

(2) 가치 철학적 구조(Axiological Structure)

가. 심층구조

① 효(孝, Filial Piety)

'효'는 기독교와 유교 철학을 관통하는 심층가치다. 모든 가치는 '효'로부터 시작한다. 하느님에 대한 '믿음'[信]도, 임금에 대한 '충'(忠)도 '효'에서 시작한다. 성서는 "이스라엘아, 주 너희 하느님께서 너희에게 요구하시는 것이 무엇이겠느냐? 그것은 주 너희 하느님을 경외하고, 그분의 모든 길을 따라 걸으며 그분을 사랑하고, 마음을 다하고 목숨을 다하여 주 너희 하느님을 섬기는 것이다"[959]라고 말한다. 이것이 기독교에서의 '효'다. 그러면서 성서는 아버지와 어머니를 공경하고,[960] "만나 뵐 수 있을 때 아버지를 찾아라. 가까이 계실 때에 그분을 부르라."[961]고 강조한다. 이에 반하는 행위를 할 경우, 아버지 하느님은 그들에게 벌을 내린다. "자기 아버지나 어머니를 업신여기는 자는 저주를 받는다."[962] "아버지나 어머니를 욕하는 자는 사형을 받아야 한다."[963]고 성서는 기록한다. 사단칠정론이 유교 성리학의 중심 이론체계라면, '효'는 본류(本流) 유교 철학의 근본이다.

> 공자는 『효경』(孝經) 18장을 논설하여 임금과 신하와 아버지와 자식 사이의 행실의 근거를 밝히셨다(遂說孝經一十八章, 以明君臣父子之行所寄). 그래서 법도를 아는 사람은 행실을 닦을 수 있고, 행실에 대하여 아는 사람은 법도를 삼가게 되었던 것이다(知其法者, 修其行, 知其行者, 謹其法).[964]

959 신명기 10: 12.
960 ibid 5: 16; 루카복음서 18: 20; 마태오복음서 15: 4.
961 이사야서 55: 6.
962 신명기 27: 16.
963 마태오복음서 15: 4.
964 김학주, *孝經*, 명문당, 2012: 46~47.

'효경'은 온갖 행실의 으뜸이고, 오륜의 바탕이 되는 것이다(孝經者, 百行之宗, 五教之要).[965]

유교를 윤리 철학이라고 하는 이유가 여기에 있다. 『논어』(論語)의 학이(學而) 제2장에서 유자(有子)는 "효와 우애는 인(仁)을 행하는 근본이다(孝悌也者, 其爲仁之本與)."라고 설파한다. '인의예지'를 중심으로 한 성리학의 '사단칠정'과 '효'의 관계를 명확히 설정해주는 구절이라고도 할 수 있다. 공자께서 말씀하셨다. "효는 하늘의 법도이며 땅의 의리이고 사람들의 행실이다(子曰; 夫孝 天之經也, 地之義也, 民之行也)."[966] 다시 말해 '효'는 삼재(三才), 즉 '하늘·땅·사람'의 법도다. '효'를 '덕', 즉 '성'(性)의 근본이라고 가르쳤던 공자는 『효경』의 첫 장 '개종명의'(開宗明義)에서 이 같은 '성'의 근본인 '효'에 관해 다음과 같이 기술한다.

身體髮膚 受之父母
몸과 머리털, 피부는 부모로부터 받은 것이다.

不敢毁傷 孝之始也
그것을 손상하지 않는 것이 효의 시작이다.

立身行道 揚名於後世
입신해서 도를 행하고, 후세에 이름을 떨쳐

以顯父母 孝之終也
부모를 널리 알리는 것이 효의 끝이다.

965 ibid. 51.
966 ibid. 90~91.

② 믿음(Faith)

'믿음'은 신앙의 기초다. '효'와 더불어 성서의 심층구조에 흐르는 핵심 가치다. '믿음'은 아버지에 대한 경외심, '효'에서 시작한다. '경외심'은 자식들이 아버지를 믿고, 사랑하게 되는 이유다. 아버지의 모상을 한 자식들이 아버지를 사랑하는 이유다. 아버지를 닮아 정의로워지려고 하고, 아버지께 순명하고, 아버지의 계명을 지키려 하는 것도 아버지에 대한 믿음에서 시작한다.

유교 철학에서의 '믿음', 즉 '신'(信)은 '인의예지'를 실행할 수 있게 해주는 근본 덕목이다. 처음부터 끝까지 모두를 진실하게 하는 것, 이것이 바로 '신'이다(從首至末, 皆真實, 是信).[967] 인을 진실되게 하고, 의를 진실되게 하고, 예를 진실되게 하고, 지를 진실되게 한다. '믿음'[信]은 겉으로 드러나지는 않지만, 적연부동(寂然不動)의 상태로 성서와 유교 경전의 심층구조에 깊숙이 자리하고 있는 가치다. 이 같은 '효'(孝)와 '믿음'[信]이 문화정신 한류이즘의 심층구조에 흐르는 가치다.

나. 표층구조

① 사랑[仁]

'인'은 '측은지심'의 단서다. '사랑'은 '인'의 용(用)이다. '사랑'의 이치는 내재된 것이다(愛發見於外, 乃仁之用; 而愛之理, 則在內). '사랑'은 '인'이 쓰임[用]을 통해 겉으로 드러난 것이다. '사랑'의 이치[仁]는 내재된 것, 인은 사랑의 뿌리요, 측은은 그 뿌리에서 돋아난 싹이요, 사랑은 또한 싹이 무성하게 뻗어서 이미 성장한 것이다(仁乃是愛之根, 而測隱則根之萌芽, 而愛又萌芽

967 陳淳, *性理字義*, 박완식, *성리자의*, 여강출판사, 2005: 91~92.

之長茂已成者也). 인은 사랑하는 이치다(仁是愛之理).[968]

② 정의[義]

'의'는 '수오지심'(羞惡之心)의 단서다. 마땅케 하는[宜] 이치다. 자신의 잘못을 부끄러워하고, 불의에 대해 분노하는 마음이다. 사물에 마땅케 하는 것은 '의'의 용(用)이다. 마땅케 하는 이치는 내재된 것이다(事物各得其宜, 乃義之用, 而宜之理, 則在內).[969] 기독교의 표층가치 '정의'는 '의'가 쓰임[用]을 통해 겉으로 드러난 것이다. 성서는 '정의'를 '의'의 용(用), 모든 계명의 '실천'이라고 말한다.

③ 순명[禮]

'예'란 공경하는 마음이요 천리의 절문이다(禮者, 心之敬而天理之節文也). 마음속의 공경하는 마음이 밖으로 나오는 것이 '예'(禮)다. '절'(節)은 지나침이 없는 것이며, '문'(文)은 미치지 못함이 없는 것이다.[970] 그 내재된 절문의 이치가 곧, '예'다. '천리'(天理)란 하늘의 이치다. 아버지가 창조한 지나침도, 미치지 못함도 없는 절문의 이치다. '순명'(順命)이란 기쁨으로 '천리', 즉 아버지의 말씀, '계명'을 따르는 '덕'(德)이다. 공경하는 마음으로 '천리'를 수행하는 것이 '순명'이다. 이것이 곧, 아버지에 대한 '예'다.

④ 계명(智)

'지'는 시비지심(是非之心)의 단서다. '옳고 그름'(是非)을 아는 것은 '지'(智)의 용(用)이다. '옳고 그름'을 알 수 있는 이치는 내재된 것이다(知箇是

968 ibid. 83~85.
969 ibid. 83~84.
970 陳淳, *性理字義*, 박완식, *성리자의*, 여강출판사, 2005: 86~87.

知箇非是, 智之用; 而知之理, 則在內).[971] 하느님의 계명과 규정[법], 가르침은 시비지심의 단서인 '지'(智)다. '옳고 그름'을 판단할 수 있는 근거다. '십계명'은 기독교의 대표적인 시비지심의 단서다. '옳고 그름'을 판단하는 기준이다.

십계명의 처음 다섯 가지, "◎너에게는 나 말고 다른 신이 있어서는 안 된다. ◎너는 위로 하늘에 있는 것이든, 아래로 땅 위에 있는 것이든, 땅 아래로 물속에 있는 것이든 어떤 형상으로도 신상을 만들어서는 안 된다. 너는 그것들에 경배하거나 그것들을 섬기지 못한다.[972] ◎주 너의 하느님의 이름을 부당하게 불러서는 안 된다. ◎주 너의 하느님이 너에게 명령한 대로 안식일을 지켜 거룩하게 하여라.[973] ◎주 너의 하느님이 너에게 명령한 대로, 아버지와 어머니를 공경하여라."[974] 등은 주 하느님과 부모의 권위, 이의 존중을 위해 지켜져야 하는 계명이다.

십계명의 뒤 다섯 가지, "◎살인해서는 안 된다. ◎간음해서는 안 된다. ◎도둑질해서는 안 된다. ◎이웃에게 불리한 허위 증언을 해서는 안 된다. ◎이웃의 아내를 탐내서는 안 된다."[975] 등은 이웃에 대한 존중을 위해 지켜져야 하는 계명이다. 이 같은 근거에 반했을 때, 세상은 그것을 '그름'이라고 한다.

다. 가치 트리

한류이즘은 한류토피아의 문화 이데올로기다. 세계인이 '우리는 하나'임을 확인할 수 있는 보편적 세계문화정신이다. 한류 문화정신의 근

---

971 ibid. 83~84.
972 신명기 5: 7~9.
973 ibid. 5: 11~12.
974 ibid. 5: 16.
975 ibid. 5: 17~21.

본은 동서양의 공동가치인 - 상호 유비적 관계에 있는 - 동양의 유교 사상과 서양의 기독교 신앙에 뿌리를 둔다. 한류이즘의 심층가치는 유교와 기독교 신앙의 심층구조에 흐르는 '효'(孝)와 '믿음'[信]이다. 효(孝)와 믿음[信]은 흙 속에 묻혀, 겉으로 드러나 보이지 않는다. 그러나 땅속의 효(孝)와 믿음[信]에서 자라난 나뭇가지는 땅 위로 올라와 한류이즘의 표층가치인 유교와 기독교의 인[사랑], 의[정의], 예[순명], 지[계명]를 드러내 보여준다. 그러면서 이들은 한류토피아의 지향 가치인 '이타'와 '공존'을 꽃피운다.

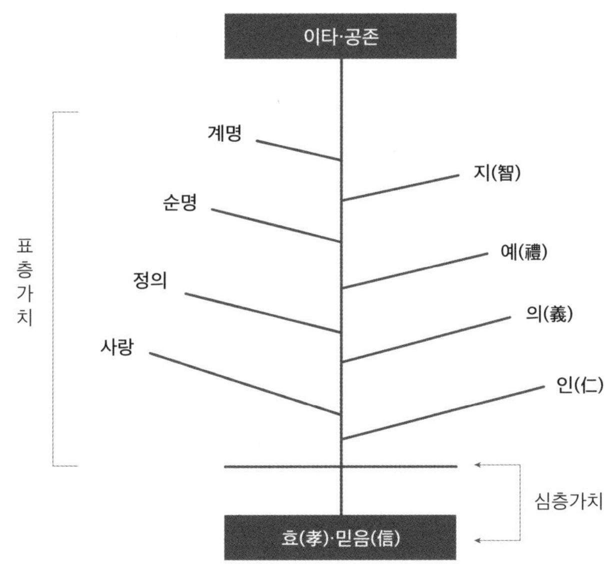

[그림 13-02] 한류이즘의 가치 트리

[그림 13-02]는 한류이즘의 심층가치가 효(孝)와 믿음(信)이고, 뿌리인 효와 믿음으로부터 한류이즘의 표층가치인 유교와 기독교의 인[사랑],

의[정의], 예[순명], 지[계명]가 자라고, 이들이 한류이즘과 한류토피아의 지향 가치인 '이타'와 '공존'의 세상을 구현해 내는 실질적인 행동강령이 되고 있음을 확인시켜준다.

3) 기능 및 역할

현대 자본주의 사회는 "분열증을 전제로 한 사회다."라고 작가 남경태는 규정한다. 왜 그럴까? 그 원인을 그는 자본주의의 이중성에서 찾는다. 다시 말해 자본주의는 전제군주 시대의 초코드화, 탈영토화를 부정한다. 그러면서도 초코드화와 그 이전, 원시시대의 다원적 코드화를 겸용한다. 이 같은 자본주의의 이중성을 그는 분열증의 원인이라고 본다.[976] 그렇다면 현대사회의 걱정과 불안, 분열증을 치유할 수 있는 해법은 무엇일까?

앞서 '4장-5-2)-(5)'에서 대악(大樂)인 K-pop이 자본주의 문화의 분열증 치유를 위한 묘약이라고 언급했다. K-pop은 통합체 '한류'를 구성하는 계열체 '문화콘텐츠' 가운데 하나다. 또 'K-pop 한류이즘'은 통합체 '한류이즘'의 계열체 'K-한류이즘' 가운데 하나다. 통합체 한류이즘과 계열체 'K-한류이즘'들은 크고 작은 프랙탈[977](Fractal) 구조로 이루어져 있다. 비록 층위와 장르는 서로 다르지만, 이들의 프랙탈 구조는 모두 심층에는 효(孝)와 믿음[信], 표층에는 인[사랑], 의[정의], 예[순명], 지[계명]라는 동서(東西)의 문화정신으로 이루어져 있다.

더욱이 기독교와 더불어 한류이즘의 핵심 축인 유가는 욕망을 다스리

976 남경태, *한눈에 읽는 현대철학*, 휴머니스트 출판그룹, 2013: 280~282. 제4장 K-pop, 유가에서 길을 찾다. 참조.
977 '자기유사성'(Self-Similarity)을 가진 크고 작은 축척의 도형들이 구조를 이루는 패턴을 말한다. 헤르만 하켄(Haken)의 복잡계 이론 시너제틱스(Synergetics)를 이해하기 위한 핵심 키워드 가운데 하나다. 카오스(Chaos), 프랙탈(Fractal), 자기유사성(Self-Similarity), 자기조직화(Self-Organization), 임계점(Critical Point) 등이 그것이다(박장순, 한류학개론, 도서출판 선, 2015: 57~73. 참조).

는 종교이자 철학이다. '즐거움'은 유가가 추구하는 지고의 가치다. 유가의 '즐거움'은 하늘과 땅, 너와 나, 우리와 세계가 하나로 융화될 때 나타나는 지고의 선이다. 만물일체에서 오는 이 같은 유가적 '즐거움'이야말로 동서의 문화정신, 효와 믿음, 인[사랑], 의[정의], 예[순명], 지[계명]와 더불어 자본주의의 이중성이 낳은 현대사회의 걱정, 불안, 분열증을 치유할 수 있는 당의정 같은 묘약이 되어줄 것이다. 한류이즘이 그 기능과 역할을 수행할 것이다.

4) 문화인류사적 의미

기원전 4세기 이후 오늘날까지 헤브라이즘(Hebraism)과 헬레니즘(Hellenism)은 2,500여 년 동안 서구 문화정신의 양대 축으로 그 자리를 지켜오고 있다. 헤브라이즘은 서구인들의 종교적·정신적·윤리적 측면의 이데올로기다. 고대 유대교와 기독교 정통을 포괄하는 문화정신이다. 헬레니즘은 그리스 문화와 동방 문화의 결합이 낳은 이성적·과학적·미적 가치를 중시하는 문화적 측면의 이데올로기다. 마케도니아의 알렉산더 왕이 페르시아를 정복하고, 동으로는 인도 북부 펀잡(Punjab) 지역에서 남서로는 아프리카 북부 이집트 지역을 포함한 지중해 연안까지의 광대한 영토를 차지하면서 자연스럽게 그리스 문화와 동방 문화의 결합을 이루게 되는데, 그 결과로 탄생한 것이 헬레니즘이다.[978]

그런데 이 같은 전통적 서구 문화정신이 16세기 대항해시대 자본주의의 본격적인 등장과 함께 쇠퇴해가기 시작한다. 결국, 현대인의 삶은 병들고 사회는 혼란스러워진다. 심지어 미국과 캐나다에서는 마약

978 헬레니즘 문화의 등장 이전과 이후 그리스 문화의 변화는 제9장 문화콘텐츠란 무엇인가-'기원은 무엇이고, 원형은 무엇인가'에서 자세히 기술하고 있다.

에 취한 좀비들이 도시의 다운타운을 뒤덮는 위태로운 지경에까지 이른다. 마치 하켄(Haken)의 복잡계 이론 '시너제틱스'(Synergetics)의 핵심 키워드인 '카오스'가 '임계점'에 이른 상태와 같다. 이때 필요한 것이 그 임계점을 터트려줄 트리거다. 그래야만 '창발현상'(Emergent Behavior)에 이를 수 있기 때문이다.

'한류이즘(Hallyuism)'은 트리거다. 카오스상태에 빠진 서구 문화정신의 '임계점'을 터트려 줄 새로운 희망의 방아쇠다. 그렇다면 방아쇠가 당겨진 이후 나타나게 될 '창발(創發)'은 무엇일까? 바로, '한류토피아'다. 한류이즘은 흔들리고 있는 전통적 서구 문화정신의 대안이다. 현대인이 앓고 있는 걱정, 불안, 분열증을 치유하고, 앞으로 다가올 새로운 2,500여 년을 이끌어갈 창발현상 '한류토피아'의 문화정신이다.

2. 한류토피아(Hallyutopia)

유토피아(Utopia)는 유(U)와 토피아(Topia)의 합성어다. 'U'는 '좋은, 없는'을 뜻하고, 'Topia'는 '곳', 장소를 뜻한다. 그러니까 유토피아는 존재하지 않는 곳, 그러나 좋은 곳, 바로 상상 속의 이상세계다. 한류토피아(Hallyutopia)는 '한류'와 '토피아'의 합성어다. 온 인류가 하나 되는 좋은 곳이다. 하늘과 땅, 너와 내가 '인'(仁)으로 하나 되는 세상이다.

1) 용어의 탄생 배경

(1) 주문(呪文)이자, 넛지(Nudge)다

주술(呪術)은 원시인들에게 성공을 위한 그들의 능력에 대해 확고한 신념을 갖게 해준다. 주술은 가장 중요한 과업을 신뢰감을 가지고 수행할 수 있도록 해주며, 마음의 평정과 정신적인 안정을 유지할 수 있게 해준다. 주술의 도움이 없는 경우 신화 속 원시인들은 절망과 불안감 때문에, 공포와 혐오감 때문에, 또 보답 없는 사랑과 무기력한 증오심 때문에 크게 사기가 떨어지게 된다. 주술은 피상적인 관찰자조차 곧 그 가공할 만한 지배력을 알아차릴 수 있을 만큼 중대한 역할을 수행한다. 주술은 '주문, 제의적 행위, 주재자'라는 세 가지 요소로 구성된다. 이 가운데서도 주문(呪文)은 가장 중요한 구성요소라고 할 수 있다. 주술을 시행함에 있어서 제의의 중심을 이루고 있는 것이 주문을 구송(口誦)하는 일이기 때문이다.[979]

선택설계자(Choice Architect)는 사람들이 결정을 내리는 배경이 되는 정황이나 맥락을 만드는 사람이다.[980] 다른 사람들이 취하는 선택에 간접적으로나마 영향을 미치고 있다면 그 사람은 선택설계자다.[981] 넛지(Nudge)란 '팔꿈치로 살짝 찌르다.'라는 뜻이다. 어떤 일을 강요하기보다는 스스로 자연스럽게 행동을 변화하도록 하는 유연한 개입을 말한다. 사람들의 시선을 끌어당기고 행동에 영향을 미치는 환경 속 사소한 특성을 말한다. 사람들에게 도움을 주는 방식으로 그들의 선택에 영향을 미치는 일종의 선택 '식별 장치'다.[982] 선택설계자가 취해야 할 자세는 '넛지'다. 선택설계자들은 선택의 자유를 보호하고, 사람들의 삶을 개선시키는 방향으로 넛지를 가할 수 있다.[983] 우리는 선택설계자가 만들어 놓

979 Malinowski, *Myth in Primitive Psychology*, 1926: 77~80.
980 Thaler & Sunstein, 2017: 16.
981 ibid. 138.
982 Thaler, 2015: 519~520.
983 Thaler & Sunstein, 2017: 373.

은 세상 속에 산다.[984] 그러기 때문에 선택 설계시스템의 각 단계에서 의사결정권자가 아무런 조치도 취하지 않을 때 사람들에게 일어나는 상황을 결정해주는 관련 규칙이 반드시 존재해야 한다. 당연히 대개의 경우 그 답은, 내가 아무것도 하지 않으면 아무것도 바뀌지 않으며, 이미 일어나고 있는 일이 계속해서 일어난다는 것이다.[985]

한류토피아에 이르는 과정의 선택 설계시스템에서도 상황은 마찬가지다. 의사결정권자들이 아무런 조치도 취하지 않을 때 사람들에게 일어나는 상황을 결정해주는 관련 규칙이 반드시 존재해야 한다. 선택 설계자(Choice Architect)가 필요한 것이다. 그렇지 않으면 많은 비관론자들이 일상처럼 던지는 말, "한류, 되겠어? 3~4년이면 끝나겠지? 5년은 가려나?"와 같이 이미 일어나고 있는 패배주의적 파편들이 '미래의 한류'에 대한 불안감을 계속해서 증폭시키게 된다. 아무것도 하지 않으면 아무것도 바뀌지 않는다. 이미 일어나고 있는 패배주의적 사고와 발언들이 계속해서 시장을 흐리게 한다. 이때 필요한 것이 주문(呪文)의 구송(口誦)이다. "한류, 포에버!" "한류이즘, 서구 문화정신의 대안!" "한류토피아, 한류이즘이 창조하는 세상!"

넛지는 주문이다. 신조어 '한류토피아'는 주문이자, 넛지다. 의사결정권자들이 아무런 조치도 취하지 않을 때 우리의 능력에 대해 확고한 신념을 갖게 해주는 숨어 있는 넛지다. 판매할 수 있는 기회를 포기하는 것은 지갑에서 돈이 빠져나가는 것만큼 가슴 아프지 않다. 현금을 실제 지불하는 것과 달리, 기회비용은 막연하고 추상적인 개념이기 때문이다.[986] 한류토피아에 이를 수 있는 기회를 포기하는 것은 한국이라는 나

984 ibid. 16
985 ibid. 139.
986 Thaler, 2015: 50.

라의 금고에서 돈이 빠져나가는 것만큼 가슴이 아프지 않을 수 있다. 기회비용은 막연하고 추상적인 개념이기 때문이다. 또 그러기 때문에 사람들은 한류토피아에 이를 수 있는 기회의 중요성에 대해 심각하게 고민하지 않는다. 여기서 '주문-한류토피아-넛지'의 필요성이 강조된다. 다작이 주술사이고, 선택설계자이어야 하는 이유다. 다작이 신조어 '한류토피아'라는 '주문'이자 '넛지'를 끊임없이 구송(口誦)하는 이유다.

(2) 나쁜 현실, 결핍의 현실

유토피아의 어머니를 흔히 '나쁜 현실', '결핍의 현실'이라고 한다. "나쁜 현실 없이 좋은 현실에 대한 욕망은 생기지 않는다."라는 것이다. 이런 의미에서 유토피아의 뿌리는 '나쁜 현실', '결핍의 현실'이라고 할 수 있다. 기독교에서의 유토피아도 나쁜 현실에 대한 부정과 비판에서 출발한 것으로 볼 수 있다. 마르코복음서 1장 15절에 "때가 차서 '하느님의 나라'가 가까이 왔다."는 구절이 있다. 여기서 '하느님의 나라'는 기독교적 구원의 유토피아다. 그런데 성경은 하느님의 나라, 즉 구원의 유토피아가 가까이 온 이유를 '때가 찼기' 때문이라고 한다. 그렇다면 '때가 찼기 때문'이란 무엇인가? 세상이 악으로 가득찼고[나쁜 출신], 사랑의 결핍[결핍의 현실]이 한계에 이른 것을 의미하는 것으로 볼 수 있다. 이것이 임계점(Critical Point)이 되어서 사람들은 구원의 유토피아, 즉 '하느님의 나라'를 갈망하게 되는 것이다.

우리는 전덕(全德)을 대표하는 '인'[사랑]의 상실의 시대[결핍의 현실, 나쁜 현실]에 살고 있다. 이기심과 탐욕, 이에 따른 걱정과 불안, 분열증으로 가득 차 있다. 푸틴의 러시아는 우크라이나를 침공해 영토 확장에 열을 올리고, 전세가 여의치 않자 이번에는 핵을 가지고 우크라이나와 세계를 겁박하고 있다. '크지만, 작은 나라' 시진핑의 중국은 시대를 역행하는 전제 왕조시대나 있을 법한 팽창정책과 이의 근거 마련을 위한 역사 왜곡으로 이웃과 세계인들의 마음을 불편하게 하고 있다. '지는 해' 일본은 과거의 '흔적'[업보, 카르마]이 남아 있음에도 불구하고 반성은커녕, 과거 침략사의 화려한 미몽에서 벗어나지 못하고 있다. 북한 또한 주민들의 삶은 아랑곳하지 않고, 독재자 1인의 안위만을 위해 조악한 핵을 가지고 우리나라와 미국, 세계를 상대로 불장난을 하고 있다. 또 피아를 구분하며 자국의 위기 탈출을 위해 줄 세우기를 하던 미국은 급기야 IRA라는 '인플레이션 감축법'을 가지고 -세계 리더 국가로서의 위상에 걸맞지 않게- 자국의 이익만을 추구하며 세계를 자국의 부속, 하청 국가화하려는 듯한 경향을 보이고 있다.

이처럼 극한에 이른 '인'(仁)의 결핍 시대, '사랑'의 상실 시대가 창발 현상인 '한류토피아'의 시대 환경적 임계점이라면, 우리의 '이기적 본성'을 자극하는 또 하나의 임계점은 한류 시장의 불확실성, 불안정성이다. 영원을 바라는 우리의 이기적 본성이 한류 시장의 불확실성, 불안정성을 '뛰어넘어야 할' 위기의 임계점으로 인식하고, 한류토피아와 같은 가상의 큰 그림(Big Picture), 창발 현상(Emergent Behavior)을 설정하게 한다. 오늘날 자본주의의 결함[나쁜현실]으로 2,500여 년을 이어온 서구의 전통적 문화정신인 헬레니즘과 헤브라이즘이 극도의 한계 상황을 맞고 있다. 이때, '인'(仁)으로 하나 되는 한류토피아의 문화정신 '한류이즘'이 서구 문화정신의 대안으로 나서, 새로운 2,500여 년을 이끌어 갈 인류의 성선적 가치 지향이 되어 주어야 한다. 한류토피아는 주문이자 넋지다. 우리가 꼭 이루어야 할 꿈의 세계다.

2) 가치 철학

(1) '뉴노멀'의 세상이다

한류토피아는 '이기적 본성'(Selfish Nature)으로 얼룩진 이 시대의 한 줄기 빛이다. '이타'와 '공존'을 이야기하는 뉴노멀(New Normal)의 세상이다. 한류토피아는 상실된 '인'[사랑]의 회복을 위해 '사랑'[仁]으로 하나가 되는 세상을 꿈꾼다. 사랑[인]의 실천적 문화코드인 '이타'를 통해 건설하는 '공존'의 세상이다. 한류토피아는 곧, '성취될 미래', 이기심과 인간의 탐욕을 벗어 던진 '뉴노멀'의 세상이다.

이것이 가능한 것은 우리 인간이 '예지'(叡智)를 가지고 있기 때문이다. 인간의 '예지'는 유전자와 밈의 이기적 본성을 조종할 수 있는 능력을 갖고 있다. 이 '예지'가 자연선택한 것이 바로 '이타'다. 이타는 '인'[사랑]으로 하나 되는 한류토피아의 구현을 위한 실천적 문화코드다. '예지'가 '이타'를 자연선택하고, '이타'가 '인'[사랑]으로 하나가 되는 '한류토피아'를 완성해 간다. 한류는 신화다. 한류 신화는 현대사의 전설이다. 앞으로 다가올 미래, 한류토피아의 전설이다. 한류토피아는 신화를 품은 세계다. 이기적 본성이 난무하는 현실에서 '인'과 이타, 공존을 노래하는 이 시대의 뉴노멀이다. 한류토피아는 한국의 문화정신 한류이즘의 세계다.

(2) 초인공지능시대 '유토피아'의 성선(性善)적 가치 지향

인공지능 시대가 도래하고 있다. 우리는 지금 새로운 차원의 -한 번도 경험해보지 못한- 경이로운 세상과 마주하고 있다. 다양한 생성형 AI 플랫폼들이 세인들의 입에 오르내린 지 몇 해 되지도 않았는데, 벌써 'AI 2027' 이야기가 나온다. 범용(汎用) 인공지능(Artificial General Intelligence, AGI) 시대가 2027년 열린다는 것이다. 물론 OpenAI의 CEO

샘 올트만(Sam Altman)은 그 시기를 2030년으로 보기도 한다. 그러나 그 연도가 무슨 큰 대수인가?

중요한 것은 조만간 인간의 통제를 벗어나 스스로 진화하는 AGI 시대, ASI(Artificial Super Intelligence, 초인공지능) 시대가 도래한다는 것이다. 미국 실리콘밸리의 AI 전문가들은 이 시대가 오면, 수천 년 동안 인간이 풀지 못했던 미완의 수학적·과학적 난제들을 AGI[ASI]가 해결하고, 효과적 가속주의[987](Effective Accelerationism)를 통해 궁극적으로 우리 인간을 '유토피아'에 이르게 할 것이라고 주장한다. 그렇다면 이들 실리콘밸리 AI 전문가들이 주장하는 '유토피아'란 과연 어떤 세상일까?

하느님은 구약의 〈창세기〉 3장에서 무화과 열매를 따 먹은 아담과 이브에게 벌을 내리신다. 이브에게는 "나는 네가 임신하여 커다란 고통을 겪게 하리라. 너는 괴로움 속에서 자식들을 나으리라(창세기 3: 16)."고 하시고, 아담에게는 "네가 아내의 말을 듣고, 내가 너에게 따 먹지 말라고 명령한 나무에서 열매를 따 먹었으니, 땅은 너 때문에 저주를 받으리라. 너는 사는 동안 줄곧 고통 속에서 땅을 부쳐 먹으리라[일, 노동]. ~중략~ 너는 흙에서 나왔으니 흙으로 돌아갈 때까지 얼굴에 땀을 흘려야[일, 노동] 양식을 먹을 수 있으리라(창세기3: 17~19)."고 말씀하신다.

이처럼 원죄로 인해 -태초부터- 인간은 일[노동]을 할 수밖에 없는 운명을 가지고 태어난다. 그런데 AGI[ASI] 시대가 오면, 이 같은 창조주의 명령이 수렴되지 않는 놀라운 세상이 펼쳐진다고 AI 전문가들은 말한다. 운명인 일[노동]로부터 해방된다는 것이다. 대신 원죄의 굴레인 일[노동]은 AGI[ASI]가 떠안는다고 한다. 그렇다면 일에서 해방된 인간은 과연 무엇을 하며 살아갈까? 먹고 마시고, 즐기기만 하면 된다고 한다. 일

987 기술의 급진적 발전을 긍정하고, 이를 막는 어떠한 시도에도 반대하는 입장을 취한다.

견, 행복한 삶 같아 보인다. 그렇다고 이것이 진정한 의미의 유토피아적인 삶일까? 먹고 마시고 즐기는 비용은 또, 어디서 날까? AI 전문가들은 이 또한 걱정할 필요가 없다고 한다. AGI[ASI] 시대의 최상위 통제, 조종 계층이 노동[일]에서 해방된 인간들에게 기본소득(UBI, Universal Basic Income)을 제공한다고 한다. 그러니까 인간은 돈 걱정 없이 먹고 마시고, 즐기기만 하면 된다는 것이다. 이것이 AI 전문가들이 이야기하는 '유토피아'다. 그렇다면 "먹고, 마시고, 즐기는 것"의 끝은 무엇일까? 여기서 '폼페이 최후의 날'이 떠오르는 것은 괜한 나만의 기우일까?

로마제국의 종신 독재관(Dictator Perpetuo) 카이사르(Caesar)는 -통치술의 일환으로- 일[노동]에서 해방된 로마시민[자유인]들에게 '빵'과 '서커스'만 제공하면 된다고 역설한다.[988] 그렇다면 그 시절 일[노동]하지 않고, 빵[기본소득]과 서커스[즐길거리, 엔터테인먼트]를 즐겼던 로마시민들은 과연 행복했을까? 의문이 든다. 그러면서 이기적 본성이 작동한 '할 일이 없는 인간(Post-Work Citizen)', 즉 노동[일]의 필요성이 사라진 시대(Post-Work Era)를 사는 인간의 타락해가는 모습이 떠오른다. AGI[ASI] 시대 '유토피아'의 이 같은 성악(性惡)적 타락의 문제를 해결하기 위한 근원적 해법은 없는 것일까?

걱정할 필요는 없다. 한류토피아의 성선(性善)적 가치 지향이 이를 해결해줄 것이기 때문이다. 이번 장 2-2) 가치 철학-(1)"뉴노멀의 세상이다"에서 언급했던 것처럼 인간은 '예지'를 가지고 있다. 그 예지가 이기적 본성으로 가득 찬 '노멀'한 세상에서 '이타'(Altruism)를 자연선택한다. 이타는 '인'[사랑]으로 하나 되는 한류토피아의 구현을 위한 실천적 문화

988 유베날리스(Juvenalis)가 그의 풍자시(Satires)에서 로마시민들의 정치적 무관심과 물질적 욕망 추구를 꼬집기 위해 사용한 말이다. 로마의 황제들이 시민들의 지지를 얻고 불만을 잠재우기 위해 빵과 서커스를 제공했던 정책을 비판하는 데 사용되었다.

코드다. 한류토피아는 심층의 '효'(Filial Piety)와 '믿음'(Faith, [信]), 표층의 '사성'(四性), 즉 仁[사랑]·義[정의]·禮[순명]·智[계명]에 기반한 한국문화와 동서양 문화의 이종문화 간 융합(Syngamy)의 정신을 담은 세상이다. 그 정신이 곧, 한류이즘이다. 한류이즘은 한류토피아의 문화정신이다. 이것이 AGI[ASI] 시대를 사는 '할 일이 없는 인간'[Post-Work Citizen]의 성악적 타락의 문제를 근본적으로 해결해줄 성선적 가치 지향이다.

3) 예언(豫言)과 한류토피아의 조응(照應)

(1) 탄허[989]의 주역(周易)으로 본 한국

주역의 팔괘(八卦)에서 한국은 간방(艮方)에 위치해 있다고 한다. 팔괘는 자연계를 이루는 기본, 즉 "하늘·땅·못·불·지진·바람·물·산" 등을 상징한다. 감(坎: ☵)은 물, 곤(坤: ☷)은 땅, 진(震: ☳)은 우레, 손(巽: ☴)은 바람, 건(乾: ☰)은 하늘, 태(兌: ☱)는 연못·늪·뻘, 간(艮: ☶)은 산, 이(離: ☲)는 불을 상징한다.

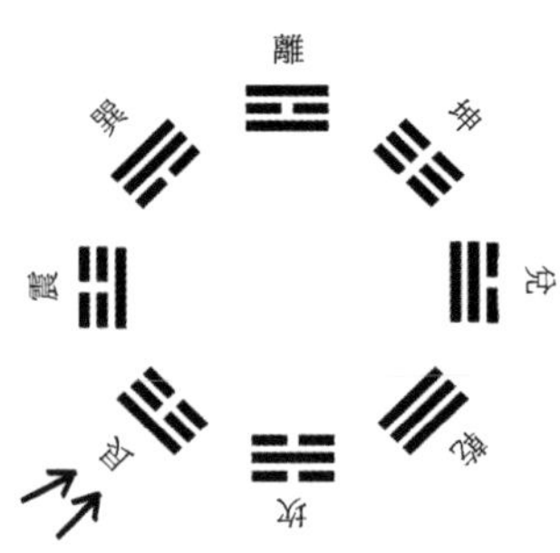

[그림 13-03] 문왕팔괘도

989 "한국, 세계사를 주도하리라." 1983년에 열반하신 탄허(呑虛) 스님의 예언이다. 탄허 스님은 10년 뒤인 1993년 입적하신 성철스님과 더불어 근현대 한국의 대표적 선지식으로 불리는 분이다.

[그림 13-03] '문왕팔괘도'에서 왼쪽 아래, 화살표가 있는 '간방'(艮方)의 괘는 팔괘도의 중심에서 봤을 때 초효와 이효가 음인 '태음'(太陰)에서 '양'이 생겨난 모양(☶), 즉 삼효가 음보다 긴 '양'의 모양을 하고 있다. 간(艮)은 사람에 비유하면, 소남(小男), 즉 소년이다. 소년은 푸른 청산이면서, 그를 보는 아버지 입장에서는 사랑의 결실, 즉 열매다. 열매는 시종(始終)을 갖고 있다. 운명처럼 시작과 끝을 가지고 있다. 소년이 시작되면(始), 성장하여 언젠가 아버지가 된다. 아버지는 종(終)이다.

주역의 진행 원리로 보면, 간방(소남방)에 위치한 한국에 '간도수'(艮度數)가 비치고 있다. '간도수'란 "인간과 자연과 문명의 추수 정신"을 이른다. 이미 대한제국 시기인 1900년 초부터 비치기 시작했다. 인간과 자연과 문명의 추수, '결실의 시대'란 간방에 위치한 한국에 간도수가 와서 열매를 맺고, 그 열매가 새로운 씨앗이 되는 시종을 의미한다. 이 같은 중대한 전환의 시기에 새로운 인류사의 출발, 즉 후천사(後天史)의 세계를 어떻게 열어가야 할까?

'후천도수'(後天度數)란 후천의 세계가 오는 것을 뜻한다. 인간의 눈으로 확인할 수 있는 것은 아니다. 그러나 이미 오래전부터 간도수가 시작되었고, 후천의 세계가 눈앞에 와 있는데도 사람들은 이를 알지 못한다. "간, 소남, 시종의 원리로 볼 때 소남은 시종을 내포하고 있고, 간방에 간도수가 접합됨으로써 어두운 역사는 끝을 맺게 되고, 이제 새로운 역사가 시작될 수밖에 없으며, 인류 역사의 시종이 지구의 주축(主軸) 부분에 위치한 한국 땅에서 이뤄지게 될 것이다. 여기서 인류 역사의 시종의 종은 그 안에 새로운 인류 역사의 시작을 포함하고 있다."[990] 다시 말해 "새로운 인류사의 시작이 지구의 주축 부분에 위치한 한국 땅에서 이뤄지게

990 탄허, *탄허록*, 한겨레엔, 2022: 43~45.

될 것"이라는 것이다. 한국이 후천의 세계사를 주도할 것이라는 것이다. 이같은 탄허의 예언이 흥미로운 것은 그 후천의 세상이 바로 한국의 문화로 일군 창발 현상, '한류토피아'의 세상과 겹쳐진다는 것이다. 그렇다면 후천의 세상과 한류토피아의 조응(照應)이 과연 우연일 수 있는 것일까? 헬레니즘과 헤브라이즘이 지배하던 선천(先天)의 역사를 뒤로 하고, 이제 우리의 문화정신 '한류이즘'이 지배하는 후천의 세상, '한류토피아'의 세상이 열릴 것이다.

(2) 토인비의 미래 예측과 탄허

"미래 세계는 동아시아가 주역이 되어 세계사를 주도해 나갈 것이다."라고 토인비는 말한다. 일견, 탄허 스님의 예언과 비슷해 보이기도 한다. 동아시아에는 우리나라를 비롯해 시베리아 극동지방과 중국의 동부와 북동부, 그리고 일본 등이 포함된다. 이 지역에는 세계 인구의 1/5 정도가 살고 있고, 면적은 아시아 대륙 전체의 28% 정도가 된다. 그리고 이 지역은 불교, 한자, 유교 문화권으로 문화적 공통요소를 가지고 있다. 그런데 토인비는 동아시아 국가 가운데서도 '중국'이 세계사를 주도해 갈 것이라고 예언한다. 그 근거로 다음 8가지를 제시한다.

첫째,
전 세계적으로 세계 국가의 지역적 모델이 되는 제국을 과거 21세기 동안 유지해 온 중국 민족의 경험

둘째,
중국사의 장구한 흐름 속에 중국 민족성이 가지고 있는 세계정신

셋째,
유교적인 세계관에서 나타나는 휴머니즘

넷째,
유교와 불교가 지닌 합리주의

다섯째,
동아시아 사람들이 지닌 우주의 신비성에 대한 감수성과 인간이 우주를 지배하려고 하면 자기 좌절을 초래하게 된다는 도교의 직관

여섯째,
인간과 자연의 조화를 바탕으로 하는 중국 철학의 근본성

일곱째,
동아시아 여러 국민은 이제까지 서양인들이 자랑으로 삼아왔던 군사·비군사의 양면 그리고 과학을 기술에 응용하는 근대의 경기(競技)에서도 서구 제국민(諸國民)을 이길 수 있음을 입증한 것

여덟째,
동아시아 제국들의 용기

토인비의 이 같은 견해에 대해 탄허 스님은 "미래를 예측할 때 물론 토인비 교수처럼 역사적·철학적·논리적으로 현실을 분석하고, 수학적·지리적 현실을 파악함으로써 미래를 내다 볼 수도 있을 것이다. 또 그러기 때문에 그의 견해가 역사적 현실로 보면 틀린 것은 아니다." 그러나 "역학의 원리에 근거해 미래를 보는 눈은 그보다 훨씬 더 포괄적이다. 역학의 원리는 인류 사회의 미래를 우주적 차원에서 볼 수 있다는 큰 장점을 가지고 있다."고 이야기한다.[991] 결국, 이는 -토인비의 미래 예측과 달리- 중국이 아닌 한국이 미래 세계[후천사]를 주도할 것이라는 탄허 스님의 예언의 정치성(精緻性)을 뒷받침하는 근거다. 한국이 주도하는 후천사와 '인'으로 하나 되는 창발 현상 '한류토피아'의 조응(照應)을 기대해 본다.

991 ibid. 58.

참고문헌

경성대학교 인문학연구소(2007). *TV 드라마와 한류*, 도서출판 박이정.

고수진(2015). 이타적 공동체의 회복을 위한 교육목회, 기독교교육논총 제42집.

고희선(2014). 맹자 심성론의 심리 치료적 적용에 대한 시론, 성균관대학교 대학원 박사학위논문.

구연상(2005). 한류의 근원과 미래-문화자치성/한류연구의 방향, 세계생명문화포럼, 특별세미나: 한류의 발전방향 모색.

구윤모 외(2003). 엔터테인먼트산업의 패러다임 변화와 정책과제, KIET.

김동섭(2006). *신화, 어떻게 이해할 것인가*, 도서출판 만남.

김명용(2011). *칼 바르트의 신학*, 이레서원.

김응종(2013). *서양사 개념어 사전*, 살림출판사.

김정희(2015). 박경리의 〈토지〉 연구-공동체의 형성과 해체 양상을 중심으로, 상지대학교 대학원 박사학위논문.

김학선(1993). 레오나르도 보프의 해방자 예수 그리스도, 인천가톨릭대학교 대학원 석사학위논문.

김학주(2012). *孝經*, 명문당.

김학진(2017). *이타주의자의 은밀한 뇌구조*, 갈매나무.

김형기 외(2005). *가면과 욕망*, 연극과 인간.

김홍구(2005). 새로운 한류시장 동남아: 현황과 지속・확산방안, 국제문화산업교류재단.

남경태(2013). *한눈에 읽는 현대철학*, 휴머니스트출판그룹.

문화체육관광부(2006). 2005 문화산업백서.

______________(2011). 2010 콘텐츠산업백서.

______________(2013). 2013 콘텐츠산업 통계조사.

박상진(2005). 고대 음악사상 연구-신라 향가를 중심으로, 동양예술 Vol. 10, 한국동양예술학회.

박장순(1980). *한국인형극의 재조명*, 유림사.

______(2005). *문화콘텐츠 해외마케팅*, 커뮤니케이션북스.

______(2006). *문화콘텐츠학 개론*, 커뮤니케이션북스.

______(2007). *한류 신화가 미래다*, 커뮤니케이션북스.

______(2008). *한류 한국과 일본의 드라마 전쟁*, 커뮤니케이션북스.

______(2009). *문화콘텐츠 분석과 형상화 원리*, 형설출판사.

______(2011). *한류의 흥행 유전자 밈*, 북북서.

______(2012). *한류 아시아 TV드라마 시장의 역사*, 북북서.

______(2013). *전환기의 한류*, 북북서.

_____(2014). *한류학개론*, 도서출판 선.

_____(2015). *미래의 한류*, 도서출판 선.

_____(2016). *K-pop, 유가에서 길을 찾다*, 북북서.

_____(2017). *한류토피아에 이르는 길*, 북북서.

_____(2018). *무엇이 한류토피아를 꿈꾸게 하는가*, 북북서.

_____(2020). *한류, 문화로 땅따먹기*, 좋은땅.

박재복(2005). *한류 글로벌시대의 문화경쟁력*, 삼성경제연구소.

박정희(2011). 자연주의 도덕 실재론 옹호-진화론과 플라나겐의 심리 실재론을 토대로, 성균관대학교 대학원 박사학위논문.

방정배 외(2007). *한류와 문화 커뮤니케이션*, 커뮤니케이션북스.

배경민(2006). *현대 복음화*, 분도출판사.

백선기(1998). *언론보도와 신화적 인식*, 커뮤니케이션북스.

변광배(2006). *사르트르 참여문학론*, 살림출판사.

삼성경제연구소(1997). 96년 중화권 경제 동향 및 97년 전망.

____________(2005). 한류 지속화를 위한 방안, 이슈 페이퍼.

____________(2007). 중국 소비시장의 신조류, CEO Information 제631호.

서병문(2002). 문화콘텐츠산업의 중요성과 대학의 역할-대학에서의 교육과정과 관련하여, 영상산업의 현황과 발전 방향 세미나, 홍익대학교.

소재나(1981). 한국 무교와 그리스도교의 사후 세계관에 관한 비교연구, 광주가톨릭대학교 대학원 석사학위논문.

손병우·양은경(2003). 한국 대중문화의 현주소와 글로벌화 방안-한류 현상을 중심으로, 사회과학연구 제14권, 충남대학교 사회과학연구소.

신기철·신용철(1986). *새 우리말 큰사전(상)*, 삼성출판사.

신현숙 외(2006). *한국연극과 기호학*, 연극과 인간.

심광현(2005). 한류의 미학적 특성과 문화정치적 의미, 세계생명문화포럼 특별 세미나: 한류 발전방향 모색.

안진태(2004). *신화학 강의*, 열린책들.

안환기(2014). 이타적 행위의 중층적 의미-이타성에 대한 리처드 도킨스와 유식사상의 해석을 중심으로, 인문사회 21, Vol. 5. No.2.

예수백(2017). 맹자의 성선설과 정치 이론, 울산대학교 대학원 박사학위논문.

유상철 외(2005). *한류의 비밀*, 생각의나무.

윤선희(1998). 영상산업의 아시아시장 진출을 위한 수출전략 연구, 연구보고 98-01, 한국방송개발원.

윤재식(2005). 한류, 무엇을 가져왔나 [특별기획] 한류를 말한다 ① 서울: 국제문화산업교류재단.

은혜정(2005). *남미로 가는 교두보 멕시코 방송시장*, 커뮤니케이션북스.

이규탁(2025). 음악 한류 위기와 기회 사이에서, 한류백서 2024, 한국국제문화교류진흥원.

이기동(2010). *주역강설*, 성균관대학교 출판부.

______(2012). *논어강설*, 성균관대학교 출판부.

______(2012). *대학·중용강설*, 성균관대학교 출판부.

______(2013). *맹자*, 성균관대학교 출판부.

이성민(2022). 거대한 도약 이후 맞이한 도전들, 방송한류의 새 길을 찾다, 한류백서 2021, 한국국제문화교류진흥원.

______(2024). 방송 한류 성숙을 위한 성장통, 한류백서 2023, 한국국제문화교류진흥원.

______(2025). 불안 속에서 지속된 방송 한류, 위기를 넘어서기 위한 분투, 한류백서 2024, 한국국제문화교류진흥원.

이윤경(2009). 반한류 현황분석 및 대응방안 연구, 한국문화관광연구원.

이성천(1993). 한국전통음악의 체질-중절·신명, 유교사상문화연구 Vol. 6. 한국유교학회.

이은봉(1988). *동양철학입문*, 덕성여자대학교 출판부.

이은숙(2005). 반한류의 성격과 그 대응 방식.

______(2007). 화인의 한류 기여 양상 고찰, KOFICE.

이진희(2011). 예수 죽음의 의미에 관한 성경신학적 고찰, 대구가톨릭대학교 대학원 석사학위논문.

이현지(2024). 케이팝 다양성과 안티 팬덤, 한류 생태계와 지속 가능성. 한국국제문화교류진흥원.

이현희 외(2012). *세계문화사*, 삼광출판사.

장대익(2008). 일반 복제자 이론: 유전자, 밈, 그리고 지향계. 과학철학 11권 1호. 한국과학철학회, 봄호.

전대규(1997). 예수의 죽음의 구속적 의미, 가톨릭대학교 대학원 석사학위논문

정헌일(2014). 드라마 '별에서 온 그대'의 경제적 파급효과, 한국문화관광연구원, 웹진 7월호.

조남욱(2007). 유가에서 지향하는 즐김[樂]의 경지에 관한 연구, 유교사상문화연구 28. 한국유교학회.

조정은(2013). 논어의 음악론-음악의 교화 작용과 상보적 예악 개념에 대한 검토, 유교사상문화연구 52, 한국유교학회.

조한혜정 외(2005). *한류와 아시아의 대중문화*, 연세대학교 출판부.

최영진(2012). *퇴계 이황-사단칠정론·성학십도·무진육조소*, 살림출판사.

탄허(2022). *탄허록*, 한겨레엔.

한국관광공사(2003). 한류체험에 대한 설문조사, 북경지사.

____________(2004). 신한류 관광마케팅.

한국국제문화교류진흥원(2005). 2024 한류백서.

한국문화콘텐츠진흥원(2003). 중국문화산업.

__________________(2003). 한국 문화산업의 동남아지역 진출 강화 및 한류 지속화 방안 연구.

한국방송영상산업진흥원(2003). 한국 드라마의 일본 진출 현황과 전망, 방송 동향과 분석, 통권 171.

__________________(2004). 활기 띠는 일본방송의 해외수출, 방송 동향과 분석, 통권 193호.

__________________(2004). 중국 TV드라마 시장 전망, 방송 동향과 분석, 통권 206호.

__________________(2005). 일본 TV애니메이션과 드라마의 국내 유입 실태, 방송 동향과 분석, 통권 226호.

__________________(2006). 일본 내 한류 드라마 편성 실태와 전망, KBI 포커스, 통권 3호.

__________________(2006). 한류의 안정적 기반 구축과 방송 연예 매니지먼트 산업의 개선을 위한 해외 사례연구, 방송위원회 자유 2006-26.

__________________(2007). 2007년 상반기 방송 한류 현황 분석, KBI 포커스 07-03, 통권 32호.

__________________(2009). 2008년 방송프로그램 수출입현황, KBI 포커스, 09-01, 통권 63호.

한국방송진흥원(1997). 대만에서 인기를 끌고 있는 일본의 텔레비전 프로그램, 방송 동향과 분석, 통권 36호.

____________(1997). 중국 방송계에 부는 애국주의 바람, 방송 동향과 분석, 통권 40호.

____________(1997). 일본방송 아시아 상륙 본격화, 〈JET〉 방송 개시, 방송 동향과 분석, 통권 43호.

____________(1997). 중국 TV에 한국 소개 바람, 방송 동향과 분석, 통권 46호.

____________(1998). 1998년 일본방송, 악화된 경제 상황이 크게 반영돼, 방송 동향과 분석, 통권 79호.

____________(2001). 중국 방송산업 현황과 상호교류 방안 연구, 연구보고 01-13,

한국정신문화연구원(2001). *동아시아 문화전통과 한국사회*, 백산서당.

한국천주교주교회의(2005). *성경*, 한국천주교중앙협의회.

한국콘텐츠진흥원(2010). 방송콘텐츠 수출입 현황 보고서, KOCCA Focus 10-1호

한승미 외(2002). 이미지 오브 코리아, 연세대학교 코리아이미지연구센터.

한은정(2012). Bertrand Russell의 인간본성론에 관한 연구-도덕교육을 중심으로, 동국대학교 대학원 박사학위논문.

한홍섭(2003). *우리 음악의 멋 풍류도*, 책세상.

함재봉·고명현(2008). 촛불시위의 진행과정은 바이러스의 전염과정과 흡사, 월간조선 12월호.

大林太良. *神話學入門*, 中央公論社, 兒玉仁夫·권태효(2003), *신화학입문*, 새문사.

徐復觀(2000). *中國藝術精神*, 상해: 화동사범대학출판사, 권덕주 외(2001), *중국예술정신*, 동문선.

岩男壽美子(2000). *Televi Drama No Message*, INC, Tokyo, 김영덕·이세영(2004), *TV 드라마의 메시지*, 커뮤니케이션북스.

岩渕功一(2001). *Transnational Japan*, Iwanami Shoten Publishers, Tokyo, 히라타 유키에·전오경

(2004), *아시아를 잇는 대중문화*, 도서출판 또 하나의 문화.

趙陽(2007). 중국 시청자가 보는 한국 가정극 드라마 재미요소 분석, 홍익대학교 영상대학원, 석사학위논문.

陳淳, *性理字義*, 박완식(2005), 여강출판사.

川竹和夫(1994). *日本を中心とするテレビ情報プロの現状と問題點*. 情報通信學會誌 12(1).

平田紀江(2005). *한국을 소비하는 일본*, 책세상.

Aristotle(1955). *De Arte Poetica*, 손명현(1974), *시학*, 박영사.

Barker, R. (1979). *Chinese Family and Kinship*, New York: Columbia University Press.

Barker, C. (2004). *The SAGE Dictionary of Cultural Studies*, Sage Publications of London, 이경숙·정영희(2009), *문화연구사전*, 커뮤니케이션북스.

Barnard, A. (2000). *History and Theory in Anthropology*, Cambridge University Press. 김우영(2003), *인류학의 역사와 이론*, 한길사.

Barthes, R. (1957). *Mythologies*, 정현(1995), *신화론*, 현대미학사,

Benjamin, W. (1921). *Kapitallismus als Religion*, 최성만(2009), *종교로서의 자본주의*, 도서출판 길.

Bentley, J. (1993). *Old World Encounters*, Oxford University Press, 김병화(2006), *고대 세계의 만남*, 학고재.

Blackmore, S. (1999). *The Meme Machine*, Oxford University Press, Oxford New York.

Bonner, T. (1988). *The Evolution of Complexity*, Princeton University Press.

Brockett, O. (1982). *History of the Theatre*, Allyn and Bacon.

Cameron·Hoffman(1974). *A Guide to Theatre Study*, Macmillan.

Cloak, T. (1975). *Is a cultural ethology possible?*, Human Ecology 3.

Conkin, P. & Stromberg, R. (1975). *The Heritage and Challenge of History*, New York, Harper, 임희완(1993), *서양사학사*, 철학과 현실사.

Dawkins, R. (1982/2008). *The Extended Phenotype*, Oxford Freeman.

__________(2009). *The Selfish Gene*, Oxford University Press, Oxford New York.

Fiske, J. (1990). *Introduction to Communication Studies*, Routledge, New York, 강태완·김선남(2001), *커뮤니케이션이란 무엇인가*, 커뮤니케이션북스.

Gladwell, M. (2001). *The Tipping Point*, Back Bay Books. Little Brown and Company, Hachette Books Group, USA.

Hall, S. (1996). *On Postmodernism and Articulation: An Interview with Stuart Hall*.

Hannerz, U. (1992). *Cultural Complexity: studies in the social organization of meaning*, New York: Columbia University Press.

Hong, E. *The Birth of Korean Cool*, 정미현(2015), *코리안 쿨*, 원더박스.

Hoskins, Colin, and Mirus, Rolf(1988). *'Reasons for the U.S. dominance of the international trade in television programs,'* Media, Culture and Society 10.

Jung, W.(1995). *Von der Mimesis zur Simulation*, Junius Verlag GmbH, Hamburg, Germany. 장희창(2006), *미메시스에서 시뮬라시옹까지*, 경성대학교 출판부.

Lansing, A.(1959). *Endurance*, Daniel's Stone Publishing, 유혜경(2001), *섀클턴의 위대한 항해*, 뜨인돌출판사.

Malinowski, B.(1926). *Myth in Primitive Psychology*, 서영대(2001), *말리노우스키의 원시신화론*, 민속원.

McGrath, A.(2007). *Dawkins' God*, Blackwell Publishing, MA. USA.

McKinley, E.(1997). Beverley Hills, *90210: Television, gender, and identity*, University of Pennsylvania Press.

McNeill, W.(1999). *A World History*, Oxford University Press. 김우영(1999), *세계의 역사 1*, 이산.

Moore, J. D.(1997). *Visions of Culture*, Altamira Press, 김우영(2002), *인류학의 거장*들, 한길사.

Morgan, L. H.(1887). *Ancient Society*, 최달곤·정동호(2000), *고대사회*, 문화문고.

Ridley, M.(1997). *The Origin of Virtue*, London: Penguin Books.

Ryga, G.(1970). *The Ecstasy of Rita Joe*. Talonbooks, Vancouver.

Sartre, J.P.(1943). *L'Être et le Néant*, 정소성(2014), *존재와 무*, 동서문화사.

_________(1946). *Mort sans Sépulture*. 최성민, *무덤 없는 주검*, 1997. 서문당

Shakespeare, W. Hamlet, 신정옥, 전예원세계문학선 301. 2008: 50.

Shuker, R.(1998). *Key Concepts in Popular Music*, 이정엽·장호연(1999), *대중음악사전*, 한나래출판사.

Thaler, R.(2015). *MISBEHAVING: The Making of Behavioral Economics*, Brockman Publishers. 박세연(2017), 똑똑한 사람들의 멍청한 선택, 리더스북.

Thaler, R. & Sunstein, C.(2008). *NUDGE: Improving Decision About Health*, Wealth and Happiness. Yale University Press, 안진환(2017), 똑똑한 선택을 이끄는 힘, 리더스북.

Zettl, H. Sight, *Sound, Motion - Applied media aesthetics*, 박덕춘·정우근(2005), *영상제작의 미학적 원리와 방법*, 커뮤니케이션북스.

미셀러니

혼자 잘나서 스타가 됐나, 삶과 문화. 중앙일보, 2002.11.30.
한국시장 꽁꽁 닫아 심리적 통상마찰. 중앙일보, 2005.01.07.
사물이나 현상을 바라보는 시각. 중앙일보, 2005.08.24.
블루오션 전략의 공동 저자 김위찬. 중앙일보, 2005.09.05.
한류 맥 짚어보기. 중앙일보, 2005.10.28.
게임 코리아 게임 오버? 중앙일보, 2006.08.08.
중국 문화 애국주의 바람. 중앙일보, 2006.08.14.
스타 상품. 중앙일보, 2006.12.02.
한국영화, 해외서 찬바람. 중앙일보, 2007.01.19.
일본인의 한국과 중국에 대한 호감도 변화 추이. 중앙일보, 2008.12.08.
고이케 가즈히코 인터뷰. 중앙일보, 2010.11.03.
〈장난스런 키스〉 10분 분량 7부작 형태로 재편집. 중앙일보, 2010.11.23.
유튜브는 보조수단, 현지 네트워크 중요. 중앙일보, 2011.01.17.
아리랑 UCC 콘테스트: K-pop 따라하기. 중앙일보, 2011.01.28.
서구에서 사라진 보이밴드, 걸밴드의 공백 메우다. 중앙일보, 2011.05.13.
쉴 새 없이 새로운 가수와 노래가 쏟아진다. 중앙일보, 2011.05.14.
한국 대중문화가 퍼지는 것은 SNS 덕분. 중앙일보, 2011.06.11.
영국의 샤란과 리즈가 K-pop을 좋아하는 이유. 중앙일보, 2011.07.04.
보노코르의 K-pop 확산에 관한 조언. 중앙일보, 2011.07.05.
현아의 〈오빤 딱 내 스타일〉. 중앙일보, 2012.08.18.
싸이, 유니버설 리퍼블릭 레코드 음반 유통계약 체결. 중앙일보, 2012.09.05.
유튜브가 탄생시킨 음악 스타가 많다. 중앙일보, 2012.09.17.
잉그램이 전하는 강남스타일의 성공 이유. 중앙일보, 2012.10.11.
노엄 촘스키, "오빤, 촘스키 스타일". 중앙일보, 2012.11.03.
웹시리즈는 대중화된 콘텐츠. 중앙일보, 2013.02.07.
세계가 K-pop을 진정 두려워할 날을 고대한다. 중앙일보, 2015.09.08.
최지우는 화성에서 온 사람 같은 절대적 신비감. 조선일보, 2005.10.01.
거품 빠진 韓流 걱정되는 寒流. 조선일보, 2006.03.23.
전도연과 한국영화, 칸을 넘어 세계로. 조선일보, 2007.05.29.
〈강남스타일〉 플래시몹. 동아일보, 2012.10.22.

청나라를 세운 만주족처럼 K-pop이 역사 속에서 사라져갈 수 있다. 동아일보, 2015.08.31.
민병두, 한류 5년 안에 끝난다. 연합뉴스, 2005.01.10.
한류열풍 통상마찰로 비화 조짐. 연합뉴스, 2005.11.11.
일 자본, 한국스타로 한류상품 만들어 역수출. 국민일보, 2005.03.21.
예전 같지 않다, 한류 그늘 조금씩 벗는 베트남. 국민일보, 2006.02.06.
K-pop의 확산에 SNS 서비스가 한 몫을 했다. 세계일보, 2011.08.12.
홍콩에서 대장금 시청률 40% 기록. 스포츠서울, 2005.04.13.
어느 나라 드라마를 가장 좋아하는가. 마이데일리, 2005.10.17.
중, 일 반한류를 당당히 극복하는 한류 스타는? 마이데일리, 2006.01.10.
한국 드라마에 대한 중국 언론의 평가. 경제투데이, 2005.10.27.
서병기, 이순신과 장보고가 지역경제 살린다. 헤럴드 생생뉴스, 2005.04.18.
내년 한국 드라마 방영 줄인다. 한겨레신문, 2005.12.
한국 드라마는 골치 아픈 주제를 다루고 있지 않다. 고뉴스, 2005.10.27.
중남미 〈강남스타일〉. 아시아투데이, 2012.11.09.
트로카데로 광장에서 열린 〈강남스타일〉 플래시몹. 엔터미디어, 2012.11.07.

한류철학

2026년 1월 20일 첫판 1쇄 찍음
2017년 1월 27일 첫판 1쇄 펴냄

지은이 | 박장순
펴낸이 | 우종민
펴낸곳 | 도서출판 북북서
출판등록 | 2006년 4월 18일(제2004-1호)
주소 | 서울시 마포구 월드컵북로 51
전화 | 02-322-0355 팩스 | 02-322-0366
전자우편 | woo2201@hanmail.net
편집책임 | 김응미

ISBN 978-89-92977-29-6 03300

잘못된 책은 바꾸어 드립니다.
책값은 뒤표지에 있습니다.